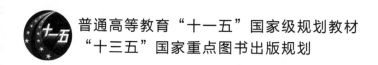

普通高等教育"十一五"国家级规划教材
"十三五"国家重点图书出版规划

王斯德 主编

世界通史 第三版

第一编 · 古代文明与地域性历史——1500年以前的世界

李海峰 朱 明 王 悦◎著

华东师范大学出版社
·上海·

图书在版编目(CIP)数据

世界通史.第一编,古代文明与地域性历史:1500年以前的世界/王斯德主编.—3版.—上海:华东师范大学出版社,2018
ISBN 978-7-5675-7591-2

Ⅰ.①世… Ⅱ.①王… Ⅲ.①世界史－高等学校－教材②世界史－古代史－高等学校－教材③世界史－中世纪史－高等学校－教材 Ⅳ.①K10

中国版本图书馆CIP数据核字(2018)第207228号

世界通史(第三版)第一编
古代文明与地域性历史——1500年以前的世界

主　　编	王斯德
著　者	李海峰　朱　明　王　悦
项目编辑	范耀华
特约审读	朱　茜
责任校对	时东明
装帧设计	俞　越
出版发行	华东师范大学出版社
社　　址	上海市中山北路3663号　邮编200062
网　　址	www.ecnupress.com.cn
电　　话	021-60821666　行政传真 021-62572105
客服电话	021-62865537　门市(邮购)电话 021-62869887
地　　址	上海市中山北路3663号华东师范大学校内先锋路口
网　　店	http://hdsdcbs.tmall.com
印刷者	常熟市文化印刷有限公司
开　　本	787毫米×1092毫米　1/16
印　　张	23
字　　数	484千字
版　　次	2018年10月第1版
印　　次	2024年7月第5次
书　　号	ISBN 978-7-5675-7591-2
定　　价	54.00元
出版人	王　焰

(如发现本版图书有印订质量问题,请寄回本社客服中心调换或电话021-62865537联系)

Preface 前　言

人类历史、人类文明社会的历史和世界历史是类似同心圆结构的三个既有重合又有不同的概念。其中，人类历史是涵盖面最大的圆，从地球上出现最初的人类群体算起，大约已有三百多万年；人类的文明史一般指脱离了蒙昧和野蛮状态、有了文化传承和形成了社会运作机制的人类历史，这样的文明社会历史大约已有五六千年；世界历史则是最小的圆，它是指人类社会进入了整体性发展、形成了世界性体系结构的现代工业文明时代以来的历史，正如马克思和恩格斯所说："大工业……首次开创了世界历史，因为它使每个文明国家以及这些国家中的每一个人的需要的满足都依赖于整个世界，因为它消灭了以往自然形成的各国的孤立状态。"[①]这一工业文明时代的历史大约发端于16—18世纪，目前仍在延续、发展。

《世界通史》，顾名思义是对世界历史的通观，它所考察的对象应当是人类社会作为一种整体性历史运动的发展进程。它之所以区别于国别史和地区史，首先就在于它以"世界"——人类社会的整体作为自己的考察对象和研究视域；而它之所以区别于更广义的人类史或人类文明史，也在于它所确立的中心概念——"世界"具有结构意义上的特殊内涵，而不是一般意义的对人类社会的泛指。然而，人类社会的发展并非一开始就具有世界性，"世界史不是过去一直存在的；作为世界史的历史是结果"[②]。严格意义上的"世界历史"只是在最近的五百年间才逐步形成，尽管在发展的速度和程度上这五百年的变化是以往任何时段所不能比拟的，但毕竟只是人类历史长河中短短的一程。而且，世界历史的发生学研究也需要从人类社会的各个时段、各个局部的发展形态中破解整体性运动得以形成的历史基因及其组合密码。因此，《世界通史》对人类社会整体运动的考察不可能仅限于五百年左右的世界历史，在内容上必然要扩及世界历史的漫长前史，贯通人类社会从远古以来、迄今为止的历史总进程，包含着前世界历史时代的地域性历史。

从总体上看，人类社会的发展线索可以概括为两个基本向度：

一是纵向的发展，主要指人类文明形态的演进。以生产力和生产关系的发展为主轴，人类社会由文明的低级阶段向高级阶段演进，迄今已发生过两次大的文明转型，即从原始的采集、游猎文明向农业（游牧）文明的嬗变；从农业文明向工业文明的飞跃。目前，人类社会正在继续向更高级的后工业的新型文明演化。虽然在进入工业社会前，各地区、各民族的具体文明形态表现不一，各自的发展路径别具特色，但在多样性中仍然展现了人类文明由生产力

[①]《马克思恩格斯选集》第1卷，北京：人民出版社，1972年版，第67页。
[②]《马克思恩格斯选集》第2卷，北京：人民出版社，1972年版，第112页。

水平较低的简单生产方式向生产力水平较高的复杂生产方式发展的总趋势,以及发展水平大致相当的诸文明区域之间生产方式的共性特征。这些在相对孤立的发展条件下形成的文明共性,一方面反映了人类作为生物种群的统一性和作为社会种群在行为方式上的普遍性;另一方面也说明了即使在地域性文明时期,人类整体性发展的基因已经存在,这就为后来工业文明的全球性扩展提供了前提。

　　二是横向的发展,主要指不同文明间的接触、交流、融合、冲突和主流文明的扩展。人类社会的早期文明呈点状分布,在各个原始民族的群落独立地发展,以后随着生产能力的提高和共同体结构的扩大,高度分散的文明点逐渐聚合为较大范围的文明区域。在自然经济条件下,人们既缺乏远距离沟通的技术手段,也缺乏外向型发展的驱动力,所以文明的横向扩展是有限的。诸文明区域间的接触和交流主要发生在交通相对便利的欧亚大陆和北非,主要形式是互通有无的贸易和由商人、宗教使者、探险家推动的文化交流,而历史上通过军事征战一度建立的跨地域大帝国(如阿拉伯帝国、蒙古帝国、奥斯曼土耳其帝国等)也在客观上促进了不同区域间文明的交流。但总体来看,各个地区的民族和国家基本上沿着各自的传统发展路线平行地发展,地域性特征相当明显。至于有些地区,如撒哈拉以南非洲、美洲和澳洲,因为有沙漠、大洋的阻隔,更是处在与其他地区基本隔绝或完全隔绝的状态,文明发展的孤立性更为突出。一直到15世纪末,由于人类社会的横向发展受到纵向发展的严重制约,地域性历史的格局并没有根本的变化。

　　人类社会从地域性历史向世界历史的跨越是横向发展进程中的重大突破,这一具有根本性转折意义的突破是与纵向发展进程中文明形态的重大飞跃——工业文明的兴起联系在一起的。由于工业生产方式从根本上改变了人类受土地束缚的自然经济形态,极大地拓展了人类生存和活动的空间,同时,工业生产方式所提供的经济增长和财富积累的巨大可能性也强烈地刺激了人们追求利益的欲望和不断扩大再生产的需求。这一社会发展机制上的革命性变化带动了全方位的社会形态的变革,人类由传统的农业社会进入了现代工业社会,这个意义上的社会转型也就是通常所说的"现代化"。

　　现代化的世界进程也就是世界历史的形成过程。这一过程开始于西欧。1500年前后,西欧地区社会结构中有利于制度创新的各种因素通过一系列彼此联结的历史运动(如文艺复兴、地理大发现、宗教改革……)而会聚、互动,最终为工业文明的诞生准备了知识基础、制度环境和政治、经济、文化条件。16—18世纪的200年间,西欧地区的科学革命、思想革命、政治革命和产业革命接踵而至,在英法等国首先塑造了现代社会的原型。此后,就开始了工业文明向全球的扩展。与此同时,以西欧国家为中心的殖民体系作为工业文明扩展的载体被建立起来,到19世纪末,随着世界被列强瓜分即殖民地的"全球化"而形成了世界历史的第一种结构形态——欧洲列强支配的资本主义世界体系。这种形态的世界体系虽然已经具备了一个辐射世界的经济体,即欧洲国家运作的世界市场,但它的世界性又是不充分的,因为世界上大部分国家和地区并未获得进入世界体系的自主权。从这个意义上说,16—19世纪的世界史还只是世界历史的初级阶段。人类社会的整体性发展已经在工业文明的扩展中启动,但是由于工业文明的发展程度还不高,世界体系的早期形态还延续着传统的帝国式政治结构,欧洲之外的大部分地区还未能展开自主的现代化进程,所以,这一阶段的人类社会整体性运动尚处在较低的水平,很多国家的发展不同程度地依然滑行在传统社会的轨道上。

20世纪,在迄今的人类社会发展史上,最充分地展示了具有内在统一性的世界历史运动。这一百年间,大工业所开创的世界现代化进程决定性地超越了区域性发展阶段,工业文明的全球普及和现代社会发展机制的全球扩散最终把世界各个区域联结成为一个相互依存、不可分割的整体,人类在经济力量的驱动下,在伴随着各种矛盾和冲突的历史进程中,进入了全球性现代化的世界历史新阶段。

从区域现代化向全球现代化的推进,是工业生产力主导下人类社会整体性发展的必然趋势。这一突破性的进展之所以能在20世纪实现,主要是由于20世纪的历史运动创造了有利于"全球化"的基本历史条件。

第一,20世纪是科学技术不断取得革命性突破的时代,由此带动了社会生产力的大发展。如果说,16—18世纪先后发生在欧洲的近代科学革命和工业革命从地球上的一个区域启动了现代化的世界进程,那么,20世纪初以现代物理学理论的创立为标志的现代科学革命及其推动下的持续的技术革命(尤其是20世纪中后期在能源、信息、材料、生物工程和空间技术等领域取得的巨大进步),通过充分释放工业生产力的潜能,使工业文明的扩展获得了从根本上突破自然区域障碍的强大技术支撑。在现代交通技术和通信技术条件下,居住在地球各区域的人们已不再受自然的时空间隔的束缚,全球性的人员、资金、物资流动和信息沟通成为现代化世界进程进入全球化阶段的重要特征。

第二,20世纪是世界体系经历裂变和重组、向全球统一的世界市场过渡的时代,奠定了经济全球化的结构基础。世界历史的发生、发展与世界体系(首先是经济体系)的建构表现为同一个过程,这一过程约从五百年前即已开始。但是,在16—19世纪的早期现代化进程中所形成的世界体系的初级形态还不具有充分的世界性,现代化的区域性严重地限制着世界体系的结构特性。那种以"欧洲体系"为骨架的"世界体系"在进入20世纪后因内外矛盾的激化而发生剧烈动荡和裂变。以战争与革命为基本特征的20世纪上半叶的历史进程,也就是世界体系初级形态的解构过程。然而,这一否定性的历史进程所抛弃的并不是世界体系的本体,而是它的前现代因素。所以,看起来似乎矛盾的现象是:恰恰在解构性运动中,世界历史的整体性进一步增强了,多种选择取向的出现及其斗争并没有背离人类走向现代文明的普遍道路。第二次世界大战是世界体系从解构走向重构的转折点,世界主导力量的转移和殖民体系的瓦解为世界体系的重新整合准备了条件。但是,二战后出现的东西方冷战格局延缓了统一的世界市场的形成,在国际政治层面的两极结构影响下,世界体系一度表现出二元特性。实际上,这种二元性所反映的仍然是世界体系重构中的过渡性。作为世界体系基础的世界市场的本质是由经济运动的客观趋向决定的,所以,即使在冷战过程中,世界体系的重构仍然按其固有的规律调整着世界历史运动的各个层面,其中包括世界经济全球化趋势的加强和国际政治朝多极化方向的发展,最后以二元结构的整合和两极结构的崩溃结束了冷战。冷战后,世界市场的全球性得到了充分展示,市场经济的运作机制也得到了普遍认同。世界体系的发展所提供的结构性要素与科技革命所提供的技术性要素相结合,成为世界经济全球化趋势不可逆转的深刻根源。

第三,20世纪是民族解放运动席卷全球的时代,殖民帝国的崩溃和殖民体系的瓦解以及在此基础上现代民族国家的普遍建立,为世界体系的政治结构奠定了具有普遍性的单元(行为主体)形态。全球现代化虽然是从区域现代化发展而来的,但本质上它不是某一区域发展类型的放大,而是各个区域内在的现代化因素发展融合的结果。只有在每一个地区、每一个民族都获得自主选择发展道路权利的前提下,人类才可能真正形成发展的共识,走上普遍发展的道路。所以,现代意义上的民族解放运动及其推动的世界历史进程是人类社会走向全球现代化的必要政治途径。在这个过程中,社会主义取向的革命运动和现代化实践发挥了重要影响,它不仅是引导和推动民族解放运动的强大政治力量,而且为全球现代化的文化内涵和价值坐标提供了符合人类整体和长远利益的理论导向。

总之,人类历史的纵向发展和横向发展是互相联系、互相推动的。纵向发展的水平决定着横向发展的程度,横向发展的突破又反作用于纵向发展,使纵向发展的速度大大加快,人类文明由此发展到今天的高度。20世纪末的世界相当清晰地凸现了人类历史的"世界性"即整体性发展,也充分地展示了现代文明和现代社会在全球范围的结构性特征。在这个意义上可以认为,20世纪基本完成了地域性历史向世界历史的转变。

以上所述,是我们站在20世纪和21世纪之交的历史高度对世界历史的总体认识,也是我们这部三卷本《世界通史》的基本理论架构和分编的依据。我们认为,世界通史作为宏观史学,首先要把握人类社会纵向发展和横向联系的总体运动规律,揭示人类社会由地域性历史向整体性历史发展的大趋势。通史的灵魂在于"通",要有一种贯通古今、融会经纬的历史通感,"登高壮观天地间,俯仰古今一脉流"。同时,通史对历史进程的阐释又必须建立在具体的、生动的历史事实的基础上,所以宏观考察与微观考察应当有机地结合,取精用弘,执简驭繁,将普遍性和特殊性统一起来。当然,通史的理论架构可以各有特色,各家"通"法不一。以已有的各种通史著作为例,有的以王朝更迭为主线,有的以社会形态演变为脉络,有的以阶级斗争为纲要,有的以社会现代化进程为坐标,……"横看成岭侧成峰,远近高低各不同"。相异的视角,不同的史识,形成各种通史体系,这是学术生态的自然景观。百花齐放,才有百家争鸣,客观历史运动的复杂性需要史学研究的多维性,各种理论架构的通史可以从不同的侧面解读人类历史,丰富人们的历史意识。就通史的研究和写作而言,不同学派的学术争鸣能够深化人们的认识,以此提高通史著作的质量,使新出版的著作后来居上,有所突破和创新。

新世纪版的《世界通史》,除了内容上要尽力反映史学研究的新成果,在历史观念、理论框架和编撰体系上更应当吸取以往各种通史著作的经验,结合史学理论的新发展,形成自己的特色和创新点。而在理论创新方面,关键是正确运用马克思主义唯物史观,理解和把握世界历史运动的本质,这正符合党的二十大报告中指出的"深入实施马克思主义理论研究和建设工程,加快构建中国特色哲学社会科学学科体系"的要求。在此基础上,重视整体性和结构性,是研究世界通史的基本视角和方法。只有揭示了世界历史的结构性特征,才能从整体上对世界历史的发生、发展过程及其阶段性特征作出吻合于世界历史本质的解释。否则,面对繁杂的历史事件和色彩斑驳的历史行为主体,世界通史的编写很容易陷入历史事件堆砌或国别史汇集的窠臼。

当前,以经济全球化为驱动力的世界历史运动正在将人类文明推向新的高峰。鉴往知来,跨入新世纪的人们比以往任何时候都更需要用世界历史的眼光审视过去、理解现实、展望未来。我们希望,这部新世纪版《世界通史》能够为满足这种需要做出贡献。

Contents 目 录

第一章　史前时代 / 1
第一节　人类的起源 / 1
一、人科的起源与演化 / 2
二、现代人的起源 / 6
第二节　生产力的发展与生产工具的革新 / 8
一、旧石器时代 / 8
二、中石器时代 / 9
三、新石器时代 / 10
第三节　家庭婚姻形态与社会组织的演变 / 11
一、原始婚 / 12
二、"同辈婚"与血缘家族 / 12
三、母系氏族公社 / 13
四、一夫一妻制与父系氏族公社 / 15
第四节　国家的产生 / 16
一、私有制和阶级的形成 / 16
二、国家的形成 / 17
第五节　史前文化 / 17
一、原始宗教 / 17
二、语言文字的产生 / 19
三、原始艺术 / 20
四、科学知识的萌芽 / 20

第二章　古代西亚 / 23
第一节　古代两河流域文明 / 23
一、自然环境与史前文化 / 23
二、巴比伦文明 / 26
三、亚述文明 / 34
四、新巴比伦王国与两河流域文明的灭亡 / 40
五、古代两河流域文化 / 40
第二节　古代波斯 / 46
一、埃兰文明 / 46
二、雅利安人的入侵与米底王国 / 47

三、波斯帝国的兴衰 / 48

四、古波斯文化 / 55

第三节　古代犹太 / 57

一、犹太人的早期迁徙 / 57

二、统一王国的建立 / 60

三、王国的分裂与衰亡 / 63

四、希伯来文化 / 65

第三章　古代埃及 / 69

第一节　统一王国的形成与发展 / 69

一、前王朝文化与埃及的统一 / 70

二、早王朝的政治形势 / 73

三、古王国的兴衰 / 73

四、中王国的建立与发展 / 77

第二节　埃及帝国的形成与发展 / 79

一、第二中间期与希克索斯王朝 / 79

二、新王国的征服活动和帝国的形成 / 80

三、帝国时期中央专制主义的强化 / 81

四、帝国时期王权与神权的斗争 / 82

五、帝国的衰亡 / 86

第三节　后期埃及 / 87

一、第三中间期 / 87

二、后埃及时代 / 88

第四节　古埃及文化 / 90

一、独特的象形文字 / 90

二、宗教信仰 / 92

三、文学 / 93

四、自然科学 / 95

第四章　古代印度 / 97

第一节　自然环境与早期文明 / 97

一、自然环境 / 98

二、哈拉巴文明 / 98

第二节　吠陀时代 / 101

一、雅利安人的入侵与建国 / 102

二、种姓制度 / 103

三、婆罗门教 / 105

第三节　列国时代的百家争鸣 / 107
　　一、列国的政治形势 / 107
　　二、百家争鸣 / 108

第四节　帝国时期的印度 / 112
　　一、孔雀帝国 / 112
　　二、贵霜帝国 / 115

第五节　古印度文化 / 116
　　一、丰富的语言和文字 / 116
　　二、文学 / 118
　　三、建筑雕刻艺术 / 119
　　四、自然科学 / 121

第五章　古代希腊 / 125

第一节　早期希腊 / 125
　　一、自然环境与早期居民 / 125
　　二、爱琴文明 / 127
　　三、黑暗时代 / 132

第二节　城邦的世界 / 134
　　一、城邦的形成 / 134
　　二、大殖民运动 / 136
　　三、斯巴达 / 137
　　四、早期雅典 / 140

第三节　希腊古典时代 / 144
　　一、希波战争 / 144
　　二、伯利克利时代的雅典民主政治 / 146
　　三、伯罗奔尼撒战争与城邦混战 / 147

第四节　希腊化时代 / 151
　　一、马其顿王国的兴起 / 151
　　二、亚历山大东征 / 152
　　三、希腊化王国 / 155

第五节　古希腊文化 / 158
　　一、文字与文学 / 158
　　二、史学 / 161
　　三、哲学 / 162

四、宗教 / 165

五、自然科学 / 166

第六章　古代罗马 / 169

第一节　王政时代的罗马 / 169
一、地理环境与早期文化 / 169

二、罗马城的起源与早期统治 / 170

三、埃特鲁里亚人的统治 / 173

第二节　罗马共和国的崛起 / 175
一、罗马共和国初期的政治体制 / 176

二、平民与贵族的斗争 / 177

三、罗马共和国的扩张 / 181

第三节　共和制向帝制的嬗变 / 188
一、大征服后的罗马 / 188

二、奴隶起义和格拉古改革暴露出的尖锐社会矛盾 / 191

三、三头同盟与共和国的倾覆 / 195

第四节　罗马帝国的兴衰 / 197
一、奥古斯都的元首政治 / 197

二、"罗马和平"下的社会发展 / 200

三、基督教的兴起与三世纪危机 / 205

四、蛮族入侵与西罗马灭亡 / 207

第五节　古罗马文化 / 210
一、文字与文学 / 210

二、史学与哲学 / 211

三、罗马法 / 214

四、宗教 / 215

五、自然科学 / 216

第七章　中世纪的西欧 / 219

第一节　中世纪西欧文明的萌芽 / 219
一、日耳曼诸王国的建立 / 219

二、法兰克王国 / 221

三、领主和庄园 / 226

第二节　中世纪盛期的西欧 / 228
一、西欧诸国的历史演进 / 228

二、罗马天主教会势力的扩张 / 235

　　　　　三、十字军东征 / 237

　　第三节　中世纪的城市和文化 / 242

　　　　　一、西欧的城市复兴 / 242

　　　　　二、中世纪的西欧文化 / 248

　　第四节　中世纪晚期的西欧 / 251

　　　　　一、百年战争 / 251

　　　　　二、法英的现代国家建构 / 252

第八章　中世纪的东欧 / 255

　　第一节　拜占庭帝国和东正教文明 / 255

　　　　　一、查士丁尼的统治 / 256

　　　　　二、中世纪中期的拜占庭帝国 / 257

　　　　　三、拜占庭帝国的衰亡 / 259

　　　　　四、东正教和拜占庭帝国的文化 / 260

　　第二节　斯拉夫世界 / 262

　　　　　一、中世纪初期斯拉夫人的迁移 / 262

　　　　　二、东斯拉夫人与罗斯建国 / 263

　　　　　三、斯拉夫国家的形成：基辅罗斯的兴衰 / 264

　　　　　四、基辅罗斯的文化 / 266

　　第三节　俄罗斯 / 268

　　　　　一、蒙古时代 / 268

　　　　　二、莫斯科的崛起和沙皇制度的确立 / 268

　　　　　三、俄罗斯的中世纪文化 / 270

　　第四节　其他东欧国家 / 271

　　　　　一、保加利亚 / 271

　　　　　二、塞尔维亚 / 273

　　　　　三、波兰 / 274

　　　　　四、捷克 / 276

　　　　　五、匈牙利 / 277

　　　　　六、罗马尼亚 / 279

第九章　中古时代的亚洲文明 / 281

　　第一节　东亚 / 281

　　　　　一、朝鲜 / 281

　　　　　二、日本 / 283

　　　　　三、越南 / 286

第二节　印度 / 287
　　一、中古早期印度的统一与分裂 / 288
　　二、佛教的衰落和印度教的兴起 / 290
　　三、伊斯兰文化的进入：德里苏丹国 / 293

第三节　蒙古帝国 / 297
　　一、蒙古帝国的崛起 / 297
　　二、蒙古帝国的分裂 / 300
　　三、蒙古帝国的遗产 / 304

第四节　阿拉伯帝国的兴衰 / 305
　　一、伊斯兰教和阿拉伯国家的早期发展 / 305
　　二、阿拉伯帝国 / 308
　　三、伊斯兰教的发展 / 312
　　四、阿拉伯文化 / 315

第五节　奥斯曼土耳其帝国 / 318
　　一、奥斯曼人的迁徙和崛起 / 318
　　二、奥斯曼帝国的西征和扩张 / 319
　　三、巴尔干的文化转型 / 322
　　四、奥斯曼帝国初期的文化 / 322

第十章　公元1500年前的非洲和美洲 / 325

第一节　非洲 / 325
　　一、非洲的人文环境 / 326
　　二、北非的阿拉伯化 / 326
　　三、中世纪的东非王国 / 333
　　四、尼日尔河流域的西非王国 / 336
　　五、中世纪的南非王国 / 341

第二节　美洲 / 342
　　一、美洲的自然环境与早期居民 / 342
　　二、中美洲与墨西哥古代文明 / 342
　　三、印加文明 / 347

第三版后记 / 351

第一章
史前时代

史前时代的社会属性为原始社会,是人类历史发展序列中的第一个阶段。史前时代时空跨度极大,从时间上看,史前时代其上限始自人科成员的出现,下限终于文字、城市及国家的形成,大约经历了六七百万年的时间;从活动范围上看,在史前时代人类的足迹已踏遍了非洲、亚洲、欧洲、美洲和大洋洲等世界各地。史前时代对人类文明的形成与发展具有重要作用,虽然这一时期生产力低下,社会发展缓慢,但却孕育了现代文明社会的一切胚胎,而且是"建立了全部以后的更高的发展的基础"。[①] 要想真正深入认识与理解现代文明的发展渊源和深刻内涵,对史前时代的学习是必不可少的。

第一节 人类的起源

人类的起源,实际上包含了两个不同的概念,一个是关于人科、人属的起源,另一个是现代人的起源。所谓人科的起源就是探求古猿演化为人的过程。现代人的起源则是指现代生活在地球上的各色各样人的形成与发展的历史过程。

---

① 《马克思恩格斯选集》第三卷,人民出版社,2012年版,第493页。

一、人科的起源与演化

在人科的起源演化过程中，存在着三个关键的阶段：第一个阶段是人的系统的起源，即从古猿中的一种演化为直立行走的早期人科成员；第二个阶段是早期人科成员的繁衍和演化；第三个阶段是在这些繁衍的人科成员中发展出能制造工具的物种，即人属的出现，此后人类继续演化，直到智人种的出现。

人是从哪里来的？这是一个长期困扰着现代人的问题，从远古时代人们就在不停地探讨，企图找到答案。在长期的历史发展过程中，关于人的起源问题，主要形成了两种理论，即神创论和进化论。

(一) 人类起源的神创论

所谓神创论就是认为人是由神创造出来的一种理论，特别是在现代科学诞生之前，这种理论长期占据着人们的思想。人类起源的神创论体现在世界上多个民族所创造的关于人类起源的神话故事中。特别在人类发明了制陶术，能够用泥土捏造各种物品之后，多个民族就创造了神用泥土造人的神话故事。中国神话中流传着女娲用泥土造人的神话故事。希腊神话中则流传着普罗米修斯和雅典娜合力造人的传说。希腊诸神最初创造了天地和各种动物，但没有人类。聪明的神普罗米修斯用泥土捏成人形后，从各种动物的心灵里摄取善、恶观念注入人的胸膛，智慧之神雅典娜把灵魂和呼吸注入人体，于是人就有了生气，生活在地球上，繁衍生息。在两河流域的神话史诗中也流传着神创人的故事。在巴比伦神话《阿特腊哈西斯》和创世史诗《埃奴玛·埃里什》中都描述了神创人的故事。在西方，影响最为广泛和深远的神创人类的故事莫过于《圣经》中的上帝造人。《圣经》中说，上帝从混沌中创造了宇宙万物，然后按照自己的"形象和模样"用泥土捏成了一个男人，叫做亚当，又从亚当身上取出一根肋骨造了一个女人，叫做夏娃。亚当与夏娃成为了人类的始祖。虽然神创论现在看来非常荒谬，但在进化论诞生之前，这种理论却占据着多数人的头脑。甚至17世纪中期牛津大学圣约翰神学院里的神父们竟宣传，通过他们的研究，人类是公元前4004年3月23日早上9点整由上帝创造出来的，可见神创论的影响有多大。

(二) 人类起源的进化论

随着社会生产力的提高，自然科学和社会科学的进步，神创论逐渐遭到抛弃，人们逐渐对人类起源有了更加科学的探讨，关于人类起源的科学也逐渐发展起来。进化论最早可追溯到希腊哲学家阿那克西曼德。他认为，人是从某种鱼进化而来的，人在最初胚胎发育的时候很像鱼。真正用科学的方法来研究人类起源问题开始于近代的西欧学者。18世纪瑞典生物学家林奈创立了生物分类系统，把人和猿分在了一类，这为以后古猿进化为人的理论奠定了基础。1809年，法国学者拉马克发表《动物哲学》一书，指出了高等动物是由低等动物进化而来的，第一次提出了人类起源于类人猿的科学假说。英国生物学家赫胥黎对人类和大猩猩进行了对比研究，认为人类和类人猿有共同的祖先。在此基础上，1859年，英国学者达尔文在《物种起源》中，揭示了生物从低级到高级，从简单到复杂的进化规律。1871年，达尔文又在《人类的起源和性的选择》中,根据大量资料阐述了人与类人猿的关系,认为人与类人猿有着共同的祖先,人是由一支已经灭绝了的类人猿演化而来的。达尔文虽然指出了人是由猿演化而来的,但并没有指出人和猿的本质区别是什么。1876年,恩格斯在继承和发展了前人科学研究成果的基础上,发表了《劳动在从猿到人转变过程中的作用》一文,在该文中恩格斯运用辩证唯物主义观点,科学地论证了在从猿到人过程中劳动所起的重要作用,认为人和猿的本质区别是劳动,甚至在某种意义上说"劳动创造了人本身"。恩格斯的科学论断,有效地解决了人与类人猿的区别与联系,至此关于人类起源的进化论初步形成。

(三)人类起源的三个阶段

恩格斯根据类人猿与人类特征的相似程度,把人类起源与发展演变的发展过程划分为了三个阶段,即攀树的猿群、正在形成中的人、完全形成中的人。根据越来越多的考古资料来看,恩格斯的这种划分是十分合理和科学的。

1. 攀树的猿群

攀树的猿群是指成群生活在树上的古猿,这些古猿还不具备人的特征,与人类的差别较大。最早发现的猿类化石为埃及的原上猿,这些猿类化石是1911年在埃及的法优姆平原发现的,其生存年代距今约3 500万年—3 000万年前。大约200多万年后,此地又出现了新的类人猿——埃及猿,生存年代约为2 800万年前。1856年在法国发现了新的古猿化石,其生存年代距今约2 300—1 000万年前,这类古猿因主要生活在热带和亚热带的森林地区而被称为森林古猿,其化石后来在欧、亚、非三洲许多地方均有发现。这些古猿的牙齿已有32枚,其排列顺序同人类和现代类人猿的牙齿相似。他们都属于林栖臂行动物,手脚已有初步分工,手得到了不同程度的解放,为以后直立行走准备了条件。人类学家认为这类古猿可能就是人类和现代类人猿的共同祖先。

2. 正在形成中的人——早期的人科成员

早期的人科成员,他们具有了现代人的诸多特征,但同时与现代人又具有较多的差别,恩格斯称为他们为从猿到人的"过渡期间的生物",属于正在形成过程中的人。在早期的研究过程中,腊玛古猿曾一度被认为是最早的人科成员。最早的一块腊玛古猿化石是1932年美国耶鲁大学的研究生刘易斯在当今印度和巴基斯坦接壤的西瓦立克山区发现的,生存年代约1 200万年前。此后,在亚、非、欧三大州的许多地区都发现了腊玛古猿类的化石。与森林古猿相比,腊玛古猿更接近人类,他们的犬牙变小,牙齿排列成弧形,吻部后缩,变短。同时在他们生存的地层里发现了使用工具的迹象,这说明他们有了劳动的意识,而劳动是人类和动物的重大区别之一,腊玛古猿可说是正在形成中的人。但腊玛古猿是否是人类的祖先,属不属于最早的人科成员,学术界曾进行了长期讨论,尚未形成一个肯定的共识。

目前,学术界比较肯定的最早的人科成员是南方古猿,其生存年代距今约600万年—100万年之间,化石主要发现于南非和东非两大区域,其他地区发现的南方古猿的化石非常稀少。最早发现南方古猿的是解剖学家达特,他于1924年在南非金伯利附近的汤恩发现了一个幼年人科的头盖骨化石,将它命名为南方古猿。此后,在南非、坦桑尼亚、肯尼亚、埃塞俄

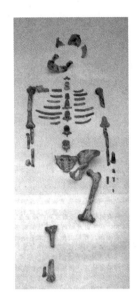

图1-1 少女露西的骨骼化石

比亚、乍得等地又发现了大量南方古猿的化石。国际学界把南方古猿的化石归为八个种类,分别为南非古猿湖畔种、南方古猿阿贝尔种、南方古猿阿发种、南方古猿非洲种、南非古猿埃塞俄比亚种、南非古猿惊奇种、南方古猿粗壮种、南方古猿鲍氏种。但对于各个种直接的演化关系以及人类是由哪一个种演化过来的,学术界众说纷纭,还没有取得一致性的结论。有学者认为,南方古猿阿发种演化成了现代的人属成员。1974年古人类学家在坦桑尼亚的湖底发现了一截上臂骨化石,随后科学家们挖掘出了一幅较为完整的少女骨架化石,并给她命名为"露西"。露西的骨架显示,尽管她的脑容量不大,并且和猿的大脑相似,但她已经能够直立行走,而直立行走则是人类的一个重要标志。1990年,科学家通过先进的钾-氩测年法对露西所在位置下方泥土中的单晶体进行了年代测定,最终确定露西生活的年代为318万年前。此外,科学家还在来托利地层的火山灰下发现了一串长达23米的相当清晰的人形脚印。这些证据似乎都证明了人类是由南方古猿的阿发种演化而来。但也有学者认为南方古猿与其他正在形成中的人并存,最终并没有进化为现代人类,属于人类发展过程中的旁支,走上了进化的末路,大约100万年前全部灭绝。

一般认为正在形成中的人已经能够直立行走,"完成了从猿转变到人的具有决定意义的一步"。正在形成中的人已经能够使用天然工具或使用类似于黑猩猩简单加工过的工具,积累了丰富的使用自然工具的经验,但他们还不会制造工具,因此他们还不是真正意义上的人。

3. 完全形成中的人——人属、智人种的形成与演变

完全形成中的人已经能够制造工具,成为真正的人类。大约在距今250万年之前,早期人科成员中(可能是南方古猿阿发种、非洲种或惊奇种)有一支开始采用石块碰击的办法而制造出具有锋利边缘的打制石器,成为能够制造工具的人属成员。根据体态特征和智力水平,学术界一般把完全形成中的人分为能人、直立人、早期智人和晚期智人四个阶段。

(1) 能人

能人的化石最早发现于1963年,是由英国著名的古人类学家李基夫妇在东非奥杜威峡谷发现的。这些能人的脑容量比南方古猿有了较大的扩充,男性的脑容量平均为700—800毫升,女性的脑容量为500—600毫升。1964年,路易斯·利基、托拜厄斯和内皮尔把该类化石命名为人属能人种,意为手巧的人。能人是最早的人属成员,能够制造工具,根据钾-氩法测定其生存年代距今约210万年—170万年前。1972年,在肯尼亚鲁道夫湖地区发掘出一个能人的头盖骨碎片,被称为鲁道夫人,按登记号称为"KNMER-1470号头骨",亦称"1470号人",生存年代距今约190万年前。"1470号人"的头盖骨脑部较大,脸部宽而扁平、臼齿和前臼齿比能人宽,是目前公认的能人的典型代表。在这一地区还发现了不少南方古猿的化石,他们的生存年代与能人接近,说明最早的人属成员与一些南方古猿的各支共同生存了较长时间。

能人虽然能够比较熟练地直立行走,能够制造工具,但其脑容量只有现代人的一半,在体质上还比较原始。早期人类的体质需要历经百万年的发展才能达到现代人的标准。

(2) 直立人

能人之后的直立人在体质上更加接近于现代人,直立人是现代人的祖先,得到了科学家的普遍认可。直立人的化石最早发现于印度尼西亚,最著名的直立人是1891年荷兰学者杜布亚发现的爪哇直立人和1929年在中国周口店附近发现的北京猿人。此外,在非洲、欧洲也陆续发现了大量直立人的化石,主要有中国的元谋人、蓝田人,印度的纳马达人,阿尔及利亚的毛里坦人,坦桑尼亚的OH-9号人,德国的海德堡人等等。直立人的生存年代距今约180万—20万年前,直立人的臼齿、前臼齿和下颌较小,但脑部较大,头盖骨较厚,眉脊突出。直立人的身材更高大,更健壮。

直立人已经比较熟练地掌握了石器制造技术,能够打造出各种各样形状的石器工具。虽然直立人还不能掌握人工取火的技能,但是他们已经学会使用天然火,还掌握了用火和保存火种的技能,这是人类进化史上的一个伟大的进步。直立人从此开始使用熟食,有力地促进了他们体质的发展,为他们进化成体质更好、智力更高的智人种奠定了基础。

(3) 早期智人

大约据今25万年前,直立人的体质发生了较大的进步,直立人逐渐发展成为人属智人种。智人种的体质已经接近于现代人,脑容量最高已达1 400—1 500毫升之间,但早期智人种在体质上还保留着一些原始的特征,因此学术界一般把智人划分为两个阶段,早期智人和晚期智人。早期智人又称"古人",其生存年代为30万年前至5万—4万年前之间。早期智人化石的典型代表是1956年在德国的尼安德特河谷发现的,因此被命名为尼安德特人。后来,人类学家把属于这一发展阶段的化石统称为"尼安德特人",简称"尼人"。尼安德特人的化石在欧洲、非洲和亚洲都有发现,出现化石的地点多达七十多处。早期智人化石主要有德国的尼安德特人,法国的圣沙拜尔人,克罗地亚的克拉皮纳人,巴勒斯坦的斯虎尔人,伊拉克的沙尼达尔人,赞比亚的布罗肯山人,中国境内的丁村人、马坝人、许家窑人和长阳人等等。现在一般认为尼安德特人是智人的一个亚种,与同是智人亚种的现代人是"姐妹"。德国的古人类学家理查德·格林说,在我们已经灭绝的亲戚中,尼安德特人是与我们最近的。化石记录显示,尼安德特人矮壮结实,肌肉发达。他们的脸部向前突出,大脑也比我们的大一些,后脑勺有块隆起的地方叫做"枕骨隆突"。他们骨骼的化学成分表明,他们一年吃大量的肉。墓地的发现表明了尼安德特人会照顾病人,埋葬死者。尼安德特人虽然已经发展到了较高的阶段,但是他们最终却完全消失了,走上了人类发展演变的末路。对于他们去哪里了,学术界有不同的解释,有人认为他们被更为高级的现代人所征服、屠杀。也有学者认为,他们与现代人通婚,随着时间的推移,他们的特征慢慢消失了,被现代人完全同化了。

(4) 晚期智人

距今5万—4万年前,人类的体质又进化到了一个新的阶段,如眉脊突出、下颌不明显等原始特征已经消失,脑容量在1 400毫升之上,体质上与我们今天的现代人已基本相同,人类起源的过程已基本完成。需要注意的是，该节所谈的晚期智人特指生活在晚更新世后一阶段，现在已经灭绝了的晚期智人化石人类，而不包括现在的人类，因为从生物学分类上，该阶段之后的人类都可划分为晚期智人种或现代人种。最早的晚期智人化石是1868年在法国的克罗马农洞穴发现的，被称为"克罗马农人"。克罗马农人身材高大魁梧，脑容量达1 500毫升，与现代人无异。晚期智人的分布比早期智人更为广泛，不仅在亚、非、欧三洲，而且在大洋洲和美洲也发现了晚期智人的化石。根据考古材料和DNA基因追踪显示，在5万年前，人类已通过白令海峡进入美洲；在4万年前，人类从东南亚横渡大洋来到大洋洲。至此，人类的足迹已遍布了世界的各个角落。

二、现代人的起源

目前生活在地球上的不同种族、不同民族的现代人，他们来自哪里？是否有共同的祖先？这是一个困扰着当今人类学家的重大理论问题。围绕现代人的起源问题，学术界形成了两种主要观点，即"单地起源说"与"多地起源说"。

（一）"单地起源说"

持"单地起源说"的学者认为人类进化中有很多分支，这些分支在不同时期走向灭亡，只有一支变成了现代人类。变成人类的这一支由于在解剖结构、生理功能、智力水平及文化技术上具有较大的优势，所以他们一经出现就迅速向四面八方迁徙，征服或替代了当地发展水平较低的本地人种。因此，"单地起源论"又称为"入侵论"、"迁徙论"与"代替论"。但优势群体起源于何地，这是早期古人类学家争论不休的首要问题。20世纪20年代以来，学者们提出了"非洲中心说"、"西亚中心说"、"欧洲中心说"及"中国中心说"等观点。在这些不同的观点中，赞同"非洲中心说"的学者较多，因为在非洲发现的人类化石最多，现代人类更可能来自非洲。后来，分子人类学家也加入到现代人起源的探讨之中，他们利用"DNA"基因追踪技术来探求现代人的起源问题，取得了突破性的进展。

DNA是一个很长的分子，名叫脱氧核糖核酸。它的构成形态很简单，只有4种基本组成单位A、G、C、T。这四种基本组成单位按照特定的顺序排列成基因，由许多基因排列成的DNA长链叫染色体。人体的细胞核内有两个染色体组：一组来自母亲、一组来自父亲，每个染色体组有23个染色体。每次细胞分裂都伴随着一套新的DNA被复制出来，大多数复制品和它的原型是一模一样的，但是有时候复制过程中会出现错误。DNA的4个基本组成单位（A、G、C、T）中的一个被另一个代替，这种现象就是"基因突变"。突变发生的概率很小，但一旦发生变化，就会代代相传下去，并逐渐积累。科学家能够通过比较两个人的DNA序列来判断他们之间的血缘关系有多近，但用这种方法来追踪人和人之间的前后继承关系则比较困难，因为很难判断突变来自父亲还是来自母亲。比如，你想知道你继承了谁的血型。如果你和妈妈都是A型，爸爸是B型，那么你的血型基因是继承了妈妈。但如果你的祖父母和外祖父母4个人种有3个人是A型，那么你就难以判断你继承了谁的血型基因了。如果再往前一代，你的曾祖父母、外曾祖父母8个人中有6个人是A型，那么就更难以确定你的血型来自于谁的基因了。

幸运的是，人类还有第二个基因组，这个基因组不在细胞核里，而在细胞质里，这个基因组被称为线粒体。线粒体基因只能由卵细胞传递给后代，而不能通过精子传递，也就是说线粒体由母亲体内继承，这样人类体内的线粒体就可以追踪到母亲、外祖母、曾外祖母，以此类推……。

如果追踪的家族谱系足够远，那么就能找到现代人在远古时期的母系祖先，所有母亲的母亲，我们称之为"线粒体夏娃"，她是我们现代地球人的共同祖先。1987 年，美国加利福尼亚州立大学伯克利分校的丽贝克·卡恩和艾伦·威尔逊基于对线粒体 DNA 的分析结果发表了一篇震惊世界的研究结果。他们在论文中指出，现代人的祖先可以追踪到一位生活在非洲的女性身上，这位女性就是现代人的祖先夏娃。但在夏娃生存的智人时代，她并不是唯一的女性，其他女性也有孩子，但是她们没有把她们的线粒体 DNA 传给后代。分子人类学家已经排列出了来自世界各地的现代人的线粒体 DNA 序列，他们发现，特定的基因突变在特定的地域内很普遍，通过追踪这些突变在地域间的传播，人类学家就能找到这些现代人类的传播路线。他们发现现代人的传播路线就像树的枝干一样不断地分叉，但它们有共同的根，这个根就在非洲，就是非洲的线粒体夏娃。根据线粒体基因组上某些位置突变的速率，科学家还可以推断出夏娃生存的大致年代，因为突变的速率差不多是一个恒定值。科学家把这些突变时间看作一个分子时钟，用来估计两个人群分开的年代。对于这个时钟走得有多快，科学家有争议，但一般认为每 6 000 年才会发生一次基因突变。根据这个时间，科学家认为线粒体夏娃生存的年代大约是 25 万—15 万年前。

（二）"多地起源说"

多地起源说的立论基础主要是对古人类化石的分析和研究。

由于各大洲发现的人类化石具有不同的特征，如在中国发现的很多头盖骨化石的上门牙都是铲形的，从牙齿的后面来看，牙齿的两边鼓出来，中间凹进去，像铲子一样。80%的中国人的门齿是铲形的，但欧洲人只有不到 5%的牙齿属于铲形，非洲的黑人有 10%，澳洲土人有 20%左右属于铲形牙齿。因此有些人类学家认为现代人是世界各地早期的人类分别进化而来的。20 世纪 60 年代，美国人类学家卡尔顿·库恩就提出了类似多地起源说的理论。他认为现代人是由五种不同的人类即高加索人种、刚果人种、开普人种、蒙古人种和澳大利亚人种平行演化而来的。他还认为，一些地区的文明优于其他地区是由于该地区的人种进化为现代人类的时间更早而导致的。"多地起源说"一词最早由密歇根大学教授米尔福德·沃波夫在 20 世纪 80 年代提出。他认为 250 万年前，人类的祖先东非直立人离开非洲之后，便开始独立演化出不同的人种，包括尼安德特人、北京人和爪哇人等。沃波夫认为，世界各地的人类同时平行演化成现代的人类，不同地区的人类由于早期的地理隔绝而向不同的方向演化。同时，由于自然选择、基因突变与基因交流等其他因素又使现代人向大概一致的方向演化，形成了具有更多相同特征的现代人。

到目前为止，两种学说的支持者各执一词，都没有足够的证据来说服另一方。要解决现代人的起源问题,只有等待进一步化石的发掘和研究以及分子生物学技术的不断提高。

第二节 生产力的发展与生产工具的革新

史前时代人类的生产力十分低下,生产工具也十分简陋。但在长期的发展过程中,生产力有了缓慢的发展,生产工具也有了显著的提高。人们在长期的采集和狩猎过程中逐渐发展出了原始的农业和畜牧业,生产工具也由石器工具发展到了铜和青铜工具。史前时代生产力的发展为人类摆脱蒙昧时代进入文明时代奠定了基础。

人与动物的根本区别是人类会制造工具。完全形成的人出现之后,人类在长期的发展过程中,制造和使用的工具主要是石器,当人类会冶炼青铜,使用金属工具时,已跨入了文明的门槛,因此,学术界把人类的史前时期又称为石器时代,历时二三百万年之久。法国学者根据石器制作技术的不同,把石器时代划分为"打制石器时代"和"磨制石器时代"。1956 年英国学者约翰·卢伯克把"打制石器时代"称为"旧石器时代",把"磨制石器时代"称为"新石器时代",卢伯克的观点得到了学术界多数学者的认同。后来学者们又在"旧石器时代"和"新石器时代"之间划分出一个"中石器时代",作为旧石器时代向新石器时代的过渡阶段。

一、旧石器时代

人类出现之后,开始制造和使用工具。这时候的工具主要是石器工具,制作方法十分简单,采用"以石击石"的打制方法。这种打制石器,形状简陋、粗糙,故在考古学上称之为"旧石器",人们使用旧石器的时代被称为旧石器时代。旧石器时代的时间最长,包含了人类形成的各个阶段,占人类历史的 99.8%。学者们又根据工具的形状和使用的复杂程度把旧石器时代划分为早期、中期和晚期三个依次递进的发展阶段。

(一) 旧石器时代早期

旧石器时代早期大约开始于 300 万年前,结束于 20 万年前,相当于人类进化过程中的能人和直立人阶段。目前已知最早的人造石器工具是在坦桑尼亚山谷中发现的粗糙的石核和石块。这种工具是典型的打制石器,就是将石核和石块的一面敲碎之后,在边缘处会出现锯齿形痕迹。这一时期的石器根据形状和用途的不同可以分为三种类型:砍砸器、刮削器和尖状器。除了石器之外,这一时期也可能使用木制的工具,如木矛等等,用于狩猎活动。旧石器时代一项伟大的技能是学会了利用和保存天然火。目前所知人类最早的用火遗迹,发现于肯尼亚的切萨瓦尼亚,

图 1-2 考古遗址中发现的旧石器时代人类用火的遗迹

其年代约为140万年前。在其他遗址中如北京猿人、元谋人遗址等也发现了人类用火的遗迹。虽然这一时期，人类还只是使用天然火，并未掌握人工取火的技能，但天然火的使用也对人类早期的生存和发展产生了巨大的推动作用。

首先，火的使用使人类开始食用熟食。使用熟食一方面使食物易于消化，减轻了胃肠的负担，另一方面扩大了可用食物的种类。熟食的使用促进了人类体质和脑力的迅速提高，使原始人类更快地向现代人转变。其次，火的使用使人类的活动时间更长、活动范围更广，同时改变了人类的居住方式。用火之后，人类可以在洞穴里生火取暖，同时用火抵御猛兽的攻击，人类从以前的露宿改为穴居，这为以后人类的定居生活奠定了良好的基础。人类对火的发现与使用开创了历史的新纪元。

(二) 旧石器时代中期

旧石器时代中期约为20万—5万年前，相当于早期智人阶段。这一时期石器的制造较前一时期有了一定的提高。石器的形状更加规整，形状变得多种多样。这一时期出现了新的工具，即骨器的使用。在法国的穆斯特文化中发现了骨针，骨针可以用来缝制衣服或其他生产生活用品。旧石器时代中期人类已经掌握了人工取火的技能，定居方式除了穴居之外也发现了棚屋的遗迹，可能已经开始建造房屋居住。在社会生产中开了性别分工，男子狩猎，女子采集，生产力有了缓慢的提高。

(三) 旧石器时代晚期

旧石器时代晚期，时间约为5万—1.5万年前，相当于晚期智人阶段。这一时期，石器的制造更为先进，有些剃刀般的石片已能与新石器时代的磨制工具相提并论。虽然这些石片没有经过磨制，但仍旧异常锋利。狭长锋利的石叶工具如切割器、刮削器在整个石器中占有较大比例。这一时期骨制的鱼叉、矛头、骨针等已大量使用。旧石器晚期，人们已经懂得开始穿用兽皮制作的衣服，但好像还没有掌握用茅草之类的纤维纺织衣物。平常他们都是赤身裸体，只有在天冷时才将兽皮裹在身上。人们开始广泛地建筑圆形、椭圆形和长方形的窝棚，用黏土和石灰石砌墙，用树枝、草、兽皮做成顶盖，居住处设有炉灶。旧石器晚期，人们的居住环境变得越来越好，越来越稳定。

二、中石器时代

中石器时代是旧石器时代向新石器时代的过渡阶段，时间大约为1.5万—1万年前。中石器时代在石器制作方面有了新的突破，开始使用了磨光技术，出现了少量的磨制石器。由于此时的石器普遍形体较小，制作精良，故被称为"细石器"，也有学者把这一时期称为"细石器时代"。弓箭的使用是中石器时代最重要的发明。弓箭是史前时代一项非常关键的技术，它与以往的各类狩猎工具相比，具有许多明显的优势。弓箭携带方便、射程远、命中率高、杀伤力强，所以弓箭在此后很长一段时间内都是人类手中最有效、最具有威慑力的武器。弓箭的发明大大提高了狩猎功效，提高了人类在生产竞争中的优势。弓箭的发明不仅使人们避免了与猛兽的近身搏斗，也使狩猎的动物种类大为丰富，路上跑的、天上飞的、水中游的都成了人类狩猎的对象。弓箭的发明对人类的生存和发展具有重要意义,恩格斯评价道,弓箭对于蒙昧时代,正如铁剑对于野蛮时代和火器对于文明时代一样,乃是决定性的武器。

三、新石器时代

约1万年前,石器的制作技术有了新的突破,普遍采用了磨光、钻孔的技术。磨光的石器形状端正、锋利、精细,考古学上把这类石器称为"新石器",并把使用新石器的时代称为"新石器时代"。但需要注意的是"新石器时代"的主要标志或主要成就并不是工具的改进,而是原始农业、原始畜牧业及制陶术等众多生产力发展的突变,正是这些生产力突变使人类最终摆脱了原始蒙昧状态,走上了文明发展的康庄大道,从而发展成为现代的人类文明。新石器时代的主要成就主要表现在以下几个方面:

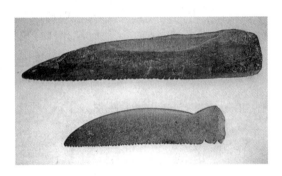

图 1-3 有柄石斧

（一）磨光石器的大量使用

新石器时代普遍使用磨光石器,如刀、斧、镰刀、箭头、矛头等等。最初只是磨光刃部,后来逐渐将整个石器表面磨光,这样可使石器的器面光滑,刃部锋利,使用效率大大加强。由于钻孔技术也开始普遍使用,因此这一时期带柄的复合工具也多了起来,尤其是有柄石斧最为典型。这种有柄石斧的作用更可能是用于生产活动,而非用于战争。新石器时代也在使用许多没有磨光的石器,但这些石器在制作方法上与旧石器时代也有所不同。

（二）陶器的使用

陶器的制作也是人类历史上的一项重大发明。陶器的使用,改善了人们制备和储存食物的方式,增加了人们食品的种类和储存时间,有助于人类摄取更多、更丰富的营养成分,增强了人类的体质,延长了人类的寿命。当然,陶器在各个地区使用的时间早晚不一。目前所知最早的陶器出现在日本,时间在公元前1.1万年左右。到公元前6000年左右,陶器作为一种必不可少的炊具和容器,进入了多个地区的人们日常生活之中。

（三）原始农业的出现

约公元前1万年左右,第四纪冰川开始消退,气候变暖,这为农业的兴起创造了客观条件。在长期采集实践的过程中,通过日积月累的观察与实验,人们逐渐掌握了某些植物的生长规律和栽培技术,终于发展起了农业。但这时的农业极其粗放,一般是人们首先砍伐树木、放火烧荒,然后撒上种子,等待收获,这种粗放的农业我们称之为原始农业。据考古发现,西亚居民在公元前8000年前后,就开始种植大麦和小麦,形成第一个农业中心。在东亚,公元前5300年,中国北方开始种植粟,稍后南方开始种植水稻,在中国形成了南北两个农业中心。差不多同时,南亚次大陆开始种植水稻和棉花。美洲则是玉米、马铃薯、南瓜、大豆的故乡。原始农业的兴起是新石器时代最为伟大的发明,对人类的生产和发展起到了至关重要的作用,因此原始农业的发明被称为"新石器时代"的革命或者"农业革命",它的重要意义主要有:

1. 农业的产生改变了人与自然的关系。农业使人类从食物的采集者转变为食物的生产者,使人类不再完全依赖自然的赐予获取食物,而是在某种程度上控制了食物的生产,使人类从依赖和适应自然走上了利用和改造自然的道路。

2. 农业生产改变了人类的居住方式。农业生产要求人们较长时间地居住在某个地方,进行播种和收割等生产活动。这样,人类就从旧石器时代居无定所的迁徙生活逐渐改变为较为稳定的定居生活。

3. 农业的产生加深了人类对自然界的进一步认识。为了获得农业丰收,人们开始对日月星辰、水土、气候等自然现象产生了浓厚的兴趣,并通过长期的观察和经验总结,形成了天文、地理和数学等方面的初步知识。

4. 原始农业进一步促进了人类文明的产生。农业使人类能够获得比较丰富和稳定的食物来源,促进了私有制和社会分工的出现,产生了阶级分化,促进了国家的形成。

(四)原始畜牧业的产生

在长期狩猎的实践中,原始畜牧业也逐渐产生。最早驯养的动物是狗,时间大约在公元前1.2万年,稍后绵羊、山羊、牛、猪、马和骆驼、鸡鸭鹅等等相继成为驯养的家畜。

第三节 家庭婚姻形态与社会组织的演变

家庭婚姻形态与社会组织的演变是史前时代研究中的一个重要问题,但对于这个问题的认识在19世纪之前却是十分模糊的,流传着许多错误的观点,如家庭是原始社会的基本细胞,一夫一妻制是从古就有的婚姻形态等等。19世纪之后,随着众多民族学家、历史学家辛勤的研究,人们才开始对原始社会的婚姻形态和社会组织有了清晰、科学的认识。美国杰出的民族学家摩尔根通过长期对印第安人原始部落的研究,写出了被称为研究原始社会"活化石"的不朽著作《古代社会》。摩尔根在《古代社会》中提出了两个卓越的观点:氏族是原始社会的基本细胞;一夫一妻制家庭是人类婚姻制度不断演化的结果。摩尔根的两个学术创见基本揭示出了原始社会的本质。恩格斯在摩尔根研究的基础上,对原始社会的婚姻与社会组织进行了进一步的深入研究。1861年,恩格斯在《家庭、私有制和国家的起源》中,进一步阐释了原始社会的基本特征。恩格斯突出的贡献是把生产力的发展与人类婚姻、社会组织的发展演变结合起来,从经济的角度对原始社会进行了剖析。恩格斯也提出了两个卓越的创见,一是氏族不仅是社会组织的基本单位,也是社会经济的基本单位;二是氏族制是一种原始平等关系的社会制度,生产资料公有制、人们共同劳动、共同分配、没有阶级、没有压迫是原始社会的基本特征。

摩尔根和恩格斯的科学论断基本揭示了史前时代社会组织的基本面貌,也成为人们认识原始社会的基本理论。随着其他学者对原始社会研究成果的不断出现,人们对原始社会的婚姻形态和社会组织的认识日益科学化与全面化。

一、原始婚

原始婚又叫杂婚,是正在形成中的猿人阶段的婚姻形态。正在形成中的人在生产竞争的过程中,本能地结成一个群进行活动,这样的群称为原始群,腊玛古猿和南方古猿就属于这样的群体。为了生存,他们以群的形式结合在一起,共同劳动,共同生活。这种具有互相依赖意义的原始群具有一定的社会组织意义,是人类社会的雏形。

在原始群中实行的是原始婚,这种原始婚属于杂乱的性交关系,只讲男女,不讲辈分,只要是一男一女即可婚配。这种原始婚带有明显的动物属性,没有任何的婚姻禁忌。在古代的神话传说及一些民族学的资料中,可以发现原始婚存在的痕迹。如在希腊神话中,神地母盖亚生了天神乌拉诺斯,乌拉诺斯和他的母亲盖亚结合生下了六男六女,称为十二提坦神;犹太人的文献中记载了罗德和他的两个女儿结合,生下了孩子;中国古代文献中也有"男女杂糅"的记载。原始婚中并未形成家庭的形式,只有母子的关系可能比较亲近,在经历了几百万年之后,原始婚逐渐被"同辈婚"所取代。

二、"同辈婚"与血缘家族

完全形成中的人形成之后,人类开始了最初的自然分工,原始群也分成了若干个小团体,在这些小团体中形成了新的婚姻形式即"同辈婚"或"辈行婚"。可能由于自然分工的原因,限制了不同年龄和辈分的两性之间的接触,也可能是人们意识到了杂婚的危害性,因此人们逐渐对毫无限制的杂乱的性交关系进行了限制,禁止异辈之间的婚配,即禁止了双亲和子女之间的婚配,而在同辈之间的姐妹兄弟之间进行婚配。这些兄弟姐妹可以是亲兄弟姐妹,从(表)兄弟姐妹和血缘更远的兄弟姐妹,他们之间可以互为夫妻,不受任何限制,这种婚姻称之为"同辈婚"。恩格斯在《起源论》中对"同辈婚"进行了描述,他说"同辈婚"就是所有的祖父和祖母都互为夫妻;他们的子女,即父亲和母亲,也是如此;同样,后者的子女,构成第三个共同的夫妻圈子。"同辈婚"对原始婚来说是一大进步,但它仍然属于群婚。"同辈婚"在许多神话传说都有所体现,在希腊神话中,众神之王宙斯和神后赫拉既是兄妹也是夫妻;在中国神话传说中,女娲和伏羲既是兄妹关系也是夫妻关系。不仅在原始社会,即使到了文明社会,这种兄妹同辈婚配的婚姻模式也并不少见,如古埃及王室则有兄妹通婚的传统,中国古代也有堂(表)兄妹"亲上加亲"的婚配模式。

实行"同辈婚",成员之间具有一定血缘关系的小团体被称为血缘家族。血缘家族产生了对婚姻的规定,是人类第一个社会组织形态。从此完全形成中的人拥有了真正的社会生活,人类社会由此形成。血缘家族是能人、直立人和早期智人,也就是旧石器早期和中期时最基本的社会组织和生产单位。一个血缘家族就是一个集团、一个公社和一个生产单位,他们共同劳动、平均分配，没有剥削和压迫，人和人之间是一种平等的关系。据推测，一个血缘家族可能有 30—50 人，以后可能扩大到 80—100 人。在旧石器时代晚期，人类开始由血缘家族向氏族公社过渡。

三、母系氏族公社

旧石器时代晚期，随着生产力的发展及人类智力的提高，人们逐渐认识到兄妹之间近亲通婚的危害性，于是逐渐排斥了血缘家族内的同辈婚。最初可能是只禁止嫡系兄妹的婚配，而后禁止旁系兄妹之间发生性关系，最后禁止在一个血缘家族内寻找配偶。同一集团内同辈婚的禁止，产生了"普那路亚婚"，同时社会组织也由血缘家族过渡到了氏族公社。

（一）"普那路亚婚"和氏族的产生

"普那路亚婚"又称为"族外婚"，是指在族外一定范围内的同辈男女共为夫妻。摩尔根的《古代社会》与恩格斯的《家庭、私有制和国家的起源》都对这种婚姻形态进行了描述，普那路亚婚即一群姊妹和另一群男子或一群兄弟与另一群女子之间的婚姻关系。这时共夫的姊妹间和共妻的兄弟间互称"普那路亚"（夏威夷语），意为"亲密的伙伴"。

普那路亚婚是在两个或两个以上的血缘集团之间进行的，仍然属于群婚，但这种族外群婚比族内的同辈婚是一个很大的进步，因为它进一步减弱了婚姻的血缘关系。随着普那路亚婚的形成与发展，同一血缘家庭内部禁婚的规定逐渐成为普遍的规则，并用习惯法巩固下来，这样一个固定的内部严禁通婚的血缘亲属集团就形成了，这样的集团就是氏族，氏族的产生大约处于人类形成过程中的晚期智人阶段。氏族形成后又因为有着共同的社会制度、经济生活及宗教信仰，使其形成更加稳固的集团。于是，氏族发展成为原始社会最基本的社会组织单位和社会经济单位。两个通婚的氏族组成了最早的部落。氏族与血缘家族最大的不同是氏族内部严格禁婚，实行族外婚，在另一个集团内部寻找配偶；而血缘家族是内部通婚，在集团内部寻找配偶。

（二）母系氏族公社的主要特征

氏族又称为氏族公社，主要是以血缘关系为纽带的社会组织形态，普遍存在于世界各地的史前时代中。氏族又分为母系氏族和父系氏族两个发展阶段。氏族一产生就是母系的，这主要是由这一时期的婚姻形态所决定的，母系氏族具有以下两个显著的特征：

1. 以母方的血统确定世系，财产实行母系继承制

在母系氏族公社阶段，无论实行的是族外群婚还是以后实行的对偶婚，在这种婚制下所生的孩子大多都不能确定父亲是谁，而只能确定孩子的母亲，因此氏族的世系只能从母系计算。一个母系世系大家庭包括一个女祖先，女祖先的子女以及女儿的子女，女性后代的子女等等。至于女祖先儿子所生的子女，属于其他氏族，并不是本氏族的成员。

与女性世系相适应的是财产的母继承制。在母系氏族阶段实行生产资料公有制，财产属全体成员所有，共同支配，因此，属于个人的财产并不多。氏族成员个人所拥有的只是一些个人使用的生产、生活工具与一些简单的私人物品,这些有限的物品实行的是母系继承制。氏族成员去世之后,他(她)的个人财产只能由母方的血缘亲属继承。如果死者是一名女子,那么她的财产可以由她的子女及她的姐妹、母亲等分享。如果死者是一名男子,他的财产不能由他的子女继承,因为他的子女属于其他的氏族,不属于父亲的氏族。这名男子的财产可以由他的兄弟姐妹、或姐妹的子女或他的母亲、母亲姐妹的子女等继承。

2. 女性在社会及经济活动中占主导地位

在母系氏族公社时期,一般氏族长由年长的女性担任,领导全氏族成员从事生产活动、主持食物的分配、组织氏族会议、举行祭祀活动等重大事务。在某些情况下,男性也可以做氏族长,但该名男性通常由年长的妇女提名,经全体氏族成员选举同意。这名男子必须是本氏族成员,可能是年长女性的兄弟、儿子或姐妹的儿子,而不能是她的丈夫或女婿。在经济活动中,女性也占有重要地位。这时的女性主要从事采集活动,而男子从事狩猎活动。在原始农业和原始畜牧业还没有发展起来的状态下,妇女的采集往往比男子的狩猎收获更大,采集活动更能够为全体氏族成员提供相对稳定、相对可靠的食物来源,从这个意义上说,女性是母系氏族公社时期,人们得以生存的根本保障。此外,女性还烹制食物、加工兽皮、缝制衣物、养育幼儿等等,因此妇女在社会的各个方面都具有比男性更重要的意义。

(三) 对偶婚

对偶婚是普那路亚婚的高级发展形式,是母系氏族公社繁盛时期的主要婚姻形式。母系氏族公社的繁盛期处于新石器时代,这一时期随着人口的增多,氏族的分化,亲属间禁婚的规定日益复杂,不允许通婚的"兄弟"和"姐妹"的类型日益增多,族外群婚显得越来越不可能了。于是群婚向对偶婚过渡,对偶婚逐渐取代了普那路亚婚。对偶婚最初的形式是一个男子在许多妻子中有一个主妻,女子在众多丈夫中有一个主夫,最后发展为一男一女的对偶婚。对偶婚形成的家庭被称为对偶家庭。

对偶婚有两个发展阶段,第一个阶段叫"望门居",即男子采取晚上去女子家拜访的方式。配偶男女双方白天仍住在自己的氏族内,晚上丈夫到妻子家去过夜,第二天早上又回到自己的氏族,这种形式称之为"望门居"。对偶婚的第二个阶段是"从妇居"。随着对偶婚的进一步发展和婚姻关系的进一步稳固,丈夫便迁到妻子氏族居住,但男子并不属于妻子氏族的成员,不仅要为女方的氏族工作,还要为原来的氏族工作。

对偶婚虽然是一男一女的婚配关系,但对偶婚只是一种暂时的婚姻关系,是极不稳固的,只要男女双方不再愿意维持婚姻关系,他们就可以离婚。虽然对偶婚不稳固,但相对以前的群婚来讲却是一个很大的进步,因为它是建立在一男一女基础上的婚姻,具有鲜明的个体婚的性质,并为后来的一夫一妻制家庭的产生奠定了基础。由于对偶婚极不稳定,易于解散,因此由对偶婚形成的对偶家庭并没有形成一个独立的社会经济单位,氏族仍旧是新石器时代社会的基本经济单位。

四、一夫一妻制与父系氏族公社

新石器时代后期,随着农业、畜牧业和手工业产生,男子凭借体力上的优势,逐渐在经济生活中处于主导地位。经济地位的变化必然导致社会地位的变化。以女性为中心的对偶婚也被以男性为中心的一夫一妻制所代替,母系氏族公社演变为父系氏族公社。这一重要的社会变革被恩格斯认为是"人类所经历过的最深刻的革命之一"①,"母权制被推翻,乃是女性的具有世界历史意义的失败。丈夫在家中也掌握了权柄,而妻子则被贬低,被奴役,变成丈夫淫欲的奴隶,变成单纯的生孩子的工具了"②。

(一) 一夫一妻制婚姻的确立

史前时代后期,由于男性主要从事农业、畜牧业和手工业等经济活动,而女子则主要从事非生产性的家务劳动,男性逐渐掌握了经济上的主导地位,获得了更多的财富。男性的社会地位和经济地位都获得了极大的提升,超过了妇女的地位,因此男性就要求按照父系血统计算世系,财产继承也要求由母系继承转化为父系继承。以前不稳定的对偶婚开始向更为稳定的一夫一妻制转换,母系社会时期"从妇居"变成了"从夫居",这样对偶婚被一夫一妻制婚姻所取代,实行一夫一妻制婚姻的家庭被称为一夫一妻制家庭。

一夫一妻制是比较稳定的婚姻形式,从此之后,生下来的子女既知其母,也知其父。此后,一夫一妻制家庭所生下来的子女都留在了父亲的本氏族内,而不再属于母亲的氏族。一夫一妻制从此成为了人类最基本的婚姻形态,一直流传至今。当然,在向一夫一妻制的转变过程中也出现了一夫多妻或一妻多夫的特殊形态,但不具有普遍意义。

(二) 父系氏族公社

父系氏族公社与母系氏族公社一样,并没有割裂血缘关系的纽带,仍旧是靠血缘维系氏族成员。一个父系氏族公社由出身于一个共同男性祖先的父系大家族组成,在一个父系大家族中,包括一个父亲所生的几代子孙及他们的妻子。每个父系大家族由氏族公社分配给一块土地,由家庭成员共同耕种,主要生产工具也由家族共有,所得的收成共同消费。男性祖先是这个大家族的首领,由他领导和指挥大家共同劳动。家族长的权力受到家庭会议的制约,成年的家庭成员皆可参加家庭会议。一切家族的大事,如女儿出嫁、财产转移及成员处理等都由家庭会议做出决定。在父系氏族公社早期,尚在一定程度上保留了母系氏族的影响,女性老祖母对家庭事务也具有一定的发言权和影响力。由于受生产力的影响,这一时期单个的一夫一妻制家庭还难以独立出来,进行个体生产,他们还必须依附于大家族,依靠整体的力量来获得足够的生存物品。

父系氏族公社实行生产资料公有制,但是土地已分成小块供父系大家族的成员耕种,只有森林、牧场等属于氏族集体支配。在公社管理上,父系氏族公社最初实行民主管理,一切

---

① 《马克思恩格斯选集》第四卷,人民出版社,2012年版,第64页。
② 同上书,第66页。

氏族内外大事皆由氏族会议处理。氏族会议由家族长组成,氏族长由大家长中选举产生,得到全体氏族成员的公认。

第四节 国家的产生

一、私有制和阶级的形成

原始社会末期,随着生产工具的革新,生产力也得到了快速的发展。约公元前6千纪,人们逐渐使用金属工具进行生产。最初人们只知道使用铜制工具,纯铜的质地较软,并不适合做生产工具。于是人们又逐渐学会了在铜中加入锡,冶炼成青铜。青铜工具不仅锋利,并且坚硬,生产效率得到了较大的提高。生产力的提高促进了社会分工的进一步发展,一部分人从农业中分离出来,专门从事手工业,于是出现了农业和手工业的分工。社会分工的发展进一步提高了生产效率,使人们的劳动除了维持基本的生活需要之外,有了一部分剩余。当生产力低下时,人们为了生存不得不共同劳动,共同消费,这时候没有私有财产,也就没有私有观念。但当生产力有了较大发展,出现了剩余产品,剩余产品为私有制的出现提供了条件。氏族首领和家族长利用对公共财产的管理权和支配权,将公共财产占为己有,这就不可避免地促进了私有制的发展和公共财产的解体。

最先变为私有财产的是生产工具、家畜、农产品等动产。随着生产力的发展,生产组织形式也发生了变化,原来的集体劳动中逐渐分化出一些个体家庭的劳动。最初人们把农具放在自己家里,久而久之,它们就成了主人的私有财产。随后家畜和农产品也慢慢变为私有财产。家畜变为私有在财产私有制过程中具有重要意义,家畜除了食用,还可以充当罚金以及在宗教活动中作为牺牲,是较为重要的私有财产。土地长期以来属于氏族的公共财产,但随着个体家庭在社会生产中作用的不断加强,属于集体的土地逐渐被个体家庭所占用,慢慢变为私有。土地,作为最重要的一种生产资料变为私有之后,私有制也就慢慢形成了。

私有制产生之后,阶级分化也就不可避免。先前部落之间血亲复仇的战争现在变成了掠夺财富的战争。战争俘虏之前由于没有经济价值,经常被杀死。现在人们认识到可以利用战俘来进行生产劳动,创造财富,剥削他们的剩余劳动,战俘此后不再被杀死。这些被剥削的战俘就变成了低人一等的奴隶,他们无偿为主人服务,出现了人与人之间的不平等,阶级就出现了。

氏族内部财富的积累还引起了各家长制大家庭之间财富的分化。有的家族占有较多的土地、牲畜和奴隶,成为氏族部落贵族,而有的家族则日益贫困,成为穷人。这样,除了自由人和奴隶之间的差别外,又出现了富人和穷人的差别。原始社会末期一系列社会经济关系的变化,破坏了以血缘关系为纽带,以生产资料公有制为基础的氏族制度,氏族制度逐渐瓦解。

二、国家的形成

原始社会末期,生产关系的变化也导致了上层建筑的相应变化。在氏族公社向国家转化的过程中,出现了一种特殊的制度,称为军事民主制。军事民主制可以以氏族为单位,也可以以部落为单位,但以部落为多。军事民主制具有两个显著的特征,一是在形式上不同程度地保留着氏族民主制的因素,原来的部落组织如长老议事会、部落大会等等,虽然由于内部的分化而四分五裂,但仍然存在,在习惯上还具有一定影响;二是出现了军事首领的个人权力,但这种个人权力尚未达到国家统治权力的程度,个人权力受到氏族民主机构的限制。成年男子参加的公民大会,氏族贵族和长老组成的议事会及军事首长,是构成军事民主制的三大要素。

随着战争的日趋频繁和私人财富的日益增长,部落酋长和军事首长的权力日益膨胀,他们的权威构成了后世王权形成的基础。随着军事权威的日益增长,那些代表民意的机构如公民大会、议事会等的作用日益减弱,最终让位于以国王为首的官僚机构,国家也就产生了。

国家和氏族有着本质的区别,主要有以下两点:第一,国家是按照地域来划分居民,而不再靠血缘关系,血缘关系对居民的维系作用越来越不重要;第二,国家对居民的管理不再是原始的民主制度,而是使用凌驾于全体成员之上的公共权力,这种公共权力包括军队、警察、法庭和监狱等强制性的机构。

关于国家产生的途径和类型,恩格斯在《家庭、私有制和国家的起源》中进行了精辟的论述。他认为国家产生的途径主要有三种:雅典式、罗马式和日耳曼式。雅典式国家是从氏族内部的阶级分化中直接产生的,没有或很少受到外来暴力的干涉,是最纯粹、最典型的形式。罗马式国家是在贵族和平民激烈的斗争中形成的。平民摧毁了旧的氏族制度,并在它的废墟上建立了新的国家,贵族和平民都融合在新的国家之中了。日耳曼式国家是日耳曼人在征服了其他民族广大领土的过程中逐渐建立了国家,是使用了暴力,在军事征服中产生的。

世界上最早的国家出现在地中海沿岸的两河流域和尼罗河流域,稍后恒河流域、印度河流域以及希腊半岛和黄河流域也出现了国家。国家的产生是人类历史发展的重大转折,它标志着史前时代的结束和文明时代的开始。

第五节 史前文化

史前时期虽然生产力低下,但却孕育了人类文化产生的胚胎,在宗教、语言文字、艺术和自然知识等方面取得了较多的成果。

一、原始宗教

宗教是最古老的意识形态之一。在史前时代,生产力水平低下,人类无论对自身还是对大自然的认识都十分有限,对各种自然现象及人的生老病死都无法做出合理的解释。他们把自然力和自然物进行神化,从而加以崇拜,原始宗教由此形成。考古资料显示,在旧石器中期的文化遗址中出现了人类从事宗教活动的痕迹,出现了宗教崇拜的萌芽。在旧石器时代晚期,宗教活动开始变得复杂起来。史前时代的宗教信仰主要存在以下几种崇拜类型。

(一) 万物有灵论

万物有灵论是宗教的最初崇拜形式之一。人们认为自然界和人类一样,既具有有形的外表,又具有无形的灵魂,认为世上的万物都具有灵魂和精神,这就是万物有灵论。埋葬尸体可能是万物有灵论的表现形式之一,认为人的肉体虽然死去了,但灵魂不死,只要保存好尸体,灵魂就会继续存在。旧石器中期以来,人类就开始产生了埋葬尸体的行为。中国旧石器时代的山顶洞人有了埋葬尸体的行为,并在尸骨上撒上红色赤铁矿石粉末,这表明当时的人们已经有了灵魂的概念以及进行了一些埋葬尸体的宗教仪式。民族学资料显示,一些近现代的原始部落仍将红色视为生命之源和灵魂寄托之处,所以在墓葬中多使用红色的颜料。

(二) 图腾崇拜

图腾崇拜也是原始宗教较古老的形态之一。它产生于旧石器时代晚期,大概与氏族同一时间形成。"图腾"一词源于印第安语,意为"它的亲族"。由于人们的生活来源是某种动物、植物或无生物,因此他们认为在经济上与自己有密切关系的动物、植物或无生物与自己有着血缘关系或其他特殊的关系,把他们当作自己的亲属,每一个氏族成员都应该崇拜它,于是形成了图腾崇拜。人们认为这些图腾是氏族的保护神和象征,氏族也经常以某种图腾来命名。这些崇拜的图腾以动物居多,如熊、狼、鹰、鹿、鸟、龙等等。这些图腾往往是全氏族的禁忌物,禁止杀食,并且要举行各种崇拜仪式,对这些图腾进行尽可能的保护,以促使它们更好地生育繁衍。

(三) 自然崇拜

在原始社会后期父系氏族公社阶段,图腾崇拜的影响逐渐衰弱,而自然崇拜逐渐兴盛起来,特别是原始农业和原始畜牧业发展起来之后。自然崇拜最初是由于对大自然的威力感到束手无策,因而产生了对自然物和自然力的崇拜。自然崇拜的对象并非是整个自然界,而是有所选择。他们当时崇拜的多是对原始农业和原始畜牧业的发展具有重大影响的自然物和自然力,如太阳、土地、水、火及森林等等。水是万物之源,因此众多民族都对水加以崇拜。在许多民族的神话里,神及世上万物都是从水中诞生的,比如两河流域的创世神话,淡水和咸水混合之后,生出了众神。太阳对万物的生长具有重要作用,因此太阳也是众多民族崇拜的对象。当然在一些特别干旱炎热的地方,人们认为温润的月亮才是万物生长所需要的,所以他们崇拜月亮。其他一些部落则崇拜星星、风、雨、雷、电等等。

(四) 祖先崇拜

在史前时代后期,特别是父系氏族公社时期,祖先崇拜也较盛行。祖先既是氏族血统的来源,又是社会生产活动的组织者和指挥者,在氏族中享有很高声望和权威,因此祖先崇拜得以兴起。人们不但崇拜活着的祖先，对那些去世的祖先也进行崇拜，祈求他们的灵魂也能够保护子孙，给子孙赐福。祖先崇拜的对象都是与自己有血缘关系的男性祖先，最初崇拜的是氏族的共同祖先，后来父系大家族的祖先及小家庭的祖先也成为了崇拜的对象。在当前处于部落阶段的一些原始民族里，祖先崇拜还比较盛行。

二、语言文字的产生

语言是人类区别于动物的一个重要特征，语言的产生较早。在人科形成阶段，口头语言就开始产生。正在形成中的人在集体劳动的过程中，由于相互交流的需要而产生了语言，即口头语言。随着口头语言的发展，到直立人阶段开始产生了分节语，词汇量和每个词的含义也逐渐增大。至晚期智人时期，语言的词汇和语法结构都比较完善，人类已形成了至少1 000种以上的分节语言。到史前时代末期，语言变得更加复杂多样。语音和语法结构相似的某些语言形成了特定的语系，当时已形成了印欧语系、汉藏语系、亚非语系、达罗毗荼语系、高加索语系及阿尔泰语系等众多语系。

与口头语言相比，文字的发明要晚得多，即便在当今世界，也有上千种语言没有书面文字。严格意义上讲，文字的出现是进入了文明社会的标志，史前时代不存在文字，但文字的发明是一个长期的过程，文字的发轫处于史前时代。最早人们用口头语言和手势语言来进行交流，但口头语言和手势语言的局限性也显而易见，为了能够寻找不受时空限制的交流方法，人们逐渐采用各种实物和图形的方法来传递消息，保存记忆。在这些实物和图形的基础上，人们逐渐发明了文字。文字的发明大概经历了结绳记事、契刻记事和图画文字三个阶段。

结绳记事是原始人普遍使用的一种方法，它不仅用于计数，也用于记事。人们把绳子打成各种不同的结子，以结子的多少、大小及位置的不同来表达各种数值或各种事情。结绳记事在古代中国、埃及、波斯、秘鲁等地盛行。在近代美洲的印第安人、非洲、大洋洲的土著居民的一些部落中，也使用这种结绳记事的方法。契刻记事也是原始人用来记事的一种方法，发明时间可能稍晚于结绳记事。契刻记事使用的材料主要有陶器、木棒、竹子等等，人们在这些物体上刻上不同的符号来表达不同的事情。由于结绳记事和契刻记事等方法所记忆的信息有限，无法表达更复杂的思想，于是原始人发明了图画文字来表达思想。图画文字最初多是用事物的具体画像来表达思想，记述事情。图画文字虽然比较原始，所能表达的思想不多，但比起结绳记事和契刻记事更接近于文字，是文字产生的第一步，是文字的最早雏形。图画文字多刻写在石板、泥板、金属器、骨头、树皮和兽皮上。图画文字既可以表达某一具体事物，也可以表现重大的历史事件。图画文字的进一步发展趋势是图画越来越简化和抽象，并且图画符号慢慢失去了它原来的意义，变成了表音的音符。于是图画文字慢慢变成了既有表音符号又有表意符号，具有较完善的语法规则的拼音文字。最早的文字是苏美尔人于公元前4000年代末发明的楔形文字和古埃及人发明的象形文字。

三、原始艺术

原始艺术萌芽于旧石器时代中期,主要表现在绘画、雕刻、装饰等方面。旧石器时代晚期,原始艺术得到了进一步的发展,在许多遗址中出现了大量的绘画和雕刻作品。法国中南部的洞穴中发现了许多2万—1.2万年前的洞穴壁画,表现了牛、马、鹿和犀牛等动物的形象。在法国的拉斯科洞穴还发现了使用油脂着色的彩色壁画。在西班牙的阿尔塔米拉洞穴里也发现了精美的壁画。上述这些壁画所描绘的动物形象栩栩如生,可与现代艺术杰作相媲美。除了壁画之外,在陶器上也发现了许多精美的绘画作品。在我国半坡文化陶器上绘制的人面纹、鱼纹以及鸟纹等等,也都栩栩如生。在我国黄河中游河南临汝阎村出土的《鹳鱼石斧图》可谓是史前时代绘画的精品。在作为葬具的陶缸上画了一幅大型的彩图,彩图中有一只白鹳,口衔鲢鱼,白鹳的右边立着一把斧子。整个画面动物形象栩栩如生,线条分明,且寓意深刻,是一幅杰出的绘画作品。这一时期的雕刻,材料主要有岩壁、石头、兽骨和象牙等等。雕刻的题材主要有两类,一是猛犸、野牛、犀牛、马和驯鹿等各种动物,二是人体雕像。人体雕像主要是女性雕像,男性雕像极少。女性雕像都十分注重突出身体的性特征,躯干丰满,头部刻画则比较简单。在石雕作品中较有名的是太平洋波利尼西亚群岛中复活节岛上的石雕巨人像,这种石料极其坚硬,用现代化的工具雕刻也十分困难,复活节岛上的原始人是用什么工具雕刻的则不得而知。

四、科学知识的萌芽

虽然史前时代人们对大自然的认识有限,但文明时代的科学知识却是从这一时期开始萌芽的。原始人在天文学、医学及数学方面积累了不少的经验,取得了较多的成果。原始人通过观察太阳的运行轨迹,形成了"日"的概念,后来又通过月亮的盈亏规律形成了"月"的概念。当原始农业和原始畜牧业产生后,通过庄稼的播种、收割,动物的饲养、繁殖等等,原始人又形成了"季节"和"年"的概念。在长期天文知识积累的基础上,原始人发明了原始的自然历法。

史前时代科学知识方面的主要成就,是关于动植物方面的知识,因为人们的主要生活来源就是各种动植物。原始人在长期的采集实践中,已经能把植物区分为无毒和有毒两大类,无毒的植物他们作为食品,有毒的植物则制作狩猎用的毒药和毒箭。他们还发现某些植物、矿物具有一定的医疗作用,可以用来缓解疼痛或治疗某些疾病。在了解了这些动植物知识的基础上,原始人积累了一些医药知识及治疗手段。值得一提的是生活于三四万年前法国克罗马农人所掌握的一种外科手术"环锯术"。他们能用锋利的燧石刀作为工具来为患头痛、癫痫的病人做脑部手术,他们在脑壳上环锯一个洞,并伴有巫术,把"魔鬼"从脑壳中驱赶出去,然后缝上头皮。根据分析留下了的做过环锯术的头骨化石可知,手术的效果不错,有些人在手术后成功地活了下来。原始医学往往和巫术联系在一起,巫师有时就是医师。他们通过各种巫术给病人治病,当巫术失败后,他们则宣传病人被魔鬼缠身,已无药可治。

由于抽象思维能力没有发展起来,原始人在数学方面的知识比较匮乏,处于萌芽状态。许多部落仅会用 1、2、3 等几个数字,最大的数目一般是 5 和 10,超过这个数目的就笼统地称为"多"。有个别地区的原始人,因疾病原因导致手指畸形,出现 6 指,因此,他们的数目就以 6 和 12 为最大数,再大的也笼统地称为多。原始时代后期,古代秘鲁的印第安人已创造出十位数和百位数的符号,他们用在绳上打结的方式来表示 10、20 和 100、200,这已是史前时代数学方面所取得的最高水平了。

参考书目

1. [美]摩尔根:《古代社会》,杨东莼等译,商务印书馆,1997 年。
2. [德]恩格斯:《家庭、私有制和国家的起源》,《马克思恩格斯选集》第 4 卷,人民出版社,2012 年。
3. [英]赫伯特·乔治·韦尔斯:《世界通史》(上),一兵译,新世界出版社,2016 年。
4. [美]布赖恩·费根:《地球人——世界史前史导论》(第 13 版),方辉等译,山东画报出版社,2014 年。
5. 郝时远、朱伦主编:《世界民族》(第三卷:宗教信仰),中国社会科学出版社,2013 年。

第二章
古代西亚

西亚地区是世界上最早进入文明时代的地方,诞生了世界上第一批文明国家。古代两河流域是世界上第一朵文明之花,其后埃兰文明、赫梯文明、犹太文明和古波斯文明也相继兴起。古代西亚地区的文明虽然无比辉煌,然而遗憾的是除了犹太文明之外,其他的几个文明都相继灭亡,文字失传,其创造的文明成果大多被埋藏于地下。随着近现代考古学家和历史学家的努力,大批文物的挖掘出土及古文字的破译,终于使这些古文明"死而复生",使人们得以领略这些伟大文明的光辉业绩。

第一节 古代两河流域文明

古代两河流域文明与我们中华文明最大的不同便是她是一个"死了"的文明。她的语言文字已经失传,在近现代考古发掘这一文明之前,人们对古代两河流域文明所知甚少,直到 1857 年亚述学诞生之后人们才对这一伟大的文明有所了解。

一、自然环境与史前文化

"Mesopotamia"一词来源于希腊语,意为"河流之间的土地"是古代希腊、罗马人对幼发拉底河和底格里斯河流域地区的称呼。这一地区包括现代伊拉克全境以及叙利亚、土耳其和伊朗的一部分，我国学术界一般直译为"美索不达米亚"或意译为"两河流域"。两河流域地区的自然环境在古代非常适合人类居住，形成了几个较为先进发达的史前文化。

（一）两河流域地区的自然环境

发源于土耳其境内的幼发拉底河（2 780公里）和底格里斯河（1 950公里），由西北流向东南的波斯湾，古代两河是分流入海，而现在是汇流流入波斯湾。两河流经的狭长平原与河谷地带成为"肥沃新月"地带的东翼，叙利亚、腓尼基、巴勒斯坦和以色列成为"肥沃新月"地带的西翼。两河流域的西北为叙利亚沙漠，东面为扎格罗斯山脉，北面为陶鲁斯山脉和亚美尼亚高原，南面濒临波斯湾。两河流域地区按照地形地貌及气候条件可以分为三个不同区域。

A区：底格里斯河东岸至库尔迪斯坦山脉之间的丘陵地带。这里年降雨量在300毫米至600毫米之间。地形由河谷平地逐步升级为海拔2 500—3 600米、白雪覆盖的札格罗斯山脉。四条河流由东北山区流经这一地带并注入底格里斯河。这里气候四季分明，夏天炎热，冬季寒冷。山坡时有草地、橡树和松树林，河谷则易于种植小麦、大麦、果树、葡萄和蔬菜等。此地是早期居民理想的定居点，形成了众多的文化遗址。

B区：陶鲁斯山麓以南、幼发拉底河中游与底格里斯河中游之间的平原地带，这一区域是亚述帝国的核心区域，是一个富饶的谷物种植区。这个区域降水量比较丰沛，众多小溪流覆盖在这一地区，它们汇集为巴里赫河和哈布尔河。两河上游形成了两河流域西北部二个无需人工灌溉的农业地区。这里数以百计的古代城镇废墟形成的土丘，表明了此地曾是繁荣之地。

C区：两河流域南部平坦的冲击平原，这里是伊甸园的旧址。这个地区气候干旱炎热，并不适合居住。夏季气温可以达到50摄氏度，绝大部分地区年降雨量在200毫米以下。土壤干而坚硬，一年中有8个月不适合农作物生长。因此，在这一地区必须进行人工灌溉才能保障农作物的生长。正是由于人工灌溉技术的使用，在两河流域南部并不太适合人类生存的地方诞生了世界上最早的文明即苏美尔文明。

（二）两河流域地区的史前文化

从新石器时代两河流域地区就发展起了几个较为先进的铜石并用时期的文化，根据目前掌握的大量考古资料，用放射性碳测年，两河流域的史前文化可以划分为以下六个时期：

哈苏纳（Hassuna）时期	约公元前5800—前5500年
萨马腊（Samarra）时期	约公元前5600—前5000年
哈拉夫（Halaf）时期	约公元前5500—前4500年
欧贝德（Obaid）时期	约公元前5000—前3750年
乌鲁克（Uruk）时期	约公元前3750—前3150年
捷姆迭特·那色（Jamdat Nasr）时期	约公元前3150—前2900年

就两河流域的自然环境而言,只有北部地区季节性的降水比较丰富,可以不用人工灌溉而发展农业。因此两河流域地区最早的农业定居点出现在底格里斯河中游丘陵地带的雅尔莫(Jarmo),时间大约为公元前7000年。这也是世界上最早的农业定居点之一。此后,在两河流域北部地区相继或共生了三个史前文化,分别以考古发掘地命名为哈苏纳文化、萨马腊文化和哈拉夫文化。三个文化期具有不同的陶器风格,时间从公元前6000纪延续到公元前5000纪下半叶。现有的考古资料显示,在公元前5000年之前,两河流域南部苏美尔地区并没有形成大的农业定居点。然而,公元前5000年之后,两河流域的文化中心南移,在中南部形成了几个水平更高的史前文化,并率先进入了文明时代。

1. 乌鲁克文化

乌鲁克遗址坐落在巴格达与巴士拉中间位置的非沙漠区。这是近东最重要的遗址之一,不仅是因为该遗址覆盖面之广(占地400公顷,德国考古学家从1912年开始一直挖掘了15年),还因为该遗址包含的地层从欧贝德时期到帕提亚时期(公元前247—公元226年)从未中断。乌鲁克文化出现了苏美尔文明的三大文明特征:神庙、圆筒印章和文字。

德国考古队在乌鲁克出土了至少7座邻近的神庙,这些神庙都是建在低矮的砖台上,就像欧贝德时期埃利都遗址的神庙一样。随着时间的推移,平台变得越来越高,似乎它的规模比神庙建筑本身还重要,所有这些特征都显示了塔庙的起源。塔庙是历史上两河流域文明的一个典型文化符号。乌鲁克遗址的安奴神庙可以解释这一进化过程,在这里有6座庙宇相继建立并最终被囊括在一个具有真正纪念意义的高出平原地面15米的高台上。这个高塔的顶端是一些可以追溯至乌鲁克晚期的保存相当完好的圣殿遗迹,即所谓的"白庙",公元前5000年前,天神的祭司正是站在了这些高台上,主持着各种宗教仪式。

乌鲁克神庙的宏伟壮丽使得其他形式的艺术都相形见绌。而乌鲁克时期的圆筒印章可算是一项杰作。两河流域最早的印章是平印,但到乌鲁克时期平印几乎全部被圆筒滚印所取代。滚印是由普通圆柱形的石头,或者是珍贵的宝石做成的。长度从2.5厘米到8厘米不等,有些有大拇指那么粗,有些像铅笔那么细。圆柱内部一般挖空,这样就能用绳子串起来带在脖子上。圆筒印章侧面刻上凹的图案,这样当圆筒在黏土上滚过时,黏土上就被压制出了精

图2-1 乌鲁克文化圆筒印章的印迹

美的浮雕图案。这些早期圆筒印章的制作技术已非常精湛,圆筒印章侧面的印迹一般分为形象图案和抽象图案。乌鲁克时期的印章图案多为形象图案,这些图案一般分为:战俘、动物、怪兽、国王的军事外交活动、王室的宫廷生活和各种宗教题材的场景。如一枚印章图案描述了《吉尔伽美什史诗》里吉尔伽美什和恩基都合力杀死森林怪兽胡瓦瓦的场景。左边第二个戴头盔的是国王吉尔伽美什,右边第一个蓄着胡子、高举斧子的是恩基都,中间的便是

图 2-2 世界上最早的图画文字

森林怪兽胡瓦瓦。

乌鲁克文化时期见证了一个比神庙、圆筒印章更重要的、开创新纪元的发明,这便是文字的诞生。公元前 3300 年,在乌鲁克文化末期的埃安那神庙,绘画泥板文字第一次问世。1929 年,德国考古队在乌鲁克遗址,发现了大量泥板,学者们习惯称之为"古朴泥板",这是迄今为止所发现的最早的刻有文字的泥板。泥板上的文字属于两河流域楔形文字早期阶段的图画文字。

第一批象形图画是刻在木头上或者是树叶上的,但是这样的媒介物很久以前就已经分解在伊拉克潮湿的泥土层里了,唯一幸存下来的文件便是那些用泥土书写的泥板了。书写过程本身非常简单:抄写员拿一块上等的、干净的土块并且把它弄成一个光滑的几平方厘米的泥板。然后,用芦苇秆末端切出一个斜度,用线条把泥板的每个面分开成小的方块,然后在每个方块里刻字。泥板随后或者是烘干或者是用太阳晒干,烘干或晒干的泥板固若磐石,保存持久。

2. 捷姆迭特·那色文化

1925 年,一种饰以黑、红彩绘的土黄色大罐和梅红色陶器在巴格达与巴比伦之间的捷姆迭特·那色丘发现。稍后,在两河流域其他的遗址也发现了数量较少的捷姆迭特·那色陶器,以这种陶器为代表的文化,我们称之为捷姆迭特·那色文化。除了陶器的风格和品质上的小变化外,这个时期的文化元素与乌鲁克时期并没有本质的区别。建筑遗迹不多但也足以证明神庙设计和装饰并没有发生多大的改变。圆筒印章包含同样的宗教和世俗的画面,已经变成一种固有模式和习俗。书写越来越多地被使用,文字越来越成熟,象形图符越来越少,越来越不"现实",越来越失去了图画的性质。

技术的进步、艺术、写作方面取得的成就,所有这些都揭示了捷姆迭特·那色文化已经是完全成熟文明的预兆。捷姆迭特·那色文化之后,有文字记载的苏美尔各城邦脱去了史前文化的外表,确凿地进入了历史时期。现在可以不再以"文化"来称呼古代的人群了,苏美尔人进入了文明时代,进入了一个为统一两河流域地区而不懈奋斗的历史时期。

二、巴比伦文明

两河流域地区一般被分为南北两个部分,北边称为亚述,南边称为巴比伦尼亚,又可称为巴比伦。在南北两个地区形成了不同的王朝及不同的文化传统,学术界一般把巴比伦尼亚地区形成的文明称为巴比伦文明,北面亚述地区形成的文明称为亚述文明。两个文明既相互平行发展又互相征服、臣服。两个文明的发展交织在一起,形成了复杂多变的局面。首先我们来关注南方巴比伦文明的历史发展演变。

(一) 从苏美尔城邦到苏美尔帝国(公元前 2900—前 2004 年)

巴比伦文明的历史演化又可以分为两个时期,公元前 2900—前 2000 年,是苏美尔人主导巴比伦尼亚地区,公元前 2000 年之后,苏美尔人退出历史舞台,来自沙漠地区的阿摩利人统治这一地区,形成了两大帝国。

1. 早王朝时期苏美尔城邦的争霸活动(约公元前 2900—前 2340 年)

苏美尔人在创造了光辉灿烂的欧贝德文化、乌鲁克文化、捷姆迭特·那色文化之后,进入了它的早王朝时期,同时也是一个城邦争霸的混乱时期。这时苏美尔地区的城邦不下几十个,乌尔、乌鲁克、拉伽什、基什、乌玛、尼普尔、拉尔萨等是其中较有实力的几个大邦。为了开拓疆土,争夺奴隶和财富,这些城邦之间展开了残酷的征服战争,整个苏美尔地区弥漫着战争的硝烟。《苏美尔王表》是我们研究早王朝时期城邦争霸的珍贵材料。《苏美尔王表》记载了"从王权自天而降"以来到伊辛王朝结束(公元前 1794 年)所有真实存在过的和推测的王朝和它们的国王们。据《苏美尔王表》记载,王权自天而下首次降到了埃瑞都城,两河流域最南端的一个苏美人的城市,在那里两个国王统治了 6.48 万年。然后王权成功地转移到巴德提比腊、拉腊克、西帕尔和舒如帕克,每个城市的统治都不少于 1.86 万年。5 个城市共 8 个王执掌王权,共 24.12 万年。然后,发生了大洪水,淹没了一切。

当王权再次自天而降,第一个获得王权的城市是北部城市基什。基什在阿伽王统治期间与乌鲁克王吉尔伽美什争霸,史诗《吉尔伽美什与阿伽》描绘了阿伽与吉尔伽美什争霸的场景。最终阿伽被吉尔伽美什战败,乌鲁克成为了苏美尔地区的霸主。

乌鲁克之后获得王权的城市是乌尔,乌尔衰落之后,乌玛和拉伽什城崛起,两强争夺两河流域的霸权。最终卢伽尔札吉西打败了拉伽什,大有统一巴比伦尼亚之势。然而,另一位军事强人萨尔贡的崛起,彻底改变了两河流域地区小国争霸的局面。

2. 阿卡德王国的统治(约公元前 2340—前 2193 年),两河流域首次统一

(1) 阿卡德王朝的建立

阿卡德人是讲塞姆语的民族,公元前 3000 年来到两河流域,居住在苏美尔以北的冲积平原上,后因阿卡德帝国而得名。由于塞姆语系的各民族起源于两河流域、叙利亚或南邻阿拉伯半岛,这些阿卡德人被认为是本地人。

当苏美尔各城邦混战之时,阿卡德人抓住了这天赐的良机,在他们的领袖萨尔贡的率领下,不失时机地踏上了历史舞台,创造了两河流域的第一个大帝国。萨尔贡出生卑贱,在战乱中他篡夺了基什的王位,成为基什王。当卢伽尔札吉西围攻拉伽什时,拉伽什王乌如卡吉那可能向萨尔贡求援。阿卡德王以此为契机和卢伽尔札吉西展开了争夺天下的大战。萨尔贡大败苏美尔联军,活捉了卢伽尔札吉西,献俘于尼普尔的神王恩利勒大庙,声称恩利勒把天下王权授予他。苏美尔从前的霸主和"最重要的保护者"刚被他俘虏、羞辱,萨尔贡又开始了对付苏美尔地区的其他几个大城邦,他再一次"拆毁它们的城墙"。萨尔贡率领自己的胜利之师从拉伽什行军 150 英里抵达波斯湾,让士兵用海水洗刷他们的武器。

在巩固了对苏美尔地区的政治与道德权威,并且极大地扩充了他的军队之后,萨尔贡至

少向两个方向发动了几次军事战役：在西面，他向西北沿幼发拉底河征服到叙利亚地区，顺利地攻下了马瑞、亚尔穆提、埃卜拉和图图勒等城；在东面，他越过底格里斯河，征服埃兰地区。虽然他遭受了阿万国王领导的埃兰四个统治者军队的强烈抵抗，但最终埃兰人被打败了，许多城市被洗劫一空，埃兰地区成为了萨尔贡的附庸。萨尔贡自称身经34战，俘获50公侯，建立了第一个领土辽阔的大帝国。

（2）萨尔贡后继者的军事活动及王朝的崩溃

萨尔贡在位至少55年（约公元前2334—前2279年）。虽然萨尔贡通过武力征服建立了一个庞大的帝国，但是他去世后，他的帝国便处在摇摇欲坠的危机之中。据一个后来的巴比伦编年史描述，当他老年的时候，所有的地方都反叛他，并把他包围在阿卡德。

萨尔贡晚年的暴乱事件，预示着他死后在苏美尔和埃兰全面叛乱的爆发。他的儿子瑞穆什虽然极其有魄力地镇压了叛乱，但他的权威甚至受到了自己王宫内的挑战，在位仅仅9年（公元前2278—前2270年）之后，他在一次征服埃兰的战争中，被他的随从用"印章"杀害。瑞穆什的王位被马尼什图苏取得，马尼什图苏可能是他的双胞胎兄弟。马尼什图苏在位期间（公元前2269—前2255年）最重要的一件事是穿越波斯湾的一次远征。

图2-3 那腊姆辛征战石碑

马尼什图苏的儿子，那腊姆辛即位后选择了与北方的战争，至少在一段时间内，他胜利了。他可以自豪地把"四方之王"以及"宇宙之王"加到"阿卡德王"的头衔上。此外，那腊姆辛在两河流域历史上首次把自己神化了，称自己为神。他的名字前面的那颗星星，是表意符号"神"，苏美尔语中读作"dingir"，阿卡德语中读作"ilum"，表示那腊姆辛是神。在那腊姆辛多年的统治中（公元前2254—前2218年），几乎都弥漫了军事行动。在西边，他征服了阿勒坡和埃卜拉，部分地摧毁了马瑞王宫。在北边，他和胡里安人进行了激战，占领了哈布尔河一带，控制了通往扎基腊的所有通道。在南部，那腊姆辛进军马干地区，并且亲自抓住了他们的国王曼达奴。但最主要的战争是进攻东北扎格罗斯山区的卢卢比。阿卡德人的胜利刻画在了一块石碑上，石碑现存于卢浮宫，是卢浮宫博物馆的骄傲。石碑上那腊姆辛用弓箭武装自己，并且头上戴着有角的王冠，他好像正踩在敌人的尸体爬上一个陡峭的山峰；被画成小规模的部队紧跟其后。象征着神的两个星星在石板的上方，指引着那腊姆辛的军队前进。

毫无疑问，那腊姆辛是阿卡德王朝最后一位伟大的君主。他死后不久帝国边疆的压力变得难以应付。他在位期间埃兰与两河流域的关系友好，国王将他喜爱的东西赠与苏萨。但在那腊姆辛的后继者，沙尔卡利沙瑞的统治下，埃兰宣布独立，遗弃了阿卡德语而用他们的方言埃兰语，并且还敢使用至上的称号"宇宙之王"。而阿卡德的国王，"万王之王"却无力干涉，因为他忙着镇压国内苏美尔人的叛乱，并对卢卢比人、库提人、叙利亚游牧民族以及阿摩利人作战。

沙尔卡利沙瑞,就像瑞穆什和马尼什图苏一样,在一次王宫政变(公元前2193年)之后便销声匿迹了,阿卡德帝国轰然倒塌。国内政局动荡,混乱不堪。

(3) 阿卡德王国统一的历史意义

沙尔卡利沙瑞的死实质上标志着阿卡德王朝的结束,但是短暂的阿卡德王朝对两河流域历史的影响却是深远的。政治方面,阿卡德王国建立起了统一的中央集权的统治模式,结束了城邦长期分裂的局面。阿卡德王国的建立,为以后更多统一王国的建立做了一个成功的榜样。经济方面,大量战俘充当奴隶提供了大量廉价劳动力,促进了两河流域经济的发展。两河流域的对外贸易也发展起来,埃兰、巴林、阿曼以及整个海湾地区的经济都受到了两河流域的影响。而在伊拉克发现的原始印度封印、花瓶和装饰物证明了与印度河谷的贸易关系,在那里哈拉帕与摩亨左·达罗的灿烂文明繁荣发展。艺术方面,新的趋势是朝现实主义发展,写实肖像代替了早王朝时期或多或少的传统画像。苏美尔的文化地理疆域在很大程度上扩大了。阿卡德人的阿卡德语遇到了更多的追随者,苏美尔-阿卡德文化的楔形文字,不仅被两河流域北方的人们采纳了,而且还被胡里安人、卢卢比人以及埃兰人所使用。同样,两河流域文明因青铜器、银子、木头和大量石头的引入而变得更加丰富多彩了。

3. 苏美尔帝国——乌尔第三王朝(约公元前2112—前2004年)

(1) 帝国的建立

阿卡德帝国崩溃后,两河流域的权力真空很快被游牧民族的库提人所填充。对于统治两河流域将近91年的库提人,我们几乎一无所知。《苏美尔王表》上记录了21位库提国王,但是这些国王很少留有铭文,在其他资料中对他们也是缄默不语。库提人属于游牧民族,他们的文明程度远远低于苏美尔人,人数也低于苏美尔人。库提人在两河流域实际上只维持了名义上的统治,苏美尔的众多城邦纷纷独立,重新恢复了过去的传统。在这些独立的城邦中,拉伽什和乌鲁克的实力最为强大。大约在公元前2120年,乌鲁克国王乌图赫伽尔召集了一支军队起来反抗库提人,伊朗南部的一些国王也加入了他的队伍。最终,乌图赫伽尔赶走了库提人,把苏美尔的统治权重新掌握在自己手中。

乌图赫伽尔在位7年以后,便被他自己的臣子,乌尔的总督乌尔那穆驱逐了。乌尔那穆采用了"乌尔之王,苏美尔阿卡德之王"的头衔,如此乌尔第三王朝便诞生了。它代表的是苏美尔人最辉煌的时期,因为乌尔那穆和他的后继者不但重建了领土广阔的大帝国,还给了两河流域一个世纪相对和平繁荣的时期,并且促成了苏美尔文学艺术各方面的不同以往的复兴。

(2) 乌尔那穆王的统治

与萨尔贡时期相比,乌尔第三王朝时期的历史铭文相当贫乏,因此,我们对乌尔那穆在开疆扩土战争中的所作所为了解得不多,对乌尔那穆了解更多的是他在内政方面的功绩。乌尔那穆在内政方面最大的功绩是颁布了世界上最古老的法律《乌尔那穆法典》,尽管在最新发现的泥板中表明真正的颁布者是他的儿子舒尔吉。在目前发表的最新的版本中,这部"法典"也还不完整,保留下来的法律条款只有37条,但法典中残留的条款还是具有重大的意义,对了解乌尔第三王朝时期的社会现实具有重大的参考意义。法典内容丰富,涉及了巫术、已婚妇女的通奸、诬告及奴隶逃跑等案件的处理。其中最具有意义的是,对于一些犯罪如人身伤害等的处罚不是采取死刑或者肉刑体罚,而是采用了罚金的办法,罚金代替了肉刑和死刑,通常被认为是法制发展中的一大进步。罚金的做法被后来的一些法典所采用,如《汉穆拉比法典》及希伯来人的律法。乌尔那穆制定《乌尔那穆法典》的意义还在于,他开创了用法律治理社会的先河,并被以后众多的国王效仿,成为一种光荣的历史传统。在以后的各个朝代中都出现了法典,法治成为两河流域文明的显著特征。

乌尔那穆在内政建设中另外一项伟绩便是修建神庙,修建神庙后来也发展为两河流域的一项光荣传统,塔庙也成为两河流域文明的一个象征。他在乌尔、乌鲁克、埃利都、尼普尔以及各种各样的其他城市建造的庙宇至今仍然是这些遗址中给人以最深刻影响的历史遗迹。

(3) 乌尔第三王朝的衰亡

与短命的阿卡德帝国一样,乌尔第三王朝也是一个短命的王朝。乌尔那穆的下场很悲惨,死了一场未知的战争中。他的儿子舒尔吉继承了王位,在位 47 年(公元前 2094—前 2047 年)。舒尔吉在位的前段时间,帝国还能保持和平。然而他在位的第 24 年,舒尔吉在库尔迪斯坦的平原和山地开始了一系列的军事战争。舒尔吉仿效阿卡德王那腊姆辛称自己为"四方之王",他在位时及其后一段时间,他都被当作神一样受人崇拜。整个帝国中,他的雕像每月会有两次供奉,并有人写颂歌赞扬他,而"神圣的舒尔吉"也被放入了苏美尔日历中。

舒尔吉之子阿马尔辛在位仅 9 年。阿马尔辛的弟弟舒辛继承了他哥哥的王位。舒辛和之前的王一样自称为神。"神圣的"舒辛修复了一些神庙,还远征到扎格罗斯山,并且打败了许多伊朗统治者联盟。舒辛死后,他的儿子伊比辛在公元前 2028 年继承了王位。新国王一登基,整个帝国就开始逐步地瓦解了。东部的行省一个接一个地独立。伊比辛在位的第二年迪亚拉地区的埃什奴那开始独立,他在位的第三年苏萨宣布独立并从乌尔分离出来。同时,阿摩利人对王国边界地区施加了持续增长的压力。第五年,他们突破防御,直插苏美尔的心脏地区。公元前 2004 年,埃兰人已攻到乌尔城墙下——这是乌尔那穆建造的"跟山一样高耸的城墙"。他们攻击了这座伟大的城市,拿下、洗劫并烧毁,最后撤回了军队,只留下一小部分守备部队。不幸的伊比辛被俘虏到埃兰,最后到达安山,并最终死在了那里。

公元前 3000 年代末,乌尔第三王朝的灭亡是古代两河流域历史上一个重要的转折点:它不但敲响了一个王朝和帝国的丧钟,而且还标志着苏美尔人时代的结束。

(二) 阿摩利人的入侵与古巴比伦王朝的兴衰

最后关头的武力征服使埃兰人灭亡了乌尔第三王朝,但行省的脱离和独立及阿摩利人的入侵,才是苏美尔王朝毁灭的真正原因。埃兰人很快被驱逐出两河流域,阿摩利人填补了两河流域的权力真空,成了新的主人,从那时起他们开始了对两河流域地区将近 1 500 年的统治。两河流域地区进入了一个新的时代。

1. 古巴比伦王国的建立

在乌尔城被攻克之前,苏美尔帝国实际上就已经崩溃,两河流域分解成大大小小的王国,最重要的几个国家是南部的巴比伦、伊辛、拉尔萨,北部的亚述、马瑞和埃什奴那。这些王国都是入侵两河流域的阿摩利人建立的,在大约两个世纪中(公元前2000—前1800年)这些王国大多时间是同时共存的,但是却很不和平,南部的王国为了争夺乌尔领地和苏美尔、阿卡德至高无上的统治权互相征战;而北部的王国为争夺穿越两河流域上游的贸易通道而相互厮杀。

公元前1894年,一支阿摩利人在其首领苏穆阿布的带领下占据了巴比伦城,建立了独立的巴比伦王国,为了与后期公元前1000纪建立的巴比伦王国相区别,我们把公元前2000纪的巴比伦王国称为古巴比伦王国。古巴比伦王国最初几十年只不过是一个不起眼的小国,在四周强敌的夹缝中生存。公元前1792年,汉穆拉比继承了他父亲辛穆巴里特的王位,汉穆拉比是古巴比伦王朝的第六王,在他之前的五位国王为巴比伦的强大做出了不懈的努力。汉穆拉比国王可谓是古代两河流域历史上最有作为的一位君主。他通过一系列的军事战争,先后灭亡了拉尔萨、马瑞、埃什奴那,击溃了埃兰和亚述的军事力量。巴比伦君主称自己是"万能的国王,巴比伦国王,苏美尔阿卡德国王,四方之王",最终建立了一个疆域空前的大帝国。

2. 古巴比伦时期的社会、经济状况

汉穆拉比国王并非仅仅是一位军事天才,他还是一位出色的政治家、法学家、语言学家。他执政期间最大的功绩就是制定了名扬天下的法典《汉穆拉比法典》。《汉穆拉比法典》被认为是两河流域法典的集大成者,是目前保存最完整的法典,该法典也是我们了解古巴比伦时期社会、经济状况最重要的历史材料。

(1) 社会等级制度

从《汉穆拉比法典》中可以看出,古巴比伦社会居民可以分为三个等级:自由民、穆什根奴和奴隶。三个等级享有不同的社会地位。酬金或惩罚根据他们所处的社会等级的不同而不同,如:

第25条:如果医生用青铜刀为阿维鲁的严重伤口做手术,救了人命,或是用青铜刀在人的太阳穴上开刀,而挽救了人的眼睛,那么他应得10舍客勒(1舍客勒约等于8.3克银子)。第26条:如果(那人是)穆什根奴,那么他应得5舍客勒银子。第27条:如果(那人是)人的奴隶,那么奴隶主应给医生2舍客勒银子。

(2) 土地制度

古巴比伦时代,土地制度的基本格局是王室公有土地和私人土地并存。至于两者之间的比例,目前还弄不清楚。

王室占有的土地

从《汉穆拉比法典》的有关规定中,我们可以了解古巴比伦时期王室占有土地的大体情况。王室占有的土地主要分为以下三部分:

第一部分是王室直接管理的土地,包括王室庄园和皇家牧场、花园等。这部分土地由属于王室的底层人员来耕种,领取政府的定量配给。土地上的所有收益归王室所有。

第二部分是分配给王室服务的人员的土地,称为"服役田"。凡为王室负担某种义务之人,均可享有与其所负义务相当的一份土地,作为报酬。一般来说,服役的内容和期限以及与此相适应的享有土地的份额,均有明确规定。只要坚持负担义务,服役者可长期享用其份地,甚至20—40年。这种土地又可分为两种情况。一种土地可以有条件地转让和出卖,包括祭司和商人等的份地,条件是买者购买土地的同时,必须承担附着在土地上的相应的义务,也就是说买主必须接替卖主替王室服务,另一种是禁止买卖和转让的土地,主要是士兵的份地,目的是为了防止士兵的份地被豪强掠夺。

第三部分为出租地。王室将这类土地出租出去,以收取租税,这是王室的主要收入来源之一。领取和租种这类土地之人被成为纳贡人。这类土地同样不能买卖和转让。美国著名亚述学者埃里斯在对古巴比伦时期众多租种土地文书研究后得出结论:通常纳贡人将要租种土地的1/2或1/3交给王室,自己则留下剩余的1/2或2/3。

私有土地

私人占有土地在两河流域来说并不是新鲜事,早在苏美尔早王朝时期就出现了历史上第一批的土地买卖活动。随着私有制的发展,在古巴比伦时期私人占有土地的现象比较普遍。从法典中可以看出,一般的公民都拥有自己的土地,可以转让、抵押、出租和买卖(如法典第39、49、50、137、150、165条等)。国家承认土地的买卖和转让,并给予保护。

除了《汉穆拉比法典》中涉及了较多关于土地买卖和租赁的条款以外,这一时期还出现了大量的土地买卖和租赁契约。在对古城西帕尔遗址的考古发掘中出土了属于古巴比伦时期的一百四十多个土地买卖合同的泥板文书,这有力地证明了古巴比伦时期私人占有土地的大量存在。

3. 古巴比伦后期及王国的灭亡(公元前1749—前1595年)

古巴比伦后期共五王,统治155年。虽然汉穆拉比征服了拉尔萨、埃什奴那、亚述和马瑞等强国,但这些地区的遗留势力仍旧很强大,一有机会他们就会发动起义。当军事强人汉穆拉比去世后,统一的古巴比伦王国便陷入了危机。此时,东部山区出现了大批远方迁徙来的印欧语系的加喜特各部落,他们开始逐步渗入两河中心地带。古巴比伦王朝可谓陷入了内忧外患的境地。汉穆拉比死后,其子叁苏伊鲁那继位,在他统治期间,拉尔萨、伊辛等地先后发生了起义。在他统治的第30年,苏美尔的宗教中心尼普尔都落入敌手,帝国只能坐守半壁江山。

叁苏伊鲁那之子阿比埃舒赫(公元前1711—前1684年)在位28年。但在这个国王的28个年名中,竟没有一个是以对敌胜利为年名的,可见帝国的虚弱。此后,巴比伦的统治仅限于巴比伦、西帕尔等核心地区,其版图又回到巴比伦建国之初的规模。

古巴比伦王朝的最后二王阿米嚓杜喀和其子叁苏迪塔那共在位52年(公元前1646—前1626年和公元前1625—前1595年)。虽然汉穆拉比毁灭和臣服了巴比伦尼亚外围国家马瑞、埃什奴那、阿淑尔和埃卡拉图,但实际上也将巴比伦地区直接暴露给境外的夷蛮强国。巴比伦上游马瑞的不复存在,使小亚高原上的印欧民族赫梯人有可能顺流而下直抵巴比伦。

迪亚拉河上的埃什奴那本可以阻挡东方山区新迁移来的印欧民族加喜特人,但它的灭亡使加喜特人可以此为基地,逐步进入阿卡德中心地区。最终的结果在叁苏迪塔那第31年(公元前1595年),小亚细亚上的赫梯人顺河南下,攻克了巴比伦城,抢劫了大批俘虏和财宝,包括主神马尔杜克的金像,掠往小亚,古巴比伦王朝就此灭亡。古巴比伦王朝灭亡其中最重要的一个原因就是两河流域地区无险可守、一马平川、很容易暴露在四周的强敌中,这同样也是导致阿卡德王国和乌尔第三王国灭亡的一个重要原因。

（三）加喜特巴比伦王朝

如果赫梯人能长久地留在巴比伦,那么东方的历史可能将改写。但是赫梯人就像先前灭亡乌尔第三王朝的埃兰人一样,没作过多停留便匆匆地离去。穆尔西里一世离去的原因是王室正在酝酿着一场阴谋,所以他必须回去,并且再也没有回来。赫梯人离去所造成的权力真空被印欧语系的加喜特人迅速填充。

加喜特人(得名于神名 Kaššû),属于印欧语系。原住在伊朗西部的扎格罗斯山,即美索不达米亚的普什提库山麓,最早见于公元前3000纪后期埃兰的文献。大约于公元前2000纪初,加喜特人开始进入巴比伦尼亚地区,公元前18世纪后期,曾被汉穆拉比的儿子叁苏伊鲁那所击败。按加喜特王表,在古巴比伦后期,加喜特人先后有几个王逐渐占领了两河流域。公元前1595年,赫梯人侵入,古巴比伦王朝灭亡。赫梯入侵者撤退后,加喜特人收拾局面,建立起了加喜特巴比伦。加喜特巴比伦北有亚述,东南有埃兰,都是强敌,巴比伦经常被他们侵入。亚述国王图库尔提尼奴尔塔一世(公元前1244—前1208年)曾攻入巴比伦,俘走加喜特王卡什提里亚什四世。在亚述出土的刻在一个建筑物上的铭文形象地描述了这次战争：我(亚述王)打败了他的军队,我征服了他的战士。在那次战斗中,我俘虏了加喜特的国王卡什提里亚什,我用脚踩着他的脖子,就像踩着一条凳子。在我的主人阿淑尔神的面前,我把他捆绑,用鞭子抽打。随后7年巴比伦一直处在亚述统治之下。后来加喜特王朝恢复独立,但埃兰人不断来攻。最后,加喜特王恩利勒那丁阿赫被埃兰人抓去,死于敌国,加喜特王朝的历史也就终结了。残余的加喜特力量退居扎格罗斯山地,直到公元前1000年后期,亚历山大侵入时还存在。据《巴比伦王表》A,加喜特王朝先后共有36个王,统治了576年9个月,约在公元前1732—前1157年,但在巴比伦尼亚的实际统治只从公元前16世纪开始。

加喜特巴比伦灭亡之后,巴比伦尼亚地区又进入了小国纷立的局面,出现了伊新第二王朝、海国(被巴比伦驱逐到南部沿海地区的苏美尔人建立的王朝,在巴比伦国王叁苏伊鲁那时开始兴起)第二王朝和巴比伦第五、六、七、八王朝,这几个王朝存在的时间都很短。公元前11世纪至公元前8世纪,阿拉米亚人大批侵入两河流域。大约到公元前9世纪,巴比伦尼亚全部地区都落在了阿拉米亚人手中。约公元前8世纪中期,曾有一个阿拉米亚人在巴比伦尼亚称王。约公元前721年,又有一个阿拉米亚人夺取了王位,统治巴比伦尼亚约10年。新亚述崛起后,公元前729年提格拉特帕拉沙尔三世在击败阿拉米亚人之后,便自称为巴比伦之王。此后直到新巴比伦兴起,巴比伦尼亚事实上成为亚述帝国的一部分。

三、亚述文明

亚述地区的自然环境及人文环境与南方巴比伦尼亚地区稍有不同,在这一地区亚述人建立了自己的王朝,形成了自己的文化。他们通过和平与暴力两种方式与南方地区保持着亲密的联系。亚述文明与巴比伦文明两个文明区是并行发展的,他们时而和平,时而战争,时而独立、时而兼并,共同见证了两河流域文明的兴衰。

(一)早期亚述和古亚述

亚述人是讲塞姆语的民族,因生活在两河流域北部亚述地区而得名。亚述地区自然环境优良,气候四季分明,降水较丰富,大部分地区年降水量达到600毫米。这一地区有众多的河流流入底格里斯河和幼发拉底河,如大小扎布河、哈布尔河、巴里赫河和阿哈姆河等等。河流、小溪、水井密布,形成了不需要进行人工灌溉的天然农业区。亚述地区是早期居民理想的定居点,两河流域地区史前文化遗址多分布在亚述地区,如哈苏那文化、哈夫拉文化及萨马腊文化等等。

1. 早期亚述时期(公元前3000—前2000年)

随着人工灌溉技术的出现,南部苏美尔地区迅速后来居上,率先建立了城市国家,发明了文字,进入了文明时代。但这一时期的苏美尔城邦国家实力有限,再加上互相争霸,他们无暇北上顾及亚述地区。因此,在早王朝的几百年时间里,亚述地区的居民与南方的苏美尔人相安无事。

阿卡德王朝期间,亚述人臣服于阿卡德人。在亚述地区出土了众多阿卡德国王的物品,如铜剑和青铜面罩等等。阿卡德王国崩溃之后,亚述地区得到了短暂的独立。在乌尔第三王朝期间,亚述地区重新处于苏美尔人的统治之下。在阿卡德王朝和乌尔第三王朝统治期间,亚述地区的历史和文化深受巴比伦尼亚地区文化的影响,亚述居民的语言采用了苏美尔人发明的楔形文字,使用了阿卡德人创作的阿卡德语,他们的语言称为古亚述语,是阿卡德语最重要的一种方言。

从亚述人进入文明时代到依附于阿卡德王朝及乌尔第三王朝的这段早期历史,我们称之为早期亚述时期。

2. 古亚述时期(约公元前2000—前1814年)

乌尔第三王朝灭亡以后,其统治下的各个城邦纷纷独立。亚述地区重新获得了独立,他们以阿淑尔城为中心建立了一个独立的古亚述王朝。《亚述王表》给出了这一王朝12位国王的名字。在之后的一百多年里,亚述王朝成为两河流域北部地区一个较有影响力的国家。亚述人在安纳托利亚东部建立了众多殖民点,与小亚细亚居民进行铜、金和银的商业贸易。

乌尔第三王朝灭亡后,亚述人形成了独立的城邦国家,我们把这一时期称为古亚述时期。后来这些古亚述城邦被阿摩利人所征服。

(二)阿摩利人的沙姆西阿达德王朝(公元前1814—前1750年)

阿摩利人是另一支讲塞姆语的民族,但对于亚述人来说,阿摩利人是外族人。阿摩利人进入两河流域后建立了众多王朝,如伊新王朝、拉尔萨王朝、巴比伦王朝、埃什奴那王朝等等。其中一支阿摩利人在亚兹库尔伊鲁带领下进入亚述地区,他首先在迪亚拉地区活动。其子伊鲁卡卜卡比继承王位后,部落的势力逐渐发展壮大,他以哈布尔上游的舒巴特恩利勒城和阿淑尔城对面的埃卡拉图城为中心,向南方发展势力。沙姆西阿达德继位时,他面临着两个主要的敌人:迪亚拉地区的埃什奴那和幼发拉底河中游的马瑞。起初,他同这两个敌人之间的战争互有胜负,相持不下。后来,沙姆西阿达德向巴比伦王辛穆巴里式求救,在辛穆巴里式的援助下,沙姆西阿达德重新占据了埃卡拉图,3年后沙姆西阿达德又攻占了阿淑尔城,废掉了古亚述的最后一王埃瑞舒姆第二,开始了统一亚述地区的伟大事业。

在亚述西部地区,沙姆西阿达德成功地征服了马瑞,使马瑞成为其帝国的一部分,并把自己的小儿子亚斯马赫阿杜安置在马瑞,对马瑞进行统治。但是,亚斯马赫阿杜软弱无能,无法有效地统治马瑞,最终为马瑞的重新独立埋下了隐患。在亚述东部地区,沙姆西阿达德派他的长子伊什美达干进行征服。伊什美达干颇具其父之风,精明能干。他最初与埃什奴那结成军事同盟,共同对大小扎布河流域进行征服。伊什美达干在这一地区取得了一系列的胜利。

沙姆西阿达德首次统一了两河流域北部地区,控制范围东起扎格罗斯山,西到地中海滨,成为两河流域各国中最强大的国家。但是,当沙姆西阿达德死后,他以武力征服而建立的帝国迅速瓦解了,就像他迅速建立帝国一样。各臣服的城邦纷纷脱离亚述的控制。亚述人又恢复到以前小邦林立的局面,此后的几个世纪中,亚述人一直处于沉寂状态,他们在各强国之间不断改主易宗,以求生存。

(三)亚述人与胡里安人之间的冲突与战争

公元前16—前13世纪,亚述地区发生的最重大事件就是胡里安人的入侵与建国,胡里安人的崛起彻底改变了近东的势力格局,胡里安人的米坦尼王国一度成为近东最强大的国家之一,亚述人在胡里安人的阴影下生活了200余年。

胡里安人是一支比较独特的民族,他们的语言既不属于塞姆语系也不属于印欧语系,属于所谓的"小亚细亚语族"。胡里安人的语言及宗教信仰显示胡里安人可能起源于北部的亚美尼亚高原。早在阿卡德王朝时期,胡里安人就迁入了两河流域,在亚述的哈布尔地区就建立了众多胡里安人的小城邦。乌尔第三王朝期间,在迪亚拉地区出现了众多胡里安语的人名,显示了胡里安人已经迁入了亚述地区的东部地区。

沙姆西阿达德时代,胡里安人已广泛地分布在两河流域北部地区,西部的阿伯丁地区由一个胡里安王子统治。东部的扎格罗斯地区也受到了胡里安人的影响,沙姆西阿达德的一个孙子娶了胡里安人部落的公主。沙姆西阿达德死后,胡里安人的势力逐渐壮大,他们逐渐控制了叙利亚和哈布尔河地区,成为亚述人强有力的对手。公元前1550年左右,胡里安人在幼发拉底河东岸、叙利亚等地建立了众多王国,其中势力最为强大的一个王国被称为米坦尼王国。在经过数次战争后,米坦尼王国和小亚细亚的赫梯王国及北非的埃及建立了平等的同盟关系,公元前1472年,一位米坦尼国王打败了埃及的图特摩斯三世,之后进军幼发拉底河,打败了亚述人及巴比伦人。一时之间,米坦尼王国成为古代近东的霸主,亚述人、巴比伦人、埃及人及赫梯人纷纷受到米坦尼的控制,进献贡品。

胡里安的崛起对亚述人最大的影响是亚述人逐渐变成了附庸,失去了独立的地位。然而,在公元前15世纪结束的时候,亚述人开始出现复苏的迹象,他们重建了阿淑尔城的城墙,亚述和巴比伦签订了边境条约。这时,米坦尼却陷入了内忧外患的困境中,亚述人抓住了这一良机,在他们强有力的领袖阿淑尔乌巴里忒一世(公元前1365—前1330年)的带领下,重新崛起。亚述王沙勒马那沙尔一世(公元前1274—前1245年)打败了米坦尼联军,刺瞎了1.4万名战俘的右眼,将他们卖为奴隶,米坦尼王国最终灭亡了。从此之后,胡里安人作为一支政治力量在历史上消失了,它的历史和文化也慢慢地被人们所遗忘。

(四) 中亚述时期(约前 1365—前 1077 年)

公元前14世纪米坦尼的衰亡,给亚述人崛起创造了良机,从阿淑尔乌巴里忒一世到提格拉特帕拉沙尔一世(公元前1115—前1077年)这一时期,被称作亚述历史上的中亚述时期。广义的中亚述也包括公元前16世纪至前14世纪的阿淑尔城邦,但这时期的文献极少,可以忽略。

亚述地区的地理位置,使亚述从成为一个国家起,就面临着四周各邻国的战争:北部和东部的山区部落十分强悍,经常入侵掠夺;西部的草原地带既是富饶的农业带,也是与西方及安纳托利亚高原进行贸易的中转站;南方的巴比伦地区是传统强国,对亚述地区虎视眈眈,一有机会就侵略亚述地区。因此,亚述地区的生存环境是非常恶劣的,要想生存必须使自己强大,从而形成了亚述人尚武、黩武的民族文化。中亚述的历史就是由侵略与被侵略的战争组成的。

米坦尼的衰亡给了亚述人一个发展自己势力的机会。一个接着一个精力充沛的亚述国王使亚述重新崛起,成为与埃及、赫梯、巴比伦并列的强国。公元前11世纪,亚述地区又受到了外来民族阿拉米亚人强有力的冲击,在以后的两个世纪中,亚述一直被限制在阿淑尔、尼尼微一带的亚述核心地区。但是,提格拉特帕拉沙尔与阿淑尔拜勒卡拉对外作战的胜利,使得亚述在强大的阿拉米亚人的冲击下生存下来,为两个世纪以后亚述人的再度崛起奠定了基础。

(五) 新亚述时期(公元前 945—前 612 年)

从公元前10世纪下半叶到公元前612年,亚述人再度在历史舞台上活跃起来,这一时期被称为新亚述时期。新亚述时期是亚述人最辉煌的时期,在这一时期亚述军队四处出击,所向披靡,击败了一个又一个对手,一度建立了一个地跨亚非的大帝国。新亚述时期又可以分为两个时期:新亚述强国时期和新亚述帝国时期。

1. 新亚述强国时期

从阿淑尔丹二世(公元前934—前912年)到提格拉特帕拉沙尔三世在公元前745年登上王位,这一段时期被称为新亚述强国时期。这一时期亚述人虽然强盛,四处出击,征服了大片疆域,但这一时期亚述人征服的疆域并没超出传统区域:北部和东部的山区部落;南部的巴比伦地区;西部的叙利亚地区。并且亚述对这些征服地区还是采用传统的统治方式,对这些地区采取征收贡税,而没有建立更加先进有效的行省制度。从统治方式和征服区域来看,这一时期的亚述王朝与以前的王朝并没有本质的区别,因此我们称这一时期为亚述强国,而不称为帝国。

2. 新亚述帝国时期

公元前 8—前 7 世纪可以说是亚述人的世纪。亚述人建立了一个疆域庞大的帝国,所谓"帝国",乃是凭借强大的武力,把不同地区、不同民族强制性地结合在一起,实行以征服者为唯一中心的管理体制。新亚述帝国开始于提格拉特帕拉沙尔三世在公元前 745 年登上王位,结束于亚述帝国的灭亡。新亚述帝国时期是最辉煌也是最后一个时期。这一时期,亚述人所向披靡,不仅仅征服了传统的两河流域地区,还征服了叙利亚和巴勒斯坦地区的众多王国、东南的埃兰王国,并且远征到埃及的国土,亚述人征服了除小亚细亚之外几乎所有的近东地区。

(1) 提格拉特帕拉沙尔三世(公元前 745—前 727 年)的统治

提格拉特帕拉沙尔三世是一位篡位者,他可能具有皇家血统。提格拉特帕拉沙尔三世是新亚述帝国时期第一位精明强干的君主,他引领了亚述近一个世纪的对外征服。他的内政最为引人瞩目的是,通过一系列行之有效的政治改革,加强了国王的权力,巩固了帝国的统治。他改革了旧的行省制度,在改革前行省总督的职权为贵族所世袭,这就严重削弱了国王的权力,造成了地方行省的半独立状态和尾大不掉之势。提格拉特帕拉沙尔三世剥夺了行省总督的世袭权,建立了一套行之有效的官僚等级制度,这些官僚由国王任命,直接对国王负责。同时,提格拉特帕拉沙尔三世在国内建立了有效的信息传递系统,地方官员被要求定期向首都发送报告。国王派自己的亲信去行省对地方官员进行巡查和探访,以加强对行省的监督和控制。对于那些臣服的,但又不能直接统治的地区,国王派检察官予以监督,以保障亚述的利益。对于那些能够直接控制的当地统治家族,只要他们能上交贡赋,能够在一些事务上接受亚述人的指导,国王就给他们一定的自主权,并用帝国的力量镇压国内起义,防御其他国王的进攻。

提格拉特帕拉沙尔三世的行政改革虽不是十分成功,但也取得了一定的效果,缓和了国内的阶级矛盾,加强了中央的权力,这为他进行对外战争奠定了基础。此时,提格拉特帕拉沙尔三世的主要精力就是干涉巴比伦事务。公元前 729 年,亚述王亲赴巴比伦参加"握马尔杜克手"的国王仪式,正式就任巴比伦王,解决了帝国的南部威胁。在西方,他把乌拉尔图人赶出了叙利亚北部地区。公元前 732 年,提格拉特帕拉沙尔三世打败了以色列人,摧毁了他们建立的以色列王国。随后,他又把阿拉米亚人控制的大马士革合并到亚述帝国。提格拉特帕拉沙尔三世控制了一个庞大的地域,西起地中海东岸东到扎格罗斯山,北起图鲁斯山脉南到埃及边境。

(2) 萨尔贡二世(公元前 721—前 705 年)的统治

沙勒马那沙尔五世(公元前 726—前 722 年)继承了他父亲提格拉特帕拉沙尔三世的王位,他在位仅仅 5 年,对于他的情况我们了解得较少。

萨尔贡二世继承了沙勒马那沙尔五世的王位,他的名字来源于阿卡德王朝的建立者"伟大的萨尔贡"，一位在他1500年之前的国王，他的名字显示了他可能也是篡位者。历史学家一般把萨尔贡二世及其后的三位国王统治期间称为萨尔贡王朝，他们大规模的军事征服及宏伟的纪念碑使整个近东世界大为震惊。

萨尔贡一生大部分时间都在战斗中度过，他的主要精力用来对付北边的乌拉尔图人。公元前714年，萨尔贡对乌拉尔图进行了大规模的军事进攻，最终攻克了他们的首都，掠走了乌拉尔图的民族神像，乌拉尔图遭到了毁灭性的打击。萨尔贡击败了乌拉尔图这个强劲对手，却导致了新的隐患。由于失去了乌拉尔图的屏障作用，更加强悍的西米连人可以轻易入侵到亚述边境。公元前705年，萨尔贡率兵与西米连人作战。亚述人最终取得了战争的胜利，迫使西米连人进军小亚细亚，但是他们也付出了惨重的代价，萨尔贡在战争中被杀。

(3) 辛那赫瑞布(公元前704—前681年)的统治

辛那赫瑞布继承了萨尔贡的王位，虽然他不是萨尔贡的长子，但在继位前就已经锻炼成为一位精明强干的军事长官。辛那赫瑞布执政后的第一项工作，也是最持久的工作便是迁都尼尼微。虽然辛那赫瑞布热心于城市建设及农业管理，但是他面临的糟糕周边环境迫使他不得不把主要的精力用来应付国内和国外的军事活动。帝国西部，辛那赫瑞布于公元前701年派兵包围了耶路撒冷，希西家交出了30塔兰特的黄金、800塔兰特白银才使耶路撒冷免于毁灭。在南方巴比伦尼亚地区，辛那赫瑞布通过把他的一个儿子安置在巴比伦国王的王座上，控制了巴比伦尼亚的北部地区。然而，新巴比伦王不久被埃兰人杀害，这激起了辛那赫瑞布的极度愤怒，他决定一劳永逸地解决巴比伦问题，彻底摧毁巴比伦。公元前689年，辛那赫瑞布带兵冲进了巴比伦屠杀居民。辛那赫瑞布下令摧毁整座城市，令人不可想象的是，他竟然推倒了马尔杜克神庙，并把马尔杜克神像掠到了亚述。他的这种对神大不敬的行为引起了广泛的恐惧和愤怒，甚至包括亚述人在内。

(4) 阿萨尔哈东(公元前680—前669年)的统治

公元前681年10月20日，辛那赫瑞布在神庙做祈祷时被他的两个儿子谋杀，他的死被广泛认为是对他摧毁马尔杜克神庙、掠夺马尔杜克神像，对神大不敬的惩罚。实际上他的死因是因为他废掉了前太子而立他的多病的小儿子阿萨尔哈东，由此引起的王室内讧。阿萨尔哈东带兵迅速进入尼尼微，赶走了他篡位的哥哥，登上了亚述王的宝座。阿萨尔哈东继位后的第一件事就是重修巴比伦城，为他犯有渎神罪的父亲做出补偿，甚至他亲身模制泥砖。

阿萨尔哈东在位期间最重要的军事行为便是进攻埃及，因为受埃及统治的努比亚王公及其他附属王公不止一次地密谋和亚述结成同盟，南北夹击埃及。公元前671年，阿萨尔哈东出兵进攻埃及，征服了埃及军队，攻陷了孟菲斯，并宣布自己为埃及王。但两年以后，埃及法老塔哈尔卡从努比亚地区卷土重来，夺回了孟菲斯。公元前669年，阿萨尔哈东再次进军埃及，但不幸在路上病死。

(5) 阿淑尔巴尼帕(公元前668—前627年)

阿萨尔哈东死后，他的长子阿淑尔巴尼帕继承王位，并且领导亚述人继续完成进攻埃及的计划。公元前669年秋，亚述人再次占领了孟菲斯，埃及法老逃往南部的底比斯，亚述军队紧追不舍,攻占了底比斯。这时的亚述军队已经远离本土2 100公里,亚述军队到达了有史以来所能征服的最远地区。

阿淑尔巴尼帕征服埃及之后,开始征服埃兰地区。从公元前647年开始,阿淑尔巴尼帕开始对埃兰进行疯狂的进攻,最终亚述人摧毁了埃兰12个地区、14座王城和无数村镇,19个埃兰神像被掠到了亚述。公元前640年,埃兰最后的两个国王被俘,埃兰作为一个独立的国家被彻底灭亡了。

阿淑尔巴尼帕是亚述王朝最后一个有作为的君主,他统治的疆域也达到了亚述历史上最大的疆域。这一时期的亚述文化也发展到顶峰,尼尼微是世界上最繁荣最豪华的城市,阿淑尔巴尼帕建立了当时规模最大的图书馆,藏书达到了2万多块泥板。不可否认的是亚述帝国发展到了它的顶峰,然而它也正处在灭亡的边缘,亚述帝国的灭亡来得如此之快和灭亡得如此彻底,其细节内容目前仍不得而知。

3. 亚述帝国的灭亡

虽然亚述人所向披靡,征服了一个又一个民族,然而这些被征服的民族并不会轻易放弃反抗,亚述人的征服给自己树立了一个又一个强有力的对手,给自己的灭亡埋下了隐患。后来米底人和迦勒底人相继崛起,和亚述人展开了长期的斗争,并成功地击败了亚述人。

米底人是属于印欧语系的民族,是雅利安人的一个分支,公元前6000年生活在中欧和南俄草原一带,公元前3000年左右迁徙到中亚一带。公元前1500年雅利安人进一步南迁,进入伊朗高原和印度。进入伊朗高原的雅利安人主要分为两大部落,米底部落居住于伊朗高原西北部,波斯部落居住于伊朗高原西南部。公元前9—前8世纪,米底人形成了许多较小的城市国家。它们一般由一个城市(要塞)和若干村庄组成。米底人最初并不十分强大,但对亚述来说,它带来的威胁很快就变得不可忽视了。随着米底势力的逐渐增强,米底和亚述的关系逐步恶化。约公元前624年,米底出现了一个强有力的王夸克萨瑞。他统一了众多的米底各部,成为亚述东方的强敌。

迦勒底人是塞姆语族的一支,他们步阿卡德人、阿摩利人和阿拉米亚人的后尘,于公元前11世纪左右迁移到巴比伦尼亚南部,逐渐强盛起来。当亚述人囊括两河流域时,迦勒底人并没有被征服。亚述帝国势力日益衰落时,他们便得到了崛起的机会。当亚述王和其任命的巴比伦王先后死去后,公元前626年10月23日迦勒底人的首领那波帕拉沙尔登上了巴比伦的王座,成为巴比伦之王。之后那波帕拉沙尔和亚述展开了一系列战争。不久,那波帕拉沙尔占领了宗教圣城尼普尔,随后征服了整个巴比伦尼亚地区,成为亚述人南方强有力的敌手。在这生死存亡之秋,亚述王室内部爆发了争位战争,严重削弱了亚述人的力量。那波帕拉沙尔和米底人通过联姻结成了反亚述同盟。公元前612年,迦勒底人联合米底人与亚述人进行决战,攻陷了宗教首都阿淑尔。随后联军北上围攻尼尼微三月后破城,灭亡了亚述帝国。此后,亚述人的语言死亡,文化消退,亚述人逐渐被后来的民族所同化,在历史上消失了。

四、新巴比伦王国与两河流域文明的灭亡

公元前612年,不可一世的亚述帝国在新巴比伦和米底的联合进攻下灭亡了。此时近东地区主要存在着三个强有力的政权。新巴比伦王国控制两河流域、米底王国控制伊朗和安纳托利亚东部地区、吕底亚王国控制安纳托利亚西部地区及北非的埃及。

那波帕拉沙尔去世后,他的儿子尼布甲尼萨二世登上了王位。尼布甲尼萨二世是一位颇具军事才能的国王,他采取了一系列军事活动来巩固新建立的王国。对于东方强大的米底王国,他采取了友好态度,和米底建立兄弟般的关系,使东方安宁,解除了后顾之忧。他的主要精力是攻取西方富饶的行省掌握出海港口。公元前597年3月16日,尼布甲尼萨二世围陷了犹太王国的首都耶路撒冷,年轻的国王被驱逐,3 000名犹太人被带往巴比伦。公元前596和前594年,巴比伦王仍进军叙利亚地区进行征服。公元前587—前586年,尼布甲尼萨二世再次围攻耶路撒冷,在围攻18个月后,迦勒底人攻陷了耶路撒冷,国王逃走,几千犹太人贵族和工匠被押往巴比伦,这就是著名的"巴比伦之囚"事件。后来巴比伦围困腓尼基城推罗达13年之久,终于征服了该城。尼布甲尼萨二世成功地建立了一个疆域庞大的帝国。

尼布甲尼萨二世在内政建设方面也取得了很大的成绩。他利用丰富的战利品和附属国的贡品,在巴比伦城内大兴土木,把巴比伦城建成了世界上最豪华、最繁荣的城市。他加固了巴比伦的城墙,建起了雄伟的二重城墙,内墙厚6.5米,外墙厚3.5米,两墙间隔7米。至少有8道大门可以进入巴比伦城。在外墙外面,尼布甲尼萨二世挖了12米宽的护城河,在护城河外面,还修建了长城进行防卫。尼布甲尼萨二世在城内重修了马尔杜克的神庙,修建了宏伟的宫殿,并在宫殿内修建了"空中花园"。然而最新的研究成果却表明,"空中花园"并不在巴比伦,而在亚述首都尼尼微。

尼布甲尼萨二世去世后,在6年时间里换了三位国王,这也显示了其国内政局的动荡不安。他的儿子仅在位2年,他的女婿在位4年,先后被暴乱者谋杀。新巴比伦最后一位国王那波尼杜是两河流域上最神秘的一位国王,他被称为宗教狂、古怪的老人、篡位者。公元前556年,在一次宫廷叛乱中,60岁的那波尼杜登上了新巴比伦的王位。那波尼杜是一位贵族但他并不具有王室血统。在国内复杂的局面下,他却离开了首都巴比伦,跑到了阿拉伯的绿洲城台马。他待在台马至少8年(第4年至第11年),没有回巴比伦。在新巴比伦逐渐走上衰弱的同时,东南方的波斯人却迅速崛起。当公元前539年波斯人进攻巴比伦城时,城中的反对派竟然打开城门,欢迎波斯人进入巴比伦。8月3日,居鲁士进入巴比伦,受到隆重欢迎。居鲁士向全城人讲话,保证尊重巴比伦的传统。虽然波斯帝国继承了巴比伦的一些文化传统,如使用楔形符号创造波斯楔文,但辉煌的两河流域文明毕竟走到了它的终点。

五、古代两河流域文化

古代两河流域文明创造了光辉灿烂的文化成果,创造了人类历史上的多项第一。美国

苏美尔学家克雷默尔在专著《历史开始于苏美尔》中，列举了苏美尔人创造的39项人类第一。古代两河流域文明在宗教神话、法律、文学及自然科学方面都取得了较高的成就。

（一）古代两河流域的宗教

一切文化的开端都离不开宗教，两河流域文化也不例外。在两河流域，宗教无时不在，无处不在。宗教是两河流域文明的基础，是文化发展的动力和艺术创造的源泉。在两河流域，政治的、经济的、军事的、文学艺术的乃至社会的一切活动，都渗透着宗教的精髓，蕴藏着宗教的思想，可以说宗教是了解古代两河流域文化的一把钥匙。

1. 两河流域文明的多神崇拜

古代两河流域文明是典型的多神崇拜，他们崇拜的神其数量之多，为其他地区和国家所罕见。他们创造了无数的神，国有国神、城有城神、家有家神，人们的每一项活动，基本上都与神有着某种关系。两河流域的宗教信仰起源于苏美尔人，他们给每一个崇拜的神起了一个苏美尔语的名字。阿摩利人统治两河流域后，他们吸收了苏美尔人的宗教观念及其众多的神灵，但同时进行了整理和加工，他们把苏美尔人信仰的神灵改换名字后加以信仰，所以两河流域许多神具有苏美尔语和阿卡德语的两个名字，这是两河流域神灵的一个突出特征。两河流域的神灵还具有一个突出的特点便是神与人"同形同性"，神与人有着一样的外貌、品质、缺点。神灵们虽然极具智慧，但也会一时糊涂；虽然常能保持正直，但也会作恶多端。他们像人一样，七情六欲皆备，甚至可以死去（到地府）。

2. 两河流域神的等级

除了神与人"同形同性"外，两河流域人还仿照人类社会建立了一套神的社会体系。像人世一样，神也有等级之分。

神的等级之首是三大神：安奴、恩利勒和恩基

作为众神之首的三大神中的第一位神安奴是天神，是"众神之父"、"众神的国王"，主神庙在乌鲁克。但由于是天上的主宰，他在人间的权威表现得并不突出。

第二位主神是恩利勒，是空气神，被认为是"分开天地创造世界，使世界秩序井然"的人间主宰。恩利勒的主神庙在尼普尔，他在某种意义上成为苏美尔的民族神。

恩基，又名埃阿（阿卡德语），他是埃利都的守护神，是水神和智慧之神。他首创并保护了艺术、科学、文学、艺术和巫术。埃阿是水神，所以一个向外流水的坛子表示埃阿和他的家人，同时一个鱼身山羊头的怪兽也用来代表埃阿，埃阿的权杖的末端是一个公羊头。

神的第二等级主要有：南那、乌图和伊南那

南那神，阿卡德语的名字为辛。南那是月亮神，其主神庙在乌尔。南那控制着白昼、月以及阴历的变化。西亚人根据月亮的升落来确定一天的始末，根据月亮的圆缺来确定每一月的天数，并据此制定出了阴历历法（我们现在使用的阴历最早来源于此）。

乌图是太阳神，其阿卡德语的名字为沙马什。其主神庙在西帕尔。由于太阳神乌图的光辉驱走了所有的黑暗，而且他能看清人类的所有行为，没有任何秘密能逃过他的眼睛，所以太阳神乌图掌管司法、正义。在古代西亚，由于人们对月亮情有独钟，因此月亮神的地位比太阳神重要，太阳神是月亮神的儿子。

伊南那是两河流域宗教中一位最重要的女神，阿卡德语的名字为伊什塔尔，其主神庙在乌鲁克。她掌管一切生物的生死和繁衍，她是爱与生育之神。同时她又是战争之神。一般伊南那以晨星和夜星的形态向人们显示，所以伊南那又被称为金星神。与太阳神一样，伊南那也是月亮神的孩子。

由城邦小神变成全国性大神的马尔杜克神和阿淑尔神

马尔杜克神一开始是巴比伦城的守护神，随着汉穆拉比王朝的昌盛和巴比伦城在整个王国的地位的提升，马尔杜克的地位日益显赫，达到了权力的顶峰。在巴比伦的创世史诗的结尾部分，得到至尊地位的马尔杜克被众神们用 50 个不同的名字颂扬。这意味着马尔杜克集 50 个不同的神的品质于一身。后来由于巴比伦城在帝国的中心地位，马尔杜克成为众神之王，被授予"主"的称号。

阿淑尔神原是阿淑尔城的守护神，但是随着亚述帝国的不断扩大，阿淑尔神逐渐地上升为整个亚述帝国的国家神。

等级之末是一群小神和代表邪恶、灾病等的鬼，他们各有自己的权力范围和管辖地区。

（二）古代两河流域的法律

古代两河文明一个非常突出的特征就是对统治法律的尊重。在公元前 30 世纪初的每一个城市国家几乎都有自己的统治法律，每一位国王上任后最重要的一件事情就是颁布新法典，宣布自己建立了正义和秩序。法律的发展构成了这个文明的重要内容之一。在出土的楔形文字文献中，关于法律方面的文献最多。据著名亚述学者萨格斯估算，在所出土的苏美尔文献中，有关法律方面的文献占 90% 左右，在阿卡德文献中法律方面的文献所占的比例不会少很多。古代两河文明的法律成就基本上是由法典来体现，对法典的阅读和研究是了解两河文明法律最直接、最有效的方法。

1.《乌尔那穆法典》

人类历史上第一部法典是乌尔第三王朝的首王乌尔那穆颁布的《乌尔那穆法典》。1952年，美国学者克腊默尔在伊斯坦布尔的古代东方博物馆发现了编号为 No. 3191 出土于尼普尔的泥板 A，内容证实为当时还不为人知的两河流域最早的法典。这块泥板包含了法典的 4—20 条。1965 年，克腊默尔又发现另外两块刻有该法典的泥板——乌尔泥板和西帕尔泥板。乌尔泥板包含法典的第 7—37 条，西帕尔泥板（可能也出土于尼普尔）包含法典的前言和正文的前 10 条法律条文，编号分别为 No. 7739 和 No. 7740，补充了尼普尔泥板的若干内容。

《乌尔那穆法典》是用苏美尔语写成的，法典分前言、正文和后记三部分。前言的主要内容宣扬了"王权神授"、法律的"神圣性"和统治者的权威和功德。法典的后半部分和后记没有保存下来，现存的法典正文约 34 条，其中 5 条(12、23、27、33、37)毁坏严重，只保存下几个字。法律条文内容广泛，包括对杀人等各种犯罪行为的惩罚、自由人和奴隶结合所生孩子的所有权归属、性犯罪、婚姻关系、人身伤害、做伪证、农业犯罪等等。

古巴比伦时期是古代两河流域法典编撰的鼎盛期，属于这一时期的法典主要有伊辛王朝（公元前2020—前1794年）的《里皮特—伊什塔尔法典》、埃什奴那王朝（公元前2025—前1758年）的《埃什奴那法典》和古巴比伦王朝的《汉穆拉比法典》（Laws of *Hammurabi*）等等。

2.《汉穆拉比法典》

《汉穆拉比法典》并非是世界上最早的法典，而是目前保存的最完整、内容最丰富的一部古代法典。《汉穆拉比法典》是古巴比伦王汉穆拉比于公元前18世纪上半叶颁布的，全文刻写在一块石碑上。《汉穆拉比法典》石碑于1901年底，被法国考古队在古代埃兰首都苏萨遗址（今伊朗的胡孜斯坦地区）挖掘出土，该石碑现存于法国卢浮宫博物馆。石碑材质为闪长岩，高2.28米，原树立于西帕尔的司法正义之神沙马什的神庙中，公元前12世纪被埃兰王舒特如克那浑台一世从西帕尔城掠到苏萨。石碑正面的上部约1/3的地方刻有司法之神沙马什向汉穆拉比授予王权的情景。

法典本身并未分条目，根据文中"如果……，那么……"的案例判决格式，现代学者们将全部法典大致分为282条。由于石碑有7栏的文字全部损毁，大约缺损66—99条，共34条文，目前的66—81条是从抄有法典部分条文的泥板文书中恢复的，82—99条完全丢失。由于每行字在石碑上是由上到下刻写的，但一般刻写在泥板上的字都是从右到左，所以立在石碑前读石碑的人看到的字是向右转了90度的字形，这是文字初始时期的字形。如此安排可能是出于法典颁布者或刻写书吏的仿古想法。《汉穆拉比法典》与两河流域其他的大多数法典一样分为三个部分：前言、正文和后记。前言主要宣扬了王权神授，炫耀了汉穆拉比的丰功伟绩，以及颁布法典的最主要的目的"使强不凌弱"，法典的后记是对改动或涂抹法律条文的人的诅咒等内容。正文的282条涉及了当时社会生活的各个方面，比如司法审判、奴隶买卖、婚姻、继承、偷盗、性犯罪、医疗建筑事故、雇工的工资等等。《汉穆拉比法典》是古代两河流域法典的集大成者。

3.《中亚述法典》

在亚述王国，《中亚述法典》具有重要意义。该法典是1903—1914年间德国考古队在发掘阿淑尔遗址时发现的，该法典现存于柏林的一家博物馆。该法典主要由9块泥板组成，这9块泥板显然不是由同一个书吏写成，这些泥板属于公元前1450—前1250年间。

法典是用阿卡德语中亚述方言写成的，法典没有前言和结语，9块泥板共有大约100条法律条文。泥板A、B、C保存得比较完整，其余的6个泥板毁坏得比较严重，每块泥板只保存下了残缺不全的几句话。泥板A共有59条，主要是关于婚姻问题的，涉及了亵渎神灵和叛逆、偷盗和接受赃物、攻击和人身伤害、谋杀、性犯罪、诽谤、引诱已婚妇女、审判、流产和堕胎、巫术、重婚和离婚、已婚妇女的权利和义务等内容。泥板B共有19条，主要是关于土地问题的，涉及了土地的分类和继承、土地共同继承人的权利和义务、侵占邻居的财产、邻居在灌溉中的义务、土地的买卖等内容。泥板C共有11条，主要是关于借贷和抵押等问题。法典对于了解中期亚述的社会经济、家庭婚姻、阶级关系、商品货币关系等方面提供了十分重要的资料。

4.《新巴比伦法典》

新巴比伦王国也有一部法典保存下来,称为《新巴比伦法典》。该法典发现于大英博物馆所藏的一块泥板上。亚述学者培舍尔认为该法典属于亚述国王阿淑尔巴尼帕统治时期,但从符号、构词法和措辞来看,该法典显然属于新巴比伦时期。法典没有前言,正文共有15条,其中只有12条保存完好,其余3条(1、4、14)只残缺下几个词语。法典内容涉及了出租土地、灌溉、买卖奴隶、巫术、婚姻、继承等内容。从法律条文的表述上,新巴比伦法典与其他的法典截然不同,没有采用条件句"如果……,那么……"的表达方式。但从法典的内容来看,他们与《乌尔那穆法典》、《汉穆拉比法典》是一脉相承的。

(三) 古代两河流域的文学

古代两河流域在文学方面取得了较大的成就,出现了数量庞大的文学作品,这些文学作品按文体大体可以分为以下四类:王室铭文;神话与史诗;智慧文学;赞美诗、圣歌等宗教文学。其中神话和史诗取得的成就及影响最大。

神话传说和英雄史诗是古代两河流域文学作品中最重要的部分。这些神话和史诗的来源多样,有的是民间流传已久的故事被加工整理成文,有的是把一些历史人物或事件神化而成,而且这类文学作品往往没有作者署名。早期的神话和英雄史诗主要对世界创造、人类的生死等重大问题进行探讨,神或半人半神的英雄在神话中扮演了重要的角色。到公元前14世纪后,亚述和巴比伦尼亚才出现了一些以历史事件为主题的史诗。公元前13世纪,亚述人则以长达八百至九百句的诗歌反复渲染了图库勒提尼奴尔塔对巴比伦尼亚的胜利。晚期的史诗都有一定的现实意义和政治色彩,在一定程度上反映了一些历史事实。

1. 神话故事

两河流域的神话故事众多,内容丰富多彩。两河流域的神话主要表现在两个主题上,一是创世神话,二是对永生的追求。

从目前所有的文献来看,苏美尔人没有就"世界创造"这一主题在神话中进行全面的阐述,只在一些对话式的文学作品中提出了一些含糊隐约的观点:如:世界之初、天地始分、人类像动物一样地生活等等。巴比伦的创世神话继承了苏美尔的创世观念并加以发展,形成了自己的一套关于世界创造和人类产生的理论。巴比伦神话《阿特腊哈西斯》叙述了人类的产生和洪水的故事。

两河流域最著名的创世神话无疑是《埃奴马·埃里什》,在这篇神话中,巴比伦城神马尔杜克取代了恩利勒成为至高无上的创世者。这部神话在巴比伦一年一度的新年节上被众人吟诵。史诗共由7块泥板组成。神话的形成,当早于巴比伦第一王朝,近年来,有人认为形成于公元前2000纪中叶以后。神话本文约1 000行。神话用诗体写成,故事惊险动人。因出现较早,对希伯来、希腊等神话产生了重要影响。

追求永生是两河流域神话故事的另一个主题,这类的神话故事众多,这些故事的结局无疑都是以追求永生的失败而告终,这也是现实生活的一种真实反映。以追求永生为主题的神话故事主要有《埃塔那》和《阿达帕与南风》等。

2. 英雄史诗

现流传下来的主要的几首苏美尔英雄诗史都是以乌鲁克早王朝时期的国王埃美尔卡尔、卢伽勒班达和吉尔伽美什为主要角色。关于埃美尔卡尔及其子卢伽勒班达的史诗反映乌鲁克与阿腊塔城邦的斗争。关于吉尔伽美什的史诗共有五首：《吉尔伽美什和阿伽》、《吉尔伽美什和生存之地》、《吉尔伽美什和神牛》、《吉尔伽美什、恩基都和地府》和《吉尔伽美什之死》。

巴比伦人对于苏美尔的关于吉尔伽美什的英雄史诗进行了重新的归纳和补充，形成了故事情景更加曲折、内容更加丰富的古巴比伦版的《吉尔伽美什史诗》。公元前7世纪，亚述人形成了更加完备的《吉尔伽美什史诗》，被称为经典版。《吉尔伽美什史诗》全诗共12块泥板，三千余行，现存不过两千行。《吉尔伽美什史诗》以它独特的风格和对死亡、人性等永恒主题的不断探索成为世界文学史上的一部经典之作。

（四）古代两河流域的自然科学

古代两河流域文明在数学、天文学和医学等方面取得了较高的成就。

1. 数学

在农业活动及房屋的建筑活动中，都需要运用数学知识。在长期的实践活动中，两河流域人发展出了较为先进的数学。他们发明了十进位制和六十进位制。一般而言，叙利亚人、埃波拉人和亚述人更多地使用十进位制，而苏美尔人和巴比伦人则主要使用六十进位制，1、60、3600、2160000 和其倒数 1/60、1/3600……成为这种进位制的基本数字。六十进位制的影响深远，后来阿拉伯人和希腊人接受了六十进位之后又将其传播到了欧洲。今天我们用于计算时间、圆周、弧形等所采用的六十进位制也是源于古代两河流域人们的发明。

两河流域人很早就具有了"位值"的概念，即某个数字的值取决于它在该数字中的位值。如 36 和 63，36 中的 3 表示 30，而 63 中的 3 仅代表 3 个。巴比伦数学家早在公元前 7 世纪就能计算平方根、立方根，如 2 的平方根为 1.414 213。他们已经会使用 2 次方程式，能计算圆的面积和圆锥的体积。他们计算出圆周率的值约为 3。

2. 天文学

古代两河流域的天文观测水平很高，他们把天空划分成不同的区域，分属不同的神管理。巴比伦人和亚述人按照区记载他们所能看到的星座，如恩利勒区有 33 个星座，包括大熊座、小熊座等；安奴神区包括 23 个星座。两河流域人能区别行星和恒星，行星被比喻成"狂野的山羊"，而恒星则为"驯服的山羊"。他们通过天文观察和计算绘成恒星图，并标出星际之间的距离。在古巴比伦时期，人们就对木星、金星、水星、火星、土星有了一定的观察，并发现金星的出没规律。他们还对日食、月食和日、月、星辰的相对位置进行观测并记录下来，作为制定历法的依据。

两河流域天文学最重要的成果就是制定了历法，并使它得到了广泛传播。人们把一年分为 12 个月，每月 30 天，每年的中间或年末在月份中增加几天，以补不足。

3. 医学

两河流域的医学与巫术紧密相连。早期的行医治病几乎被完全操纵在巫师手中,生病原因大多被臆测为魔鬼附身、神灵的惩罚等原因。治疗手段因此常常是驱魔去鬼一类神秘活动。但在巫术活动的过程中,科学的医学知识也慢慢发展起来。

早在《汉穆拉比法典》中,就记载了这一时期的医生可以运用青铜刀做眼部手术以及接骨手术等等。公元前1000纪前后,科学的较为合理的医疗手段被逐渐应用起来。亚述的萨尔贡王朝时期,社会上有了专门的医生行医治病,他们具有系统的药物和治疗方法。这时还出现了像金属管、手术刀一类的医疗工具。不过,科学的医学治疗和巫术也是很难严格区分的,二者常常被糅合在一起。如药物治疗中渗入了巫术活动之物,巫术驱魔的过程也使用了比较合理的药物。人们在对各种发病现象观察并作出预言的时候,其实也包含了一定的科学道理。

目前对于两河流域医药方面的知识主要来源于记载药方的泥板,但这类泥板并不太多。这些医学资料常以这样的结构记载:泥板开头一般是"如果一个人有病……"或"如果一个人身体苦痛……"这种结构的泥板,通常表明这是一个医学泥板,接下来是对症状的详细叙述,包括患者的感觉和某些特征,最后是医生的指示,包括药方、服用时间和方法。一般药方都会对治疗结果作出一个预言,如你会病愈或你难逃厄运等等。

第二节 古代波斯

在两河流域东边的伊朗高原上同样兴起了一个伟大的文明,这个伟大的文明就是埃兰文明及后继的古波斯文明。古代两河流域文明及古埃及文明衰落之后,古波斯人成为古代近东地区新的主人,创造了辉煌的古波斯文明。古波斯文明在东西方文化交流中也做出了杰出的贡献。

一、埃兰文明

早在米底人和波斯人这些雅利安民族到来之前,伊朗就已经有相当程度的文明存在,他们不操伊朗语,宗教信仰不同,民族成分各异。在西北—东南向的扎格罗斯山脉上以及伊朗高原西南地区兴起了众多的古代文明,如埃兰文明、乌拉尔图以及胡里安人诸国等等,在这些文明中对后世文明影响最大的无疑是埃兰文明。

埃兰文明诞生的时间约为公元前3000纪上半叶,比两河流域文明稍晚。在苏美尔语楔形文字文献中,埃兰这一名称的肇端可以追溯至公元前2600—前2500年之间。一般认为埃兰文明终结于亚述帝国在公元前7世纪对苏萨王城的征服。埃兰历史大致分为三期:古埃兰时期(约公元前2700—前1600年)、中埃兰时期(约公元前1400—前1100年)和新埃兰时期(约公元前800—前600年)。其间存在着几百年的间断,因缺乏文献无法考证之故。

埃兰地区与两河流域毗邻,因此两个文明之间具有广泛的联系,这种联系既包括和平的商业贸易交往,也包括军事征服。埃兰也是一个高度发达的文明,具有较强的经济和军事能力,一旦两河流域地区的王朝衰落,埃兰人就乘虚攻入两河地区进行抢劫财物或者直接进行统治。《苏美尔王表》提到继乌尔第一王朝之后,统治美索不达米亚的是来自埃兰阿万城的王朝。这个王朝统治了356年。后被基什第二王朝取代。乌尔第三王朝建立后,诸王多次出征埃兰。在公元前2004—前2003年,埃兰最终灭亡乌尔第三王朝。由西马什基王朝国王库特兰特姆提率领的埃兰大军攻破乌尔,纵兵抢掠,俘乌尔末王伊比辛至安山,并在乌尔城中驻军多年,军威显赫。中埃兰时期最著名的事件可以说是苏萨王朝的国王舒特如克那宏泰击败占据巴比伦的加喜特人,将《汉穆拉比法典》石柱掠往苏萨。而新埃兰时期的历史则肇兴于亚述外霸内王之时,所以战争成为新埃兰的主题。它与巴比伦携手抗敌,但内讧不止,大势已去,难以支撑亚述的强大军力以及雅利安民族的渗透,最终于公元前639年为亚述国王阿淑尔巴尼帕所征服。亚述王此生共三次攻入苏萨城,第三次摧毁了埃兰的12个地区、14座王城和无数的村庄,19尊埃兰神像尽入亚述。亚述王在其铭文中提到我让野驴、黄羊、各种野兽像在家里一样自由自在地生活。埃兰末王混巴尼伽什在公元前640年被俘,埃兰作为独立国家的历史自此完结。

二、雅利安人的入侵与米底王国

公元前2000纪中叶,雅利安人开始从中亚向西亚和南亚迁徙。印度—伊朗人可能是最后一批开始迁徙的印欧语民族。他们自称雅利安人,意为"高尚的人(或贵族)"。进入伊朗的雅利安人部落被俄国学者划分为两部分,东伊朗部落与西伊朗部落。东伊朗人主要有有西徐亚人、马萨格泰人、巴克特里亚人、索格迪亚那人、阿兰尼人等等。西伊朗人中比较强大的有米底、波斯和帕提亚等部落。

公元前1000纪中叶,亚述、埃兰、巴比伦、埃及以及乌拉尔图这些古代近东强国处于连绵不绝的战火之中,迁入伊朗高原西部的伊朗—雅利安人作为一支新生力量,开始崭露头角,最先崛起的是处于伊朗高原西北部的米底部落。米底在公元前836年的亚述王沙勒马那沙尔三世铭文中第一次出现。米底人虽然崛起较晚,对亚述来说,它带来的威胁很快就变得不可忽视了。亚述铭文中称米底为"远方的米底人"、"东方大国米底"等。希罗多德提到了米底人有6个部落。米底的地理范围是背靠扎格罗斯山,东至达什特伊卡维尔盐漠,北至阿莱克斯河厄尔布鲁士山一线,南部毗邻波斯,基本上来说就是以扎格罗斯山脉为支撑的伊朗西部高原。米底国家对周边其他被征服民族的统治方式是征收贡品,而非直接统治。在希罗多德的《历史》中,居鲁士大帝的父亲和祖父都是臣服于米底的小王。波斯的王衔"众王之王",可能就是发端于米底的。米底人从乌尔米亚湖继续向南部转移,直至后来的王都艾克巴坦那(今哈马丹)地区。米底人先于波斯人立国,以米底人集会之地艾克巴坦那为王都,成为这一地区一支重要新兴力量。米底从单纯的部落联盟发展成为国家,是外族压迫促成统治向心力完成的典型过程。米底人既要对付本地的小国,又要承受来自亚述的压力,在北方还要与西徐亚人角力。在希罗多德的《历史》中提到的戴奥凯斯,作为"正直的裁判官"在艾克巴坦那建都,将米底建立为一个国家,这些可以从亚述铭文中得到印证。戴奥凯斯在亚述铭文中称达亚乌库,被亚述王萨尔贡打败。米底在后继几位国王的统治下,势力愈发强大。后来的巴比伦王尼布甲尼萨二世以王子的身份娶了米底公主,从此双方结盟,终于让亚述的战争机器停止了运转。随后,米底和巴比伦各自扩张。凯雅克萨莱击败了波斯和其他伊朗部落,吞并了已经羸弱不堪的乌拉尔图。在安纳托利亚,米底人与吕底亚大战5年,后因为日蚀出现,双方都认为不祥,遂停战。在巴比伦王的调解下,双方以哈利斯河为界,划定了势力范围,此战称日蚀战争。近东由此形成了米底、迦勒底巴比伦和吕底亚三足鼎立的局面。近东政治形势趋向稳定,共同体逐渐扩大,为波斯帝国的最终形成奠定了基础。

三、波斯帝国的兴衰

波斯人是另一支进入伊朗高原的雅利安人。米底人侵入了伊朗高原的西北部,而波斯人则侵入了伊朗高原西南的埃兰地区。波斯人的渗入是和平的过程,并得到了埃兰统治者的准许。波斯人的首领叫做阿黑门尼。他将波斯人组织起来,形成了部落联盟。作为王朝首王,波斯后世国王便以他的名字为王朝之名。后来的帕提亚王朝和萨珊王朝皆有此传统(帕提亚称阿尔萨息王朝、萨珊称阿尔达西尔王朝)。阿黑门尼诸王之后有两支传人:一支是居住在帕萨尔伽达平原的居鲁士一世一族,另一支是他的兄弟阿里亚拉姆涅一族。居鲁士大帝属于前一族,大流士一世属于后一族。波斯的后世诸王全部出自阿黑门尼的两支王族。

(一)帝国的建立与早期的军事征服

1. 波斯王国的建立

在希罗多德的记载中,米底末王亚斯提亚格斯的事迹与居鲁士密切联系在一起。作为居鲁士大帝的外公,他和他的米底国家既阻碍了居鲁士和波斯的成长,又成为促使他们崛起形成一个伟大统治者和辉煌帝国的踏板。他的两个梦揭开了波斯帝国壮丽的历史篇章。

米底末王亚斯提亚格斯做了一个有关她女儿曼达涅的梦。梦中,曼达涅小解,淹没了整个亚洲。亚斯提亚格斯找来玛哥祭司释梦,得知她女儿将生出一个亚洲之主,并取代他。他不敢把女儿嫁给米底人,因为他认为只有米底人才有实力应验这个梦。因此,曼达涅被嫁给了波斯的冈比西斯,生下了居鲁士。后来亚斯提亚格斯又做了一个关于曼达涅的梦,梦见从他女儿的子宫里生出一串葡萄藤蔓,荫罩亚洲大地,于是他派大臣哈尔帕古去杀死这个婴儿。但哈尔帕古没有执行这个弑亲的命令,转而把这个婴儿交给一对丧子的牧人夫妻抚养。这个孩子就在亚斯提亚格斯的眼皮底下长大,直到一次在扮演国王的游戏

图2-4 居鲁士头像

中,他打伤了一个高官之子,被带往宫廷处理,终被亚斯提亚格斯发现了居鲁士的真实身份。玛哥祭司说既然居鲁士扮演了国王,那么预言也就实现了,他不会再次成为国王而带来威胁。于是亚斯提亚格斯放过了居鲁士,让他回到了安山父母的身边。从此,亚斯提亚格斯自己埋下了覆灭的种子。公元前559年居鲁士继承波斯王位后与亚斯提亚格斯交锋三次,最初是亚斯提亚格斯取胜。但米底人心不和,最后在公元前550年米底败落。居鲁士宣布自己为波斯、米底和埃兰的王。米底人在波斯帝国享有较高的地位,不仅因为他们与波斯人同根同源,还因为波斯直接继承了米底的政治遗产,而建立了波斯、米底人为核心统治集团的波斯帝国。由于米底人更富有行政和军事经验,故而在征服和日后的管理中发挥着重要作用。

2. 早期的军事征服

居鲁士征服米底后,近东局势变化,大国间的力量平衡被打破。波斯向四方的军事征服开始了,根据巴比伦国王那波尼度编年史的记载,在他统治的第9年尼散月,波斯之王居鲁士召集了他的军队,渡过了阿尔贝拉城下的底格里斯河。在阿亚尔月(5月到6月间)他挥师攻击卢国……杀其王,夺其产,留下驻军在其城镇。卢国就是指吕底亚,波斯兼并了吕底亚。

(1) 居鲁士征服巴比伦

征服吕底亚后,波斯人和希腊人有了第一次接触。但此时,居鲁士根本没有把心思放在此时无足轻重的几个希腊城邦身上。他动身返回,准备征服巴比伦。在进攻巴比伦前,居鲁士大帝大约在公元前545—前539年间完成了对帝国东部和中亚地区的征服。居鲁士将原属米底的东部地区古尔冈和帕尔苏维收入囊中。那波尼度编年史对居鲁士征服巴比伦进行了记载:在塔什瑞图月,当居鲁士攻击了在底格里斯河上欧皮斯的阿卡德军队时,阿卡德的居民反叛了,但是他(那波尼度)杀死了混乱的居民。第14日,西帕尔被占领,没有战斗发生。那波尼度逃走了。第16日,库提人的乌格巴鲁指挥官和居鲁士的军队未经战斗进入了巴比伦城。随后那波尼度在巴比伦时被抓捕……在阿拉萨穆月第3日(公元前529年10月29日)居鲁士进入巴比伦,绿色的枝条在他面前铺开——和平降临在这座城。居鲁士将自己视作巴比伦的合法继承人,并在马尔杜克神庙举行仪式并赢得了巴比伦祭司集团的支持。居鲁士征服巴比伦后,波斯帝国出现了万国来朝的景象,全世界所有的王,从"上海(地中海)"到"下海(波斯湾)",那些住在王宫里的,那些住在帐篷里的,带着重礼来到巴比伦,亲吻居鲁士大帝的脚。

(2) 冈比西斯征服埃及

征服巴比伦后,居鲁士将冈比西斯安置为巴比伦的王。之后,他又开始了对外征战。游牧部落对新月沃土地带的觊觎是他时常忧心的所在,尤其是波斯人所说的塞族人为患巨大。居鲁士为巩固帝国出兵征讨,不幸在公元前530年殒命。关于居鲁士之死,说法较多。按照希罗多德的说法,他是在阿莱克斯河一带与马萨格泰人的征战中,死于为子复仇的托米利斯女王之手。克特西阿则认为居鲁士是在锡尔河流域被德尔比克人得自印度的战象所伤而死。色诺芬认为居鲁士噩梦缠身死在帕萨尔加达。希腊化时期的贝罗苏斯则提出了居鲁士死于在锡尔河与达哈人之战的说法。

冈比西斯是居鲁士的长子,其母是阿黑门尼贵族之女卡珊达涅。冈比西斯被居鲁士指定为巴比伦的王,并在居鲁士死后继承了王位和征服埃及的计划。冈比西斯在公元前526年着手入侵埃及。埃及此时处于第26王朝法老阿马西斯统治之下,先前的盟友不是被征服就是投靠了波斯人,而且国内局势也不稳定。在波斯入侵前,阿马西斯死了。继承他的是普萨姆提克三世,他无力抵御波斯的攻势。公元前525年冈比西斯水陆并进。阿拉伯人为在沙漠行军的波斯大军送水,这是他们第一次见于史料。征服埃及后,西边的利比亚部落也归降于他。经过几年的巩固,建立了他自己的权威。埃及成为波斯行省,首府孟菲斯。冈比西斯极力赢得埃及人的好感,还自称自己是居鲁士与埃及公主尼坦斯结合而生。他被接受为埃及第27王朝的新法老,尊重当地传统,荣耀埃及宗教。

当冈比西斯在征服埃及的过程中,他的弟弟巴尔迪亚却在国内慢慢积蓄力量,企图取而代之,做波斯的国王。居鲁士在世时将两个儿子安排在帝国的利害核心地区:冈比西斯在巴比伦、巴尔迪亚在米底。居鲁士死后,冈比西斯继承王位,而后远征埃及,并调巴尔迪亚进宫监国。冈比西斯在埃及滞留3年,且日渐昏庸。引起埃及本地人和波斯贵族的不满,而且波斯其他地方的总督势力坐大。巴尔迪亚已经在波斯经营了3年,根基渐稳,看到帝国有分裂的危险,企图代替兄长治理国家,维护国家的统一和稳定。冈比西斯闻得消息,回师,却在途中死去,死因不明,但肯定有来自外界和内心的压力才导致他的死亡。巴尔迪亚看到冈比西斯离世,便肆无忌惮,开始加强中央集权,解决贵族势大的问题。但冈比西斯的远征军还控制在大流士一世等贵族子弟的手上,闻听巴尔迪亚采取了压制贵族的措施,大流士一世便联合6位贵族,秘而不宣地反对巴尔迪亚,买通宫内太监进入王宫杀死了他,进而取得王位。而后为了使自己上位合法,大流士编造了冈比西斯诛弟和伪巴尔迪亚一说,彻底断绝了居鲁士王族。

(二) 帝国的强盛

1. **大流士一世(公元前522—前486年)平乱上位**

大流士一世是阿黑门尼王族的一员,为阿里亚拉姆涅一系。其父赫斯塔斯佩是居鲁士任命的古尔冈与帕尔苏维总督。在冈比西斯出征埃及时,他作为骑兵长官随驾左右。大流士一世在击败众多敌人和起义之后,与支持他的贵族们开始了阿黑门尼王朝的一个新时期。

根据《贝希斯敦铭文》的记载,大流士一上台,各地就爆发了起义。首先是埃兰和巴比伦。埃兰事小,传檄而定。巴比伦的起义虽然持续时间不长,但却像烽火台一样,将起义的信息传向了帝国的埃兰、亚述、帕提亚、马尔吉亚那、萨塔吉地亚和西徐亚,甚至帝国核心的波斯和米底也乱局丛生,且难以平叛。最终大流士一世历经大小19战,俘获敌酋9人,历时一年基本上将起义的明火扑灭。虽然后来还有叛乱出现,但已经不能构成大的威胁了。大流士一世镇压各地起义之后,把镇压内乱的过程刻在了山崖的石壁上,这就是著

图2-5 大流士雕像

名的《贝希斯敦铭文》。铭文分别用阿卡德语、古波斯语和埃兰语楔形文字书写,内容一样。铭文石刻15米高,25米宽。古波斯语部分5栏414行位于正下方,埃兰语部分7栏593行分为右上和左下角两部分,阿卡德语部分112行处于左上角。《贝希斯敦铭文》是英国学者罗林森破译古波斯语和阿卡德语的一把钥匙。

2. 大流士一世的军事征服

平定内乱之后,大流士一世开始对外进行军事征服。公元前513年,大流士一世则对欧洲地区的塞族进行了征讨。他攻击欧洲部分塞族的动机至今不明。但此举却是波斯帝国大规模向西扩张的前奏。对欧洲塞族的进攻不得不使我们将它与希腊联系在一起。大流士一世进入南俄之后,遇到了和拿破仑一样的尴尬境地。无影无踪的敌人早已经坚壁清野,而伤病与粮食的缺乏倒成了减员的原因。最终大流士一世在这片土地无功而返。回师时,塞族人要求希腊人阻击波斯,但他们还算明智,没有答应。大流士一世分兵驻守希腊北部,马其顿和这一地区的希腊城邦全部降服。

埃及重新回到帝国怀抱可能是在公元前519年到前518年的冬天,是在大流士发布准许犹太人完成在耶路撒冷圣殿的敕令之后。公元前518年年底,他离开埃及后,开始了他对印度的征服。征服的时间可能在公元前518年到前515年。至于其征服的界限,大多数学者认为仅限于印度河河谷地区。

有史可依的大流士一世的最后征服是著名的对希腊的两次入侵,至公元前490年8月败于马拉松,这便是著名的希波战争。马拉松战后,大流士一世继续准备报复希腊。虽然在希腊遭受了挫折,但波斯帝国总体来说没有受到太大影响。大流士一世掌控的波斯帝国比居鲁士的还大。公元前6至前5世纪之交,波斯帝国达到极盛。按波斯波利斯铭文的说法,此时的波斯帝国拥有"从索格迪亚那之后的塞族部落到埃塞俄比亚,从印度到吕底亚"的广大地区,后来的波斯诸王也没有将领土扩展到更大的范围。

3. 大流士一世的帝国统治政策

波斯帝国初期的三位君主将波斯的领土大大扩展,而帝国自身面临着很多前所未有的问题。波斯经过28年的征服活动,在庞大的地域内,形成了一个前所未有的帝国。境内各民族文明程度不一,经济水平高低有别。山水相隔,交通不便,语言、文字和宗教的差别使波斯君主的统治依靠类似于君合国的政体来维持。中央集权很难做到,而没有强大的中央政府又万难维持一个极其庞大的帝国。因此自阿黑门尼王朝之始就力图解决这些问题。大流士一世更多的是采取软政策而非硬法令来塑造一个完整的、更易于治理的国家。依靠于此,波斯后世诸王虽然昏庸无度,帝国却能继续运转而非分崩离析。一般认为大流士一世的改革约开始于公元前518年前后,大致可以分为政治、军事、经济等几个方面。

(1) 行政区域的划分

对于疆域如此庞大的帝国,大流士采取了设置多座王都和总督区进行治理的方法,使全国广大区域紧密地联系在一起,处于国王的有效统治之下。

四座王都

为了对庞大的帝国进行有效的控制，大流士一世在全国设置了四大首都，分别是波斯波利斯、苏萨、巴比伦和艾克巴坦那。每个城市职能不同，波斯王会不时驻跸。波斯波利斯地处马尔夫达什特平原，由大流士一世始建于公元前520年，而其建设工作一直延续至王朝终结。波斯君王和他的扈从大部分时间都居住于此。波斯的重要仪式都在此举行。苏萨因其地理位置优越，交通方便之故成为阿黑门尼王朝的全国行政首都。大流士一世下令重建破败的苏萨，其重视力度堪比波斯波利斯。在一片类似于奠基碑铭的文献中，大流士一世提到了至少16个民族和国家为苏萨的工程提供建材和人力。巴比伦因其统辖着庞大的两河与巴勒斯坦地区，且富冠全国，被大流士一世确定为冬都。艾克巴坦那位处扎格罗斯山中，是帝国核心米底的中心，也成为帝国首都。又因夏时凉爽，成为夏都。这四座城市控制着帝国最为要害的地区，各自又处于交通要道之上，这就成为帝国统治的支点所在。

地方总督区的划分

在地方，大流士一世对居鲁士时期已经存在的总督区进行了重新组织。对波斯各总督区的认识，可以通过《贝希斯敦铭文》、纳克西·鲁斯塔姆墓铭、苏萨奠基碑铭以及薛西斯铭文等共6个文献来了解。在这些文献中，总督区的数量从23到32个不等，但基本上没有太大出入，只是对总督区的细化和异称而已。总督区名单的变化，说明了帝国版图的增减。

波斯、米底和埃兰总督区是帝国的核心。波斯总督区是帝国最重要的地区，这里为帝国提供士兵和官僚。它向南直到波斯湾，还包括东部的克尔曼地区。米底总督区虽然不能免税，它在波斯米底人集团中仍享有很高的地位。它的范围是西至底格里斯河上游，东到里海之门，北临亚美尼亚，南接波斯。埃兰被居鲁士合并进巴比伦总督区，后来又独立出来，直至亚历山大时代，它还保持着其低地与山地的古老边界。

总督区的职官原则上是仿照中央官署的设置，分成行政、军事、监察三大部分，它们之间互相独立，互相约束。总督区的首脑被称为王国的守卫，希腊人称之为总督。在大流士一世当政之前，总督的职位很多掌握在地方王公的手中，即使是父亲反叛，儿子依然可以继承总督之位。大流士一世时期，通过各项措施，逐渐将总督之权收归波斯人之手。很多比较重要的总督区由阿黑门尼王族成员出任，如大流士一世的兄弟们出任萨尔德和巴克特里亚总督区的总督，还有小居鲁士统领小亚的几个总督区，帝国终于成为阿黑门尼王族的私产。

(2) 军事改革

军事整顿体现在军队从先前的兵民一体发展为专业军队，波斯人开始占据着军队的统治地位。军队主要由骑兵、步兵构成，步兵又可分为弓箭兵、枪兵、短剑或战斧兵。骑兵是波斯人的重要兵种，在步骑协同战术中作用巨大。步兵主要由下层民众充当，而加入重骑兵的则多是贵族。军队按人数编组，以万、千、百、十、五为单位。帝国的军队由波斯人、米底人、巴克特里亚人以及塞种人构成。

不死军是波斯王的军队核心，它的名字来源于希腊人对波斯语随从 "Anūšiya" 的误读，希腊人将这个词翻译成了"不死"，他们具有禁卫军的意思，是常备兵，地位高贵，军备齐整。

步兵1万,骑兵1000。士兵来源基本从战斗能力强、容貌雄壮的老兵中选取。可能因为少一人则填一人,所以希腊人才会有以上误读。不死军在居鲁士大帝征服巴比伦,冈比西斯征服埃及和大流士一世征战印度与塞种人的战争中发挥着重要作用。他们参加了温泉关之战。根据希罗多德的记载他们配备柳条盾、短枪、剑、匕首以及弓箭,穿戴鱼鳞铠甲上装。不死军的头一个千人队由各地显贵构成,他们充当王室警卫,也是帝国军队的核心战力。他们出征时用驴和骆驼运输给养、女眷还有奴仆,不死军的长官也就是千夫长,地位很高,在波斯波利斯的雕刻中能见到他们的形象。

(3) 货币改革

阿黑门尼王朝的货币体系比较完备,中央政府筹划货币流通以保持经济平稳。货币分为三等,即金币、银币和铜币。金币的铸造权掌握在中央政府手中。在波斯波利斯,工头以及司库、副司库等负责货币的制造和管理。金币名为大流克,重8.4克。其名应该是起自大流士之名。大流克质量足,成色好,作为近东的主要金币,延续到阿黑门尼王朝灭亡之后还在流通。它作为赏赐品的功能甚于货币之用。银币和价值更低的铜币的铸造归于总督和将军之手。银币称舍客勒,重5.6克,用于军费、行贿和支付雇佣兵费用。铜币则是民间流通的主要货币,由一些商业发达的自治市铸造。后两种铸币主要在城市比较发达的帝国西部行省流通。地方总督铸造金币就是造反的象征,如阿尔塔薛西斯二世时期出现的情况。虽然大流士一世引用了货币制度,但其发展和接受的广度和深度并不大。帝国后期希腊货币流通较广,阿提卡货币成为国际支付手段。帝国东部的广大地区直到亚历山大到来才开始使用货币。

(4) 赋税体系

阿黑门尼王朝的税赋是多样化的,在希腊资料中,我们可以了解到波斯王的收入是赋税和贡品。帝国的税赋由各地总督区提供,根据具体情况,税额税种不同。如波斯行省不用交税,米底则缴纳450塔兰特,10头绵羊和5万匹尼萨马。而科尔奇安人因容貌姣好,每5年要交给宫廷童男童女各百名。而阿拉比亚行省每年缴纳1 000塔兰特的乳香。巴比伦行省缴纳的白银最多,达1 000塔兰特,还要进奉500名少年做宦官。一些地区不作为单独税赋单位,而是与毗邻的行省共同缴纳税赋。如包括昔兰尼加和巴尔卡的利比亚并入埃及共同上缴700塔兰特。希罗多德估计每年帝国的税赋收入达7 600巴比伦塔兰特之巨。

(5) 驿道情报系统的完善与使用

帝国使用一个叫"安加莱昂"(angareion)的情报组织,王室诏令和各地消息都可以通过它来传递。这个组织配合大流士一世整顿的驿道可以让帝国控制遥远的地区,效率很高。驿道在大流士一世之前已经存在,他将这个系统建设得更加完备。驿道的主干线是从萨尔德到苏萨的王道。同时存在其他道路,比如从苏萨到波斯波利斯的王道延伸线,以及从巴比伦开始经扎格罗斯山脉到艾克巴坦那到中亚的一条王道,这条道路后来成为丝绸之路的一部分,《贝希斯敦铭文》所在之地就在这条道路上。考古学家也发现了不少道路遗迹。阿黑门尼王朝还积极造桥,并使用船只保证贸易和通讯的畅通,烽火台也被用来传递信息。大流士一世还继承埃及法老尼科的事业,凿通了连接红海经尼罗河到地中海的大流士运河。他将这条运河与印度洋上的航线连接了起来,也门在这一时期也处于阿黑门尼王朝的影响之下,可能就是跟大流士的这条航线有关。大流士一世利用这些道路可以快速地部署、投送兵力,同时商旅和普通民众同样可以利用这些道路。

(三) 亚历山大的入侵与帝国的灭亡

大流士一世的改革虽然取得了一定的效果,帝国在他的统治下一度形成了繁荣昌盛、欣欣向荣的局面。但在帝国的强盛的光环下,却暗藏危机。帝国境内民族混杂,经济发展极不平衡,各种民族矛盾、阶级矛盾不断尖锐,王室的争位战争也不断发生,当一代明君大流士一世去世后,帝国开始进入由盛转衰的局面。

1. 帝国后期诸王的统治

大流士一世在公元前486年驾崩,薛西斯继承了王位。大流士一世远征希腊失败的前车之鉴并没有减弱薛西斯对希腊地区征服的渴望。薛西斯同样认为希腊是帝国西部边界的威胁,若不使之臣服便没有和平的可能。波斯帝国的征服传统也让他对新的领土有一种渴望。薛西斯时期的波希之战开始于公元前480年。最初波斯取得了众多的胜利,如温泉关大捷,但薛西斯低估了希腊海军的实力及他们誓死抵抗的战斗决心。希腊海军在雅典将军迪米斯托克利的实际指挥下,将波斯海军引诱进萨拉米海峡一举歼灭。最终薛西斯对希腊的军事进攻以失败告终,小亚细亚的希腊城邦纷纷独立。薛西斯远征希腊的失败使帝国遭受了重创,是波斯帝国命运的转折点,是帝国由盛转衰的开始。

薛西斯之后,波斯历经阿尔塔薛西斯一世、大流士二世、阿尔塔薛西斯二世、阿尔塔薛西斯三世及大流士三世的统治。帝国虽然维持了庞大的疆域,但已实力大降,帝国的大厦摇摇欲坠,不堪一击。

2. 亚历山大的入侵和帝国的崩溃

马其顿是地处希腊半岛北部的一个王国,菲利普在公元前360年成为马其顿的国王,在公元前349年统一了马其顿。公元前336年,46岁的菲利普被谋杀,20岁的亚历山大即位。希腊人在底比斯的带领下趁势反抗,底比斯号召希腊在波斯的帮助下消灭马其顿的暴政。亚历山大镇压了这次反叛,非常残酷地惩罚了底比斯,希腊城邦成为了马其顿的一部分。

希腊的局势稳定后,亚历山大开始着手进攻波斯。公元前334年,马其顿军队开始了对波斯的战争,他们宣称要为150多年前被薛西斯破坏的希腊神庙报仇。这支军队由马其顿人的3万重装步兵和5000骑兵组成,还包括7000希腊步兵和600色萨利骑兵,以及几百人的克里特弓箭手。

首战发生在公元前334年的格拉尼库斯河一带,离马尔马拉海不远。格拉尼库斯一战亚历山大打开了小亚的大门,随后亚历山大的军队长驱直入,攻占西里西亚和叙利亚地区。公元前333年12月,亚历山大在西里西亚和叙利亚之间的伊苏斯与波斯大军展开了一场大战。最终,亚历山大占领了波斯营垒,缴获无数战利品并俘获了大流士的女眷,包括他的母亲、妻子、两个女儿和一个未成年的儿子。伊苏斯之战后,叙利亚和巴勒斯坦的门户大开。亚历山大旋即控制了叙利亚和腓尼基城市阿拉多斯、拜布罗斯和波斯海军最重要的基地西顿,亚历山大也获得了一支强大的波斯舰队。

公元前 332 年秋,亚历山大进军埃及。亚历山大非常顺利地控制了埃及,孟菲斯的祭司给他戴上了代表上下埃及的红白双冠。公元前 331 年初亚历山大在三角洲西部建立了以自己名字命名的城市亚历山大里亚。亚历山大占领埃及之后,回师北上,在两河流域北部一块叫高加美拉的平原与波斯军队决一死战。公元前 331 年 10 月 1 日,高加美拉之战爆发。此战决定着双方的命运。大流士若败便再难组织起成大规模的军队。亚历山大若败,则深入波斯境内的马其顿军将难有出路。战争进行得如火如荼,胜败未分时,大流士却带着巴克特里亚骑兵,王室男丁以及不死军逃向米底了。不久惊慌蔓延波斯全军,这支大军就此败北。

公元前 330 年春,亚历山大向艾克巴坦那进军。大流士早已离开,他想向北从里海南岸去东伊朗,希望能再组织起足够的军队对抗亚历山大。大流士已经不可能组织起这支军队了,事实上他的性命也已不保。贝苏斯杀死大流士,自己称阿尔塔薛西斯四世,准备在巴克特里亚建立自己的统治。可是亚历山大征服了巴克特里亚并处死了这个弑君者,波斯帝国彻底灭亡。

四、古波斯文化

波斯人自进入古代近东以来,就不断吸取本地区各原生文明的文化成果充实和发展自己。亚述、乌拉尔图、米底、吕底亚、塞族、巴比伦、埃及以及希腊都是波斯人借鉴学习的对象。同时本地区的各原生文明因为波斯的统一,文化交流和融合也发展到前所未有的高度。

(一) 古波斯语言文字

波斯帝国时期主要存在着三种语言:埃兰语,古波斯语和阿拉米亚语。最古老的语言是埃兰语、古波斯语,它们是帝国前期主要使用的语言,阿拉米亚语则是帝国后期主要的官方语言。

古波斯语是波斯帝国形成之后所使用的主要语言,其文献基本来自公元前 6—前 4 世纪,以楔形文字形式书写。一般认为它是在大流士时期形成的,是通过使用并改造阿卡德语和埃兰语楔形文字外形,使之和波斯语融合形成的书面文字。古波斯语以楔形文字形式书写,但是只有很小部分符号可以与苏美尔语、阿卡德语以及埃兰语进行比较。古波斯语有 3 个元音 a、i、u,它们可以单独使用。有 33 个辅音加元音构成的音节,包含元音 i 的音节有 4 个,包括元音 u 的音节有 7 个,由元音 a 构成的音节有 22 个。还有 8 个可单独表意的表意符号,以及一个标记句子结束的标记符。

古波斯语基本上属于拼音文字,但也存在 8 个可单独代表一个意思的符号。它相较于阿卡德语等有更加简化的改造,是波斯人吸收古代近东文化成果的典范。一个新的书写系统的发明,应当带有一定的政治意图。字形虽然是楔形文字样式,但是符号本身与阿卡德语以及埃兰语没有联系。它是作为行政文字来使用的,虽然它伴随波斯帝国存在了两百多年,但在民间的使用度并不高。相较于更加成熟,更加普及的埃兰语,阿卡德语,以及后来的阿拉米亚语都不具有竞争力。这也就让我们能够理解为什么亚历山大毁灭波斯帝国后,古波斯语楔形文字也会随之消失。

埃兰语在阿黑门王朝作为第二位语言是由安山地区关键的地理位置和历史作用决定的。波斯人进入伊朗西南部以后,就以埃兰的安山地区作为根据地酝酿自己的帝国。然而与古波斯语不同,其作用不仅局限于王家铭文,它作为行政语言与苏萨作为全国行政首府一样作用巨大。在波斯波利斯发现的大量的埃兰语行政文献记录了从大流士一世到阿尔塔薛西斯一世时期的供给与劳动力管理情况。

阿拉米亚语是阿黑门各地区间官方联系的主要用语,在帝国许多地区如埃及和巴比伦,也包括波斯本土都广泛使用这种语言。阿拉米亚语是西北塞姆语,与希伯来语和腓尼基语有联系。至少在公元前2000纪末期就在叙利亚和美索不达米亚北部被使用,在公元前950年形成书面文字。阿拉米亚语字母表有22个字符,基本上写在一些不易保存的材料上,比如皮革和纸草。但它同样会被用于铭刻,比如印章、钱币和纪念碑。当阿拉米亚语传遍整个西亚,书写的阿拉米亚语便成为亚述、巴比伦帝国的通用语。及至阿黑门帝国,从埃及和阿纳托利亚到中亚和印度,它就到达了帝国的每个角落。

(二) 琐罗亚斯德教

琐罗亚斯德教是伊斯兰教诞生之前西亚地区影响最大的一种宗教信仰,曾为波斯帝国的国教。该教相传是琐罗亚斯德所创立,他是琐罗亚斯德教的第一位先知。关于其生活年代的判断众说纷纭,比较一致的观点是他肯定生活在亚历山大到来之前,并且集中在公元前6世纪及以前的年代。对琐罗亚斯德生平的了解,主要依靠记录琐罗亚斯德教的文献。他30岁时受到阿胡拉·马兹达的启示,改革伊朗人的多神信仰体系,提出独尊阿胡拉·马兹达为唯一真神。起初摒弃旧信仰的人并不多,琐罗亚斯德便转而寻求邻国卡维·维斯塔斯怕国王的支持,从此信徒日众。公元前7到前6世纪,琐罗亚斯德教传至西伊朗诸地。

在阿黑门尼时代早期诸王中,没有人直接表明是否信仰琐罗亚斯德教。从大流士时代起,阿黑门尼王朝的国王们在他们的铭文中都把自己描写为明主阿胡拉·马兹达的崇拜者。阿黑门王朝的万神殿中其他的神被称作巴嘎,而阿胡拉·马兹达则高于这些神而被冠以伟大的神或最伟大的神之称。在阿黑门尼时代的艺术作品中,阿胡拉·马兹达的形象通常被表现为背负翅膀和圆盘,身穿波斯长袍,手拿戒指或鲜花的男人形象。

琐罗亚斯德教认为宇宙间存在着善与恶、光明与黑暗的斗争,宇宙之神阿胡拉·马兹达是善良和光明的代表,阿格拉·曼尼则是罪恶和黑暗的根源。斗争的结果是阿胡拉·马兹达战胜阿格拉·曼尼,善良和光明必将战胜黑暗和罪恶。琐罗亚斯德教崇拜火,认为火是光明和善良的象征,礼拜圣火是他们的主要宗教仪式,重要的献祭和崇拜仪式都要先点燃圣火。琐罗亚斯德教

图2-6 阿胡拉·马兹达神

在南北朝时期传入中国后,也被称为拜火教或祆教。

《阿维斯塔》是琐罗亚斯德教的经典。有学者认为"阿维斯塔"与印度语"吠陀"在词根上同源,因此《阿维斯塔》具有知识和启示之意。现存的《阿维斯塔》仅余十几万字,其中包括礼拜仪式、教规教理、祈祷咒符、神话传说和药方等内容,是一座丰富的宗教思想宝库。

第三节 古 代 犹 太

西亚地区诞生的古代文明,虽然曾一度辉煌无比,但多数文明都先后消失在历史的长河中,如古代两河流域文明、古波斯文明、赫梯文明等。但有一个文明却一直源远流长,从古到今一直对世界文明的发展做出了巨大的影响,这就是犹太文明。

一、犹太人的早期迁徙

《圣经·旧约》是记载犹太民族起源和历史的重要文献之一,根据《创世纪》(11:27—12:9)记载,希伯来人原先居住在"迦勒底的吾珥",后来以亚伯兰(即亚伯拉罕)族长为首的部落逐渐向西迁移,经哈兰,到迦南地。拨开《圣经》记载中的种种神秘面纱,可以知道在公元前2000年左右的某个阶段,在两河流域发生了一次游牧半游牧民族向巴勒斯坦地区迁徙的浪潮,而犹太民族的祖先正是这次移民浪潮中的一部分。

(一) 定居迦南地

根据《圣经》记载,亚伯拉罕原名亚伯兰(意为:尊贵之父),出生在"迦勒底的吾珥",后在其父他拉的带领下,出乌尔,到了两河流域北部的哈兰并在此居住。关于亚伯兰其人在历史上是否真实存在,或具体生活在哪一时代,学术界有不同看法。现在一般认为:亚伯兰生活在大约公元前18世纪,在乌尔第三王朝衰落时期随父迁移至哈兰,后继续向南迁徙,在迦南地定居。

在迦南定居时期,犹太民族处于繁衍和发展之中,过着游牧或者半游牧的部落生活,逐水草而居,以放牧牛羊为生。根据《圣经》记载,亚伯拉罕在年老之时生以撒,以撒娶妻利百加,利百加生孪生兄弟以扫和雅各,雅各娶得舅家两个表妹利亚与拉结为妻,利亚和拉结各带一名使女,雅各因此娶有两妻两妾,这两妻两妾先后共生了12个儿子,按不同的生母排列为:利亚生流便、西缅、利未、犹大、以萨迦、西布伦;拉结生约瑟、便雅悯;拉结使女辟拉生但、拿弗他利;利亚使女悉帕生迦得、亚设。这12个儿子在以后迁入埃及的漫长年代里,繁衍发展成为以色列民族的12个支派。也是在这一时期,雅各因与天使摔跤得胜,被改名为以色列(与神角力的人),以后雅各的后代都被称为以色列人,这就是"以色列"名称的由来。

迦南地区虽在《圣经》中被称为"流奶与蜜之地",但从地理和气候条件来看,上述说法与事实并不完全相符。迦南地形复杂,多为丘陵和山地,平原面积不大。气候上则属于比较典型的地中海气候,全年只分旱季和雨季两个季节。在古代,农作物以及牧草生长基本上依赖于降雨的多寡,如遇干旱,常常造成饥馑的荒年。在《创世记》中,就有多次提到此地遭遇饥荒(如 16:10、26:1、42:5)。此时,尼罗河周围的下埃及地区就成为理想的购粮或躲避饥荒之地。

(二) 寄居埃及的悲喜剧

雅各率领家族迁居埃及以及他们在埃及寄居的生活是犹太民族历史上的一段重要时期,无此便无法讨论其后犹太民族的形成。《创世纪》(12:10)记载迦南地遭遇饥荒,因饥荒甚大,亚伯兰就下埃及去,要在那里暂居。因此,按照现在多数学者的意见,犹太人正是在希克索斯人统治埃及时期,为躲避饥荒逃到埃及。由于犹太人与希克索斯人可能同属一个族系,且都为外来者,因此希克索斯王朝的法老对来自迦南地的犹太人并无敌意,甚至重用以色列人,使居于埃及的以色列人开始日益繁盛,人丁兴旺。因此《圣经》中所记载,犹太人下埃及,约瑟官至宰相等,都应该是有历史依据的。

1. 迁出埃及

埃及新王国建立后,驱逐了希克索斯人,而残留在三角洲附近的亚洲人口,包括犹太人则逐渐沦为奴隶。

图 2-7 在埃及的亚洲奴隶

《出埃及记》(1:8—11)节中记载:"有不认识约瑟的新王起来,治理埃及。对他的百姓说:'看哪!这以色列民比我们还多,又比我们强盛。来吧!我们不如用巧计待他们,恐怕他们多起来,日后若遇什么争战的事,就联合我们的仇敌攻击我们,离开这地去了。'于是埃及人派督工辖制他们,加重担苦害他们。他们为法老建造两座积货城,就是比东和兰塞。"

拉美西斯二世死后,其子美愣普塔(Merneptah 公元前 1225—前 1215 年)继位,此时他已是一个年迈老人,国家实力大大削弱,所控属地不断发生起义,这时出现了被压迫的以色列人争取脱离被奴役境地的大好时机,摩西和亚伦可能就在这大好的时机中,经过艰巨的斗争而率领被奴役的以色列人出离埃及。

2. 出埃及的线路——红海、西奈山

根据《出埃及记》(7—11)记载,埃及法老并不同意以色列人离开埃及,耶和华便给埃及布下了十大天灾:血灾、蛙灾、虱灾、蝇灾、畜疫之灾、疮灾、雹灾、蝗灾、黑暗之灾和头生必死之灾。在十大天灾的威胁下,法老终于同意以色列人迁出埃及。以色列先民们趁着黑夜悄然离去,遭到埃及军兵的追赶,眼看敌军就要追上来,红海又挡住了去路,这时,一条路奇迹般地在他们面前出现,以色列人逃到了对岸,而尾随的追兵却被海水淹没。在以色列民族英雄摩西的带领下,以色列人向西奈的旷野进发,来到他们第一个,也是最重要的去处——西奈山。

在埃及文献中,没有关于此事的任何记载。学者们花费大量精力,试图找出所有这些事情发生的确切地点。他们普遍认为以色列人出埃及的"红海"埃及语为"Yam suf",应为"芦苇之海",最有可能的是如今苏伊士运河地区的某地,而关于西奈山的确切位置,也一直有各种争议,传统上认为西奈山位于西奈半岛的南部,现称为耶贝尔牟萨的位置。但又有人指出西奈山应该是在更东边的亚喀巴湾东岸,还有人认为其一定位于巴勒斯坦南部的耶贝尔西拉。虽然目前无法确定它们的确切地理位置,但旧约中描写的这群奴隶在出埃及的时候应该是向南,而不是向东逃跑。因为虽然按照地理位置,从埃及到巴勒斯坦,最近的路线是沿地中海海岸北上,但这条路线虽短,沿线却都有埃及防兵,不易通过,所以出离埃及的以色列人宁可绕道南行,沿现在的西奈半岛南下。

尽管对于出埃及一事学术界目前仍有许多争论,但对以色列人而言,此事已成为他们历史上不可缺少的一部分,对此后整个犹太历史都有深远的意义。首先出埃及一事已成为一种象征,为后世的犹太人树立了一种引以自豪的典范,成为犹太民族精神的源头。另外出埃及使得以色列人这一种族得以保存下来,而不至于在埃及统治者的压迫和残杀下或者埃及文化的同化下消失殆尽。并且在出埃及的过程中,以色列人从西奈山开始,逐渐形成了一神信仰,确立了以色列人作为一个独特的民族所特有的基本信仰体系。

3. 摩西及其历史功绩

在犹太民族形成的历史上,摩西是一个非常关键的人物。《出埃及记》第 2 节记载说:在这个民族利未支派中诞生了一个后来成为民族解放领袖的摩西。"摩西"是一个很常见的埃及名字,动词是 ms,含义为"出生",从摩西拥有埃及名字这一历史事实中,我们可以推断出摩西本身肯定与埃及有密切联系。尽管他是塞姆人的儿子,但从小就已为埃及人干活了,或者甚至很有可能他的父母就是为埃及做工的塞姆人,有文献资料证实在埃及社会中这样的塞姆人经常被授予埃及的名字。而《圣经》中记述婴儿摩西在芦苇中被遗弃后,被法老的女儿收养的故事应该是完全可能的。

有一些学者认为摩西深受埃及宗教的影响,特别是法老埃赫那吞时期宗教改革的影响。但从时间上看,这种说法是完全站不住脚的。另外,摩西信仰的来源不是埃及,而是西奈半岛上的沙漠旷野。早年摩西曾因杀死一个埃及人而逃出埃及来到西奈半岛,并与米甸人的首领叶忒罗之女成婚,放牧羊群。就是在这个时候摩西认识了"耶和华",接受了上帝的委派,去救受苦受难的奴隶们出埃及。于是他开始以上帝代言人的身份向以色列人宣传上帝的旨意,传播犹太人即将得救、重获自由的消息。同时,他与兄长亚伦一起面见法老,经过一番艰苦斗争,犹太人终于被获准离开埃及。《圣经》记载上帝显示他的大能在埃及"降下十灾",迫使法老不得不同意以色列人离开。我们可以理解为,或许此时埃及经历了一个天灾人祸不断的非常时期,造成国家虚弱的状况,由此给包括以色列人在内的部分奴隶逃亡制造了机会。

图2-8　摩西向族人颁布十诫

此后摩西在西奈山传律法,作为律法核心的十条戒律首次在《出埃及记》第20节中出现。这十条诫命在《申命记》第五节再次复述,除若干解释的词句略有区别外,内容相同。考察十诫内容,不难发现,人对神的忠诚和义务占据首要地位,因为对唯一神耶和华的信仰是整个民族生存、发展的力量源泉。后面便是人们在社会生活中应当遵守的6条基本伦理道德规范。借助立约的形式,以色列整个民族、民族的每个成员都与上帝发生了联系,从此,遵守以"十诫"为核心的上帝诫命就成了每个成员不容推卸的义务和责任。而且,作为签约个体而言,他们在履行义务时的地位是平等的,因此,律法一经制定出来便凌驾于任何个人之上,对全体社会成员具有普遍约束力。在这个意义上,"摩西律法所内含的对民主性和正义的追求,对人类权利的尊重就使以前所有的律法黯然失色。"

总之,借助西奈山立约一事,摩西创立了历史上最早的一神教,初步制定了一神教的教规和专职祭司制度。它一经产生便成为以色列民族团结内部成员,共同对敌的有效武器,它把犹如一盘散沙的以色列12支派紧密团结在上帝周围,使得以色列民族成为一个崭新的、由共同信仰来维系的民族。

二、统一王国的建立

摩西的工作只到了约旦河东岸为止,摩西死后,约书亚担负起领导以色列人渡过约旦河占领迦南的重大使命。约书亚没有辜负摩西对他的厚望,经过一系列征服战争后,犹太人完成了对迦南地的全部占有。此后,在约书亚主持下,12个支派划分了统治范围。这一时期犹太人尚未形成一个统一的民族,而是一个松散的部落、宗教联盟,但正是在这一时期,犹太人与当地迦南人互相融合,互相影响,逐步从半游牧的氏族社会向民族统一的农业社会过渡。

公元前13世纪末,腓力斯丁人占领了迦南的西南沿海地区。腓力斯丁人的到来是对犹太人的重大威胁,地域狭小的迦南地容不下过多的人口。犹太人同腓力斯丁人进行了激烈的战争,在战争的过程中,犹太人需要更加团结,需要有强有力的统一指挥。战争与生产的需要迫使以色列人的部落加强联合统一,需要强力的王权,这就加速了以色列人统一国家的建立,到公元前11世纪以色列人终于建立了自己本民族的统一国家。

(一)扫罗的统治

扫罗属于以色列12支派中最小的一派便雅悯支派,据《圣经·撒母耳记上》(9:2)记载,扫罗"又健壮又俊美,在以色列中没有一个能比他的;身体比民众高过一头"。实际上,扫罗在位15年只是初步奠定了以色列君主制国家的基础,当时传统的氏族部落长老的传统权力,以及宗教领袖的权力都对早期的王权起到了制衡的作用。他在位时期的活动主要是对外征战,平定疆域。首先,他击败了河东亚扪王拿辖;其次,与约拿单大败非利士人于密抹;后来,在南部沙漠击败亚玛力人,生擒亚玛力王亚甲;在犹大地境内,凭借青年大卫的勇敢与甩石绝技,击杀非利士巨人歌利亚。除此之外,显然,扫罗也试图维护和巩固他的中央集权制,他把基比亚·琐珥(Gibeath-Shaul)立为王国的首都,并在首都设常备军。他又向以色列人征税,对亲近的官员加以赏赐。然而他并没有时间,也没有足够的能力建立一种完善的中央集权制。君主制作为国家政体真正被确立始于大卫统治时期。

(二)大卫的统治(公元前1013—前973年)

大卫是犹大支派耶西的儿子,青年时是牧羊人,他双目清秀,容貌俊美。曾到宫廷中为扫罗弹琴驱魔,后在与非利士巨人歌利亚的挑战中,他不着铠甲铜盔,不用刀枪,徒手相迎,用机弦甩石击杀了巨人歌利亚,成为名噪一时的少年英雄。民众在街上呼喊"扫罗杀死千千,大卫杀死万万"。

扫罗及其三个儿子的悲壮战死使得大卫终于结束多年的逃亡生活,来到犹大南地的希伯伦,并在那里被群众拥立为王。但扫罗的元帅押尼珥却在河东地立扫罗的儿子伊施波设为王以接替扫罗,于是形成了两王并立的局面。几年后,伊施波设被部下刺杀,于是以色列众支派共同拥戴大卫为统一王国的国王。

大卫在位40年,功业彪炳史册。

首先,在军事方面:他继续对外征战,先后击败西南边界的非利士人,东北部的亚兰人,又在东南地征服了亚扪人、摩押人、以东人和亚玛力人,彻底根除了以色列的外患,将疆域扩张至扫罗时期的三倍。到大卫停止征战时,以色列统一王国的国土已经东临阿拉伯沙漠,西抵地中海,北起叙利亚,南至红海,使以色列一跃成为西亚地区的大国。

其次,在攻取耶布斯人盘踞的耶路撒冷之后,将其定为国家的首都,提高它在全国的地位,以使政令集中。此举具有重要意义:耶路撒冷城为一座山城,位于犹大山地北部中央,城东隔汲沦溪与橄榄山相望,城南和西南则有欣嫩子谷底,北面与北方高地相连,地势险要,易守难攻。其战略、交通和经济地位均十分重要。另外,耶路撒冷城长期为耶布斯人所占据,不隶属于任何支派,不易引发争地矛盾,定为首都有利于各支派的团结。

总之,大卫不愧为一位伟大的领袖,他不仅英勇善战,扩张以色列版图,而且颇具政治才能,在国家稳定之后有计划、有步骤地将权力集中到自己手中,使王权成为凌驾于氏族部落权力之上的国家意志的代表,建立起较为完善的中央集权制度。

到大卫统治后期,国内麻烦不断,局势动荡不安。他本人由于连年征战和劳顿的生活已经疲惫不堪,过早地衰老了。而他的王后和众嫔妃所生的儿子们互相争吵,几个可能的继承人开始竞争王位,使整个王宫充满了血腥气。不久,他的儿子押沙龙和便雅悯人示巴公开叛乱,但最终都被粉碎。在大卫寿终正寝之时,他的第四个儿子亚多尼雅得到了祭司亚比亚他和国家军队首领约押的支持,积极活动,准备继承王位。而另一个儿子所罗门的支持者更强大,他的母亲拔示巴是大卫最宠爱的妻子,且得到了先知拿单、祭司撒都以及大卫的御林军首领比拿雅的支持,因此,在这场王位争夺战中,所罗门最终取胜,获得王位。

(三)所罗门的统治(公元前973—前933年)

所罗门,这位以智慧著称的国王,书写了以色列民族历史上最辉煌的篇章,但也为国家的由盛而衰埋下了种子。所罗门登王位之初,根基尚不稳固。王族内部有得到元帅约押和祭司长亚比亚他支持的异母兄长亚多尼雅觊觎王位,地方上部落宗族势力有抬头的倾向。为了巩固统治基础,所罗门以亚多尼雅存有叛逆之心为由将其诛杀,又将老帅约押谋杀于圣幕之内,以莫须有的罪名处死扫罗王一族的长老示每,废除亚比亚他祭司长之职并将其逐出都城。

所罗门通过上述一系列活动排除异己,稳固王位。此后,便进一步加强对地方的控制,强化国家机器。他将全国划分为12个政区,由朝廷直接任命官吏,便于行政统治和收取中央赋税;加强首都耶路撒冷的防御建设,扩张耶路撒冷城墙,并在全国建米吉多、夏琐、基色等六座防城;又在各地营造积货城、军马场、战车库等。至今在米吉多还发掘出所罗门时代的养马场,在亚喀巴湾北端的以旬迦别(今名埃拉特)发现有所罗门时代的金属冶炼厂遗址。

所罗门的另一重要功业是完成耶路撒冷城圣殿和王宫的建造。据记载他建造圣殿费时7年,《列王记上》第6章和《历代志下》第3章详细记载了建殿的经过与其宏大的规模,此座圣殿被后世称为"第一圣殿"。圣殿的建造使耶路撒冷成为全国的宗教中心,以色列人的宗教信仰和民族意识都得到增强,在后世以色列人的心中,圣殿成为他们宗教信仰的一种有形的象征,成为维系以色列人宗教信仰的支柱。此外,所罗门又以13年的工夫,建造华丽的王宫和其他建筑群,包括法老女儿宫、利巴嫩林宫、圆柱长廊、宝座厅等。所罗门在建筑史上的功绩为他赢得了"建筑师"的称号。所罗门王朝时期以色列王国经济发达,国富民强,积极发展对外关系,国际地位显著提高。腓尼基人、阿拉伯人、叙利亚人和西里西亚人,还有东、北非洲的一些国家,都成为以色列重要的贸易伙伴。甚至埃及法老专门夺取基色城,将其作为嫁妆将女儿嫁与所罗门,此事已得到考古文物的证实。

总之,所罗门在位40年,其政治、经济、文化、外交都取得了巨大的成就,达到了以色列历史上最辉煌的时期,被称为以色列的"黄金时期"。

三、王国的分裂与衰亡

所罗门统治后期,人们对其统治作风开始反感和不满。多年的建筑活动和穷奢极华的宫廷生活需要大量的资金,这一切负担必然施加至普通民众身上,引起了下层人们的不满。所罗门死后,这个持续不到100年的王国宣告分裂,南国称为犹大王国,仍定都耶路撒冷。北部被称为以色列,经数次迁都后,最后定都撒玛利亚。

南北两国分裂之后,为了争夺耶路撒冷北部边界地区的土地,开始了长达50年的战争,使两者都失去了更多维护原有国土的机会,非利士人、摩押人、亚扪人等趁机摆脱了以色列的统治。国土的丧失使以色列、犹大两国都沦为次等强国,成为埃及和以两河流域为基地的强国之间政治角逐的替罪羊。

(一)北国以色列

统一王国分裂之后,北国以色列在国内政治上并不安定,而是陷入了持续的动乱之中,在并不很长的212年间,曾先后有19人登上王位,多次发生国王被颠覆事件。与其相比,南国政治相对稳定,基本由大卫-所罗门直系后裔继任王位,只有一次国王被篡位的记录,在其348年的历史中,只有20人为王。

以色列除了国内的政治动荡之外,还面临着一个强有力的对手,那就是东面的亚述强国。亚述强国一直把叙利亚和巴勒斯坦北部作为自己向外征服的对象,每位强有力的亚述国王都试图征服这个地区,因此北国以色列的命运必然是悲惨的。

以色列耶户王朝末期社会贫富分化逐渐加剧,贵族富裕奢侈的生活造成社会道德的沦丧和宗教内容的形式化,先知阿摩司发表言辞尖锐的信息,宣称以色列社会已经从里到外烂透了,以色列国不可避免地要遭到覆灭的命运。阿摩司的预言不久就变成残酷的现实。耶罗波安二世时期的道德滑坡,导致了他死后的社会、政治衰败,昏庸的国王、谋杀、暴动接踵而至。其子撒迦利亚继位仅6个月就被篡位,至此延续将近100年的耶户王朝结束。

耶户王朝结束之后,北国以色列已走到末路,在血腥内乱和亚述军队的进攻下度过了最后的22年。以色列王国每况愈下,而亚述王国此时却进入一个强盛时期,提格拉特帕拉沙尔三世、撒缦以色五世、萨尔贡二世相继继承王位,不断对外扩张。北国末王何细亚当政初期,被迫实行亲亚述政策,年年向亚述王进贡。公元前727年,亚述王提格拉特帕拉沙尔去世,心怀不满的何细亚错误地估计形势,认为摆脱亚述统治的时机已到,便请求埃及法老的支持,无奈埃及法老无力相助。继任的撒缦以色五世出兵以色列,将何细亚投入牢中。亚述军队围困以色列长达3年之久,公元前722年,萨尔贡二世最终攻陷撒玛利亚,在其铭文中说,他掳走了2.729万以色列人,又将亚述其他地方的居民迁入撒玛利亚,由亚述官员管理,北国以色列宣告灭亡。

（二）南部犹大王国

与北部以色列王国相比，南部犹大王国经历了与其截然不同的发展过程。虽然它在经济和资源方面都不如北国富足，但是，南国境内多山地，对外交通不如北国便利，也远离贸易要道，周围国家的统治者对它的兴趣要小得多，这使它能够一直保持比较独立统一的地位，政局比较稳定。虽然南部犹大王国内部稳定，但其所处的国际环境并不理想，东面的亚述王国和巴比伦王国，南面的埃及王国都是传统的强国，人口众多、地大物博，其军事与经济实力都是犹大王国所无法比拟的，这些强有力国家对犹大王国虎视眈眈，并不放过任何一个侵入的良机。

南部邻邦埃及的扩张构成对犹大王国的主要威胁，犹大王罗波安（公元前931—前913年）在位第5年，埃及法老示撒一世（Sheshonk I 公元前945—924年，《圣经》中被记载称为Shishak）入侵犹大，劫掠耶路撒冷，夺取了圣殿和王宫里的宝物。除《圣经》记载外，埃及底比斯神庙的碑文中，列出了示撒一世所征服的巴勒斯坦和叙利亚城镇，而在巴勒斯坦的米吉多也发现了这位国王的纪念碑残片，这证实了《旧约》记载的可靠性。

公元前705年，萨尔贡二世去世，其子辛那赫瑞布（《圣经》译作"西拿基立"）继位。在其继位的第4年，即公元前701年，他挥师西进，亚述军队首先攻克腓尼基首城西顿，又南下进入腓力斯丁北部地区，攻陷雅法地区4城，此后在埃勒台凯大败埃及和阿斯卡隆、埃克荣的联军。随后，亚述王围困并攻占了犹大重镇拉吉，并派遣一支军队围攻耶路撒冷。根据在亚述首都尼尼微出土的辛那赫瑞布六面棱柱记功碑记载，亚述王此次战役攻陷了46座坚固的设防城邑及邻近小城，掳走男女老少20万零150人和无数马、驴、骆驼、牛等，希西家王则"像笼中之鸟"一样被困于耶路撒冷城中，无路可逃。此时，亚述官方记载和《圣经》记载出现了冲突，根据亚述铭文记载，希西家最后交出了30塔兰特黄金、800塔兰特白银，以及他的妻子儿女和男女乐师，使耶路撒冷城免于亚述的毁灭。而《圣经》则记载说，亚述王夸口说他的大军已经围住了此城，抵抗是无望的。但以赛亚劝告大家要有耐心：耶和华会伸出援手。"当夜耶和华的使者出击，在亚述营中杀了18万5 000人。清早有人起来一看，都是死尸了。"亚述大军突然撤退了，对此，公元前5世纪的希腊史学家希罗多德解释：亚述士兵大批暴死的原因是由于军中发生了鼠疫。这是一种曾在世界流行的急性传染疫病，能够在极短时间里，使人群尤其是群居者，大批染疫而倒毙死亡。此解释为人们广泛接受。

新巴比伦王国崛起后，尼布甲尼撒二世把征服犹大王国作为他的主要目标。公元前597年，尼布甲尼撒二世围攻耶路撒冷，约雅斤率其母及臣仆、首领、太监等出城投降。尼布甲尼撒二世洗劫了圣殿和王宫里的宝物，将约雅斤及其后宫嫔妃、太监、百官、士兵甚至木匠、铁匠等都掳至巴比伦，并且立约雅斤的叔叔，即约西亚王的另一个儿子西底家为犹大国王。西底家在位11年（公元前598—前587年），起初还安分守己，不敢造反。但后来经不住多方面的鼓动，不听先知耶利米的劝阻，终于在公元前588年背叛了巴比伦人。尼布甲尼撒二世再次出兵围困耶路撒冷，守城官兵奋起抵抗，坚持了两年之久，最后耶路撒冷城发生了饥荒，终于在公元前586年四月初九日(农历七月)被攻陷,国王西底家逃跑,在耶利哥平原被抓,被带到巴比伦王面前受审。他的众子被杀,自己被剜去眼睛,又被带到巴比伦囚禁。此后巴比伦军队再次洗劫耶路撒冷圣殿和王宫,然后纵火焚烧了王宫、圣殿和民居,拆毁了耶路撒冷城墙,将大批百姓掳掠至巴比伦城,只留下百姓中最贫穷的,让他们修理葡萄园,耕种田地。这就是犹大王国历史上第二次被掳事件,此次圣殿被毁,耶路撒冷陷落,标志着犹大王国的灭亡。除上述犹大的两次被掳外,在尼布甲尼撒二世十三年,即公元前581年,护卫长尼布撒拉旦又来掳去犹大人七百多名,应列为犹大的第三次被掳。众民被掳去巴比伦异邦居住,历史上称为"巴比伦之囚"。

新巴比伦被波斯帝国灭亡后,居鲁士解放了被囚禁的犹太人,犹太人得以回归巴勒斯坦地区,开始重修圣殿。为有别于所罗门时期所修的圣殿,这座圣殿被称为"第二圣殿"。从公元前586年巴比伦王尼布甲尼撒二世毁灭圣殿至公元前516年新圣殿完工,正好整整相隔70年。犹太人在此时期开始了民族的复兴。

公元前332年,亚历山大率领东征军占领波斯首都苏撒,灭亡了曾经辉煌无比的波斯帝国,建立了地跨欧亚非的亚历山大帝国。巴勒斯坦地区随之成为亚历山大帝国的一部分,犹太人进入持续200年之久的希腊化时代。亚历山大死后,其帝国三分,巴勒斯坦地区成为托勒密王朝与塞流古王朝争夺的地区,战乱不断,犹太人逐渐脱离本土,流散到南欧、北非、中亚各地,形成了犹太历史上的第二次大流散。

四、希伯来文化

"两希文明"被公认为现代西方文化的源泉,希伯来文化是犹太人对世界文明作出的杰出贡献。

(一) 语言文字

希伯来语是犹太人创造,并最早使用的语言,由该语言发展而成的文字称为希伯来文。希伯来语属于塞姆语系,是犹太人在参考腓尼基拼音文字的基础上创造的,是世界上最古老的语言之一,其文字历史至少可以追溯到公元前1100年前后。希伯来字母是迦南字母体系的一个重要组成部分,但有自己的特色。首先,希伯来文只有22个辅音字母,没有元音字母。通常使用3个辅音字母构成动词的词根,以这些词根为基础,按照严格的规则插入元音,添加前缀或者后缀衍生出不同的词。在组成文字时,读者要根据自己对句式的理解,加入元音来发声。其次,希伯来字母与其他拼音文字字母的一个最大不同是,每个字母可以被用来表示不同的数值,比如1—9的个位数、10—90的十位数等等。字母是代表一个词还是一个数字,只能根据句意自己来判断。

自士师时期至巴比伦之囚时期,希伯来语初步形成完整体系,是希伯来语发展的"黄金阶段"。1908年在耶路撒冷附近发现的"基色历法"用古典希伯来语写成,是用字母写成的最古老的连续性文本,其年代可能在所罗门王时期。被掳之后,受当时盛行的阿拉米亚语的影响,希伯来语逐渐衰落,只在诵经、祷告等宗教场合被拉比们作为书面语言使用,至公元前后,希伯来语已基本完全退出普通犹太人日常交际用语的领域,成为一门"死语言"。

19世纪犹太复国主义运动兴起后,希伯来语奇迹般地复活,成为世界上唯一一门以书面语为基础发展起来的口语。在恢复和复活古老希伯来语的过程中,贡献最大者是来自俄国的犹太移民本·耶胡达,他创办了第一份希伯来文报纸,编写了第一本现代希伯来语辞典,推动更多的人学习已被遗忘了的母语。在他的带领之下,希伯来语逐渐在巴勒斯坦犹太人中得到越来越多的使用,最终成为该地人民日常交际的语言。因此,本·耶胡达被称为"现代希伯来语之父"。1948年犹太人建国之后,希伯来语和阿拉伯语被共同定为以色列正式的官方语言,并在学校开始大规模推广希伯来语教学,通过学生去影响家长学习希伯来语。于是,在当地出现了"学生教家长说母语"的特殊现象。

由于《圣经·旧约》最初除个别章节外全部用希伯来语写成,故希伯来语也有"圣语"之称。对希伯来语的学习不仅是犹太人的必修课,而且通常也是西方一神教神职人员的必修科目。

(二) 犹太教

犹太教是人类历史上最古老的一神教,它奉耶和华为独一真神,绝对排斥他神崇拜。然而,这种一神崇拜并非自古就有的,而是经历了一个长期的发展过程。犹太人的先民希伯来人也与世界其他地区的居民一样,经历了原始自然崇拜、祖先崇拜和多神崇拜。

从《旧约》中的一些记载可以看出,早期希伯来人有自然崇拜的习俗,他们与其他民族一样,曾敬奉石头、山峦、树木、动物和天体。在崇拜自然物的同时,希伯来人也流行祖先崇拜,如把祖辈的遗骸葬在圣所等。由于古代两河流域地区和当时迦南地区的人们都普遍信奉多神教,古代希伯来人也不可避免地受到多神教文化影响。

亚伯拉罕时代,希伯来一神教开始萌芽,他在朦胧中相信,在众多神中有一位更有力量的神,即耶和华,他深信这位神可以"使他的后裔极其繁多,"并赐给他"迦南全地,永远为业"。但亚伯拉罕的信仰还远不是一神教,从希伯来人对耶和华的崇拜敬仰,到独尊耶和华为一神的犹太教确立,中间经历了相当长的一段时间。在其过程中,充满着偶像崇拜与反对偶像崇拜、力主独尊耶和华一神的反复斗争。

摩西时代是犹太教的形成时期。有学者认为,公元前14世纪埃及的阿蒙霍特普,也称埃赫那吞的一神教改革对当时寄居埃及的希伯来人留下了深刻的影响,促成了希伯来一神教的产生。甚至弗洛伊德在其著作《摩西与一神教》中大胆假设"如果摩西是一个埃及人,如果他把自己的宗教传给了犹太人,那么那种宗教就是埃赫那吞的阿吞神教"。但实际上,希伯来多神教向一神教的转变主要在于其在埃及的社会地位的变化。可以说,埃及法老对希伯来人的迫害和凌辱,是犹太一神教出现的催生剂。在出走途中,耶和华又多次显现神迹,使希伯来人完全得救。出埃及的历史事件构成了以色列人自由传奇的最高象征,其中经历的一系列奇特事件对犹太民族的影响至深,使他们由衷地感谢上帝耶和华的眷顾。然而,长期在埃及的奴隶生活,削弱了这些希伯来人的民族意识,加之多年受埃及多神信仰的潜移默化,使他们在返回迦南的途中对耶和华的至尊地位产生动摇,出现偶像崇拜的现象。为此,摩西在当时的以色列民中展开了一场"清教运动",宣称上帝在西奈山向他传授十条戒律,即"摩西十诫"。摩西将这十条戒律刻在两块石板上,让希伯来人的12支部族都设立祭坛,将羊血洒在众人身上,以示他们同耶和华立下了誓约,以后世世代代都将遵守。

"摩西十诫"强调了一神信仰,明确禁止偶像崇拜,并规定了人们应当遵守的道德标准。此后,摩西又宣布了一系列法律条例,主要是关于献祭、人身和财物权利、个人行为、节期与祭物四方面的法规。这样,通过立法的形式确定了希伯来人的宗教信条和伦理准则,实际上也制定了犹太教的一些最基本的教义和教规。在此基础上,摩西明确了专由利未部落男子担任祭司的专职祭司制度,制定了逾越节、五旬节和住棚节等重要宗教节日。自此,人类历史上最早的一神教——犹太教在西奈沙漠诞生。耶和华从原先亚伯拉罕氏族的部落神上升为全体希伯来人的民族神,成为全体以色列人的上帝。

尽管在摩西时代,犹太一神教的理论、教义已初具雏形,但真正组织严密、理论清晰的犹太教形成是在希伯来民族的历史进程中,在与以色列周边民族的多神教和偶像崇拜的激烈斗争中完成的。在随后几百年的定居迦南时期(包括士师时代、统一王国时代和南北朝时代),犹太教经历了一个发展、巩固和深化的曲折过程。公元前538年,波斯国王居鲁士战胜新巴比伦王国,他以"奉耶和华神谕"的名义,让犹太人返回故乡,支持他们重修圣殿,复兴犹太教。公元前516年,第二圣殿建成。在波斯大臣犹太人尼西米的帮助下,巴比伦文士、祭司以斯拉向众人宣读由巴比伦文士缮写的律法书《妥拉》(即《旧约》前五卷,《创世记》、《出埃及记》、《利未记》、《民数记》、《申命记》),为犹太教确立了第一部成文法典,标志着犹太教进入成熟阶段。

参考文献

1. 吴宇虹等:《古代两河流域楔形文字经典举要》,黑龙江人民出版社,2006年。
2. 拱玉书:《西亚考古史》,文物出版社,2002年。
3. 李海峰:《古代近东文明》,科学出版社,2014年。
4. 《圣经》(简化字现代标点和合本),爱德印刷有限公司,2000年。
5. 于殿利:《巴比伦与亚述文明》,北京师范大学出版社,2013年。
6. [伊朗]阿卜杜·侯赛因·扎林库伯:《波斯帝国史》,张鸿年译,复旦大学出版社,2011年。
7. [伊朗]埃尔顿·丹尼尔:《伊朗史》,李铁匠译,中国出版集团东方出版中心,2016年。
8. [美]A·T·奥姆斯特德:《波斯帝国史》,李铁匠、顾国梅译,上海三联书店,2010年。
9. 李铁匠:《伊朗古代历史与文化》,江西人民出版社,1993年。
10. 黄陵渝:《犹太教学》,当代世界出版社,2000年。
11. 潘光等:《犹太文明》,福建教育出版社,2008年。
12. 王立新:《古代以色列历史文献、历史框架、历史观念研究》,北京大学出版社,2004年。

第三章
古代埃及

古埃及文明是稍晚于古代两河流域文明的另一个伟大的古文明。遗憾的是古埃及文明同样也属于"死而复生"的文明。古埃及人在被希腊人征服统治期间,其本土文明就在不断地消退,文字逐渐废弃。当阿拉伯征服埃及之后,埃及人大多数改信伊斯兰教,采用阿拉伯语言和文字,古埃及文明逐渐消失在这片古老的土地上。没有人能读懂古埃及的象形文字,也没有人能够看懂古埃及人留下的建筑、雕像和壁画。随着近代对古埃及考古挖掘的展开、文字的破译,逝去的古老文明逐渐呈现在人们面前,古埃及文明死而复生了。

第一节 统一王国的形成与发展

公元前 4000 纪中期至公元前 2000 纪中期,是古埃及王国形成和发展时期。这一时期,埃及从最初几个小王国的互相争霸到上下埃及的初步统一,给埃及的发展创造了一个相对和平的时期。古王国时期,古埃及文明进入了其第一个发展高峰,成为当时世界上最为稳定和繁荣的国家。古王国崩溃后,埃及进入了长达一百多年的混乱期,史称第一中间期。重新统一后的中王国继续向前发展,为古埃及进一步强大,形成帝国奠定了良好的基础。

一、前王朝文化与埃及的统一

埃及是人类文明的发源地,在旧石器时代,埃及就有能人在此居住。公元前6000—前4000纪,在上下埃及形成了众多先进的铜石并用时期的文化。在公元前4000纪末,上下埃及统一,进入了文明时代。

(一) 古埃及的自然环境

古埃及文明发祥于尼罗河流域,尼罗河从南向北贯穿于这个国家。上埃及为一个狭长的河谷地区,从孟菲斯直到尼罗河入海口为下埃及,下埃及的三角洲地区气候湿润,土地平缓肥沃,自古就是埃及的粮仓。需要注意的是,上下埃及并不是单纯的地理概念,而是一个政治、文化概念,上下埃及具有不同的文化系统,形成了不同的政治王国。埃及的南部边界在努比亚,古埃及人将其称为"弓箭手之地",此地因骁勇善战的射手而闻名。古埃及的西边为利比亚沙漠,东北边通过西奈半岛与西亚相连,西亚地区也是人类文明的摇篮,因此,古埃及文明一直与西亚地区的文明保持着密切的联系。

除了上下埃及的两元概念之外,古埃及人还形成了黑土地和红土地的概念。黑土地就是尼罗河两岸的黑色肥沃的土地。对埃及人来说,尼罗河不仅是运输通道,也是生命之河。尼罗河每年定期泛滥,携带着大量腐败物质的河水溢出河岸,淹没了两岸的土地,等到河水退却后,两岸的土地为黑色的土壤所覆盖,因此,古埃及人称呼他们的国家为黑土地。而在黑土地两侧则是荒凉的红色沙漠,沙漠是一个不能孕育生命的可怕的地方,埃及人将之称为红土地,意思是不毛之地。从很早的时候埃及人就将死人埋葬在沙漠的边缘,因此他们逐渐将红土地与死亡联系起来,相应的黑土地就是充满生机的地方。

(二) 前王朝文化

早在旧石器时代,尼罗河流域的绿洲上就有居民在这里生活。新石器时代之后,由于气候湿润,在埃及几乎所有的沙漠绿洲中,都有人类生活的印迹。在尼罗河的河谷地区,埃及人也发展出了丰富多彩的新石器文化。他们开始栽培大麦、小麦、二粒小麦,饲养牛、山羊、猪等家畜。到了公元前4500年左右,埃及人学会冶炼、制造铜器,由此进入了铜石并用时代。此时,在上下埃及形成了不同的文化系统。下埃及主要是法尤姆A文化、马阿迪文化等,上埃及主要是巴达里文化、涅加达文化一期、二期和三期。下埃及的文化系统与巴勒斯坦地区的文化联系密切,其陶器和叶片石器的形状与巴勒斯坦地区的类似。上埃及的文化系统,从考古学的角度而言,具有完整的地层序列,更具有代表性。

1. 巴达里文化(公元前4300—前3700年)

巴达里位于埃及中部阿西尤特的东南,尼罗河东岸。巴达里文化约始于公元前4300年。当时的居民已定居务农,从事农业和畜牧业。他们种植大麦、小麦、亚麻等农作物,驯养山羊、绵羊、猪等家畜。生产工具除了使用石器工具外,也开始少量地使用铜刀、铜斧等工具,表明巴达里文化属于铜石并用文化。巴达里文化在陶器方面的一个特点是能够烧制一种质地优良薄壁陶以及在陶器顶部染上黑色的黑顶陶,说明他们具有了比较高的制陶水准。巴达里文化时期埃及人已具有了灵魂观念,他们开始建造墓葬,埋葬尸体,同时供奉食品和用具,以供死者之用。这一时期墓葬的规模和陪葬的物品尚无明显差别,表明人们还没有形成阶级分化,仍过着平等民主的生活。遗址中发现的一些女性小雕像,表明这一时期还具有母系氏族公社的残存。

2. 涅加达文化一期(公元前 3900—前 3550 年)、二期(公元前 3550—前 3200 年)、三期(公元前 3200—前 3050 年)

在巴达里文化兴起的稍后,涅加达文化开始兴起。涅加达文化与巴达里文化一样,也是以著名的考古遗址命名的。涅加达文化,可以分为三个发展阶段,称为涅加达文化一期、二期和三期。在涅加达文化一期(也叫阿姆拉文化,在阿姆拉也发现了同一水平的文化),社会分工进一步强化,一些工匠从食物生产中脱离出来,变成了专门的匠人。在陶器制作方面,除了先前流行的黑顶陶、红光陶外,还出现了白十字线陶。白十字线陶是在红光陶或黑顶陶上装饰白色或浅黄色的十字线条,多半是几何形的,极少数绘有人和动物的画面。白十字线条是涅加达文化陶器的标志。随着手工业和商业的发展,这一时期开始出现了城市。随着社会的分化,私有制也似乎开始出现。这一时期,也出土了大量圆盘形、梨子状及螺旋形的权标头,权标头在后期是王权的象征,表明此时部落首领的权威也扩大了。

在涅加达二期(也叫格尔塞文化),社会生产力取得了巨大进步,与生产力发展相联系的是社会分化也进一步加深了,导致了王权的逐步形成。在涅加达一个坟墓中出土的陶片上刻画有红冠,这是后来埃及法老的王冠之一,另外一个坟墓出土的陶罐上刻画有站立在王宫建筑物上的隼鹰形象,这个造型是后来王权保护神荷鲁斯(Horus)的雏形。此外,出现了规模较大的坟墓,如涅加达的 T 墓地的大墓,希拉康坡里斯的绘画装饰的坟墓,这些坟墓从其规模和装饰程度来看,应该属于王者身份的人的坟墓。涅加达文化二期的时候,在上埃及逐渐形成了三个主要的中心:阿拜多斯、涅加达和希拉康坡里斯。与此同时,上埃及的文化开始向北部扩散。

涅加达文化三期(也叫原始王朝)的时候,上埃及已经开始步入了文明时代,形成了若干个小的城市国家,上埃及的三个主要中心继续发展。虽然三个中心都属于涅加达文化,但是从陶器上来看,存在着地方化的倾向。此时,人们逐渐发明了文字,在蝎子王 I(King Scorpion I)的坟墓中,一些骨头和象牙做的小板上,以及陶制器皿和泥制图章上,出现了最早的象形文字。文字的出现,更加表明了涅加达文化已经迈入了文明的门槛。

3. 希拉康坡里斯王的争霸及上下埃及的统一

在涅加达文化后期,希拉康坡里斯开始兴起。希拉康坡里斯位于尼罗河西岸,底比斯的南边。在希拉康坡里斯出土了代表王权的权标头、调色板等宝贵文物,通过对这些文物的研究,学者们大概弄清了希拉康坡里斯的王朝世系及统一埃及的过程。希拉康坡里斯的王大概有三位:卡王、蝎子王和那尔迈王。出土的有关卡王的文物不多,学术界有争议,后面的两位国王则得到了学术界的公认。蝎子王的争霸活动主要体现在他的权标头图刻上。

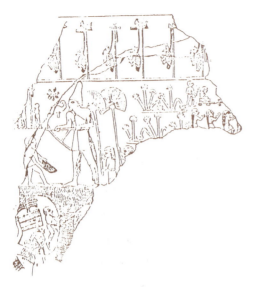

在蝎子王权标头上的图刻上,上栏残存的旗帜以及旗杆下部吊着的田凫和弓表明了蝎子王领导打了一次胜仗。在象形文字中,田凫代表被征服的贫民,而弓则代表外国人。有学者认为,图刻中间的植物是下埃及常见的植物,植物旁边下跪的人则代表了下埃及的居民,表明蝎子王征服了下埃及。

在希拉康坡里斯还出土了两枚比较古老的黄色大石灰石权标头残片,在这两枚权标头残片上,蝎子王既戴着上埃及的白冠又戴着下埃及的红冠,因此有人认为蝎子王首次统一了上下埃及。但没有其他证据能够证明蝎子王的确征服了下埃及,更多学者认为蝎子王未必征服过下埃及,只不过是征服下埃及的开端罢了。

图 3-1 蝎子王权标头图刻

在那尔迈调色板和权标头上,展示了上埃及王那尔迈对下埃及的征服活动。在那尔迈调色板上,正面中心刻画了一个高大的人物,头戴上埃及的白冠。人物上面的楔形文字表明他就是那尔迈王。那尔迈王面前,鹰神荷鲁斯牵引着被征服了的纸草之国(下埃及)的居民。在调色板的下栏有两个正在逃跑的敌人。反面上栏的那尔迈王则头戴下埃及的红冠,在四个盟邦旗帜的指引下,前去视察被斩首的 10 个敌人。最下栏是公牛在用角拱毁城墙并用脚踩踏逃跑的敌人,这里的公牛显然是那尔迈的化身。中间有两头脖子奇长的怪兽,可能它们代表一种邪恶的力量,但也已经被成功地控制。在那尔迈权标头上,也表明了那尔迈征服了下埃及。那尔迈头戴着下埃及的红冠,他身前的上栏刻画了牛圈及旁边的四个人举着旗帜,可能暗示这些是那尔迈的同盟国家。中栏是一个坐在轿子中的人及后面三个跳舞的人,轿子中的人很可能是女人,可能暗示着俘虏来的北方的公主。下栏是刻画了被俘获来的 40 万头公牛、142.2 万只山羊和 12 万人。

图 3-2 那尔迈权调色板

图 3-3 那尔迈权标头图刻

马涅托在《埃及史》中记载是美尼斯统一了埃及,但在考古上却找不到美尼斯的任何考古证据。有学者认为,那尔迈就是美尼斯。根据调色板和权标头的图刻,似乎显示了那尔迈统一了上下埃及。但从早王朝政治形势的发展和当时生产力的水平来看,很难说那尔迈"完全征服和统一了埃及",那尔迈的统一仅仅是一个开端,是他开创了埃及统一的局面,埃及的真正完全统一是早王朝诸王经过几百年的努力才最终完成的。

二、早王朝的政治形势(约公元前3000—前2686年)

那尔迈统一了上下埃及之后,埃及的历史脱离了史前阶段,进入了一个较为稳定的文明阶段,一般称之为早王朝时代,又可称为古风时代。早王朝历时三百余年,包括埃及的第1和第2王朝,早王朝是古埃及统一国家逐步形成,中央集权统治的雏形期。

那尔迈建立第1王朝之后,在现在开罗以南的地方修建了一座都城,叫"白墙",后来希腊人叫孟菲斯。孟菲斯位于上下埃及交界之处,既可属于上埃及,也可属于下埃及,表明此城是上下埃及共同的首都,埃及是统一的国家。但由于统一的国家刚刚创建,分裂的危险一直存在,其他城市国家的残余势力仍然存在,因此,早王朝时期政治生活的一个主要内容就是国王与分裂势力的斗争。那尔迈的继承者是阿哈,他领导了对努比亚的斗争,铭文记载他"得到了上下埃及"。第1王朝最杰出的王是第5代国王,名叫登,他统治时间最长,大约有55—66年。他最大的成就是采用了新的王衔树蜂衔,树蜂衔意为"上下埃及之王",表明了他在上下埃及的统治权威。在第1王朝末期国家发生了短暂的分裂,但是,很快国家再次统一,由此开始了第2王朝的统治。

第2王朝的建立者是亥特普塞海姆威,名字的意思为"两个权力和平共处",意味着他调和了南北矛盾,促进了国家的统一。第2王朝第6代王是帕里布森,他放弃了传统的荷鲁斯王衔,而是采用了塞特王衔。荷鲁斯代表下埃及,塞特代表上埃及,可能显示了该国王的出身不是来自希拉康坡里斯的家族,而可能来自涅加达的家族。可能他是一个篡位者,显示了埃及国内局势的动荡不安。第2王朝末王哈塞海姆威,采用了荷鲁斯和塞特双重王衔,表明了他调解了两个对立的势力,把埃及最终统一在他一个人的权力之下,从而真正完成了埃及的统一大业。

经过第1、2王朝时期长期的统一斗争,最终上下埃及统一起来,上下埃及融为一体,埃及进入了一个长期伟大发展的阶段,即古王国时期,古王国时期迎来了古埃及文明历史发展的第一个高峰。

三、古王国的兴衰(约公元前2686—前2125年)

古王国是埃及历史上第一个长期稳定发展的时期,包括第3—8王朝,约五百多年的时间。政治局面的稳定为埃及经济的发展提供了良好的基础,埃及发展成为当时世界上最为繁荣的国家。由于经济的繁荣,物质财富的庞大,古埃及人在这一时期修建了大量的金字塔,因此这一时期也被称为金字塔时代。古王国时期政治稳定,经济发展,是古埃及文明发展的古典时代。

（一）中央集权专制主义的形成

"专制主义"是国家管理体制的一种形式，在这种形式下国王具有行政、法律、军事等一切方面的无上权力，实行以国王个人意志为转移的绝对统治。在早王朝时期，埃及就采取了中央集权专制主义的统治方式，但那时国王的权力还不够强大，国家管理机构也不完善。到古王国时期，中央专制主义得到了进一步的强化和完善，中央集权专制主义的管理体制已基本建立。

1. 君权神授思想得到进一步的强化

早王朝时期，神化王权思想就已经初露端倪，国王的王衔里就有了荷鲁斯神和涅布提。第4王朝时期太阳神崇拜兴起之后，法老哈夫拉创造了一个新的王衔拉神之子，新的王衔表明国王的神性直接来源于拉神，是神的儿子。从第5王朝开始，古埃及的每一位国王都自称是拉神之子，表明了王族和神灵之间的血缘关系。古王国时代，不仅神化活着的国王，而且也开始神化死后的国王。从第5王朝开始，王权神化与奥西里斯的信仰联系起来，国王不仅活着是神，死后也变成了神，即奥西里斯神，与奥西里斯合成一体。国王除了本身是神之外，还具其他一些神明的属性，如胡神、西阿神和马阿特神。胡神是"权威"之神，能用语言创造事物，具有再生的神力，胡神能赋予国王创造的能力。西阿神是"智慧"之神，常常位于太阳神的右侧，西阿神赋予国王最完备的知识。马阿特神是"真理"与"秩序"女神，传说作为太阳神的女儿参与创世活动。国王具有马阿特的属性，具有维持人世间秩序的神圣职责。法老通过王权的神化和人格的神化获得了无上的权威，成为人们顶礼膜拜的人间之神。

2. 国王具有最高的行政权力，建立了完善的官僚机构

古王国时期官僚统治机构继续完善，逐步建立起较为完备的中央和地方的管理体系。中央机构中，最重要的职位是宰相维西尔。在第4王朝时期，维西尔已经成为常设官职，具有"全国的总管"、"国王全部命令的顾问"、"国王档案书吏管事"等头衔。维西尔作为国王的助手，直接听命于国王。维西尔还兼任大法官，审判一些重大案件。维西尔手下还有大批书吏、管事、听差和卫兵协助工作。除了维西尔外，中央主要还有五个重要部分：财政部、农业部、档案部、司法部和工程部。财政部主要负责全国的财政税收，下设国库和谷仓；农业部主要负责全国的农业生产和家畜的管理；档案部主要掌管全国土地所有权的证书以及记录内政的公文书抄本，档案部的最高官职为"国王档案书吏总管"，经常由维西尔兼任；司法部主要任务是负责审判和保管司法文书，但是，重大案件由国王与维西尔裁决；工程部的主要职责是管理全国的土木工程，包括修建金字塔、王陵、神庙及城市的公共建筑。古王国时期，地方行政机构较之于早王朝也更为完善。此时，上埃及设置了22个诺姆，下埃及设置了20个诺姆，诺姆的最高长官为诺姆长由国王任命。古王国时期建立了较为完善的官僚机构，这些机构都听命于国王，对国王负责，全国的行政大权牢牢地控制在国王手中。此外，法老还具有最高的立法权和审判权。法老的敕令和口谕就是法律，人们必须遵守。全国的诉讼案件由法律任命的法官判决，而死刑则由法老审核批准，法老掌握了全国人民的生杀大权。法老还是全国军队的最高统帅。在古王国时期，中央政府还没有常备军，因此，遇到战事由地方

政府组织军队,法老统帅和调遣。法老御驾亲征也是常有的事情。中王国时期,法老开始组织了常备军,进一步掌控了军事权。

(二) 金字塔的修建

阿拉伯谚语中有一句名言:"万物终消逝,金字塔永存。"金字塔是埃及文明的象征,也是一个千古之谜。金字塔是如何建造的? 它的用途到底是什么? 它具有神秘的能量吗? 人们对这些问题的探讨竟形成了埃及学下面的一个派生学科——金字塔学。通过金字塔学的研究成果,人们对金字塔有了许多新的认识。

1. 金字塔的建造

根据最新的统计数据,埃及境内共发现了118座金字塔,全部位于尼罗河的西岸。相传金字塔是国王的陵墓,国王的陵墓并非一开始就设计成角锥体的形状,而是经历了一个长期的发展过程。早王朝时期,国王死后修建长方形的平顶砖墓,被称为马斯塔巴(源于阿拉伯语,意为凳子)。第1、第2王朝的国王都修建自己的马斯塔巴。

图3-4 左塞王修改的阶梯金字塔

第3王朝第2位国王左塞任用杰出的设计师伊蒙霍特普开始修建一种新型的陵墓。左塞认为一层的马斯塔巴太过狭小,无法体现出他的权威,于是在马斯塔巴之上继续修建马斯塔巴,最终他修成了一座6层叠加,自下而上逐渐收缩的马斯塔巴,被称为阶梯金字塔。左塞王的阶梯金字塔高60多米,底边东西长123米,南北长107米,气势雄伟。阶梯金字塔是埃及建筑史上的一次创新与革命,它首次用石头代替砖作为建筑材料,成为世界上第一座大型的石造建筑。阶梯金字塔是向角锥体金字塔建筑过渡的一次有益尝试。

第4王朝法老斯尼弗鲁国王是一位伟大的实验者,孜孜不倦地试验建造真正的角锥体金字塔,他共建筑了3座金字塔。最初,他为父亲胡尼修建了一座金字塔,该金字塔仿照左塞王金字塔,为8层重叠的马斯塔巴,该金字塔可能建造不久后就坍塌了。不甘失败的斯尼弗鲁开始再次尝试。他在达赫舒尔修建金字塔时,最初设计的倾角为54度,但修

图3-5 斯尼弗鲁修建的弯曲金字塔

建到 3/2 高度时候，可能觉得设计的角度过大，无法完成，所以建筑者将倾角改小为 43 度，变成了折角或弯曲金字塔。之后，斯尼弗鲁在该金字塔北部又修建了一座金字塔，吸取了弯曲金字塔失败的教训，一开始就将倾角设计为 43 度，最终建设成了第一座真正的角锥体金字塔。这座金字塔成为后世金字塔建造的典范，被公认为是第一座真正的金字塔。

在现存的金字塔中，最著名的是吉萨高地的三大金字塔，即胡夫的大金字塔、哈夫拉金字塔和蒙考拉金字塔。三大金字塔中，胡夫的金字塔最为雄伟。该金字塔现高 138.75 米（原高 146.59 米），塔基边长为 227.5 米（原长 230.37 米），占地面积约为 52 900 平方米。金字塔共使用了 230 万块石材，平均重 2.5 吨，最大的一块重 9 吨，最小的也不小于 2 吨，推算整个大金字塔的石头重 650 万吨。古希腊历史学家希罗多德将之列为"世界古代七大奇迹"之一，在埃菲尔铁塔修建之前，是世界上最高的建筑物。胡夫的儿子哈夫拉，在胡夫的大金字塔西南处为自己修建了金字塔，该金字塔稍低于胡夫的大金字塔，高 134.6 米（原高 143.5 米），塔基边长 215.25 米。由于哈夫拉金字塔修建在比胡夫大金字塔稍高的地势上，所以，看起来比胡夫大金字塔还要高大一些。哈夫拉除了修建金字塔外，还在金字塔附近修建了一尊由一整块巨石雕刻而成的巨大斯芬克斯，即狮身人面像。这尊狮身人面像高约 20 米，长 55 米，如果加上匍伏在前面的两条前腿，总长达 73.5 米。狮身人面像象征着人的智慧和狮子的勇猛力量的完美结合。斯芬克斯的脸很可能是根据哈夫拉的面貌来雕刻的，体现了国王作为太阳神保护着金字塔。在哈夫拉金字塔的西南 200 米，是蒙考拉的金字塔，蒙考拉的金字塔要小得多，只有胡夫金字塔的一半，高约 66 米。金字塔并不是孤立的建筑，它的周围通常伴有其他小的金字塔、马斯塔巴、神庙、围墙和廊道等等，他们和金字塔一起构成了结构布局严密的金字塔群。

图 3-6　吉萨三大金字塔

金字塔的建造从第 5、第 6 王朝开始逐渐衰落。中王国时期虽然又恢复了建筑金字塔，但是从规模和质量上都无法与古王国的金字塔相媲美。新王国时期帝王谷的岩窟墓代替了金字塔，金字塔的建筑从此消失了。

（三）古王国的衰落

古王国的繁荣稳定持续了五百余年，在第 6 王朝末期，古王国便开始走向衰弱。第 7、8 王朝时，孟菲斯的国王名义上虽然是全国的最高统治者，但统治地区仅限于孟菲斯周围地区，其他地区则由独立或半独立的地方贵族的统治。第 8 王朝之后，名义上的统一局面也不复存在，古王国最终崩溃了，埃及进入了一个混乱割据时期。

一个高度稳定、繁荣的古王国，为何崩溃了呢？对古王国崩溃的原因，学者们进行了长时间的探讨，提出了众多观点。一般认为古王国的崩溃主要有政治和经济方面的原因。有学者认为，古王国的崩溃首先是经济上的崩溃。古王国时期大量修建金字塔，耗尽了国家的财政收入,而地方贵族的实力由于取得了土地税收的豁免权而不断增长,国家的衰亡不可避免。另有学者认为,中央集权的崩溃才是导致古王国灭亡的最主要原因。古王国初期建立起来的中央集权不断受到地方贵族的挑战。最初维西尔全由王子担任,但到了第5王朝,维西尔的职位全被贵族囊括。有些州长实力强大,竟然获得了"小王"的特权。州长职位的世袭制,使法老失去了对地方势力的控制,中央集权统治逐渐瓦解。第6王朝法老培比二世(前2278—前2184年)长达94年的统治,造成了统治家族内部继承问题上的矛盾和混乱,宫廷内部的暗杀和叛乱时有发生,进一步削弱了王权。

古王国的崩溃虽然有政治、经济上的原因,但最新的研究成果表明,古王国崩溃的最主要原因则是由于气候的原因。在古王国末期,整个西亚、北方及欧洲地区发生了大范围、长时间的气温变冷的现象,气温的下降导致了尼罗河水位的降低,尼罗河水位的降低则造成了埃及全国范围内的干旱和农业歉收,造成了古王国末期大饥馑的流行。在大饥馑中,中央政府组织涣散,地方贵族趁机巧取豪夺,造成了整个社会的混乱,古王国稳定繁荣的局面不复存在,埃及历史进入了第一个中间期。

四、中王国的建立与发展(约公元前2009—前1650年)

古王国崩溃之后,埃及历史进入了一个地方割据时代。第11王朝的国王重新统一了埃及,埃及历史又进入了一个稳定发展的时期,史称中王国。中王国时期,中央集权专制主义得以重建,经济、贸易得到了进一步发展,为埃及后来发展为帝国奠定了基础。

(一)第一中间期与中王国的建立

古王国崩溃后,埃及历史进入了一个较为混乱的时期,称为第一中间期(约公元前2160—前2055年),第一中间期包括第9、第10两个完整的王朝以及第11王朝的前半部分。埃及历史共有30个王朝,学者们根据这一时期是繁荣稳定还是混乱衰弱的标准把埃及的历史划分为王国和中间期。国家统一、繁荣稳定的时期叫做王国,古埃及历史共有三个王国,即古王国、中王国和新王国。国家分裂、政治混乱和经济、文化衰退的时期称为中间期,古埃及历史也有三个中间期,即第一中间期、第二中间期和第三中间期。古王国崩溃之后的混乱时期是第一中间期。

政治分裂、经济衰败、社会混乱是第一中间期的特征,有学者归纳为:软弱的中央行政机关、半自治的行省、敌对的王朝、国内的战争、洪水的低水位、饥馑、降低的艺术标准,以及无教育,全部供给了颠倒的社会病态。因此,第一中间期又被称为埃及历史上的一个"黑暗时代"。

古王国的首都在孟菲斯,古王国崩溃之后,在赫拉克利奥坡里斯兴起了第9、10王朝,因此这两个王朝也被称"赫拉克利奥坡里斯王朝"。这是当时实力比较强大的地方性王朝,同时在其他地区也存在着一些割据势力。据都灵王表记载,赫拉克利奥坡里斯王朝共有18位王,是由阿浩特家族创建的。在第10王朝的中后期,孟图霍特普一世在底比斯城创建了第11王朝,与第10王朝形成了南北对峙的局面。在第11王朝第5位国王孟图霍特普二世时,底比斯王朝强大起来,统一战争开始打响了。孟图霍特普二世首先击败了宿敌阿西尤特,打开了北上的大门。然后,在其统治的第 39 年攻占了赫拉克利奥坡里斯,击败了第 10 王朝,完成了埃及的再次统一,埃及的历史进入了中王国阶段。

中王国包括第 11 王朝的后半期及第 12、13 王朝,约三百五十多年。中王国统一之初,国内还存在着较多的分裂割据势力,孟图霍特普通过一系列的改革措施才最终消灭了割据势力,完成了最终的统一。12 王朝的诸王经过不懈的努力,终于重新使埃及走上了繁荣发展的道路,成为当时世界文化的一个重要中心。

(二) 中王国时期中央集权专制主义的重建和强化

对中王国的国王而言,重建中央集权统治最重要的一步就是解除或削弱地方贵族的权力。孟图霍特普二世统治期间,中央政府的要职大多是由底比斯本地亲信担任。为了控制远离首都的下埃及地区,他新设立了"下埃及总督",负责下埃及的贡赋徭役以及公共工程建设。孟图霍特普二世通过缩减诺姆长数量的方法,根除了一些坚决反对他的地方贵族势力。同时,他向各州派出大量的钦差大臣定期进行巡视,以图加强对地方的控制。

第 12 王朝的首王阿蒙尼姆赫特一世统治时期,建立城市管理体制,每个城市设置一名市长,城市逐步成为了地方行政单位。城市管理体制进一步削弱了一些诺姆的影响。虽然一些地方势力仍然很强大,但是这些地方势力必须服从国王调遣,需要得到中央的任命。塞索斯特里斯二世时期,国王命令诺姆长将儿子送到首都接受教育,成年后在首都或其他地方任官职,这样就逐步扭转了诺姆长官职父死子继的局面。到了塞索斯特里斯三世继位后,他大刀阔斧地进行行政改革。他将上、中、下埃及各州划分为个三个行政区,"东方区"管理首都以北地区,"南方区"管理中埃及,"远南方区"管理最南边的九个诺姆。他又新设置了两个部门,分别管理上下埃及地区。在军事方面,设置了大将军,统一管理军事,掌握了全国的军事权。

中王国时期国王加强中央集权的另一个措施是扶植起了一个新兴的官僚阶层——"强有力的涅杰斯",涅杰斯原意为小人物,属于社会底层人员。中王国的国王们提拔重用这些出身低微的人,让他们在王室和国家管理机构中担任重用职务。由于这些人没有家族势力,他们只有服从于国王,忠于国王,才能保住他们的地位,因此他们对国王特别感恩效忠,成为加强王权的中坚力量。得到重用并成为统治阶级一员的涅杰斯被称为"强有力的涅杰斯"。中王国的国王通过一系列的改革措施,地方贵族势力被铲除殆尽,中央集权统治得到了恢复和加强,社会秩序得到了稳定,经济生活和对外贸易得到了进一步的发展。

(三) 中王国时期社会经济的发展

社会的稳定,为埃及经济的发展奠定了基础。中王国的农业、手工业、建筑业及对外贸易都有了较快的发展。

青铜工具的广泛使用,为促进农业的发展提供了技术保障。这一时期,农业上最大的成就就是法尤姆平原的开发。法尤姆位于孟菲斯西南 80 公里的洼地中,海拔以下 45 米,本来是一片沼泽地。第 12 王朝的塞索斯特里斯二世开始对这一片沼泽地进行治理,他在外围修建堤坝来控制水流。阿蒙尼姆赫特三世则在堤坝内开垦了美地涅特法尤姆的北部和西部的

1 700英亩以上的可耕地。法尤姆的开发,扩大了王国的耕地面积,促进了农业生产的发展。从此之后,法尤姆平原成为埃及最重要的粮仓。

中王国时代,埃及的手工业的发展主要体现在青铜器的发明和应用上。青铜器的出现具有划时代的意义,青铜与铜相比,质地坚硬、锋利,青铜器在农业生产和军事斗争中都具有铜器无法比拟的优越性。在古王国的第3、4王朝时期出现了少数的、个别的青铜制品。但到了中王国时代,青铜器开始流行起来,并且传播到尼罗河第三瀑布。但青铜器的发明和应用并没有代替铜器的使用,在中王国时代,金属物件大多数仍然是铜器。石制工具也仍在继续使用,石刀、石斧等仍是常见的工具。

农业、手工业的繁荣也促进了建筑业的发展,出现了大型的神庙建筑群。第12王朝国王塞索斯特里斯一世在卡纳克建造了第一座阿蒙神庙。此后,几乎历代国王都在卡纳克重修或新建神庙,从而形成了庞大的神庙建筑群。卡纳克也成为埃及最重要的宗教圣地。第11王朝的国王孟图霍特普二世在巴赫瑞修建的葬祭庙也成为后世效仿的典范。

中王国时期的海外贸易也十分活跃。在北方,埃及主要的贸易对象是巴勒斯坦、黎巴嫩、叙利亚和两河流域,甚至远达希腊地区的克里特岛。黎巴嫩的雪松是埃及贸易的主要物品。在上埃及陶德地区的阿蒙神庙中发现了4箱叙利亚的"贡品",这些贡品包括一些银器皿、爱琴海形的罐子和美索不达米亚的天青石护符。这些所谓"贡品"实际上是贸易交换的产品,是埃及与西亚甚至是爱琴海世界贸易往来的见证。在南方,埃及的贸易对象主要是努比亚地区。中王国在努比亚地区建造了一系列的军事防御工事,以保证与努比亚商路的畅通。

第二节 埃及帝国的形成与发展
(约公元前1550—前1069年)

古埃及是古代东方实行中央集权专制主义管理体制比较典型的国家。随着生产力的发展,古埃及国家的势力越来越强,统治范围越来越广。但从早王朝埃及统一之后,经过古王国的发展,到中王国阶段,埃及的疆域都是局限在传统区域,即尼罗河流域。但到了新王国时期,埃及凭借强大的军事实力,通过南征北战,建立了一个地跨西亚北非的大帝国,埃及的历史进入到帝国阶段。所谓"帝国",就是凭借强大的武力,把不同地区、不同民族强制性地结合在一起,实行以征服者(或统治民族)为唯一中心的管理体制。古埃及文明在新王国时期达到了其文明的最高峰。

一、第二中间期与希克索斯王朝

中王国灭亡之后,埃及进入了第二个混乱时期,即第二中间期(约公元前1650—前1550年)。第二中间期包括第14—17王朝,约100年左右的时间。在第二中间期,埃及的历史出现了前所未有的新变化,那就是外族人的入侵,并且建立起王朝统治。在第二中间期的4个王朝中,只有第17王朝是本土王朝,第14、15、16王朝都是外来民族建立的王朝。在这些王朝中,希克索斯人建立的第15王朝实力最为强大,该王朝也被称为喜克索斯王朝。

在第13王朝统治后期,尼罗河三角洲部分地区首先脱离出来,一个叫南赫斯的人在三角洲西北的克索伊斯(Xois)建立了统治,历史上称之为第14王朝。南赫斯是埃及人与努比亚人的混血后代,该王朝的大部分统治者都不是埃及人,有一些是西塞姆人。与此同时,在三角洲东北部地区兴起了一些地方性小王朝。第13王朝的统治可能萎缩到上埃及,也逐步变成了一个地方王朝。

在三角洲东北部的地方性王朝中,希克索斯人所建立的第15王朝逐步强大起来。希克索斯(Hyksos)一词是埃及语"赫卡哈苏特"(意为外国统治者)的希腊语形式。希克索斯这一术语并非是一个种族或民族的名称,希克索斯人起源于何处,属于哪些民族存在着不同的观点。最新研究成果认为他们是来自巴勒斯坦地区讲西塞姆语的阿摩利人。希克索斯人入侵埃及的方式也有不同的争论,有学者认为是疾风暴雨式地侵入埃及,如马涅托的记载。有学者认为希克索斯人的入侵是长期渗透的结果,最早在第一中间期,他们就在三角洲地区生活,最终在阿发里斯(Avaris)建立第15王朝。希克索斯第3位国王希安统治时期,采用了传统的埃及王衔"拉之子",选定了名为"地方拥抱者"的荷鲁斯名,表现了他企图主宰全部埃及的野心。此时,埃及与爱琴海的克里特文明、小亚的赫梯保持了密切来往,在这些地方发现了雕刻他的名字的物品。在第4王阿波菲斯统治时期,希克索斯王朝达到全盛,影响力达到上埃及的格柏林,而且通过沙漠绿洲与努比亚地区保持贸易往来。此后,希克索斯王朝开始衰落。

希克索斯虽然属于外来民族建立的王朝,但基本上接受了埃及的文化,采用埃及的政治管理模式,接受了传统的国王头衔、冠冕,利用埃及人担任各种官吏和书吏进行行政管理。希克索斯人也接受了埃及的艺术风格,盗用或者临摹埃及的艺术品。在宗教信仰方面,希克索斯人继承了第14王朝对塞特神的崇拜,也继承了将之与塞姆神明对应的传统,引进了西塞姆的一些神明。对于王权保护神太阳神拉,希克索斯人也非常重视,加以崇拜。在接受埃及文化的同时,希克索斯人也为埃及文化加入了新鲜血液,带来了西亚地区的物质文化,将马与马拉战车引入埃及。希克索斯人还引入了复合弓、青铜短剑和盔甲等新式武器。这些新式武器在第18王朝的对外征服战争中,起到了重要的作用。希克索斯人由于来自亚洲,因此在对外贸易方面开创了更为广泛的贸易网络,埃及与希腊、小亚、塞浦路斯、叙利亚、巴勒斯坦地区的贸易活动更加频繁。

二、新王国的征服活动和帝国的形成

在希克索斯统治三角洲之后不久,在底比斯兴起了第17王朝。

最初第17王朝与希克索斯王朝保持着长期的和平关系,希克索斯王朝国王阿波菲斯将女儿嫁给第17王朝的国王。但第17王朝末期,底比斯王朝与希克索斯王朝交恶,第17王朝国王塞肯奈拉开始展开了驱逐希克索斯的战争。塞肯奈拉的木乃伊显示,他死于重伤,可能是在与希克索斯人的战斗中负伤去世的。塞肯奈拉的儿子卡摩斯即位,继续展开与希克索斯人的作战,并发动了对阿发里斯的进攻,但最终以失败告终。

卡摩斯的弟弟阿赫摩斯一世继位。阿赫摩斯继续与第15王朝作战,他越过孟菲斯攻占了赫利奥坡里斯,然后占领了哈胡阿,切断了阿发里斯与巴勒斯坦地区的联系,最后进攻阿发里斯。经过激烈的战斗,阿赫摩斯的军队占领了阿发里斯,残余的希克索斯人可能逃到了巴勒斯坦地区。之后,阿赫摩斯攻占了巴勒斯坦城市沙鲁亨,解除了希克索斯人的威胁,完成了埃及的统一。由于阿赫摩斯驱逐希克索斯人的巨大历史功绩,马涅托将阿赫摩斯一世建立的王朝定为一个新的王朝,即第18王朝,阿赫摩斯成为第18王朝的第1位法老,由此埃及进入了新王国时期。

新王国建立之后,埃及诸王继续向外征服。尽管第18王朝初期的战争打着驱逐希克索斯人的旗号,但这时的战争已经变为征服他族的侵略战争。阿赫摩斯在驱逐了希克索斯人之后,又转向南方镇压了努比亚人的暴动。阿赫摩斯的继承人阿蒙霍特普一世时期,埃及继续对亚细亚人和努比亚人发动征服战争。阿蒙霍特普一世膝下无子,女婿图特摩斯第一继位。图特摩斯一世是颇具军功的国王,他对叙利亚发动了远征,为埃及军队进入叙利亚地区打开了缺口。南部他的军队征服到了尼罗河第三瀑布,这是埃及历史上向南所能达到的最远边界。图特摩斯二世短暂的统治后,图特摩斯三世继位。图特摩斯三世年幼,大权被太后哈特什普苏特攫取。哈特什普苏特在其统治的第20年或21年后去世,图特摩斯三世获得了权力,开始进行对外的征服战争。图特摩斯三世首先对叙利亚和巴勒斯坦地区进行一系列的军事征服,经过17次远征之后,彻底确立了埃及对巴勒斯坦地区的统治。在南边,图特摩斯三世发动对努比亚的征伐,最远达到了尼罗河第四瀑布,并且在第四瀑布附近的涅帕塔建立了统治中心。通过图特摩斯三世的南征北战,古埃及的疆域达到了空前的庞大,北方的疆域达到叙利亚北部,幼发拉底河上游的卡赫美什城,南部边界达到尼罗河的第四瀑布,从而形成了古代史上第一个地跨亚非两大洲的大帝国。图特摩斯三世是古埃及历史上军事能力最强的法老,甚至可以与拿破仑相提并论。

三、帝国时期中央专制主义的强化

古埃及的专制主义萌芽于早王朝时期,确立于古王国时期,发展于中王国时期,到新王国时期,专制主义日臻完善。新王国的专制主义主要体现在国王权威的增大以及政府管理机构的二元化和复杂化。

(一) 王权神化加剧,国王的权威进一步增大

埃及进入了帝国时代之后,国王的权威进一步增大,其神化的方式也发生了变化。新王国的国王继续采用传统的五个头衔,以体现国王的伟大神性。为了进一步增大自己的神性,哈特什普苏特和阿蒙霍特普三世诸王竭力宣称他们是阿蒙神与其母亲同床的结晶,在神庙的墙壁上不惜捏造他们的母亲和阿蒙神同房的场景,以宣扬他们神圣诞生的神话。除了宣扬他们是神的子女之外,新王国时期的一些国王还宣扬自己就是活着的神。阿蒙霍特普三

世将自己等同于太阳神,拉美西斯二世在下努比亚修建的阿布辛拜勒神庙中,将他自己列入神明之中接受崇拜。

新王国时期的国王们除了神化王权之外,还采用"法老"的尊称来加强自己的权威。"法老"原意为"宫殿"、"房子"的意思。从埃赫那吞开始,"法老"演变成了对国王的尊称。从第19王朝起,在文献中经常可以读到"法老说"、"法老出发"等话语,至此,法老演变成了对国王的尊称,成了国王的一个新头衔。用与国王有关的物品来代称国王,这体现了国王无上的权威以及臣民对国王的无限崇敬。

(二)中央政府呈现二元化特征,政府的管理权限得到了削减

新王国时期,为了防止某些官职的权力过于庞大,国王开始设置两名官员,以使他们互相监督和互相制衡。维西尔是最重要的中央官吏,具有一人之下、万人之上的管理权力,从图特摩斯三世开始,中央设置两名维西尔,分别管理上下埃及的事物,并分别向法老负责。此外,国王还新设置了两名高级官吏分别对维西尔进行制衡,一是"库什总督",专门负责管理努比亚地区的事务;一是"阿蒙第一先知",是宗教领域的最高官职,主要负责与宗教有关的事务,地位仅次于维西尔。对于其他一些比较重要的官职,也设立两名主事官员,分别负责上下埃及相关事务。国库是一个比较重要的民政管理部门,国库设立两名"国库管事"官员,分别负责上下埃及的经济事务,他们协助维西尔执掌税收大权,负责征收谷物、初等加工品以及外国贡品等等。民政部门另外两个比较重要的机构是管理谷仓和牲畜的机构,分别设置两名"谷仓管事"和"牲畜管事",管理上下埃及的粮食征收、保存及牲畜的管理等事务,级别上低于国库。

军事管理机构也实行二元化,军队设立两名军事指挥官,分别负责上下埃及的军事活动。全国军队分为上下埃及两个战区,长官分别为上下埃及战区的"军队协理",驻扎在底比斯与孟菲斯。对新征服的领土努比亚和西亚地区,也设立南北两个总督进行管理。管理西亚地区的官员为"所有北方国家的管事",管理征服地区的附属王国,以及驻在这些地区的埃及军队指挥官。管理南部努比亚地区的是"南方国家的管事",往往享有库什亲王的头衔,驻在阿尼巴,管理着上下努比亚地区。由于王权借助神权进行统治,以及新王国时代王权与神权的密切关系,宗教事务也被纳入到政府系统中。宗教部门的最高官职为上下埃及(所有神明)的先知管事或阿蒙最高祭司,这个官职有时候由维西尔兼任。阿蒙最高祭司一职也可由其他神庙的祭司担任,不总是由阿蒙神庙的先知出任。宗教部门另外一个重要职务是阿蒙神妻子,往往由王后兼任,这显然是国王控制宗教的重要途径。

四、帝国时期王权与神权的斗争

王权与神权的合作与斗争关系是古埃及政治的一个基本内容。最初,王权和神权是一种合作共赢的关系,王权需要借助神权来对其进行神圣化和合法化,神权需要王权给以帮助,而获得政治和经济上的支持。然而,到新王国时期,神权的力量逐渐强大,他们获得了越来越多的政治权利和经济力量,他们的实力强大到可以与王权抗衡的地步,法老们感受到了

来自神权的严重威胁。这时候，为了维护王权的统治地位，法老们开始逐渐采取措施来削弱神权的势力，王权和神权由合作关系变成了敌对关系，最终演变成了埃赫那吞的宗教改革。

（一）埃赫那吞宗教改革的背景

首先，阿蒙神庙祭司集团获得了强大的经济实力。阿蒙神最初是一个不起眼的小神，最早见于第5—6王朝的金字塔文中，后来在底比斯受到人们的崇拜。随着底比斯城在王国中地位的提升，阿蒙神的信仰也发展起来，第12王朝时期，其地位显著增强，很多国王的名字都包含"阿蒙"字样。新王国时期，阿蒙神的地位进一步提升，阿蒙神和太阳神拉结合变成阿蒙—拉神，凌驾于众神之上，成为帝国的主神。阿蒙神通常呈人形，头戴羽毛王冠，有时又以公羊或鹅的形象出现。

图3-7 头戴羽毛王冠的阿蒙神

阿蒙神又和妻子穆特和儿子孔苏构成了三位一体神。从古王国时期，法老就开始不断向神庙捐赠财富和人力，并形成了传统。帝国时期，随着对外战争的不断胜利，国王对阿蒙神庙的捐赠也不断扩大。法老捐赠给阿蒙神庙的财产非常丰富，从日常食品和用品，到大小牲畜，还有金银财宝、田地、奴隶，甚至还有城市。图特摩斯三世在其统治的第23年，赠给阿蒙神庙1 578名叙利亚人，甚至还有西亚的3个城市。在历代法老的捐赠下，阿蒙神庙占有上下埃及最好的土地，具有了强大的经济实力。

其次，阿蒙祭司也获得了强大的政治权力。在帝国时代，阿蒙先知常常出任政府的重要职务，把行政权和神权结合在一人身上。哈特舍普苏特时代的哈普塞尼布不仅是阿蒙最高祭司、南北先知长，也出任了维西尔；图特摩斯三世时代的蒙凯帕列塞尼布，除了担任阿蒙最高祭司外，还控制了国库，担任了府库主事；阿蒙霍特普三世的高僧普塔赫摩斯也担任了维西尔，另一名高僧则担任了财政大臣。这样，在第18王朝时期，形成政府与阿蒙神庙相互渗透的局面。阿蒙神庙第一先知，是全国神庙和僧侣的最高领导，他们在担任行政职务之后，事实上把全国的宗教权力和一部分行政权力结合在一起，形成了威胁王权统治的强大力量。

王权与神权的矛盾在图特摩斯四世时期开始显现。他在一枚小圣甲虫的纪念物讲述他对外征战时，引领军队前进的是阿吞神，而不是通常的阿蒙神。阿蒙霍特普三世统治时期，他任命了一个军事书吏出身的人为"上下埃及的先知"，这是违背传统的做法，因为"上下埃及的先知"要从阿蒙高僧中选人。阿蒙霍特普三世还娶平民之女泰伊为后，摆脱了阿蒙祭司对王室婚姻和王位继承人的控制。虽然，上述两名法老开始采取措施，削弱阿蒙祭司的势力，但和阿蒙祭司集团并未决裂，真正和阿蒙祭司公开决裂，进行宗教改革的法老则是阿蒙霍特普四世（公元前1379—前1362年在位）。他在位期间进行了著名的宗教改革，也称阿玛尔那革命。

(二) 埃赫那吞改革的主要内容

埃赫那吞改革的核心就是推行太阳神"阿吞"的崇拜,消除阿蒙神。"阿吞"是一位太阳神,其形象是一个太阳圆盘。阿吞神从中王国之后开始经常出现,大约在新王国图特摩斯三世及其子阿蒙霍特普二世时,阿吞神成为古埃及万神殿中的一员,受到人们的崇拜,影响逐渐增强。法老把自己的名字阿蒙霍特普,意为"阿蒙的满意者",改为埃赫那吞,意为"令阿吞愉快的人"或"服侍阿吞的人"。从其统治的第5年开始,埃赫那吞开始独尊阿吞神,正式地诅咒阿蒙的名字并关闭阿蒙神庙,抹掉了建筑物、雕像上的阿蒙神的名字及其形象。从这时起,凡是写到"神"这个词的时候,都是使用单数,不再出现复数形式,表明他确立了除阿吞神之外,再无其他神的一神信仰。《阿吞大颂歌》中描述了阿吞神的唯一性,"啊,唯一的神,独一无二的神,你在创造了万物后,你是孤独的"。埃赫那吞竭力宣扬阿吞是唯一的和最高的神,是宇宙、人类、动物、植物等一切的创造者。《阿吞大颂歌》写道:"你是万物之主、天空之主、大地之主。……是你让妇女养育婴儿,是你让男人拥有了精子,是你给予仍在母体中的胎儿以生命。"此外,埃赫那吞还把阿吞神敬为自己的父亲,把阿吞的自然属性和社会属性结合在一起,塑造了埃赫那吞的伟大权威,使其成为阿吞在大地上的化身。

图3-8 埃赫那吞和家人崇拜外形为太阳光盘的阿吞神。

埃赫那吞改革的第二个措施是抛弃了旧都底比斯,在埃及中部的沙漠里建造新的都城。这座新城被称为埃赫太吞,意为"阿吞神的地平线"。埃赫太吞现被称为阿玛尔纳,大体上位于底比斯与孟菲斯之间,约16×13平方公里,并在四周树立了14座界标。埃赫那吞离弃底比斯,建立新都,目的是摆脱阿蒙祭司集团势力的影响。在新的首都,埃赫那吞建筑了王宫和阿吞大神庙,大力推广阿吞神的信仰。

第三,埃赫那吞在文学艺术领域也进行改革和创新,形成了求实、求真的艺术风格,被称为阿玛尔纳艺术。在语言上,提倡用贴近生活的口头语书写文学作品,这种语言就是"新埃及语"。阿玛尔纳时期,人们用新埃及语书写阿吞的赞美诗、祈祷文、碑文和爱情诗。在艺术上,倡导现实主义,描写自然。在雕刻艺术上遵循求真原则,如实刻画人物,使得人物的形象鲜明生动。雕像中最杰出的代表是尼斐尔提提半身像。它刻画了尼斐尔提提高雅、雍容华贵的王后形象,一反传统的僵硬模式,赋予了女性以自然的绝妙美感,特别是那鲜红的嘴唇和浓黑的眉毛,更增添了她的无穷魅力。在绘画艺术上,倡导描述自然风景、活泼的动物和美丽的植物。

(三) 埃赫那吞宗教改革失败的原因及意义

埃赫那吞改革维持了15年,最终失败了。公元前1362年,埃赫那吞去世后,其子图坦哈吞（也有人说是埃赫那吞的女婿或兄弟）继位。在其统治的第 4 年，图坦哈吞发布了一项恢复阿蒙神崇拜的敕令，敕令刻写在石碑上，树立于孟菲斯，被称为《复兴碑》。图坦哈吞恢复了传统的阿蒙神的信仰，并把他自己的名字中的吞去掉，取名为图坦哈蒙（意为阿蒙的活的肖像，也有人译为图坦卡蒙）。图坦哈蒙放弃了新都阿玛尔纳，前往孟菲斯，最终回到底比斯，埃赫那吞的改革彻底失败了。

　　埃赫那吞改革失败的原因，一般认为在新王国时期宗教还远未发展到一神教崇拜的阶段。古埃及人千百年来形成的传统宗教思想根深蒂固，他们无法接受只崇拜一神的这一崭新形式。况且阿吞神并不是一位平民大众所熟悉的大神，而是一位名不见经传，人们很陌生的新神。阿吞神明显缺乏信仰基础。埃赫那吞在沙漠中建筑新都，给百姓增加了负担，而对于那些惯于享乐的贵族来说，新都实在是一个糟糕透顶的荒漠之地。此外，埃赫那吞忙于国内的宗教改革，而疏于对外的战争，导致了埃及国际地位的降低，引起了全国人民的反对。然而，最新的研究表明，埃赫那吞自身的原因是引起这场不合时宜的宗教改革的主要因素。

　　19 世纪末，埃及现代考古学的奠基人皮特里博士在阿马尔纳遗址挖掘出埃赫那吞法老的雕像时，大吃一惊，因为他们以前从未看到有如此丑陋的法老雕像。千百年来，埃及法老的雕像都是美男子，是充满活力、年轻体健的完美形象。但这位法老的雕像却奇丑无比：长脸厚唇、腹部和臀部肥大而四肢却纤细无比，手指脚趾细长，实在是一个畸形人，毫无法老的威严，活像掉到埃及沙漠里的一个外星人。埃及学家对埃赫那吞身体畸形、性格孤僻、行事怪异的原因进行了长期的研究，终于向世人揭开了谜底。原来，埃赫那吞从小患上了一种罕见的怪病马凡氏症候群，从小长相奇特，但当时又找不到患病的原因，因此埃赫那吞被认为是一个怪人，被家族人排斥。开罗博物馆里保存有一组雕像，有埃赫那吞父母及兄妹的雕像，而唯独缺乏他的雕像，甚至于所有的王室画像中都没有他的形象。他的四个姐妹都身居高位，他的一

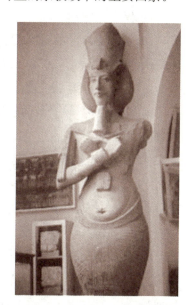

图 3-9　埃赫那吞法老雕像

个哥哥也是高官，而他什么也不是。当他的兄妹获得各种头衔和表扬时，他什么也没有。当法老领着家庭成员去阿蒙神庙进行献祭及庆祝节日时，他被一个人孤零零留在宫殿里。连阿蒙神也拒绝他，这使埃赫那吞感受到了极强的挫败感。埃赫那吞从小被排斥、孤独、得不到父爱，养成了孤僻叛逆的性格。然而他的运气却不错，他有四个姐妹，却只有一个兄弟，且已经过世。虽然，他还其他竞争者，但只有他具有正统地位，是泰伊王后的唯一亲子。埃赫那吞的父亲阿蒙霍特普三世体弱多病，无法亲政，因此泰伊王后成为呼风唤雨的二号人物，她颇具实力也具有野心，她把所有的希望寄托在小儿子埃赫那吞身上。在泰伊皇后的支持下，从小被抛弃的埃赫那吞反而成为了法老，成了最有权势的人。童年的痛苦经历所留下的阴影势必会使握有权力的埃赫那吞进行疯狂的报复，他彻底抛弃了曾经抛弃过他的阿蒙神

及其他神灵,埃赫那吞一切叛逆的行为也都成为了一种必然。

埃赫那吞的宗教改革虽然失败了,但他的这次改革却具有重大意义。他的宗教改革被认为是宗教发展史上最早的一神崇拜,是建立一神教的一次有益尝试,为后来的一神教提供了一个模板。埃赫那吞的一神崇拜对犹太教的产生无疑产生了重要的影响。

五、帝国的衰亡

埃赫那吞继位时,埃及处于帝国最繁荣、最强大的时期,然而埃赫那吞却丧失了这一发展良机,他的宗教改革,却成为埃及由盛转衰的一大原因。埃赫那吞专注于国内的宗教改革,致使臣服于埃及的叙利亚、巴勒斯坦地区重新独立。国内祭司集团的势力不断增长,地方割据势力也严重威胁着中央王权的统治,最终以新王国的崩溃而告终。

(一) 拉美西斯诸王重建帝国霸权的努力

埃赫那吞去世后,年仅9岁的图坦哈蒙继位,大权被老臣阿伊获得。当图坦哈蒙长大成人后,年仅18岁的他却突然死去,其死因一度成谜,最新研究显示,他的死因是打猎时摔落马下,造成了大腿骨折,后引发感染而死。图坦哈蒙死后,王权被军队总司令赫列姆赫布篡夺,他的统治维持了25—30年,最后选定了普拉美斯作为王位继承人。普拉美斯后改名为拉美西斯一世,开创了第19王朝。

第19王朝时,埃及所面临的西亚局势发生了巨大的变化。这一时期,小亚细亚的赫梯王国崛起,成为当时西亚的一个强国,与埃及在叙利亚、巴勒斯坦地区争夺霸权。第19王朝法,老塞提一世远征叙利亚,一度夺取了卡叠什,但是很快又被赫梯夺取。拉美西斯二世(公元前1279—前1213年)继位后,在其统治第5年,即公元前1274年发动了与赫梯争夺卡叠什的争霸战争。拉美西斯二世组织了以阿蒙、拉、普塔、苏太克神命名的四个师团大约2万人的军队进攻卡叠什。拉美西斯二世中了赫梯的计策,轻率地率领阿蒙师团孤军深入。赫梯军队首先将跟在阿蒙师团后面的拉师团从中间截为两段各个击破,然后回过头猛扑阿蒙师团,将阿蒙师团重重包围。幸亏落在后面的普塔师团急速北上赶来增援,赫梯军才退却。卡叠什战役,双方都付出了惨重的代价,虽然埃及文献极力夸大拉美西斯二世取得的伟大战绩,实际上埃及失去了对叙利亚的控制权。卡叠什战役之后,双方都无力再组织大规模的会战。之后,双方在西亚地区进行了长达16年的作战,最终双方筋疲力尽,不得不在拉美西斯二世统治第21年,双方缔结了和平条约。这份合约是第一部完整的国际和平条约,它确定了两国之间的和平和兄弟关系,也划定了实力范围。至此,经历了危机的埃及帝国,逐渐巩固起来。

拉美西斯二世经过自己的征战,重建了埃及的霸权,他是埃及历史上一位具有伟大战功的法老。但他统治的帝国疆域从未超过他的前辈图特摩斯三世,只不过使摇摇欲坠的帝国稳定了下来。这种稳定也不过是昙花一现而已。拉美西斯二世96岁去世之后,帝国陷入了严重的内外交困之中。

(二) 利比亚人和海上民族的入侵,帝国灭亡

第19、20王朝,除了神庙祭司集团和地方割据势力从内部瓦解帝国的统治外,利比亚人

和海上民族则从外部对帝国进行沉重的打击。利比亚人最早从塞提一世时便开始骚扰埃及边界,在美愣普塔时,利比亚人再次侵入埃及。根据他的以色列石碑记载,在他统治的第5年首次受到利比亚人的入侵,但最后利比亚人的入侵被击溃。拉美西斯三世时,利比亚人大规模地入侵埃及,但拉美西斯三世成功地击溃了这次入侵。据拉美西斯三世的文献记载,这次战役,他杀死敌人2.8万人,除去夸大的成分,拉美西斯三世杀死的人数应该在1.2万—1.3万人之间。

除了利比亚人对埃及的入侵之外,对埃及构成严重威胁的另外一支力量是海上民族的入侵。海上民族是来自小亚细亚和爱琴海诸岛的游牧民族。公元前13世纪,爱琴海诸岛发生了一次大范围、持续时间很长的饥荒。于是海上民族被迫向外寻找生存空间。富裕的小亚细亚、叙利亚和埃及成为他们掠夺的主要目标。不可一世的赫梯在海上民族的打击下崩溃了,从而为海上民族入侵叙利亚和埃及地区提供了长驱直入的机会。拉美西斯三世时期的《麦底奈特-哈布铭文》记载了海上民族对埃及的入侵。拉美西斯三世统治的第8年,七个海上民族部落联合对埃及进行入侵,但被埃及军队击垮。《哈里斯大纸草》也提供了一些关于这次战争的记载。战争首先在陆上打响,但首次战争的具体地点仍然是一个颇具争议的问题,可能在靠近黎巴嫩海岸的地区。在三角洲尼罗河入海口处的海湾上,埃及人击败了入侵的敌人,战争结束。埃及的文献中记载了众多的"海上民族":帕来塞特、塞凯勒、塞凯列什、狄念、维舍什等等。虽然埃及的文献都记载了埃及在对利比亚人和海上民族的作战中获得了战争的胜利,但毫无疑问,利比亚人和海上民族对埃及的打击是极其严重的,是帝国崩溃的一个重要原因。

第20王朝末期,国内王权与神权、地方贵族的斗争日益尖锐。阿蒙高僧荷里霍尔实力强大,他在卡纳克神庙的墙壁上,把自己描绘成法老一样。他担任了努比亚总督和将军,控制了上埃及。尼罗河三角洲的地方贵族斯门德斯则以行政长官的身份,管理三角洲一带,控制了下埃及。这样,拉美西斯11世时期,形成了互相制衡的"三头政治"。在内外交困中,新王国走到了尽头。拉美西斯11世去世后,斯门德斯在三角洲的塔尼斯建立了第21王朝。新王国宣布终结,埃及历史进入了后期埃及时代。

第三节 后期埃及

新王国结束后,埃及进入了后期埃及时期或后帝国时期。后期埃及是一个动荡不安的时期,利比亚人、努比亚人、亚述人、波斯人先后入侵并统治埃及,公元前332年,希腊人亚历山大征服了埃及,埃及进入了希腊人统治的古典世界。

一、第三中间期(公元前1069—前664年)

新王国灭亡之后,统一的局面不复存在,埃及进入了第三中间期。第三中间期包括第

21—25王朝，这一时期的主要特征是地方独立化和中央集权衰落，外族人利比亚人、努比亚人和亚述人主导了埃及的历史发展进程。其中，利比亚人主导了第21—24共4个王朝，这一时期被称为利比亚时代。利比亚时代的统治区域主要在下埃及尼罗河三角洲地区，其他的地方独立势力也一直存在，并得到承认。

在24王朝建立的同时，努比亚人在底比斯的统治也得到了上埃及的普遍认同，形成了努比亚人的第25王朝。第25王朝第2位国王沙巴卡在位时最终征服了第24王朝和其他地方势力，定都孟菲斯，从此之后，埃及形成了一个短暂的繁荣局面。

公元前9世纪之后，两河流域的亚述人强势崛起，在统一了两河流域北部地区之后，其势力范围扩大到叙利亚、巴勒斯坦地区。亚述人首先灭亡了北部的以色列王国，南部的犹大王国在用重金贿赂亚述人之后，得以幸存。犹大王国向埃及求救，希望和埃及人结成同盟共同对付亚述人。沙巴卡派遣军队支持犹大王国的希西家，公元前701年与亚述王辛那赫瑞布战于埃尔坦赫，最终以失败收场。随后，亚述王埃萨尔哈东于公元前674和公元前671年，两次派兵远征埃及，第二次成功占领孟菲斯，第25王朝国王塔哈尔卡逃回努比亚。亚述人指定了三角洲地区的统治者，让他们宣誓效忠后，就撤回了军队。塔哈尔卡抓住时机，从努比亚返回来，再次建立起了统治。亚述王阿舒尔巴尼帕二世于公元前667年再一次出兵埃及，驱逐了塔哈尔卡。塔哈尔卡死后，新王坦塔马尼率军进入埃及，征服了三角洲地区半独立的地方王朝。公元前663年，阿淑尔巴尼帕二世再次征服埃及，一直打到底比斯，坦塔马尼逃亡努比亚，至此，努比亚人势力退出埃及，埃及重新回归本土王朝的统治。

二、后埃及时代（公元前664—前332年）

后埃及时代，埃及经历了塞易斯王朝的短暂复兴，之后处在波斯的统治之下，其间埃及建立起了本土第28、29、30王朝，最终，埃及被马其顿的亚历山大大帝征服。

（一）塞易斯王朝的短暂复兴

亚述人虽多次征服埃及，但并未建立直接统治，而是任命当地的贵族为王进行统治。阿淑尔巴尼帕征服埃及不久，国内发生了叛乱，不得不回国。普萨美提克一世趁机发展自己的势力，到公元前655年，控制全部埃及地区。由此，埃及进入了第26王朝统治时期，由于都城在塞易斯，所以第26王朝也叫"塞易斯王朝"。

在第26王朝时期，国际局势发生了改变，亚述人逐渐衰落。埃及国王通过灵活的外交政策，为自己获得了一个良好的国际环境。较好的国际国内环境，为国内的经济发展创造了良好的条件。到阿玛西斯时代，社会经济和文化发展到了"空前繁荣的时代"，埃及文明出现了短暂的复兴。埃及的短暂复兴也得益于铁器的使用。赫梯灭亡后，其秘而不宣的冶铁术开始向四外传播，公元前1000纪之后，东南欧、南欧、西亚、南亚和东亚一些地区都进入了铁器时代。埃及是较晚进入铁器时代的地区，大约在公元前7—前6世纪，也由青铜时代进入到铁器时代。铁器的使用使埃及进入了一个飞速发展的时期，这一时期埃及的农业、手工业、商业和对外贸易都蓬勃发展起来。

在法老尼科二世时期,他在尼罗河和红海之间开凿了一条运河,其长度约能支持4天的旅程,宽度足够两艘3列桨舰船并排行进。这条运河对埃及发展对外贸易具有重要意义。随着经济和商业的繁荣,城市也迅速增加。据希罗多德的记载,在阿玛西斯时代埃及有人居住的市邑有2万座。狄奥多拉斯的记载认为,在古代埃及有1.8万座以上的重要的乡村和城市。这些数字虽然不一定精确,但也反映了这一时期埃及城市的迅速发展。

(二)波斯第一、第二王朝的统治及亚历山大征服埃及

公元前525年,波斯王冈比西斯二世远征埃及,在潘鲁希乌姆战役中打败了第26王朝法老普萨美提克三世,攻陷了孟菲斯,第26王朝灭亡。波斯人在埃及建立了王朝,进行直接统治,波斯在埃及建立的王朝被称为第27王朝或波斯第一王朝。

古典作家在其著作中把冈比西斯描述成一个暴力统治者,但从埃及出土的资料来看,冈比西斯对埃及统治比较仁慈,他尊重埃及的传统宗教,提拔埃及人参与政治管理,而且按照埃及人的方式将自己塑造成法老的形象。他按照埃及的传统,参与阿皮斯圣牛的埋葬仪式。公元前522年冈比西斯的去世引发了埃及人起义,埃及获得了短暂的独立。波斯王大流士一世在公元前518年恢复了波斯在埃及的统治。大流士一世沿袭了冈比西斯的做法,尊重埃及的传统,将自己描述成传统的埃及法老的样子,出于安抚埃及人的目的,在政府和军队中任用埃及人,修复神庙建筑,恢复了塞易斯的医学学校,重建了哈尔加绿洲的阿蒙神庙,修缮了孟菲斯的普塔神庙。在薛西斯一世统治时期,在埃及设立一名总督进行统治,派出号称"国王之眼"或"聆听者"的人员进行监督。在总督下面设立一名大臣进行负责管理。司法系统采用埃及传统,很多埃及人出任了重要官职。但薛西斯压制神庙势力,没收了很多神庙财产,限制了神庙的特权。

虽然,波斯统治者尽量尊重埃及的传统进行统治,但毕竟属于入侵者,波斯人的统治,激起了埃及人的强烈反抗。公元前404年,大流士二世去世,波斯国内骚乱,埃及人在阿姆塔伊俄斯的领导下再次起义,在三角洲建立了统治,到公元前400年,起义者掌控了上埃及地区,波斯第一王朝的统治在埃及结束。

驱逐了波斯人后,埃及建立了第28—30最后的三个本土王朝,阿姆塔伊俄斯建立了第28王朝。他去世后,他手下的将军尼菲力提斯一世建立第29王朝。经过三代国王共19年的统治后,一名叫涅克塔尼布一世的军事将领夺取了政权,创立了第30王朝,共有三代君主,统治了37年。这一时期典型的特征是国家内部混乱,政变频繁,而波斯人虎视眈眈,抓住一切可能的机会恢复对埃及的统治。

波斯王阿塔薛西斯二世试图恢复对埃及的统治,于公元前386年发动了对埃及的三年战争,最终失败。公元前373年春,阿塔薛西斯二世再度来犯,第30王朝法老涅克塔尼布一世进行激烈抵抗。公元前343年冬波斯大军进军埃及,涅克塔尼布二世退守上埃及,进而逃亡努比亚,波斯再次占领埃及,由此进入第31王朝也叫波斯第二王朝统治时期。

重建统治的波斯人,大肆破坏神庙,劫掠神庙财产,拆除主要城市的防御设施。直到公元前341年,才彻底在埃及建立起了统治。埃及人继续反抗波斯的统治,塞易斯的哈巴巴什

领导埃及人反抗波斯,起义取得了很大成功,占据了一部分国土,他宣布称王,为自己加上了"两土地之主"和"拉之子"的王衔。公元前334年,马其顿王国国王亚历山大大帝远征波斯,公元前332年出征埃及,在没有遭遇激烈抵抗的情况下占领埃及。亚历山大大帝尊重埃及传统,崇拜埃及神明,在孟菲斯被埃及人拥戴为法老。亚历山大死后,埃及落入了其部将托勒密手中,公元前305年,托勒密称王,建立了托勒密王国。从此,埃及的法老王朝最终灭亡,埃及进入了希腊人的长期统治时期。

第四节 古埃及文化

古埃及人在三千多年的发展过程中,创造出了独特的光辉灿烂的文化。古埃及人在语言文字、建筑雕刻艺术、宗教信仰及自然科学方面取得了令人惊叹的文化成果。古埃及的金字塔、方尖碑及神庙建筑,至今对世界人们也产生了巨大的吸引力,每年吸引了上百万的游人来埃及领略充满神秘的古埃及文化。古埃及文化对巴勒斯坦、两河流域以及希腊地区的文化也产生了巨大的影响,对现代世界文化的形成也具有深远的影响。

一、独特的象形文字

古埃及人很早就创造出了自己的语言文字,其文字由一些独特的象形符号构成,在世界文字中独树一帜,成为古埃及文明的重要标志。

(一) 象形文字的特征和结构

古埃及的文字,统称为象形文字(hieroglyph),该名称源于希腊文,是由"神圣"(hieros)和"雕刻"(glypho)两个字组成,故含有"神圣的雕刻"之意,这是希腊人对刻在埃及神庙墙壁和纪念碑上的文字之通称。象形文字的符号主要有生物体和非生物体两大类组成。在古王国时代大约有一千多个符号,在经典埃及语时期简化到700个左右,到了罗马统治时代则增加到五千多个。

古埃及象形文字的符号分为表意符、表音符和限定符三类,但同一个符号也可以同时属于这三种类型,可以表音、可以表意也可以充当限定符号。表意符是用图形表示某种具体事物的意义或抽象概念。表意符号具有形象化的特征,图形与词意有密切关系。对于一些难以具体表达的动作或抽象概念,就采用象征的办法。例如,符号"太阳"进一步引申为"白天"、"日光"等意义。"吃"的动作符号,也表示"想"、"说话"和"感觉"等概念。表音符是一些图形的符号,并不表意,而是用来表示某一个发音。这些图形原来是表意符,但后来被赋予了音值,变成了表音符号。埃及象形文字的音符是由24个单辅音、大批双辅音和三辅音符号组成。限定符号是一些表意符号,用来标明词的语义类别。由于元音不写出来,产生了区分词汇的困难。一些词义不同、拼写符号相同的词汇,为了正确理解词义,就在词末加上一个符号来标明这个词的语义类别,这样的符号(表意符)叫做限定符号,它本身不发音,只起引导读者把握文字正确含义的作用。

(二) 象形文字的发展演变

象形文字在长期的发展过程中,其符号的形体不断地变化,象形文字的发展演变也证明了人类社会的文字发展的趋势总是由繁到简,由难到易。文字的简化和实用是任何一种文字体系变化的一般趋势。象形文字的发展演变经历了四个阶段。

1. 圣书体

最初的象形文字图画性很强,包含有众多的生物体形象,被称为象形文字。由于这些象形文字主要用于书写在神庙与墓葬墙壁、雕像、石棺、供桌、墓碑上等等,所以后来的希腊人称这种字体为圣书体。通常意义上所说的埃及的象形文字就是指象形文字的第一种字体圣书体。使用这种字体,一方面表示敬重,另一方面也具有装饰作用。有时象形文字不但要将人物或鸟兽的形象画出刻出,还要非常仔细地涂上颜色,所以涂色之后的象形文字,不仅仅具有文字的使用价值,同时也是一幅幅精美的彩色画。圣书体最晚使用到公元4世纪。

2. 僧侣体

由于圣书体的图画性质,难写难认,于是人们开始对圣书体的符号进行简化。大约在第5王朝时期逐渐就形成了一种潦草的圣书体,这种潦草的圣书体,被称为僧侣体。僧侣体的很多符号已失去了图画性质,僧侣体文字也可能与圣书体文字是同时发展起来,两者属于手写体和印刷体的关系。僧侣体文字主要书写在纸草上,用于商业文件、私人信件和文学作品等。到第25王朝之后,僧侣们才把宗教文献用僧侣体写在纸草上。僧侣体最晚使用到公元3世纪。

3. 世俗体

在后埃及时代,从僧侣体中逐渐发展出来一种更加简化的新字体,叫世俗体。因为该字体主要用来书写世俗文本。最早用世俗体文字书写的文献出现在公元前650年。从此之后,圣书体文字用来书写纪念物上的铭文,僧侣体用来书写宗教抄本,其他的文本则用世俗体来书写。希腊—罗马统治时代,宗教文献和文学作品也用世俗体书写,甚至还在石碑上使用。世俗体文字一般用墨水写在纸草上,与僧侣体相比,更加简化,已经不具备图画的性质,一般书写方式都是从右向左书写。

4. 科普特字体

公元1世纪,埃及人皈依了基督教,这就需要将基督教的经典翻译成埃及语。于是埃及的基督徒在希腊字母的影响下,借用希腊字母创造了一种新文字,称为科普特文字。科普特文字从希腊字母中借用了24个,由于希腊语与埃及语相差很大,一些音无法用希腊字母表示,于是从世俗体文字中借用了7个符号,再加一个组合字母,共形成了32个字母的新文字。到了公元5世纪末,科普特文字成为了埃及唯一书写的文字。阿拉伯征服埃及之后,埃及人改信伊斯兰教,科普特文字使用范围显著缩小,11世纪末之后就不再使用。

二、宗教信仰

古埃及人可以说是全民信教的民族，宗教信仰渗透到了古埃及人生活的方方面面。古埃及文明从本质上来说都是宗教的，政治、经济、文学、艺术无不带有浓厚的宗教色彩。不了解古埃及人的宗教信仰，便不能真正地了解这个伟大的文明。

（一）古埃及人的多神崇拜

古埃及人和古代两河流域民族一样，属于典型的多神崇拜，他们信仰的神有千万个，每个诺姆、城市都有保护神，还有全国性的大神等等。古埃及崇拜的神多达两千多个，其中比较重要的大神有十多位，如阿蒙神、拉神、奥西里斯神、荷鲁斯神、赛特神、普塔神、阿图姆神、阿吞神、孟图神、阿努比斯神、托特神以及女神伊西斯神等等。此外，埃及也盛行对神圣动物的崇拜，很多动物被奉为神明，如牛、鳄鱼、猫、蛇、甲虫等等。

在众多神灵中，对古埃及人产生重大影响的是太阳神崇拜。古埃及人把太阳看作是自然界的主宰，万物的源泉，没有太阳的照耀，世界万物都将逝去。古埃及人信奉的太阳神主要有阿图姆神、拉神、阿蒙神和阿吞神。阿图姆是赫利奥波利斯神学中的创世神和太阳神，或者说是最早出现的太阳神。阿图姆后来演化为太阳神拉，拉的崇拜最早始于早王朝时代，到古王国时期达到崇拜的顶峰。太阳神拉称为王权的象征，国王的保护神，称为众神中的最高神，国王也常常自称为拉神之子，来提高自己的权威。拉神的形象通常表现为一只隼鹰头上戴有燃烧的太阳圆盘。拉神又经常被描绘成活的人形，戴着上下埃及的王冠。阿蒙神是另一位重要的太阳神，最初是底比斯的地方神，新王国时期变成全国性的主神。阿吞神最初也是一个地方性的小神，埃赫那吞进行宗教改革时，把太阳神阿吞推到最高神的地位。阿吞的形象为一个太阳圆盘。

荷鲁斯神也是古埃及普遍信仰的一个主神，荷鲁斯神出现得较早，在涅加达文化时期就已经出现在国王的权标头上。荷鲁斯神是国王的守护神，是国王的化身。荷鲁斯神经常以头戴太阳圆盘的鹰的形象出现或者戴有王冠的鹰头人身形象出现，所以荷鲁斯又被称为鹰神。第一中间期，由于战争成了家常便饭，因此，主管战争的孟图神地位得到了极大的提高，以至于第11王朝的几位法老名字中都含有"孟图"的神名。

伊西斯是古埃及最重要的神，意为女神。她是奥西里斯的妻子，鹰神荷鲁斯的母亲。伊西斯是魔法之神和母亲、妻子的守护神。伊西斯的崇拜中心在菲来岛，但受到全埃及的普遍信仰。希腊、罗马人统治时期，伊西斯的信仰也传到了希腊、罗马世界。

（二）奥西里斯信仰与古埃及人的来世观

太阳神崇拜之外，冥神的崇拜对埃及人来说也至关重要。太阳神是白天、现世的主宰，而冥神则是夜晚和冥世的主宰。冥神则是奥西里斯。据说奥西里斯原来是一位贤明公正的国王，深受人民的爱戴。但他的弟弟、贫瘠与混乱之神塞特对他却充满了嫉恨，一心想篡夺王位。于是，塞特想出了一条毒计，他按照奥西里斯的身材尺寸做了一只非常漂亮的箱子，邀请奥西里斯和其他大臣到他家里做客。席间，塞特把箱子抬了出来说，如果哪位躺在箱子里正好合适,就把箱子送给谁。其他的人躺进箱子都不合适,当奥西里斯躺进箱子时,塞特马上让手下关上了箱子。然后把箱子扔进了尼罗河,淹死了奥西里斯。奥西里斯的妻子伊西斯听到噩耗之后,在尼罗河沿岸寻找她丈夫的尸体,最终在尼罗河入海口找到了奥西里斯的尸体,并把他藏在尼罗河三角洲的丛林中。塞特闻讯后抢回了奥西里斯的尸体,并将其残忍地肢解了,扔到了埃及各地。伊西斯历尽千辛万苦,把这些碎块找到,缝合在一起。遗憾的是,奥西里斯的生殖器已被鱼吃掉了。伊西斯在丈夫的尸体上痛苦欲绝。或许伊西斯悲惨的经历感化了上神,使她与丈夫的灵魂交配生下了儿子荷拉斯。后来在众神的帮助下,荷拉斯战胜了他的叔叔塞特神,成为埃及之王。而奥西里斯也最终得以复活,由于他儿子做了国王,他只有去阴间做了冥神。

奥西里斯死而复活的神话,反映了古埃及人的来世观。古埃及人认为,人死后并未真正死去,而是进入了另一个世界继续生活,并且能够在来世复活。但复活有一个条件,那就是要保存好尸体,如果没有尸体,那就彻底失去了复活的希望。于是在这种来世观的支配下,将尸体制成木乃伊则在埃及成了人死后必须要做的一件重要工作。不仅国王、贵族死后要做木乃伊,就是一般寻常百姓也做木乃伊,甚至动物死后也做成木乃伊。埃及独特的自然环境也有利于古埃及人形成死而复生的来世观。太阳每天从东方升起、西方落下,尼罗河每年有规律的泛滥与消退、植物每年的茂盛与枯萎,这些自然现象的周而复始给古埃及人树立起生命永恒的思想。其他万物可以死而复生,作为万物之灵的人,当然也可以死而复生,可以不朽。

三、文学

古埃及人在文学方面也取得了杰出的成就,流传下来的古埃及文学作品只是整个古埃及文学作品的九牛一毛。不论从作品的主题、风格来说,还是从文学体裁来说,古埃及文学都是丰富多彩的。从体裁上来说,古埃及文学主要有传记文学、教谕文学、散文故事、诗歌文学等。

(一) 传记文学

传记文学是古埃及最为古老的文学体裁之一。最早的传记文学作品当属第3、4王朝之交的《梅腾自传》。该铭文详细记载了梅腾的官职履历,获得的荣誉和奖赏,以及拥有的土地、牲畜等财富。到了第5、6王朝时期,由于在自传中不断加入叙事成分,自传的篇幅变长了,叙事的形式比较自由,脱离了程式化的表述,具有真正的传记文学的特征。这样的传记以《乌尼自传》和《哈尔胡夫自传》为代表。《乌尼自传》描述了第6王朝的官员乌尼率军远征的事迹,以及国王给予他的许多特权。《哈尔胡夫自传》描述第6王朝宠臣哈尔胡夫,四次远征努比亚的经过,以及其受到的恩宠。

新王国时代,一些贵族留下歌颂其军功的传记。这样的传记有《埃巴那之子阿赫摩斯自传》、《阿赫摩斯·潘·尼克伯特自传》、《阿蒙尼姆赫布自传》,这些传记往往描述墓主追随国王进行战争的情节,内容详细具体,篇幅较长,语言简单,叙述简洁,主要歌颂墓主的勇敢以及获得的荣誉。除了这些以战争为主题的自传外,新王国时代还留下了文臣的传记,这就是《维西尔莱克米尔自传》。这篇传记由生平履历、国王任命的讲话和维西尔职务的权责三部分构成。

(二) 教谕文学

教谕文学,也叫智慧文学,主题是如何提升个人修养,如何处理人际关系,从而为现实生活提供某种指导。教谕文学的目的是确立社会的伦理道德,规范人们的行为。最早的教谕文学作品是《普塔霍特普教谕》,写成于第6王朝,假托第5王朝杰德卡拉王之子普塔霍特普所作。由开头、37则箴言和结尾组成,教谕的核心就是这37则箴言,主要宣扬自制、谦逊、仁慈、慷慨、正直与诚实的美德。

在第一中间期、中王国时代,埃及出现了王家教谕文学,这是老国王留给儿子的政治遗嘱,教导儿子如何做一个合格的统治者。《对美里卡拉王的教谕》是一篇著名的王家教谕文学,该作品的开头部分遗失了,所以,不知道教谕的作者是谁,但是受教谕者是第一中间期的国王美里卡拉。正文是教谕的核心部分,由平复叛乱、驾驭臣民、领军礼神三部分组成,教导要尊重贵族,提拔官员,爱护士兵,主持正义,防备敌人,这是一部治国平天下的政治纲领。

在新王国时代的《阿蒙奈姆普教谕》代表着古埃及教谕文学发展的最高峰,继承了古埃及的传统说教。全文分为前言、30则箴言和结语,前言讲述了这个教谕的目的,30则箴言内容非常丰富,教导人们提升自身修养,劝诫人们谨防贪婪和贪心。

(三) 诗歌文学

在第一中间期和中王国时代,在古王国简单歌曲的基础上,诗歌逐渐发展起来了。古埃及的诗歌主要包括了赞美神明和国王的赞美诗和赞美爱情的情歌。宗教赞美诗主要有中王国时代的《奥西里斯神颂歌》、《敏神颂歌》,新王国时代的《奥西里斯大颂歌》和《阿吞大颂歌》。这些赞美歌对古埃及时期崇拜的几位大神进行了赞美,体现了古埃及对神灵的崇拜之情。国王的赞美歌主要有中王国时代的《塞索斯特里斯三世颂歌》和新王国时代的《图特摩斯三世胜利的颂歌》、《美楞普塔胜利的颂歌》等等。国王赞美歌对国王所取得的丰功伟绩进行了夸大的赞美,体现了国王的无上权威。

新王国时期,还出现了许多感情真挚、优美动人的情歌。与宗教、国王赞美诗不同的是,这些情歌热烈奔放,感情丰富,表现手法比较自由,运用了大量比喻和拟人的修辞手段,生动地刻画了青年男女对情人的思恋之情。《切斯特·贝蒂纸草》和《哈里斯纸草》里都记载了一些情真意切的情歌。

(四) 散文故事

古埃及的散文故事出现在中王国时代,散文故事往往具有传奇性,因此,读起来引人入胜。最早的散文故事是编于第12王朝的《魔法师的故事》。新王国时期的著名散文故事主要有《夺取约帕城》、《厄运王子》、《两兄弟的故事》、《温阿蒙的故事》等等。后埃及时代,散文故事的代表作是《赛腾·哈姆瓦斯的故事》。在古埃及的散文故事中，文学价值最高的是中王国时期的《辛努海的故事》。该作品被誉为古埃及散文故事中"王冠上的明珠"。该故事以第一人称的手法，生动地叙述了王宫侍者辛努海在宫廷政变后逃亡异国他乡，在异邦娶妻生子功成名就，后来又落叶归根的故事。最后，辛努海回到了埃及，受到了隆重接待。国王恢复了他的职务，赏赐了上好宅院，为他修建了一座坟墓。最后，辛努海在埃及度过晚年，葬于故土。

四、自然科学

古埃及在自然科学方面也取得了较大的成就，特别是在天文历法、医学和数学等方面取得的成就最为突出。

（一）天文历法

由于生产活动的需要，古埃及人很早就对各种天象进行了观测，积累了较多的天文历法知识，并把这些知识应用于生产活动中。古埃及人对天狼星进行了较为精准的观测，并对一些星体的特性进行了描述，如将北极星称为"永不消失的星"，将行星称为"永不停顿的星"。古埃及人还给星星和星座起了名字，但很少能与现代的星座名称相对应。埃及人将一天划分为24小时的做法，是为后世留下的一份很有价值的科学遗产。古埃及人对日食和月食也进行了观测，可惜的是没有留下任何记录。

埃及人通过观察尼罗河定期泛滥与天狼星的运行而得到了灵感，从而创造了较为先进的历法。古埃及人的历法在精确度和科学性上超过了古代两河流域、古代希腊罗马的历法。埃及最早的历法是太阴历，一年分为3个季度，分别为泛滥季、播种季和收获季。一个季度4个月，一个月有29或30天，这样一年为354天。岁首是尼罗河开始泛滥和天狼星携日升起的时候，正常为7月1日。由于太阴历一年比天文年少了11天，于是埃及人设置了闰月，以补足天数。由于太阴历固有的缺陷，埃及人又制定了人类历史上第一部太阳历。一年照样分为3个季度，一个季度4个月，但是，一个月固定为30天，12个月共360天，额外的5天为宗教节日，这样，一年为365天。公元前45年，罗马的凯撒引进埃及的太阳历，对罗马晦涩的太阴历进行了根本性的改造，形成了儒略历。经教皇格利高里修订后，成为了我们现在的公历。

（二）医学

古代埃及的医学较为发达。在古王国时代，形成了专门的医学典籍。比较著名的有《埃博斯纸草》、《史密斯纸草》和《比提纸草》。现今所知古代埃及最长的医学纸草卷是《埃博斯纸草》，长约20.5米。

由于古埃及人普遍制作木乃伊，所以古埃及的解剖学和外科学非常发达。埃及人已了解到人体内部构造，积累了比较多的解剖学知识，掌握了心脏与血液的循环关系。在外科手术上，埃及人最早进行切割包皮手术。《史密斯纸草》曾记载了临床手术48种，从碎裂性伤痛至脊椎骨挫伤都能施治。每种手术，均按很谨严的步骤进行：初步诊断、详细查验、症状讨论，再诊断、确定疾病，最后进行治疗。

在疾病诊断上，古埃及人已经认识到了肠胃病、白内障、偏头痛、呼吸道疾病、皮肤病、肿胀病、肛门疾病、肌肉疾病以及妇科病等等。埃及人认为白内障是由"水的聚集"造成的，这种认识影响了古希腊人。对骨折，埃及人区分了粉碎、分裂、骨穿孔三种类别，希腊人也作了这样的分类。

在疾病治疗上，一方面借助药物治疗，另一方面借助于巫术驱鬼，特别是在药物治疗无效的情况下。巫术治疗有时也会起到一定的治疗作用，咒语以及一些咒符能给病人一些心理安慰，具有一定的心理治疗作用。在药物上，古埃及也做出了较大的贡献。

（三）数学

也有较多的文献记载了古埃及人所取得的数学成就，主要有《莫斯科数学纸草》和《林德数学纸草》。古埃及人的算术、几何学都比较发达。

埃及人发明了一套特殊的计数方法。分别用一竖、一段绳子、一卷绳子、一朵荷花、手指头、蝌蚪和举起双手的人的图画符号来表示不大的数目。古埃及人没有发明出零的概念。古埃及人已经发明了分数，通常都是单分数，如二分之一、三分之一，有个别非单分数，如三分之二。古埃及人还用荷鲁斯的眼睛来表示不同的分数。古埃及人的代数观念已经萌芽，他们已经有了平方根的概念，在一些非常古老的数学文献中，提到了开 10 的平方根的方法。埃及人已经能够解一元二次方程。

埃及数学中最发达的还是几何学。他们不仅能计算方圆立体，而且也能计算圆柱圆锥及球面。他们已经计算出了 π 的值为 3.16，这是古代世界比较精确的数字了。古埃及人还知道了截顶金字塔体积的计算公式。其中《莫斯科数学纸草》记载了截顶金字塔体积的计算过程。

参考文献

1. 刘文鹏：《古代埃及史》，商务印书馆，2000 年。
2. 郭丹彤：《古代埃及象形文字文献译注》，东北师范大学出版社，2015 年。
3. ［美］布赖恩·费根：《法老王朝》，黄中宪译，希望出版社，2006 年。
4. 李晓东：《探寻古埃及文明》，商务印书馆，2007 年。
5. 刘文鹏：《埃及考古学》，三联书店，2008 年。
6. ［意］阿尔贝托·西廖蒂：《古埃及：庙·人·神》，彭琦、陈甜、郑振清等译，中国水利水电出版社，2006 年。
7. ［美］J·R·哈里斯：《埃及的遗产》，田明等译，上海人民出版社，2006 年。

第四章
古代印度

古印度文明与古代两河流域文明、古埃及文明一样同属于世界上诞生时间最早的首批古代文明,同样取得了光辉灿烂的文明成果。古代近东文明特别是古代两河流域、古埃及文明一个突出的特点是较早诞生,灭亡也较早,其文字失传,创造的辉煌文明成果多被埋藏于地下。古印度文明则源远流长,早期文明是由当地土著居民创造的哈拉巴文明,但哈拉巴文明不久便衰亡了。雅利安人是外来民族,他们征服了当地土著之后,形成了一个新的文明即雅利安文明,雅利安文明从此成为古印度文明的主体文明,一直延续至今。

第一节 自然环境与早期文明

印度之名源于印度河,印度河梵文为sindhu,本意为河流,其他民族由于发音问题对Sindu一词具有不同的转化,波斯人读为Hindhu,古希腊人读为Indu或Indus。中世纪穆斯林人称印度为Hindustan,意思是印度人生活居住的地方。英国殖民者进入印度之后称印度为India,这是印度英文名称的由来。我国古籍早就对印度有了记载,《史记》《汉书》称印度为"身毒",《后汉书》《宋书》等称之为天竺。此外还有欣度、印度伊、捐毒等称谓,唐代高僧玄奘认为这些称谓都不准确,他在《大唐西域记》里首次对该地区称为"印度",从此印度成为我国对这一地区的正式称谓。

一、自然环境

　　印度是一个半岛,三面环水,一面靠山,其形状像一个倒立的三角形,印度东面是孟加拉湾,南面是印度洋,西面是阿拉伯海。印度的北面是高耸入云的喜马拉雅山和兴都库什山,把印度与亚洲其他部分分开,形成了一个相对闭塞的区域。印度的地形地貌比较复杂,根据地表结构可以大致分为5大区域,即北部高山区、印度河与恒河平原区、塔尔沙漠区、半岛南部的德干高原区及半岛两侧的滨海区。在五大区域中,最适合人类居住,形成早期文明的无疑是印度河流域和恒河流域。印度河位于南亚次大陆的西北,发源于我国的青藏高原,流经喜马拉雅山和喀喇昆仑山之间,其上游汇聚了5大支流,即杰赫卢姆河、奇纳布河、拉维河、比阿斯河和萨特鲁杰河,形成了五河汇集的旁遮普(五河之意)平原。印度河全长2 900公里,最终流入阿拉伯海。次大陆东北的主要大河则是恒河,恒河发源于喜马拉雅山南麓,在汇集了五六条支流之后最终流入孟加拉湾,全长约3 000公里。两大河流形成的冲击平原长约2 400公里,宽约320公里,这一地区土地肥沃,河流纵横,水量丰富,特别适宜农耕文明的发展,因此这些地区最早形成了人类的居住点,这些居住点慢慢发展为城市,诞生了早期文明。印度河平原和恒河平原一直是古印度历史发展的主要舞台,是古印度政治、经济、宗教和文化发展的中心,当然也成为外敌侵入的首要地区。

二、哈拉巴文明

　　印度地域辽阔、物产丰富、气温适宜、降水丰沛,优越的自然环境吸引了一批又一批的原始人前来居住。大约在200万年之前,原始人就出现在印度次大陆。来自非洲、亚洲、欧洲和大洋洲的各个种族的人共同居住在印度次大陆,根据考古发掘的骨骼判断,这些人种主要包括尼格罗人种、原始澳大利亚人、达罗毗荼人、蒙古人、地中海人及阿尔卑斯迪那拉人等等。一般认为达罗毗荼人来到印度次大陆的时间较早,属于原住居民,创造了次大陆的早期文明,即哈拉巴文明。

(一)哈拉巴文明的发现

　　在未发现哈拉巴文明之前,人们普遍认为古印度的历史就是雅利安人的历史,在此之前,古印度地区并没有更早文明存在的迹象。1922年《剑桥印度史》初版时,古印度的历史还是从公元前一千多年的吠陀时代开始的。直到哈拉巴文明的发现,才解开了古印度文明真正的起源,古印度文明也因此被提前了整整一千多年。

　　19世纪后半期,在哈拉巴和摩亨佐·达罗遗址就出现了古代的印章,引起了考古学家的注意。1921—1922年,英国考古学家马歇尔主持了对这些遗址的考古发掘。经过考古学家数十年的发掘,他们在印度河流域方圆一百三十多万平方公里的区域里面挖掘出了上百个城市和村落遗址,其中摩亨佐·达罗(在今巴基斯坦信德省境内)和哈拉巴(在今巴基斯坦旁遮普省境内)两座城市遗址最大,保存得也最完整。根据以最早发现遗址的名称命名的原则,学者们把印度河流域的早期古代文明称为"哈拉巴文明"。哈拉巴文明的范围很广,南北宽约1 100公里,东西长约1 550公里,即东起德里附近,西达伊朗边境,北抵西姆拉丘陵南麓,南至坎贝湾东岸,其面积比两河流域和古埃及的文明区域都要大。学术界根据对遗址规模及出土文物的年代特征断定,该文明不同于后期的雅利安文明,而是迄今不为人知的更早的文明,是古印度文明的源头。

(二) 哈拉巴文明的年代及创造者

对于哈拉巴文明的年代,学术界有不同的争论。主持遗址发掘的马歇尔认为其年代处于公元前3250—前2750年,英国学者惠勒在其专著《印度河文明》中认为其年代为公元前2500—前1500年。近年来通过碳14测年方法认为该文明的年代为公元前2300—前1750年。一般学者认为哈拉巴文明中心地区的年代约为公元前2500至前1750年,边缘地区最晚则延续到公元前1000年左右。

对于哈拉巴文明的创造者,学术界也没有取得一致意见。有学者认为哈拉巴文明是苏美尔文明移植过来的,并且哈拉巴文明形成之后就保持了静止的状态。还有学者认为哈拉巴文明的创造者是布拉灰人、帕尼人等等。不过越来越多的学者认为哈拉巴文明的创造者就是达罗毗荼人,哈拉巴文明是土生土长的文明。考古学家在哈拉巴文化遗址的底层可以看到有早于哈拉巴文化的遗址,学者们推断哈拉巴文明就是由当地原来的文化发展而来。考古学家在印度西北部地区发现了早于公元前2500年之前的村落遗址,各种证据表明,正是这种从事农耕的村落发展成了后来的城市,形成了城市文明。在这个过程中,可能通过贸易受到了两河流域文明的影响,但更主要还是通过自身生产技术的发展形成了更高的文明。

(三) 哈拉巴文明的主要成就

哈拉巴文明是一种较为成熟的文明,在公共建筑、文字、农业、手工业及贸易等多方面都取得了较高的成就。

哈拉巴文明属于城市文明,在城市建筑等方面取得了较大的成就。当时最大的两个城市是哈拉巴和摩亨佐·达罗,其遗址都有一平方千米。两座城市都有着严格的建筑规划。整个城市可以分为卫城和下城两个部分,卫城建筑在6—15米高的高岗上,下城建设在地势低平的周围。哈拉巴文明的城市由卫城和下城组成的建筑风格的确与苏美尔的城市类似。哈拉巴文明城市的卫城四周有高大的围墙,内有防御工事,以及谷仓、会议厅、公共浴室、作坊、住房等等。苏美尔人的城市里最显著的建筑是高大的神庙,在神庙里举行各种宗教仪式。在哈拉巴文明的城市里,公共的大浴室则是一个显著的特点。在摩亨佐·达罗的遗址中发掘出了一个引人注目的大浴室,大浴室长39英尺、宽23英尺、深8英尺,有砖砌的台阶通到池底。这个大浴室可能并非用作普通人的洗浴,可能是供祭司举行宗教仪式前净身所用。如果该观点正确的话,那么城市里也应该建有神庙或供居民祭拜神灵的场所。下城主要是居民区,由一条条笔直的纵横交错的街道分成不同的街区。从考古发掘发现的一些排水通道可知,哈拉巴文明的城市都建有比较发达的排水系统,城市有公共的排水网,每家建有自己的排水通道。

哈拉巴文明在农业、畜牧业、手工业方面也取得了较大的发展。当时的居民主要从事农业，主要农作物有大麦、小麦、棉花、胡麻、芝麻等等。驯养的家畜主要有水牛、山羊、绵羊、猪、猫、狗、驴、骆驼等。牛主要用来耕地，驴和骆驼主要用来运输。哈拉巴时期的手工业也很发达，在制陶、纺织、冶金和珠宝制造方面都表现出了很高的技艺。他们既可以手工制陶也可以使用陶轮制陶。他们在陶器上绘制各种色彩的图案，形成精美的彩陶。除了大型的家用陶器之外，他们也制造许多精美的陶器饰品等，如念珠、护符、首饰、小雕像等等。在冶金方面，青铜和黄铜是最主要的材料，人们已经能够制造铜与青铜的各种工具和武器，如斧、镰、锯、小刀、钓鱼钩、匕首、箭头、矛头等。这一时期也出现了很多的金银制品，特别是银器较为多见，如项圈、手镯、戒指等等饰品在哈拉巴的遗址中都不少见。

农业、手工业的发达促进了商业贸易的繁荣。哈拉巴和摩亨佐·达罗都是重要的商业贸易中心。这一时期，不仅次大陆内部各个城市之间的贸易发达，与中亚、西亚等地区也有着较多的商业交流。出口的货物主要是布匹及各种手工业制品，进口的则主要是金、银、铜、锡、玉石等。这时的贸易也形成了二进法和十进法等相当统一的计算方法。

图 4-1 哈拉巴文明出土的印章

哈拉巴文明取得的最大成就莫过于创造了文字。这些文字符号主要留存于各种石器、陶器、金属制品及象牙制作的印章上。哈拉巴文明的许多遗址里都出现了大量的印章，有数千枚之多。印章上的文字符号多少不一，少者只有一个符号，多者有26个符号。学者们认为这些符号就是哈拉巴文明居民的象形文字。这些文字符号大约有419个，哈拉巴文字应该不是字母文字，因为419个字母显得太多了。如果一个字符代表一个字，那么419个符号又显得太少了，因此有学者认为哈拉巴的文字属于音意结合的文字，有的符号代表一个字词，有的符号代表一个读音。哈拉巴文明与后期的雅利安文明是完全不一样的文明，并且在雅利安文明形成之前，哈拉巴文明已经消亡，因此两个文明的文字系统没有任何联系。哈拉巴的文字系统与苏美尔的楔形文字以及埃及的象形文字也没有什么联系，学者们找不到任何可以参照的两体或三体文字材料（如破译埃及象形文字的罗塞达三体铭文及破译楔形文字的贝希斯敦三体铭文），因此虽然经过众多学者的长期努力，哈拉巴的文字系统仍未解读成功。

哈拉巴文明显然已经发展到了比较成熟的阶段，出现了大型的城市建筑，有了自己的文字系统，有了不同的阶级，形成了城市国家。但对这一时期的阶级关系，国家组织目前还不清楚，这有待于哈拉巴文字的解读成果以及更多考古材料的发掘出土。

（四）哈拉巴文明的衰亡

哈拉巴文明的繁荣期大概有六七百年时间。大约从公元前1750年起，哈拉巴文明开始走向衰落,城市遭到破坏,农业、手工业及商业萧条,人口下降。兴盛了如此之久的较为发达的文明为何突然间衰落了呢?学者们对此进行了大量的研究,主要形成了以下几种观点:

(1) 雅利安人入侵说。该学说认为哈拉巴的繁荣和大量的财富吸引了游牧的雅利安人,他们大规模侵入印度,征服了当地居民。在哈拉巴遗址的底层里也似乎找到了证据,在该地层考古人员发现了排列杂乱的38具人体遗骨,遗骨上发现了砍砸的痕迹,显示了这些人是被残忍杀害的。在哈拉巴卫城的遗址上也发现了外来风格的陶器,显示有外族人来到哈拉巴地区。但该学说也有不少漏洞,一是雅利安人大规模入侵的时间要晚二三百年,二是哈拉巴文明的大多数遗址并没有出现战乱现象,因此,近年来支持雅利安人入侵说的学者越来越少。

(2) 自然灾害说。近年来越来越多的学者支持这一学说。他们认为地质、生态环境方面的灾难是哈拉巴文明衰落的主要原因。这些自然灾害包括地震、洪水、河流改道、沙漠侵蚀等等。公元前1750年左右,摩亨佐·达罗曾发生过一次大地震,地震可能引起了大洪水的爆发,淹没了城市。这种情况并非孤立存在,古希腊克里特文明的灭亡据学者考证也是由地震引发的洪水淹城所致。此外河流的改道也是居民迁徙的一个重要原因。早期的居民难以掌握人工灌溉,一旦河水改道,他们不得不逐河而居。原来的城市被废弃,新的城市被建筑,这种情况在两河流域屡见不鲜。

(3) 自身因素与外来因素共同作用的结果。有些学者认为,哈拉巴文明的灭亡是内部的阶级矛盾激化,平民起义等内部因素与外来民族入侵等综合作用的结果。但此时的外族入侵并非是雅利安人的入侵,而可能是西部临近部落的入侵。

虽然哈拉巴文明衰落了,但她的文明成果并没有完全失传,而被后来的文化所继承。哈拉巴文明各种农作物的品质、驯养的家畜、手工业的各种技艺、他们对女神的崇拜等都对后来的文明有着重要的影响。哈拉巴文明是古印度文明的起点和重要渊源,从这个意义上说,古印度文明与中国文明、古希腊罗马文明一样是世界上少有的几个从古至今源远流长从未中断的古老文明。

第二节　吠陀时代

公元前1500年前后,雅利安人从中亚向南侵入南亚次大陆后,征服了当地居民,成了印度的新主人。由于雅利安人在文化上落后于当地居民,印度又重新退回到原始社会末期,向后足足倒退了一千多年。公元前1500—前600年的印度历史被称为"吠陀时代",因这一时期出现了印度最早、最神圣的宗教典籍《吠陀》,并且人们对这一段历史的了解在很大程度上要依据这部《吠陀》典籍。"吠陀"原意为"知识",它实际上是雅利安吟游诗人世代口头流传下来的古老的宗教、文学典籍,也是婆罗门教最早的经典。《吠陀》共有四部《梨俱吠陀》、《沙摩吠陀》、《耶柔吠陀》、《阿闼婆吠陀》,合在一起称之为《吠陀本集》。其中最古老、最重要的是《梨俱吠陀》,编撰时间大约在公元前1500—前1000年之间,主要反映了这一时期雅利安人侵入印度以及在印度生活的情况,这一时期被称为"早期吠陀时代"。其他三部吠陀以及解释这些吠陀的作品如《梵书》、《森林书》、《奥义书》等所反映的时代称之为"后期吠陀时代",时间大约从公元前1000—前600年。

一、雅利安人的入侵与建国

早期吠陀时代是雅利安人从中亚逐渐侵入印度以及与印度原有居民不断冲突和融合的历史。而后期吠陀时代则是雅利安人逐渐摆脱原始落后状态,建立国家,进入文明时代的历史。

(一)雅利安人入侵印度

雅利安(Aryan)源于梵语(Arya)有"高贵"、"升高"、"可敬"之意,雅利安人即高贵的人,是他们的自称。雅利安人并非是一个种族,而是有不同的部落起源,经历了多次的分化和融合,在语音上他们都属于印欧语系。从《梨俱吠陀》中的描述中可以看出雅利安人身材较高、皮肤白皙、金发碧眼,属于典型的印欧人种。雅利安人最初生活在哪里?学术界有不同的争论,19世纪中叶之前,学者们认为这个地方是在兴都库什山和喜马拉雅山附近。19世纪60年代以来新的观点不断出现,认为他们居住在中欧、斯堪的纳维亚南部、高加索、南俄罗斯和南乌克兰草原等地。多数学者认为雅利安人在大约公元前6000年生活在中欧和南俄罗斯的辽阔草原上。后来由于气候变化、人口增多等原因,雅利安人开始向四周迁徙。约公元前2000年雅利安人迁徙到了中亚的阿姆河和锡尔河平原一带游牧。公元前2000年上半叶,雅利安人开始侵入西亚、伊朗高原和印度北部。约在公元前1500年左右,在伊朗高原的雅利安人,有一些部落经过阿富汗开始大规模地侵入印度次大陆。雅利安人首先侵入了旁遮普地区,在这里遭到了当地居民的激烈反抗。虽然在文化上雅利安人落后于当地居民,当地居民已经发展了农业,建立了城市,进入了文明时代,但雅利安人能征善战,武器精良,凭借机动性强的骑兵及马拉战车成功地征服了当地居民,成为南亚次大陆新的主人,创造了崭新而又辉煌的雅利安文化。

刚刚进入印度的雅利安人尚处于原始社会末期,未进入文明时代。早期他们主要从事畜牧业,牛是他们最重要的生产工具和财富。除了牛之外,他们也驯养山羊、绵羊、马、骆驼等。这些牲畜与哈拉巴时期并无多大分别,不同的是他们带来了马这个新的物种。当时他们的社会组织主要由部落、氏族和农村公社等构成。每个部落包括若干个农村公社,每个农村公社由许多大家族构成。大家族由几个实行一夫一妻制的个体家庭构成。部落的大事主要通过民主协商的方式进行,通过萨米提和萨布哈两种议事机构。萨米提是全体公民大会,主要选举军事首长和讨论对外宣战等重大事情。萨布哈是长老会议或元老会议,由各个氏族长参加,主要讨论各种部落内的大事以及一些诉讼事件。

(二)国家的产生

公元前1000—前600年是雅利安人逐渐摆脱原始社会,建立国家,进入文明社会的时期。这一时期,雅利安人扩大了居住范围,由印度河流域扩展到恒河流域,政治中心也由旁遮普地区逐渐东移到恒河流域。这一时期,雅利安人逐渐抛弃了游牧生活,转向定居农耕,经济生活以农业为主,土地慢慢变为个人私有。在农业发展的基础上手工业及商业贸易也逐渐发展起来。随着生产力的提高,财富的增加,为掠夺财富而进行的战争也逐渐增加。这种战争不仅在雅利安人与土著人之间进行,而且在雅利安人内部也逐渐展开。在战争中,军事首长的权力越来越大,地域性的王权逐渐形成,军事首长慢慢变成国王。以前的议事机构萨米提和萨布哈越来越成为摆设。萨米提的政治职能慢慢丧失,逐渐沦为法律诉讼机构,而萨布哈则被少数贵族所垄断。王权形成后,国王任命官吏来管理各种事务,建立军队来镇压反对他的人。这样具有强制力的暴力机构就形成了,部落变成了国家,印度地区再次进入了文明时代。

并未有史料能具体说明第一批国家建立的准确时间。根据《吠陀》及其他史诗材料推测,大约在公元前9—前8世纪,恒河上游的两个先进的部落居楼和般奢罗率先进入国家的门槛。大约公元前7世纪,印度河流域上游和恒河流域中游的一批部落如键陀罗、摩德罗、乌希纳罗、迦尸和居萨罗等转变为国家。这些国家有的实行共和制,有的实行君主制。虽然有一些生产力先进的地区进入了文明时代,但古印度大部分地区仍处于落后的原始社会末期阶段,直到公元前6—前4世纪,大部分地区才进入国家阶段。

二、种姓制度

在阶级分化和国家形成的过程中,雅利安人形成了一种特殊的社会等级制度即种姓制度。种姓制度是印度社会的一种标志,其形成和发展伴随着雅利安文明发展的始终。现今的印度,种姓制度依然存在,并随时代的发展而不断做出相应的调整与之相适应,现在印度有3 500多个种姓集团。不同时期种姓有不同的称谓,在吠陀时期称为"瓦尔那",在孔雀帝国开始称为"阇提",而在16世纪葡萄牙人入侵印度后,他们称这种制度为"卡斯特"制度。我国学者对这些称谓不加区分,都意译为种姓制度,的确无论这种制度如何发展演变,但其本质内涵并未发生改变。

(一)瓦尔那种姓制度的起源

瓦尔那来源于梵语,是"颜色"、"特征"和"种类"的意思。瓦尔那种姓制度起源于早期吠陀时代,是种族征服的直接产物。公元前1500年前后,雅利安人入侵印度河流域之后,征服了被他们称为"达萨"(意为敌人)的土著居民,为了把他们与当地居民区分开来,便使用了"瓦尔那"一词。雅利安人身材高大、皮肤白皙,而当地土著却是身材矮小、皮肤黝黑。雅利安人认为他们是高贵和聪明的种族,而土著则是愚蠢、丑陋和粗俗的种族。于是在雅利安人统治区域便形成了两个瓦尔那等级集团,雅利安人瓦尔那和达萨瓦尔那。

随着农业、手工业、商业贸易等的发展,社会分工的不断细化,在雅利安人内部也逐渐形成了三个等级。从事宗教祭祀的僧侣逐渐成为一个等级集团,从事军事活动的武士形成另一个等级集团。这两个等级不从事生产劳动,成为两个特权阶层,逐渐与普通大众脱离开来。从事农、牧、商业的普通大众成为了雅利安人的第三个种姓集团。于是原来一个雅利安人的种姓一分为三,再加上土著的达萨瓦尔那,整个社会形成了四大种姓。四大种姓把全部居民囊括了进来,形成了非常稳定的等级制度,这种等级制度部分地代替了政府机构的职能,对社会的稳定发挥了重要作用。

婆罗门教兴起之后,处于第一种姓的婆罗门种姓为了维护自己高级种姓的地位,把种姓制度加以神圣化、宗教化,宣扬种姓制度的形成是神的安排。《梨俱吠陀》第10卷普鲁沙赞歌写道:他(普鲁沙,原始神灵)的嘴变成了婆罗门,双臂变成了罗惹尼亚,双腿变成了吠舍,双脚生出了首陀罗。学者们认为这首赞歌是婆罗门祭司后来添加到《梨俱吠陀》里去的,目的是使种姓划分宗教化、神圣化,以维护他们最高种姓的地位,企图通过神的旨意使种姓制度固定化。

(二) 瓦尔那种姓制度的划分

后期吠陀时代,随着社会的进一步分化,形成了比较成熟完善的种姓制度。种姓制度已经成为一种社会体系,每个社会成员都被纳入这种体系之中,职业、身份和社会地位得到了固化。除了四大种姓之外,还形成了贱民阶层。

第一等级为婆罗门种姓,婆罗门种姓的崇高地位来源于雅利安人"祭祀万能"和"婆罗门至上"的观念。婆罗门主要从事宗教事务,独揽宗教大权,有时参与政治。婆罗门祭司是火神阿耆尼在人间的代表,他们学识渊博,德高望重,自律甚严,受到人们的尊重。

第二等级为刹帝利种姓,主要包括掌握军、政大权的王族和贵族武士阶级。国王是刹帝利种姓的代表,通过婆罗门主持的灌顶仪式登基为王。除国王外,贵族阶层和武士也是这个种姓的主要成员。在理论上婆罗门种姓高于刹帝利种姓,但刹帝利种姓掌握军事和国家政权,掌握了大量的土地和奴隶,因此刹帝利种姓事实上也并不比婆罗门种姓低多少,有些文献也出现刹帝利高于婆罗门种姓的说法。这两个等级都不直接参加生产活动,属于剥削阶级和统治阶级。

第三等级为吠舍种姓,吠舍主要是雅利安人的平民或农村公社成员,他们是社会的支柱,从事农、牧、工、商等各种职业。他们在社会上有一定地位,可以拥有自己的土地,可以参加一些宗教活动。随着商业贸易的发展,一些从事商业的吠舍在经济上可以掌握着较多的财富。但吠舍种姓一般难以参与政治,属于被统治阶级。

第四等级为首陀罗种姓,该种姓最初只包括被征服的土著居民,后来也包括由于种种原因而被降为首陀罗的雅利安人。首陀罗失去了政治、法律和宗教上的一切权利,地位低下。首陀罗主要从事农业、渔猎以及各种技艺,其中有许多人沦为高级种姓的奴隶或雇工。

吠陀时代后期,在四大种姓之外又慢慢形成了一个新的种姓集团,即贱民,又被称为不可接触者。贱民最初是首陀罗种姓内那些从事不洁净职业的人,比如屠宰、搬运死尸、埋葬、制革及清扫等职业,这些职业被认为是不洁净的,是触犯神灵的。从事这些工作的人也被认为是不洁净的,是不吉利的象征,受到人们的极端鄙视,这些人被称为贱民。后来贱民的范围不断扩大,一些高级种姓触犯了某些规定,失去高级种姓的身份也成了贱民。其他被征服的原始部落的人也变成了贱民。贱民处于金字塔的最底层,他们不能住在村里,不能用公共的水井打水,穿死人的衣服,佩戴标志贱民身份的铁制装饰品。后来,婆罗门编造出"玷污说"后,贱民的处境更加悲惨。"玷污说"认为高级种姓接触贱民后会受到玷污,因此要避免和贱民接触,接触之后必须进行净身仪式。印度的佛经和法经里记载了许多关于贱民的故事。一个故事说,一个婆罗门在路途中与一个贱民相遇,他立刻跑到上风口,避免吹到贱民身上的风再吹到自己的身上而被玷污。另一个故事说,一个贱民为谋生而去城内,当他经过城门时,与一位商人吠舍种姓的女子相遇。该女子大为愤怒,说看见了不吉祥的东西,然后赶快去冲洗眼睛。贱民的悲惨地位可见一斑。

在各个文明中都存在着等级制度,但印度的种姓制度却是最为独特、最为稳定、最具有生命力的等级制度,这是为何呢?印度的种姓制度不仅仅与社会分工有关,同时与种族征服有关,所以这种等级制度受到统治阶级的维护。当婆罗门教兴起后,婆罗门祭司又把种姓制度神圣化、宗教化,利用思想控制的方法使人们对这种制度深信不疑,乐于接受。这样,印度的种姓制度把阶级压迫、种族压迫和社会压迫交织在一起,利用宗教使之神圣化,这样种姓制度就比其他任何一种等级制度更严酷、更稳定。种姓制度与阶级制度并不一致,一般说来奴隶主阶级来自于婆罗门种姓和刹帝利种姓等高级种姓,奴隶来自低级种姓,但高级种姓沦为奴隶的也不少见。种姓制度对于阶级压迫来说既是一种补充又具有掩盖作用。种姓制度把社会的各个集团互相隔离又互相联系,使之互相依存,形成了一种静态的平衡,使印度的种姓制度一直保存至今,并将长期存在下去。

三、婆罗门教

除种姓制度外,吠陀时代还产生了对印度文明影响至深、至远的另一项信仰,即婆罗门教。婆罗门教在9世纪被改良后称为印度教,成为当今对印度人影响最大的一个宗教。

(一) 婆罗门教的产生

婆罗门教是印度最古老的宗教,是在雅利安人原始信仰的基础上形成的。雅利安人最初信仰万物有灵,崇拜各种自然现象和自然力,并把它们抽象为各种神灵加以崇拜。在早期吠陀时代,他们信仰的神主要有战神因陀罗、火神阿耆尼、风神伐由、太阳神苏罗耶、天神梵伦那及黎明女神乌萨斯等等。崇拜的方式也很简单,燃起一堆火,往火里投放一些祭品,同时唱几首献给神的赞歌。这种祭祀活动普通人都可以在家里进行,祭品就是普通的食物和饮料。后期吠陀时代,随着雅利安人由部落转化为国家,原来的自然神被赋予某种社会属性,神的性质和地位发生了变化。例如,雅利安人长期崇拜的战神因陀罗的地位逐渐下降,可能与这时的战事逐渐变少有关。天神梵伦那则变成了主管司法的神。以前不起眼的毗湿奴和湿婆神的地位逐渐上升。婆罗门祭司还创造了一位新神——梵天(Brahma,译为婆罗摩),梵天是世界万物的创造者,是主宰整个宇宙和人间的最高神,婆罗门教就是因崇拜婆罗摩而得名。婆罗门祭司在雅利安人原始宗教信仰的基础上,同时吸收了当地达罗毗荼人许多宗教因素而加以整理发挥,形成了《吠陀》《奥义书》等经典,婆罗门教最终形成,并成为统治阶级统治人民,维护种姓制度的最重要的思想武器。

(二) 基本教义

婆罗门教在长期形成发展过程中,形成了一套比较完整的信仰体系,编成了《吠陀》等经典,通过这些经典可以看出婆罗门教的教义主要有如下几点:

1. 多神崇拜

婆罗门教是典型的多神崇拜。它把各种自然现象和自然力人格化并神圣化,把它们变成神灵进行崇拜。印度人崇拜的神灵非常多,并把这些神灵归属为天、空、地三界。日月星辰各神为天界,风雨雷电各神为空界,山河草木之神为地界。在所有这些神中,有三大主神梵天、毗湿奴和湿婆。梵天是创世神,是世界万物的创造者,是最高主宰。毗湿奴原来是太阳神的形式之一,现在成了宇宙万物的保护神。湿婆是由动物神演化而来,是毁灭之神。三大主神分别代表或象征了宇宙万物的产生、发展和灭亡的全过程。神的等级是人间等级建立的反映,世俗王权需要神界的等级制度相配合。

图 4-2 主神梵天

2. "梵我一致"和"业报轮回"

婆罗门教认为梵是世界的主宰,一切生命和事物皆由梵产生。梵也是世界唯一、永恒、真实的存在。与梵相比,宇宙万物和人世间的一切现象都是虚幻的、暂时的、可生可灭的。"我"是指人的个体灵魂,"我"来自梵,复归于梵。"梵我一致"就是说作为宏观世界精神实体的"梵",与作为微观世界精神实体的"我"在本质上是一致的。"梵我一致"是婆罗门教宣扬的最高理想境界,若想达到这一境界,人们必须按照婆罗门教的规则行事,造正确的"业",才能使"我"复归于梵,到达"梵我一致"的境界。婆罗门教还宣扬"业报轮回"的思想。他们认为人死后,灵魂不死,而是转移到另一个躯壳内。一个人的灵魂转移到何种躯壳内由生前所做的"业"决定。只有做了正确的"业",行善积德才能向好的躯壳转移,最终得到解脱。如何才能做到正确的"业"呢?婆罗门认为每一个种姓都有自己的达摩(身份、本分、法),只有按照达摩行事就可以得到好的归宿,死后可升入"天道"(神的地位)或者"祖道"(人的地位)。如果生前不按"达摩"行事,死后则被抛入"兽道"(即地狱之中),来世转生为首陀罗和各种动植物等。

3. "吠陀天启"、"祭司万能"和"婆罗门至上"

公元前7世纪之后,《耶柔吠陀》、《沙摩吠陀》和《阿闼婆吠陀》及各种梵书相继形成之后,早期婆罗门教逐渐走向成熟,教义教规更加完善,形成了婆罗门教的三大纲领,即"吠陀天启"、"祭司万能"和"婆罗门至上"。

"吠陀天启"就是指四部《吠陀本集》以及解释吠陀的《森林书》、《奥义书》等梵书经典,都是"天神的启示",都是神的意志的体现,因此要求民众绝对遵守信从。"祭祀万能"是指祭祀不仅可以保佑战争的胜利、国家昌盛,还可以消灾祛病,降魔除妖,可以保佑一切事物得到好的结果。当时的祭祀种类繁多,一个人一生至少要举行40次仪式,仪式也越来越复杂。"婆罗门至上"是指婆罗门祭司的地位在当时的宗教和社会生活中具有至高无上的地位。他们千方百计地鼓吹祭司万能,他们以神人之间的联系者自居,俨然变成了"人间之神"。婆罗门祭司通过宣扬"吠陀天启"、"祭祀万能"及"婆罗门至上"等理念牢牢地控制了婆罗门教,使婆罗门教成为维护种姓制度,控制了人们思想的有力武器。

第三节　列国时代的百家争鸣

公元前6—前4世纪是古印度历史上的一个伟大时代。这一时期印度的雅利安部落相继形成国家,政治上出现了列强争霸的局面。正是由于政治上的分裂而导致了思想意识形态领域的异常活跃,印度的各种学派、教派如雨后春笋般地纷纷崛起。

一、列国时期的政治形势

公元前6世纪之后,在印度河流域和恒河流域兴起了众多国家,其中较大的国家有16国,因此这一时期又被称为"十六国时期"。除了较大的16国之外,较小的国家不计其数。这16个国家中位于恒河流域的国家主要有迦什、居萨罗、鸯伽、摩羯陀、跋祇、莫罗、居楼、般遮罗等等,位于印度河流域的有键陀罗和剑浮沙,阿萨卡是唯一的南印度国家。由此可见,这一时期雅利安人的居住区域已经扩大到了恒河流域,恒河流域逐渐变成雅利安人新的政治中心。16国中14国是王国,只有跋祇和莫罗是共和国。由于这一时期列国林立、各自为政,因此这一时期被称为印度史上的"列国时代"。

在列国争霸的过程中,摩羯陀国逐渐强大起来。摩羯陀国位于恒河中下游,在今比哈尔邦的中南部,建都王舍城。摩羯陀国早期由于远离雅利安人的统治中心,曾被认为是落后地区,但摩羯陀具有优越的地理条件,土地肥沃,交通便利,农业和商业发达。因此,摩羯陀国很快后来居上,成为实力雄厚的大国。公元前546年,瓶沙王登上王位,不久他吞并了东面的鸯伽,获得了大量的土地和财富。公元前516年,阿阇世弑父继位。阿阇世继续向四方征战,经过16年的鏖战灭亡了跋祇。阿阇世在恒河和宋河交汇处新建了一座新的城市华氏城,并把首都从王舍城迁到华氏城,后来华氏城发展为印度最繁华的城市之一。公元前4世纪中叶,一位名叫摩诃波德墨·难陀的人取得了王位,成为摩羯陀的国王,建立了以他的名字命名的难陀王朝。摩诃波德墨·难陀出身卑微,父亲是理发师,母亲是宫廷的高等妓女,但他意志坚强,精力充沛,有胆有谋。据说他谋杀了国王,取得了摄政王身份,后又杀死王子,登上了王位。摩诃波德墨·难陀是一位具有雄才大略的国王,他征服了强敌居萨罗,使王国的领土大大增加。在之后几代国王的征战之下,难陀王朝逐步征服了整个恒河流域、中印度部分地区、羯陵伽部分地区和南印度的部分地区,成为当时印度最为强大的国家。

二、百家争鸣

列国时代虽然战事不断,但生产力却一直不断地发展,农业、手工业、商业都达到了一个新的水平,四个种姓的人都出现了贫富分化的现象。这一时期阶级矛盾尖锐,社会动荡不安。婆罗门教至高无上的地位受到了挑战,代表新兴社会势力的宗教和思想纷纷产生。"沙门"(Sramana)一词,是指敢于反对婆罗门教"吠陀天启"、"祭祀万能"和"婆罗门至上"三大纲领的新兴的学者。沙门思潮就是指反对婆罗门种姓及婆罗门教的各种思潮的总称。这些具有新思想的沙门,从事各种职业,他们创立各种学派和教派,宣扬自己的思想,反对婆罗门教的各种教义和礼仪。这些新兴的团体和教派不仅和婆罗门祭司展开论战,他们之间也时常就宇宙和人生等一些重要问题展开辩论,一时间在思想意识领域内出现了百家争鸣的局面。据佛教文献记载有"六师"、"六十二见"和"九十六外道",耆那教文献记载则是"三百六十三见"之多。在这些沙门思潮中,最激进的是顺世论派,影响最大的则是佛教。

(一)顺世论派

顺世论派是古印度一个具有唯物论思想的哲学学派。代表人物是当时的"六师"之一阿夷多·翅舍亲婆罗。顺世论来自梵文"路伽耶陀"(Lokayata),Loka意为"世间或人们中间",Yata意为"流行、顺行",所以Lokayata这个词是"在世间或人们中间流行"的意思,汉译佛经意译为顺世论派。这个学派主要在下层人们间流行,代表了下层人们的意愿。该学派早在公元前10世纪前半期就已出现,但它最活跃的时期为列国时代。由于该学派属于唯物主义学派,受到了历代统治者的打击和镇压,其典籍没有保存下来。但顺世论派与其他派别如佛教、耆那教及婆罗门教等论战时的观点都被其他教派记载下来,所以通过其他教派的文献资料,仍能得知这一派别的主要哲学观点。

顺世论派属于无神论,坚决否认神的存在,因此在本体论方面,否定神造万物的观点。顺世论派认为世界、人和各种动植物都是由地、水、火、风四大物质元素构成的。在肉体和灵魂的关系上,顺世论派坚决反对婆罗门教宣扬的灵魂可以脱离肉体去往天堂的说法。他们认为,灵魂和肉体是不可分割的,灵魂是肉体产生的,人死后灵魂也就消失了。人死后,人的肉体又可分解为"四大"元素:地还归地,水还归水,火还归火,风还归风,皆悉败坏,诸根归空。

在认识论方面,顺世论派反对吠陀天启,认为任何知识都来于实践,来自于感官的认知。他们认为《吠陀》都是谎言,都是一些骗子和伪君子的言论。顺世论派在认识论方面的缺陷是他们否认推理的存在,否认对事物的理性认识,认为感性认识是认识真理的唯一源泉,只有对事物直接的感性知识才是正确的。

在社会观方面,顺世论派反对种姓制度,主张人人平等,没有高低贵贱之分。他们认为无论是婆罗门的血还是首陀罗、贱民的血都是红色的,没有任何区别。顺世论派也反对耆那教和佛教的苦修和禁欲。他们认为人活着的目的是追求现实的幸福和快乐,要愉快地生活,要使生存变成享乐,而不是追求死后的解脱。人生只有现世,没有天堂和地狱,追求现实的快乐是生存的唯一目的。顺世论派代表了下层人们的观点,反映了他们追求平等,热爱生活的期盼。

(二) 耆那教

耆那教是沙门思潮中一个较有影响的教派,诞生于公元前6世纪。"耆那"一词具有"战胜情欲者"或"完成修行的人"等含义。耆那教的创立者是被称为"六师"之一的尼乾陀·若提子,出生年代众说纷纭,一说公元前599年,一说公元前538年等。据传他之前有23个先知,他是第24位先知,也是最后一位先知。尼乾陀·若提子是跋祇国一个部落的王子,属于刹帝利种姓。他30岁时立志出家修行,进入森林进行苦修,经过12年的极度苦修,终于在42岁时大悟得道,成为"耆那",创立耆那教,他本人被信徒尊称为"大雄"(伟大的英雄)。之后,他一直在北印度北方邦、比哈尔邦等组织僧团,传播教义。随着信仰者越来越多,耆那教又传播到西印度和南印度,成为当时仅次于婆罗门教和佛教的第三大宗教。现在耆那教也是印度的一个重要宗教,信徒有700万之多。耆那教主要代表了刹帝利和吠舍大商人的利益,信徒也主要来自这两个种姓。耆那教的经典为《十一支》,是大雄去世后,他的弟子们经过长时期编集而成。

耆那教具有自己较为完整的一套教义。在本体论上,耆那教反对吠陀天启,反对婆罗门教神创万物的理论。他们认为世界由物质和灵魂构成,物质分为有形的物质和无形的物质。耆那教的本体论具有明显的唯物主义因素,但也有缺陷,他们认为一切物质都具有灵魂,灵魂是自生的,是永恒的。耆那教吸收了婆罗门教转世轮回的学说,但他们反对婆罗门教的祭祀万能,而是主张通过修行来摆脱轮回之苦。人由于有肉体和造了各种"业",特别是恶"业",使人的灵魂受到了污染,所以人们必须严格进行修炼,使受到肉体和恶"业"束缚的灵魂得到解脱,得以脱离躯体,超脱轮回。为实现摆脱轮回之苦的美好理想,信徒必须谨持"三宝",即做到正智(正确的认识和理解耆那教的经典)、正信(正确的信仰耆那教的经典)和正行(按照教义正确地实践);履行"五戒",即戒杀生、戒妄语、戒偷盗、戒奸淫、戒私财,践行苦修。

严格不杀生和实行禁欲苦修是耆那教的突出特征。他们认为一切生物都是有灵魂的,杀害有生命的生物就是犯罪,是不可饶恕的。他们主张素食,不吃肉食。他们外出时要面戴薄纱护住口鼻,以免小飞虫误入口鼻,伤害了它们的性命。他们扫地时必须手持掸子或扫帚,边扫地边口中喊着"去去去",以免踩死虫蚁,踩死一只蚂蚁对他们来说也是一种罪恶。他们也不从事农业生产,以免耕地时误伤地下的虫蚁。在婆罗门教大量杀生祭祀的情况下,耆那教禁止杀生具有积极意义,但他们却走上了另一个极端,也是不可取的。他们极力主张禁欲苦修,主张信徒要抛弃家庭的温暖,要离家修行,在森林里隐居或者游离四方。他们要千方百计的使自己的肉体受苦,如常常挨饿,吃粗劣之物等等。他们认为只有苦行才能不造新"业",消除旧"业",早日摆脱轮回之苦,臻于极乐世界。

在社会问题上,耆那教并不反对种姓制度,但强调各个种姓的平等地位,反对婆罗门至上。耆那教原则上不反对奴隶制度,禁止奴隶和欠有债务的人入教。耆那教也不反对王权,积极发展商业,对经商和放高利贷则不加限制。由此可见,耆那教代表了刹帝利王族、贵族、武士以及吠舍阶层大商人的利益,为这两个集团代言。耆那教具有积极意义的地方在于它坚决反对婆罗门教"吠陀天启"、"祭祀万能"和"婆罗门至上"的三大纲领,缺陷在于它囿于因果报应、轮回转世之说,并将禁欲和苦行当作解脱的最好方法。

大雄去世后,由于在戒律上出现分歧,耆那教逐渐分为两个派别:白袍派和天衣派。白袍派比较温和,认为可以允许保留一定的生活用品,可以穿衣服,不歧视妇女和低级种姓的人,对在俗弟子只要求遵守五戒之中的前三戒。由于该派穿白色的衣服,因此被称为白袍派。天衣派则比较极端,他们认为要戒一切私财,连衣服也不能拥有,他们以天为衣,以地为床,因此被称为天衣派,由于该派奉行裸体修行,所以又被称为裸体派。

(三) 早期佛教

在"沙门思潮"的诸多教派中,影响最大的无疑是佛教。佛教的创始人为乔达摩·悉达多(公元前566—前486年),成道后被尊称为"释迦牟尼",意为"释迦族的圣人"。乔达摩·悉达多属于刹帝利种姓,是迦毗罗卫国净饭王的太子,其母早死,由姨母抚养长大。他16岁结婚,娶妻生子。29岁离家,到处寻师访友,探索人生解救之道。离家后,乔达摩先是跟随数论派学习禅定,没有太大的收获。后来,他又尝试通过严格的苦修,试图找到解脱困苦的途径。据说,他认为摩擦湿木不能生火,摩擦干木则可以生火,于是他认为人要经过苦行,去除体液,才能悟出真理。于是他开始减少饮食,直至每天吃一粒米,后减到7日一食。6年之后,他身体消瘦,形同枯木,却没有找到解救的方法。乔达摩逐渐认识到苦修并不能得道,于是恢复进食。后来他渡过尼连禅河,来到了菩提伽耶,坐在菩提树下静思默想,经过七天七夜,终于大彻大悟,悟出了一套使人摆脱人生痛苦的理论和方法。这一年乔达摩只有35岁,之后他开始收徒传道,被人尊称为"佛陀",简称为"佛"("佛陀"意即"觉悟者")。佛教就是因创始人被称为"佛"而得名。此后四十多年,佛陀广收弟子,建立寺院,大力传教。在佛陀的努力下,佛教在印度广为传播,成为除婆罗门教之外最有影响的一个教派。80岁时,佛陀去世。他去世之后,佛教并没有削弱,而是继续传播,后来走出印度,传遍世界,成为当今世界的三大宗教之一。

1. 早期佛教的基本教义

佛陀及其直传弟子宣传的佛教被称为早期佛教(又称原始佛教)。作为沙门思潮的一种,佛教与其他门派既有共性,又存在差别。早期佛教的基本教义主要集中在如何使人摆脱痛苦与生死轮回等问题。早期佛教的基本教义主要有四谛说、"缘起说"和因果报应说等等。

四谛说是佛教各派共同遵守的基础教义,是佛教最根本的教义。"谛",是"真理"、"实在"的意思,四谛就是四大真理,包括苦谛、集谛、灭谛和道谛。四谛可以分为两部分,苦谛和集谛说明了人生的本质和形成的原因;灭谛和道谛是指人生解脱的方法和归宿。苦谛是说人生充满着各种痛苦,这些苦可以分为八种:生、老、病、死、爱别离、怨憎会、求不得、五盛阴(又叫"五阴盛苦",指人的一切身心之苦)。八苦之中前四苦是人生的自然规律,后四苦是人的主观与客观矛盾产生的痛苦。集谛是说人生多苦的原因。佛陀认为苦因在于人有"欲望",有了欲望就会造"业",造"业"就有果报,就会产生各种痛苦。人的思想、言语和行动都是造"业",都会集中各种痛苦。灭谛是指人生要灭掉贪欲,要停止造业,摆脱轮回,达到不生不灭的"涅槃"境界。涅槃来源于梵语,原是"灭度"、"圆寂"之意,后被佛教及其他一些宗教引用作为人生的最高理想目标。道谛是摆脱诸苦的方法,即"八正道":正见(信仰正确)、正思维(对四谛作正确的思考)、正语(言语正确)、正业(行为正确,包括身、口、意三业清净,戒杀生、戒偷盗、戒淫乱、戒妄语、戒饮酒)、正命(以正当的手段谋取生活用品)、正精进(集中精力,正确修行)、正念(对四谛之理正确地忆念)、正定(正确地修持禅定)。八正道大致包括两个层次的内容,一是从思想、理论上正确理解佛陀宣扬的教义,一是从实践上根据教义践行正确的行为,从而达到摆脱俗世纠葛,达到涅槃的境界。

"缘起说"是早期佛教基本教义中的一个重要理论。佛教反对婆罗门教的吠陀天启,反对神造万物,从而提出一套新理论来解释人和一切事物的产生和发展。佛陀认为世界一切事物都是由"因缘"决定的,"因缘"是指"条件"和"关系",也就是说世界万物都是由各种因果关系而生成,如果没有因果关系,一切事物和现象都不存在了,这个理论被称为"缘起说"。"缘起说"的基本命题是"此有故彼有,此起故彼起",也可以反面表述为"此无则彼无,此灭则彼灭",意思就是此是彼的条件,彼也是此的条件,此不存在了,那么彼也不存在了,此与彼互为条件。早期佛教的这一学说反映了世界是普遍联系的观点,具有辩证唯物主义因素,具有一定的积极意义。但是一旦把"缘起说"运用于宗教观和人生观就显示出了严重的缺陷:一是把因果关系绝对化,认为任何事物特别是人与人之间只存在一个链条,那就是因果关系,否认任何偶然和自由的发生;二是往往根据宗教的要求对毫无关系的事件或偶然发生的事件进行随意臆造和杜撰,强说成具有一定的因果关系,从而把因果关系主观化和神秘化,导致了因果报应的教义。

因果报应说也是早期佛教基本教义的核心部分,它的哲学基础就是"缘起说"。"业"分为身(行为),口(言语)和意(思想)三类,也是人的一切身心活动。任何身心活动也就是任何"业"都会带来一定的后果,就是"果报"或"报应"。作什么样的业,就有什么样的报,这是铁律。报有迟早,可以"现世报"也可以"来世报",但报是必然的,是不可逆转的。作善业的人死后可以去天道和人道,作恶业的人死后则坠于牲畜、地狱和恶鬼三恶道。佛教虽主张"善有善报,恶有恶报",但其最高理想并不是为了死后转生到天道或人道等,而是达到不受因果报应和业报轮回支配的最高境界——涅槃。

在社会问题方面,佛教反对"婆罗门至上",反对种姓歧视,主张众生平等。反对婆罗门大量宰杀牲畜进行祭祀,主张戒杀一切生物,把"戒杀"和"素食"作为两条重要戒条让信徒们遵守。佛教不赞成奴隶制度,禁止弟子们买卖奴隶,但又不接受奴隶和欠债者入教。佛教赞扬商业,不反对高利贷者,相反与高利贷者商人有密切联系。早期佛教虽信徒众多,上至王公贵族、富商大贾,下至首陀罗、妇女、穷人甚至妓女,但它主要代表了刹帝利和富有的吠舍大商人和富裕农场主的利益,他们也是佛教的有力支持者。

2. 佛教的发展、分裂及向外传播

由于佛教支持王权,代表了刹帝利、吠舍大商人和农场主的利益,同时因果报应教义又使下层民众安于现状,所以早期佛教得到了国王及富商们的大力支持,得到了迅速的发展。摩羯陀的瓶沙王、阿阇世王都成了佛教徒,大力推行佛教,都城王舍城也成了佛教活动的一个重要场所。居萨罗的胜军王对佛教给予了大力支持,都城舍未城成为佛教另一个活动中心。佛陀去世后,在阿阇世王的支持下,佛教在王舍城举行了第一次大结集,参加的高僧有500位。公元前387年又在吠舍厘举行了第二次大结集。后来孔雀王朝的阿育王,贵霜帝国的迦腻色伽又分别举行了第三次、第四次大结集,佛教的经典律藏、经藏和论藏最后汇编完毕。经过历代国王的支持和四次大结集后,佛教已成为印度影响最大的宗教,并且开始走出印度向外传播。公元1世纪左右,佛教分裂为大乘和小乘两派。大乘佛教和小乘佛教的主要区别有两点:一是大乘佛教宣传不仅度己而且度人,是兼度,而小乘佛教只度己不度人;二是大乘则将释迦牟尼奉为神灵,并开始塑造佛像,加以崇拜。后来菩萨也有了雕像,成了崇拜对象。而小乘以佛陀为伟大的导师,并不把他看作神。佛教最早从公元前3世纪孔雀王朝时就开始向外传播。佛教分裂为两派后,沿着两条路线向外传播。北线主要是大乘佛教,于公元前后经中亚传入中国,尔后又由中国传入朝鲜、日本、越南等。佛教传入我国西藏地区后,与西藏当地的苯教相结合形成了独特的喇嘛教,又叫藏传佛教。南线主要是小乘佛教,传入斯里兰卡,尔后又由斯里兰卡传入缅甸、泰国、老挝、柬埔寨、印度尼西亚和马来西亚等。19世纪末佛教又回传入印度、巴基斯坦、孟加拉国和尼泊尔。同时,随着移民的迁移,佛教也传入了欧洲、非洲、美洲和大洋洲,成为世界三大宗教之一,但印度次大陆及东南亚地区仍是佛教徒最集中的地区。

第四节　帝国时期的印度

列国时代激烈的社会动荡,各国之间不断的征战,人们日益期望能有一个稳定的局势和一个统一的国家。列国时代后期,摩羯陀王国的势力不断强大,形成了区域性王国,为日后整个印度的统一,建立帝国奠定了基础。长期的分裂之后,印度终于走向了统一,进入了帝国阶段,相继建立了孔雀帝国和贵霜帝国,古印度的历史进入了一个新的历史时期。

一、孔雀帝国

孔雀王朝是印度的第一个大帝国,南亚次大陆首次统一。孔雀王朝时期,印度政治稳定、经济发展、文化繁荣,雅利安文明达到了第一个发展的高峰。

(一) 帝国的建立和发展

列国时代古印度的政治中心东移到恒河流域,16国中的大部分国家处于恒河流域,印度河流域失去了往日的繁荣。随着摩羯陀国的强大和对外征服,恒河流域出现了统一的趋势。与恒河流域逐渐稳定的局势相反,印度河流域的局势则依旧动荡不安,这种动荡不安的状态为外敌的入侵创造了良机。波斯王朝的建立者居鲁士曾发兵远征印度,印度河以西的地方成了他的属国。大流士继位后继续奉行扩张政策,发兵占领了印度河流域的广大地区,把这一区域划为波斯的第20个行省。后来,波斯帝国势衰,印度河流域的居民不断反抗,摆脱了波斯人的统治,形成了若干个独立的小国。公元前327年,希腊人亚历山大在击败波斯帝国之后率兵侵入印度河流域,虽然亚历山大的士兵锐不可当,但也伤亡惨重,加上印度湿热的气候使许多希腊士兵染病,常年的征战也使士兵产生了严重的厌战情绪,在这种情形下,亚历山大不得不从印度撤兵。印度河流域又进入了混乱不堪的局面。

乱世出英雄,旃陀罗笈多应时而生。对于旃陀罗笈多的出身和种姓,有多种说法。一说旃陀罗笈多出身寒微,是达那·难陀王和一个漂亮女仆的私生子;一说他出身于孔雀家族,孔雀族是一个小国毕波利伐那的王族,因此他属刹帝利种姓。传说旃陀罗笈多胆识非凡,热衷冒险,曾会见过亚历山大,因出言不逊,险些被杀。后来,旃陀罗笈多得到了大学者考底利耶的帮助,得到了一笔财宝,招募了一批军队。亚历山大撤兵后,旃陀罗笈多驱逐了亚历山大留守的驻军,然后东进征服摩羯陀王国。经过艰苦的斗争,旃陀罗笈多攻下了华氏城,占领了整个恒河流域。公元前322年(或公元前324年,或公元前321年),旃陀罗笈多在华氏城加冕称王,由于他出身于孔雀王朝,他建立的这个帝国史称孔雀帝国。

旃陀罗笈多推翻难陀王朝之后,接管了原难陀王朝的所有区域,再加上从希腊人手中夺下来的西北地区,最初的帝国版图囊括了整个印度河流域和恒河流域。公元前305年,西亚的塞琉古国王带兵侵入印度,企图重振亚历山大以前的声威,不料塞琉古的军队被旃陀罗笈多打败,被迫签订了屈辱条约,把阿富汗斯坦一部分和俾路支斯坦一部分土地割让给旃陀罗笈多,帝国的西北部边界达到了兴都库什山和阿富汗斯坦。旃陀罗笈多还多次向西部和南部扩张,南部扩展到那巴河以北地区。旃陀罗笈多在位24年,据耆那教传说,他晚年皈依了耆那教,最终按照耆那教的习俗,绝食而死。

旃陀罗笈多死后,其子宾头沙罗继位。宾头沙罗有一个外号叫"杀敌者",可见他卓有战功。宾头沙罗针对当时的政治形势采取了"西交南攻"的政策。与西边的强敌塞琉古王朝和平交好,把主要的精力用于对南印度的征服。公元前273年,宾头沙罗病死,其子阿育王在与长兄苏深摩的争位斗争中获胜,登上了王位。阿育王是印度历史上最具雄才大略的国王之一,继位之后继续开疆扩土。公元前260年,阿育王对当时最后一个大国羯陵伽进行了征服。战争打得异常残酷,双方损失惨重。阿育王铭文记载这场战争战死10万人,俘虏15万人。此外,还有几十万人死于战后带来的瘟疫和饥荒。虽然阿育王获得了胜利,但战争造成的深重灾难给阿育王造成了极大的心理负担。征服羯陵伽后,除最南端的迈索尔地区外,南亚次大陆几乎全部统一。孔雀帝国的版图达到了史上的最大规模:北起喜马拉雅山南麓,南至佩内尔河,东起布拉马普特拉河,西到兴都库什山。孔雀帝国成为当时世界上最强大的国家之一。

(二)孔雀帝国的政治与经济

疆域如此庞大的帝国,如何进行有效的统治,是摆在历任国王面前的头等大事。孔雀帝国采取了中央集权的统治模式,以前的小王国和共和性质的部落联盟都失去了独立,被纳入到帝国统一的管理体制之下。国王建立了一整套严密的官僚体系,在这套体系中国王是集权体系的核心,掌握着行政、军事和税收大权。国王为了增强自己的权威,把自己神化为神。阿育王在铭文敕令中自称为"天爱王",《摩奴法典》中称国王是具有人的形象的伟大的神明。国王之下有总税务长、财政大臣、军队司令和祭司长等大臣,他们构成大臣会议,在重大问题上为国王出谋划策。帝国的核心区域由中央统治,其他地区划分为若干省区,由王子或国王的其他亲信充任总督,进行管理。省区的数目不详,至少有四个省,即东方省、西方省、南方省和北方省,可能还有一个由华氏城直辖的省区。行省之下设县、县下设村,村是最基本的行政单位。华氏城、呾叉始罗和乌贾因是当时最重要的城市。帝国境内的城市也分为两种类型,一是内地城市,这类城市由中央直接管辖,控制较严。另一类是外地城市,为各省总督任命的官员管理。此外,国王还雇用了大批间谍去帝国各地收集情报,作为他了解各地官吏是否尽责尽职的重要手段。

建立一支强大的军队是维护中央集权的必要手段。孔雀帝国的军队兵种繁多,实力强大。军队由骑兵、象兵、步兵及水军等组成。据西方古典作家记载,帝国兵力在旃陀罗笈多时期步兵为60万,骑兵3万,战象9000头,还有8000辆战车和一支水师。阿育王时代兵力更多。按照官兵的来源不同,士兵可以分为世袭军队、雇佣兵和社团兵。世袭军队最为重要,是国王的常备军。他们平时休养,战时冲锋陷阵,勇猛无比,是军队的核心力量。

在帝国一百多年相对稳定的社会环境下,帝国的经济得到了迅速的发展。孔雀王朝实行土地国有制,名义上国王拥有全国土地、森林、荒地和矿产的最高所有权。全国的土地大体分为三种类型:国有土地、私人土地和垦荒而得的土地。国有土地又可分为两种类型,一是王室土地,这部分土地由王室控制,收成直接上交国库;二是村社土地,由国家分给村社成员耕种,这部分土地可以世袭,村民向国家交税,税率通常为1/6。私人土地是指国王通过赏赐、捐赠等方式给予婆罗门、佛教寺院或大臣们的土地。这些土地属于私人所有,需要交税。由于常年战乱及疆域广大,帝国存在着数量较大的荒地,政府鼓励私人垦荒,垦荒得到的土地可以私人使用。垦荒刚开始由于土地贫瘠采取免税的政策,当荒地变成熟地之后按照正常的税率缴税。

孔雀王朝时期,铁器的使用开始普遍化。铁犁、铁锄、铁斧等农业工具开始逐渐在帝国各个地区使用。铁制工具的广泛使用提高了劳动效率、扩大了垦荒面积以及增强了农业的精耕细作,大大促进了农业的发展。同时,政府重视水利工程的建设。水库、蓄水池、沟渠、运河及水井都纳入政府的职责范围。这一时期手工业和商业也得到了较大的发展。手工业可以分为国家手工业和个体手工业。国家手工业是指由国家管理的手工业部门,主要包括制作盔甲、兵器等军需工业以及造船、采矿和冶炼等大型官营行业。个体手工业则是更加普遍的形式,这一时期个体手工业已经开始组织了自己的行会,制定章程,保护行会成员的利益。帝国重视道路的修建,再加上恒河流域和印度河流域便利的水路交通,大大促进了内外贸易的发展。南印度的宝石和西北印度的亚麻布是国内南北贸易的大宗货物。海外贸易的主要对象是西亚、欧洲等地,此外与锡兰、缅甸等地也有较多的商业来往。印度向外出口的商品主要有胡椒、桂皮等香料以及珍珠、玛瑙、棉布及象牙制品,进口的货物主要有马匹、红珊瑚、亚麻布以及玻璃制品等等。

(三) 种姓制度的发展

孔雀帝国时期,随着社会的变化种姓制度也有了新的发展,出现了新的变化。帝国时期随着城镇的大量出现,手工业、商业的迅速发展,社会分工的逐渐细化,各种各样的新职业开始出现,以前粗线条的四大种姓难以适应新形势的发展。种姓制度必须做出改变,这时"阇提"就应运而生了。阇提的梵文原意是"出生"。在这一时期阇提转化为"职业世袭集团",就是小种姓集团,或者称为"亚种姓"。四个大种姓之内包含若干个小的"亚种姓",这些亚种姓主要以职业进行划分。到帝国后期已经出现了45个阇提。阇提与瓦尔那既互相联系又具有自己的新特征,"阇提"的新特征主要体现在以下三个方面:

1. 严格的内婚制。瓦尔那也讲究内婚制,在同一个大种姓内婚配是没有问题的,但阇提实行严格的内婚制,只能在一个小的阇提内寻找配偶。这种内婚制比瓦尔那的内婚制要严格得多。

2. 职业的世袭制和专业化。瓦尔那为每个种姓划定的职业很宽泛,每个种姓的人可以选择多个职业,而阇提则把职业世袭化,专业化,不能改变。每个阇提成员只能继承这个阇提的职业,一生不得改变。

3. 瓦尔那制讲究出身,但并不严格,除了首陀罗外,在雅利安人内部,随着社会身份或职业的改变,所属的种姓也会发生改变。但阇提制则出身决定一切,一个人属于什么种姓从一出生就决定了,终生不得改变。

阇提制是更加封闭的等级集团,它把社会分割成了一个个细碎的、蜂窝状的、老死不相往来的组织,使人们的思想空间、活动空间及社会交往受到了很大的束缚,阻碍了社会的更快发展。近代以来,印度的许多有识之士大力呼吁废除种姓制度,然而颇具讽刺意味的是,这些反对种姓制度的人又不自觉地受到了种姓制度的影响,他们自己聚在一起,内部通婚,又形成了一个新的阇提种姓。

二、贵霜帝国

公元前232年,阿育王去世,之后帝国急剧衰落下去。帝国的西北部地区和东北地区由他的两个儿子分而治之,南部的安度罗则宣布独立。帝国的衰落给外敌入侵提供了良机,印度河流域先后经历了大夏、安息、西徐亚人的进攻。孔雀帝国的威望一落千丈。公元前187年,帝国的最后一位国王被他的部将普希亚米多罗·巽加所杀,巽加建立了一个新的王朝,史称巽加王朝,首都仍在华氏城。巽加王朝的统治范围比孔雀帝国小得多,仅局限于恒河中下游。公元前73年,巽加发生宫廷政变,婆苏提婆废黜了巽加的最后一位国王,自立为王,史称甘婆王朝。甘婆王朝更是一个短命王朝,四位国王共统治45年。甘婆王朝灭亡后,印度次大陆重新陷入了四分五裂的状态。

公元2世纪下半叶,西北印度和北印度的政治局势发生了急剧的变化,一个新的民族来到了次大陆,这就是大月氏人。大月氏人原居住在中国西部的敦煌和祁连山之间,公元前165年被匈奴人击败后,向西迁至伊犁河流域,后迁到阿姆河流域。公元前30年,大月氏人征服大夏,控制了阿姆河与锡尔河流域。公元前2世纪末大月氏人分为五个部落,部落首领称为翕侯。公元1世纪初,贵霜部落翕侯丘就却(15—65年)击败其他四个翕侯而称王,建立贵霜王国。丘就却80岁去世,其子阎膏珍继位。阎膏珍继续奉行扩张政策,征服了西北印度和恒河地区,为帝国的建立奠定了基础。阎膏珍的继位者是迦腻色伽,迦腻色伽并非来自王族,可能出身于小月氏。迦腻色伽是印度历史上又一位具有雄才大略的国王。他先向东征服了恒河流域的摩羯陀,然后又联合西北的一些地方贵族对付西方的大国安息,与安息讲和,安定了西北印度的边界。然后,他征服了克什米尔地区,接通了天山南部,最后定都于兴都库什山南麓的居楼沙。迦腻色伽统治时期帝国达到了昌盛的顶点,它的疆域西起伊朗东部,东到恒河中游,北至咸海、锡尔河、葱岭一带,南达次大陆的纳巴达河。贵霜帝国与当时的罗马帝国、安息帝国和中国的东汉帝国成为世界上的四大帝国。

随着帝国疆域的不断扩大,贵霜帝国的社会经济不断发展,农业、手工业和商业贸易达到了较高的水平。贵霜帝国地处"丝绸之路"的必经之地,与东方中国、西方安息、罗马的贸易往来繁荣一时。中国的丝绸、漆器,印度的珠宝香料与埃及西亚的玻璃都经过贵霜商人进行东西方的交换,使贵霜商人获利颇丰。迦腻色伽在文化方面也颇有建树,他是一个虔诚的佛教徒,在推行佛教文化方面具有巨大贡献。约公元前120年左右,迦腻色伽主持了佛教的第四次大结集,这次大结集加速了佛教在中亚地区的传播。迦腻色伽对不同的文化和宗教信仰采取了兼容并蓄的态度,因此贵霜文化成了融合希腊、波斯和印度等文化的一种综合文化。

贵霜帝国毕竟是靠军事征服建立起来的国家,国内民族矛盾和阶级矛盾十分尖锐,帝国所处的外部环境也非常恶劣,四周的强敌虎视眈眈,一有机会便侵入帝国。迦腻色伽死后,帝国就开始衰落,波斯再次侵入印度。公元3世纪时贵霜分裂为若干小国,成为萨珊波斯的附庸。之后笈多王朝兴起,印度的历史进入了中世纪的封建社会阶段。

第五节 古印度文化

古印度民族、种族众多,具有丰富的本土民族文化。同时印度又处在东西方交通要道上,东西方文明对印度文化也产生了较大的影响,特别是波斯文化和希腊文化对印度文化影响颇深。古印度在自身独特的本土文化基础上,积极吸收外来文化,形成了一种多元文化,在宗教哲学、语言文学、艺术及自然科学等方面都取得了突出的成就。古印度文化对世界文化的发展也做出了突出的贡献。

一、丰富的语言和文字

印度境内民族众多,语言文字复杂,即便是同一种文字也具有多种不同的方言。语言文字是了解古印度文化一把非常重要的钥匙。

(一) 哈拉巴的文字

哈拉巴时期的象形文字,是印度产生的最早的文字,也是世界上较早的文字。这些文字主要出现在印章上,文字符号较多,有 419 个,其中基本符号有 62 个,可能属于字母文字。符号一般用直线条表示,两个或两个以上的符号组成一个文字。有些符号呈人、鸟、鱼等图形,属于早期的象形文字。到哈拉巴文化后期,文字的基本符号减少到 22 个,图形符号也消失了,符号上出现表示重音的短横,表明该时期哈拉巴的象形文字开始向表音文字过渡。

哈拉巴语言文字属于何种语系,是学术界长期探讨的一个重要问题,但并未形成定论。捷克著名语言学家慈罗兹尼认为,哈拉巴文字与苏美尔文字有一定的联系,属于苏美尔语言系统。印度学者拉奥以为,哈拉巴文字和印欧语系有一定的联系,属于古印欧语系的前雅利安语。哈拉巴文字对后来雅利安人的吠陀梵语有较大影响,后来流行的婆罗迷文字就是从哈拉巴晚期文字演变而来的。也有学者认为,哈拉巴文字属本地的达罗毗荼语系,但上述种种学说都未能得到语言学界的公认。

(二) 雅利安人的梵语和俗语

对印度文化影响最大的无疑是雅利安人的梵语和俗语。梵语属于印欧语系,在词根和语法上与古伊朗语、希腊语和拉丁语等有许多相似之处。梵语和古伊朗语的关系密切,古语言学家认为这两种语言是从印欧语系的同一种方言衍化而来的,故这两种语言同属印度—伊朗语族。

雅利安人最初使用的是吠陀梵语,即《吠陀》文献中使用的语言。雅利安人进入印度十个多世纪之后,由于社会生活的巨大变化,以及与土著居民的广泛接触,梵语的语法结构也出现了较大变化。有些词语失去了原意,同时又出现了一些新词,语法结构也产生了混乱,因此对梵语进行整理和规范成为当务之急。大约公元前 4 世纪末,著名语言学家波你尼著《八章书》一书,对吠陀梵语的语法、语音及语意作了详细的分析和规定。《八章书》成为梵语语法经典。之后,公元前 3 世纪迦旃延那的《释补》和公元前 2 世纪波颠阇利的《大疏》,又对波你尼《八章书》作了注释、解说。经过三部著作对梵语的规范而形成的梵语称为古典梵语。此后的《政史论》和《摩奴法典》都是使用古典梵语写成。

虽然古典梵语典雅、完善,但语法、语言复杂多变,一般大众难以掌握,所以古典梵语主要为婆罗门种姓和婆罗门教所使用,大概古典梵语从未变成大众的口头语言。在民间,大众主要讲吸收了当地原居民语言而形成的梵语方言,这种梵语方言称为俗语。雅利安人多讲梵语的各种方言,统称为俗语。沙门思潮的诸流派如佛教、耆那教等,反对婆罗门教,都使用俗语。后来,俗语成为一些王朝的官方语言,如孔雀王朝的摩羯陀语。俗语在孔雀王朝时已经文字化了,阿育王的铭文是流传下来的最早俗语书面文。公元前 1 世纪,佛经开始见诸文字,现在流传下来的最早的佛经,就是用桑奇和乌贾因地区的俗语巴利文写成的。梵语和俗语是印度最重要的两种文字。现代印度的许多语言也是从俗语演变而来,如印地语源于肖罗塞纳语和半摩揭陀话等等。

(三) 南方土著的语言文字

除了古典梵语和俗语两种文字外，南方等地的土著居民仍然使用自己本民族的语言，其中以达罗毗荼语和孟达语最为重要，这两种语言在雅利安人未进入次大陆之前就已经在使用。孟达语没有书面语，达罗毗荼语的书面语分泰米尔语、马拉雅兰语、泰卢固语和坎纳达语四种，其中泰米尔语词汇最丰富，语法严密，历史悠久。现在印度的许多语言就是由达罗毗荼语发展而来。

二、文学

古印度在文学方面取得了杰出的成就，文学作品可谓浩如烟海，并达到了很高的水准。印度文学大体可以分为两种类型：宗教文化和世俗文学。

(一) 宗教文学

古印度的宗教异常发达，产生了婆罗门教、佛教和耆那教等几大宗教。它们的经典既是宗教典籍，也是文学作品，具有较高的文学价值。属于婆罗门教的文学典籍主要是四部《吠陀本集》以及《梵书》、《森林书》和《奥义书》。《梨俱吠陀》是印度最古老的文学经典，形成过程不少于数百年，约在公元前1500—前1000年之间。"梨俱"就是"史节"的意思，《梨俱吠陀》共有诗1017首，各首长短不一，有的仅有1"梨俱"，有的多达58"梨俱"。《梨俱吠陀》的内容基本上是游牧部落时代雅利安人的神话、颂诗、祷词和咒语，其中也有涉及自然现象和世俗生活的描写。"沙摩"意为"曲调"，《沙摩吠陀》就是在进行祭祀时，婆罗门祭司吟唱的颂诗。该吠陀共有颂诗1810节，除75节外，其他内容全部来自《梨俱吠陀》的改编、改写，以适应吟唱。《耶柔吠陀》是在祭祀时所需要的祷词，"耶柔"意为"祭祀或祭祀用语"。该吠陀与《沙摩吠陀》一样，祷词内容几乎全部来自于《梨俱吠陀》。共分为两个本集，共84章，954段，4173节。"阿闼婆"意为"拜火祭司"，同时也指拜火祭司使用的咒语咒术，《阿闼婆吠陀》就是咒语咒术诗歌集。该吠陀共20卷，731首颂诗，5975个诗节。《阿闼婆吠陀》与前三部吠陀颇有不同，前三部吠陀的祈祷是对神的虔诚，而《阿闼婆吠陀》则已变成了迷信和虚妄，里面包含了大量的巫术咒语，这些巫术咒语多供术士使用。《阿闼婆吠陀》的内容来自于民间，吸收了土著居民的一些神秘信仰，并非来自于婆罗门上层祭司，因此该部吠陀曾一度被排斥出吠陀本集。因民间对该部吠陀信仰极大，因而不得不把它收入吠陀本集。

佛教兴起之后，为了使佛教的宗教法理更易于人们理解，在讲道时往往借助寓言或者故事来阐明深奥复杂的教义。《佛本生经》便是一部体系庞大的佛教寓言故事集。《佛本生经》的成书时间大约在公元前3世纪，讲述了佛教创始人释迦牟尼生前的故事。《佛本生经》共22辑，全书有547个故事。这些故事大致可以分为七种类型，即寓言故事、神话故事、报恩故事、魔法故事、笑话故事、道德故事和世俗故事。这些故事主要吸收、利用了民间流传已久的故事并将其进行改编而成，它们短小精悍、寓意深刻、爱憎分明、描写生动，反映了当时的社会状况和人们的生活，具有较高的价值。现在的《佛本生经》不是原典，而是后人根据原典古僧诃罗文的译本写成的,原典已失传。

(二) 世俗文学

古代印度最著名的世俗文学作品是两部著名的史诗:《摩诃婆罗多》和《罗摩衍那》。《摩诃婆罗多》的成书年代一直是一个争论不休的问题,目前多数学者认为,该史诗不是一人一时的作品,而是在大众口头创作基础上,经世代流传加工整理而成。成书时间大概在公元前4世纪至公元4世纪之间。关于相传的作者毗耶婆,也难以断定历史上是否有其人。《摩诃婆罗多》全书共18篇,各有篇名,外加一部《诃利世系》,作为附录。该史诗约有10万颂,通常每颂4个音步,32个音节。1966年,经过半个世纪多位梵文学者的通力合作,精校本19卷《摩诃婆罗多》全部出齐,长约8万颂。这部史诗主要讲述了婆罗多王族的两支后裔居楼族与般度族争夺王位的故事。双方的矛盾不可调和,谈判破裂后最终以战争决定胜负。经过18天血战,般度族取胜。同族相残的悲惨结局使得获胜的坚战也精神沮丧,最后在众人的劝说下登上王位。该史诗是一部诗体百科全书,它的内容涉及了当时印度的宗教、哲学、历史、语言文学、神话、伦理、天文、地理等各方面的知识,成为印度后世文化特别是文学取之不竭的素材宝库。公元五六世纪《摩诃婆罗达》被人们奉为仅次于《吠陀本集》的经典,甚至成为"第五吠陀"。

《罗摩衍那》意为"罗摩的漫游",相传为蚁垤所作。《罗摩衍那》的成书时间也不确定,大约形成于公元前3世纪至公元2世纪之间。全诗共7篇,2.4万颂。《罗摩衍那》存在无数的手抄本,也有很多刊印本。20世纪中期印度学者们开始对其做大规模的校订。1960年出版了第一篇的精校本,1975年7篇全部出齐。《罗摩衍那》主要讲述了居萨罗国十车王长子罗摩与妻子悉多悲欢离合的故事。罗摩本应继父为王,十车王的小王后却想让自己的儿子婆罗多为太子继位,并要求十车王放逐罗摩14年。十车王曾向小王后立过誓言,答应她两个要求。罗摩为了不让他父亲违背誓言,同意被放逐森林,他的妻子希多也愿意追随罗摩去森林。罗摩来到森林之后,杀死了前来捣乱的妖魔罗刹,魔王罗婆那设计将罗摩之妻悉多劫往楞伽岛,想占有为妻,希多誓死不从。后来罗摩在神猴哈奴曼的帮助下,最终杀死了魔王罗婆那,救出悉多。然而,罗摩却怀疑希多在魔宫日久,难保贞洁。希多为了证明自己的贞洁,投身烈火,但火神托出了希多,证明她是清白的。至此,罗摩夫妇终于得到了圆满的结局,一并启程归国复位。这部史诗虽然比《摩诃婆罗多》篇幅稍短,但结构更加紧凑完整,情节生动曲折,更具有文学性,成为了长篇叙事诗的典范。《罗摩衍那》传入我国后,深受人们的喜爱。有学者认为《西游记》中的孙悟空形象,就是以《罗摩衍那》中的神猴哈奴曼为原型创作的。

三、建筑雕刻艺术

大量考古证明,印度居民早在哈拉巴文明时期就开始了艺术创作。他们在绘画、雕刻、建筑、舞蹈和音乐等方面取得了较大的成就。其中建筑和雕刻艺术最具有自身特色,在世界艺术史上独领风骚,并且传播到东亚和东南亚,对这些地区的建筑艺术产生了极大的影响。

(一) 佛塔建筑

古印度雄伟和精美的建筑艺术,大都是从孔雀王朝开始发展起来的,其中最著名的莫过于 1989 年被联合国教科文组织列为世界文化遗产的桑奇大塔。这座大塔始建于阿育王时期,是一直径约 37 米的半圆形建筑,高约 16 米。顶端有一平台,台上建有一个方坛,坛上立有伞形柱。桑奇大塔四周有石头围栏,每一边有一座石门,石门上布有以《佛本生经》故事为题材的栩栩如生的浮雕。浮雕的装饰纹样既有波斯王宫流行的柱饰和花纹,也有印度流行的莲花卷涡文。大塔东门上有一位托架药叉女的裸体雕像。这位妙龄女子神情自若、乳房饱满、三围分明、体态灵活、扭动的身躯呈"S"形,外轮廓线给人以节奏韵律感。这尊少女雕像身材比例具有写实性,对性部位也毫无掩饰,被各国美术学家公认为印度标准女性人体美的典范。

(二) 石柱雕刻艺术

图 4-3 药叉女雕像

阿育王时期也是印度雕刻蓬勃发展的时期。纪念碑式圆柱是这一时期石雕艺术的主要表现形式。在印度及尼泊尔的许多地方,曾先后发现三十余根阿育王石柱,但这些石柱大多残缺或断裂。在今比哈尔邦靠近印度与尼泊尔边界的地方,保存有一根完整的阿育王石柱。这根石柱约建于公元前 242—前 241 年,历经二百多年依然傲立不倒。这根石柱由整块巨石雕刻,高度为 12—15 米,重约 50 吨。柱头雕刻有狮子、大象、牛羊等动物,柱身刻有铭文。柱头是阿育王石柱雕刻最为精彩的地方。其中最精美的一个石柱头是发现于今北方邦印度教圣城瓦腊纳西近郊的"阿育王四狮柱头"。柱头顶端雕有四只面向四方、举目远眺、张嘴欲吼、连体蹲踞的雄狮。四只雄狮屹立在鼓形圆雕之上,鬃毛竖立、气势雄劲、颇有阳刚之气。这一柱头于 1950 年被选为印度共和国的国徽图案。我国的华表造型或许受到了阿育王石柱的影响。

(三) 石窟艺术

佛教石窟艺术无疑是印度艺术的一枝奇葩,并且对周围国家的艺术具有较大的影响。广义上讲,石窟就是一种特殊的寺庙,大多开凿在悬崖峭壁之上。在印度众多的石窟中,阿旃陀石窟是典型代表。阿旃陀石窟位于海德拉巴省温德亚山脉中的一处马蹄形的悬崖上。该石窟是亚洲最早的石窟,始凿于公元前 1 世纪,完成于公元 7 世纪,是东方石窟艺术的源头。阿旃陀石窟长约 550 米,共有 29 窟,其中有 25 个窟是供人膜拜的佛殿,有 4 个窟是和尚修行和居住的僧房。石窟内保存了大量雕刻和绘画作品,题材多与佛教和宫廷生活有关,也有一部分反映了劳动人们生产劳动的场景。阿旃陀石窟是集建筑、雕刻、绘画三种艺术为一体的艺术典范,是世界艺术宝库,吸引着世界各地的佛教徒和艺术家前

图 4-4 阿育王四狮柱头

来游览。阿旃陀石窟壁画对中国敦煌石窟壁画有着明显影响。

(四) 键陀罗艺术

公元1—3世纪，在印度西北部的键陀罗地区出现了一种风格独特的艺术——键陀罗艺术。键陀罗在古代印度西北部，相当于今巴基斯坦白沙瓦阿富汗东部一带。这一带曾被亚历山大征服，在文化和艺术上受到希腊、罗马的影响比较大。键陀罗艺术最大的特点就是印度文化与希腊风格的融合，实际上是以佛教艺术为主体、融合了希腊艺术而形成的东方特殊风格的艺术。比如，希腊人有"神人同形同性"的观念，有按照人的形象塑造神像的传统，印度就受到了这种观念的影响，在佛陀的造像中，不再用象征的手法来表示佛陀的形象，而是使用了佛陀本人的形象来制作雕像。键陀罗的佛像较多地吸取了希腊雕刻艺术的风格，在外形和服饰上带有希腊特征，如穿着希腊衣服，服饰褶皱分明，自然舒展，面部成椭圆形，双眼深陷，鼻梁高而长，头发呈波浪形，头顶上梳有顶髻，但神态上又符合印度佛教的精神，如神态安详、端庄肃穆等等。

图4-5　阿旃陀石窟

四、自然科学

古印度人虽然重视精神生活，重视思考人生哲理问题，在哲学宗教、文学艺术等方面取得了杰出的成就。但古印度也是一个重视科学技术，有着悠久科学技术传统的文明，在天文学、数学、医学等方面也取得了很高的成就。

(一) 天文学

古印度人为了确定祭祀与重要庆典的日期，以及农业生产的需要，他们很早就开始观测天文，研究日月星辰的运行规律，制定历法。婆罗门教、佛教和耆那教都对天文学的发展做出了贡献。《吠陀支天文篇》是一部重要的天文学著作，成书于公元前4—前3世纪。早在吠陀时代，古印度人就开始对七曜有所认识，七曜是指太阳、月亮、金星、木星、水星、火星和土星。他们观测到分布于黄道、赤道附近的许多星宿，并把这些星宿划分为二十七宿，后来又追加了一个阿毗止（人们所认识的织女星），成为二十八宿。我国古代也有二十八宿的划分，学术界认为两国二十八宿的划分同出一源。最迟在吠陀时代晚期，印度人开始注意到日食和月食，不过当时的观念仍然认为大地是不动的，太阳、月亮和星星都围绕着大地旋转。印度人认为太阳是宇宙唯一的光源，月亮不发光，是太阳照亮的。他们根据月相的变化形成了月的概念，以满月之日和新月之日确定一个月份的开始。古印度人根据月亮的盈亏制定了比较准确的太阴历：一年分为12个朔望月，一个朔望月定为30天，每隔5年加入一个闰月。

(二) 数学

早在哈拉巴文明时期,古印度人就在城市规划和建筑中积累了一些数学知识。后期吠陀时代已经出现了许多数学方面的著作,这些著作被称为"绳经","绳"的梵语意思为度量,这些数学著作称为"经",表示得到了人们的尊重。流传至今的"绳经"主要有七部,最重要的一部为《宝陀耶那》。《宝陀耶那》里面提出了勾股定理,并且出现了分数的概念。这些绳经主要涉及了几何学知识,研究了正方形、长方形、平行四边形、梯形、三角形及圆形等图形的性质及周长、面积计算。古印度人掌握了平方根及立方根的计算,能解二次不定方程。

数学方面,古印度人最大的贡献是发明了十个数学符号,出现了"0"的概念。0 是由印度人发明的,可能与印度哲学中"空"的概念有关,0 是一个伟大的发明,在计数和计算方面具有重大意义。后来这十个数字及其他数学知识经阿拉伯商人带回阿拉伯帝国境内广泛传播使用。随着阿拉伯人与西方人广泛的文化贸易交流,这十个数字又传入西方,西方人未加详考,认为是阿拉伯人的发明,故称为"阿拉伯数字",并为全世界所通用。

(三) 医学

古印度人的医学源远流长,自成体系,出现了不少著名的医学著作,为人类医学的发展做出了突出贡献。古印度人在哈拉巴文明时期就有了卫生观念,城市里的公共浴室就是供祭司或大众净身所用。印度地处热带、亚热带气候,气温高热,各种细菌容易滋生和蔓延,因此古印度人更加注重疾病的预防和治疗。吠陀时代的《阿闼婆吠陀》里包含了许多医学方面的知识,虽然这些知识大多和巫术有关,但巫医也是早期医学发展的基础,并非完全没有用处。生活于公元1—2世纪的奢罗迦和公元4世纪的妙闻是古印度最著名的大医学家,是这一时期医学理论的集大成者。奢罗迦曾当过迦腻色伽的御医,著有《奢罗迦本集》,是古印度最重要的医学著作之一,有"医学百科全书"之誉。《奢罗迦本集》共有120章,分为八个部分,阐述了医学基本原理、生理学、解剖、诊断学、病理学及治疗学等众多医学知识。奢罗迦认为营养、睡眠和节食是健康养生的三大要素。《奢罗迦本集》主要涉及了内科学知识,是一部内科医学经典。继内科学名医奢罗迦之后,另一位名医妙闻则是外科学的鼻祖。妙闻不仅精通外科,对妇科及其他专科也十分擅长,并且成为古印度医学分科的创始人。妙闻著有《妙闻本集》,在该书中,他形象地记载了三百多例不同的手术,记述了121种手术器械的形制和用途。《妙闻本集》还记载了皮瓣移植手术,妙闻曾给遭受劓刑的人修复鼻子,从而开创了整形外科。由于妙闻的开创性贡献,印度的外科医学和整形科一直保持着世界领先地位。此外,妙闻十分重视医德,他主张应该给孤寡、贫民、旅客等处于困境的人提供免费医疗服务等。

参考文献

1. 刘建、朱明忠、葛维钧:《印度文明》,福建教育出版社,2008年。
2. 林承节:《印度史》,人民出版社,2014年。
3. 林太:《印度通史》,上海社会科学院出版社,2012年。
4. 尚会鹏:《印度文化史》,广西师范大学出版社,2007年。

5. 杜继文:《佛教史》,江苏人民出版社,2006 年。
6. 蒋忠新译:《摩奴法论》,中国社会科学出版社,2007 年。
7. 刘欣如:《印度古代社会史》,中国社会科学出版社 1990 年。
8. 崔连仲:《从佛陀到阿育王》,辽宁大学出版社 1991 年。
9. [印度]R·C·马宗达等:《高级印度史》,张澎霖等译,商务印书馆,1986 年。

第五章 古代希腊

古代希腊作为世界五大文明发源地之一，是欧洲文明的摇篮。古希腊人在以希腊半岛、爱琴海诸岛和小亚细亚西部沿岸为中心区域的广大地中海世界创造了灿烂多姿的古典文明。约公元前3000年代末至公元前12世纪，希腊出现了以克里特和迈锡尼为代表的最初的爱琴文明。在多利亚人南下侵袭之下希腊文明发生重大倒退，在经历了约300年之久无文献可考的历史阶段后，于公元前8世纪至前6世纪，重新步入文明社会。在广阔的爱琴海世界范围内，形成了数以百计的城邦。在小国寡民、独立为治的城邦体制下，希腊文明取得了璀璨的硕果，为世界文明史增添了别具特色的文明成就，对西方文明的历史演进产生了重大而深远的影响。

第一节 早期希腊

一、自然环境与早期居民

希腊在古代并非一个国家的名称，而是希腊人对他们世代生息的地域的统称。希腊最初指传说中希腊人祖居的希腊半岛中部偏北地区，后来希腊人活动范围逐渐扩大，囊括希腊半岛、爱琴海诸岛、小亚细亚西部沿岸，甚至泛指所有希腊人聚居之地。希腊文明与海岸紧密联系在一起，并未深入到内陆。属于现代希腊的部分地区在当时仍处于半开化状态,而希腊古典文明又沿着爱琴海、黑海、地中海海岸广泛传播,远远超越了现代希腊的边界。

(一) 地理环境与文明特征

希腊半岛地处巴尔干半岛南部,地中海东部,东临爱琴海,西濒爱奥尼亚海,分北、中、南三部分。北希腊在希腊历史上一直落后于希腊其他地区,直到马其顿王国的兴起,势头才力压希腊,成为希腊世界的主宰。中希腊的雅典是全希腊最受瞩目的政治、经济和文化中心。南希腊另有别称,即伯罗奔尼撒半岛,其东北端的迈锡尼在爱琴文明后期取代克里特而起,南部的斯巴达对希腊历史的发展影响颇大。从希腊文明时代起,在希腊本土和爱琴海诸岛分别建立起数以百计的城邦,始终未曾走向统一,却在民族、语言、文化、风俗方面表现出强烈的共同性。以独立自治的城邦小国铸就辉煌的文明成就,乃希腊文明有别于东方文明的最大特色。

希腊文明属于海洋性文明,蔚蓝的海洋和曲折的海岸不仅决定了希腊温和怡人的地中海气候和临海而居、航海贸易发达的经济生活方式,对希腊政治文化也产生了深远甚至决定性的影响。第一,希腊在地理上临近东方,南下埃及,东入两河流域,交通便利,占尽与先进文明地区交往的地缘优势。古希腊人吸取东方的先进文明经验,利用东方长期发展取得的丰硕成果,在吸取前人文明成果的基础上,希腊人后来居上,成就卓然。第二,地理条件是造成希腊政治文明不同于东方大河流域文明的重要根源。地狭多山,小块平原受山隘阻隔,交通不畅,封闭分离。特殊的地理环境使得古代希腊长期分立、难以统一,同时为古希腊政治单位的形成提供了天然的地理基础。第三,希腊土地不够肥沃,耕地面积有限,缺少便于灌溉的河流,加之夏季气候炎热干燥,农业条件较差,当地的土壤条件适宜种植葡萄和橄榄。古希腊海岸线曲折,良港众多,为工商业发展提供了最为便利的航海贸易条件。希腊半岛及爱琴海诸岛手工业资源丰富,富有金银铜铁铅等矿产,大理石、陶土、木材等建筑艺术材料随处可寻,这为希腊的手工业发展和文化艺术的进步提供了有利条件。第四,冬季,雨水光临希腊,偶有降雪。夏季,从东北吹来的信风缓和了炎热,4月至10月间的降雨量极少。灿烂充足的光照,常年怡人的气温,旖旎风光,碧海蓝天,海岛相连,为希腊人参与户外活动和身体锻炼提供了绝佳的环境。即使冬季的爱琴海风暴频频,古希腊人依然把海洋作为锤炼意志的学校。一旦小国寡民的城邦因人口和资源的压力无力负担,希腊人便将目光转向海洋,通过海外殖民拓展生存空间。广泛的殖民活动与频繁的航海活动结合起来,练就了希腊人勇于探求、不畏艰险的民族性格。适宜的气候条件也适于外出活动,人们可以频繁参加户外公共集会,这种气候也为希腊城邦的公众性创造了条件。

植根于粮食生产的农业经济,特色发展的工商业经济,繁荣兴旺的海外贸易,健全多元的政治文化,坚毅果敢的民族精神,共同塑造了希腊人的璀璨文化,成为西方古典文明的最早发源地。希腊人别具匠心的诸多文明成就与希腊的自然地理环境密切相关。海洋主宰了希腊的气候,也在很大程度上决定了其历史与文化的总体特征。

(二)早期居民

古代希腊最早的居民并非操希腊语的居民,而是非印欧语系的地中海民族。古希腊人对自己并非希腊本土及海岛上先民的事实了然于心,古希腊作家在文献中称这些古代原住民为皮拉斯基人、卡里亚人或勒勒吉人。其分布的大致情况是:居住于希腊大陆的被称为皮拉斯基人,居住于克里特岛和爱琴诸岛的有卡里亚人或勒勒吉人。

公元前 2500 年后,一支操印欧语系的希腊语的人从印欧人的祖居地一路西迁到希腊北部,其中一支在公元前 20 世纪前半期分批进入中、南希腊,与当地居民杂居一处,成为希腊人。希腊人内部可做以细分,以多利亚人、阿卡亚人、爱奥尼亚人、伊奥利亚人、马其顿人等相区别。到约公元前 8—前 7 世纪,新移民逐渐同化了当地的土著居民。

二、爱琴文明

西方人将希腊文明作为文明的肇端,西方文明从何时开始起航一直是困扰人们的难题。历史学家格罗特(Grote,1794—1876 年)首先确立起希腊文明起源年代的正统观点。他认为,希腊文明起源于第一次奥林匹亚赛会,即公元前 776 年。这一观点得到人们的广泛认同,直到 19 世纪后期的重大考古发现,将希腊文明追溯到公元前 3000 年代,人们才对希腊文明起源的传统看法彻底改观。两位考古学家对早期希腊文明的发现及考察功不可没,一位是德国人谢里曼(Heinrich Schliemann,1822—1890 年),另一位是英国人伊文思(Arthur Evans,1851—1941 年)。

(一)谢里曼和伊文思的考古发掘

在 19 世纪,西方文学史开山之作《荷马史诗》中特洛伊、木马计、阿伽门农的故事在人们头脑中耳熟能详,不过没人将之信以为真,这些故事仅仅被视为古人的虚构而已。一位名叫谢里曼的德国人却对《荷马史诗》中书写的故事深信不疑,他以不懈努力证实了自己的坚定信念。

谢里曼自幼家境贫寒,生活贫苦。7 岁时他的兄长送给他一本《荷马史诗》,从此点燃了他心中对古代文明的兴趣之火。他为书里面讲述的特洛伊的故事深深着迷,相信那是真实发生过的,发誓长大后一定找到传说中的特洛伊城。拮据的生活迫使他 14 岁时辍学工作,在驶往北美的轮船上做过勤杂工,在阿姆斯特丹一家商务公司做过船员,在俄国做过原材料生意,在美国的加利福尼亚淘过金。他后又投资房地产,并做起军火生意,家财万贯。商海沉浮没有泯灭他儿时的梦想,特洛伊便是他午夜梦回的地方。1868 年,他踏上土耳其的土地,挖掘传说中的特洛伊城。经过土耳其政府的许可,他雇用当地农民大刀阔斧地进行发掘,在遗址处挖掘出了不少器物,他坚持认为,特洛伊城位于最下面的地层,却对其他地层和遗址造成严重破坏。他发现的数量可观的金银器物让世界惊叹,而他的鲁莽之举却为科学再现特洛伊城带来了深深的遗憾,他也被称为特洛伊的第二个破坏者。特洛伊城挖掘完毕后,谢里曼前往传说中征服特洛伊的希腊联军首领阿伽门农的故乡迈锡尼,挖掘出一座"皇家墓地",在墓穴中发现一副金箔面具,将之命名为"阿伽门农面具"。通过一系列考古发掘,《荷

图 5-1 阿伽门农黄金面具

马史诗》反映的文明真相呈现在世人面前,希腊文明由此可回溯到公元前 2000 年。

谢里曼的考古发掘激励了英国考古学家亚瑟·伊文思的探寻热情,他同样接受希腊神话传说的启示,从而发现了另一个早期希腊文明。据古希腊神话传说,克诺索斯王宫由克里特国王米诺斯建造,米诺斯为主神宙斯与凡间女子欧罗巴所生。海神波塞冬赠送给米诺斯一头俊美的白牛,米诺斯本该把这头牛祭神,却把它留在自己的牛群中。王后帕希法埃为这头公牛倾倒,后由代达罗斯变身母牛,得与公牛结合,生下一头半人半兽的怪兽米诺陶。米诺斯将米诺陶囚禁在代达罗斯设计的一座迷宫中,迷宫内曲折回转,出口难觅,有进无出。米诺斯曾率兵征服希腊的阿提卡,雅典人被迫每年进贡七男七女供米诺陶食用。在第三次进贡时,雅典王子提修斯自告奋勇提出愿意前往米诺斯王宫。米诺斯的公主阿里阿德涅爱慕他的才干,帮助他斩妖除魔,杀死了怪兽,并沿着展开的线团逃离迷宫,雅典人的灾难从此消除。

伊文思认为这样一个虚幻传说背后依然有历史真相可寻,于是他开始了米诺斯王宫的探索之旅。他来到克里特岛发掘出了克诺索斯废墟,根据废墟中残存的石块、陶器和破损的壁画,判断这里即是传说中的米诺斯王宫。他以极低的价格从一位土耳其人手中购买了这块地方,从 1900 年开始挖掘工作并进行重建,耗时 25 年之久。他以《米诺斯王宫》四卷本巨著全面阐述了在克诺索斯的考古发现。尽管伊文思以个人喜好对克诺索斯王宫进行复原为后来的考古学家所诟病,而他的杰出发现切实地将希腊早期文明向前推进。谢里曼和伊文思的考古发现博得了社会各界的广泛赞誉,一幅希腊早期文明演进的历史画卷展现在人们面前,人们真切地看到希腊文明的曙光。

(二)爱琴文明的发展演变

爱琴文明是指约公元前 3000 年代末至前 12 世纪分布于爱琴海地区的青铜文明,克里特岛和迈锡尼城先后形成两大文明中心,因此爱琴文明又被称为克里特·迈锡尼文明。

1. 克里特文明

克里特岛位于希腊南部海域,是爱琴海诸岛中最大的一处岛屿,东西绵长,南北窄狭,横列于希腊和北非之间。克里特岛地理位置优越,航海便利,成为南通埃及、北达希腊的交通枢纽。从公元前 3000 年代起,克里特进入金石并用时代,原始社会逐渐解体。至公元前 3000 年代末,克里特进入青铜时代,私有制发达,贫富分化明显。约公元前 2000 年,克里特出现了最早的国家,其中以克诺索斯为首邑,克诺索斯国王就是希腊神话中频频提起的米诺斯,克里特文明也有"米诺斯文明"之称。克里特文明以宫殿建筑最为杰出,国家多围绕王宫而建,王宫成为国家的政治、经济和文化中心。《荷马史诗》中记载克里特岛有 90 座城市,某些城市已重见天日,如法伊斯托斯、马里亚、扎克罗斯等地,最具代表性的当属克诺索斯。克诺索斯王宫宏伟瑰丽,总面积为 2 万平方米,厅堂屋舍不下 1 500 间,厅室紧凑,高低错落,曲折的亭台和雄伟的柱廊环绕其间,结构复杂多变,这大概便是克诺索斯王宫在希腊神话中被称为迷宫的缘故了。房舍内建有良好的采光、通风、供水、排水和卫生设施,这在 20 世纪 50 年代一位游览王宫的英国作家看来仍让人啧啧称叹。

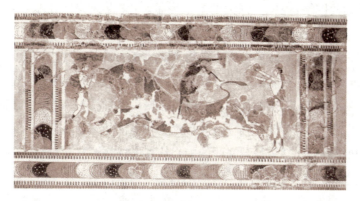

图 5-2 克里特王宫壁画

米诺斯最主要的艺术作品是陶器、石雕、印章和壁画。王宫墙壁有美轮美奂的绘画装饰。绘画内容丰富,色彩艳丽,其中一些反映了米诺斯人举行仪式、祭礼和娱乐的盛大场面,另一些则描绘出花草树木鸟兽等自然景观。"牛戏祭礼图"是一幅表现宗教祭礼场面的佳作。画面上一头奔牛扬起四蹄,奋力奔跑,一位皮肤白皙的女子在公牛前侧紧握牛角,一位皮肤黝黑的男子在牛背上头脚倒立,作势翻越牛背,他身后则有另一位女子双目注视,张开双手,助扶男子。壁画色泽明快,栩栩如生,生动反映出斗牛戏与宗教祭祀之间的密切关系。宗教在米诺斯人的生活中发挥着重要作用,女神崇拜极为普遍。从出土的许多印章可见对女神的形象刻画,女神不仅主宰着大地和天空,还主宰着狩猎成败、农业丰歉和海航顺逆,持蛇女神的形象让人最为印象深刻。对于持蛇女神的职司,学者们持不同观点。伊文思认为持蛇女神是以"冥府女后"的面貌出现的"母神",也有人猜测,蛇是米诺斯人安宅避祸的神圣之物,具有非凡的神圣意义。

图 5-3 线形文字

米诺斯人发明了文字，以泥版作为书写媒介。这种文字为音节文字，考古学上称为线形文字 A。因该文字留存数量少，与印欧语又分属不同类型，破译难度较大，至今尚未释读成功。无法借助于文字的解释，我们对米诺斯的政治发展和社会状况知之甚少。米诺斯在航海与商贸方面十分发达，依托大海发展繁荣，与希腊本土、塞浦路斯、安纳托利亚、埃及以及两河流域建立了通商网络，也凭借强大的海上力量，米诺斯人先后让基克拉迪斯群岛、希腊本土、罗德岛和小亚细亚海岸的小邦称臣纳贡，势力远及西部地中海的意大利南部及附近岛屿。米诺斯国势极盛之时，俨然成为一个名副其实的海上霸国。约公元前 1500 年前后，克里特文明由盛转衰，岛上各地宫殿似乎同时倾覆。伊文思猜测，可能由附近锡拉岛火山爆发引起的地震或海啸所致，抑或后来的外族入侵所致。据后来的研究表明，米诺斯文明的毁灭不在天灾，而在人祸。公元前 1450 年前后，来自希腊半岛的迈锡尼人占领了克诺索斯王宫，标志着克里特文明的衰落。此后，爱琴文明的中心从克里特岛转移到希腊半岛的迈锡尼地区。

2. 迈锡尼文明

迈锡尼文明是青铜时代晚期的文明，因其文明代表为伯罗奔尼撒半岛的迈锡尼城而得名。

大约在公元前 2000 年，操印欧语系希腊语的部分居民南迁，其中一支阿卡亚人征服了土著居民皮拉斯基人，在伯罗奔尼撒半岛停下脚步，聚居在迈锡尼，创造了迈锡尼文明。

最初，迈锡尼人与克里特文明有相当大的差距，约公元前 1600 年才建立国家，其后发展势头猛劲。与海外先进文明地区的交往日益密切，迈锡尼的经济和文化水平大幅提升，征服希腊本土后大有吞并克里特之势。公元前 1450 年，迈锡尼人入主克诺索斯王宫。

迈锡尼文明充分吸收了克里特文明的先进遗产，后来居上，自公元前 1400 年迈锡尼文明进入全盛时期。迈锡尼文明遗迹显示出对战争资源的重视，巨石建造的巨大堡垒矗立在迈锡尼、梯林斯与奥尔霍迈诺斯等地。迈锡尼文明仍以王宫著称，不过王宫建在城内中央高处，并有坚固城墙堡垒围守。王宫俯瞰山下的广阔市区，富商大贾和百业工匠居住其间。环王宫而建的城墙由巨石垒砌而成，高 8 米，厚达 5 米，"狮子门"是城堡最为壮观的一道入口，两头雄健的狮子拱卫着一座圣坛，象征着国王至高无上的王权。迈锡尼人创造了一种新型文字——线形文字 B，以与克里特文明的线形文字 A 相区别。迈锡尼人在米诺斯王宫书吏的帮助下用线形文字字母记载自己的语言，该文字已于 1952 年由英国学者文特里斯（Michael Ventris）释读成功，从语言学上分析这种文字是印欧语系古希腊语的一支，由语言推及族群，证明了迈锡尼人是希腊人的一支。

迈锡尼文明的传播范围很广，除迈锡尼之外，在希腊中南部各地也发现有圆顶墓、王宫城堡、线形文字 B 以及迈锡尼风格的陶器，迈锡尼文明当已遍布希腊本土。目前在希腊本土和爱琴海地区发现的迈锡尼文明遗址大大小小达 1 000 处之多，不仅如此，迈锡尼人的足迹遍及东至叙利亚、西至意大利南部、南及埃及的广大地区，他们在继承克里特文明遗产的同时，也继承了他们的海上霸权，成为爱琴海世界的新主人。

从线形文字 B 泥版文书中我们可以了解迈锡尼文明的社会状况。城邦的统治者包括王、将军、王的扈从、各种官吏和祭司。政治机构有贵族会议和民众大会。社会的基层组织是公社，由长老领导。土地分为私有和公社所有两类，国王、贵族占有大量土地，农民仅占有少量土地。这一时期，奴隶已大量使用，线形文字中对男奴和女奴有专门名词相称，do-e-ro（男性）和 do-e-ra（女性）分属于宫廷、神庙和贵族所有，工匠手下也有奴隶，奴隶从事农业和手工业各种劳动。

农业生产以传统的谷物、橄榄、葡萄为主要种植对象。大麦和小麦广泛种植，为获取橄榄油也种植橄榄树，不过橄榄油并非用于食用功能，而是发挥作为护肤品和香水的使用价值。葡萄种植十分普遍，出产不同种类的葡萄酒。此外，人们种植亚麻，用于制衣，也种植芝麻和各种果树，如无花果树等。

公元前 1200 年后，迈锡尼文明渐呈衰败之势，王朝更替频繁，社会动荡，战乱不断。考古资料也反映出此时陶器和工艺品的数量和品质均有下降。可能因为经济衰落促使统治者们只有依靠武力进行掠夺，各城邦间的战争愈演愈烈。其中最著名的一次战争是公元前 12 世纪以迈锡尼为首的希腊联军，对小亚细亚富裕城邦特洛伊城发动的特洛伊战争。据希腊神话记载，特洛伊的开国之君是丢克，王位传至普里阿摩时，王国繁荣兴盛。其子帕里斯在出使希腊的途中，借神助拐走了斯巴达国王墨涅拉俄斯的妻子海伦。于是以迈锡尼阿伽门农为统帅的希腊联军远征特洛伊，围攻 9 年，始终不下，最后希腊人采纳奥德修斯的计策，将一批精锐勇士藏于一匹大木马腹中，置于城外，后佯装退兵。特洛伊人将木马作为战利品拖入城内。惟有海神庙的祭司拉奥孔提出怀疑，并警告特洛伊人："你们怎能相信敌人留下的东西没有诡计？"女神雅典娜即刻派出两条毒蛇将拉奥孔及两子紧紧缠裹，取其性命。特洛伊人惊慌失措，以为拉奥孔冒犯了神明，更不敢对木马有任何怀疑。当晚，特洛伊人载歌载舞，大摆筵席，欢庆胜利。深夜，人们尽兴而散，进入梦乡。这时阿卡亚勇士从木马中爬出，偷偷打开城门，等候在城外的联军一拥而入，围攻十年不下的特洛伊城就此陷落。青年男子被杀，妇孺沦为俘虏，昔日繁华的城市化为一片废墟。关于特洛伊战争的故事主要见于荷马史诗《伊利亚特》，19 世纪后期德国考古学家谢里曼从特洛伊遗址发掘出的大片古迹和金银制品，证明了传说中有关特洛伊战争描述中包含的真实成分。

传统观点认为，特洛伊战争历时十年，希腊人虽为获胜一方，战争也给希腊诸邦造成了巨大的创伤。战后不久，同为希腊人一支的多利亚人从北部大举南下，乘虚而入，迈锡尼诸邦抵御不力，于公元前 1100 年先后灭亡，迈锡尼文明从此被湮没。

对于迈锡尼文明的衰亡，素来有两大理论，一是人口流动，二是内部冲突。第一种理论将迈锡尼城的毁灭归因于外来入侵者，一说多利亚人，一说海上民族，而多利亚人早已在希腊本土出现，所以所谓"多利亚人入侵阿卡亚人"的理论很难立足。另一方面，在埃及古籍中记载的这一时期巴尔干地区迁徙至近东的族群被冠以"海上民族"的叫法，他们曾在安纳托利亚或黎凡特地区造成了许多破坏，人们把海上民族的迁徙和迈锡尼文明的毁灭联系起来，但这一点并不能确定。第二个理论认为迈锡尼文明的陨落源于社会内部冲突，如社会底层的日益贫困，不断反抗宫廷，统治集团终告解体。迈锡尼文明到底如何毁灭的，学界仍未取得一致意见。

三、黑暗时代

爱琴文明消亡之后,爱琴海世界进入一个黯淡无光的时代,现代历史学家称之为"黑暗时代"。这一时期的考古资料十分匮乏,且令人迷惑,亦没有文献记录流传。公元前1200至前1000年,地区冲突、经济崩溃以及人口迁移摧毁了迈锡尼文明,也削弱甚至毁灭了众多城邦和王国,同时期古代近东地区的文明也遭遇严重打击。迈锡尼文明的伟大硕果荡然无存,王宫、线形文字B、贸易、艺术、专门技术消失无踪。人口大幅下降,许多迈锡尼时代的居民点消失,生活方式落后,小村落的居民以原始方式进行耕种,与外界的联系也极为有限。我们对黑暗时代里发生的史事无法准确了解,但同时,这个时代在落后之中也蕴藏着崭新的发展。

《荷马史诗》是这一时期唯一的文字史料,分《伊利亚特》和《奥德赛》两部分,相传为生活于公元前8世纪黑暗时代末期的盲诗人荷马所作。他宣称这部史诗记述的是4个多世纪前特洛伊战争中英雄们的故事,里面塑造了众多传奇人物及英雄事迹,因此"黑暗时代"也被称为"英雄时代"。史诗并非荷马一人所创,而是由许多民间行吟歌手集体口头创作而成,包括了迈锡尼文明以来多个世纪的口头传说,到公元前6世纪才写成文字。《荷马史诗》作为史料,不仅反映了公元前11世纪到公元前9世纪的社会情况,也反映了迈锡尼文明末期的状况。

(一) 希腊人的形成

在多利亚人压迫下,原有的希腊居民进行迁徙。许多居于狄萨利亚和彼奥-提亚的伊奥利亚人迁往莱斯波斯岛和小亚细亚沿岸北部。许多居住于希腊的爱奥尼亚人迁往基克拉迪斯群岛和小亚细亚沿岸中部。在伯罗奔尼撒半岛的阿卡亚人由于多利亚人南下,被迫迁到山地或边区(阿卡地亚、阿卡亚和埃利斯)。多利亚人在占领了伯罗奔尼撒半岛东南部之后,又有一部分越海征服了克里特、罗德岛和小亚细亚的西南角。随着多利亚人的南下和希腊原有居民的迁移,希腊地区形成了多支希腊人混居的状态。

这一时期,多支希腊人混居在一起,共同的文化纽带将他们联系在一起,爱琴海沿岸的各族开始使用有不同方言的同一种希腊语言。希腊语是在腓尼基字母表基础上形成的一种新的文字体系,这一文字体系为宏大史诗的书写奠定了语言基础。共同的宗教信仰和习俗在希腊人中普及,荷马史诗及以陶器装饰为代表的其他艺术形式均强烈地表现出一种独特的价值体系。黑暗时代希腊人的思想与表达方式与希腊后来的思想、文学和艺术发展息息相关。黑暗时代是一个将各个族群逐步纳入共同生活方式的复杂进程,这些人不久后便自称"希腊人"(Hellenes),这一名称代表着共同的身份认同,超越了分散的政治现实所造成的地方观念,将希腊人与他者区别开来。

(二) 经济状况

黑暗时代早期,希腊人口稀少,总人口比过去大为减少,居民点数量也急剧下降,从公元前13世纪的320个减少到公元前11世纪的40个,仅及两个世纪前的1/8。在这些仅存的居民点中,也难觅昔日的繁荣,面积超过1平方千米的城市大概仅6个。希腊原有的王国和城邦不见踪影,迈锡尼统治时期农民、牧人和大批手工业者若还可以得到不错的生活保障,那么此时的农民和牧人仅能勉强度日,他们多数生活在范围很小的村落中。人口的稀少带来耕地开垦相应减少,粮食生产减少,粮食供给不足又进一步加剧了人口递减的趋势。随着农业生产的萎缩,不少希腊人以放牧维持生计。放牧生活意味着流动不定的生活状态,一处牧场的草地被啃食干净,牧人便赶着牛羊寻找新的家园,若居住时间较长,他们或许可以种植谷物。这种不太稳定的生活方式直接影响了居住环境。他们搭建简易棚屋居住,没有太多私人财物。多数人居住在村落之中,曾经的宏伟王宫消失不见。不过,考古证据表明,有极少数人居住在大型房屋之内,拥有富足的生活。在希腊的优卑亚岛上一处名为勒夫坎地的遗址上,考古学家挖掘出了一处约公元前950年的豪华墓葬,葬有一男一女,随葬品丰厚,样式多样,其中一些奢侈品带有近东风格,墓中女子佩戴精美的黄金饰品。坟墓上方建有45米宽的房屋,外围以圆形木桩支撑。大型房屋与墓室财富表明,死者生前享有显赫的社会地位,死后也许还被当作祖先进行崇拜。勒夫坎地的考古发现证明,经济总体落后的情况下社会分化仍在继续,社会分化与等级制度对自由民自治的城邦的兴起提供了重要条件。

黑暗时代社会总体落后之中孕育着进步,希腊人技术上取得了巨大进步。公元前2000年代末至前1000年代初,考古发现属于公元前11世纪的铁剑,属于公元前10世纪的铁斧、铁锄、铁矛头、铁刀、铁马衔等。在属于公元前9世纪的出土文物中,铁器则更多。在公元前1000纪最初的几十年里,整个地中海地区的冶金领域发生重要变化,希腊由青铜器时代向铁器时代过渡,铁代替青铜,用以制造武器和生产工具。铁制工具的出现是社会生产力提高的一个显著标志。农业和畜牧业是当时主要的生产部门。农具有犁、鹤嘴锄、镰刀和铲等,犁用双牛牵引,会进行深耕和使用天然肥料。畜牧业如马、牛、羊、猪等由专人成群饲养。手工业开始脱离农业。在手工业内部出现木匠、皮革匠、陶器匠和铁器匠等行业粗略的分工。但当时手工业发展有限,在荷马史诗中,手工业者一词还兼指手工工匠以外的巫师、医生和行吟诗人等。商业交换也已发生,主要是物物交换,但也有以铜、铁、皮革和牲畜等作为交换的媒介物。

到公元前850年,希腊农业逐渐复苏,人口也随粮食产量的增加而有所增加,更多的劳动力投入到农业生产中。黑暗时代人口总数的逐渐增加造成人口迁移,促成了希腊世界新的人口结构,这也意味着希腊新的政治形态即将诞生。

(三)城邦制度的萌芽

在黑暗时代的幽暗之中,主要出现了两束光亮:一是铁器的使用,二是共同体的组织。传统观点认为黑暗时代的社会是氏族社会,近年来国内学者已经达成较多共识,认为黑暗时代没有氏族、胞族等血缘关系的组织,不存在氏族社会。根据最新的学术研究进展,当时社会是某种形式的共同体,占据核心地位的是大家族,共同体是一个自治的大家族的总和。共同体中缺少固定的政治组织,政治动员的方式以领袖个人的魅力、能力为基础,是一种前国家形态。这里没有政府,保证内外安全、维护秩序、反击入侵和保卫共同体的这些政府职能大多是以大家族为单位履行,贵族已成为社会的主导力量。荷马称这一时代的共同体为德莫斯(demos)和波利斯(polis),古典希腊的城邦正是从这些共同体发展起来的。若仍将荷马社会作为氏族社会对待,将面临许多无法解决的问题,例如在史诗中,通常所说的氏族(genos)、胞族(phretre)和部落(phyle)实际上与氏族血缘并无关联。

到公元前9世纪末黑暗时代的后期,有迹象表明,希腊大陆上的共同体即城邦萌芽已经发展起来。从考古发掘的证据可见,无论从墓葬选址,所接纳的成员,还是家庭分化及物质财富的差别,都表现出贫富等次的特征,当时已经有人能够利用某种力量和技术,强迫他人为其服务,所以是某种权力的标志,这说明共同体已经在一定程度上组织起来了。同时,墓葬存在时间不长,暗示当时的权力体系尚不完善,权力不是在某一个家族长期保有的。从外部形态来说,这种共同体是一个以城市为中心、包括周围乡村的居民集合体,从内部结构来说,虽然存在着国王巴赛列斯(Basileus,复数 Basileis)、贵族和平民的区分,但作为一个国家,它已经具有了后世希腊城邦所具有的基本特点,存在着集体行使权力的机构,初步的司法系统,由全体成年男子组成的军队,公共的神庙,世俗化的宗教权力等。荷马笔下的波利斯是古典希腊城邦的直接先驱。

公元前8世纪,希腊世界的变化更加显著。人口迅速增长,墓葬和定居点的数量明显增加,且这种增长不是个别地区,而是全希腊的普遍现象。随着定居点数量和规模的增长,更精细的劳动分工成为可能,更重要的是,政治变化成为必须,人们需要组成更加紧密、更加复杂的社会组织。

第二节 城邦的世界

公元前8世纪中期至前6世纪传统上称为古风时代,这一时期是希腊城邦发展成熟的时期,城邦制度成为希腊世界最广泛最具影响力的政体形式。"古风时代"这一称谓源于艺术史,艺术史家认为这一时期的艺术风格较比公元前5至前4世纪的自然主义风格更加朴拙,雕塑家们仿效埃及雕塑风格,创作出风格粗犷姿态僵硬的人像,相比之下,古典时期创作出的作品更加灵动。后来这一艺术史词汇也用来形容这段希腊城邦大发展的历史时期。

一、城邦的形成

始于黑暗时代的社会政治领域的发展演变,至古风时代逐渐发展到顶峰。在黑暗时代的各族分布范围内,希腊人先后建立起众多城邦,共达二百多个。这些国家通常是以一个城市或市镇为中心,联合周围村落而组成,一般都是小国寡民,一城一邦,学者们称之为希腊城邦或城市国家(Polis),现代英语中政治一词由此而来。希腊城邦首先出现在邻近东方文明的小亚细亚沿岸和爱琴海诸岛,以及希腊本土的雅典、优卑亚等文化发达地区,随后在伯罗奔尼撒半岛和克里特岛等地,稍迟中希腊和北希腊也纷纷建城立国。希腊世界的主要城邦包括小亚细亚西部沿海地带的米利都（Miletus）和以弗所（Ephesus）、哈利卡纳苏斯（Halicarnassus）；中希腊的雅典（Athens）、底比斯（Thebes）、德尔菲（Delphi）；南希腊的科林斯（Corinth）、麦加拉（Megara）、阿哥斯（Argos）和斯巴达（Sparta）等等。

从领土面积和人口数量来看，小国寡民是希腊城邦的基本特征。希腊城邦小则100平方千米，较大者如斯巴达，领土也只有8400平方千米，雅典为2550平方千米，号称希腊强邦的科林斯约884平方千米。殖民地城邦的面积较大，但最大者也不超过5000平方千米。城邦人口则因为缺乏可靠的统计数字，无法断定，但各邦能够调动的军队有助于说明问题。如公元前479年希腊诸邦与波斯在普拉提亚决战，参战城邦共20个，其中所提供的重装步兵人数超过3000的仅有5个，而在1000以下的有12个，占60%。且参战的城邦多来自中、南希腊城邦制度较发达的地区，因此城邦人口规模之小可想而知。小国寡民才使实行主权在民的直接民主制度成为可能。

城邦的组织结构建立在以公民权为原则的基础之上，公民在理论上具有不以财产多寡为条件的法律平等权利。男子有参与政治事务的自由，但在法律、社会及宗教层面上，妇女仍然是公民团体的成员。每个城邦都有一位保护神，不同城邦也可以选择同一位神作为保护神。古典时期势如水火的雅典和斯巴达，守护神均为雅典娜。城邦通过定期举行祭祀仪式来表达对神明的敬意，这些宗教活动由城邦出资，在公民所担任的祭司监督下完成。祭祀活动中最重要的仪式是将牺牲献祭给城邦保护神，祈求国泰民安。

城邦是一个复杂社会，社会成员的法律权利和社会地位不尽相同，城邦最为突出的特色在于公民权利广泛多样，穷人也享有一定的政治权利，公民之间的伙伴关系展现出城邦独特的政治特色。希腊城邦的特色体现在：第一，希腊城邦始终以独立的政治单位分立于希腊的古典时代，没能像东方那样由小王国走向统一的帝国。第二，希腊城邦的政体普遍实行共和体制，早期虽有王权，但日渐衰微，不像东方那样日益强大，发展成为君主专制制度。有的希腊城邦甚至推翻了贵族统治，建立起民主政治。公民直接参与城邦的管理，几乎所有的官职都是集体职务，且任期有限制，少有一人专任或独裁现象发生。第三，发达的商品经济，宽松的政治氛围，使希腊城邦诞生出杰出的文化成就。在古代世界诸文明之中，希腊文化最具有科学性和民主性的特点。尽管希腊文化的基础是吸收东方文化发展起来的，其文化成果却独树一帜，光芒璀璨，享有"古典"的赞誉。城邦从诞生伊始便不同于早期东方文明，走上了特色鲜明的发展道路。从最早的城邦出现直至罗马对希腊的征服，城邦始终是古代希腊最杰出的政治和社会组织形式。哲学家亚里士多德称："人天生就是生活在城邦里的动物，能够自给自足生活在城邦之外的不是野兽就是神明。"

希腊各城邦虽具有某些共同的政治文化传统，具体的发展路径却大相径庭。君主政体（basileia）可回溯到黑暗时代或更早的迈锡尼时代，巴赛列斯的政治统治在很多地区可能为贵族政体，而非世袭的君主政体。有关世袭王权的证据见于科林斯、美塞尼亚、斯巴达以及西库昂等国家，但君主政体在公元前8世纪即已消亡，演变为贵族政体。关于希腊王权崩溃的具体过程及其原因，除了后世不可靠的补记，没有其他资料可资依凭，但无疑希腊的历史环境没有给巴赛列斯加强权力提供必要的动力。斯巴达虽残存有世袭的双王制(dyarchy),但并非真正意义上的君主制,而是寡头政治的组成部分之一。在斯巴达及其他一些希腊城邦中,为数极少的男子操纵着政权,实行寡头政治(oligarchia,意为少数人的统治)。一些城邦服从于唯一一位统治者,实行僭主政治。"僭主"(希腊文为 tyrannos)一词可能起源于吕底亚,指一人独裁的统治者,初无贬义,直到公元前 4 世纪之后,僭主才有了暴君的意思。僭主产生于平民与贵族斗争的过程中,指代那些通过非法途径取得独裁统治权的人。僭主依靠尚未成熟的平民意志而不是法律登上王位,他的权力不是来自神授或民选,而是来自特定的历史环境。僭主一般以群众领袖的身份发迹起家,不论他们出身没落贵族还是平民,总是凭借反对贵族的做法博得民众的信任。僭主政治取代的政权一般为贵族寡头政治,继僭主政体之后,一般进入民主政治阶段,僭主政治显然成为贵族寡头政治到民主政治的过渡形式。除此之外,还有一些城邦建立了早期的民主政治(democratia,意为民众的统治),全体男性公民被赋予参与城邦管理的权利。尽管民主政体通常被视为由雅典的梭伦所创立,但亦有证据证明其他早期城邦的民众拥有广泛的政治权利。在雅典,"democratia"一词直到伯里克利时代才取代"isonomia"(意为平等的秩序或政治上的平等)来形容当时的雅典政治,并将法律、自由与平等的观念融入到该词的内涵之中。

二、大殖民运动

从公元前 800 年开始,由于多方面原因,希腊各邦大规模地向海外殖民,建立殖民城邦,形成了轰轰烈烈的大殖民运动。经过二三百年的殖民运动,希腊人在整个爱琴海周围地区、黑海沿岸及地中海大部分地区建立了众多的殖民城邦,其范围之广、影响之深远,历史上绝无仅有。

(一) 海外大殖民的原因

殖民活动是各城邦解决土地、人口、饥荒等危机问题的重要手段。由于当时生产力不够发达,耕地有限,贫瘠多山的希腊半岛无法养活过多的人口,没有分到土地的人必须外出谋生。一些失去土地的农民,借助航海条件的便利,到海外谋求生路。另外,自然灾害也迫使部分公民外出移民,以求渡过难关,如约公元前 630 年,锡拉岛(Thera,今圣托里尼岛)连续 7 年大旱,锡拉人被迫决定使用抽签的办法,从每两个公民中挑出一人参加殖民,在利比亚的昔兰尼加(Cyrenaica)建立了新的殖民城邦。再者,在政治斗争中失败的政治集团被迫出走海外,建立城邦,以谋发展。城邦内部政治斗争激烈,斗争中失败的集团在本城邦难以立足便纷纷外迁,或者说城邦为了平息公民内部矛盾,向外输出斗争中的失败者。公元前 8 世纪末,斯巴达城邦的"处女之子"因没有公民权、无法分得土地而密谋起义,由于消息泄漏,他们被送往意大利南部的他林敦去殖民。一些工商业者为扩大经营范围,也到海外开拓新的商品市场、原料产地和奴隶的来源,到外地建立商业据点。他们的商业据点逐渐形成城邦,到后期这一殖民原因的意义日益凸显。

(二) 海外大殖民的概况

由于上述各种原因,希腊人从公元前 800 年起离开故土,主要通过海路远航至欧洲及小亚细亚各地进行殖民。最早向外殖民的是卡尔基斯(Chalcis)和埃雷特里亚(Eretria)，之后科林斯建立的殖民地有科尔居拉(Corcyra)和叙拉古(Syracuse)。经过两三百年的大殖民活动，希腊人在意大利南部、西西里岛、西地中海北岸、黑海沿岸等地建立了许多新的城邦。据统计，当时希腊参加殖民的城邦共有44个，在各地建立殖民城邦至少在139座以上。用柏拉图的话说，新的殖民城邦犹如雨后池塘周围彼此呼应的青蛙。这些殖民城邦的特点是：分布广泛，一般建立在沿海地带，一般沿袭母邦的制度和习惯，但独立自主，不依附母邦，却仍然与母邦关系密切。战争中，殖民城邦如若支持母邦的敌人，等同于叛国。

（三）大殖民运动的历史意义

殖民运动所带来的影响是深远的。首先，海外殖民缓和了早期希腊城邦发展过程中的内在矛盾，同时也加强了希腊城邦与海外各地的商业联系，希腊本土可从殖民地获得粮食和矿产等原料，同时用本土所生产的手工制品及橄榄油、葡萄酒等相交换，使希腊的奴隶制商品经济获得充分的发展，为希腊古典时代奴隶制经济的繁荣奠定了基础。其次，通过大殖民，希腊的工商业奴隶主获得了所需要的原料和市场，使商品经济获得充分发展。这样，该阶层也随之壮大，从而加强了平民阵营的力量，在一定程度上有利于平民反对贵族的斗争和民主政治的建立。第三，希腊的城邦政体得以巩固和发展。希腊人的殖民活动是在小国寡民的城邦体制下开展的，海外殖民通常由城邦政府有组织、有计划地进行，母邦把部分公民迁移到海外某地另辟家园，带去母邦的政治制度、经济制度以及文化传统和风俗习惯，建立与母邦相类似的殖民城邦。母邦与子邦在政治经济关系上彼此平等，所有子邦都是希腊世界的新成员。希腊移民直接带来的结果是确保了城邦政体在希腊本土得以巩固和发展，同时，海外的希腊殖民城邦，使希腊城邦分立的政治局面长期存在。第四，促进了希腊与周边地区的经济文化交流。殖民活动不仅扩大了希腊人的活动范围，扩大了他们对世界的认识，为希腊接触并吸收埃及、巴比伦和腓尼基等东方文明提供了更为方便的条件，从而使希腊文明后来居上，达到相当高的水平。在为数众多的希腊城邦中，最具代表性的是斯巴达和雅典。

三、斯巴达

斯巴达位于伯罗奔尼撒半岛东南部险峻山脉中间的平原之上，这一地区叫做拉哥尼亚平原，居住此地的斯巴达人也被称为拉哥尼亚人。斯巴达人亦可被称为拉西第梦人，那是斯巴达作为地名的别称。这处平原土质肥沃，水源充足，东、北、西三面环山，缺少良港，这种地理环境适合于农业生产，不利于商业和航海业的发展。由于独特的地理位置，斯巴达不会受到敌人的海上袭击，同时与海洋的相对隔绝也阻止了斯巴达人向海上发展，他们的利益与陆地紧密相连。

据传说，当多利亚人侵入伯罗奔尼撒时，经过很长时间才完全征服原有的居民。其中一支来到拉哥尼亚，摧毁了原来的城邦，在此居住下来。早在迈锡尼文明时期，这里有一个叫做斯巴达的早期城邦，而此后迁居此地的多利亚人就被称为斯巴达人。"多利亚人入侵"虽未有考古证明，不过拉哥尼亚人在历史上确讲希腊语的多利亚方言。到公元前10世纪至前

9世纪,这里逐渐形成了五个按地域关系组成的农村公社,以斯巴达城为中心实行联合。斯巴达是在武力征服异族的过程中形成的城邦,长期的征服战争,使斯巴达人与被征服者之间的人数日益悬殊,矛盾日益加剧。同时,斯巴达人内部的贫富分化开始加剧,出现了贵族与平民。随着征服战争的进行,平民与贵族的斗争日趋尖锐。为了巩固自己的统治地位,镇压被征服者的反抗,斯巴达人调整内部的关系,大约到公元前7世纪,斯巴达国家最终形成。

(一) 传说中的莱库古建制

传说斯巴达在建国之初,由一位伟大的立法者莱库古主持国政,推行一系列立法,斯巴达因此有了独特的社会制度和文明类型。根据普鲁塔克的记述,莱库古宣称从德尔菲神谕中获得了改革的启示。这个神谕被后人称为《大瑞特拉》(Rhetra,意为制定法律),主要内容是:"要为宙斯神和雅典娜女神建立神殿;要组成新的部落和选区,建立包括两国王在内的30人议事会,按季节召开民众大会;议事会向大会提建议并宣布休会;公民皆参加大会并有决定之权。"莱库古的改革确立了斯巴达的政治制度,那就是包括双王、贵族议事会和人民大会三种组织形式在内的、以贵族议事会为核心的贵族寡头政治。历史学家无法断定莱库古主持国政、进行政治法律改革的确切时间,但从公元前8世纪到前6世纪,斯巴达发展出一套以法律为基础的政治制度,并世代保存了下来。与其他希腊人不同的是,斯巴达人从未将法律以文字形式记载下来。

(二) 斯巴达的阶级关系

斯巴达的国家是靠征服建立的,国家机器在征服过程中不断得到完善和加强。斯巴达农业城邦的性质决定了它没有发达的商品经济,因而在客观上消除了产生阶级分化的促进因素。为了在主观上消除阶级分化,斯巴达人建立了所谓的"平等人公社",每个斯巴达人自称平等人,把矛头一致对外。"平等人公社"实际上是建立在对希洛人的压迫与剥削的基础之上。斯巴达约在公元前800年至前730年征服了拉哥尼亚,接着又向西侵略美塞尼亚,通过两次美塞尼亚战争,完成了对该地区的征服。在征服过程中,斯巴达把征服的大部分当地居民变为农业奴隶,称为希洛人,而把少部分居民驱赶到边远山区,与当地居民一起被降为依附民,称为庇里阿西人,初步建立起希洛式的奴隶制。

希洛人被分配到斯巴达人的份地上进行耕种,按规定向斯巴达主人交纳贡物,负担各种沉重的劳役,主人不能将他们私自变卖,亦不可超过规定索取产品。希洛人可拥有家室和生产工具,但没有人身自由,他们居住在特定的区域,组成村落。斯巴达人个人虽然无权处置希洛人,但国家可以任意决定希洛人的命运,对他们进行集体屠杀。斯巴达的依附民还有庇里阿西人。庇里阿西人(perioikoi)意为"边区居民",也是被征服区的居民,约3万户,散居在山区和沿海地带。他们是没有公民权但有人身自由的小生产者,拥有自己的土地、作坊或店铺,从事农业、手工业或商业,他们没有任何政治权利,必须向斯巴达人纳税服兵役。

(三) 政治体制

斯巴达人认为,自己的祖先属于希腊神话中的英雄赫勒克勒斯后裔的孪生子,故斯巴实行双王制。斯巴达在统一拉哥尼亚的过程中,保留了他们称为国王的世袭军事首领。两位国王也许曾是两个处于主导地位的村落的首领,后来在宗教和军事上掌握权力。两位国王的权力受到很大约束,并非真正君主,而是斯巴达城邦寡头政体的领导成员。国王平时权力有限,主要负责主持宗教祭祀和处理家族纠纷,发生战事时权力较大。当两位国王率领斯巴达人出征时,为避免二人就战略战术产生分歧,致使军事进攻陷入瘫痪,斯巴达人决定每次战役仅由一位国王统兵,但要受随军监察官的监督。

斯巴达的国家机构除了两位国王外,还包括议事会(Gerousia)、公民大会和监察官。议事会由两位国王和由公民大会选出的28位年满60岁的男子组成,终身任职,称为三十寡头。议事会是斯巴达国家的重要权力机构,战争、媾和及其他国家大事均由其讨论决定,民众会议只有极其有限的权力对他们制定的议案进行修改,绝大多数情况下只能对议案表示同意。议事会还握有最高司法权,负责审理民事、刑事和国事案件,并协助一些主要官员处理公共事务。

公民大会由年满30岁的斯巴达男性公民组成,开始由国王负责主持,后改由监察官负责召集。在形式上他们有权选举国王、长老、监察官和通过长老会议决议的权力,但实际上,公民在大会上既无权提出议案,也无权讨论议事会的决议,对选举或决议亦不能举手或投票,只能用呼声的高低来表示赞成或反对。当长老会议认为公民大会的表决不符合国家利益时,有权撤回,择日另议,根据普鲁塔克的《莱库古传》所言,这是斯巴达的传统,"当民众的呼声并不正当,议事会有权撤回议案"。

监察官(ephors)共有5人,由公民大会从年逾60岁的男子中选出,一年一任,他们的权力很大,有权监察和处理国王、长老和公民的一切违法行为。后来,代替国王主持议事会和公民大会,成为国家最重要的权力机关,是斯巴达贵族寡头政治的代表和体现者。另外,监察官还负有对希洛人进行监视和专政的职能,每年新监察官上任伊始,首先举行向希洛人"宣战"的仪式,派全副武装的斯巴达青年到希洛人住地进行侦察、搜捕,将所谓有反抗嫌疑和健壮的希洛人秘密处死。

(四)军事生活

斯巴达的国家是在军事征服中产生,因此征服他人、镇压希洛人的反抗,成为斯巴达男人唯一的事业,当兵打仗是斯巴达人的天职。斯巴达人崇尚勇敢无畏,吃苦耐劳,视死如归的精神。整个国家就像一个大兵营,社会生活充满着浓厚的军事色彩,全民皆兵、重武轻文的程度在世界历史上是罕见的。斯巴达人的军营生活从20岁开始,直到60岁为止。斯巴达男子几乎都在"公共食堂"就餐,他们的饮食粗糙,所有人都吃同样的食物。斯巴达的美食"黑肉汤",是一种黑乎乎带有血腥味的猪肉汤,这款斯巴达人眼中的美味菜品在其他希腊人中却臭名昭著。斯巴达人的婚姻也很特别,20岁订婚,30岁结婚,婚姻的目的只为锻炼强壮的母亲,生育健康的后代,培养强健的战士。

斯巴达军队的战斗力在当时希腊的各个城邦中可谓无与伦比。斯巴达战士在艰苦的战斗中从容英勇,视死如归。他们在冲锋时,队列齐整,伴随着优美的笛声,投入殊死的搏斗。

出征前,斯巴达战士的母亲或妻子在送别自己的儿子或丈夫时,往往指着盾牌做出这样的临别嘱托:"不携它凯旋,就让它抬着你的尸体而归。"

斯巴达的影响仅限于当时的希腊世界,由于其特有的传统和社会生活,斯巴达人在文化方面的贡献甚小。斯巴达人在征服别人的过程中,把被征服者变成奴隶,同时也给自己套上了惟恐希洛人起义的枷锁。正是这种恐惧心理,使他们保守地反对改革,对注定衰亡的制度没有任何革新的设想。斯巴达人为维护内部的"平等"和对希洛人的统治,要求每个人必须严格服从铁的纪律。斯巴达人的集体主义精神贯穿到社会生活、思想意识和社会经济的每一个角落,更多地用于野蛮征服和残暴统治,这就不可避免地导致粗鄙和仇恨风气的盛行,使斯巴达文化表现出极端的落后性。在斯巴达,几乎看不到一座雄伟的建筑物,也制作不出一件精美的艺术品。在辉煌灿烂的希腊文化中,斯巴达人几乎没有什么贡献。不过斯巴达人朴素的道德、刚毅果敢的战斗作风、视死如归的从容态度,仍为后世留下了深刻印象。

到公元前6世纪末,整个伯罗奔尼撒半岛几乎都在斯巴达的支配之下。斯巴达将伯罗奔尼撒半岛的主要希腊城邦,包括科林斯、麦加拉这些较有实力的城邦,组成了伯罗奔尼撒同盟,成为伯罗奔尼撒半岛事实上的霸主。同盟是军事性质的,决策依斯巴达的利害而定。召集同盟会议之权归斯巴达,但决议须有大多数入盟者的同意方能生效。同盟中各邦仍保持着自己的独立,只是在外交、军事方面听从斯巴达的协调和指挥。斯巴达经常利用同盟镇压境内的希洛人起义,也利用同盟干预各邦内政,支持各邦的贵族统治。公元前500年,斯巴达和雅典是希腊世界实力最强的两个城邦,遥遥领先于其他国家。斯巴达依仗的是军事力量,而雅典依靠的则是经济实力。

四、早期雅典

雅典位于希腊东南部的阿提卡半岛上,境内多山,不太适于农耕,但半岛拥有银矿、大理石和优质陶土等丰富的矿藏。橄榄、葡萄的种植也很广泛,可为手工业的发展提供原料。阿提卡半岛海岸线漫长曲折,有许多良港,便于航海。附近有天然良港比雷埃夫斯港,一个面向海洋的开阔地带。这样的地理环境为雅典工商业的发展提供了有利条件,使其成为古希腊工商业城邦的典型代表。传说雅典的创建人是推翻克里特暴君米诺斯王的提修斯。与建国伊始的各个国家一样,雅典初期的政体也是王政,雅典国家通过三次内部改革而形成,最终建立起民主政治。

(一)传说中的提修斯改革

传说中提修斯进行了重要改革,一是统一阿提卡,设立以雅典为中心的中央议事会和行政机构,废除阿提卡各城镇的议事会和行政机构,把各部落的重大事务收归中央议事会处理,从而实现了阿提卡的统一。二是把阿提卡居民划分为贵族、农民和手工业者三个等级,规定只有贵族才能担任官职,掌握行政、司法和宗教方面的权力,以法律的形式把贵族的特权固定下来,而农民和手工业者则没有任何权力,成为平民。提修斯改革反映了当时雅典社会发展的要求,公共权力的建立和按等级划分居民,标志着雅典国家的萌芽。

提修斯改革规定只有贵族才能担任官职,这样贵族就垄断了国家的所有重要官职,为平民与贵族的矛盾埋下伏笔。公元前8世纪至前7世纪,雅典的国家机构主要由执政官、贵族会议和公民大会三部分组成。执政官从贵族中选出,其任期由终身制改为10年一任,后改为一年一任,其人数也由1人增加至3人,后增为9人,掌管内政、宗教、司法、军事等。贵族会议在战神山(Areopagus,战神阿瑞斯的界标)召开,由贵族充任,终身任职,是当时雅典的最高权力机关,可决定国家的一切大事,并掌握最高审判权,可推荐和制裁执政官,执政官卸任后也进入贵族会议。公民大会由自备武装的军人组成,虽有选举官员的权利,但平民无权担任国家官职,因此,公民大会实际上并不起什么作用,国家政权完全操纵在贵族手中。

贵族在政治上独揽大权,在经济上巧取豪夺,造成小农破产,债务奴隶制盛行。贵族依仗权势和经济实力,残酷剥削平民,通过地租和高利贷的形式,使小农的处境不断恶化。农民借债必须以其份地做抵押,而债务人及其家属则沦为债主的"六一汉"(即向债主缴纳收成的1/6,自己留5/6)。如果债务人没有抵押保证或者六一汉交不起地租,则以人身作抵押,沦为债务奴隶,甚至被卖往海外,从而使平民与贵族的矛盾日益激化。同时,新兴的工商业者阶层与贵族的矛盾也日趋尖锐。他们因出身低贱,而在政治上受到贵族的歧视,处于无权地位,经济利益也得不到保障。因此要求在政治上参与政权,在经济上推行有利于工商业发展的政策,并和下层平民一起反对贵族的统治。

上述矛盾的发展,进而引起政局的动荡,公元前630年,雅典发生了反对贵族统治的基伦暴动。基伦是一位奥林匹亚赛会获胜者,在其岳父麦加拉僭主的帮助下发动政变,这次政变遭到镇压,最后失败。公元前621年,贵族会议在平民的压力下,被迫委托司法执政官德拉古编定成文法典。成文法的制定,对贵族任意解释习惯法有所限制,但它维护了贵族在政治和经济方面的特权,破产农民所要求解决的土地和债务问题根本没有涉及。德拉古立法用刑极其严酷,几乎每一条都以死刑作为惩罚,衍生出"严酷的"(draconian)一词。到公元前6世纪初,不满的下层平民已在酝酿暴动,起义一触即发。在这种社会背景下,梭伦走上雅典的政治舞台。

(二)梭伦改革

梭伦(约公元前640—前560年)出身于贵族家庭,年轻时出外经商,游历过希腊、小亚细亚、埃及等地,结交了古希腊著名的哲学家和科学家。梭伦早期的游历经商生活使他获得了丰富的知识和经验,对下层群众的疾苦有所了解,在政治上逐渐倾向于工商业奴隶主。同时,他在萨拉米斯战争中的军功使他名声大振。公元前594年,梭伦当选为首席执政官。他上台后,立即推行了一系列重大改革。亚里士多德在《雅典政制》中引用梭伦的作品,描述他如何试图找到社会矛盾的公正解决办法,"我伸展开一面盾牌,让双方都感到安全,不让任何一方不公正地获得胜利"。他改革的主要内容有:

1. 颁布《解负令》,解除债务和由于债务而遭受的奴役。

根据这一法令,取消了平民所欠债务,把因不良信贷而被没收的土地还给原来的所有者。因债务而卖身为奴的人,恢复其人身自由,被卖到海外的债奴,由国家出钱赎回,并规定永远禁止自由民用人身作为债务抵押,这样就废除了债务奴隶制。

2. 重新明确财产权,重组经济地位与社会关系。

他按财产资格将公民划分为四个等级,并规定了相应的权利和义务。财产以全年农产品收入总量来计算,或把货币收入折合成实物来计算。年收入大于500麦斗者为第一等级,称为"五百麦斗级";收入大于300麦斗者为第二等级,称为"骑士级";收入达到200麦斗者为第三等级,称为"牛轭级";收入在200麦斗以下者为第四等级,称为"日佣级"。第一、二等级的公民可担任高级官职,提供骑兵;第三等级担任低级官职,提供重装步兵;第四等级无权担任官职,可参加公民大会的选举和充当陪审法庭的陪审员,提供轻装步兵和在海军中服役。

3. 创立四百人会议和陪审法庭,提高公民大会的权力。

四百人会议从4个传统的雅典部落中分别选出100人组成,前三个等级的公民均可当选,四百人会议为公民大会拟定议程,预审公民大会的议案,取代了贵族会议的部分权力。梭伦还提高公民大会的作用,各等级的公民均有权参加公民大会,决定国家大事,有权选举官员,恢复了其固有的国家最高立法机关的作用。新设立的陪审法庭是雅典最高司法机关,四个等级的公民均可通过抽签当选陪审员,可以审查法官处理的案件,可以对法官已做出判决的案件重新提起诉讼,审案时投票做出决定,防止了贵族滥用司法权。

4. 采取奖励发展工商业的措施。

除自给有余的橄榄油外,限制粮食出口。另外,规范了重量单位和度量单位,以便简化交易。奖励公民学习手工业技术,同时还鼓励有技术的外邦人移居雅典,授予他们公民权。

梭伦改革主要反映了新兴工商业奴隶主的利益,是雅典平民反对贵族斗争的一次重大胜利,对雅典历史的发展具有重大影响。

首先,梭伦改革打破了贵族依据世袭特权垄断官职的局面,为工商业奴隶主登上政治舞台开辟了道路,奠定了雅典奴隶主民主的基础。其次,梭伦改革使广大平民摆脱了债务奴役,从而在自由的雅典公民内部废除了债务奴隶制,此后雅典的奴隶全部来源于外邦人。平民政治地位的提高,扩大了奴隶主统治的社会基础,为雅典的强盛以及奴隶制的发展开辟了道路。梭伦的经济政策打击和限制了氏族贵族的经济利益,促进了雅典工商业的发展,加强了工商业奴隶主和中小土地所有者的经济实力,为雅典由贵族政治转变为民主政治奠定了经济基础。新的政治机构的设立,使雅典的国家机器日趋完备,从而促进了雅典国家的发展。但是,梭伦改革并没有彻底废除贵族的特权,下层平民的土地问题也没有得到解决。

梭伦改革引起了贵族和下层平民双方的反对,贵族因失去部分特权而忿忿不平,企图恢复旧制度,下层平民则因为改革没有平分土地也颇为不满,要求实行进一步的改革。梭伦受到两方面的压力,被迫出走国外。

(三)庇西特拉图僭主政治和克里斯提尼改革

梭伦改革不可避免地结怨于两边,贵族的恼怒和下层平民的不满交织在一起,平民与贵族的斗争仍在继续。公元前541年,一个极富政治野心的贵族庇西特拉图,依靠山地派的支持,以一场不流血的政变当上了雅典的僭主。庇西特拉图不仅贯彻执行梭伦立法,还采取了一系列有利于工商业者和小农的政策和措施。对农民实行低息贷款,把土地税定为收获的1/10或1/20。设立农村巡回法庭,现场办公,及时处理农民诉讼,削弱贵族对地方司法的专断和干扰。他扩大雅典工商业的发展,建造大批商船和战舰。在小亚细亚西北部建立殖民地,以控制黑海的商路和贸易。他还进行大规模的雅典市政工程建设,重视雅典文化事业,出资组织节日庆典,复兴泛雅典娜节,请文人墨客到雅典创作交流,《荷马史诗》的整理工作就是在此时的雅典进行的。

在庇西特拉图统治期间,贵族的权力受到进一步削弱,工商业者和农民提高了政治和经济地位,雅典变得更加繁荣强盛。所以亚里士多德说庇西特拉图的僭主政治有如"黄金时代"。庇西特拉图以独裁的形式推进了民主的进程,但是,独裁政府的优劣完全取决于独裁者个人的才能与性格。雅典市民虽然认可庇西特拉图的才能,服从他的独裁,却无法忍受独裁者的儿子们的暴政。公元前510年,雅典的贵族在斯巴达的支援下推翻了独裁政权。

庇西特拉图20年的独裁带给雅典以和平和秩序,使经营工商业的雅典市民的经济实力空前提高。庇西特拉图死后,公元前508年,贵族克里斯提尼进行改革。内容包括:打破4个古老的血亲部落的藩篱,以10个新的地域部落取而代之。他把阿提卡分为30个被称为"三一区"的单位,将这些三一区组建为10个新部落,每个部落由3个三一区组成,一个来自海洋,一个来自内陆,一个来自城市。这一举措限制了地方权贵对选举结果的控制,为全体男性公民广泛参与到政府管理中来提供了行政基础。建立五百人会议,代替四百人会议,10个部落中,每个部落任何等级的公民都可经抽签选出50人,并在一年内1/10的时间里,组成公民大会主席团,处理国家日常事务。团内50人通过抽签再选出一名执行主席(相当于国家元首)。设立十将军委员会,每个部落各选一名,一年一任,这10名将军掌握着雅典最高的民事和军事权力,尤以首席将军权力最大。制定陶片放逐法,对想当僭主的人,给予体面的流放。公民大会首先投票决定当年是否要实施陶片放逐,若通过则每位公民取一片破碎的陶片,在上面写下要放逐之人的名字,如果达到6 000票,则此人被放逐10年,财产在其返回时归还,这是一种防止僭主政治复兴的预防性措施。

克里斯提尼的改革以新的地域组织,代替了原始的血缘组织,标志着雅典国家的最终形成。他的改革使雅典所有的公民都有机会参与国家最高级的政治事务,亚里士多德认为其改革"比梭伦宪法要民主得多"。雅典的民主政治建设至此基本完成。雅典平民与贵族之间的斗争也告一段落。

在这个城邦的世界里,约有一半以上的希腊城邦选择贵族政体或者寡头政体,不过城邦社会的民主化趋势仍是显而易见的。到公元前6世纪末,希腊世界主要城邦都完成了立法,确立了公民权,这是民主化政治生活的基础,公民有权参与城邦的政治活动,有权参加公民大会和表达自己的政治主张。不同的是,民主城邦的公民拥有更为广泛的权利,轮流担任各种官职,直接参与城邦的管理,公民大会拥有最高决策权。在贵族制下,同样召开公民大会,但最高决策权在贵族议事会。在寡头制下,政治参与权被限制在具有一定数量财产的公民群体内。

第三节 希腊古典时代

公元前5世纪至前4世纪上半叶的希腊历史称为古典时代,传统上也有将古典时代的上限定为公元前479年希波战争第一阶段结束的划分方法。这是古希腊经济、政治、文化高度发展的繁荣时期,以雅典为代表的希腊城邦达到全盛。希腊人团结一致,经过希波战争,挫败了波斯帝国的侵略图谋,捍卫了民族独立,确保了希腊人在东地中海的战略地位和利益。此后,由于陷入了长期的内部纷争,特别是经过伯罗奔尼撒战争,希腊城邦开始由盛转衰,渐趋分裂。

一、希波战争

公元前6世纪下半叶起,在亚洲西部伊朗高原崛起的波斯,大举对外扩张,很快形成了一个庞大的军事帝国,其疆域西抵小亚细亚,东达印度河,北括高加索和中亚高原,南及埃及和阿拉伯沙漠边缘。公元前546年,波斯帝国征服了吕底亚王国,随后相继征服了原来依附于吕底亚的小亚细亚西部沿海一带的希腊人诸城邦。公元前514年,波斯国王大流士一世亲率大军渡过博斯普鲁斯海峡,侵入欧洲境内,进攻多瑙河以北的游牧民族斯基泰人。大流士一世虽出师不利,却乘机占据了色雷斯和黑海海峡,从而阻断了希腊人与黑海间的传统商业联系,也形成了从侧翼威胁希腊半岛的态势。

波斯统治下的小亚细亚希腊城邦,多由波斯人扶植的僭主直接统治,他们须向波斯当局纳税服役,饱受压榨,不满之火蓄之既久。约公元前500年,米利都人率先发动反抗波斯统治的暴动,小亚细亚诸希腊城邦群起响应。希腊本土的雅典和埃列特里亚应米利都之请,旋即派遣舰队支援,遂引起希腊波斯战争的爆发。公元前498年,希腊联军一度占领波斯小亚细亚行省首府萨狄斯。大流士一世调集重兵赶赴小亚细亚,公元前494年攻陷米利都,毁为焦土。希腊人起义失败后,波斯便开始筹划大举入侵希腊半岛。

(一)希波战争的过程

战争主要分为两个阶段,第一阶段(公元前492—前479年),波斯对希腊本土发动了三次远征。第二阶段(公元前478—前449年),雅典领导希腊联军取得了对波斯的最后胜利。

公元前492年,大流士一世派大军进攻希腊。波斯陆军在色雷斯遭遇本地军民抵抗,海军在阿索斯海角被风暴摧毁,损兵折将,被迫撤退。次年,波斯遣使到希腊各邦索要"水和土",以作降服的象征,遭雅典和斯巴达严拒。斯巴达人还将波斯使臣投入井中,说:"那里有水和土,任凭自取!"

公元前490年,波斯授命宿将达提斯为统帅,领兵再犯希腊。波斯军队借道爱琴海基克拉迪斯群岛,直扑中希腊,占领埃列特里亚后,在阿提卡的马拉松平原登陆,雅典大震。当时,斯巴达援军未到,兵力众寡悬殊,雅典诸将领也未就作战计划取得一致意见。他们最后决定采纳米太亚德的主张,并任其为统帅,起兵开赴马拉松抵抗。米太亚德为了防止波斯军在战斗中包围雅典军,计划加重两翼及边缘的兵力布置。他下令用精锐的希腊重装兵攻击波斯的步兵和弓箭兵,波斯人未能及时投入其所长的主力骑兵,结果因不敌雅典军队来自两翼的猛击而全线大溃,遗尸6 400多具。米太亚德遂以1.1万兵力打败了10万优势敌军,旗开得胜。战役一结束,雅典士兵菲迪皮茨衔命奔回雅典报捷,一口气跑了逾42公里的路程,抵达雅典时只喊出一声:"雅典得救了!"便力竭而亡。这就是日后马拉松长跑的来历,以纪念其人其事。雅典军之所以能够在马拉松战役中打败波斯军,主要归功于雅典军当时所排列的战斗序列。在这场会战中,雅典军是一种在简单平行战斗序列的基础上,加强两翼兵力的战斗序列;而波斯军只是摆出了简单平行战斗序列。随着战事的行进,雅典军的这种重两翼的平行战斗序列的中央部分开始向内凹入,最后呈现出近于垂直的战斗序列,对深入敌阵的波斯军形成两面夹击。

马拉松交战后,波斯人仍不甘心失败,又重整旗鼓,再度调集人马,准备新的入侵。希腊方面也加强了各城邦间的联合,积极整军备战。公元前480年,波斯国王薛西斯(约前519—前465年)统领大军,水陆并进,又一次竖起了侵略的大旗。波斯陆军很快占领了北希腊,进而向中希腊推进。7 200名希腊同盟军在斯巴达国王李奥尼达率领下,扼守在北希腊通往中希腊的唯一通道温泉关,凭借有利的天险地形,打退了数十万波斯军队接连两天的猛攻,后来波斯人找人带路绕行至温泉关后面,使希腊军队腹背受敌。李奥尼达见形势危急,命令大部分守军迅速撤离,自己率领300名斯巴达士兵和其他1 100名希腊将士坚守温泉关。结果,数倍于希腊守军的波斯近卫军包括薛西斯的两个兄弟横尸阵前,而以李奥尼达为首的300斯巴达勇士和一些其他盟邦的守军亦全部牺牲。

波斯大军乘势南下,进占雅典。雅典海军统帅泰米斯托克利及时疏散了妇女儿童之后,正确地选择了在不利于敌方的萨拉米斯岛附近海湾布阵,与波斯军队进行决战。公元前480年9月20日,萨拉米斯海面鏖战正酣,波斯巨舰囿于海湾狭窄,难以施展,结果在运转灵活的希腊小型舰只的攻击下,顿时樯橹灰飞烟灭,一败涂地。萨拉米斯海战一举扭转了战局,薛西斯只得匆匆收兵退回亚洲,希腊由此转入进攻阶段,而波斯则转入防御。以后的战事逐渐从陆上转到海上,缺少海上商业利益的斯巴达对战事采取了消极态度,最终退出了战争,而拥有巨大海上利益的雅典凭借强大的海军,逐渐取代了斯巴达在联军中的统帅地位。

翌年春,希腊联军在普拉提亚再次以寡敌众,大破波斯陆军,击毙其主帅马多尼乌斯,迅速收复了希腊本土的大部分失地。此后,主要战场转移到了小亚细亚。公元前478年,为了对付波斯,雅典领衔与爱琴海诸岛及小亚细亚各希腊城邦结成"海上同盟",因其金库曾设于提洛岛,又称"提洛同盟",加入该同盟的城邦中以雅典势力最强。同盟各邦提供资金、船只,组建共同舰队,雅典则实际控制了同盟的金库管理权和舰队指挥权。公元前449年,提洛同盟在塞浦路斯岛附近大败波斯海军,这是希波战争的最后一战。同年,雅典使节卡利亚斯抵达波斯国都苏萨,与波斯正式签订和约,史称《卡利亚斯和约》。条约规定,波斯放弃对小亚细亚诸希腊城邦的统治,波斯舰只不得进入爱琴海,塞浦路斯归波斯辖治。希波战争宣告结束。

(二) 希波战争对希腊城邦的影响

希腊的胜利,捍卫了希腊各城邦的独立,重新打开了通往黑海的航路,确立了希腊在东地中海的霸权。希波战争对希腊两个最主要城邦,雅典和斯巴达影响重大。对雅典而言,大量的战俘奴隶和战利品使雅典的奴隶制商品经济空前繁荣;因平民尤其是第四等级公民在战争中发挥了重要作用,民主势力增强,促使雅典民主政治更加完善。战争使雅典成为全希腊的海上强国,通过提洛同盟,雅典霸权主义的势力迅速膨胀。对斯巴达而言,大量战利品的流入以及与外界频繁的接触,使斯巴达原有的经济和朴素的生活失去平衡,原已平息的矛盾重新出现,斯巴达在希腊城邦中的军事统帅地位受到了来自雅典的挑战。除了政治格局上的变化外,希腊人在观念上强化了正在形成中的民族和文化认同。希腊人具有典型的民族中心主义思想,其他所有民族皆为蛮族。希波战争后,这种民族中心主义发生明显的转向,把波斯人和希腊传说中的敌人联系在一起,将之一概视为来自亚细亚的宿敌——与希腊方式相对立的蛮族,这种观念在希罗多德的《历史》和公元前5世纪中后期的希腊瓶画和神庙雕塑中体现出来。甚至有学者认为是在希波战争之后,通过对东方蛮族的想象和描述,希腊人的民族认同才最终确立起来。

二、伯里克利时代的雅典民主政治

在提洛同盟的海军中担任桨手的雅典男子,一方面壮大了雅典舰队,使其在希波战争第二阶段的海战中发挥了重要作用,另一方面这些贫苦的公民更加积极地推动雅典的司法管理与公民大会的民主进程。从公元前443年到公元前429年,伯里克利连年当选将军,执掌雅典最高权力,这一时期即为历史上著名的"伯里克利时代",雅典民主政治的发展臻于鼎盛。伯里克利出身名门,母亲是克里斯提尼的侄女,父亲是一名卓越领袖。

(一) 伯里克利时代民主政治的主要体现

在形式上,所有的公民一律平等,有权决定国家制度和管理国事。执政官和其他政府官职,对各等级公民开放,第三、四等级也可通过抽签当选任职。各机构的职能出现了变化,公民大会演变为国家最高权力机构,凡年满20岁的男性公民皆可与会,每年召开40次例会,必要时还召开临时会议,就国家一般政策和军事、外交、财政等问题作出决定。五百人会议作为处理日常事务的最高行政机关,由10个地域部落按抽签法各选50人组成,50人为一组,轮流执政。以陪审法庭为最高司法和监察机关,由10个地域部落各选600名30岁以上的公民充任陪审法官,负责审理国事罪、渎职罪等要案,审理公民追究五百人会议和公民大会违宪行为的"不法申诉",还负责对公职人员进行监督和考核。陪审法庭也参与立法活动,拥有对公民大会决议的最后批准权。贵族会议的权力则相应降低,原先掌握的批准、否决公民大会决议和审判渎职罪的权力已被剥夺。十将军委员会的权力得到增强,不仅保有军队指挥权,而且也掌管了政治权力,首席将军成为政府的最高首脑。十将军由公民大会选举产生,可连选连任,伯里克利本人就是连续15年当选将军。雅典对担任各种公职的人给予不同的公职津贴,还向公民发放"观剧津贴",以激励公民积极参与民主政治和文化活动。有了公职津贴,穷人才方便抛下日常工作,投入更多时间于公职之中,而那些最具影响力的官员,如十将军则不会获得薪酬。因为公众们期望像伯里克利一样的富人赢得选举,他们享有良好教育,其知识和经验足以胜任最高职位,且有时间担当此职。对于十将军而言,职位带给他们的名望便是最好的报酬。普通公职人员和陪审员领取的薪酬尽管并不丰厚,仅为一个普通工人一天工作所得,不过仍大大调动了普通贫民为城邦服务的积极性。

伯里克利还严格管理公民权的授予,对公民名册进行审查,把以欺骗方式获得公民权的人全部除名。公民权对男子而言意味着参与政治、担任陪审员,享受平等的法律保护,在雅典的领土内拥有土地和房屋。雅典妇女拥有的权利极少,在法庭上须由其男性法定监护人代替她们发言,没有自行处理庞大财政事务的权利,不过仍享有作为公民的基本保证,能够掌握财产,其公民身份和财产受法律保护。如此,男性和女性共同享有着物质富足、公民意识浓厚的城邦生活所带来的益处。

对于当时雅典的政治制度,伯里克利曾经做过这样的表述:"我们不模仿我们的邻人,但我们是他们的榜样。我们的政体确可以称为民主政体,因为行政权不是掌握在少数人手里,而是掌握在多数人手中。当法律对所有人都一视同仁、公正地调解人们的私人争端时,民主政体的优越性也就得到确认。一个公民只要有任何长处,他就会受到提拔,担任公职,这是作为对他优点的奖赏,跟特权是两码事。贫穷也不再是障碍物,任何人都可以有益于国家……"

(二) 民主政治的局限性

雅典民主政治在古代社会确实是最先进的,民主活动的范围比过去大大扩大了,极大调动了公民的积极性和创造力,公民直接参政的国家管理形式得以实现,经济和文化事业得到推动。公民大会、五百人会议和陪审法庭等民主机构的地位提高了,各种权力的相互交错和制衡,有助于防止个人或少数寡头专权现象的出现,这套体系也体现了雅典为现今许多学者称为"极端"民主制的基本原则。民主政治的高度发展尽管颇具历史进步性,但毕竟只是奴隶主的民主,其社会和时代的局限性也是显而易见的。当时的外邦人没有公民权,妇女被排除在政治生活之外,奴隶则根本不被当人看待,更无公民权和民主可言,仅自由民中的成年男子才享有公民权。据估计,成年男性公民的人数在雅典不过四万左右。而且,这种民主权利本身有时也流于形式,失之过滥,公民大会往往在一些别有用心之徒的煽惑下,通过了一些怀有偏见的错误决议,伤及无辜,扼杀了新的思想。所以雅典民主政治始终只是意味着社会上一少部分成员的政治权利,存在着无可逾越的阶级和时代的局限性。

三、伯罗奔尼撒战争与城邦混战

公元前431—前404年,爆发了以雅典及其同盟者为一方,斯巴达为首的伯罗奔尼撒同盟为另一方,为争夺希腊霸权的大规模战争,史称"伯罗奔尼撒战争"。这场战争缘起于雅典和斯巴达两大集团之间错综复杂的政治和经济利益等方面的激烈冲突。

(一) 伯罗奔尼撒战争的起因

希波战争期间,雅典为集结希腊各邦力量反对波斯,组建并控制了提洛同盟。公元前454年,同盟金库由提洛岛迁至雅典,各邦交纳给同盟金库的贡金,也由雅典公民大会支配,攫为己用。希波战争结束以后,雅典非但没有解散提洛同盟,反而进一步利用它来拓展自己的海上霸权,并向希腊各邦强制推行其法律、货币和度量衡制度,还派驻军队和监察官,实行军事殖民。雅典海上霸权的建立与持续膨胀,严重威胁着希腊另一霸国斯巴达的利益和地位。当时斯巴达正操纵伯罗奔尼撒同盟,也企图称霸希腊,并推行其政治体制。

早在公元前459—前445年,雅典与科林斯、厄齐那、斯巴达为争夺中希腊就曾发生战争。这场争霸战争其实是伯罗奔尼撒战争的前奏,双方后以缔结30年和约而暂告妥协,但和平却并未持续太久。

伯罗奔尼撒战争的导火线是由几起局部冲突直接点燃的:科尔居拉事件、波提底亚事件和麦加拉事件。公元前435年,科尔居拉和科林斯因对埃庇丹努斯殖民城邦的控制权问题发生争执,科尔居拉随即向雅典求援。公元前433年希伯达海战,雅典出兵救援科尔居拉,迫使科林斯海军撤退。次年,提洛同盟成员波提底亚在科林斯唆使下宣布退盟,雅典恼恨伯罗奔尼撒同盟的插手,派兵围攻波提底亚。与此同时,雅典由于不满麦加拉时而依附提洛同盟,时而又投靠伯罗奔尼撒同盟的行径,借口其收容逃奴而对其施行经济封锁。这一连串事件的发生,使伯罗奔尼撒同盟倍感羞辱,又深感雅典得寸进尺,于是决定动武。公元前431年3月,伯罗奔尼撒同盟城邦底比斯进攻雅典盟邦普拉提亚,伯罗奔尼撒战争正式爆发。

(二) 伯罗奔尼撒战争的进程

这场战争分为三个连续的阶段。第一阶段(公元前431—前421年)被称为"阿希达穆斯战争",得名于每年夏季入侵雅典的斯巴达国王阿希达穆斯。第二阶段(公元前421—前413年)被称为"尼西亚斯和平",开始于雅典贵族首领尼西亚斯与敌方签订和约,结束于雅典在叙拉古的战败。最后一个阶段(公元前412—前404年)被称为"爱奥尼亚战争",因大部分战事发生在爱奥尼亚海岸附近而得名。

战争之初,斯巴达大军曾几次从陆上进攻阿提卡半岛肆意毁掠。雅典则将农村居民撤入城内,凭据坚城顽强固守,同时又派出舰队频频出击,从海上封锁伯罗奔尼撒沿岸。公元前430年,雅典发生瘟疫,且严重缺粮,人口大批死亡,伯里克利也于翌年染疾身亡。战争的破坏和苦难,引发了雅典公民的愤懑,也加剧了城邦内部的纷争。雅典发生了以克里昂为首的主战派和以尼西亚斯为首的主和派的激烈争斗。公元前427年,克里昂任首席将军,继续执行战争政策。同年,雅典攻占波提底亚。公元前425年,占领斯法克特里亚岛,俘获斯巴达公民百余人。公元前422年,雅典与斯巴达军队在安菲波利斯城下决战,战况惨烈,双方主将克里昂和布拉西达斯均战死疆场,以雅典战败而结束。次年,雅典和斯巴达签订了50年和约,该和约以雅典主和派首领之名而称《尼西亚斯和约》,规定双方从所占地区撤兵,大体维持战前态势。

然而,战火并未就此息止。在主战派首领阿尔西比亚德的鼓动下,公元前415年,雅典派兵远征西西里,战端再启。阿尔西比亚德率舰队驶抵西西里后,国内政敌以渎神罪名召其回国受审。阿尔西比亚德遂于返国途中叛逃斯巴达,并向斯巴达人献策挫败雅典。公元前414年,斯巴达当局采纳其言,出兵西西里助战。次年秋,雅典远征军在西西里大败,全军覆没,折损舰只200余艘,海军3.5万人。同年,斯巴达又进兵阿提卡的德凯利亚,占领雅典近郊。雅典发生了2万奴隶大逃亡的事件。

战争的失利使得雅典民主政体遭遇严峻的考验,民众对民主政治的信心受到削弱,贵族寡头派乘机卷土重来,于公元前411年发生了推翻民主政体的政变,建立起贵族寡头政权,不过仅维持了四个月便垮台了。次年,雅典再建民主政体,力量有所恢复。公元前408年,雅典海军收复了拜占庭,重开黑海航道。但斯巴达却得到波斯资助,重振海军。公元前405年,斯巴达人将雅典舰队诱入赫勒斯滂海峡,发起突袭。羊河一役,雅典舰队再遭覆灭,致使其海上霸权丧失殆尽。斯巴达大将来山德随即挥兵直下,由海陆两面围困雅典。在饥馑和绝望之中的雅典,被迫于翌年4月宣告投降。依照斯巴达提出的条件,雅典废止民主政治,并解散了提洛同盟,加入伯罗奔尼撒同盟,拆毁由雅典通往皮雷埃夫斯港的长墙,除允许保留12艘舰只外,交出其余全部海军,放弃海外大部分属地。

伯罗奔尼撒战争持续27年之久,终以雅典惨败、斯巴达雄踞全希腊霸主的结局而告终。但这场希腊人之间的大规模内战,毕竟使双方都蒙受了巨大的损失,波斯得以乘隙插手希腊事务。

雅典的失败有多方面原因可寻。从城邦内部来看,党争激烈,主战派和主和派彼此倾轧,严重涣散了民心士气,消耗了国力。从外部方面来说,雅典多年来对盟邦实施高压政策,致使提洛同盟内部久蓄异志,怨忿丛生。战事一起,诸盟邦便纷纷叛离,同盟已徒具虚名,战争爆发不久便形成雅典一家独力撑持,与整个伯罗奔尼撒同盟对抗的形势,在力量对比上愈益显得寡不敌众,加上伯罗奔尼撒同盟方面又获波斯人的金钱资助,这样,雅典的失败也就难以避免了。

此后,在斯巴达人的扶植下,雅典建立起以克里提阿斯为首的三十僭主的统治,民主派遭到逐杀,享有公民权的人数被大大缩减,仅为三十寡头指定的3 000名公民,三十僭主的统治也仅维持了10个月。公元前403年,流亡在外的民主派重又攻入雅典,再度恢复了民主政治,但雅典终究未能挣脱斯巴达的约束,其历史地位就此一蹶不振,雄风不再了。

(三) 伯罗奔尼撒战争对希腊城邦的影响

伯罗奔尼撒战争是古希腊历史上的一大转折,波及范围不仅限于希腊半岛各城邦,而且也包括西西里、爱琴海诸岛、色雷斯和小亚细亚沿岸的众多希腊城邦,对整个希腊古典世界产生了强烈的震撼。战争带来破坏和苦难,在雅典、斯巴达、科林斯、叙拉古等主要城邦内部,都触发了尖锐的社会矛盾。少数富人借战争之机,通过粮食、土地和原材料投机活动大发其财,而广大下层民众则饱罹祸患,贫富对立加剧,阶级冲突更甚。许多农民和手工业者在战乱中相继破产,土地被富有的大奴隶主乘机兼并。失去土地的公民沦为无业游民,人数日渐增多。仅在雅典,无产者的人数在居民总数中估计已经逾半,作为城邦制度基础的公民集团迅速分化。在以恪守传统而著称的斯巴达,也出现了明显的贫富分化。一些斯巴达将领把战时掠获的巨量财富转化成了自己的囊中私物。公元前400年,斯巴达通过的法令规定,公民份地准予转让,而失地者将被剥夺公民权。公元前4世纪上半叶,斯巴达拥有完全份地的公民已减到1 500人。至公元前4世纪下半叶,仅余千人了。各城邦公民的大批沦落,影响到兵源,引起传统的公民兵制度的解体,军队中雇佣兵所占的比重愈来愈大。城邦内部贫民反对富人的阶级斗争也十分激烈,起义者击杀奴隶主、夺取其财产的事件层出不穷。如当时的学者柏拉图所言:"每个城邦,不管它是如何小,都分成了两个敌对部分,一个是穷人的城邦,一个是富人的城邦。"总之,希腊古典城邦制度愈益陷入危机深重的政治泥淖,再也难以为继了。

从城邦外部来看,伯罗奔尼撒战争后,各城邦之间的矛盾并未缓和,而是在力量重组的基础上形成了新的冲突。公元前399年,刚刚成为希腊新霸主的斯巴达,即因小亚细亚希腊人城邦的地位问题,与曾助其击败雅典的波斯反目,双方发生战争。希腊各邦早已不满斯巴达的高压政策,纷纷举兵而起。公元前395年,雅典、阿尔戈斯、底比斯等城邦结盟,对斯巴达开战。因其主战场位于科林斯地狭一带,史称科林斯战争。公元前394年,雅典人科农大破斯巴达舰队。同年,斯巴达人在迈奈阿、喀罗尼亚的陆战中获胜。公元前387年,雅典由于仅有的海军被击败,被迫与其他希腊城邦一起接受了在波斯都城苏萨签订的《安塔基达斯和约》(又称《大王和约》)。该和约使斯巴达依然保持了实力,也给波斯提供了再度干预希腊人事务的机会。

(四)伯罗奔尼撒战后的城邦混战

斯巴达在希腊各邦的专横跋扈,不久激起了另一场冲突。公元前378年,底比斯民主派推翻寡头统治,赶走了强占其领土的斯巴达军队,并重建了彼奥提亚同盟。公元前371年,底比斯军事统帅伊帕密农达运用独特的方阵战术,在留克特拉之战中一举击溃了素以希腊陆军首强闻名的斯巴达人。斯巴达的失败标志着希腊地区为强国主宰的长期历史的终结,希腊进入了一个城邦混战的新时期。次年,底比斯乘胜进军,伯罗奔尼撒同盟旋即瓦解。底比斯取代斯巴达,称雄于希腊。但底比斯的霸权却为时不久,被雅典组建的一个同盟击败,迅速衰落下去。在底比斯战败后的30年里,雅典试图重建霸权,却不断受到敌对城邦和内部争斗的干扰。城邦间的混战销蚀着各城邦的人力物力,各城邦也因为内部事务而不断经受挑战,主要体现在民主派与贵族派之间对政治权力的争夺,以及城邦经济衰退引发的富人与穷人之间的矛盾,一些追逐权力的野心家公然滥用权力,各种暴力事件频发。

公元前4世纪一些希腊的有识之士认识到,城邦间的混战会造成毁灭性的后果,因此提出城邦间自愿组成联盟的计划,使各城邦能够恢复内部的稳定。然而没有一个希腊城邦愿意将自己的统治权全部交给一个更强大的组织,传统的独立自主的城邦才最适合希腊人。

公元前4世纪上半叶,希腊诸城邦关系错综复杂,它们出于各自的利益考虑,彼此间时而缔盟,时而相争,朝秦暮楚,兵燹不绝,其结果是大大加快了城邦没落的进程,这无疑为新兴强国马其顿的崛起提供了可乘之机。

第四节 希腊化时代

马其顿的崛起填补了公元前4世纪希腊各城邦争斗无果而留下的霸权真空。马其顿位于希腊北部,西北山区称为上马其顿,适于畜牧业发展,森林和矿产资源丰富,东部沿海平原称为下马其顿,土地肥沃,适于农业。马其顿人是希腊人的一支,希腊人各支南下希腊半岛时,他们留在了北方,其社会发展落后于南部的希腊人。在马其顿兴起之前,这一带被视为蛮荒之地,被排除在希腊世界之外。与希腊人相比,马其顿人生活更艰难,所居之地气候更恶劣,且常受西部和北部邻国的严峻威胁。公元前5世纪初,当希腊大部分城邦进入古典时期时,马其顿人过着原始的畜牧和农耕生活。公元前5世纪末至前4世纪初,马其顿开始形成国家。随着与希腊各邦交往的日益增多,马其顿积极吸收南部希腊的先进文化,成为希腊北部的重要国家。当希腊城邦日趋衰落时,马其顿却逐渐强盛起来,这样一个小王国最终却赢得希腊霸权,并且征服了幅员辽阔的波斯帝国,在古代军事和政治史上留下了令世人惊叹的一笔。

一、马其顿王国的兴起

在希波战争时,马其顿曾帮助希腊,国王亚历山大一世(前495—前450年在位)称自己的祖先也是希腊人。马其顿宫廷中也一直使用雅典人说的阿提卡方言,不过马其顿人却鄙夷南面那些生活安逸的希腊人,认为他们根本无法适应马其顿的艰辛生活。到公元前4世纪中叶,马其顿国王腓力二世(前359—前336年在位)统治时期,马其顿迅速崛起称雄。腓力二世年轻时曾在底比斯做人质,深受希腊文化的影响。他即位后,进行了许多重要改革。政治上,限制和削弱氏族贵族的权力,加强王权。经济上,改革币值,实行金银复本位制,便于对外贸易,鼓励工商业的发展。同时,大力开采金矿,增加国家财力。军事上,建立一支包括步兵、骑兵和海军在内的常备军,归国王直接指挥;加强军队的武器装备,并在底比斯方阵的基础上创造出以长矛盾牌为主兵器、攻防兼备的马其顿方阵。马其顿方阵的核心是重装步兵,士兵持盾紧密排成正方形的作战队形,以成排的长矛作为进攻武器,形成盾坚如墙、长矛如林的阵势。方阵前面以重装骑兵为先锋,两翼以轻装步兵和骑兵为护翼。通过腓力二世的改革,马其顿的国力大为增强,由一个落后的山区小国一跃成为军事强国。

内部整顿完毕,腓力二世开始向外征服,初试锋芒。他首先征服了边邻伊利里亚、色雷斯,使马其顿有了稳固的后方。此后,腓力二世凭借强大的军事力量,采取武力征服、分化瓦解、金钱收买、联姻结盟等方法,经过10年的苦心经营,占领了爱琴海北岸的广大地区。随后腓力二世遂将扩张的矛头直指希腊各邦,他利用希腊城邦之间的矛盾,采取外交和武力并用的手法,图谋征服整个希腊。

面对马其顿的扩张,希腊城邦出现了亲马其顿和反马其顿两种派别的斗争,这一斗争在雅典表现得尤为激烈。伊索克拉底作为雅典的亲马其顿派领袖,主张在马其顿的领导下,向东方掠夺财富,以摆脱城邦危机。反马其顿派领袖是德谟斯提尼,主张希腊各邦应团结一致,阻止马其顿的扩张,以维护希腊的民主传统和各邦的独立。

面对马其顿咄咄逼人的进攻态势,公元前340年,雅典、科林斯、麦加拉等城邦组成反马其顿同盟。公元前338年,腓力二世出兵中希腊,双方在喀罗尼亚展开大战,马其顿击败希腊联军,从此,希腊沦于马其顿的统治之下。公元前337年,马其顿在科林斯主持召开全希腊会议(斯巴达除外),会议决定希腊境内实现和平,建立马其顿—希腊的永久同盟,承认马其顿的领导地位。最后,会议还通过了马其顿和希腊各邦共同出兵攻打波斯的计划。斯巴达设法处于科林斯同盟之外,但他自身作为一个重要强国的时代业已结束。科林斯会议确立了马其顿在希腊的霸权,标志着希腊城邦时代的结束。希腊城邦沦为马其顿的臣属或盟国,在亚历山大大帝去世后,又成为了亚历山大将领所创建王国的臣属或盟国。直到罗马统治时期,统治者们都十分依赖城邦的地方首脑,由他们征收赋税、并保证城邦居民和谐有序、忠顺听命。城邦仍是希腊世界政治生活的重要组成部分,也为广大城邦民众维持着充满生机的公共生活,然而希腊自身的命运已完全由他人控制。

二、亚历山大东征

随着绝大多数希腊城邦在外交政策方面对腓力惟命是从,腓力率领马其顿和希腊联军攻打波斯帝国的计划也就指日可待了。他对外宣布的战争理由是,必须对公元前480年波斯人对马其顿和希腊的侵略进行复仇。另一方面,他担忧手下的军队一旦无所事事,很有可能变成不稳定的因素,对王权统治构成威胁,于是着手准备东征波斯。在他整装待发之时,却于公元前336年女儿的婚宴上遇刺身亡,时年46岁。腓力死后,年仅20岁的亚历山大继承王位。亚历山大早年师从希腊著名学者亚里士多德,深受希腊文化熏陶,16岁起,即随父出征,18岁在喀罗尼亚战役中建奇功,任骑兵司令官并掌管左翼。在右翼被希腊联军突破的情形下,他指挥左翼取得了决定性胜利,显示了卓越的军事天才。他胸怀大志,颇有军事、政治才能。腓力遇刺时,马其顿宫廷的骚乱与希腊起义并起,他迅速平定了马其顿贵族的谋叛,巩固了王位,然后挥师南下,采取分化瓦解的策略,迫使雅典遣使求和,承认他为希腊的霸主。

(一)亚历山大东征的进程

亚历山大平定了国内的叛乱以及新的反马其顿起义后,于公元前334年春,率3万步兵、5000骑兵和160艘战船,东征波斯,开始了世界军事史上第一次空前规模的远征,令人惊叹的战绩使他被后人尊称为"亚历山大大帝"。远征军渡过赫勒斯滂海峡(今达达尼尔海峡),在小亚细亚登陆,他向安纳托利亚的土地上投掷了一支长矛,即以荷马史诗中描述的"以矛取胜"的方式宣告对亚洲的征服。5月与波斯军队在格拉尼库河首次交锋,波斯军队溃退,亚历山大乘胜而进。沿途希腊城邦把亚历山大当作解放者来欢迎。远征军势如破竹,很快占领了小亚细亚。随后,亚历山大沿海岸挥师南下,入侵叙利亚,波斯皇帝大流士三世率大军前来阻击。公元前333年秋,双方在叙利亚东南角的伊苏斯城附近展开会战,史称"伊苏斯之战"。波斯大军以逸待劳,在亚历山大到来前就摆好了阵势,大流士三世带着家属亲自督战,但当亚历山大率领骑兵直冲大流士而来时,大流士三世怯阵而逃,波斯军队迅速溃退,几乎全军覆没,连大流士的母亲妻子和女儿都成了俘虏。据说,亚历山大对待波斯王室女眷们殷勤礼貌,这使他在帝国各民族心中的威望大大提升了。

伊苏斯战役后,亚历山大继续南下进攻腓尼基,许多城市不战而降,只有推罗顽强抵抗,经过7个月的围攻,亚历山大利用其父改进的进攻装置一举捣毁了难以攻克的城墙。推罗陷落,城市被毁,许多居民被杀,3万多幸存者被卖为奴隶。公元前332年冬,亚历山大进军埃及,未遇抵抗。那里的象形文字铭文似乎表明,亚历山大大概是以波斯国王继承人的身份统治埃及的。在埃及,亚历山大采取怀柔政策,拉拢阿蒙祭司集团,阿蒙僧侣们宣布亚历山大是太阳神阿蒙之子。亚历山大在尼罗河入海口建立一座城市,并以自己的名字命名为亚历山大城,后来该城成为埃及最大的商埠,也是地中海地区与东方各国经济、文化交流的中心。

公元前331年春,亚历山大从埃及出发继续东征,经巴勒斯坦、叙利亚来到两河流域上游,同年10月,在亚述古都尼尼微城附近的高加米拉,双方展开决战,史称"高加米拉战役"。大流士三世自伊苏斯之战败退后,在东部各省征集了一支由帝国境内各民族组成的庞大军队,号称百万,并配备了新式武器,即200辆装有利刃的战车,而亚历山大仅有4万步兵、7000骑兵。战斗开始后,波斯战车猛冲过来,试图冲破马其顿方阵。亚历山大采取让开正面、攻其两翼的战术。当战车冲过来时,立刻让开一条通道,使其扑空而过,事先埋伏的弓箭手随即一阵猛射,波斯战车人仰马翻。随后,亚历山大率骑兵朝着大流士杀来,大流士又丑剧再演,再次弃军而逃。波斯大军全线溃退,四散奔逃。

高加米拉战役之后,亚历山大继续东进,先后占领波斯都城巴比伦、苏萨、波斯波利斯、埃克巴坦那,洗劫王宫,掠夺金银财宝无数,仅在波斯波利斯王宫就夺得12万塔兰特的金银,并将王宫付之一炬,把这座华丽无比的王宫烧成一片瓦砾。随后,亚历山大又向东追踪大流士。公元前330年,大流士在逃亡中被巴克特里亚总督所杀,波斯帝国灭亡。后亚历山大以弑君罪处死这名总督,并以波斯帝国合法继承人自居。亚历山大的征服并未停止,公元前329年又进军中亚,进入巴克特里亚和索格狄亚那(现今阿富汗和乌兹别克斯坦)的大草原。当地人的游击战术让亚历山大不堪其扰。公元前327年,亚历山大决定通过与巴克特里亚的公主罗克珊结婚,与当地人结盟。与此同时,他无情镇压抵制其计划的主要将领,以背叛罪名处死那些他不再信任的马其顿人。

公元前327年,亚历山大率军侵入印度,利用印度诸邦之间的矛盾,各个击破,占领了印度西北地区,当亚历山大准备继续东进时,遭到部下的强烈反对。由于士兵长期远征,疲惫至极,加之,印度气候炎热,疫病流行,当地人民顽强抵抗等,厌战情绪日甚一日,将士们已无心作战,强烈要求回家,甚至酝酿兵变。亚历山大无奈,只好被迫从印度撤兵,分水陆两路撤至巴比伦,将此定为都城,十年的东征遂告结束。东征能够取得成功,除亚历山大的杰出才能、联军的骁勇善战外,波斯帝国的衰败也是主要原因。当时,貌似强大的波斯帝国正处在深重的内部危机之中。波斯帝国虽然地域广大,但内部矛盾重重,被征服地区的居民,由于不堪波斯的压迫奴役,不满情绪十分强烈,各地反抗运动伺机而起,他们痛恨波斯统治,欢迎马其顿对波斯作战,准备从中争取自己的独立。而统治阶级内部争权夺利的斗争更削弱了帝国的力量,王室内部为争夺王位时常发生宫廷政变,官员贪赃受贿,腐败不堪,地方总督叛乱四起,军队虽多,却属乌合之众,波斯帝国的衰颓朽败已充分显现,加之,皇帝大流士怯懦无能,常临阵脱逃,最终导致帝国的覆灭。

(二) 亚历山大帝国的统治措施

通过近十年的东征,亚历山大建立起一个地跨欧亚非三大洲的大帝国,其领土西起希腊,东至印度河流域,南括埃及,北抵中亚,几乎囊括了旧大陆除东亚之外的全部文明地区。

亚历山大的远征,在历史上第一次把东西方的部分世界连为一体。为实现东西方的融合,加强对东西方的统治,亚历山大以埃及法老和波斯国王的合法继承人自居,采用东方豪华奢侈的宫廷礼仪,把自己扮成一位东方帝王,穿戴波斯君主的袍服和头巾,采用波斯朝廷的礼仪。另一方面以联姻的方式强化东西方统治阶级的联合。他娶巴克特里亚当地公主为妻,后娶大流士的女儿,他还命其手下将领与东方女子联姻。据说,他曾在苏萨举行过一次盛大的集体婚礼,竟有一万对之多。

面对疆域广大的帝国,亚历山大尚来不及对原有的统治机构进行认真的改造,基本上沿袭了波斯的统治方法。他袭用东方专制政体,保留波斯帝国的行政制度,设立行省进行统治,以保证国家行政机构正常运行。为缓和民族矛盾,他启用部分波斯人和当地的上层分子,让他们充任政府官吏,并实行民族融合政策,鼓励东西方种族通婚,以扩大统治基础。为解决兵员问题,招募当地人加入军队。他对当地宗教采取宽容态度,以赢得祭司阶层的好感,他们的拥戴给亚历山大的统治披上了一层神圣的光环。为了统治这个大帝国,亚历山大施展灵活多样的政治手段,对当地人利用而不重用,以使国家和军队的领导权牢牢掌握在马其顿人和希腊人手中。

战争期间,许多人成了不幸的流浪者,社会动荡不安。为了稳定社会秩序,亚历山大命令希腊各城邦恢复流亡者的公民资格。亚历山大为与神媲美,告知各城邦自己希望接受神一般的荣耀,不久后许多希腊城邦派出代表团,把亚历山大奉若神明。既然他颁布的命令或提出的期望能得到希腊城邦的服从,他被赋予的神性实际上也成为强权的自然结果。

亚历山大的远征带来了许多有益的结果,他的探险有利于诸多领域的科学研究,他在行军作战中多有具备科学思想的学者同行,他们沿途收集遇到的新知识并加以整理,推动了人们对世界的进一步了解。亚历山大在各地建立许多希腊式的城市,一面屯兵驻守,一面移民通商,促进东西方经济文化的交流和融合。这些新建立的城市成为帝国的前哨基地,一旦当地发生叛乱,便负责迅速上报,帝国可迅速做出反应,维护被征服地区的和平与稳定。他所建立的新城还为贵重商品的贸易提供了机会,如香料贸易,获得本地并不出产的香料。

正当亚历山大踌躇满志、准备大展宏图时,他却在公元前323年突然染病身亡,年仅33岁,他征服阿拉伯和非洲北部的计划也化为泡影。尚无子嗣的亚历山大在弥留之际只对焦急的部将说把王国交给最强有力的人。对于那些野心勃勃的部将,亚历山大的这句话显然意味着帝国的分裂。亚历山大帝国是依靠武力征服和沿袭波斯旧制迅速建立起来的,各地发展极不平衡,尚未形成统一的经济基础,随着亚历山大的猝死,帝国迅速崩溃。其部将立即开始了争权夺利的斗争,他们拥兵自立,各据一方,长期混战,公元前301年伊普索斯战役以后,帝国三分天下,形成三个希腊化的独立王国,即埃及托勒密王国、西亚塞琉古王国和本土安提柯王朝统治下的马其顿王国。

三、希腊化王国

"希腊化"(Hellenistic)一词出现于19世纪,指的是从公元前323年亚历山大去世到公元前30年托勒密王朝最后一个统治者克里奥帕特拉自杀身亡的一段时期。希腊化包含着两个层面的意思,首先,希腊化时代出现的融合马其顿与近东传统的新式君主制,成为了此时地中海东部地区占主导地位的政治体制。亚历山大的部将们建立起希腊化王国,自封国王,但与传统的王室并无任何血缘关系,他们依靠军事实力完成对王国的统治。另一方面,希腊传统与被征服地区的传统融为一体,在地中海东部地区出现了一种东西杂糅的社会文化生活的新形式。

希腊文化随着希腊人的足迹扩散开来,与东方诸文明进行了深刻的融合,形成了一种新的文化,特点是东西方文明合璧。公元前4世纪和前3世纪,希腊在军事上占据优势,从而为成千上万的希腊商人、行政官员和各种专业人员成群地拥向亚历山大及其继承人所建立的许多城市铺平了道路。这些城市从最著名的埃及的亚历山大港到最东面的亚历山大城(阿富汗的科贾特),都成为传播希腊文化的中心。希腊移民主要生活在这些城市中,因而希腊的思想和习俗极大影响了埃及和亚洲西南部地区的城市居民。

虽然亚历山大统治下的居民多数没有希腊化,但典型的城市基本上希腊化了,都有选举产生的地方行政官、议会和公民大会。一种新型的希腊语言即古希腊共同语成为通用的共同语。这种共同语叫做"柯因内语"(koine),是基于雅典方言的一种标准语言。在长达几个世纪的时间里,这种共同语言一直是从西西里岛直至印度边境,商业和文化交流的通用语言。罗马帝国初期的《新约》就是以希腊共同语写成的,拜占庭语和现代希腊语由此发展而来。希腊文化的影响仅限于希腊殖民者居住的城市和一些希腊王朝的宫廷所在地。虽然有些土著民族也受到了影响,但真正受到影响的几乎仅限于少数上层。

(一)马其顿王国

公元前301年伊普索斯战役后,马其顿几易其主。公元前276年,安提柯·贡那特成为马其顿王,建立安提柯王朝,希腊各邦处于安提柯·马其顿王国的统治之下。

在安提柯王朝统治时期,马其顿王国实行君主政治,进一步强化王权。对内镇压反马其顿势力,要求希腊各邦服从马其顿统治,并在一些重要地区如雅典、科林斯等城邦驻扎军队,以维持在希腊的霸权。对外则与托勒密、塞琉古等国争夺爱琴海霸权。在经济方面,大土地所有制得到发展,国王和贵族拥有大片土地,商业随着马其顿对外贸易的加强而繁荣。

素有独立和民主传统的希腊各邦,从未停止过反抗马其顿的斗争,雅典曾一度成为反马其顿运动的中心。亚历山大死后,希腊反马其顿的斗争一度高涨,雅典趁机联合其他希腊城邦,于公元前 323 年发动反马其顿战争,一度取得胜利,但不久被马其顿打败。公元前 322 年,雅典在马其顿操纵下,建立贵族寡头政权。雅典由于长期疲于亲马其顿和反马其顿派的斗争,再无力充当反马其顿的领导角色。

在安提柯王朝统治下,反马其顿运动的中心转移到社会矛盾不甚尖锐的后进地区,埃托利亚同盟和阿卡亚同盟成了反马其顿的主要力量。埃托利亚同盟是中希腊西部以埃托利亚为中心于公元前 314 年建立的同盟。后来,同盟进一步扩展到中希腊的彼奥提亚、弗西斯和伯罗奔尼撒半岛的伊利斯、美塞尼亚以及爱琴海上的若干岛屿。同盟全盛时,曾一度将马其顿的势力排斥于希腊西部和狄萨利亚之外。阿卡亚同盟成立于公元前 280 年,是以阿卡亚为中心的南希腊城邦建立的,在阿拉图任司令官时(公元前 245—前 213 年),曾驱逐了马其顿在科林斯的驻军,后来因为科林斯、麦加拉、西库昂等工商业发达城邦的加入而达到全盛。

埃托利亚同盟和阿卡亚同盟是一种新型同盟,加盟各邦地位平等,没有霸主,一致对外,两个同盟一直存在到希腊被罗马征服之时。它们有时联合一致对抗马其顿的统治,有时相互之间又有争夺斗争,虽未达到推翻马其顿统治的目的,但在一定程度上维护了加盟各邦的政治独立和经济利益。

(二) 托勒密王国

亚历山大帝国分裂,马其顿的将领托勒密控制了埃及,公元前 305 年正式称王,是为托勒密一世(公元前 305—前 283 年在位),创建埃及托勒密王朝(公元前 305—前 30 年)。托勒密王朝全盛时期,所辖领地除埃及本土外,还包括昔兰尼、巴勒斯坦、叙利亚南部、塞浦路斯及小亚细亚西南部一带。

在政治传统上,托勒密王朝大体因袭了埃及法老旧制,采用中央集权的专制政体。国王独揽国家行政、司法和军事最高权,并以神自居。为了保持王室血统的"神圣性",甚至沿用埃及法老惯例,实行王室族内婚。国王有权任意处置臣民的财产,甚至生命,他的意旨被视同法律。各级官吏实际上只是秉承王命行事的仆人,他们中既有作为新征服者而来的马其顿—希腊人,也有原先留存下来的埃及人、波斯人。统治集团的合流,奠定了托勒密埃及的政权基础。

托勒密王朝时期,埃及涌现了一些希腊化城市,像亚历山大城、托勒密迈伊,以及早先建立的移民据点瑙克拉提斯等。这类希腊化城市一般按照希腊模式规划,享有一定的市政自治权,自行推选市政管理机构和市政长官,自订法律,自铸钱币,希腊移民的上层还往往享有公民权。城中建有神庙、露天剧场、园林雕塑等公共建筑,流行希腊语言、风习。这些城市往往成为向埃及传播希腊文化的中心。另一方面,定居于此的希腊人,也从中直接汲取到埃及文化的知识、技艺和多种影响。希腊化诸城中最有名的是亚历山大城,在托勒密王朝统治期间,已发展成为整个地中海世界最大的经济、文化中心。亚历山大城规划有序,街市纵横,居住其间的不仅有埃及人、希腊人,还有犹太人、叙利亚人、波斯人等,各种文化交相杂处,色彩斑斓。城市面积很大,人口约逾 70 万,商贾学者荟萃,学术文化昌明。

托勒密政府一改过去历代法老注重经营内陆尼罗河沿线的惯例,将国都设在濒临地中海的亚历山大城,既是出于倡导经贸的考虑,也充分体现了谋求向海外扩展的战略意图。为此,托勒密埃及曾大力发展海军,加入地中海世界霸权角逐。

公元前3世纪,埃及社会矛盾日益突出。托勒密王朝竭泽而渔的对内政策,激起了埃及人民的反抗,人民起义此起彼伏,猛烈冲击并动摇着它的统治根基,王朝开始步入衰退期。罗马乘机插足,晚期诸王日益沦为罗马的附庸。末代女王克里奥帕特拉七世(公元前51—前30年在位)不惜公然挟罗马势力而自重,以图力挽颓势,反而招致祸患。公元前30年,屋大维率罗马大军侵入埃及,灭亡了托勒密王朝,自此埃及并入了罗马版图。

(三)塞琉古王国

位于亚洲西部的塞琉古王国,为亚历山大部将塞琉古所建,中国史籍称其为条支,这是希腊化王国中版图最大者。早在公元前312年,塞琉古即据巴比伦自立,后与安提柯争战,巩固了他在叙利亚的地位。公元前305年,塞琉古正式称王,为塞琉古一世(公元前305—前281年在位),开创塞琉古王国(公元前305—前64年),因其定都在叙利亚的安条克,又有叙利亚王国之称。

塞琉古一世在位时,曾梦想匡复亚历山大帝国的故土,于是发兵东侵印度。由于当时北印度已获统一,国势正盛,塞琉古武力讨伐失利,只得与印度孔雀王朝国王媾和退兵,以割让旁遮普等地,换得500头战象而返。随后,他联合卡山德、利西马科斯于公元前301年在伊普索斯击败了安提柯,瓜分其土。公元前281年,塞琉古又吞并了利西马科斯在小亚细亚的领地,旋又渡海拟攻马其顿,遇刺身亡。其子安条克一世(公元前293—前261年在位)从与其共治改为单独执政,不久,便以印度战象之阵大破侵袭小亚细亚的凯尔特人,将凯尔特人限制在小亚细亚一地,此地后来以高卢人来命名,被称为伽拉提亚(Galatia)。他继而又在叙利亚北部和小亚细亚西南部与来犯的托勒密埃及军队展开激战。塞琉古王国最盛时的疆域,几乎相当于波斯帝国在亚洲的版图,西抵小亚细亚,东及伊朗和中亚的一部分,还包括两河流域、巴勒斯坦、叙利亚一带。

塞琉古国家的统治机构,大致沿袭了昔日波斯帝国的旧制,施行专制君主政体,建有庞大的中央政府,以财政大臣领衔。地方上分设约25个省,以总督、将军、财务官等分辖行政、军务、财税事宜。

塞琉古一世曾筑有三十余城,驻屯军队,安置希腊移民。它们大都类似于托勒密埃及的希腊化城市,一度接纳了不少希腊移民,形成了一个特权阶层,保持着较大程度的市政自主权。这些城市往往成为推动东西方经济文化交流的中心,其中最具影响的有:安条克、塞琉西亚、杜拉—欧罗波斯等。此外,塞琉古王国也还留存了不少古老的神庙城市,像巴比伦、乌鲁克等,传统色彩比较浓重。如同在埃及那样,塞琉古国内的希腊文化影响通常限于城市,而在广大的农村,却依然保持了东方传统的民族文化特征和语言习俗。

公元前3世纪上半叶以后,塞琉古王国与托勒密埃及为争夺南叙利亚、巴勒斯坦和东地中海的控制权,屡次交战,史称五次叙利亚战争(公元前276—前195年)。虽然塞琉古王国最终取得了对埃及的胜利,但国力消耗颇大,加上无暇旁顾,其小亚细亚和东部属土乘机相继叛离。公元前263年,帕加马率先脱离塞琉古,宣布独立。随后,约公元前255年,塞琉古驻中亚巴克特里亚的总督狄奥多图斯也宣告独立,建立巴克特里亚王国,中国史籍称之为大夏。公元前247年,位于伊朗高原的游牧部落帕尔尼部首领阿萨息斯,建立帕提亚王国阿萨息斯王朝(公元前247—前224年),中国史籍称为安息。

公元前196年,塞琉古国王安条克三世(公元前223—前187年在位)入侵欧洲,占领色雷斯,受到正在向东方扩张的罗马人的干预。公元前190年,被罗马在马格尼西亚击败,被迫放弃了小亚细亚。亚美尼亚人随即利用这一政局变化,摆脱了塞琉古的羁绊,独立建国。然而,国势日衰的王国统治者不甘心失败,仍在其所能控制的疆域内向人民横征暴敛,滥施淫威。公元前167年,安条克四世(公元前175—前164年在位)在巴勒斯坦强制推行希腊化政策,宣布犹太教为非法,由此激起了犹太民族强烈的反抗斗争。犹太人起义军在马加比家族率领下,曾攻克耶路撒冷,恢复了信仰自由。然而,塞琉古王国当局最终仍以血腥手段,重新征服了犹太人。公元前2世纪中叶以后,塞琉古王室内乱不止。公元前64年,罗马统帅庞培攻灭塞琉古,将其辖土辟为行省。

第五节 古希腊文化

古希腊人在古代埃及和古代西亚长期积累的早期文明成果中,汲取了丰富的营养,结合自己独特的政治、经济环境,发展创造了本民族光辉灿烂的文化成果。希腊社会生产力的进步以及对外商贸的蓬勃发展,为希腊文化的孕育提供了深厚的动力,为希腊文化的传播开拓了广阔的空间。希腊最为独特的城邦政体保证了个人的充分发展,城邦重视个性发展,关心文化建设,这些有利条件使希腊文化成就斐然,被誉为西方文明的源头。希腊文化尤其是在文学、史学、哲学和艺术等方面达到了古代社会的最高峰,对后世文明,尤其是西方文明产生了深远的影响。恩格斯说:"没有希腊文化和罗马帝国所奠定的基础,也就没有现代的欧洲。"

一、文字与文学

希腊语为印欧语系中的一支,起源于印欧人的迁徙,与意大利、日耳曼、印度、伊朗以及亚美尼亚等其他语族有亲缘关系。公元前17世纪,希腊语开始发展,迈锡尼时代刻画在泥版上的线形文字B便是最好的明证。在黑暗时代,人们从希腊本土向希腊世界其余地方迁移,这也许造成了希腊语流传到不同地区,形成了不同方言。在古典时代,生活在希腊大陆、爱琴海诸岛以及希腊殖民地的希腊人均讲希腊语,希腊虽被划分为林林总总的地区以及大大小小的城邦,但他们的语言是相通的,共同的语言把希腊人联系在一起,也把希腊人和蛮族人区分开来。希腊人把那些发音不清的人都泛称为蛮族人(barbaroi),尤指公元前5世纪的波斯人。各种方言之间的差别并不大,操一种方言的人听得懂操另一方言的人的话语。希腊方言虽有多种,但希腊人仍为使用单一语言者。古希腊语历经长期演变,是使用时间最长的欧洲语言。马其顿语可能为一种希腊方言,与西北部希腊语相近,也有可能是另一种印欧语。随着腓力二世对希腊大部的统一以及亚历山大对东方的征服,希腊各地的方言走向衰落,出现了一种名为"共同语"的统一方言。这种方言不是以马其顿方言为主,而是以阿提卡方言为基础的,历史学家色诺芬是第一位使用共同语进行创作的作家。

希腊语是一种词尾变化的语言,理解一句话的语义关键不在每个词的词序,而在词尾,希腊语中人称代词不常使用,动词的人称词尾可表明意义。大约在公元前950年至前750年间,希腊人在与近东文明国家的接触中重新学会了书写,他们借用腓尼基人发明的字母来标示希腊语的发音,将元音字母引入字母表,这也是他们的特殊贡献。希腊字母可以分为两支,一是拉丁字母,二是斯拉夫字母。意大利的埃特鲁里亚人从坎帕尼亚沿海的希腊殖民地库麦借用了希腊字母,从而创立了埃特鲁里亚字母。由于他们与罗马人接触频繁,这套字母传入罗马,又经改造而成为拉丁字母。在中古欧洲,许多国家民族采用拉丁字母书写自己的语言,即所谓"语言拉丁化",主要影响到意大利、法国、西班牙、葡萄牙及后来的拉美等国家和地区。希腊字母也随着东正教(希腊正教)的传播而发展,信奉东正教的斯拉夫人开始使用希腊人的字母。传教士兼语言学家西里尔采用希腊字母并加以增补,其楷书体得名"西里尔字母",成为俄罗斯、乌克兰、保加利亚、塞尔维亚等国使用的字母。拉丁字母和斯拉夫字母不仅书写了所有欧洲语言,由于新航路的发现,西方的殖民扩张,以及基督教的传播,这两种字母连同它们的书写语言散播到世界各地。

希腊文学始于诗歌,最初为描述希腊勇士英雄事迹的史诗。在古希腊,诗歌需在音乐的伴奏下吟唱出来,诗人怀抱里拉琴,自弹自唱,后来演变为无伴奏吟诵。诗人与歌者是相通的,他们经常向听众吟诵《荷马史诗》及其他诗歌。在公元前5世纪和前4世纪时,城邦举行的节庆表演和娱乐活动中的竞赛经常可见他们的身影。希腊诗歌强调音步,一行诗中长音节和短音节的数量不同而形成不同的音步。希腊诗歌的音步分为抑扬格、五音步和六音步。六音步诗行通常为史诗、赞美诗和田园诗的音步。

《荷马史诗》是现存最早的希腊史诗,可能源于久远的英雄叙事诗,它不仅是影响最大、流传最广的文学巨著,也是研究希腊早期社会的重要文献。荷马(Homeros),公元前8世纪史诗诗人,来自爱奥尼亚语地区,被认为是希腊最早最伟大的诗人。《荷马史诗》相传由他所作,实际上则由希腊民间行吟诗人传诵了几个世纪,到公元前6世纪才最后成文。《荷马史诗》包括《伊利亚特》和《奥德赛》两部分,《伊利亚特》得名于"Ilion"(特洛伊)一词,记述了希腊联军攻打特洛伊的故事,集中描写了战争结束前几十天发生的事。希腊联军进攻特洛伊,10年未克,希腊最英勇的将领阿喀琉斯因联军统帅阿伽门农夺其女奴,愤而退出战争,希腊联军接连失败。阿喀琉斯的好友为挽救败局,借用阿喀琉斯的盔甲武器出战,却被特洛伊王子赫克托杀死。阿喀琉斯发誓为好友报仇,于是抛弃私怨,重返战场,最终杀死赫克托。《奥德赛》得名于"Odysseus"(奥德修斯),记述了希腊英雄伊萨卡国王奥德修斯攻陷特洛伊后返乡的故事。他在归国途中漂泊10年,历尽艰辛,在诸神的帮助下回到家。走进家门时,一帮贵族正向他的妻子求婚,奥德修斯与其子共同杀死那些求婚者,重登伊萨卡王位。《荷马史诗》具有的高度艺术价值,所蕴藏的现实主义和浪漫主义因素,使之成为世界文学宝库中的珍贵遗产,对后世的文学艺术发展产生了深远影响。

赫西俄德是约公元前700年的史诗诗人,已知最早的希腊诗人之一。他曾随父亲迁往彼奥提亚赫利孔山附近的一个村庄居住,在山上牧羊时听到缪斯召唤他创作诸神的诗歌,于是开始诗歌创作。赫西俄德著有《神谱》(关于诸神的起源和谱系)和《田工农时》(关于农业生产的教导)两部诗歌。

戏剧是希腊文学中最灿烂的一颗明珠。希腊戏剧约形成于公元前5世纪初,由酒神节献祭仪式中的酒神颂歌发展而来。演出由演员和合唱队完成,合唱队发挥的作用最为主要,他们载歌载舞,还扮演群众角色或旁白。演员均为男性,女性角色也由男演员扮演。悲剧一词源于"tragoidia",意为山羊歌,可能与合唱队员身披山羊皮或用山羊献祭有关。所有希腊悲剧只有在雅典创作的悲剧留存后世。悲剧多取材于荷马史诗或神话传说,由合唱歌曲组成,插有对白,主要为抑扬格三音步。

埃斯库罗斯(公元前525—前456年)被称为"希腊悲剧之父",生于厄琉西斯,曾在希波战争中参加过马拉松战役,可能也参加过萨拉米海战,他曾创作八九十部剧本,在雅典的比赛中屡次获胜,他增加了演员的人数,削弱合唱队的作用,被视为希腊悲剧的真正奠基人。现存7部悲剧为《波斯人》(现存悲剧中唯一一部与历史题材相关)、《七雄大战底比斯》、《阿伽门农》、《奠酒人》、《复仇女神》、《乞援人》以及《被缚的普罗米修斯》。他同时也在自己创作的多部喜剧中担任主演。

索福克勒斯(约公元前496—前406年),雅典悲剧诗人,著有123部悲剧,所参赛的96部剧目中获奖24次。现存悲剧7部,如《埃阿斯》、《安提戈涅》、《特拉基斯妇女》、《俄狄浦斯王》、《厄勒克忒拉》。索福克勒斯的代表作《俄狄浦斯王》颇负盛名,该剧取材于古老的神话传说,俄狄浦斯为了挣脱命运的安排,离开他认为可能犯错的环境,可无意中还是成为杀父娶母的罪人。俄狄浦斯发现后悲痛欲绝,刺瞎自己的双眼,怀着难言的痛楚到荒山中受苦赎罪。作品塑造了以城邦利益为重、不惜牺牲的理想公民的形象,歌颂了主人公敢于同命运抗争的精神。

欧里庇得斯(约公元前485—前406年),雅典最著名的悲剧作家,他的生平鲜为人知,不过应出身富裕家族。他著有92部喜剧,现在已知80部剧名,他22次参加城邦酒神节比赛。现存19部喜剧,如《美狄亚》、《希波吕托斯》、《特洛伊妇女》等。其代表作是《美狄亚》,主人公美狄亚为爱情做出了种种牺牲,可她的丈夫却为了个人的享受和前途另结新欢,与科林斯的公主结婚,科林斯国王甚至要将美狄亚驱逐出境,由此引起了美狄亚的仇恨,最后她毒杀了丈夫的新妻,还杀死了自己的两个儿子,以绝其后嗣。欧里庇得斯的悲剧,注重现实问题和人物内心的刻画,无论从内容上还是在形式上都达到了希腊古典悲剧的巅峰。

希腊喜剧晚出于悲剧,从对酒神的祭奠活动中产生了喜剧。希腊喜剧源自"komoidia"一词,意为亦歌亦舞的狂欢者队伍。希腊戏剧仅有创作于雅典的阿提卡喜剧留存后世,分为旧喜剧(公元前486—前400年)、中喜剧(公元前400—前323年)和新喜剧(公元前323年以后)。喜剧以轻松揶揄的手法,触动现实生活中的各种问题,社会政治是喜剧普遍的主题。阿里斯多芬(约公元前457—前385年),雅典人,阿提卡旧喜剧最伟大的诗人。著有喜剧四十余部,作品现存7部。有些在城邦的酒神节上演,如《会饮者》《阿卡亚人》《骑士》《云》、《黄蜂》《蛙》《地母节妇女》,很多剧目获得头奖。他的作品题材广泛,尤其是对战争和和平的问题最为关心。作品政治倾向强烈,有的批评政客,嘲讽当权者,有的反对贫富分化,主张人人平等,有的则反对战争,要求实现和平。米南德(公元前342—前293年)是新喜剧的代表,出身于富庶的雅典家庭。他著有一百余部喜剧。他的喜剧以当时的雅典及阿提卡为背景,多数采用抑扬格三音步。

二、史学

西文中"历史"一词,源出于古希腊文"historiae",意为经过调查研究的纪事。早在公元前6世纪下半叶,在爱奥尼亚一带就出现了纪事家,他们或采撷口耳相传的故事加以记述,或将自己的游历见闻写成游记,或根据口碑资料来编写史录。那时的纪事家大致是有闻必录,并不讲求严格的史学方法,但已经开始追求尽量使自己的记述与事实相符的方向。这种求真精神,后来也逐渐成为希腊史学传统中极为珍贵的品质。希腊历史学的真正创立是在古典时代,约公元前450年始于希罗多德,他也被称为"史学之父",主要的历史学家还有修昔底德和色诺芬。从公元前300年起,希腊化时代的史家以博得民众喜爱为主要目标,而非以真实准确为目标。公元前2世纪,从波利比乌斯开始,罗马历史成为希腊史家书写的对象。

希罗多德(公元前484—前420年),哈利卡纳苏斯的名门之后。公元前5世纪60年代由于政治原因被流放到萨摩斯,云游各地,后加入雅典在图里伊的移民,并亡于那里。希罗多德每游历一处地方便调查当地的风俗和往事。他后半生多在雅典度过,著有一部关于希波战争的《历史》,共九卷,该书涵盖从公元前6世纪中期到波斯人战败撤军之间的希腊和亚洲的冲突。希罗多德的作品,包括考古学、民族学、宗教和地理等其他主题,内涵广泛。书中所据材料多为访录所得,不免夹杂一些道听途说的不实成分。他在著作中力求找出历史事件发生的真实原因,进而寻求一种合理的解释,可又常常归结为神意。尽管带有这些早期著作难免的缺憾,希罗多德的《历史》仍以丰富多样的史料价值和文笔晓畅的写作风格被西塞罗称为"历史之父"。他所开创的历史叙事体体例,对于后来西方史学传统的形成具有深远的影响。

修昔底德(约公元前460—前400年),曾在公元前424年出任雅典将军,曾失手使斯巴达占领安菲波利斯,因此蒙罪被放逐,20年后重返雅典。他未完成的八卷本历史描述关于雅典和斯巴达的伯罗奔尼撒战争,原构想写到公元前404年,却止于公元前411年冬。修昔底德撰史严谨,对史料的取舍十分注重分析批判,力图避免以神意解释历史,尽可能依据具体事实来探究历史的因果关系,且他已能注意到历史进程中经济因素的作用。我们对伯罗奔尼撒战争的了解很大程度上有赖于这部书的流传,该书不仅具有重要的史料价值,而且从中反映出的修昔底德本人的史才和史识都为后辈史家做出了杰出的榜样。

色诺芬(约公元前 428—前 354 年),史家、军人。生于雅典富裕家庭,师从苏格拉底,古代视其为哲学家。他曾参加小居鲁士的军队,后在小亚细亚作战,约公元前 399 年被放逐,成为斯巴达国王手下的军人,前 394 年参加了抗击雅典的喀罗尼亚战役。色诺芬是位多产的作家,其著述主题广泛,所著《希腊史》共七卷,记述从公元前 411 年到前 394 年间的历史,续写修昔底德的未竟之作,是公元前 5 世纪末到公元前 4 世纪中期希腊史的主要史料,此书使他得以与希罗多德、修昔底德并称为古希腊三大史学家。《远征记》记述了小居鲁士(公元前 401—前 399 年)指挥下的希腊雇佣军历尽艰辛返回希腊过程。《斯巴达政制》作于公元前 388 年,旨在赞美斯巴达。《申辩》是为苏格拉底的辩护词。《经济论》是他与苏格拉底探讨农业、家务管理的对话集。《回忆苏格拉底》是为对苏格拉底的回忆。

三、哲学

相比于现代哲学,古希腊哲学(philosophia,意为热爱智慧)涵盖的范围更为广泛。希腊哲学主张探求知识,涵盖了科学研究,且对政治和社会生活提出了普遍构想,也涉及到道德和宗教问题。

希腊哲学起源于公元前 6 世纪小亚细亚的爱奥尼亚诸城邦,主要代表有泰勒斯、阿那克西曼德和阿纳克西美尼。他们探求宇宙的奥秘,以某一物质作为世界的起源,认为这一物质经过不断变化产生世界万象。公元前 6 世纪晚期的毕达哥拉斯认为数字是为宇宙的基础。赫拉克利特认为并非一种物质经历万千变化,万物本身都在不断变化。公元前 5 世纪早期,巴门尼德及芝诺对真实与永恒进行了区分。恩培多克勒最早提出宇宙仅由四种元素土、气、火、水构成的理论,这四种物质以不同比例构成了其他物质。安阿克萨哥拉斯认为,宇宙包含了一切物质的种子,他还提出心灵是一种不同于物质的东西,是力量和秩序的来源。后来德谟克利特将种子理论进一步加以完善。

从公元前 5 世纪后半期起,希腊哲学达到鼎盛,到了希腊化时代,哲学家们不仅关注有关存在的知识,更加关心日常生活中的实际问题。这些哲学理论探求一种不论外界环境如何,能使人精神达到愉悦的方法,在某种程度上说是向一种忍受和屈从的哲学的发展。

最早产生的哲学流派是米利都学派,其代表人物有泰勒斯(公元前 624 年—前 547 年)、阿那克西曼德(公元前 610—前 546 年)和阿那克西米尼(约公元前 585—前 525 年)。泰勒斯被誉为"希腊七贤"之一,他认为万物之源为水,水生万物,万物又复归于水,万物不是神的创造。阿那克西曼德主张万物的本源是"无限",一切生于无限又复归于无限,无限本身既不能创造又不能消灭。阿那克西曼德的学生阿那克西米尼认为,万物之源为气。气以稀散凝聚的二元对立运动产生世界万物。米利都学派以朴素的唯物主义思想标志着对世界的解释从神话观念向自然科学观念的根本性变化。

公元前 6 世纪末,希腊哲学转向了形而上学,最早的当属毕达哥拉斯学派。毕达哥拉斯(约公元前 580—约前 500 年),生于地中海东部的萨摩斯岛。他擅长研究数学,曾创立著名的"毕达哥拉斯定理",证明"直角三角形斜边的平方等于其他两条边的平方和"。他把世间万物都看成是数的关系,认为只有非物质的、抽象的数,才是万物的本源,数是独立于物体之外而又先于物体的东西。该学派主张"没有数,人就不能认识事物,也不能思考什么"。毕达哥拉斯学派的出现,推动了对宇宙本质的讨论。受毕达哥拉斯学派的影响,在南意大利埃利亚又出现了另一个唯心主义哲学派别埃利亚学派。代表人物巴门尼德及其门生芝诺都认为:万物的真实性质是稳定和持久性,变化与多样不过是人感官上的错觉。芝诺提出过"飞矢不动"的著名命题,认为人们所能感觉到的飞箭其实是静止不动的。飞动的箭在每一个瞬间总是存在于某一个点上,每一个点都是静止的,唯一真实的是"不动的存在",而不是运动和变化,从而否定运动的连续性。小亚细亚以弗所的赫拉克利特(约公元前540—前480年)则主张,不变是假象,变化才是真实的。世界过去、现在、将来永远是一团永恒的活火,"人不能两次踏入同一条河流","太阳总是新的",没有永远的存在和万古不灭的物质,世间万物都根据"逻各斯"这一理性而生成。

其后,唯物论哲学又有了新发展。阿纳克萨哥拉斯(约公元前500—前428年)提出了"种子论"。他认为世间所有的物体皆由物质的"种子"构成,种子性质各异,不同种子分别结合,形成了不同的物体。出生于色雷斯阿布德拉城的德谟克利特(约公元前460—前370年)继而提出"原子论"。他认为,世界上的一切都是由不可分割的物质粒原子和虚空组成的。不变的原子在虚空中进行永恒的运动,互相冲撞形成一切可见的物体,形成无数有生有灭的世界。他的理论反映出早期希腊哲学中唯物主义思想的最高成就。

古典时代的希腊哲学高度繁荣,流派纷呈,大家辈出,产生了最具影响力的希腊哲学三杰苏格拉底(约公元前470—前399年)、柏拉图(约公元前428—前348年)和亚里士多德(公元前384—前322年),他们的学说在很大程度上奠定了西方文化和哲学的发展。苏格拉底出生于雅典一个雕刻匠之家,他常在雅典街头与人展开辩论,讨论诸如正义、勇气、德性和节制等。他支持贵族政治,反对民主政治,尤其对激进民主派极力攻讦。公元前399年,苏格拉底被雅典法庭判处死刑,罪名是"败坏青年"和"藐视宗教"。他拒绝了友人劝他逃走的建议,服从判决,安然服毒赴死。这位被后人誉为"使哲学从天上来到人间"的学者毕生没有留下著作,他的主要事迹及哲学观点通过弟子的著作得以流传。苏格拉底注重探讨哲学的伦理道德意义,知识即美德,有知识的人就会有德性,因此主张应由有知识、有德性的少数人治国。他还提出了先验论观点,认为概念在本质上不来自具体事物,而具体事物由概念而生。他在逻辑学方面的贡献是,首次提出了归纳和定义的方法,他的这些思想对柏拉图产生了重要影响。

柏拉图(约公元前429—前348年)雅典贵族出身,早年拜于苏格拉底门下,苏格拉底死后,他出游四方,先后游历北非、南意大利、西西里等地,公元前386年重返雅典,在城郊创办了阿卡德莫斯学园。柏拉图的所有著作均有流传,约有25篇对话以及信件和辩护词。柏拉图受苏格拉底的影响很深,在他的对话中苏格拉底以对话者的形式出现。柏拉图哲学思想的核心是"理念论"。他否认物质世界的真实性,认为只有超越感觉的理念才是万物的本源,理念世界才是真实的、永恒不变的，物质世界是虚幻的，不过是理念世界的不完全的复制品。认识的对象既不是物质世界，也不需要人们的实践经验，获得知识的唯一途径就是通过灵魂对理念世界进行回忆。在这一哲学观点的基础上，柏拉图建立起他的政治学说。他认为，一个国家应有三部分组成：少数哲人担当统治者，武士肩负卫国之责，其余为农民和工商业者，以劳动来供养前两部分人，他们分别对应灵魂的智慧、勇气和欲望部分。这三者只有各安其位、各尽其职，才能建立"正义的国家"。

亚里士多德（公元前384—前322年）出生于卡尔基斯半岛的斯塔基拉。父亲尼科马库斯是马其顿宫廷的御医，童年可能在佩拉的马其顿王宫度过，17岁时来到雅典的学园。受马其顿的腓力二世邀请，他曾为其子亚历山大授业。亚历山大继承王位远征亚洲后，亚里士多德返回雅典，开创了自己的吕克昂学园。因经常引领一群弟子在林荫道上散步授课，他的学派亦得名"逍遥学派"。亚历山大亡后，雅典重启反马其顿浪潮，亚里士多德被控亵渎神灵，于是去到卡尔基斯并在那里客死他乡。亚里士多德是古代最博学的人，他创造性地总结前人的知识成果，对当时已知的各门学科几乎都做过有意义的研究。亚里士多德的研究方法与柏拉图不同，注重实际。他肯定真实存在的客观世界，可感觉的具体事物是不依赖于人、也不依赖于神而独立存在的东西，他称为"第一实体"。客观世界是人类知识的来源，认识产生于对外界事物的感觉，没有这种感觉便无从求得知识。他的物质第一性是对柏拉图理念论的有力批评。亚里士多德还提出了"四因说"，即

图5-4　柏拉图像

质料因、形式因、动力因、目的因，以此说明运动的过程及各方面的联系。但他认为质料是消极的东西，只有赋予质料以某种形式，才会成为积极的东西。"四因说"是摇摆于唯物、唯心之间的二元论哲学。他在哲学问题上的折中主义观念也反映在政治思想上，产生了他的中庸的伦理政治观。他政治观点属于温和民主派，主张恪守中庸，否定政体的任何极端倾向。他注意到，贫富分化过于悬殊，会引起社会混乱，因此拥有适度的财产是最合理的原则。"人天生是政治的动物"，人与动物的根本不同，就在于人是有理智的动物，表现为他们必定要过城邦的生活，城邦的目的在于"追求自足且至善的生活"。

希腊化时代的哲学由三个相关领域组成：逻辑学（发现真理的过程）、物理学（关于世界存在的基本原理）和伦理学（人类获得幸福的方法）。希腊化时代最早的哲学派别是犬儒学派。犬儒学派最早由苏格拉底的学生安提斯泰尼开创，主张追求自然主义，不要政府，不要私有财产，不要婚姻，不要宗教，摒弃一切感官享乐。他的学说集中体现在伦理方面，提倡重视德行，并需经历肉体的刻苦磨炼。安提斯泰尼说："我宁愿疯狂也不愿意欢乐。"他的弟子第欧根尼甚至拒绝文明生活，栖身大木桶中，决心像狗一样生活，所以该学派得名"犬儒学派"。犬儒学派的主张与其说是一种哲学理论，不如说是一种归于自然的生活方式。犬儒学派的学说和主张具有明显的遁世色彩，反映了对当时社会的失意与绝望。

希腊化时期最重要的两个哲学派别是伊壁鸠鲁学派和斯多亚学派。伊壁鸠鲁(公元前342—前270年)生于萨摩斯岛,父母均为雅典人。他推崇德谟克利特的原子论,公元前306年在雅典建立学园。他的哲学理论除原子论为核心的自然哲学之外主要是伦理学,主张快乐是生活的目的,快乐就是善。不过伊壁鸠鲁所言的快乐实质上是肉体无痛苦,精神无烦忧,并非纵欲式的享乐,而是精神上的富足,最终达到心灵的宁静。他认为知识是获得快乐的保证,美德是获得快乐的手段。斯多亚学派的创始人是塞浦路斯的芝诺(约公元前336—前264年),据说他曾在雅典广场北部的画廊(Stoa)讲学,学派由此得名。其学说兼有唯物和唯心的因素,他们承认事物是物质的、发展的、运动的,另一方面事物是由世界理性"逻各斯"决定的。逻各斯这种最高理性是主宰、产生、统治一切自然形态本源的实体和动力。其伦理观的核心在于"顺从自然",惟有这样才能达到幸福,成为一个有德行的人。依照世界理性原则,斯多亚学派主张世界主义,不分种族、阶层、性别,同受天命支配,同为"世界城邦"或"世界国家"的公民,生活在同一的神意的统治秩序下,人人平等,同时为世界城邦承担义务。这种世界主义思想的萌发,显然植根于希腊化时代开放的历史文化土壤,突破了以往狭隘的城邦观念。

四、宗教

古希腊语中并无宗教一词,宗教从未脱离世俗生活,所以没有加以分类的词汇。神无处不在,宗教是日常生活的一部分。希腊人用神话来阐释世界的起源、早期历史以及对神祇的最早理解。他们认为,宇宙原初是一片混沌,混沌中产生了大地女神盖亚和厄洛斯。盖亚生下天神乌拉诺斯,与之结合生下提坦诸神,其中两位提坦神克罗诺斯和瑞亚又诞生了下一代的神:赫斯提亚、德墨忒尔、赫拉、哈得斯、波塞冬和宙斯。宙斯发动叛乱反对父亲,并因此成为奥林匹斯诸神中的主神。传说他们生活在希腊北部的奥林匹斯山上,因此得名。赫西俄德认为奥林匹斯主神共有12位:宙斯、波塞冬、赫拉、雅典娜、阿波罗、阿尔忒弥斯、阿芙洛蒂忒、赫尔墨斯、德墨忒尔、狄奥尼索斯、赫淮斯托斯和阿瑞斯。

希腊神话的最大特点是神与人"同形同性"。在希腊神话中,众神住在奥林匹斯山上,神具有同人一样的外形,一样的情感,贪图享乐、虚荣嫉妒、彼此争斗,同时也有正直勇敢的品性。不同的是,神是完美的、智慧的、最有力量的超人。诸神吃的是仙家美食,饮的是琼浆玉液,长生不死。希腊神话不仅有神的故事,还有许多半人半神的英雄传说,内容丰富又富于想象力,对后世文艺作品走向现实主义并使希腊文明具有人本色彩产生了重要影响。

古希腊人认为诸神能够见证人类的一切活动,也能满足人类的一切需求,保护人类免遭危险和疾病的伤害。人们也会根据诸神的职司对他们进行崇拜,通过虔诚献祭希望获得诸神的眷顾。希腊宗教注重仪式而非信仰,宗教仪式与个人及公共的重大事件及事务紧密相连,首先通过占卜向神发问或祈祷,获得理想的结果后还愿献祭。人和神的关系实际上是一种平等交换的关系,他们祈祷和献祭的目的,都是为了博得神的善意。希腊宗教也从未系统提出一个共同的宗教教义或是一部宗教经典。古典时代的神明难以计数,每个地区、每条河流、每眼清泉都有神或仙子。对诸神的崇拜仪式常在户外进行,包括颂诗、祈祷、献祭、立誓和进献祭品等。为了崇拜神明，人们常常举行宗教庆典，以体育竞技和艺术竞赛的形式纪念神。希腊人在宗教活动中，不惜成本大建神庙，神庙建筑及其附属物是希腊文明的结晶。希腊人也举行各种祭祀和节日庆祝活动，其中最富特色的是举行体育赛事。古希腊的体育竞技是为了敬神祭神，具有神圣意义。在古希腊的各种体育竞赛中，最著名的是奥林匹亚赛会，是为敬奉宙斯而设立的，每四年一次。据说第一届奥林匹亚赛会举行于公元前776年，这一年遂成为希腊人共用的纪年。在运动会举行期间，还伴有文艺演出和诗歌比赛等，这些体育赛事及附属活动为希腊民族的形成和文化发展起到了重要的促进作用。

随着城邦的发展和与外界联系的密切，外邦人大量拥入，外来神祇也因此引入进来，通常与已有的希腊神明融合起来。继古典时代之后，宗教虽仍在普通民众中时兴，但在受教育阶层中却逐渐式微。一方面宗教在一定程度上受到哲学的排挤，另一方面，亚历山大东征后对国王的崇拜日盛，无论是亚历山大还是其继任者及子嗣都被奉为神明。不过对国王的崇拜通常是政治行为，不是真正意义上的宗教崇拜。

五、自然科学

古希腊人从未对哲学与科学严加区分。哲学家也会探究天文学，数学家也会构想出一种包括道德规范的世界观。因为人们对世界的认识水平还很低下，因此得以同时探究很多不同学科的知识。数学是古希腊人最感兴趣的科学领域，他们在该领域取得的成就极为杰出。据说，泰勒斯曾将几何学从埃及引入希腊，埃及人是实用数学家，希腊人则将之提升为数学原理。他们率先采用一系列定理，将数学发展为科学。毕达哥拉斯学派用数字来解释宇宙的秩序，人们开始重视算术和数字理论，与此同时几何学迅速发展。欧几里得和阿基米德的著作将几何学推向顶峰。应用数学在天文学和物理学等相关学科也广泛使用。此时的天文学通常与占星术有着紧密联系，因为在希腊人看来不同的天体与不同的神明存在关联，且作用于地球。希腊人借助天文学为航海、历法和农业生产提供指导。

前苏格拉底时期的哲学家将天文学研究理性化，曾借用几何学来记录天体的运动。天文学家们均将地球看作宇宙的中心，公元前3世纪，阿里斯塔尔库斯提出太阳是宇宙的中心，然而并未得到其他天文学家的认可。在一千多年的时间里，希腊人所认为的星体围绕地球旋转的理论一直被奉为正统。古希腊人也做出过预测日食和月食的尝试，从古代文献中我们可根据日食或月食发生的时间为历史事件准确定年。公元前6世纪的哲学家们开启了物理学的大门，将之视为涉及自然界（physeos，意为自然）方方面面的学科，只有掌握各种自然现象的规律才能探寻宇宙的秩序，解释世界万象的起源。古希腊的物理学研究较为缺乏系统的实验，将具体规律整理为公式的系统化程度不足。从早期起希腊人便对动植物产生了兴趣，在一些哲学著作中可见对生命起源的思考，不过真正详细研究动物学的哲学家当属亚里士多德。亚里士多德撰写了几部动物学专著，其中的细致描述和严谨分类，为动物学的系统化发展奠定了基础。

亚历山大东征之后，东西方文化在历史上出现了第一次大规模的冲撞和交融，富于理性精神的西方哲学与古代近东丰富的数学、天文学知识相结合，使得希腊化时代的自然科学发生了突破性的飞跃发展，科学与哲学逐渐分离，各学科日益专门化，数学、物理学、化学、地理、生物学、医学、天文学，都成为既相互渗透又相互独立的学科，这段时期被历史学家称为"古代科学的黄金时代"。天文学家萨摩斯岛的阿里斯塔库斯（公元前310—前230年），被称为"希腊化时代的哥白尼"，他提出了"太阳中心说"，认为太阳和星宿的位置固定，地球围绕太阳运动。希帕库斯（公元前160—前125年）发明了天文仪，他推算出一回归年的长度，误差仅有6分14秒，他提出的"地球中心说"理论谬传了十几个世纪。

希腊化时代最富盛望的数学家是欧几里得，他所著《几何原本》直到19世纪仍作为教科书使用。这一时期著名的地理学家是埃拉托色尼（约公元前276—前195年），他计算出地球周长，与实际数值仅差300公里，他主张"地圆说"。物理学以阿基米德（公元前287—前212年）的成就最为卓著。他发现了杠杆原理、斜面定律、浮力定律等，还发明了滑轮组、螺旋提水器等。他还设计出军事发射器械，将科学应用于实践，在叙拉古抵御罗马的进攻中发挥了重要作用。

参考书目

1. 黄洋、晏绍祥：《希腊史研究入门》，北京大学出版社，2009年。
2. 孙道天：《古希腊历史遗产》，上海辞书出版社，2004年。
3. 吴于廑：《古代的希腊和罗马》，生活·读书·新知三联书店，2008年。
4. ［美］伊恩·莫里斯、巴里·鲍威尔：《希腊人：历史、文化和社会》（第二版），陈恒等译，格致出版社，2014年。
5. ［英］基托：《希腊人》，徐卫国、黄韬译，上海人民出版社，1998年。

第六章
古代罗马

古罗马是古代地中海地区文明的集大成者和希腊、东方文明的传播者。罗马人兼收并蓄,广泛吸收古代各民族尤其是希腊民族创造的优秀文化成果,并在此基础上创造了自己独特的文明。作为西方古典文明的摇篮之一,罗马所创造的成就对后世欧洲产生了深远的影响。

第一节　王政时代的罗马

王政时代是罗马历史发展的第一个时期,在这一阶段罗马人逐渐从原始社会过渡到文明时代,为罗马此后的蓬勃发展奠定了基础。

一、地理环境与早期文化

(一)地理环境

罗马起源于意大利中部的拉丁姆平原,意大利的自然地理条件对古罗马国家的形成发展产生过很大的影响。意大利位于欧洲南部地中海中央,形如一只长统靴,深入地中海。意大利三面环海,东邻亚德里亚海,西濒第勒尼安海,亚平宁山如一道脊梁贯穿全境。全境地势东高西低,东部山势陡峭,海岸线平直,港湾较少,西部地势缓斜,几条河流贯穿其间,形成埃特鲁里亚、拉丁姆、坎帕尼亚等平原。意大利半岛附近有西西里、科西嘉、撒丁三大岛屿，通往西部地中海的航路比较便利，意大利地理条件上的特点决定了意大利更大程度上朝向西方发展。意大利半岛与希腊半岛的地理条件存在差异，对两个地区的历史发展具有鲜明的作用。希腊诸城邦主要以爱琴海为中心向东方发展，凭借爱琴海岛屿众多之便，与西亚、埃及等文明古国有着深入的交往基础，意大利半岛上的罗马则没有希腊那样优越的航海条件，海岸线漫长，却缺少岛屿和港湾，学习东部地中海先进文明的条件不甚便利，文明进程大大迟于希腊。

意大利虽不具备希腊那样便利的航海条件，远古以来贸易亦不甚发达，不过意大利为农牧业的发展提供了适宜的条件。丘陵和河谷处覆盖着茂密的植被，树木丛生，绿草如茵。河流水量丰沛，气候温暖湿润，日照充足，土壤肥沃，特别是半岛西部几个较大的平原，农牧业起步较早，平原地区宜于种植谷类和豆类，葡萄、橄榄等经济作物的栽培十分普遍。山坡丘陵地带可作优良的牧场，繁殖马、牛、羊等牲畜。从罗马的地理位置来看，台伯河口盛产海盐并兴建了许多盐场，罗马距离河口近在咫尺，正好处于海运和河运的汇合处，地理位置十分优越。人们用船只将盐、粮食和各种舶来品运到罗马城中，在那里很快形成了一个商品集散地。罗马城诞生于台伯河畔，与其处于有利的商业交通要道密切相关。

（二）早期文化

公元前2 000纪，一批"印欧人"侵入意大利北部，后来多支入侵者拥入，他们带来了印欧语。公元前1700年左右，在波河流域及其支流地区发现有一种仿湖上居住形式，在陆上垫起土台和木桩修筑居所的村落，这种古代文化遗址被称为"特拉马拉文化"（Terremara为沃土之意），属于青铜时代文化。该文化遗址建在一块四边形的土地上，两个长边平行，周围绕以壕沟，挖沟的土筑成围墙，围墙内房屋一排排建在木桩和堆起的土台上，要通过一座桥跨过壕沟才能进入村落。当地显然已有严密的社会组织，这里的主人可能来自北方，掌握农业和畜牧业技能。农作物有麻、豆和麦等，牲畜有马、牛、羊、猪和狗等。手工业器物还有黑色光滑的陶器、青铜武器、短剑和两面刃长剑。当地采用火葬为主要埋葬方式。特拉马拉文化主要分布在意大利北部，该文化的创造者可能是最早到达意大利的印欧语系居民。

公元前1 000纪初，意大利逐渐进入铁器时代。在波河以南埃米利亚省波仑尼亚附近的维兰诺瓦村发现了丰富的铁器时代文化遗迹，后来在波河流域其他地方、埃特鲁里亚和拉丁姆都陆续发现类似遗址，通称为"维兰诺瓦文化"。从住所、埋葬、陶器、装饰物等的特点来看，维兰诺瓦文化与特拉马拉文化是否有前后相继的关系很难确定。维兰诺瓦文化的创造者可能是新移入的另一批印欧语系的居民，也有学者认为维兰诺瓦文化是特拉马拉文化的一支居民和早期居民共同创造的。典型的维兰诺瓦遗物主要有粗制的黑棕色和红色陶品、双耳骨灰罐、铜和铁制的长短剑等。

二、罗马城的起源与早期统治

关于罗马城的起源，一直是一个模糊不清且歧义丛生的问题。在古罗马时代，对罗马的起源和发展进行解释的神话和传说就有多种，不过古代文献和考古发现具有许多可以互相印证之处。

（一）罗马起源的传说

据传说，特洛伊城被毁灭后，一些人逃了出来，以埃涅阿斯为首领。逃亡者的船只在大海里漂泊了很久，最后海风把他们吹到岸边。逃亡者看到一条宽阔的河流，两岸树木丛生。疲惫不堪的逃亡者上了岸，在这个叫拉丁姆的地方定居下来。埃涅阿斯的儿子在拉丁姆建了一座城市，命名为阿尔巴·隆伽（Alba longa）。数十年之后，埃涅阿斯的后代努米托尔统治着阿尔巴·隆伽城。阿穆留斯为人阴险残暴，意欲篡夺兄长的王位。他利用努米托尔的亲兵推翻了他的统治，窃取政权。阿穆留斯并不畏惧老朽的兄长，留下努米托尔的性命。然而他却日夜担心其后人起而复仇。为了消除这一隐患，残暴的阿穆留斯下令杀死侄儿，强迫侄女西尔维亚作维斯塔的女祭司。不久，西尔维亚生育了一对孪生兄弟，并声称孩子的父亲是战神玛尔斯。阿穆留斯听闻消息极为震怒，下令处死孩子的母亲，并让一个女奴用篮子把这对孪生子扔入台伯河。恰逢台伯河水泛滥，女奴不敢走近，于是把篮子放到紧靠水边的河岸上离开了。不久河水退去，孪生子突然啼哭不止，被到河边饮水的母狼听见。母狼走到孩子身旁，用乳汁哺喂了婴儿。后来孪生兄弟被国王的牧人发现，把他们带回家抚养。牧人给其中一个取名罗慕路斯（Romulus），另一个取名勒慕斯（Remus）。兄弟俩每天跟随牧人出去打猎，锻炼成了敏捷强健的青年，牧人把他们的身世和盘托出。罗慕路斯与勒慕斯领导起义推翻了残暴的阿穆留斯，把政权交还给外祖父努米托尔，并决定在他们幸存下来的地方建立新城。兄弟俩因用谁的名字命名新城发生争吵，结果罗慕路斯杀死了弟弟，用自己的名字命名了这座城市。在现今罗马的帕拉佐博物馆里陈列着一尊家喻户晓的母狼哺育婴儿的青铜像，罗马狼已然成为罗马的象征，象征着罗马人不屈不挠、勇武好战的民族性格。

图6-1 罗马母狼青铜雕像

（二）罗马城的建立

古罗马城的原址在拉丁姆平原的北端，台伯河下游的左岸，这是一片山丘地带，罗马就是在七座低矮的山丘上建立起来的：帕拉丁山（Palatine）、卡皮托尔山（Capitoline）、奎里那尔山(Quirinal)、维米纳尔山(Viminal)、埃斯奎林山(Esquiline)和凯利乌斯山(Caelian)、阿文丁山(Aventine)。罗马建立的各山丘之间的山谷,在远古时期多溪涧沼泽,地势低洼处常被河水湮没。随着城市的发展,居民栖居地扩展到这些山丘及之间的山谷之外,地势低洼区后来经排水、疏导、铺筑等城建工程才变成平坦的广场。

公元前9至前8世纪,一些部落来到帕拉丁山、埃斯奎林山和奎里那尔山等山岗居住,建立起若干聚落,传统观点认为,第一个聚落出现在帕拉丁山上。近年来考古学家在这些地区发掘出了许多墓葬遗址,较早的墓葬多为火葬形式,较晚的多为土葬。1954年考古学家在帕拉丁山上发现了一座属于公元前8世纪的火葬墓,另发现属于这一时期的茅屋遗存。奎里那尔山挖掘出的墓葬也为火葬墓,为公元前8世纪,而公元前7世纪的则为土葬墓。在埃斯奎林山发现的墓葬最多,主要是公元前8至前6世纪的土葬墓。低地地区发现的大批墓葬,分为不同类型,年代大约为公元前8至前6世纪。

从墓葬的分布和数量来看,由于外来新移民的拥入,罗马在铁器时代人口剧增。从墓葬的类型来看,罗马融合了不同的文化因素。双耳骨灰罐代表着中欧型维兰诺瓦文化,可能属于较早的意大利部落。茅屋型骨灰罐为拉丁姆所特有,为拉丁型维兰诺瓦文化,可能属于较晚到来的一支意大利部落,即拉丁部落。埋葬亡者的土葬方式,可能说明南意大利或亚平宁山区的部落来到罗马。这和古代文献的记载不谋而合,罗马诸山古来即是四方杂处之地,周围各大部族都有支系在这一带定居,罗马周围生活着许多部落,其中包括埃特鲁里亚人、萨宾人、法利斯克人和拉丁人,所有这些居民对罗马的早期发展均产生过影响,罗马的多数人口为拉丁人。

由此看来,不论是否有一个真实的罗慕路斯,考古发现的帕拉丁茅屋和墓葬等材料配合古代文献记载都说明,创建罗马的是属于维兰诺瓦文化的意大利部落中较迟到来的拉丁人的一支,其居民中还有大量从台伯河右岸渗入的埃特鲁里亚人和亚平宁文化系统的萨宾人。至于建城的时间,虽无法准确定论,考古材料和传统文献一致表明,在公元前8世纪中叶罗马建城。为方便记述,人们往往根据古罗马学者瓦罗的推算,把公元前753年当作罗马建城的年代。

不可忽视的是,考古材料显示那时的茅屋简陋,村落稀少,面积不大,陶器粗制,随葬品贫乏,物质文明条件仍处于低水平。建城的传说很可能是半游牧的部落从游牧生活转向定居生活的历史记忆,经后来传说的渲染变为城市国家的建立。事实上罗马传统史家关于罗慕路斯建城只是说他用双牛拉犁,犁出一道沟作为城的界限,也不过是个村落的界限而已,后经武力开拓才发展成部落联盟和罗马公社。氏族部落走向联合的过程在后来罗马保留的古老节庆和宗教仪式中得到印证。"七丘节"表明帕拉丁山和埃斯奎林山、凯利乌斯的居民联合起来,建立七丘联盟。"牧神节"中的竞赛者分成拉丁氏族和萨宾氏族,以及"萨里伊"舞蹈者分成帕拉丁和奎里那尔两族,都暗示出以帕拉丁为中心的拉丁部落与居住在北部奎里那尔的萨宾部落实现了联合。

公元前6世纪罗马大兴土木,挖水道,辟广场,铺街道、建神庙、筑城墙,罗马从简陋茅屋组成的村落变成一个居民众多、经济发达的城市,完全可与当时希腊和埃特鲁里亚的城市规模相媲美。从保存下来的神庙石雕断片可以窥见当时城市生活的情景,节日宴饮、欢庆游行及赛车竞技经常上演。发掘出的从希腊进口的大量精美陶器,不仅说明罗马与希腊世界有着贸易往来,也反映出城市上层贵族的奢华生活。

(三) 王政时代的早期统治

罗马王政时代明显分为前后相继的两个不同时期,王政时代前期的拉丁王和萨宾王统治时期(约公元前 8—前 7 世纪)和王政时代后期即埃特鲁里亚王统治时期(约公元前 6 世纪)。随着生产力的提高和生产关系的变化,氏族制度趋于解体,国家开始萌芽,罗马从而逐渐迈入了阶级社会的门槛。

传统认为,当时的罗马社会有 3 个部落、30 个库里亚(胞族)和 300 个氏族。各部落名称的来源和含义尚不清楚。各氏族首领集合在一起讨论共同的事务就形成了长老会议,它是元老院的前身,遇有大事,氏族制的民主习惯是召集全体氏族成员开会商讨。

王政前期,罗马最基本的管理机构有:王(rex)、库里亚大会、元老院。王拥有军政、司法和宗教大权,身兼军事统帅、最高法官和最高祭司于一身。库里亚大会,也即罗马的民众大会,初时按照库里亚分别召开。原则上参加者是各氏族的成年男子,但实际上库里亚中还包括一些晚后移入的没有氏族联系的零散居民。库里亚大会主要解决罗马公社生活中那些最重要的问题,如选举高级公职人员(包括王),宣布战争,通过或否决新法案,对判处死刑的案件作出最后定夺等。

元老院,即长老议事会,由罗马各氏族首领组成。初创于罗慕路斯之时,由 100 名拉丁氏族的父老组成。在与萨宾人合并后,又增加了 100 名萨宾氏族的父老。老塔克文继承王位后,选出 100 名埃特鲁里亚人编入贵族,让他们进入元老院,元老院人数扩大到 300 人。元老院相当于库里亚大会的预决机构,有权预先讨论向库里亚大会提出的重大问题,元老院也是王的顾问,但权力远不及共和国时代。

传说中的王政时代历经 7 位王的统治,除罗慕路斯(Romulus)外,还有努玛·蓬皮利乌斯(Numa Pompilius)、图鲁斯·霍斯提利乌斯(Tullus Hostilius)、安库斯·马尔西乌斯(Ancus Marcius)、塔克文·普里斯库斯(Tarquinius Priscus)、塞尔维乌斯·图里乌斯(Servius Tullius)、塔克文·苏波布斯(Tarquinius Superbus),其中第一、三位出自拉丁人,第二、四位出自萨宾人,后三位则是埃特鲁里亚人。

三、埃特鲁里亚人的统治

拉丁族和萨宾族的王都由选举产生,而非世袭,王权不强,从公元前 7 世纪末起,罗马社会面貌却发生了巨大变化。

相传大批埃特鲁里亚人迁居罗马,不久在罗马建立起所谓塔克文王朝(公元前 616—前 509 年)。埃特鲁里亚人的迁入刺激了罗马经济的高涨,手工业和商业迅速发展,在此基础上形成了城市。当时以军事民主制为传统的氏族制度管理机构逐渐发生蜕变,逐渐被新的国家机关所取代。塔克文王朝时,王的权力不断扩大,地位提高,凌驾于元老院和民众大会之上,王权逐渐具有国家权力的性质。王政后期王权逐渐扩大为广泛的权力,除了军事、裁判和宗教权外,埃特鲁里亚王还掌握着行政权和财政权,处理被征服土地的分配,管理城市公共建设,有权在战时课征战争税。古典作家描述的王政前期王的形象,类似于简朴粗犷的部落首领,而埃特鲁里亚王则俨然如威严的君主,有特殊的装饰和标志。在行使王权的隆重场合,埃特鲁里亚王头戴金冠,身披紫袍,手持鹰头权杖,身坐象牙椅,身边有12名扈从护卫,扈从随身携带一束内夹斧子的棍棒(fasces),作为王最高治权的徽标。

老塔克文来自埃特鲁里亚,在获取王位后,他首先从罗马的埃特鲁里亚居民中选出支持他的100人,称他们为晚辈贵族(minores gentes)。塔克文王朝引用了全套埃特鲁里亚式的王权仪仗,每当国王率军征战得胜,必在城中举行盛大凯旋式,王着金紫大袍,立于战车之上,穿过城市街道,直达神庙奉献牺牲,后面紧随俘虏和战利品。群众夹道欢迎,场面盛大空前,国王的威严得以彰显,这种凯旋的仪式后来成为罗马政治生活的重要主题。

老塔克文在罗马城大兴土木,将整个罗马用石墙合围起来,修筑排水道,把各山头之间积涝沼泽的水引入台伯河,建立广场供市民集会、交易。在帕拉丁和阿芬丁山之间的低地修建了一座大赛马场,周围修砌有顶棚的看台,还在卡皮托尔山建立朱庇特神庙。在他统治期间,罗马由简陋的茅屋村落变成了一座真正的城市。老塔克文对外则攻克和降服了一些反抗罗马的古拉丁城,把它们置于罗马势力之下,另外与萨宾人作战,夺取了萨宾人的重要城市柯拉奇亚。

塔克文死后,其女婿塞尔维乌斯继位为王。塞尔维乌斯继位后,立即对罗马的政治和军事进行了改革。他建筑城墙、碉堡和沟壕,把新建的罗马城分为4个城区部落和29个乡村部落,取代原有的3个氏族部落。新的地域部落作为管理公民的行政单位,负责公民等级、征兵、征税和摊派徭役等,同时,不论原先是罗马公社的成员还是置身于公社之外的自由民,不论贵族抑或平民,将罗马全体自由居民按照财产原则划分等级,设立森都里亚组织制度。这样,凡是在地域部落登记入册的自由民都取得了罗马公民权,他们的公民身份不再取决于血统和出身,而是依据其所在的居住地以及财产资格,这就打破了种族和血缘的藩篱,不仅使置身于公社内外的自由民融合起来,而且大大壮大了罗马公民公社的力量和国家实力。在城市建设方面,塞尔维乌斯修筑了一段城墙,把奎里那尔山和维米纳尔山围入城中,后人称之为"塞尔维乌斯墙"。

由于多次征服周围地区,吸收了大批外来人口,塞尔维乌斯在全国范围作了一次人口和财产普查,结果有8万人登记注册。他根据登记的结果,把居民按财产多寡分为5个等级,作为征兵和纳税的基础。第一等级为财产在10万阿司以上者,编成80个步兵百人队和18个骑兵百人队,所有武器战马都需自备,计有头盔、圆盾、胸甲、胫甲、矛、剑等。阿司为罗马的铜币,罗马当时的经济水平不会有如此之多的货币,财产可能是按土地计算的,后人将之折算为阿司,无土地的工商业者的财物或折算成货币。第二等级为财产在7.5万—10万阿司之间者,编入20个百人队;第三等级财产在5万—7.5万阿司之间者,组织20个百人队;第四级等级财产在2.5万—5万阿司之间者,组织20个百人队;第五等级财产在1.1万—2.5万阿司之间者,出30个百人队。以上各等级武器装备逐级减少,财产不足1.1万阿司者称为不入级者,提供5个百人队。一共193个百人队(Centuria,又称森都里亚)。百人队原为100人,实际数目有时差别很大。罗马人按照百人队划分召开森都里亚大会,拥有选举高级官员、决定战争媾和、制定法律和审判案件等职权,在罗马城外的马尔斯广场召开。森都里亚会议的表决方式是每百人队一票,从第一等级开始依次投票,总数为193票,过半数赞成即可通过。第一等级掌握着过半数的票数,因此富人在森都里亚会议中占据优势地位,同时也肩负着沉重的兵役负担。

据传说,王政时代最后一个王高傲者塔克文,独断专行,厉行暴政。他剥夺了元老院的权力,遇事不照旧例与元老商议,并以恐怖政策对待元老,元老人数因之大减。他又对平民采取高压政策,遇事由他一人专断,还迫使平民服各种劳役。罗马各阶层的不满终于以"鲁克莱提娅事件"为导火线全面爆发。

据说在一次征战后的酒宴上,塔克文的三个儿子和科拉提努斯打赌谁的妻子最勤劳贤良。几个人连夜策马返回罗马验证,结果发现塔克文的儿媳们正在饮宴作乐,惟有科拉提努斯的妻子鲁克莱提娅安守家中织纺羊毛。塔克文的长子塞克斯图斯·塔克文对美丽忠贞的鲁克莱提娅动了邪念,几天以后将她奸污。鲁克莱提娅在丈夫和父亲面前揭穿真相后自尽身亡。愤怒的科拉提努斯和岳父以及友人布鲁图斯将鲁克莱提娅的尸体抬到广场,罗马人压抑已久的怒火终于爆发。在公元前510年,罗马人联合起来采取行动,将塔克文及其家人驱逐出罗马,并一致选举推翻塔克文有功的布鲁图斯和科拉提努斯为执政官,延续了240多年的王政时代至此结束,罗马历史进入了一个新的时代。罗马人推翻塔克文家族的统治,究其原因是塔克文王朝日益增长的王权和包括出身于埃特鲁里亚的贵族在内的罗马贵族势力之间的矛盾和斗争发展的结果。

据古典作家狄奥尼修斯记载,布鲁图斯要求"大家一心把塔克文及其家人驱逐出罗马",在讨论未来政府形式时,他又提出"不要让一个人享有超乎一切之上的最高权威,而是要把王权交给两个人"。群情激昂的罗马人不再容忍一人为王的政权,遂选举两名执政官共同执政,罗马共和国诞生了。

罗马国家的政体改变迎合了此时意大利的历史发展潮流,此时在埃特鲁里亚、拉丁姆和奥斯卡—翁布里亚人的城市里,也发生了类似的国王被一位或多位行政长官取代的政治变革。埃特鲁里亚的城市有吉拉特(Zilath),拉丁城市阿里西亚和提努维乌姆选出狄克推多(Dictator),翁布里亚人的城市出现了两位马罗奈(Marones),奥斯坎人的城市出现了两个麦迪凯(Meddices),萨宾人的城市则产生了八人团(Octovirs),罗马推翻王政建立共和的历史过程受到了周边地区政体变革的影响。

第二节 罗马共和国的崛起

在古代罗马历史上,继王政时代之后进入共和国时代。从词源学上看,"共和国"一词系由拉丁语"res publica"缀连而成,原为"共同财产、公共事务"之意,与私有财产和私人事务形成对照,后来"共和国"一词被用来指代一种国家政体,即共和制。这种政体不同于一人独揽大权的君主制和多数公民主导的民主制,特点在于由贵族控制国家的政治生活,通过法律制度限制个人权力的滥用,并在贵族集团内部平等分享对公共事务的管理。

一、罗马共和国初期的政治体制

共和国建立后,取代王执掌大权的是两名大法官(praetor),后称为执政官(consul),公元前5世纪中期编纂的《十二表法》中仍用"praetor"一词指代执政官。两名执政官拥有最高统治权,包括最高行政管理权、军事指挥权,还包含司法裁判权、向公民大会和元老院提议的权力及其他一切必需之权。他们权力相等,对对方拥有否决权。通常情况下,新执政官的人选由前任执政官提名,经森都里亚大会表决通过,元老院批准,最后由库里亚大会授予最高治权。战争一旦爆发,由一名执政官开赴战场,另一名留守国内处理国事,如若需要两执政官同时进驻前线,则彼此间分配军事指挥区,需要共同行动时,轮流担任主帅,每日或每月进行交接。

罗马的国家政府转入共和体制之后的主要变化体现在两名选举产生的执政官取代国王,执政官从贵族中选出,掌握国家最高行政权力。可是由于执政官任期短,任期仅为一年,两人平权,彼此牵制,所以真正的大权掌握在终身任职的元老手中。共和初期,元老院作为咨询机构,尚未达到后来具有广泛权力的水平,但按惯例执政官遇要事要提交元老院讨论,听取意见和建议。元老院的权力日趋广泛,取得了监管国库和否决人民大会全部决议的权力,可以监督执政官,解决两人之间可能出现的争端。执政官本身通常就是元老,卸任之后进入元老院,他们十分敬畏元老院的权威。如遇非常时期,元老院推举一名独裁官执掌国家最高权力,任期不得超过6个月,危机解除后必须卸任。共和国时代依然召开森都里亚会议,森都里亚会议逐渐获得重要的政治权力,决定重大问题,表决通过的决议最后还需元老院批准,元老院实际上成为罗马共和国时期权力的核心。

布鲁图斯因为在推翻王政中的积极表现而成为共和国的建立者和保卫者。为维护人民的自由,不使民众的自由被王权侵犯,不为国王的花言巧语蛊惑,他向人民宣誓,决不允许任何人在罗马称王,初步确定了新生国家的国家性质。他又增强元老院的影响力,增补元老,把因国王迫害而减少的元老院人数增加到300人,新任命的成员称作"conscripti"(意为登记者),原有成员仍享有"patres"(意为元老)的称号。执政官布鲁图斯的政策增进了国家的和谐,同时加强了贵族和平民间的团结,为罗马共和国的发展初步奠定了稳固的根基。

出逃罗马的高傲者塔克文不甘心失败,求救于埃特鲁里亚。埃特鲁里亚城市克鲁西乌姆(Clucium)的军事首领波尔西纳(Lars Porcena)应援进攻罗马。古罗马史家李维曾记载,当波尔西纳率军抵近台伯河桥时,一个名叫赫拉提乌斯(Horatius Cocles)的勇士只身阻挡埃特鲁里亚人的进攻,直到河桥被战友拆毁为止。罗马誓死坚守,难以攻破,波尔西纳终于气馁,在罗马人同意交出部分领土后撤离罗马。然而,根据现代研究者的考证,在共和国建立之后,埃特鲁里亚人曾一度占领罗马并置罗马于自己的保护之下。及至公元前474年的库麦海战,埃特鲁里亚人大败于希腊联军,他们的残余势力才从拉丁姆完全退去,罗马可能趁埃特鲁里亚势力严重受挫之际恢复了独立,从公元前5世纪中叶起,罗马走上了独立发展的道路。

新共和国的最初一百余年,是罗马人在不断与近邻的战斗中度过的。强悍好战的埃魁人和沃尔斯奇人以及萨宾人、拉丁人和埃特鲁里亚人给罗马造成了严重的威胁,罗马几乎失去了王政时代在拉丁姆取得的一切优势。公元前5世纪初,罗马人与拉丁人在共同的威胁下结成同盟,缔结《卡西乌斯条约》,规定双方互不侵犯、互相支援。公元前5世纪后半期之后,罗马人对近邻的斗争开始转入攻势。罗马人联合拉丁人打垮了埃魁人,又多次挫败沃尔斯奇人,先后夺回沃尔斯奇人占领的沿海拉丁土地,在沿海的安提乌姆和阿尔底亚建立拉丁殖民地,罗马派去的移民成为殖民城的主人。从此之后,罗马人创立了建立殖民城市来统治被征服地区的有效办法。

二、平民与贵族的斗争

罗马共和国初期,平民虽然获得了一些政治及经济上的权利,但对他们来说最重要的土地和债务问题依然没有得到解决,平民与贵族的矛盾愈演愈烈。平民为了获得自己应享有的利益与贵族展开了长期的斗争。

(一)平民和贵族的起源

平民和贵族的划分一直以来众说纷纭,持种族说者认为,平民本身组成一个共同体,他们有自己的制度,崇奉自己的神,进行特殊的宗教崇拜,保有自己的居住地和活动区域;持地理说者认为,贵族是罗马最初的公民,平民则来自外邦,或是说贵族拥有全权公民籍,平民仅拥有低等公民籍;持移民说者认为,城市的发展吸引了大批手工业者和商人来到罗马,也包括脱离庇护制度的被保护人,这些人加入平民的行列。综合各说,贵族和平民的划分开始于王政时代,这种划分萌发于社会分工的需要,而后又与罗马社会经济发展引起的财产分化、早期罗马侵略扩张以及吸收外来移民结合起来,平民和贵族都经历了长期复杂的形成过程。

贵族来源于早期罗马公社各氏族部落中的显贵。根据传统记载,早在罗慕路斯时代已从拉丁氏族中选拔出100位贤能者,后来又不断吸收兼并进来的部落显贵,据说从合并的萨宾人和随老塔克文迁居罗马的埃特鲁里亚人中,先后各增补100人进入元老院,这些元老所在家族及后代就被称为"贵族"。元老院人员组成如此整齐划一,说明文献记载不甚可信,但在王政时代逐渐产生了元老贵族则是完全可信的。

平民来自各部落中的非显贵世家、脱离保护关系的依附民、零散迁居罗马的外邦人以及较后被罗马征服的拉丁部落居民。他们人数众多,来源复杂。起初,这些平民都包括在库里亚组织之内,享有罗马公社成员的权利。后来,由于罗马社会的发展和城市的兴起,吸引了越来越多的外邦人移居罗马,同时也由于罗马不断进行扩张,地域范围逐步扩大,人口日益增多,因此,很难再把居民全部编入三个氏族部落之中,只得把一部分居民排除在氏族组织之外。这些成批迁来的移民,大多从事工商业活动,他们可能仍然保持原有的氏族组织和宗教信仰,构成了平民的主体。已编入库里亚的平民也在分化,其中有些可能由于保护关系成为贵族的依附民,另一些与新来的平民合在一起组成平民等级。

(二) 平民和贵族的矛盾

随着罗马国家的发展和经济的蒸蒸日上,平民和贵族之间的差距逐渐拉大,二者之间的矛盾日趋激化,主要体现在社会地位的不平等。贵族在政治、宗教、司法、土地和战利品分配、债务、诉讼等方面据有特权,平民则处于受排挤、压迫和歧视的地位,他们之间矛盾的焦点主要汇聚在政权、土地和债务三个方面。

自从废除王政建立共和以来,罗马的政治大权便日益被贵族垄断,政府的公职、神职和决策机关元老院,逐渐由贵族完全把控。几个声名赫赫的氏族组成一个独掌大权的小圈子。执政官一职在几个氏族中轮换,埃米利乌斯(Aemilius)、科尔奈利乌斯(Cornellius)、法比乌斯(Fabius)、克劳狄乌斯(Claudius)经常出现在执政官的名单上,而平民中的一些工商业者,在长期发展的过程中成长为富有财力的家族,他们不甘心被排斥在政治生活之外,听从贵族的摆布。这些平民上层要求参政,要求平等的政治权利。

古代社会土地制度具有普遍的特点,凡国家公民均有权要求一份土地,是为公民参军参政的前提,因此,古代国家的公民对土地的要求总表现得比较迫切。罗马自建城以来,不断地征战夺得了大片土地,无地和少地的平民希望能从新扩张的土地中分得一杯羹。但是,贵族时常仅提供少量土地用以分配,而把大片土地收为公有,其中又有大片被贵族瓜分侵占。土地占有的不均衡使平民与贵族的矛盾更趋激烈,土地问题成了争执不断又不能彻底解决的问题。

再者是由债务问题引发的纠纷。共和初期战争频繁,平民的兵役和赋税负担较重,农民因连年出征疏于料理,或田地遭到破坏无法耕种,造成农业经济衰落,工商业也往往因战争而陷于停顿。许多人被迫陷入债务的泥淖,而此时不成文的债务法却极为严酷,准许债权人随意拘留债务人,罚做苦役或卖为奴隶。负债的平民求告无门,只有听任贵族债务人任意荼毒,他们要求有自己的代言人保护平民的利益和人身的安全。上述情况迫使平民组织起来,为切身利益而斗争。

(三) 斗争的过程

罗马平民对贵族的斗争并未采取暴力的斗争方式,据古典作家记载,他们采取不合作、集体撤离的手段迫使贵族进行谈判和让步。第一次平民有组织的撤离发生于公元前494年。据说,这次矛盾冲突主要因债务和债务奴役而起,平民被迫采取行动,撤退到罗马城外的"圣山"(一说阿芬丁山),表示要脱离罗马,另组国家。罗马贵族十分惊慌,失去平民无法应付当时的对外战争,于是贵族派人去与平民和解,平民由此争得了选举自己代言人——平民保民官的权利。最初选出的保民官为两人,后增至5人,公元前457年增至10人。保民官可以帮助平民向执政官和元老院提出申诉和抗议,反对任何官员滥用职权,他们不能参加元老院会议,但有权旁听,对不利于人民的立法可以否决,他们之间也可以互相否决。保民官的权力不是由法律规定的,而是带有宗教性质的,保民官人身不可侵犯。保民官初设时权力并不大,后来随着民众会议作为立法机构权力的增长,保民官的权力也扩大了。到公元前474年,平民按特里布斯(地域部落)召集会议已获正式承认,称作平民会议,经该会议通过的议案称为平民决议。到公元前471年前后,平民除了具有与贵族斗争的保民官外,又拥有了自己的会议和市政官。

到公元前5世纪前半期,罗马的法律为习惯法,因循先例,司法带有宗法和宗教性,由元老、高官和祭司等贵族领导人掌握,平民常因贵族滥用职权而受欺压。公元前451年,贵族同意平民编纂成文法的要求,组成了一个十人委员会,成员全为贵族,责成该委员会在一年之内把从前的习惯法归总成文。为方便执行公务,当年的执政官和保民官以及其他官员都暂停行使职权,国家全权交给十人委员会。他们在一年时间内没有完成全部工作,次年另选一个十人委员会,继续从事法典的编纂工作,由5个平民和5个贵族组成。通过两个委员会的工作编订了著名的《十二表法》,包括债务法、继承法、家庭法、诉讼法、神圣法等各方面。因为《十二表法》只是把自古以来的习惯法写成文字,所以包含有产生于不同时代的极不一致的内容,一方面保存有比较原始的社会习惯法残余,同时也有较晚后发展起来的一些较为人道的立法。《十二表法》自编订以来在罗马历史上从未废除过,罗马人后来对之引以为傲,其法律用语也成为后世法典语言的典范。

这一成文法保障了平民不再受贵族任意横加的处罚,但这种保障尚不完善,如法律规定人们可以上诉,但对官员的强制权没有限制,平民反对贵族的斗争仍在继续。公元前449年平民举行第二次撤离运动,新选的两名执政官通过了几条对平民有利的法案,总称为瓦列利乌斯—赫拉提乌斯法(Lex Valeria-Horatia)。法案规定,全体公民必须遵守平民决议,增设特里布斯大会作为新的公民大会,重申上诉权,被官员判处重大刑罚的公民可以向人民大会提出上诉,任何人侮辱保民官或市政官应被处以死刑,没收财产。保民官的人身权利不可侵犯,以前通过对神的誓言保证,现在正式以法律来保障。

公元前445年的卡努利乌斯法,废除了平民不能与贵族通婚的禁令。从公元前444年开始直到公元前367年,近80年间只有22年选出执政官,其余年份选举"具有执政官权的军政官",最初3人,后增为6人。公元前443年设置两个监察官职位,规定只能由贵族担任。从公元前376年到前367年间,平民和贵族展开了激烈的斗争,终于迫使贵族作出让步,在公元前367年通过了著名的保民官李锡尼和塞克斯图法案。法案规定,已付债息一律折合本金计算,未偿还部分分3年归还;全体罗马公民均可占有公地,占有公有地的最高限额为500犹格,确认了平民通过分配获得土地的权利,也对贵族兼并土地起了一定的限制作用。另外规定,取消军政官,重选执政官,两个执政官之一须由平民担任。由此,该法深深触及了平民与贵族矛盾的症结,在平民与贵族的斗争中具有里程碑意义,塞克斯图在公元前366年当选为第一个平民出身的执政官。

既然平民获得了担任国家最高官职的权利,其他的官职也陆续向平民开放。公元前342年盖努西乌斯法规定两个执政官皆可为平民。公元前326年,波提利乌斯法禁止以人身抵债,废除债务奴役。从此以后,平民免除了沦为债务奴隶的威胁,人身自由得到保障。平民反对贵族最后一场大规模的斗争发生在公元前287年,平民霍腾西乌斯被任命为独裁官,他公布一项法律,再次重申平民决议对全体公民均有法律效力,这一事件标志着平民反对贵族的斗争胜利结束。

(四) 平民与贵族斗争的历史意义

共和国建立后,长达两个世纪的平民与贵族的斗争构成了共和国早期国内斗争的主线,形制完善的共和国制度无疑需要经过很长时间的发展才能趋于成熟。

平民与贵族的斗争使罗马社会发生了一系列变化。平民在法律上取得了罗马公民在政治和社会方面的全部权利,在债务奴役、土地占有等经济方面也获得了一些保障,地位有所改善。伴随对外扩张而进行的军事移民和公有地分配,伴随平民斗争而进行的减免债务负担和缓和土地集中的尝试,都使得罗马的小农经济得以恢复和维持,从而巩固了罗马城市国家赖以存在的经济基础,增强了罗马以公民兵为主体的军事力量。特别是债务奴役制的废除,划清了自由民和奴隶的界限,促进了罗马公民集体的巩固,从此罗马走上了奴役外籍奴隶的道路,这对罗马社会发展有着重要的意义。社会各阶层出现新的调整,氏族贵族逐渐衰落,新贵族逐渐产生。氏族贵族的数量因为战争等种种原因愈来愈少,开明的贵族认识到再也不能故步自封,开始与平民合作,并以联姻的方式巩固合作,延续贵族的血脉。平民中的上层自从获得担任各种官职的权利以来,地位逐渐上升,通过担任高级行政官员,得以进入元老院,跻身上层统治者的行列,他们所在的家族按习俗也就被视为贵族。平民上层与氏族贵族逐渐合流,形成了新的统治集团,变身新贵族。余下的平民中下层主要是占有土地的农民、城市手工业者和商人以及贫民,在等级斗争过程中地位也有所改善。

经过平民和贵族的长期斗争,罗马共和国的国家制度逐渐完善起来。特里布斯会议由平民会议成为有最高立法权的公民大会。罗马全体公民在会议中表决国家立法,选举保民官、财务官、市政官以及其他低级官员。原先的森都里亚会议和库里亚会议依然发挥作用,森都里亚会议表决国家的和战问题,选举执政官、大法官、监察官等高级官员,库里亚大会已经完全丧失了政治意义,仅在形式上授予高级官员以治权。由于国家职能的增加和国家事务的繁多,各种高级官职也相应地设置起来,其中主要有执政官、大法官、监察官、市政官、财务官以及在危急时设立的独裁官和骑兵长官,这些官职的人数也相应有所增加。不过,在共和国的政制中,元老院仍处于权力的中心地位,拥有广泛的权力,决定着内外大政,是罗马共和国最重要的国家机构。

希腊历史学家波利比乌斯认为,罗马政体比较符合希腊哲学家推崇的王政、贵族、民主三合一混合政体的理想,三者互为牵制,又互为合作,从而保持政治的稳定。"在运用这三种成分制定宪法和随后的行政管理等方面,如此恰当合拍,甚至连罗马人自己也难以肯定这一套制度究竟是贵族政体、民主政体还是君主政体。这种说法确有其充分理由,因为如果注意到执政官的权力,似乎是君主或王权政体;如果注意到元老院的权力,似乎又是贵族政体;若再注意到民众的权力,似乎又是很明显的民主政体。"实际上,统治权虽在名义上属于各种会议的人民,由于经济、政治、军事和宗教等诸多因素,人民会听从于"优秀的人",也就是贵族领袖,这些人实际上利用元老院和行政官员控制了社会和政府的各个方面。由于公职并不支薪,事实上只有富人才有能力担任这些公职。由于罗马无所谓文官和武官之分,同一批人除了掌握行政权,也独占了军事领导权。学界普遍认为,罗马共和国从公元前3世纪以后的成长,最终酿成了共和国逐渐衰落瓦解,罗马原有的整体性也随着派系斗争和个人主义的兴起而走向衰退,因此在共和国的最后一个世纪里,统治集团内部发生了一连串对军事和政治主宰权的争夺,最终走上了帝制的道路。

三、罗马共和国的扩张

罗马建立之初,只是台伯河上的一个蕞尔小邦,北有强劲的埃特鲁里亚人、山南高卢人,近邻拉丁姆地区的一些部落,如沃尔西人、赫尔尼西人、埃魁人、马尔西人等,东为亚平宁山区骁勇好战的萨莫奈人。起初,罗马在对外关系上采取守势,直到公元前4世纪中期之后,随着内部矛盾的调和,自身力量的增强,罗马便转守为攻,开始了对外扩张的征程。

(一)对意大利本土的征服

1. 征服战争的过程

罗马首先面对的是埃特鲁里亚的重镇维爱。维爱位于罗马城东北,台伯河北岸,公元前5世纪初,维爱时常骚扰罗马城郊各部落的农牧区。公元前479年,元老院派费边氏族出征维爱,结果为维爱人所败。半个世纪之后,罗马人于公元前430年再攻维爱,罗马主将考苏斯手刃维爱王,剥取甲胄奉献于神庙,报了费边氏族惨败之仇。公元前396年,经过10年包围,罗马将军卡米卢斯终于攻克维爱,对居民大肆屠杀,将生者卖为奴隶。罗马因此得到了大量的财富和土地,领土因之扩大了一倍,罗马的埃特鲁里亚之患从此解除。

大概从公元前5世纪起,凯尔特人陆续南迁,横越阿尔卑斯山进入意大利北部,到公元前4世纪初,已占领波河南北大片肥沃平原,此后这一地区便称为山南高卢。公元前390年,高卢人进攻罗马,在距城10里的阿里亚河与罗马交战。罗马投入了全部兵力和附近拉丁城市的援军,仍招架不住彪悍的高卢军队的攻击,罗马惨败。

阿里亚战役后,高卢人乘胜前进,罗马遭到敌人的洗劫,城里年老体弱者撤到卡皮托山临时避难。由于山坡陡峭,不易攻取,围攻竟达7个月,卡皮托山上的守军后因弹尽粮绝被迫投降。高卢人也因疫病流行同意和谈,最终高卢人在获得1000磅黄金的赔付后撤离罗马。

高卢战后,罗马进一步构筑城防工事,增强军事实力。在塞尔维乌斯土墙的基础上以砖石建立新墙,在交通大道和形势险要处修建大道、城门、塔楼。整个工程到公元前378年竣工,为纪念前人,仍把新墙以塞尔维乌斯墙的旧名相称。原来台伯河上的木桥,改造为坚固的石桥。从罗马城通向四面八方的道路统一用石料铺砌,加强桥涵工程。此后近千年,罗马未被敌军攻克,遂获"永恒之城"的美誉。

萨莫奈人生活于亚平宁山区,是半岛居民中开化较晚的民族。公元前343年,萨莫奈人入侵坎帕尼亚,罗马人以坎帕尼亚首城卡普阿向其求援为由,把军队开入坎帕尼亚,于是爆发了第一次萨莫奈战争(公元前343—前341年)。公元前341年双方签订和约。罗马占领了坎帕尼亚重镇卡普阿,同时将几个城镇让与萨莫奈人。

就在罗马人与萨莫奈人议和期间,拉丁城市反罗马的战事燃起。拉丁同盟城市向罗马提出平等权利的问题,要求罗马执政官中一人和元老院成员半数从拉丁同盟中选出。罗马断然拒绝,拉丁战争爆发(公元前340—前338年)。罗马人采取远交近攻的策略,同萨莫奈人保持同盟关系,全力进行拉丁战争。公元前338年,拉丁同盟宣告解体,罗马人从此在拉丁平原建立起绝对的优势。

公元前327年,罗马人占领了希腊移民城市那不勒斯,引发了第二次萨莫奈战争(公元前327—前304年),这是一场严酷而持久的战争。公元前321年考狄昂峡谷一战,罗马军大败,忍受轭门下通过的耻辱。

大约在此期间,罗马人开始改进武器、改变传统的战法、扩大自己的兵力,把原先的两个军团增加至四个军团,同时又从同盟国征召同样数量的辅军。在监察官阿庇乌斯·克劳狄乌斯的主持下,于公元前312年修建了阿庇亚大道,从罗马一直延伸到拉丁姆沿海大城塔拉奇那,再沿海岸向东南直达卡普阿。从那以后,罗马终于有了一条通向南部意大利的交通干线,平坦的大道有利于快速行军,为罗马平添了一个克敌制胜的有利条件。

面对日益强大的罗马军队,萨莫奈人与北方的高卢人、埃特鲁里亚人和翁布里亚人联合起来,共同对付罗马,第三次萨莫奈战争爆发(公元前298—前290年)。虽然高卢人的战车在战场上横冲直撞,萨莫奈人、埃特鲁里亚人和翁布里亚人的进攻使罗马遭遇重创,但罗马人灵活运用多种战术,把对方拖得精疲力竭,终于在公元前290年迫使萨莫奈人议和,萨莫奈人变成了罗马的同盟者。罗马在萨莫奈人被迫割让的土地上建立起几座拉丁殖民地,以防萨莫奈人东山再起,罗马取得了征服中部意大利的决定性胜利。

罗马人在控制北部、中部意大利后,开始向南部意大利发展。公元前280年,罗马舰队开进他林敦湾,遭到他林敦人的袭击。船员一部分被杀,一部分被卖为奴隶。罗马与他林敦之间的战争爆发。他林敦为抵抗罗马,向希腊的伊庇鲁斯国王皮洛士求援。皮洛士是亚历山大的远亲,继承亚历山大的遗志冒险远征在当时似已蔚然成风,皮洛士一心想建立一个西方帝国,惟独缺少良机,他林敦的求援正合他心意。他统率一支2.5万人的大军来到意大利,重装步兵2万、骑兵3 000、轻装弓箭手2 000、战象20头,他林敦也把全部兵力交由他指挥。公元前280年,在赫拉克利亚一战中,罗马骑兵失利,皮洛士的战象强烈干扰到罗马的骑兵,罗马队伍大乱,伤亡惨重。尽管皮洛士取得了一些胜利,不过自己的伤亡也很大。意大利的战事并不顺利,促使皮洛士下定决心接受西西里希腊人的邀请,帮助他们与迦太基作战。公元前278年,他带兵来到西西里,在那里停留了3年。他重返意大利后再组军队,兵抵萨莫奈人境内,迎面抗击罗马人。在贝内文托附近皮洛士本想出奇制胜,但罗马早有准备,皮洛士仓促败退,回到伊庇鲁斯,罗马获得了对南意大利的统治权。至此,除北方波河流域尚在高卢人的控制下之外,罗马人基本取得了整个意大利半岛的统治权。

2. 罗马对征服地区的统治策略

罗马把意大利各地区征服以后，并没有立即组成一个统一的国家，而是实行了"分而治之"的政策，把各被征服地区分成两类：一类并入罗马，另一类则保持同盟的身份。第一类包括拉丁姆、坎帕尼亚大部、埃特鲁里亚南部地区。这些被征服地区并为罗马公社的公有地，居民被授以罗马公民权或半公民权。这样罗马国家的范围和人口大增，约占半岛总面积的1/5，人口约100万。第二类是保持同盟身份的同盟国，有北部的埃特鲁里亚、翁布里亚、亚平宁高地各族人民和南意大利各部族和城市。这一类约有200万人，占地为意大利半岛的4/5。无论是直接并入罗马的领土，抑或作为同盟者而存在，两种情况中又因条件差异而区分对待，各城市法律地位各异。

在合并的人口中拉丁人得到全部公民权，和罗马原有公民享有同等的政治权利。坎帕尼亚、埃特鲁里亚和萨宾人则只取得司法权，在罗马法术语中为上诉、起诉和通婚等权，具体说来即他们的人身、财产、遗嘱都受法律保护，但是不具备选举权和被选举权，不能在罗马为官，这些人被称为无选举权公民。对于合并的城镇，无论是全权公民或非全权公民，罗马往往仍让他们实行地方自治，让各城保留原有的政治组织和官职，依旧例进行管理。这样既可以不打乱原有的社会生活和传统文化的步调，同时又在服兵役、外交、纳税等方面受罗马的管辖。罗马维持地方自治的做法减轻了罗马政府的官员和元老院的负担，初步奠定了罗马小政府、大社会的格局，一方面从为罗马提供军事力量的核心问题上加强对地方的控制，另一方面又为各地区的政治法律地位留有上升空间，各自治市不是设法摆脱罗马的统治，而是竞相争取罗马的全部公民权，在罗马的征服事业中积极表现。

罗马的同盟者分为拉丁同盟者和意大利同盟者。这些拉丁同盟都分别同罗马订有条约，各城都有自己独立的政府。拉丁同盟者的地位比意大利同盟者高一些，他们有起诉权和通婚权，如果到罗马城适逢进行选举，则可以在一个部落登记参加投票。如果愿意迁居罗马，也可以在一次人口普查时登记，即可获得全部公民权。意大利同盟包括中南意各部落和城镇，罗马同这些大大小小的村落和城镇所订立的同盟条可能有150个之多。

对于同盟者，罗马人一般采用尊重和给予一定实惠的政策，允许同盟者独立处理内部事务，而一旦同盟者遭受外来势力的侵略，他们又总能竭尽全力地保护同盟者的利益，使其免遭祸害。罗马对同盟者实行的这种开明政策，赢得了同盟者对罗马的拥护和忠诚。

（二）罗马对西地中海的征服

古迦太基位于非洲北部，是公元前9世纪末腓尼基推罗城所建立的殖民地。据传统的说法，迦太基是继腓尼基人建立乌提卡城之后建立的，相邻的乌提卡被称为"旧城"，而迦太基在腓尼基语中的意思则是"新城"。

考古发掘表明，迦太基城从早期就成为一个重要的商业和手工业中心。与希腊、埃及、埃特鲁里亚以及非洲内地都有商业往来。公元前700年后的两个世纪里，由于亚述帝国的攻击，腓尼基人的力量削弱了，迦太基继承了西部地中海的霸权，政治和军事力量都远远超过所有腓尼基城市。到公元前3世纪初，迦太基已发展成西地中海的强国，其领土包括北非西部沿海地区、西班牙南岸和东岸、科西嘉、撒丁岛、西西里绝大部分地区和西地中海诸岛屿。

迦太基的繁荣有赖于海上贸易。为保护商业，他们从很早就建立了一支较强的海军船队。最初的海上官员和水手，除桨手外，可能都是公民兵。公元前4世纪后，由于需求量的扩大而开始招募雇佣兵。迦太基与各强国，包括与罗马的关系，基本上是和平友好的，直到公元前3世纪上半期以后才与罗马交恶。

1. 第一次布匿战争

西西里岛是地中海中面积较大的一个岛，当时大部属于迦太基，只有东部两个大城叙拉古和墨西拿是希腊人的殖民城。公元前288年，叙拉古的一群从南意和坎帕尼亚招募的雇佣兵强占了墨西拿，自称"玛麦尔提尼人"(Mamertines，意为战神玛尔斯之子)。叙拉古国王希耶罗多次集合力量打击这伙人，玛麦尔提尼人曾求助于一支在海峡巡行的迦太基舰队，但威胁解除后迦太基人却滞留不去，希耶罗因而向罗马求援。公元前264年，罗马军队开入西西里岛，第一次布匿战争爆发(公元前264—前241年)。

罗马军出战，迫使迦太基军队后撤，解了墨西拿城之围。此后，罗马军又沿西西里东海岸南下，直抵叙拉古城，叙拉古被迫和罗马结盟，并合力将迦太基逐出墨西拿海峡。迦太基不甘失败，以阿格里根图姆为据点与罗马一战到底。公元前262年，罗马攻克阿格里根图姆，约有2万居民被卖为奴隶。

公元前260年，在南意大利诸希腊盟邦的帮助下，罗马建成了140只五列桨战船。为了克服机动性和作战经验方面的弱势，发挥罗马步兵的独特优势，罗马人发明了一种接舷吊桥。这种吊桥被安装在船头，一端有钩子，两侧有栏杆。当罗马的船只向敌船靠近时，吊桥放下，吊桥前端的钩子像乌鸦嘴一样牢牢嵌入对方甲板，步兵冲将上去，与敌人短兵相接。公元前260年，新建的罗马海军与迦太基军在西西里东北角的米莱(Mylae)海角遭遇。罗马军运用乌鸦吊桥第一次打败了迦太基舰队。为了纪念这次海战的胜利，罗马人在广场上建起一座圆形纪念柱，柱上饰以被俘获的舰船的船头。米莱战后，罗马人一度控制了西西里水域，西西里诸城纷纷归附，迦太基只保留了西西里西端的若干城市。

公元前256年，罗马远征非洲，占领了几座小城，但无法攻克迦太基的城池，证明这是一次不成功的远征。此后双方的战斗又持续了十几年，迦太基的将领哈米尔卡坚守几个西西里的据点，并不时组织力量袭击意大利沿海。公元前241年，在西西里西部的埃加特群岛附近的海战中，罗马大败迦太基舰队。迦太基向罗马人求和，和约规定：迦太基人全部退出西西里，无偿交出一切俘虏，赔偿罗马3 200塔兰特白银，分10年付清。迦太基人还需撤离所占的西西里和意大利之间的岛屿。第一次布匿战争结束。

2. 第二次布匿战争

第一次布匿战争结束之后，罗马人把主要精力放在北部的波河平原地区，与高卢人进行了几次交锋。当罗马人在高卢向阿尔卑斯山推进之时，迦太基逐渐从战争失败的阴影中恢复过来。迦太基统帅哈米尔卡在公元前238年，率领一支军队开赴西班牙拓殖，以图蓄养国力,伺机再起。哈米尔卡死后,其子汉尼拔执掌兵权,当时迦太基人已将势力范围拓展至埃布罗河以南地区。汉尼拔雄心勃勃,精力过人,为实现承诺父亲的永远与罗马为敌的诺言,汉尼拔一直准备向罗马发起挑战。公元前219年汉尼拔发兵攻占了与罗马结盟的萨贡托城。次年,第二次布匿战争爆发(公元前218—前202年)。

罗马元老院分兵两路,一支前往西班牙,一支进攻迦太基本土。汉尼拔先发制人,决定直捣罗马城。公元前218年春,汉尼拔亲率5万精锐步兵,9 000骑兵和37头大象,从西班牙出发疾步东进,绕过罗马军队的阻截,历尽艰辛,翻越了白雪皑皑的阿尔卑斯山,突进到意大利北部。提西努斯河、特雷比亚河初战告捷后,汉尼拔挥兵南下,在公元前217年的特拉西美诺胡战役中,伏击罗马人,致使罗马4万大军全军覆没。消息传到罗马,举城惶恐,元老院宣布国家进入紧急状态,任命费边为独裁官总理国政。费边采取回避正面进攻,迂回缓进的战术,耗损汉尼拔的有生力量。然而,罗马内部要求速决战的呼声日高,费边6个月的任期结束后,罗马重回正面交锋的战术。公元前216年初夏,汉尼拔与罗马两执政官保卢斯和瓦罗在坎尼展开激战。汉尼拔以两翼包抄的战术,一举击败8.6万罗马士兵,创造了古代军事史上又一次以少胜多的奇迹。罗马接连失败,只得采用固守之策。汉尼拔没有乘势攻打罗马,而是意图争取到意大利同盟者,共同对敌。这一策略收到了某些成效,萨莫奈人、高卢人、南意的部分地区以及坎帕尼亚的卡普阿城,都曾投附汉尼拔。罗马人重整旗鼓,以拖延战术不断骚扰汉尼拔的后方。公元前209年,罗马将领普布利乌斯·西庇阿攻下了新迦太基城(今西班牙的卡塔赫纳),断绝了汉尼拔的后方基地,汉尼拔困守意大利东南部,孤军作战。公元前204年,西庇阿率军渡海远征,直取迦太基本土,汉尼拔奉召驰援迦太基,也意味着他放弃了意大利。公元前202年,双方决战于扎马,汉尼拔首次也是最后一次在战场上遭遇失败。次年,迦太基与罗马订立和约,除保留10艘舰船外,交出全部舰队,放弃全部海外属土,50年内赔偿2万塔兰特,并规定不经罗马同意,不得与他国交战,第二次布匿战争结束。

3. 第三次布匿战争

第二次布匿战争结束后几十年,迦太基经济开始勃兴,国力重振。公元前150年,北非努米底亚国王马西尼撒侵犯迦太基,迦太基起而自卫。次年,罗马以违背条约为由,悍然向迦太基宣战(公元前149—前146年),这次战争不是一场势均力敌的较量,而是强暴者对弱者的欺凌,迦太基仍奋力抵抗3年,因为饥馑成灾,罗马人才得以攻入城内。经过6天巷战,城中居民多数战死,幸存的5万人悉数卖作奴隶,罗马在此建立阿非利加行省,西部地中海的霸权转归罗马之手。

在西班牙,罗马占领了迦太基曾统治的东南部地区,但伊比利亚半岛广袤的内陆仍不受驾驭,许多居住在那里的凯尔特—伊比利亚部落不时揭竿而起,反抗罗马的扩张,最著名的是努曼提亚起义。努曼提亚位于西班牙北部杜罗河上游,公元前137年2万罗马军队被其围困,执政官被迫签署投降文书。公元前134年,罗马以征服迦太基的小西庇阿接任西班牙军队主帅,重新围攻努曼提亚,将该城夷为平地。自此,罗马的势力扩及西班牙全境。

(三) 罗马对东地中海的征服

公元前3世纪至公元前2世纪，东部地中海世界活跃着三支主要势力：马其顿王国（希腊半岛）、塞琉古王国（叙利亚）和托勒密王国（埃及）。这三个王国均属亚历山大帝国的遗产，彼此间却争斗不断。

公元前230年至前229年，罗马在平定了伊利里库姆的海盗后，第一次在亚得里亚海东岸建立了几个据点，这一东进的序曲颇使马其顿人反感。第二次布匿战争期间，马其顿王腓力五世想借汉尼拔之力铲除罗马势力伸向东方的触角，公元前215年与汉尼拔缔结同盟。双方曾发生短兵相接的战争，即"第一次马其顿战争"，罗马取得胜利。

公元前203年，腓力五世与塞琉古王安条克三世达成协议，密谋共同瓜分托勒密王国在地中海东岸的领地。希腊诸城邦将此举看成马其顿与塞琉古吞并希腊城邦的前奏，因而反马其顿浪潮高涨。罗德岛位于小亚细亚西南海岸，拥有庞大的商船队、以商业著称，他们的利益与海上贸易紧密相关，向罗马求援。小亚细亚西部的帕加马王国对马其顿十分警觉，也向罗马求援。这一切都为罗马大规模向东地中海扩张制造了有利条件。

公元前200年，罗马向腓力五世宣战，第二次马其顿战争爆发（公元前200—前197年）。罗马采取分化瓦解的策略，瓦解了马其顿的同盟。同时，罗马在全希腊组成了反马其顿同盟，既可为罗马扩充兵源，也可孤立马其顿。在战场上，双方互有胜负，最终的赢家属于罗马。第二次马其顿战争结束了马其顿人在希腊的统治。罗马采取"宽容政策"，允许腓力五世仍为马其顿王，让他交出海军并支付少量战争赔款，保证不再干涉希腊城邦事务等。

公元前192年，罗马与塞琉古爆发了战争（或称叙利亚战争，公元前192—前188年）。公元前189年安条克三世在经历了多次失败后，向罗马乞和。公元前188年，双方签订和约。和约规定：塞琉古交出战象和大部分舰队，赔款1.5万塔兰特，并将托罗斯山脉以西的全部欧洲和小亚细亚领地拱手让给罗马。塞琉古王国衰落下去，罗马的势力扩大到了亚洲西部。

公元前171年，罗马为抑制逐渐复兴起来的马其顿王国，遂发动了第三次马其顿战争（公元前171—前167年）。在公元前168年的皮德纳战役中，马其顿军队全面崩溃，国王佩尔修斯兵败被俘，马其顿王国从此不复存在，马其顿地区被罗马分成四个彼此分离但仍保有一定自治权的地区。公元前149年，马其顿平民安德里斯库斯自称佩尔修斯之子，发起反罗马起义，罗马的镇压活动被称作"第四次马其顿战争"。最终，罗马取消了马其顿的"自治"地位，将其与伊利里亚、色萨利一起组成一个行省，由罗马人直接治理。此后不久，罗马又残酷扑灭了以科林斯为代表的希腊反抗运动，除雅典、斯巴达和德尔斐保有名义上的自治地位外，中南希腊大体上被并入了马其顿行省。经过马其顿战争和叙利亚战争，罗马征服了东地中海的大部分地区。

(四) 罗马对外征服取得胜利的原因

罗马通过长期的东征西讨，由最初台伯河上一个不起眼的小邦，扩展成了一个地跨欧、亚、非三大洲的军事强国，其原因主要有以下三点：

1. 罗马具有一支作战勇猛、纪律严明的军队。

在长期的征服战争中,罗马的军队得到不断的锻炼和发展,军事组织不断完善,军事技术和装备也日益进步。

共和初期,罗马有两个军团,分属两个执政官指挥。尽管当时战争连绵不断,但规模较小,战场就在附近,一般都在夏季作战。遇有战事,公民兵应召出征,战后即卸甲归田。军团作战采用方阵,把战士排成6行,持精良武器者居前,前有轻装步兵,侧翼配置骑兵加以掩护。

战争规模的扩大和时间的延长将公元前4世纪罗马的军事改革提上日程。传统上人们把军事改革和著名统帅卡米卢斯联系在一起,据说他在围攻维爱时开始实施军饷制,以解决低等级公民不胜负担购置武器的经费和维持战争期间给养的问题。大约在高卢战后,卡米卢斯又改进了军团组织和战斗队形。每个军团分为30个中队,每个中队分为2个百人队。同时,打破原来按财产等级所提供的武装来安排队列位置的原则,根据年龄、经验和训练程度将重装步兵分为枪兵、主力兵和后备兵,排成三列,每列各有10个中队。交战时,各列之间保持一定间距,以便前列退却,后列插上,组成密集阵型。三列队阵式优越于密集方阵,既能灵活机动,阵线又较巩固,适宜任何地形作战,所以一直沿用到共和后期。

罗马军队逐渐统一和改进了武器装备。轻装兵配有剑、投枪和小型圆盾,前锋列和主列配有短剑、两支投枪和椭圆盾,后备列配有短剑、椭圆盾和戳刺矛。每一位年龄在17岁到46岁的公民,都有服兵役的义务。凡是入选军队的士兵平时必须参加严格的军事训练,这种严格而艰苦的军事训练不但增强了士兵的体质,养成了他们吃苦耐劳的习惯,还大大地提高了士兵在作战时的应变能力,保证了罗马对外战争的胜利。

罗马的军队纪律严明,凡是不服从命令者,无论官职大小,一律处以死刑。在作战过程中,如果整个单位的士兵都犯有临阵脱逃或丢弃阵地的过错,那么,指挥官就必须在这些人员之中实行"十一抽杀律"。在加强军队纪律的同时,罗马还规定了严格的奖励制度,对荣誉方面的奖励重于物质奖励,如举行凯旋式。这种严酷的纪律和严格的奖励制度,不但大大减少了违纪的人数,也进一步激发了罗马将士的斗志,为其获取战争的最后胜利奠定了基础。

2. 罗马获胜具有社会各阶层强烈的内在动因。

处于罗马社会上层的奴隶主们急欲通过对外战争掠夺更多的土地和战俘奴隶,这是由奴隶制的本质所决定的。他们的最大欲望就是掠夺更多的财富。罗马少地或无地的平民也希望通过战争来改变自己的命运。罗马对外战争后重新分配"公有地"、债务负担的减轻和政治权利关系的调整,对处于困境的平民来说具有无比的诱惑力。罗马各阶层形成了比较一致的利益追求,这使他们易于团结一致、同心协力、共同对外。

3. 罗马的获胜与他们灵活的外交策略密不可分。

操纵罗马政局的贵族集团,主要由土地贵族和商业贵族构成,在他们的政治性格和行事作风中,既具有土地贵族与生俱来的保守性和坚韧性,又不乏商业贵族的灵活、机巧、变通、大胆和冒险精神。这些特点同样表现在他们的外交政策上,他们的外交政策既目标明确,坚定不移,又十分灵活,善于把握政治时机,充分利用对手间的利害冲突关系,制定最合理的外交政策。他们往往通过远交近攻、分化瓦解、各个击破的政策来征服对手。

第三节　共和制向帝制的嬗变

罗马将地中海变为罗马的内海，建立起地中海世界的霸权之后，没有哪个古代城邦能够向它挑战，然而社会问题的密集丛生使罗马的统治从内部开始动摇。罗马赢得了整个地中海世界，却丢掉了自己的灵魂。一个城邦能否统治一个帝国，罗马能否调整城邦制度以承担日益增多的责任，这是摆在罗马人面前的巨大挑战。如果统治者没有处理好紧迫的政治、经济和社会问题，如果每个公民自私地将自身利益优先于囊括罗马、意大利和海外领土在内的罗马帝国的利益，罗马共和国的日子也就屈指可数了。

一、大征服后的罗马

（一）行省制度的建立

罗马向海外扩张的过程中，在所征服地区建立行省来统治当地居民。到公元前2世纪30年代，共设置了8个行省：西西里、撒丁尼亚和科西嘉、近西班牙、远西班牙、马其顿、阿非利加、亚细亚和那尔旁高卢，以后又陆续建立了一系列行省，各个行省派驻总督治理。起初，总督由选任的高级官员担任，公元前227年增加两位大法官，担任西西里、撒丁尼亚和科西嘉行省总督。公元前197年又增加两位大法官，分别担任远、近西班牙行省总督。后来，由于行省数目增多，元老院委任卸任执政官和大法官为行省总督。这一原则逐渐成为惯例，后又获得法律上的认可作为制度固定下来。行省总督任期一年，如遇特殊情况，任期可延长到2至3年。从公元前2世纪中叶起，罗马逐渐形成一套行省的组织管理制度。行省总督拥有该行省的军事、民政和司法全权。其下属人员中，配有一位财务官，负责管理财政和军需供应。总督有一位或多位副将，职位由元老担任，可代理行使总督的部分职权，此外还配备一些副官。因为行省远离罗马，总督实际上不受同僚官员和保民官否决权的限制，在司法方面除了涉及罗马公民的案件外，不受上诉权的束缚，所以在行省中握有绝对权力。这为行省总督滥用职权，横行不法，搜刮钱财，提供了便利条件。

行省由征服而来，被视为罗马国家的财产，居民被视作外国投降者。行省中各城市地位不一，视它们对待罗马的态度而定。少数对罗马忠实而友好的城市，列为自由城市。这种城市又分为同盟城市和非同盟城市两类，前者与罗马缔结盟约，地位较为独立和稳固，后者根据元老院颁布的法令取得地位，随时都有被改变的可能。向罗马降服的城市占据大多数，被列为纳税城市。这些城市虽然保留自治机构和处理一些内部事务的权力，但必须处于行省管辖和监督之下，其居民保有土地，每年须向罗马缴纳赋税。至于对罗马抵抗到底的城市则被彻底摧毁，土地充作罗马公有地。

行省制度是罗马奴役海外被征服地区人民的一种形式。罗马对行省课征赋税，一般沿袭该地区以前统治者的旧制,所以,各行省税收制度因地而异,不尽相同。税收的主要来源是土地税,由耕地和种植园的所有者负担。在西西里,根据土地每年收入抽取什一税,以实物交付;在亚细亚,什一税折成货币缴纳;在西班牙、马其顿和阿非利加则征收固定的贡赋。放牧的牲畜按头计算收取年金。港口进出口货物也要征收5%的关税。此外,罗马在行省的官吏和军队的费用,都由该省居民负担。

罗马在行省通常实行包税制。除了实行贡赋制的行省,直接税由地方当局办理,交给财务官以外,其他行省一切直接税和间接税的征集,都包给罗马或当地的包税人。公有土地和财产的经营,公共工程的兴修也都包给承包商办理。包税人按合同预付税额,然后对行省居民加捐加税,肆意搜刮,甚至进行公开的敲诈勒索。承包商则和行省官员上下串通,贪赃枉法,大发横财。他们还从事投机倒把活动,发放高利贷,盘剥行省居民。罗马对行省的掠夺,一方面加重了行省居民的负担;另一方面,也加速了罗马社会的腐败。公元前149年罗马通过反贪污法,设立专门审理勒索案件的常设法庭,但因法庭成员由大法官从元老中挑选,势必官官相护,难以奏效。因此在罗马统治下,行省中只有少数上层显贵和罗马人勾结一起,得以升官发财,而中下层居民则受尽压榨和奴役,苦不堪言。

(二) 骑士阶层的兴起及罗马人的道德滑坡

迅速而成功的征服使罗马的版图大大扩展,财富和奴隶急剧增加,罗马虽然没有因追求商业利益而征服任何一个行省,但征服战争以及行省的税收已经开始让这个国家富裕起来,战利品、战争赔款、行政管理的利益、税收以及贸易收入一齐涌入罗马,引起一系列社会及观念上的深刻变化。由于大量战俘的捕获和贩卖,奴隶制明显加强。在奴隶制大庄园的兴起和从各行省输入廉价粮食的背景之下,小农破产,公民兵制度遭破坏。奴隶劳动排斥了自由民劳动,大量自由民沦为流氓无产者,在社会上形成了一股巨大的不稳定力量。随着经济活动的频繁与增多,一个以骑士为典型代表的中产阶级出现了。他们大多从事商业和高利贷行业,充当包税人和公共工程的承包人,形成了罗马社会中的一股新力量和新阶层。

罗马的征服引起了经济结构、阶级关系和道德风尚等领域的重大变化,罗马由一个自耕农为主体的共和国变成了一个具有复杂社会成分的国家。大量的土地、奴隶和财富使罗马人的贪婪心和占有欲恶性膨胀,昔日遵守纪律和为国效忠的理想逐渐淡化。地中海世界的征服造成希腊文化的传入,高雅精致的希腊文化却很难被大多数粗鄙的罗马人所理解,外部世界那些奢侈堕落的生活方式却被众多罗马人所模仿,尽管监察官加图猛烈抨击新富豪醉生梦死的生活,坚持在简陋粗糙的房室居住,但他个人的努力已无法恢复罗马往昔朴素的美德。公元前2世纪的波利比乌斯曾证实,在小西庇阿的少年时代,罗马年轻贵族奢侈放荡的现象十分普遍。为了抑制罗马贵族的奢侈行为,限制挥霍的法令得以出台,然而效果却微乎其微。富豪们沉湎于奢华的癖好,在恣意挥霍金钱方面互相竞赛。与此同时,公共道德极端败坏,包税人对行省敲诈勒索,高利贷者鱼肉百姓,富有野心的政客收买贫民的选票,大批的流氓无产者则指望政客或富豪的供养,并为他们提供无尽无休的嗜血角斗。最初的道德沦丧可能主要局限于罗马城,只影响到贵族阶层,但这业已为危机埋下了祸根,如果统治阶级变得腐败,那么共和国生存的希望也变得渺茫了。大量财富被滥用于贿选和取悦民众上,民众要求娱乐享受,统治阶级花费大笔资金筹备公共庆典、娱乐活动和角斗表演。罗马人的征服扩大了国家的版图,掠夺了大量的奴隶和财富,但却葬送了往昔的优良作风和朴素美德,并挖空了共和国赖以存在的基础。

(三) 奴隶制的发展

在长期的对外征服和扩张战争中,罗马掠夺了大量财富和土地,也俘获了大批奴隶,为奴隶制迅速发展提供了条件。公元前3至2世纪,罗马从家内奴隶制发展到发达的奴隶制,即由"家长制的、以生产直接生活资料为目的的奴隶制度,转化为以生产剩余价值为目的的奴隶制度"[①]。

被征服地区的军民俘虏源源不断地流入罗马,成为罗马奴隶的主要来源。据统计,在第一次布匿战争中,罗马总共把7.5万名俘虏卖为奴隶。公元前209年罗马攻占他林敦,约有3万居民沦为奴隶。反抗到底的迦太基、科林斯和努曼提亚城被罗马彻底摧毁,居民也皆卖为奴隶。除了战俘变为奴隶以外,奴隶来源还有奴隶生育的子女,这些所谓家生的奴隶比较顺服而受到奴隶主的重视,也占相当数量。公元前326年,罗马废除了债务奴役,但在意大利各地无罗马公民权的居民以及行省居民中还流行债务奴役,贫困者及其家属沦为债务人者甚多。地中海海盗猖獗,海盗在海上或沿海地区掠人为奴,带到奴隶市场出售。在此时期,奴隶贸易十分兴盛,许多城市都有奴隶市场。

当时罗马社会经济出现高涨,使大规模使用奴隶劳动成为可能。奴隶广泛使用于农业、畜牧业、采矿业和手工业,逐渐成为罗马社会的主要生产者。农业中奴隶劳动占据明显的优势,不论是大田庄、大牧场,还是种植葡萄和橄榄的庄园,都充斥着大群奴隶。采矿业和建筑业中繁重劳动都由奴隶担当,西班牙新迦太基附近的银矿就有奴隶4万人。其他各种手工业也使用奴隶劳动,但自由劳动者还占有相当比例,奴隶也为主人经商放债。同时,大量奴隶使用于家内劳动,充当奴仆。在富有的罗马家庭中,拥有许多奴隶,他们担任看门人、厨师、马夫、侍从,有文化知识和技能的奴隶则担任教师、医生、乐师、理发师等。国家也拥有奴隶,国有奴隶从事狱卒、皂隶、行刑人等贱役,以及修缮水渠道路等工役。此外,有些身强力壮的奴隶被训练为角斗士,在角斗场上互相残杀,或与野兽搏斗,供罗马人观赏取乐。大多数奴隶终生受奴役,只有少数奴隶经主人准许获得解放,成为被释放奴隶。被释放奴隶为原主人的被保护人,仍要为主人家庭服务。公元前357年罗马通过法令,释放奴隶需征收5%的释奴税,到公元前209年此项税金累计达4 000磅黄金,平均每年释放奴隶1 350人,可见罗马奴隶数量之多。

罗马奴隶的地位十分低下。奴隶既没有财产权,也没有婚姻和家庭权,男女奴隶同居所生的子女属于奴隶主的财产。法律上不承认奴隶有独立的人格,不能在法庭上作证。奴隶对任何公民造成损害,则由奴隶主赔偿损失,或把奴隶交给受害人,任其处置。奴隶和奴隶

[①]《马克思恩格斯全集》第25卷,人民出版社,1955年版,第371页。

主阶级之间的矛盾和斗争,逐渐发展成为罗马社会的主要矛盾。

二、奴隶起义和格拉古改革暴露出的尖锐社会矛盾

由于社会经济结构发生变化,罗马社会阶级关系日趋复杂。到公元前2世纪下半叶,在罗马社会中,奴隶和奴隶主阶级的矛盾,小土地所有者和大土地所有者的矛盾,罗马和同盟者、被征服者的矛盾,统治阶级内部元老贵族和骑士阶层的矛盾,均充分暴露,日益尖锐。这些矛盾错综复杂,相互交织,最后导致共和后期爆发激烈的社会斗争。

(一)奴隶与奴隶主之间的矛盾

西西里在第一次布匿战争后成为罗马第一个海外行省,以"意大利的谷仓"著称。随着罗马海外征服步伐的加快,西西里奴隶制经济发展迅速。奴隶主为最大限度地压榨奴隶的价值,不惜虐待奴隶,不给奴隶衣食。奴隶主与奴隶的矛盾激化,爆发了第一次西西里奴隶起义(公元前137—前132年)。公元前137年,一名叙利亚籍奴隶优努斯在西西里中部的恩那城起义。同时,在西南部的阿格里根图姆城,一个西里西亚籍奴隶克里昂也发动起义,并率起义队伍与恩那城的起义者会合,建立起"叙利亚王国",推举优努斯为王。起义军转战各地,声势席卷整个西西里岛,起义队伍最多达到20万人。罗马大军于公元前132年起兵包围恩那城,恩那城被攻陷,优努斯被俘,克里昂阵亡,起义失败。西西里奴隶起义冲击了罗马的统治秩序,揭开了内战时代的序幕。同时,起义的余音在意大利、希腊、小亚细亚的帕加马回响,这些地区也发生了规模不同的奴隶起义。

第二次西西里奴隶起义发生于公元前104—前101年,西西里总督涅尔瓦停止释放奴隶的事件成为起义的导火线。当时罗马卷入与朱古达、辛布里人、条顿人的战争,急需兵员,元老院颁布法令,要求各行省审查奴隶的出身,释放自由民出身的奴隶。西西里总督涅尔瓦释放800名奴隶后,因收受贿赂而停止审查,这引起了奴隶的极大不满。西西里西南的赫拉克里亚城首先发难,奴隶们拥立叙利亚籍奴隶萨维阿斯为王,称他为"特里丰"。同时西部沿岸的利利拜乌姆城发动起义,以雅典尼昂为领袖,后建立政权,起义军发展到3万人。公元前101年,罗马派遣大军包围了特里奥卡拉城,起义军惨遭镇压。

对罗马统治打击最大的是斯巴达克起义(公元前73—前71年)。斯巴达克是色雷斯人,在罗马扩张战争中沦为罗马的战俘奴隶,因他体格健壮,勇武善战,被送到卡普阿的角斗士训练所。公元前73年,斯巴达克与其他角斗士密谋起义,但消息泄露,斯巴达克当机立断率70多人逃到维苏威火山。罗马派执政官克劳狄率军镇压,克劳狄包围维苏威山。斯巴达克想出妙计,利用山上的野葡萄藤编成藤梯,沿着敌军未设防的悬崖攀援而下,迂回到敌人背后,突袭罗马军队。公元前72年秋,罗马派两个军团镇压起义军,又遭失败。这时,起义军可能在进军战略上发生分歧,进而分裂,斯巴达克进军北意大利,克里克苏率3万人脱离主力,后者及大部分战士后来阵亡。不过斯巴达克并未翻越阿尔卑斯山,而是挥师南下。元老院宣布国家处于紧急状态,任命克拉苏为统帅,授予他相当于独裁官的权力。克拉苏为严肃军纪,恢复了"十一抽杀律",加强军队战斗力。这时,斯巴达克可能认为尚不具备攻破罗马的

条件,于是率军进入卢卡尼亚,准备渡海去西西里,从长计议,但事先答应运送义军渡海的海盗背约,渡海计划落空。克拉苏跟随而至,在布鲁提乌姆,起义军的背后,挖掘了一条横贯东西的250公里长的壕沟,企图把起义者消灭在意大利南端。但斯巴达克突破了这道防线,准备从东部的布伦迪西乌姆港前往希腊。克拉苏的军队得到从西班牙返回的庞培的增援,双方在阿普利亚决战,斯巴达克最后阵亡。斯巴达克起义虽没有明确的战斗纲领,也没有建立政权,没有稳固的根据地,但沉重打击了罗马帝国核心地带的统治。同时这次起义又是一位足智多谋的领袖所领导的。斯巴达克以他的才能和军队令罗马人闻风丧胆,恐惧的阴影久久难以消却。起义间接影响到了罗马奴隶主阶级的剥削方式,他们逐渐调整剥削奴隶的方式,出现了隶农制(colonus,复数 coloni)。奴隶主许给奴隶小块土地及农用工具,这块土地叫做"特许析产",由奴隶主收取地租。

(二) 大土地所有者和小土地所有者之间的矛盾

罗马自古就以农业立国,土地也是罗马人安身立命的根本。但随着罗马的海外扩张,大土地所有制迅速发展起来,小农陷入贫困破产的境地。破产失地的小农无法生计,造成了社会的动荡。罗马统治集团内部的有识之士认识到了土地问题的严重性,试图通过解决破产小农的土地问题。在这样的背景之下,罗马开始了格拉古兄弟所领导的改革运动。

公元前133年,提比略·格拉古当选保民官,他参照李锡尼·塞克斯图法案,提出了土地法。法案规定:罗马公民每人占地不得超过500犹格,有子嗣者,每子可占地250犹格,但每户占有的公地总面积不得超过1 000犹格。超占的土地收归国有,被划分成30犹格的小块分配给无地农民,但不得转让和买卖。提比略还建议成立三人委员会,负责管理土地收回与分配的各项事宜。他在公民大会上曾发表过一段演说,"漫游在意大利的野兽还有它们的洞窟和巢穴,但是为意大利奋身作战、不惜一死的人,却除空气阳光而外,一无所有。他们无家无室,携妻挈子,到处流浪",这样一段真诚感人的演说,博得了民众的忠心支持,民众投票通过了土地法案。

提比略的土地法侵犯了大土地所有者的既得利益,遭到了元老院贵族的反对,元老唆使另一名保民官屋大维对提比略的法案行使否决权。这项争议提交到公民大会,在平民的支持下,土地法案获得通过,屋大维因不肯收回否决权而被罢免。提比略和他的岳父克劳狄、弟弟盖约组成三人委员会。但由于土地收回与分配工作的复杂性与艰难性,三人委员会的工作进展缓慢。提比略为继续推行其法案,违反传统,竞选下一年的保民官。此时,元老贵族为阻挠他当选,造谣中伤,诬蔑提比略要做独裁者,于是率领一伙人袭击公民大会,用棍棒击毙提比略,抛尸台伯河,被杀害的还有提比略的300名拥护者。

提比略倒下了,改革事业并未终止。10年后,他的弟弟盖约在公元前123年当选保民官。他继承其兄未竟之业,恢复了提比略的土地法案。同时他吸取提比略失败的教训,为争取更多的拥护者,将改革的范围加以拓展。先后实行了粮食法、审判法、筑路法、亚细亚行省法等。盖约还计划在迦太基的旧址殖民,移民6 000人,每人分给200犹格的土地,并亲自去往北非勘查。公元前122年盖约再度当选保民官,他为扩大支持者,提出授予某些意大利同盟者以公民权的法案。但这一措施不仅遭到了元老贵族的反对，同时也引起了骑士、平民的不满。他们不愿将作为罗马人身份和地位象征的公民权与意大利同盟者分享，盖约也因此失去了一部分拥护者。早就对以盖约为首的改革派怀恨在心的元老贵族，趁机报复，两派相争，盖约率领追随者退守阿文丁山，盖约自杀身亡。

格拉古兄弟改革的根本目的，是想通过限制土地兼并的办法，保护小农，保证罗马共和国的长远发展。这场改革之所以失败，原因在于元老院贵族实力强大，掌握着军队，而且失去土地拥入城市的流氓无产者为贵族势力所利用，充当摧毁改革的帮凶。改革派的群众基础在于平民和骑士，他们因为个人利益的驱使，始终没有构成一个巩固的推动并支持改革的社会基础。格拉古兄弟致力于维护以小农为基础的城邦制度，与罗马国家的辽阔版图以及与地中海地区市场经济的发展不相适应，改革必将失败。

公元前111年，罗马和非洲的努米底亚国王朱古达发生战争（公元前111—前105年）。罗马军队在战争中屡遭失败，暴露出罗马军队的弊病。在北方，罗马遭到条顿人、辛布里人两个日耳曼民族的袭击，执政官被打败，数万人阵亡。罗马同时面临的还有第二次西西里奴隶起义。面对紧张的军事形势，罗马统治者不得不考虑如何扩大兵源、加强军队战斗力的问题。

公元前107年，平民出身的马略在民主派的支持下，当选为执政官。多年的戎马生涯和政治生涯使马略受到士兵和平民的拥戴，他也对罗马军队的腐化堕落、军纪废弛等现象有着切身感受。马略就任执政官后立即着手军事改革，改公民兵制为募兵制，凡是自愿参加并符合服役条件的人（包括无产者）均可当兵，取消财产资格限制。士兵服役年限为16年，由国家发给军饷，退伍后可作为"老兵"从国家那里获得份地。改革军团组织，推行大队制。每个军团由10个大队组成，每个大队辖3个中队。军团布阵虽然还保留了原先的三排列队法，但由于每个大队都由不同兵种的士兵组成，所以每一列都可以交替作战，机动性更强。他们进一步改进军事装备，重装步兵一律配备投枪和短剑，对投枪构造和运载工具也进行改良。经过军事改革，罗马军队的战斗力大大提高了。公元前106年，马略率军登陆北非，很快结束了朱古达战争。此后，又击败了进犯的条顿人、辛布里人。罗马政府还调动这支军队镇压了第二次西西里奴隶起义。从短期来看，马略依靠这支职业化军队迅速击退了罗马的外敌，从长远看，却为日后罗马军事独裁制的产生准备了条件。自从马略改革之后，罗马的政治斗争带上了鲜明的军事色彩，进而导致军事独裁的产生。

（三）征服者与被征服者之间的矛盾

自从罗马征服意大利以来，就对被征服地区实行"分而治之"的政策。许多城市居民没有罗马公民权，大部分肥沃的土地被罗马占有，还必须承担沉重的兵役和赋税义务。他们对罗马的统治极为不满。罗马的有识之士认识到解决这一问题的重要性，试图通过立法解决意大利人的公民权问题，不过举步维艰。

公元前91年，贵族出身的德鲁苏斯当选为保民官，提出了全面解决平民的土地问题，解决骑士和元老争夺法庭的斗争以及意大利人的公民权问题的议案。然而，他的提案遭到了罗马社会的普遍反对,该年秋天,德鲁苏斯被暗杀。当意大利人得知德鲁苏斯改革失败,意识到通过合法途径取得公民权无望后,于是在公元前90年群起反对罗马。

不甘于长期处于仆从地位的意大利人为争取罗马的公民权与罗马发动战争,史称"同盟战争"(公元前90—前88年)。同盟战争首先开始于皮塞努姆地区的阿斯库鲁姆城。该城起义爆发后,立即得到中部意大利许多氏族的响应,除埃特鲁里亚人和翁布里亚人外,几乎所有的意大利同盟者都加入了起义,罗马与同盟者的战争全面展开。同盟者成立联邦国家,定都科菲尼乌姆,取名"意大利"。然后建立国家机构,选出各氏族的500名成员组成元老院,另选出2名执政官,12名大法官。新国家规定萨莫奈人通用的奥斯坎语和拉丁语成为官方语言。新国家还发行铸币,铸有"意大利"的字样,以及意大利公牛顶翻罗马母狼的图案。

战争初期,同盟者在大部分战场上握有主动权。罗马元老院对同盟者进行分化瓦解。公元前90年底,罗马通过法案,向效忠于罗马的意大利人以及放下武器的人授予公民权。这一法案有效地限制了起义的进一步扩大。此后的战局向着有利于罗马的方向发展。在北方战场,罗马军队占领了奥斯库仑,同盟者的首都也被攻陷。在南方战场,苏拉击溃了萨莫奈人的主力,攻占了其首府波维亚努姆。战争使罗马被迫将一向引以为豪的公民权向意大利开放,所有的意大利人被编入10个新的部落。尽管这些新公民在政治作用上还不能与原来的罗马公民完全平等,但对意大利的统一进程具有划时代的历史意义。

(四)统治集团内部矛盾

共和国后期罗马的统治集团主要分为两派,贵族派(Optimates)和民众派(Populares)。贵族派希望限制公民会议的权力,加强元老院的权力。贵族派偏袒显贵,反对其家族没有光荣的政治经历的"新人"。民众派倾向于利用平民会议抵抗贵族派的压制,攫取政治上的权力,两派斗争尖锐。

苏拉和马略分别是贵族派和民众派的代表,双方展开了激烈的斗争。苏拉出身于没落贵族家庭,为人狡猾,颇具野心。最初在马略麾下供职,公元前88年苏拉当选为保民官,通过与贵族联姻,成为贵族派的领袖。公元前89年,小亚细亚的本都国王密特里达提趁罗马卷入同盟战争之机,进占罗马的亚细亚行省,随后进军希腊。雅典发生反罗马的起义,希腊各邦纷纷倒向密特里达提一边。元老院决定出兵本都,对军事统帅的人选,贵族派与民主派激烈争执。贵族派推举苏拉,民主派推举马略。在元老院的支持下,苏拉获得了军队的统帅权。苏拉刚离开罗马,马略便与保民官卢福斯结盟,使公民大会做出了撤销苏拉统帅权,代之以马略的决议。苏拉闻讯,率军进攻罗马城,开创了罗马军事统帅对抗中央的先例。苏拉攻入罗马城后,大肆屠杀民主派,宣布马略及其追随者为"罗马人民的公敌"。在巩固了自己在罗马的地位后,苏拉再次率部东征。公元前87年春,苏拉抵达希腊,倒向本都一边的希腊城市纷纷归降,只有雅典仍忠于密特里达提。

在罗马,苏拉离开意大利后,马略从非洲返回,联合执政官秦那,在埃特鲁里亚集结军队,对苏拉派进行血腥报复。马略宣布苏拉为公敌,没收其财产。公元前86年,马略和秦纳当选为执政官,但马略不久后死去,大权落到秦纳手中。秦纳采取了一系列有利于平民和骑士的措施。不久秦纳死于兵变,但罗马政局仍控制在民主派手中。

苏拉得知马略派重新得势后,急于赶回罗马,密特里达提也因兵败,于公元前85年求和,双方缔结和约。公元前84年,苏拉率4万军队还有不计其数的金银财宝向罗马进军。他在意大利东南部的布伦迪西乌姆登陆,贵族派与民主派之间的内战再次开启。战争持续了一年多,苏拉于公元前82年冬,击败民主派的抵抗后进入罗马,并随即实行恐怖统治。他先后拟定三批公敌名单,把公敌的名字公布于罗马广场。任何人都可以杀死名单上的人而不负法律责任。在这场大屠杀中,约有2 600名骑士死于非命,许多无辜平民甚至被牵连进去。苏拉在他们被没收的土地上安置了12万名老兵,这些老兵成为苏拉建立军事独裁的重要基础。此后,苏拉在罗马历史上建立了第一个军事独裁政权。他被宣布为独裁官,任期不限,成为第一个无限期的独裁官,这也标志着共和政体的基本原则已被废弃。稳定局势后,苏拉进行了所谓的"宪政改革"。公元前79年,苏拉放弃独裁官之职,将权力交还给元老院,次年去世。

苏拉独裁的目的是为了恢复和巩固元老院在国家政治生活中的统治地位。但他的主观愿望却与实际效果相违,无限期的独裁官使苏拉集国家大权于一身,成为名副其实的独裁者。虽然他努力维护共和机构和官职,但他的个人独裁已经打破了共和制的基本原则。他依靠军队进行独裁统治,实际上打击了共和制度,为日后恺撒等人夺取政权、建立独裁开了先河。

三、三头同盟与共和国的倾覆

(一)前三头同盟

苏拉去世后,罗马的权力真空被三名实力派人物填充:靠镇压斯巴达克起家的克拉苏,凭借剿灭海盗和胜利结束密特里达提战争的庞培,野心勃勃的破落贵族恺撒。庞培出生于元老贵族家庭,早年追随苏拉,曾镇压过马略党人。公元前77年,庞培奉元老院之命讨伐在西班牙的马略余党塞多留。庞培在连年战争中屡遭败北,直到公元前72年塞多留被叛徒刺杀,庞培才胜利班师回国,随后协助克拉苏消灭了斯巴达克的余部。庞培和克拉苏分别镇压了西班牙和意大利起义后,成了罗马的显赫人物。公元前70年两人一起当选为执政官。

公元前67年,庞培被公民大会委以全权,清剿地中海海盗。他采用分区围剿办法,3个月便完成了在地中海消灭海盗的任务。次年,庞培受命指挥对本都国王密特里达提战争。经过3年时间,庞培胜利结束了密特里达提战争,把本都西部和比提尼亚合并为罗马行省,并在小亚细亚扶植一些附庸国,置于罗马控制之下,随后引兵南侵,把塞琉古王国置为罗马行省。公元前62年,庞培凯旋返回罗马,成为罗马最有权势者。元老院勉强允许举行凯旋式,但拒绝批准其在东方实行的各项措施以及分给老兵土地。庞培极为不满,开始同元老院对抗。

受骑士支持的克拉苏,也怀有野心。在追随苏拉时候,他通过侵吞赃物和从事高利贷与投机商业活动,聚敛了大量财富。在担任执政官期间,大摆宴席,广疏钱财,收买人心,扩大影响。庞培返回罗马,克拉苏嫉妒在心,从中作梗,力图钳制庞培。

在当时,恺撒论权势不如屡建军功的庞培,论资财不及罗马巨富克拉苏,但他出身名门贵族，与民主派领袖有着密切关系，又曾参与反苏拉活动，因而在平民中颇有威望。恺撒历任财务官、市政官、大祭司长。公元前62年任大法官，期满后出任西班牙总督。公元前60年恺撒从西班牙回到罗马，经他调解和撮合，庞培和克拉苏冰释前嫌，三人出于政治需要，达成了互相支持的秘密协议，建立历史上所谓"前三头政治同盟"，以期共同对抗元老院。为了巩固这个同盟，恺撒还把自己的女儿嫁给了庞培。根据协议，三方促成恺撒当选公元前59年的执政官，恺撒在任期内尽量设法批准庞培在东方所实行的各项措施，并设法通过一些有利于骑士包税商的法案。经三头协议，恺撒执政官期满，出任高卢总督，任期5年。公元前56年，三头在埃特鲁里亚北部的路卡举行会议，史称"路卡会议"。路卡会谈除三头外，还有二百余名元老参加，所以这次会谈具有公开的政治结盟的性质。会议决定：恺撒续任高卢总督5年（公元前54—前49年）；庞培和克拉苏则出任公元前55年执政官，任满后庞培出任西班牙总督5年，克拉苏则为叙利亚总督5年。

图6-2 狄纳里币上的恺撒

三头都在为自己积蓄力量。克拉苏求战心切，任期未满便赴东方任叙利亚总督，进行帕提亚战争。庞培卸任后留在罗马，指派其副将管辖西班牙。恺撒则在高卢继续率军作战。公元前54年，恺撒的女儿朱利娅去世，恺撒和庞培的联姻关系即告结束。公元前53年，克拉苏在东方帕提亚轻敌冒进，兵败身殁，三头从此剩下两雄对峙。恺撒在高卢继续扩张，将罗马疆域扩展到今天法国北部和比利时地区，并渡过莱茵河，深入日耳曼，还两度侵入不列颠。他把在高卢的业绩写成《高卢战记》一书，为自己树碑立传。恺撒权势的增长，使元老院心怀戒惧，元老院竭力拉拢庞培，要求解除恺撒的高卢总督职务，交卸兵权。恺撒拒绝，元老院授权庞培保卫共和国，继而宣布恺撒为公敌。于是，一场新的内战爆发了。

公元前49年恺撒率军渡过卢比孔河，迅速攻占罗马和意大利。庞培偕同大批元老仓惶逃往希腊。恺撒巩固政权后，出兵西班牙，肃清了庞培的势力。后挥师东进，与庞培进行最后的决战，在公元前48年的法萨卢决战中大败庞培。庞培逃往埃及，为国王托勒密十三世的廷臣杀害。恺撒进兵埃及，与克里奥帕特拉七世相遇，并让她做埃及女王，废黜其弟。后来，恺撒转战小亚细亚，击败博斯普鲁斯国王，恺撒将"我来，我见，我征服"的捷报送回罗马。公元前45年3月，在西班牙的蒙达彻底摧毁庞培派的残余势力，又剿灭了北非和西班牙的庞培残部。恺撒回师罗马后，继苏拉之后，又一次建立了独裁统治。恺撒被选为终身保民官，终身独裁官。他独揽大权,成为罗马世界的最高主宰者。

公元前44年3月15日,以布鲁图斯和卡西乌斯为首的元老,在元老院刺杀了恺撒,结束了他56年的一生。据说当时在恺撒身旁,耸立着昔日曾是盟友的庞培雕像。恺撒是罗马事实上的第一个皇帝,所以日后西方历史上常以"恺撒"作为帝王的同义词,俄国沙皇之"沙"字即源于此。

(二) 后三头同盟

恺撒死后,罗马政坛上又出现了三位重要人物:恺撒的大将安东尼、恺撒的继承人屋大维、骑兵长官雷必达。经过几度纵横捭阖之后,三人于公元前43年秋结成政治同盟,史称"后三头政治同盟"。三方协议分治天下5年:安东尼统治高卢;屋大维控制非洲、西西里与撒丁岛;雷必达得到西班牙;意大利和罗马则由三人共治。至于东方,尚在布鲁图斯和卡西乌斯的控制之中,归安东尼与屋大维处置。安东尼迎娶屋大维的姐姐屋大维娅为妻,以联姻巩固同盟。这种瓜分统治范围的秘密协议后来由罗马公民大会予以正式批准,他们获得了"建设国家的三头"之衔。从此,这种违反共和原则的三头政治具有公开法定的性质。

公元前42年,安东尼和屋大维率领28个军团出征希腊,在马其顿东部的腓力比决战中击败共和派军队,卡西乌斯和布鲁图斯相继自杀身亡。公元前36年,屋大维肃清了庞培之子小庞培在西西里和撒丁岛的势力,又解除了雷必达的军权,至此变成两头对峙。

当屋大维在意大利得势之时,安东尼在东方也巩固了统治地位。为了出征帕提亚和对抗屋大维,争取埃及的支持,安东尼遗弃了屋大维娅,而与克里奥帕特拉勾搭一起。公元前36年,安东尼出兵帕提亚受挫,损失巨大。公元前34年,安东尼出征亚美尼亚取得胜利。一反惯例,他不回罗马而是在亚历山大城举行凯旋式,与克里奥帕特拉同登黄金王座,宣布恺撒里昂为恺撒合法儿子,称作"诸王之王",克里奥帕特拉为"诸王之女王",宣称将罗马的部分征服地赠予克里奥帕特拉及其子女。这在罗马激起普遍的不满和愤怒,也为屋大维向东方进军提供了充分的理由。

公元前32年,安东尼和屋大维加紧争夺权力。罗马元老院和公民大会以侵占罗马人民财产为由,对克里奥帕特拉宣战,并剥夺了安东尼的一切职权。公元前31年,安东尼和屋大维会战于希腊西南部的亚克兴海角,安东尼大败。次年,屋大维进兵亚历山大城,安东尼自刎。克里奥帕特拉被俘后不久也自杀身亡。托勒密王朝宣告结束,埃及并入罗马版图。至此长期陷于内战和分裂的罗马重新统一起来。公元前29年,屋大维凯旋回罗马。公元前27年,罗马元老院赠给屋大维"奥古斯都"称号,正式确立元首制,标志着罗马从共和时代进入帝国时代。

第四节 罗马帝国的兴衰

一、奥古斯都的元首政治

亚克兴战役后,屋大维吸取了历史教训,既没有像苏拉那样急流勇退,也没有像恺撒那样盛气凌人,而是耐心地体察民情,一步步摸索前进。他既不肯全盘抛弃近500年的共和传统,更不愿轻易丢掉已经到手的个人权力。于是,他找到了被当时民意乐于接受的外部形式,打出"恢复共和"的旗号,他本人则选中"第一公民"的头衔,创造出一种新型政体——元首制。

(一) 元首制的建立

图6-3 奥古斯都头像

公元前29年,屋大维从东方返回罗马,举行盛大的凯旋式,获得"统帅"的称号。次年他改组元老院,在重新确定的元老名单中,屋大维名列首位,即首席元老(princeps),成为共和国的第一公民。公元前27年1月13日,屋大维在元老院发表演说,表示向元老院和罗马人民交卸大权,恢复共和国。元老院出于感激,授予他"奥古斯都"(意为至尊、神圣)的敬称。此外,元老院还任命他为叙利亚、西班牙和高卢的地方总督,任期10年,这就确保了奥古斯都得以控制绝大部分罗马军队,仅有马其顿和阿非利加行省的两个军团不受他的控制。奥古斯都在公元前32至前23年连任执政官,此后,他除特殊情况皆拒绝重新当选,却获得代行执政官的大治权。虽不担任执政官,却可以依靠两项特权维持对罗马的统治:一是保民官的权力,一是指挥军队的权力。公元前13年,"后三头同盟"之一的雷必达去世,转由奥古斯都接手罗马最高的宗教职务大祭司长。奥古斯都凭借各种职权,更以他引以为傲的权威,统治着整个罗马帝国。奥古斯都的元首身份派生出对奥古斯都组建的政府的称呼:元首制(principate)。

(二) 奥古斯都的统治措施

共和国后期的兵戈扰攘和派系斗争沉重打击了元老阶层,奥古斯都重新组建元老院,将元老名额降为600人,从元老院清除出不合格者,并安插大量亲信,从财产和道德两方面严格限定元老资格。理论上,元老院恢复了从前的所有权力,一些行省仍然处于共和制时的管理框架之下,通常被称为"元老院行省",然而,那些由奥古斯都行使总督权力的元首行省,元老院并没有实际控制权。元老院行省基本上是那些不需要军队重点卫戍的行省。两类行省可以互相转换,如果一个元老院行省遭遇战争威胁,该行省或行省的一部分转入元首操控,如果一个行省化险为夷,也可以转入元老院管理。奥古斯都将战争危险留给自己,把和平安宁献给元老院的同时,也将兵权牢牢把控在自己手中。

罗马共和国原有的行政长官依然每年选举产生,不过,奥古斯都采用了推荐候选人的做法。他的推荐几乎无人质疑,没人敢轻视他的意愿。从表面上看,他统治时期共和制的各种政治机构和官职依然存在,他所拥有的各种职权都是元老院和公民大会授予的,其中有些职务和权力在共和时代不乏先例。但在实际上,屋大维假共和之名,独揽国家大权,加上他在当时享有崇高的威望,使他凌驾于元老院和其他各种官职之上,成为罗马世界的最高主宰者。特别是他掌握着军队的领导权,保证了他对国家事务的最高决定权。所以,屋大维建立的元首制是披着共和外衣的帝制,实质上是隐蔽的专制君主制。

元老阶层因为政治地位和社会荣誉的提高而支持元首政治,同时,骑士阶层也被吸引到奥古斯都周围，愿意为帝国政府效劳。奥古斯都任命元老阶层担任执政官、行省总督和军团副将等要职，任命骑士阶层担任重要的军政职务，从舰队司令、供粮总监到埃及总督和禁卫军长官。许多官职向骑士开放，少有骑士仍想继续从事银行业、贸易或其他商业活动，况且在行省包税远不如过去那样利润丰厚。奥古斯都严格限制行省中巧取豪夺事件的发生，滥用收税权的行为受到严格控制。在奥古斯都直接统治的行省，骑士出身的地方行政长官负责收税，在元老院行省，旧的包税制继续存在，但新规章和行省总督的可观薪俸减少了贪污勒索的发生。骑士阶层的社会身份发生转向，从共和国后期与元老阶层有尖锐政治冲突，逐渐发展为与元老贵族合流，骑士逐渐成为一个由政府官员和土地所有者组成的群体。

罗马城供养着大量的无产者，保证首都这一大批穷困潦倒的公民的粮食供应始终是摆在统治者眼前的紧要问题，奥古斯都承担起这项责任，系统地组织起粮食供应，解决了首都粮食短缺的难题。奥古斯都以所谓"面包加竞技"的方式，向他们发放救济粮和金钱补贴，举办向公众开放的角斗表演、节庆娱乐活动。公众沉湎于寄生式生活，发动暴乱的机会也自然减少了。在奥古斯都统治时期，公民大会以残留的形式继续运转，他的继任者直接将民选行政长官的权力交给元老院，公民大会的选举已完全形同虚设。

意大利各地区的居民在共和国后期得到了全部罗马公民权，任何拥有足够财力和声望的意大利城镇居民都可以跻身元老和骑士的行列，奥古斯都时代的大部分元老和骑士都来自意大利城镇。意大利同时为罗马军团提供大批兵源，因为罗马公民权是在罗马军团中服役的先决条件。一名以百夫长军衔退役的普通士兵，通常可以在出生地以骑士身份安顿下来，他的后代甚至有机会晋升为元老。骑士可以候补元老，元老之子在进入元老院前身为骑士，自共和国后期彼此争斗的两个利益集团在帝国社会中逐渐联合起来，共同支持元首制，并成为帝国统治的主要社会基础。

元老院名义上仍有财政权，掌管国库，但由于国库的主要财富来源是行省的税收，而各行省在财政上入不敷出，国库经常处于亏空状态，因此元老院的财政权也就名存实亡了。奥古斯都建立帝国财政收支总账和元首金库，直接控制和调节全国财政收支，整顿财政以复苏经济。此时，海外财富和战利品收入的财政来源已趋中断，这时所进行的战争并未带来大量的财富，政府长期资金匮乏。奥古斯都多次以个人财产来为国库补贴，他的财产主要来自地方，整个埃及都是他的私产，他也通过遗赠和没收安东尼在东方的财产而获得了大量地产，他的个人收入已经开始具有公款的特征。奥古斯都一方面投入自己的大笔财产，一方面设立一些新税收来解决老兵退役金短缺的问题。同时，从对意大利的销售税开始，罗马公民应付的遗产税和释奴税都上交到一个专门的军事金库，用于支付老兵的退役金。

奥古斯都统治期间，比较注重培育人文氛围，鼓励学人创作。他还颁布一系列法令，整饬日益腐化堕落的社会道德，复兴罗马传统的淳朴风尚，健全家庭关系，奖励生育，提倡节俭。他恢复罗马古老的宗教崇拜，大兴土木修建神庙。他也热衷于罗马公共工程的建设，兴建了众多剧场、水道、浴场，他自豪地宣称自己把一座砖造的罗马变成了大理石造的罗马。

奥古斯都改组军队，缩减军队规模以便于管理。他保留了一支约25万人的军队，其中一半为罗马军团，另一半为辅助军。军团士兵主要从意大利招募，辅助军士兵从外省招募，通常保留他们本地的武器和战术类型，但受罗马军官指挥。罗马军团服役期为20年，辅助军则为25年。对贫困的罗马公民而言，在军中服役为他们提供了提升社会地位、获取丰厚回报的机会。

奥古斯都统治罗马四十余年，恢复了由于内战而倍受摧残的社会秩序，人民安居乐业，社会稳定发展，罗马人见证了帝国的和平。奥古斯都是罗马共和制向帝制嬗变过程中伟大的政治家。他凭借智慧机警的政治眼光，不疾不徐的政治风度，圆滑内敛的组织才能，雷厉风行的军事手段，彻底结束了内战，稳步完成了共和制向帝制的嬗变，开创了元首政治的新局面。在共和传统依旧浓厚的当下，他审时度势，将个人的君主专制以共和制的外衣层层包装。军队听命于元首个人，元老院和公民大会大大削弱，元首的意志高于一切，这些都说明了奥古斯都元首政治的君主制本质。奥古斯都顺应从公元前2世纪以来罗马社会历史发展的趋势，在罗马历史上起到了承前启后的重要作用，开启了历时200年的罗马和平阶段。

二、"罗马和平"下的社会发展

（一）朱里亚—克劳狄王朝

奥古斯都生前已为皇位继承问题做足安排，不过几乎所有的血亲都不及他长寿，最后他将帝国的权力交给养子提比略。从提比略经卡里古拉、克劳狄、尼禄，四位皇帝在帝国初期相继执政，提比略所在的家族成员，即朱里亚—克劳狄家族占据皇位，所以称为朱里亚—克劳狄王朝（公元14—68年）。这段时期，帝国政权的发展趋势是加强中央集权，逐步建立官僚体系，巩固皇帝的统治地位。各个行省平稳发展，少有行省官员贪赃枉法的行为发生，但在罗马城内部，皇帝与元老院之间的关系岌岌可危，皇帝个人的品行及对待元老的态度对调和二者的关系至关重要。皇族内部也因为阴谋诡计而嫌隙丛生，奥古斯都之后的四代继承人中，自然死亡的也许只有提比略一人。

提比略（公元14—37年在位）在军事和管理上十分出众，独缺处世才能，与元老院的关系并不和睦。在对外战争中，主要以侄子日耳曼尼库斯和儿子小德鲁苏为主将。日耳曼尼库斯三次大战日耳曼人，无功而返，最后在东方殉职（公元19年）。4年后，小德鲁苏去世，于是提比略失去了两个主要的继承人。公元26年，提比略退隐坎帕尼亚的卡普里埃岛，并在那里度过余生。禁卫军长官塞亚努斯阴谋造反，后被元老院处死。从提比略时代起，争夺皇位继承权的斗争层出不穷，宫廷阴谋和政变的恐怖气氛开始笼罩罗马，禁卫军则在废立皇帝过程中扮演愈来愈重要的角色。

卡里古拉（公元37—41年在位）继承皇位。卡里古拉意为"小靴子"，是他父亲日耳曼尼库斯的士兵给他取的绰号。政权交接由禁卫军一手安排，开创了禁卫军拥立皇帝的先河。卡里古拉登位后不仅剥夺元老的一些特权，而且还怂恿告发，对元老进行叛逆审判，处死和逼死了一批元老，没收他们的财产，以弥补他挥霍所造成的国库空虚。卡里古拉意图把元首制直接改为君主制，禁卫军称他为独夫民贼，将之杀害。

克劳狄(公元41—54年在位)作为卡里古拉的叔叔被禁卫军拥立为帝。他体弱多病,早年曾倾力进行学术研究。在内政和外交事务上,克劳狄的统治异常出色。即位后他恢复了与元老院的正常关系,同时干预元老院行省总督的任命,把元老院行省的财务监督权交给皇帝的督察使,元老院的地位和作用进一步受到削弱。克劳狄还把屋大维创办的皇家办事机构发展为中央政权机关,初步建立起一套官僚体系,为后来的帝国官吏制度奠定了基础。中央政权设三个部门:秘书处掌握内政、外交和军事;财务处经管财政和税收;司法处处理法律事务。各部门官员多由被释放奴隶充任,惟皇帝之命是从。克劳狄扩大授予行省居民罗马公民权,优待高卢人,允许高卢贵族担任罗马公职和进入元老院。此外,克劳狄改善帝国的财政状况,并进行一些重大公共工程的建设,他重建奥斯提亚港,方便往来运输。他对外继续扩张,不仅征服了非洲西北部的毛里塔尼亚和不列颠南部,将其置为行省,还把小亚细亚的吕西亚和色雷斯并入罗马版图。克劳狄于公元54年亡故,可能被其妻阿格里皮娜毒害。

阿格里皮娜与前夫之子尼禄(公元54—68年在位)继位,他是罗马历史上有名的暴君。宫廷阴谋频频发生,母亲阿格里皮娜与尼禄争权,结果被尼禄杀害。尼禄以艺术天才自诩,终日沉湎于吟诗歌咏、赛会竞技、饮宴游赏,恣纵声色,荒怠朝政。公元64年夏,罗马发生大火,连烧6天,全城14个区仅4个区幸免于难。大火之后,尼禄建起金宫,民间流言尼禄为废弃旧城有意纵火。尼禄为消除人民的不满,嫁祸于社会下层的基督徒,对基督徒滥杀无辜。尼禄的挥霍浪费,不仅使得国库枯竭,财政面临危机,也激化了统治集团内部的矛盾。公元65年,罗马贵族以皮索为首意欲杀害尼禄,但事泄未果。尼禄的倒行逆施加剧了帝国行省的社会矛盾,相继引发了不列颠鲍狄卡起义(公元60年)、犹太人起义(公元66年)、西班牙和高卢的起义(公元68年)。尼禄在众叛亲离、走投无路之下被迫自杀,朱里亚—克劳狄王朝随之告终。

(二) 弗拉维王朝

尼禄死后,罗马进入了一段充斥着内战与混乱的时期,一年之内出现了四位皇帝并立的局面,最终确立起统治地位的是由东部行省和多瑙河军团拥立的韦帕芗,他建立了弗拉维王朝(公元69—96年)。韦帕芗(公元69—79年在位)继位后,先派其子提图斯统领大军围攻耶路撒冷,残酷镇压犹太人的起义,7万人被卖为奴隶,全城神殿房舍被毁无数,犹太人流落他乡。随后,他又平定了高卢和莱茵河区巴达维人的起义。为弥补尼禄时代的财政亏空,他紧缩财政,广开税源,增加赋税,从此产生了一句罗马谚语"钱无臭味"。韦帕芗为了加强皇权采取了一系列措施。他迫使元老院通过全权法,赋予他广泛的权力。他还大量吸收行省上层加入元老院,将高卢和西班牙等地千余户富有贵族迁至罗马,补充元老和骑士等级。这些措施是恺撒、克劳狄政策的延续,进一步扩大了帝国的社会基础,帝国政权正愈益倚重于行省的支持。

韦帕芗死后先后由其两子提图斯(公元79—81年在位)和图密善(公元81—96年在位)继位。提图斯仅统治两年即病死。他在位时完成了大竞技场(Colosseum)的修建,他还修建浴场,举办上百天的竞赛。另一重要事件是公元79年8月24日维苏威火山喷发,附近的庞贝、赫库兰尼姆、斯塔比埃等城镇被火山灰吞没,现代对这些地区进行的考古发掘为我们了解罗马的文明硕果提供了极为丰富的资料。

公元81年图密善继位称帝,他基本上继续执行韦帕芗的政策,但他加强专制统治,采用"终生监察官"的头衔,藐视元老院,随意处决反对他的元老。结果,禁卫军与图密善的妻子相互勾结,杀死皇帝。在图密善统治下,意大利发生了严重的经济危机。也许由于葡萄栽培技术引入西部行省,尤其是高卢地区,意大利的葡萄酒失去了主要的外销市场,酒价暴跌。西部行省愈益繁荣,意大利则面临经济衰退,且繁荣的景象再未重返意大利。同时,意大利人口减少,军队得不到充足的兵源,只好从行省扩招,罗马军队愈发依赖于罗马化程度较高的西部行省。意大利曾获得的特权地位,此时也在渐渐丧失。

(三) 安敦尼王朝

元老院推举涅尔瓦(公元96—98年在位)为帝,开始了安敦尼王朝的统治。自涅尔瓦起,历经图拉真(公元98—117年在位)、哈德良(公元117—138年在位)、安敦尼(公元138—161年在位)、马可·奥勒略(公元161—180年在位)和康茂德(公元180—192年在位)的统治,前五位皇帝在位时政治清平,经济繁荣,罗马帝国达到鼎盛,在罗马历史上被称为"黄金时代"。

涅尔瓦年迈,他将战功赫赫的日耳曼总督图拉真收为养子,立为继承人。图拉真具有西班牙血统,将其立为继承人打破了以血统为基础的皇位继承制度,开创了以过继为基础的新的皇位继承制度,这也反映出罗马政府组成成员的变化,帝国的统治不仅需要依靠意大利人,而且需仰仗西部行省土地所有者的忠诚。

图拉真是第一位出身行省的皇帝,他富有魅力,和蔼可亲。他与小亚细亚比提尼亚总督小普林尼的信件被保存下来,从信文内容看出他深切同情行省居民的疾苦,注重减轻行省税收负担。他积极推行对外扩张政策,把帝国疆土扩展到最大。他两次进兵达西亚(公元101—102年,105—106年),达西亚人顽强抵抗,终因寡不敌众于公元106年被罗马征服,置为行省,现代的罗马尼亚人自称是来此定居的罗马老兵的后代。为纪念征服达西亚的功绩,图拉真在卡皮托尔山和奎里那尔山之间建造了一个宏伟广场,新广场上最重要的装饰品是图拉真记功柱,上面展现了有关罗马人和北方蛮族的战斗场面。图拉真还远征阿拉伯北部,占领了纳巴泰王国,又置阿拉伯行省,控制了东方贸易的要道。图拉真统治末期,对帕提亚发动了大规模的战争,进军亚美尼亚和美索不达米亚,在美索不达米亚西北部建成一个行省。116年,图拉真占领帕提亚的首都泰西封,兵抵波斯湾,后在小亚细亚的东南部死去。117年,罗马帝国疆域扩大到极点:东起美索不达米亚,西至大西洋,北达不列颠岛、莱茵河、多瑙河一线,南达北非。

与图拉真时代不同,哈德良治下罗马军队总体上退回守势。罗马与帕提亚讲和,退出美索不达米亚,并把亚美尼亚从行省变为藩属国,在不列颠和日耳曼部分地区修筑城垣,加强防守,巩固边疆。尽管有时罗马士兵也会越过这道边界,但罗马帝国的扩张时代已然结束。哈德良多数时间不在意大利逗留,他常在外省巡游,既出于猎奇,也是让军队处于高度戒备状态。

哈德良在耶路撒冷建立罗马殖民地和神庙，以皇族名字埃利乌斯为神庙命名，引起犹太人愤怒。犹太人在领袖巴尔·科西巴领导下发动第二次犹太起义（132—135 年）。犹太起义遭遇残酷镇压，巴勒斯坦的犹太人近乎灭绝。哈德良勤于内政，加强皇权，皇帝的意志就是最高的法律，官僚机构进一步完善，明显开始了元首制向君主制的过渡。元首顾问会议最后定型，成为常设机构，并增加了法学家成员。他还任命法学家汇编《永久敕令》，作为帝国法律的基础。哈德良继续广泛授予行省居民以罗马公民权，开始征募行省居民加入罗马军团服役。行省上层和罗马统治集团逐渐融合，行省居民和罗马公民之间的界限也逐渐消弭，帝国政权真正成为整个地中海世界范围内的统治机构。

下一任皇帝安敦尼·庇护与哈德良一样出身西班牙，庇护之名（Pius）说明他忠于职守，对神虔敬。他向北将帝国边界拓展到不列颠，修建从福斯湾到克莱德河的"安敦尼长城"（141 年）。他在位时对外仍取守势，帝国四境安宁，有关他统治时期的资料留存相对较少，但也说明此时罗马内外关系和谐，经济文化繁荣，是罗马历史上最为平静的时期。

161 年，安敦尼辞世，传位于养子马可·奥勒略。马可·奥勒略最初与弟弟维鲁斯共理国政，这是罗马历史上第一次出现两位皇帝共执权柄的现象。不久，维鲁斯染疾而终，马可·奥勒略成为唯一的君主。从他当政开始，罗马帝国盛极转衰，奴隶制的危机初露端倪，帝国的和平繁荣一去不返。东方的帕提亚屡犯边境，当罗马出兵抗击时，北方的马可曼尼人等日耳曼部落又乘虚而入，越过多瑙河，进入帝国境内。西部的战争未平，东方的叙利亚叛乱又起。马可·奥勒略疲于应付，最后允许一些蛮族部落移居帝国北部边境。马可·奥勒略爱好哲学，著有《沉思录》，戎马生涯没有阻断他对斯多亚哲学的研究和实践，被称为"马上哲学家"。公元 180 年，马可·奥勒略在战争中染疾而殁，其子康茂德即位。康茂德是一位暴君，没有得到元老院和人民的拥护。他遇刺身亡后，罗马帝国已临近 3 世纪危机的前夕，接下去的便是混乱和衰落的年代。

图 6-4　马可·奥勒略

（四）帝国前期的社会和经济

及至奥古斯都辞世时，除多瑙河以北的达西亚一带，罗马帝国的边疆已基本定型，形成了环绕地中海，包括北部的西欧与中欧，也包括古代东方文明一部分的大帝国。东部地区原有的社会文化传统和政治经济模式拥有强大的生命力，希腊因素与东方因素继希腊化时代之后进一步交融。希腊语从城镇进而渗透入乡村，当地人虽仍操各式方言，希腊语却已成为商贸往来和文化交往的通用语，罗马的生活方式和文化观念对这里无甚影响。地中海以南罗马的非洲领土，沿海岸线横向分布，同时纵向向内陆深入，这主要与水利灌溉网和耕地面积密切相关。阿非利加行省超过西西里，成为罗马城的大粮仓，可与帝国的埃及行省相媲美。埃及在行政上仍延续着托勒密时代的管理方式,并为罗马源源不断地供应粮食,但埃及的繁荣也在逐渐衰退。

欧洲部分的罗马帝国可以分为南北两部分,一为地中海地区,二为大陆地区。地中海西部地区的罗马化程度发展显著,拉丁语和罗马文化传播开来,而在亚德里亚海以东的东部地中海,希腊语和希腊文化仍独占鳌头。从政治上而言,西部更显优势,罗马化程度高的西部地区控制着东部地区,帝国的行政官员和军队士兵主要来自西部,因此对东部产生了支配性影响。然而,东部地区在经济发展上更胜一筹,表现出勃勃的经济活力,商业和制造业表现出色。出身于西班牙、高卢和意大利等西部行省的统治阶级通常都是地主出身,而不是大商人或制造商。在3世纪时,东部争取政治自主即是以经济上的优势为基础的,接下去却无可挽回地走向了分裂。

欧洲大陆地区主要是由恺撒和帝国前期的皇帝们以征服战争获取的,也因此将罗马的疆域从地中海气候带扩展到另一个不同的地理和气候地带。这些地区降雨充沛,土壤肥沃,然而森林和沼泽却阻碍了土地的开垦,一些地中海地区特有的作物在北方无法生长,地中海地区所采用的农业技术在这里并不适用。在罗马时代,北方的富饶平原和山谷从未得到充分开发。人口不足,城市少见,有罗马卫戍军队的边境地区是个例外。这些地区一直是帝国的边疆,无法完美融入地中海文明。

公元1至2世纪,罗马帝国出现了相对安定的局面,进入所谓"罗马和平"时期。屋大维三次郑重关闭雅努斯神庙大门,象征着和平的到来。不过罗马和平仅是相对于共和国末期混乱而动荡的内战局面而言的,边疆地区仍有战事爆发。在此时期内,社会政治的相对稳定、交通的恢复、文化技术的传播和交流,以及行省和城市地位的改善,都有利于社会经济的发展。

帝国前期的城市繁荣是经济发展的集中体现。一方面,一些一度中衰的旧城重新焕发出生机,像希腊的科林斯、北非的迦太基再度崛起;另一方面,新的城市也随着罗马建立的殖民地和在边防地区的要塞军营成长起来,像高卢的卢格杜努姆(今法国里昂),多瑙河畔的文多波那(今奥地利维也纳)和辛吉杜努姆(今塞尔维亚贝尔格莱德),不列颠的伦丁尼姆(今英国伦敦),这些城市一般都获得了一定程度的自治权,仿效罗马模式组织政权机构和修饰城市面貌。此外,意大利的普特奥里、卡普阿、奥斯提亚、拉文纳、阿奎利亚和帕塔维乌姆等城市也颇为繁华。

在社会经济繁华的表象背后,潜藏着奴隶制的危机。随着大规模对外扩张从日趋收缩到偃旗息鼓,奴隶的供应大大缩减了,随之而来的是奴隶价格不断走高。奴隶主本身必须做出调整,允许奴隶结合,以家生奴隶弥补短缺。从1世纪末一直持续到整个2世纪,意大利的农业发生危机,奴隶制庄园大体上无利可图,意大利市场上的葡萄酒和橄榄油已经供过于求。土地所有者放弃了大规模的生产,把庄园分成小块土地,交给奴隶或自由民耕作,收取实物地租、劳役地租或货币地租。这样的转变提高了奴隶的地位,他们在农业活动中与自由农没有太大区别。与此同时,小农的地位在不断恶化,沦落到必须依附于大地主的地步,奴隶和自由农民共同租种大地主的土地,并带有较强的人身依附性,他们被称为隶农(coloni),隶农制后来在许多行省扩散开来。

三、基督教的兴起与三世纪危机

(一) 早期基督教

基督教是崇奉耶稣基督为救世主的各宗教派别的统称,主要分为天主教、东正教和新教三大派系。最初为犹太教的一个异端教派,在反抗罗马统治的斗争中,逐渐发展成为有自己教义、经典、组织和教仪的新宗教。基督教大约产生于公元1世纪二三十年代的巴勒斯坦犹太人中间,相传为拿撒勒的耶稣所创。基督教崇奉耶稣为"救世主","救世主"本意为上帝敷以圣膏者,被派来拯救世人。救世主在希伯来语中一般称为"弥赛亚",希腊语称"基督",基督教由此得名。一般将从1世纪基督教创立至4世纪罗马国教确立这一时期的基督教称为早期基督教。

基督教产生于犹太人下层中间,在罗马治下,犹太人不甘忍受罗马的暴政,先后在公元66—73年、公元132—135年发动起义,却一再受到残酷镇压,大批民众惨遭屠杀,或流落异乡。早在公元前2世纪,一种求助于神佑、企盼救世主降临的"弥赛亚"思想开始在犹太人中间流行,这样的宗教情感和期待日渐强烈,基督教就是在这样的历史文化氛围中产生的。

基督教与犹太教有着极大的差别,其根本特点是打破了民族宗教的狭隘性,建立了一种新的世界性信仰。基督教不分民族,不分阶级,只要信奉耶稣、遵守教义都可成为教徒,得到上帝的拯救和赐福。基督教能够走向世界与早期罗马帝国的环境是有密切关系的。2世纪时,罗马帝国的疆域发展到极限,多民族大帝国的世界性为基督教成为世界性宗教提供了发展空间。

《圣经》是基督教的经典,包括《旧约》和《新约》,是基督教教义、神学、信条、圣事、教规和礼仪等的依据。《旧约》包括了自公元前11世纪末以来相传的犹太古代律法、典籍和各种文学作品,于公元前6世纪至前2世纪之间逐渐形成。《新约》最初用希腊文写成,约公元200年《新约》的正典最终确定下来。《圣经》是一部百科全书,凡世间之事,几乎无所不包,但在基督徒看来,《圣经》是一部救赎史,《创世记》是人类救赎史的开端,《启示录》是预言基督完成救赎大业后必将再来,使人类进入一个"新天新地",是救赎史的结束。

早期基督教吸收了诸种文化的营养,包括犹太教在内的古代东方宗教和希腊古典哲学思想,特别是柏拉图主义和斯多亚哲学的精神养分。早期基督教向人们宣称世界末日很快来临,"弥赛亚"基督即将降临人间,在地上建立"千年王国"。然而这种企盼一再落空,对救世主耶稣的信仰开始动摇。使徒保罗对早期基督教教义加以改造,对早期基督教的广泛传播发挥了重要作用。他以"基督以自己的牺牲来拯救世人"的教义代替了"天国即将来临"的虚幻诺言,人们所企盼的"千年王国"不在地上,而在天上,在来世。保罗还提出"因信称义"的主张,"人称义不是因信律法,乃是因信耶稣基督"。保罗还冲破犹太教律法的束缚,简化宗教仪式,重视个人信仰,简便易行的宗教礼仪有利于更多基督徒加入教会。

基督徒是拒绝崇拜偶像的，这也意味着他们拒绝崇拜罗马神祇，拒绝崇拜罗马皇帝。在异教徒看来，这是基督徒忤逆帝国统治的表现。尼禄治下，基督徒被拿来当作罗马大火的替罪羔羊。不过，遍及整个帝国的大规模迫害到3世纪才出现，罗马帝国经历了两百多年的繁荣后深陷社会危机之中，罗马统治者开始对基督教采取更加严厉的措施，动用国家机器对基督徒实行普遍迫害。戴克里先掌握皇帝大权之后，认为罗马中兴最大的威胁就是基督教。他几次发布敕令，逮捕罗马城内所有的基督教神职人员，宫廷中凡是信仰基督教的官员也被处死。他还要求全体基督徒向罗马帝国的神祇献祭，抗拒者以反叛帝国论罪。他下令没收各地教会财产，捣毁教堂，销毁《圣经》，禁止教徒集会，此次迫害持续达两年。基督教会史上称它"虽然是最后一次，但也是最惨烈的一次迫害"。4世纪初起，罗马政府对待基督教的态度从迫害转变为支持利用，先后发布敕令，明确承认基督教的合法地位。311年，统治帝国东部的伽勒里乌斯和他的继承人李锡尼乌斯与君士坦丁联名颁布了对基督教的《宽容敕令》，允许基督教信仰自由，恢复基督教礼拜场所。313年，君士坦丁与李锡尼乌斯在米兰发表了《米兰敕令》，规定信奉各种宗教都享有同样的自由，不受歧视。没收的教会财产和礼拜场所，一律无偿发还。君士坦丁统一罗马帝国以后，一方面积极扶持基督教，将其纳入罗马帝国中央集权统治的轨道；另一方面，运用皇权积极干预基督教会的内部争端和教派分裂。325年，他亲自主持召开尼西亚会议，处理阿里乌斯派争论问题，强行通过《尼西亚信条》，确立了"三位一体"的正统基督教教义，把基督教完全置于帝国政权的控制之下。392年，狄奥多西一世成为帝国唯一皇帝后，再次颁布敕令，正式确立了基督教在罗马帝国的国教地位，为以后基督教在整个西方世界的地位奠定了基础。

(二) 三世纪危机

从公元2世纪末到3世纪末，罗马帝国爆发了严重的社会危机，史称"三世纪危机"。危机表现为农业萎缩，商业萧条，城市衰落，财政枯竭，政治混乱以及贫民奴隶不断起义和大批蛮族乘机入境，帝国政权陷于风雨飘摇、岌岌可危的境地。罗马帝国社会中发生的全面而深刻的危机从经济基础上而言，根源于奴隶制的衰落。

罗马的奴隶制在公元前2世纪到公元2世纪取得了高速的发展，随着对外战争的放缓，战俘奴隶来源不断减少，家生奴隶蓄养成本较高，奴隶价格不断攀升，奴隶劳动已越来越无利可图了。奴隶制的危机最早出现在意大利，以农业衰落最为显著，经营葡萄和橄榄种植的奴隶制庄园入不敷出，大多改为牧场或任其荒芜，生产急剧萎缩。意大利各城市手工业，也因为奴隶劳动生产率低下和行省手工业产品的竞争而衰落下来。及至3世纪，农业危机从意大利波及到北非和高卢等行省地区，出现了全面衰退的趋势，生产力的倒退为生产关系的适时调整提出要求。大量使用奴隶劳动的大农庄，开始转变剥削手段，奴隶变身为租种大地主土地的隶农，大农庄的自给自足倾向愈强，在经济和政治方面的独立性也愈来愈强。农业和手工业的萎缩，导致城市的繁华景象不再，政权更替频繁以及横征暴敛的财政政策都加剧了衰落不堪的经济状况。在重税和战乱重压之下，小农难以生存，他们纷纷将土地投献给大地主以求庇护，再从地主手中租种土地变为佃农。在此时期，隶农制获得进一步发展，其来源除了贫苦农民和奴隶以外,又增加了迁居罗马帝国境内的日耳曼部落居民。

伴随着社会经济的深刻危机,帝国政府的军事独裁特征十分明显,之后帝国进入无政府状态。政治混乱和内乱外患充分说明了帝国政府面临的政治危机。康茂德被暗杀后,他的继任者试图惩戒禁卫军,却反遭谋杀,禁卫军竟然将皇位进行拍卖,行省军队起而叛乱。有三位将领分别被手下军队拥立为帝,内战随之爆发。197年,潘诺尼亚总督塞维鲁得胜,建立了塞维鲁王朝。塞维鲁依靠军队起家,继位后也依靠拥戴他的士兵作为主要的政权支柱,建立起军事独裁。他增加地方税收以补充军队开支,这直接损害了行省城市官员的利益,无法收缴的税款只能由他们自掏腰包补足,人们不再把担任地方行政官员视作一种荣誉。依靠军队建立的军事独裁统治带来了军纪废弛,塞维鲁之后的每位皇帝都是被叛乱的士兵杀害的。塞维鲁王朝时期,唯一可喜的成果表现在罗马法的发展方面。一批法学家收集并整理罗马法庭的判例,按照案件类型进行分类,编订成书,阐明判例背后的司法原则。6世纪查士丁尼编订《罗马民法大全》所依靠的材料大多是这些法学家的著作。

塞维鲁的儿子卡拉卡拉(212—217年在位)继位后,继续巩固军事独裁,并于212年发布敕令,把罗马公民权授予帝国境内全体自由民,史称《卡拉卡拉敕令》。这一敕令是帝国时期不断扩大罗马公民权的结果,但在当时已无实际意义,背后的动机可能与财政有关,让更多人依法上缴公民应缴的遗产税。尽管如此,该敕令仍扩大了罗马法的实际意义,在法律程序、法律关系标准化方面格外重要。东方行省在法律上享有了与西方行省一样的地位,为东方行省政治地位的提高奠定了基础,帝国东部的自治权利得以复兴。217年,卡拉卡拉为禁卫军所杀,两位继任的小皇帝也遭遇同样的命运,235年塞维鲁王朝终结时,罗马政局动荡不宁,兵燹不绝。在"三十僭主"时期(253—268年),各行省军团拥立皇帝,形同儿戏,地方分裂,僭主横行。有一些地区持续了相当长时间的地方割据,高卢帝国即是一例,包括高卢、日耳曼、不列颠和西班牙地区,拥有独立的军队和行政机关,自铸货币,完全脱离罗马达15年之久。在叙利亚则出现了帕尔米拉帝国,一度占据小亚细亚南部、阿拉伯北部和埃及部分地区,这个割据政权也存在了10年。224年,帝国东部边境上新建立起取代帕提亚人统治的萨珊王朝,与罗马在小亚细亚、叙利亚和美索不达米亚不断发生冲突,甚至260年罗马皇帝瓦莱里安被萨珊军队生擒,并在萨珊王宫中屈尊地充当萨珊国王的上马凳。罗马人与萨珊人之间的战争时断时续直到6世纪。

从270年起,几位伊利里亚出身的将军登上皇位,通常称为伊利里亚诸帝。奥勒良(270—275年在位)重新统一帝国,他无情镇压人民起义,吸收大量蛮族入伍,把蛮族移民安置于边境,逐渐遏制了蛮族入侵的势头,割据的帕尔米拉和高卢帝国也重新并入罗马。10年后,戴克里先继位,重建了帝国的和平和秩序。罗马帝国进入了回光返照的短暂复兴。

四、蛮族入侵与西罗马灭亡

(一) 戴克里先和君士坦丁的统治(285—337年)

戴克里先从军队起家,登上皇位后他面对的最关键问题是如何重组罗马的社会秩序并确保军队的服从。他采取一系列措施,进一步加强中央集权,强化国家机器,以巩固帝国的专制统治。皇帝的称号从元首改为"多米努斯"(Dominus,意为主人),正式确立了君主专制制度。戴克里先头戴皇冠,身着镶有金边的紫袍,宫廷礼仪仿照东方专制国家的礼节,臣民觐见时须行跪拜礼。与他共执权柄的是马克西米安,两人都称为"奥古斯都"。帝国管理一分为二,戴克里先主东方,马克西米安主西方。两位皇帝分别任命伽勒里乌斯和君士坦提乌斯为"恺撒"辅政,实行"四帝共治制",戴克里先握有最高权力。同时规定,奥古斯都在20年任期届满后交卸职权,让位于恺撒,保证皇位继承平稳过渡,防范宫廷政变发生。

戴克里先为防范叛乱再起,意图将行政权和统兵权相分离,建立民政和军事两个平行的官僚系统。重新划分100个行省,分别归属于12个行政区。行省总督由文职人员担任,不兼军务。军队被分成边防部队和内地机动部队两个相互独立的部分,前者驻扎在边防要地,抵抗蛮族的小规模袭击;后者驻留内地,随时等待皇帝的战略调遣。

由于当时罗马税制混乱,国库空虚,戴克里先统一帝国税制,实行新税法,实际上是将无政府状态时期的强取豪夺合法化。他在农村中征收以实物为主的人头税和土地税,在城市居民中征收以货币为主的人头税。他将农民和隶农束缚在土地上,把手工业者和商人束缚于行业内,市政长老束缚于议事会。各行各业世袭其业,对逃亡者严加惩处,以各种措施保证税收来源。新税制的实施暂时增加了政府的收入,但加重了纳税人的负担。戴克里先为了应对货币不断贬值,物价迅速上涨的现状,颁行"限价法令",对各种商品价格和各工种工资都规定了最高限额,但是这种脱离实际经济状况的行政命令未能奏效,反而助长了投机活动和黑市交易,最后无果而终。

戴克里先以一系列政策措施改善三世纪危机遗留的一系列社会问题,通过强化国家对社会经济生活的干预,加强皇帝对地方政治军事的控制,暂时缓解了罗马帝国的颓势,不过终究无法挽救罗马帝国衰亡的命运。四帝共治并不妥当,奥古斯都与恺撒之间的对抗很快爆发,内战再燃。324年,君士坦丁成为全国唯一的皇帝,他面对苛捐杂税和持续通货膨胀的困境,全面继承戴克里先的改革活动,继续加强中央集权的专制统治,在政治、军事和财政等方面推行一系列改革措施。

君士坦丁废除四帝共治制,将帝国划分为高卢、意大利、伊利里亚和东方四大行政区,其下设行政区,行政区下辖各行省。他继续扩大税源,继续严格推进职业世袭的政策。他大量增加日耳曼人在军队中的比例,以蛮治蛮,让他们对付边界以外的日耳曼同胞。他还以日耳曼骑兵卫队取代原来的禁卫军。三世纪危机后,罗马国家的经济重心已经东移。330年,君士坦丁把帝国首都从罗马迁到东方的战略要地拜占庭,取名君士坦丁堡,号称新罗马。

君士坦丁对后世最重要的影响莫过于他的基督教政策。他将自己在内战中的胜利归功于耶稣的护佑,他因此皈依基督教。公元313年的"米兰敕令",正式承认了基督教与其他宗教并存,基督教取得合法地位。公元325年,君士坦丁在尼西亚召集宗教会议,318名主教举行会议,这是基督教历史上第一次宗教大结集。会议制定了所有基督教徒必须遵奉的教义,称为"尼西亚信条",确认基督与圣父圣灵同体。基督徒相信,皇帝的权力来自于全能的上帝,君士坦丁以宗教的方式加强了皇权。君士坦丁之后,基督教在罗马皇帝朱里安(361—363年在位)统治时期曾一度受到压制,但不久便得以恢复。提奥多西一世执政时(379—395年),结束了争夺帝位的长期混战,一度恢复了帝国的统一。392年,提奥多西颁布法令,关闭一切异教神庙,禁止献祭活动,将基督教正式定为罗马国教。但在他死前却把帝国分给两个儿子,于是在395年,罗马帝国正式分裂为以君士坦丁堡为都城的东罗马帝国和以罗马为都城的西罗马帝国。

(二)西罗马帝国的灭亡

戴克里先和君士坦丁的改革措施暂时阻止了帝国的崩溃。然而,在4世纪末,保卫边疆的问题变得更加严峻,衰退崩溃的进程重新开始。奴隶、隶农和其他劳动人民的反抗斗争持续不断,起义烽火几乎燃遍帝国各地,与此同时蛮族成群迁徙并大举进攻罗马。这两股力量彼此呼应,猛烈冲击着衰败不堪的罗马帝国。

高卢的巴高达运动余焰重燃,起义者在高卢境内四处活动,给当地贵族以沉痛打击。4世纪末,西班牙发生农民起义。在北非,4世纪30年代兴起了阿哥尼斯特(意为战士)运动。参加者有奴隶、隶农和农民,还有反对罗马统治的土著居民柏柏尔人。他们摧毁大庄园,焚烧奴隶的名单和债券,后为罗马军队镇压。毛里塔尼亚发生费尔姆领导的起义,声势浩大。

4世纪下半叶,来自中亚细亚的一支匈奴人,横扫俄罗斯平原,向西突进,他们推动了日耳曼诸部落的民族大迁徙浪潮。欧洲东南部的一支日耳曼部落西哥特人在压力之下迁入罗马帝国境内,寻找避难所。378年,东罗马皇帝瓦伦斯带兵前来镇压,与长驱直入的西哥特人在亚德里亚堡发生战役,西哥特人击溃罗马军队,打死并俘虏罗马士兵达2/3,皇帝瓦伦斯也在此战中丧命。这次战役是自与汉尼拔的坎尼战役以来罗马损失最惨重的一次,也说明罗马再也无法保卫边疆了。其他日耳曼部落也在向帝国边境大批推进,他们为怡人的气候、诱人的财富以及高度的文明所吸引,也为威力无比的匈奴人所慑,如洪水般涌入帝国境内。406年末,由于汪达尔人、阿兰人、斯维比人以及其他部落加入哥特人的行列,共同蹂躏和蚕食帝国的西部行省,罗马的边界防线终于崩溃。

西哥特人在首领阿拉里克的率领下,横扫巴尔干半岛,随后进军意大利。沿途许多奴隶、隶农和农民加入西哥特人的队伍。410年,西哥特人劫掠了罗马城,罗马城在奴隶和蛮族的内外夹攻下首次陷落。不久,他们向西进入高卢南部,继而将前已占领西班牙的汪达尔人逐走,于418年建立了西哥特王国。汪达尔人则渡海进入北非,于439年攻克迦太基城,建立了汪达尔王国。455年,汪达尔国王盖萨里克率领大批舰队渡海北上,攻陷了罗马,又把罗马洗劫一空。公元420年,法兰克人侵入北高卢,并不断向周围扩大地盘,勃艮第人则占领了高卢的东南部。蛮族入侵如火如荼。

5世纪中叶,匈奴人在"上帝之鞭"阿提拉(约406—453年)的率领下,攻入东罗马的巴尔干地区,皇帝提奥多西二世被迫纳贡求和。不久,阿提拉挥师西进,向西罗马进兵。进入高卢地区,在夏龙战役中遇挫。次年侵入意大利,后收兵回到潘诺尼亚地区,453年阿提拉猝死。因为匈奴人没有建立一套政治组织,在失去一位杰出统帅后一蹶不振,其政治和军事力量迅速瓦解。455年,汪达尔人跨海攻占罗马城,大掠15天,留下一片残垣断壁的罗马。

在人民起义和蛮族进攻的沉重打击下,西罗马帝国已是蛮族的天下,西罗马帝国的皇帝也成了日耳曼雇佣军手下的傀儡。476年,日耳曼将领奥多亚克发动宫廷政变,废除了幼年的末代皇帝罗慕路斯,这一事件标志着西罗马帝国的终结。蛮族在西罗马帝国的废墟上建立了许多蛮族国家。汪达尔人统治北非,西哥特人统治了西班牙,法兰克人占领了高卢,盎格鲁、萨克逊人侵入不列颠,而意大利则处在西哥特人、汪达尔人和伦巴德人等多个民族的控制之下。在地中海东部,帝国的统治继续存在了约1 000年之久,被称为拜占庭帝国。

第五节 古罗马文化

古代罗马文化是在吸取埃特鲁里亚和希腊文化成就的基础上发展起来的,成为西方古典文化的重要组成部分。古典一词源于"classicus",意为最高级的,最初指罗马公民的政治等级,文艺复兴时期的人文主义者后来用来泛指希腊、拉丁的著作家。古典一词还常常用来指代希腊罗马文化发展到鼎盛的时期,公元前5—前4世纪的希腊文化和公元前1—公元1世纪的罗马文化都可以享有古代典范的赞誉。在共和国早期,罗马文化较多地接受了埃特鲁里亚文化的影响,公元前3世纪上半叶之后,随着罗马对意大利南部地区和希腊地区的征服,希腊人的先进文化开始大规模地传入罗马,对罗马文化的发展产生了极其重要的作用。罗马文化远不如希腊文化博大精深、力求卓越,但勤奋务实的罗马人在法律和政体方面高人一筹,创立出一套系统严谨的法律体系和一个制衡高效的共和政体。

一、文字与文学

罗马人使用的拉丁语是由居住在台伯河畔拉丁姆平原上的拉丁人创造的,属字母文字,公元前7世纪前后,在埃特鲁里亚字母的基础上发展而来。古典拉丁语有23个字母,其中21个直接从埃特鲁里亚字母派生而来,到中世纪,字母i分化为i和j,v分化为u、v和w,这样便产生了26个罗马字母。拉丁字母继承并发展了希腊字母形体上的优点,简单匀称、便于书写。由于拉丁语本身的这些优点,以及罗马文化的辐射,法国、西班牙和葡萄牙人都袭用拉丁语,形成了拉丁语民族,大量的拉丁科学术语和缩写也被广泛应用于自然科学和社会科学的许多学科领域,拉丁语直至今日仍显示出其特有的价值。

古罗马文学可分为早期(公元前3世纪中期以前)、共和国繁荣时期(公元前3世纪中期至公元前1世纪中期)、奥古斯都时期(约公元前27年至公元14年)、帝国时期(至西罗马帝国灭亡)四个主要发展阶段。罗马最早的文学来自公元前3世纪以前的民间诗歌,但这些口头创作几乎没有存世。罗马文学史上第一位诗人和剧作家是李维乌斯·安德罗尼库斯(约公元前284—前204年),他是他林敦的希腊人,公元前272年罗马攻陷该城时被俘到罗马,沦为奴隶,后获释。此后,他一面教学,一面从事文学活动。他首先将荷马史诗《奥德赛》译成拉丁文,作为教学课本,他还改编剧本并搬上舞台,成为罗马第一位剧作家。另一著名诗人是奈维乌斯(约公元前270—前200年),他不仅改编希腊现成的剧本,还取材罗马传说和历史,写成罗马史上第一部史诗《布匿战争》。古罗马诗人恩尼乌斯(约公元前239—前169年)曾创作有戏剧、史诗和其他文学作品,很受西塞罗敬重。为他带来最大声誉的著作是史诗《编年纪》。《编年纪》完成于作者晚年,现传六百多行残诗,叙述从特洛伊毁灭到第三次马其顿战争开始前的历史。共和晚期的瓦罗(公元前116—前27年)是罗马最博学的学者之一,身兼诗人、讽刺作家、博古学家、法学家、文法家及科学家等。他也是古代最多产的作家,现今存世的仅《拉丁语研究》残篇和《农业志》。当时罗马文坛的杰出代表是西塞罗(公元前106—前43年),著名政治家、演说家、雄辩家、法学家和哲学家,出身于古罗马阿尔皮努姆的骑士家庭,以善于雄辩而成为罗马政治舞台的显要人物。公元前63年当选为执政官,后被三头之一的政敌安东尼杀害。他撰写有大量的演说词、私人信函以及政治、哲学论文。《反喀提林》和《腓力克斯》是他演说词的代表作。《论共和国》共6卷,是由作者虚构的小西庇阿与他的朋友之间的对话。《论法律》共5卷,仅3卷传世,阐述了西塞罗的政治哲学理论。教育方面作有《论演说家》等,他认为教育的最终目的是培养有文化修养的雄辩家,以实际练习而成就雄辩家。西塞罗奠定的文学风格及文艺理论堪称拉丁文学的典范,流传久远。

西塞罗和奥古斯都时代的文学被称为"拉丁文学的黄金时代"(公元前70—公元17年)。这一时期创作的作品题材丰富,尤在诗歌上取得了骄人的成就。最著名的三大诗人有维吉尔(公元前70—公元19年)、贺拉斯(公元前65—公元8年)和奥维德(公元前43—公元17年)。奥古斯都及其他资助人向诗人和历史学家提供资助,一方面助推了奥古斯都时代的文化繁荣,另一方面则极易造成对皇帝及其政策的美化。维吉尔著有《牧歌》和《农事诗》,生动地描绘了意大利的田园风光和农民的生活情景。晚年他还仿照荷马史诗,写成脍炙人口的《埃涅阿斯纪》,共12卷,描述了特洛伊英雄埃涅阿斯在意大利寻找新家园的过程,并将之联系到罗马未来的建城与强大,大力歌颂了罗马帝国和奥古斯都的功绩。贺拉斯的诗歌作品有《讽刺诗集》、《长短句集》、《歌集》、《世纪颂歌》、《书札》。他的美学思想见于写给皮索斯的书信《诗艺》,对后世欧洲文学的影响较大。《世纪颂歌》是受奥古斯都委托为世纪赛会所作,诗中歌咏罗马的光荣伟大,赞美屋大维的丰功伟业,欢歌古代美德的恢复。奥维德是位多产诗人,罗马文学圈中的领导人物,却离经叛道,在公元8年被奥古斯都流放到黑海沿岸的托密。他最擅长写作爱情诗,他在《爱经》中描写了爱的技巧,传授引诱及私通之术,这与奥古斯都推行的道德改良政策相悖,可能因此遭到流放。奥维德的精心之作是《变形记》,全诗15卷,重述了古代希腊罗马的神话故事,以变形这一线索贯穿全书,由宇宙的创立起,直至罗马的建立,再到恺撒遇刺变为星辰和奥古斯都顺应天意建立统治为止,想象力沛丰,情节生动。奥维德在流放黑海沿岸的岁月里,写就了《哀歌》和《黑海书简》,流露出对故土与亲人的思念之情。

二、史学与哲学

古罗马最早的历史记载是《年代记》,大约产生于公元前5世纪中叶,为大祭司长所撰。

以每年当选的两位执政官的名字纪年,主要记载当年发生的重要事件,文字极为简略。罗马真正的历史著作迟至公元前3世纪后期才出现。罗马第一位历史学家是法比乌斯·皮克托(约生于公元前254年),用希腊文撰写了一部《罗马史》,对亲身经历的第二次布匿战争记载尤详,惜已失传。罗马史学的真正奠基者是加图(公元前234年—前149年),或称老加图或监察官加图。著有《罗马历史源流》,讲述罗马自建城以来到第二次布匿战争结束的历史,也包括意大利其他城邦和部落的历史,该书分为7卷,仅有残篇传世。因为早期作品皆以希腊语写成,加图的这部历史著作是为罗马的第一部拉丁语作品。现在仅存的加图作品有《农业志》,论述了奴隶制大庄园的经济管理,这也是现存最早的一部完整的拉丁散文著作。

公元前2世纪,最负盛名的史家首推波利比乌斯(约公元前200—前118年)。波利比乌斯出身于希腊中部麦加拉城的贵族家庭,公元前168年皮德纳战役后入质罗马,后得西庇阿家族的资助,成为小西庇阿的教师和幕僚。逗留罗马期间,写就40卷的《通史》,综述公元前264—前146年罗马以及地中海东部各国的历史,现完整保存的仅有前5卷。他着力探求罗马迅速崛起为地中海世界霸主的原因,对罗马的政治制度推崇备至。波利比乌斯把罗马共和国的兴起归结于其优越的君主制、贵族制和民主制相结合的混合政体。他视野广阔,求真务实,将包括罗马在内的已知世界纳入视野,认为将个别的史事放在世界通史中衡量才能得出正确的结论。波利比乌斯的史学理论和史学方法在西方史学上占有重要一席。

共和时代末期的著名史家有萨鲁斯特(公元前86—前35年),内战期间他支持恺撒,退出政坛后潜心著述,著有《喀提林阴谋》和《朱古达战争》。《喀提林阴谋》记载了公元前63年喀提林的反政府叛乱,《朱古达战争》记载了公元前111—前105年罗马对努米底亚国王朱古达的战争。萨鲁斯特所作《历史》尚未完成,记载了共和国后期的历史,仅有残篇存世。尤利乌斯·恺撒(公元前101—前44年)留下两部著作:《高卢战记》和《内战记》。这两部著作不仅具有较高的文学价值,而且是研究罗马史、高卢和日耳曼历史的珍贵史料。《高卢战记》共有8卷,前7卷系出自恺撒的手笔,第8卷为希尔提乌斯续写,此书记述了恺撒经营高卢的始末。《内战记》为未完成的3卷史作,记述了他与庞培之间前两年的战争。

帝国时期,罗马涌现出了一批极具影响力的历史学家和名垂千古的史学著作。李维(公元前59—公元17年)竭毕生之力写就《罗马建城以来史》,叙述始自罗马建城止于屋大维时代末年的罗马历史。全书142卷,今仅存35卷及少量残篇。李维以其文辞晓畅、叙事宏富名动奥古斯都时代的文化圈,也因其卷帙浩繁的《罗马建城以来史》对古罗马历史无可比拟的史料价值名垂后世。李维追述罗马历史发展的艰辛和伟大,进行道德说教,以激发罗马人的爱国热忱。历史的真实性与叙事的艺术性构成李维历史编纂的一体两面,罗马崛起的历史性与永恒的民族精神则是其治史与道德教化的两重关怀所在。他的著作旁征博引,资料丰富,但对史料未加严格甄别。

塔西佗(约公元55—120年)是古代罗马最伟大的历史学家,在罗马史学上的地位犹如修昔底德在希腊史学上的地位。他曾涉足政坛,担任过执政官和行省总督之职,对罗马历史和社会状况具有敏锐的洞察力。他的主要著作是《编年史》(18卷)和《历史》(12卷),分别叙述了从屋大维统治末年到尼禄的历史,以及弗拉维王朝的历史。他在《日耳曼尼亚志》中详细记录了当时蛮族世界中日耳曼诸部落的社会、经济和政治状况,具有很高的史料价值。塔西佗的著作深刻揭露了罗马统治集团的黑暗和腐败,表达了怀恋共和制、厌恶帝制的政治倾向,对后世反对专制统治有着重要影响。

希腊史学家普鲁塔克(公元46—290年)著有《希腊罗马名人传》,包括50篇传记。他所写的传记主要是凭借具体历史人物的生平事迹,来表达自己的伦理思想。这部传记虽欠严谨,但取材宏富,文笔优美,保存着不少业已散失的史料,仍不失为古代的重要著作。准确说来,普鲁塔克不是一位历史学家,而是一位道德说教者。

苏埃托尼乌斯(公元75—160年)著有《十二恺撒传》,这部著作为罗马皇帝的传记汇编,记录了恺撒以及从奥古斯都到图密善的11位皇帝的生平事迹。文辞简洁明了,没有浮华虚饰,内容富有戏剧性。这部作品对后来几个世纪里传记体裁的广泛盛行影响尤其明显。

出生于亚历山大城的希腊史家阿庇安(约公元95—165年)著有《罗马史》一书,共24卷,今仅存11卷,记述了从罗马立国到图拉真统治时期的历史。他在编写体例上按地域、国别或重大事件来命篇,叙述前因后果,本末始终,可算他著作的一大特色。他所记载的内战期间的社会斗争尤有价值,客观记述了斯巴达克大起义的规模和罗马受到冲击的程度。由于他所使用的史料有很大一部分已经散失,他的作品的史料价值显得特别重要。

罗马统治下希腊地区的另一位历史学家阿里安(约公元96—175年)曾在罗马军中供职,哈德良时期出任执政官和总督,后出任雅典城的执政官。现存作品种类繁多,内含《演说词》和《黑海环航日志》,最著名的是《亚历山大远征记》,对亚历山大东侵活动作了翔实而生动的描述。帝国时期还出现了其他一些著名史家,如阿米阿努斯·马塞利努斯(约公元325—395年)的《历史》,共31卷,接续塔西佗的著述而写,涵盖公元96到他生活年代的历史。基督教作家优西比乌斯(约公元260—340年)著有《教会史》,记述基督教会自出现到4世纪初崛起的历程,享有"教会历史之父"的称号。

罗马人在哲学思想方面不如希腊人善于思考,富于创造性,而是比较注重实用。他们采撷希腊人的哲学成就,以拉丁语的形式加以传播和阐发,推动了古典哲学的进一步发展。共和后期,罗马人承袭希腊各派哲学中可取部分并调和各种思想,形成了罗马的折衷主义。代表人物为西塞罗,他在哲学方面的著作有《论至善和至恶》、《论神性》等。他综合各派的学说,主张人要顺乎自然,服从自然安排的命运,还提倡人要节制欲望,只有这样才能获得心灵的快乐。他也是第一个将古希腊哲学术语译成拉丁语的人,对后来哲学的发展和现代的哲学术语都有极大影响。

共和后期唯物主义哲学家的代表人物是卢克莱修(公元前98—前53年)。在仅存的作品《物性论》中,他阐释了伊壁鸠鲁哲学的"原子论"。他认为自然界的一切现象并非神创,而是由唯一真实的物质原子构成,甚至人的"灵魂"也是物质的,躯体不存,"灵魂"也将消灭。

帝国前期唯心主义占居上风,新斯多亚主义相当流行,宣扬宿命论和禁欲主义,主张以个人道德修养求得社会的和谐。主要代表有尼禄的老师小塞内加(约公元前4—公元65

年)、爱比克泰德(约公元55—135年)和马可·奥勒略。他们都主张,内心的平静是人所寻求的终极目标,真正的幸福只有在服从宇宙仁慈的秩序中才能找到。他们提倡道德至上的理想,哀叹人性恶,强调要服从尽职。随着帝国趋于衰落,新斯多亚的哲学思想更加消沉。同时,新柏拉图派和神秘主义思潮也在罗马传播开来。

公元2世纪,唯物论哲学思想的著名人物是琉善(约公元120—180年),其主要作品有《神的对话》、《佩雷格林之死》、《渡口》等。琉善推崇伊壁鸠鲁的唯物论思想,抨击唯心主义。他认为宇宙不是被创造的,灵魂和肉体是不可分的。他的唯物论和无神论思想对后世颇有影响,但在当时的历史条件下,琉善的思想没有产生相当的社会影响。

三、罗马法

罗马文化的一项伟大成就是创建了一套系统完备的法律体系,灵活地运用于帝国境内的不同民族管理,从未开化的不列颠到文明化程度较高的叙利亚,罗马法完美地适应了各民族的需要。这套以私法最为出众的罗马法体系,以及将中央有效统治与地方广泛自治相结合的帝国治理办法,或许是罗马赠与后世文明的最有价值的政治法律遗产。

在早期罗马,人们的社会行为准则由约定俗成的习惯法来规范,但还不具备严格的法律强制性。共和时代,习惯法的解释权长期掌握在贵族手中,贵族任意解释习惯法,侵夺平民的权益。公元前5世纪中叶制定的《十二表法》是罗马的第一部成文法,大体上将习惯法进行汇编。《十二表法》于公元前451—前450年颁布,以文字的形式将法律公布于众,大大限制了贵族的专横跋扈,使平民在法律规定的范围内取得了同贵族平等的权益,为日后罗马法的发展奠定了基础。主管司法的大法官设立后,法律又有所发展。大法官在就职时要发布告示,提出裁判方针和办案原则,这种告示在实际上创制了新的法律规范。不但大法官在任期内依例执行,而且该规范常被继任大法官因袭和援引,成为判案的指导原则。所有新的规范长期积累下来,自成一套法规体系,对公民也起到法律约束作用。另外,公民大会和元老院的决议、高级行政官员的命令、皇帝发布的敕令以及法学家的解释,都构成了罗马法的渊源,这些来源经过长时间的累积,逐步形成了一套系统的法律法规。

起初,《十二表法》以及其他的法律规范仅仅适用于罗马公民,居住在罗马的外邦人得不到法律保护,故称"市民法"。市民法只适用于罗马公民,具有浓厚的形式主义特点,履行法律手续必须遵循严格和公开的仪式,念诵既定的法律套语,完成特定的复杂动作,否则不发生法律效力。但是,随着罗马对外扩张以及国际交往和商业的发展,罗马公民同外邦人和被征服地区居民在法律上的矛盾和纠纷日益增多,产生了部分承认外邦人的合法权利并予以法律保护的需要。于是,大法官按照罗马统治的需要,在审理一切涉及外邦人争讼案件中,有意识地推动罗马法的进一步发展,逐渐形成了"万民法"。万民法适用于罗马公民与外邦人以及被征服地区居民之间,是"各民族共有"的法律,实际上是罗马统治范围内的国际法。它比市民法范围更广、内容更丰富、方法更灵活。万民法的内容主要是调整财产关系的一些规范,特别是有关所有权和契约关系的法律。除了包含罗马法原有的部分规范外,它还吸收与罗马有贸易关系的其他民族和国家的法律规范。万民法是以自然理性为依据的,颇为接近自然法的观念,没有市民法那样狭隘的民族性和形式主义的缺陷。到了共和末期、特别是帝国前期,愈来愈多的外邦人和行省居民相继获得罗马公民权,市民法和万民法也就逐渐融通起来了。

在罗马法学史上的古典时期(公元前27—公元285年),罗马法学达到了成熟的黄金时期。在帝国社会中,庞杂的法令需要加以编纂整理,社会经济生活日趋复杂化,也要求在财产关系方面确切地规定权利与义务。因此,法学家的活动十分活跃。从公元1世纪起,法学家纷纷著书立说,法律教育和法学研究相当流行,蔚然成风。在公元2、3世纪之交,罗马先后出现了五大著名法学家:盖约、巴比尼安、包鲁斯、乌尔比安和莫迪斯蒂努斯。公元426年,东西罗马的皇帝颁布敕令,宣布以上五大法学家连同他们引用过的其他法学家的著作均具有法律效力,凡在法律上遇有疑难而成文法无明确规定时,则依照他们的著作来解决,这项敕令又称为《引证法》。

罗马法的重要分支是自然法。自然法不是司法实践的产物,而是哲学的产物。斯多亚哲学断言,所有人就其天性而论都是相同的,他们都有资格享有某些基本权利,对于这些权利政府无权违背,所有人都因为作为人而拥有所有法庭都必须承认和保护的权利和地位。

公元527年,东罗马帝国皇帝查士丁尼任命10位法学家负责法典编订。公元529年编成《查士丁尼法典》,公元533年编成《法律汇编》,另出版了《法学阶梯》。查士丁尼去世后,法学家将他在公元535—565年间颁布的敕令加以整理,编成《新律》。以上四部法典统称为《民法大全》,是欧洲历史上第一部系统完备的法律文献,对后世欧洲的法律建设产生了极为深远的影响。德国法学家耶林说:"罗马曾三次征服世界,初以武力,次以宗教,最后以法律。"罗马法的一些基本原则,如人人平等、契约自由和私有财产不可侵犯的法律观念都为近代资产阶级所继承和利用,它的法律体系也不同程度地为近代国家所接受,《法国民法典》和《德国民法典》就是对罗马法的继承和发展。

四、宗教

在基督教诞生之前的时代里,没有一个词用以表示宗教,宗教一词源自拉丁语"religio",意为尊敬,因此罗马的宗教主要由家庭和公共的崇拜祭仪所组成。罗马人只有祈祷规则,没有宗教著述,也没有教义教条。罗马的原始宗教是多神教,保存着万物有灵的原始信仰。罗马起初没有神像,在埃特鲁里亚和希腊宗教神话影响下,才出现了拟人化的神像。罗马人信奉的神祇也多模仿希腊,其神祇的地位逐渐与希腊奥林匹斯山的诸神相融合,如希腊的天神宙斯和天后赫拉,对应罗马的朱庇特和朱诺,雅典娜对应于米涅瓦。后来由于与东方国家发生接触,罗马也出现了对东方国家一些神祇的崇拜,如埃及的司生育和繁殖的女神伊西斯等。然而,罗马人通常最信奉的却是战神马尔斯和灶神维斯塔,前者决定战争的胜负,后者保护家庭和国家的福祉。此外,罗马还长期盛行对祖先的崇拜,相信死者的亡灵是家庭和氏族的保护者。为了祭祀神祇,罗马人建造神庙殿堂,制定节庆仪规,供养祭司团体。罗马每逢发生重大事件,都需求神问卜,由占卜师通过观察空中飞鸟和雷电现象或动物内脏来预测吉凶,这些宗教实践可能在早期埃特鲁里亚人统治时吸收过来。

罗马的国家宗教由早期农业家庭进行的宗教仪式演化而来。随着农业共同体扩大,出现了领管宗教事务的祭司和官员。罗马进入国家阶段后,宗教与政治和社会的关系越来越密切,宗教支配着政治活动。国家每逢大事需探知神意,为保证国家风调雨顺、国泰民安,崇拜和安抚特定的神,执行正确的仪式,成为国之要务。宗教仪式最初由王负责,王被驱逐后,保留王衔,仅领宗教权,称为圣事君主,另有祭司分掌宗教事务。祭司大多从贵族中挑选,他们被培养为国家宗教的官员,有责任为国家服务。祭司群体分为两个主要教团,一是占卜师,另一个是大祭司。占卜师负责占卜吉凶,但不能预测未来,仅能获知某事是否得到神助。占卜师通过鸟类的飞行、禽类的喂养状况、动物的内脏、天空的闪电等现象进行占卜。大祭司中包括诸神祭司,专门服侍特定的神。大祭司长地位最高,行使控制整个国家宗教的权力,位高权重,从恺撒开始由历代皇帝把持。

内战结束后,罗马人将内战的动荡归因于对国家宗教的忽略,奥古斯都当政后兴建神庙,复兴宗教仪式,鼓励人们参与其中,希图通过复兴传统宗教的手段恢复共和国的优良传统。在公元后的两个世纪里,信仰其他宗教的现象不断增多,如密特拉教、基督教和伊西斯崇拜等,但国家宗教仍保持很强的力量,直到3世纪东方宗教的神秘观念和崇拜观念影响日深,罗马宗教的根基因为各种外来冲击的影响而产生裂隙,尤其在新兴基督教的严峻挑战下,罗马国教的衰退无可挽回,基督教最终成为罗马帝国唯一信仰的宗教。

五、自然科学

罗马人的自然科学知识来源于意大利人民多年来生产实践经验的积累,同时得益于地中海周边民族的科技成果。较比重视理论思辨的希腊人来说,罗马人在应用科学,诸如农艺、军事、建筑、水利等方面,取得了较高的成就。

罗马农业科学比较发达,出现了著名的农学家和农业著作。加图的《论农业》是古代罗马第一部农业著作,他阐述了奴隶制生产的一些基本原则,总结了经营和管理农业的经验。瓦罗也写了一部农书,不仅叙述了农业技术问题,而且对一些农业理论问题以及社会问题提出见解。科鲁麦拉是公元1世纪的农学家,西班牙人,著有《论农业》,分为12卷,不仅涉及农牧业生产技术和管理经验,而且论述了社会经济关系。

罗马军队长期对外征战,商人长途贩运货品,罗马人不仅积累起测绘技术和工程建造的经验,同时拓宽了罗马人对世界的认识视野。希腊人斯特拉波(公元前64—公元24年)曾广泛游历,著有一部《地理学》,共17卷,描述了罗马世界主要地区的自然地理状况,把当时西方所积累的地理知识加以总结。他认为世界是个球体,还绘制过一幅包括欧洲、非洲和亚洲的世界地图。自然科学方面最有代表性的人物是老普林尼(约公元23—79年)。他长期出任公职,公元79年出任米塞努姆舰队指挥官,8月24日维苏威火山爆发,他赶往喷发现场进行实地观察,因烟雾窒息身亡。他参考两千多种著作,写成《自然史》,共37卷,是一部关于万物知识的百科全书,内容包括天文、地理、历史、动植物、农业、医学、矿物、工艺、绘画和雕刻等方面。

帝国时期地理学及天文学的另一位代表人物是托勒密(约公元90—168年),他长期生活在亚历山大城并进行天文观测,他的地心说天文学体系集中体现在《天文学大全》(13卷)中。该书汇集了希腊天文学的诸多成果,在中世纪被尊为天文学的标准著作,其学术思想曾统治欧洲达1300年之久。托勒密还著有《地理指南》(8卷),他按经度和纬度列出了整个罗马帝国及域外地区的地名,并在第8卷绘制了地图。罗马医学在希腊影响下发展起来,公元1世纪的塞尔苏斯撰写过一部涵盖多个主题的百科全书,题材广博,内容生动,残篇保存至今。其中前5卷与农业相关,但仅有关于医学的论述传诸后世。塞尔苏斯在文艺复兴时期享有盛名,有"医学界的西塞罗"和"罗马的希波克拉底"的美誉。马可·奥勒略的御医盖伦(公元129—199年)著述甚丰,对解剖学、生物学、病理学和医疗学等均有建树,他也许撰写了多达500篇论文及专著,约1千万字词,并根据古希腊体液说提出了人格类型的概念。盖伦的著作也是波斯学者如阿维森纳等的主要学术来源。

参考书目

1. 刘津瑜:《罗马史研究入门》,北京大学出版社,2014年。
2. 杨共乐:《罗马史纲要》,商务印书馆,2007年版。
3. [俄]科瓦略夫:《古代罗马史》,王以铸译,上海书店出版社,2007年。
4. [英]迈克尔·格兰特:《罗马史》,王乃新、郝际陶译,上海人民出版社,2008年。
5. [德]特奥多尔·蒙森:《罗马史》,李稼年译,商务印书馆,2015年。

第七章
中世纪的西欧

公元3世纪,古罗马在经历了危机之后,慢慢衰落下去,中世纪文明逐渐发展起来,取代了古代文明成为西欧的主要文明形态。在衰败的古罗马文明的废墟上,兴起了基督教文明,盛行于整个西欧,构成了欧洲中世纪精神文明的核心。另一方面,在古罗马政权崩溃之后,日耳曼人建立的王国兴起,它们在很大程度上继承了古典文明。西欧的文明表现在古罗马的拉丁文化和西欧基督教传统,以及日耳曼传统的交汇和融合,从而对欧洲的西部、南部和中部产生了巨大的影响。

本章将西欧作为一个整体,论述其文明的起源、发展和衰落,将其分为中世纪早期(Early Middle Ages)、中世纪中期(High Middle Ages)和中世纪晚期(Late Middle Ages)三个阶段,介绍其发展的历程和特征,尤其对其城市文明做了较多的说明。发达的城市文明及其所衍生出来的市民文化构成了西欧与其他地区不同的方面,成为西欧文明的重要特征。

第一节 中世纪西欧文明的萌芽

一、日耳曼诸王国的建立

日耳曼一词在语言上指的是"印欧语系"下面的"日耳曼语族",主要包括德国、荷兰、英国这些语言比较近似的地方。在历史渊源上,日耳曼人指的是那些生活在古罗马人北方的蛮族,他们最早居住在斯堪的纳维亚半岛南部和日德兰半岛一带,后来逐渐向南迁徙,达到多瑙河、莱茵河以及黑海北岸。比较早记载他们的是恺撒的《高卢战记》(公元前1世纪中叶)和塔西佗的《日耳曼尼亚志》(公元98年前后)。根据书中记载,日耳曼人当时还过着原始的氏族部落生活,以游牧和狩猎为生,正逐渐向农耕定居发展。日耳曼人的土地仍然由公社所有,但是已经出现了阶级分化,军事首领地位很高,在他周围集结起一批亲信,与之形成主从关系,这为后来中世纪的欧洲文明增加了新的元素。

4世纪末起,日耳曼人纷纷向西迁徙,有观点认为是因为受到东方的匈奴人的压力。他们进入罗马帝国境内,或者是加入帝国的军团,或者是通过缓慢的移民,也有的是通过暴风骤雨般的战争在所征服的地区建立政权。

(一)诸王国的建立过程

375年,黑海北部的东哥特人受到匈奴人冲击,向西迁徙,带动了它西边的西哥特人也向西迁徙,揭开了民族大迁徙的序幕。西哥特人仓惶渡过多瑙河,进入罗马帝国境内。但是罗马当局对他们勒索欺压,迫使西哥特人奋起反抗。378年,东部罗马的皇帝瓦伦斯带兵前来镇压,竟然兵败亚德里安堡,继任的皇帝被迫允许西哥特人在巴尔干一带定居。401年,阿拉里克任西哥特人首领时,首次攻入意大利,迫使西罗马从莱茵河驻军调兵驰援意大利,从而使更多的日耳曼人有机会越过莱茵河进入帝国境内。

409年,日耳曼人当中的汪达尔人、苏维汇人、阿兰人从高卢进入西班牙,占据帝国防守的薄弱地带。西罗马帝国被迫承认了这一既定事实。411年,汪达尔人和阿兰人占领了伊比利亚半岛的南部,建立了汪达尔王国,苏维汇人占据了半岛的西北部,建立苏维汇王国。这是出现在罗马帝国境内的第一批日耳曼蛮族王国。半岛南部由于汪达尔人曾经停留之故,后来被称作"安达卢西亚",即"汪达尔人之地"。

410年,阿拉里克率领的西哥特人首次征服了罗马城,大肆掠夺之后离开。412年,西哥特人进入高卢南部,419年在图卢兹建立了西哥特王国,阿拉里克之孙为国王。

由于西哥特人的迁移和进攻,居住在西班牙的汪达尔人和阿兰人再次迁移,他们跨海进入北非。439年,汪达尔人在北非迦太基故地建立王国,一直到534年亡于拜占庭帝国。苏维汇王国位于西班牙西部一隅,到585年为西哥特王国所灭。

随着比利牛斯山以北的地区后来逐渐被法兰克王国所占领,西哥特王国于6世纪中叶将都城迁到了西班牙中部的托莱多,完全以西班牙作为活动空间。直到711年,阿拉伯人从北非入侵西班牙,西哥特王国才于714年结束。

勃艮第人是比较后来兴起的日耳曼人,他们原来居住在北欧和中欧,5世纪初迁到莱茵河流域,后来以西罗马"同盟者"的身份南下至今法国东南部的罗讷河和索恩河流域,457年以里昂为中心建立勃艮第王国,至534年被法兰克王国所灭。

东哥特人的首领狄奥多里克获得东罗马帝国的支持,于489年出兵意大利,进攻夺取了西罗马皇帝位子的蛮族将领奥多亚克,终于在493年迫使奥多亚克投降,并且在一次酒宴中背信弃义地将其杀死,成为意大利北部的统治者。东哥特人以拉文那为都城,在意大利建立了东哥特王国。但是这个王国只持续了半个多世纪,554 年时被东罗马皇帝查士丁尼所灭。

在欧洲的西北部,盎格鲁人、撒克逊人、朱特人入侵不列颠,罗马的军团被迫从这里撤出,日耳曼人与当地的凯尔特人发生了剧烈冲突,最终双方逐渐融合,坚持抵抗的凯尔特人撤到了不列颠的西部和北部边缘地区。到 7 世纪初,征服者日耳曼人在不列颠逐渐形成了七个王国,即肯特、麦西亚、南撒克逊、东撒克逊、西撒克逊、东盎格利亚、诺森伯里亚。

法兰克人是比较晚进入帝国境内,并且占领了高卢地区的一支日耳曼人。它成立国家的时间较晚,但是却影响最大,成为最后的胜利者。

最后一波冲击来自于伦巴第人。他们最初居住在易北河一带,6 世纪迁到易北河上游的潘诺尼亚平原,到 568 年,伦巴第人在首领阿尔博因的带领下,入侵意大利北部的波河流域,在这里建立了伦巴第王国。直到 774 年才最终被法兰克王国的查理大帝所兼并。

(二) 日耳曼人迁徙的后果和意义

日耳曼人的大迁徙对后来欧洲的发展影响极深。他们占据西罗马帝国的土地,建立了一系列王国,不仅最终结束了西罗马帝国的统治,并且重绘了当时西欧的政治地图,在深刻交融的基础上重组了西欧的政治格局。日耳曼人的氏族制因素与古罗马的文化以及基督教的文化结合起来,产生了崭新的西欧中世纪文明。

然而,日耳曼人并没有彻底了断古罗马的传统。由于日耳曼人自身文化水准较低,他们在征服了西欧之后还长时期借助罗马贵族的统治经验和现有制度,很多城市依然由原来的市政官员主持政务,税收办法也效仿罗马旧制。一些日耳曼王国颁布的法律即使以日耳曼的习惯法为主,但是也大量吸收了罗马法的内容。在铸造的货币上也还印着罗马皇帝的头像,袭用罗马的年号。6 世纪初,西哥特国王阿拉里克二世(484—507 年在位)在修订法典时,就邀请罗马的贵族参与进来。东哥特国王狄奥多里克一世(418—451 年在位)聘任罗马贵族卡西奥多鲁斯为相,协助其管理国家。这说明当时先进的罗马文化在很大程度上吸引了日耳曼人,使其不得不借助罗马的文化巩固其统治,反映了当时蛮族罗马化的趋势。从日常生活习俗、衣食住行到语言文化,日耳曼征服者都不同程度地受到了罗马文化的影响。尤其是在宗教上,日耳曼人也摈弃了原来的多神教和部落神的信仰,改信了基督教的阿里乌斯派,越来越多地皈依在罗马帝国时期居主导地位的基督教。当然,这也是借助教会的支持和帮助,有利于其对罗马人和日耳曼人的统治。

另一方面,日耳曼带来的氏族制因素,也给西欧带来了新的要素。如日耳曼人社会的亲兵制就促进了后来封建制的形成,而日耳曼人按照地域关系组织起来的马克公社制,也推动了西欧封建庄园经济模式的形成。总的来说,这是两种文明的交融和碰撞,正是在这二者的基础上,才产生了西欧中世纪的崭新的文明。

二、法兰克王国

在西欧中世纪早期涌现出来的日耳曼诸王国当中,法兰克王国崛起得最晚,却后来者居上,成为西欧当时的军事政治霸主,其封建制的发展也具有典型性,对西欧产生了深远的影响。

(一) 法兰克王国的早期统治

法兰克人是日耳曼人的一支,原来居住在莱茵河中下游右岸一带,大体分为两个集团:居住在莱茵河下游滨海地带的称萨利克法兰克人,分布在莱茵河中游平原的称利普里安法兰克人。3世纪以后,法兰克人经常越过莱茵河侵扰西罗马边境。到5世纪上半叶,萨利克法兰克人向南迁移,以罗马同盟者身份逐步占据了高卢北部的大部分地区。

481年,克洛维开始担任萨利克法兰克人的军事首领。486年,他率领军队在高卢北部的苏瓦松击溃了驻守在这里的最后的罗马军团,将罗马人的势力彻底赶走,夺取了塞纳河与卢瓦尔河之间的地区。苏瓦松之战为法兰克王国的形成奠定了基础,克洛维从一个军事首领转化成了真正的国王,从此开始了墨洛温王朝(得名于克洛维的祖父墨洛维)(481—751年)的统治。

克洛维四处征伐,扩张势力。496年,他在莱茵河中游的托尔比亚克战胜了东边的阿勒曼尼人。同年圣诞节,克洛维率领3 000法兰克亲兵在兰斯大教堂受洗,正式皈依基督教罗马教会。根据教会史家的记载,克洛维的改宗受到其妻勃艮第公主克洛蒂尔达的影响和劝说,但更是源于政治方面的考虑。当时大多数日耳曼蛮族都信奉与罗马教会对立的阿里乌斯派,克洛维皈依罗马教会,正好可以得到罗马教会的支持,也意味着法兰克王权与罗马教权的结合。而且,克洛维可以利用罗马教会的声望,名正言顺地讨伐其他蛮族国家,扩张其势力范围。500年,克洛维战胜勃艮第王国。507年,他进军高卢中部,在普瓦提埃附近的伏伊耶原野与西哥特人鏖战,杀死西哥特国王阿拉里克二世,又进而抵达波尔多,并派其子攻占西哥特人的首都图卢兹,从此,加龙河以北的地区都归于法兰克王国版图。克洛维在图尔接受了东罗马皇帝阿纳斯塔希乌斯(491—518年在位)颁发的荣誉执政官称号,继而将其统治中心移到了巴黎。

克洛维在控制了高卢大部分地区之后,在法兰克人内部也采取各种手段排除异己,除掉其对手。首先是最具影响力的利普里安法兰克人首领西吉尔伯特,克洛维暗中令西吉尔伯特之子克洛德里克代其翦除其父,然后又借口他谋害父亲将其处死。从此将利普里安法兰克人的领地也并入王国版图。其他的法兰克人首领也都相继被克洛维除掉,他成为全体法兰克人唯一的王。

在确保了自己的统治权之后,克洛维通过确立法典来巩固自己的统治。他在执政后期(约为507—511年)颁布了著名的《萨利克法典》。这是一部根据法兰克人的习惯法、用拉丁文写就的法典,受罗马法的影响不大。这部法典具有较高的史料价值。法典表明,当时法兰克人的社会经济的基本组织为马克公社,经营农业,兼营畜牧。法典规定土地所有权仍归公社,却已分至各户耕种,作为份地可以世袭,但不得买卖或转让。继承土地使用权的必须是男性,女性没有继承权。这一点对于后来法国的王位继承也产生了很大的影响。

511年,克洛维死后,法兰克王国被其后继者们根据传统习惯瓜分。此后,墨洛温王朝就在统一和分裂的交替中发展。然而,所有的墨洛温君主们都奉行扩张的政策。534年,勃艮第王国被征服;542年,西哥特人在高卢南部的最后一片领地塞蒂马尼亚被征服;莱茵河以东的图林根、萨克森、巴伐利亚等日耳曼部落也被征服。到6世纪末,法兰克王国已然成为当时西欧最强大的国家了。但是,法兰克的分裂传统却导致了其长期的政治动荡。到6世纪中叶,大体上形成了东边的奥斯特拉西亚、西边的纽斯特里亚、东南边的勃艮第、西南边的阿基坦等几个部分。它们时而各立其王,时而共拥一君,各方为了争权夺利而内战烽烟不断,地方贵族的势力也不断增强,墨洛温王室的大权旁落,宫相操持国柄,出现了国王不理朝政的"懒王"时期(639—751年)。

(二) 查理·马特的采邑制改革

687年,奥斯特拉西亚的宫相赫里斯塔尔的丕平在位期间,不断扩张权力,排除异己,逐渐使其所在的丕平家族发展壮大起来,并且参与到墨洛温的国家权力争夺中,成为法兰克王国的实际统治者。

图7-1 普瓦提埃之战,19世纪作品。Charles de Steuben 作

714年,赫里斯塔尔的丕平去世,他的儿子查理·马特继位为宫相,旋即平定了纽斯特里亚的反叛,并于719年成为全法兰克的宫相。720年,占据了西班牙的阿拉伯人翻越比利牛斯山,入侵高卢南部。在阿基坦的请求下,732年10月,查理·马特率军在普瓦提埃(一说图尔)与阿拉伯人交战,获得大胜。阿拉伯人被迫退回到比利牛斯山以南。这一战被后世史家誉为拯救了基督教世界。查理·马特抵挡住了阿拉伯人北侵的势头,维护了法兰克的独立地位,因此而获得"锤子"(即马特)的称号,威望陡增。次年,他迫使勃艮第臣服。734年,又镇压了北方的弗里西亚人的反叛。查理·马特通过这些功绩为其统治增强了合法性。

为了进一步达到长治久安的目的,进一步加强统治的力度,克洛维也进行了土地和军事制度的改革。尤其是由于这时期在东方出现了来自亚洲的游牧民族阿瓦尔人,他们已经攻至中欧巴伐利亚一带,严重威胁着法兰克王国的东境。为了更有效地抵御外敌,维持庞大国家的安全,改革也势在必行。因为长期以来,墨洛温王朝国王依照日耳曼人的传统,不断将土地无条件地封赐给大贵族和教会,致使地方贵族势力不断增强,割据称雄,对中央政权构成威胁,而王室土地则日见减少,税源和兵源都几近枯竭,国力日益衰退,根本无法抵御外敌。针对这些问题,查理·马特推行采邑制。即将没收的叛乱贵族和教会的土地,以采邑的形式分封给参战的将士,尤其是骑兵。分封土地的先决条件是为中央政府服兵役。这样就在封主和封臣之间建立起明确的权利和义务关系。分封的采邑起初是只限终身的,不能世袭和随意转让。但到了9世纪以后,封主和封臣之间的严格关系逐渐松弛,采邑逐渐演变成了世袭的领地。

查理·马特的采邑制改革,是在原来的日耳曼习惯的基础上,改进了土地占有关系,使土地的占有与义务挂钩,任何获得了土地的人都要为中央政府承担义务。这促进了以土地关系为纽带的封建等级制的形成,建立起以中小封建主为基础的骑兵制度,极大地增强了法兰克国家的军事和政治实力。这场变革为随后兴起的加洛林帝国奠定了牢固的基础。

(三) 查理大帝与加洛林帝国的盛衰

741年,查理·马特之子矮子丕平继任宫相,执掌墨洛温王朝的大权。他野心勃勃,觊觎王位。751年,矮子丕平得到教皇请求其代为解除伦巴第人的威胁时,派人询问教皇对当前墨洛温王朝国王统治的意见,教皇回答认为应当由有才能的人统治才最合适。于是,矮子丕平借助教皇的支持,在同年11月于苏瓦松废黜了墨洛温王朝的末代国王希尔德里克三世(742—751年在位),将其贬入修道院。矮子丕平(751—768年在位)继而为王,教皇遣使为其涂油祝福。至此,墨洛温王朝灭亡,加洛林王朝取而代之。

为了报答教皇的支持,矮子丕平于754年和756年两次出兵意大利,迫使伦巴第国王艾斯图尔夫(749—756年在位)将拉文那总督区和彭塔波利斯一带割让给教皇,史称"丕平献土",后来的教皇国(756—1870年)即由此发展而来。

768年,矮子丕平远征阿基坦回国途中在巴黎逝世,王位传给了两个儿子查理和卡洛曼。771年卡洛曼去世,查理成为法兰克国家唯一的国王。查理在位46年,参加大小战役五十余次,一生基本上都是戎马生涯,使法兰克王国的实力和威望达到了顶峰,故而被称作"查理大帝"(或查理曼,Carolus Magnus,768—814年在位)。登位伊始,查理即出征阿基坦,不久夺取了加龙河、多尔多涅河流域至比利牛斯山之间的大片土地。774年,他又率军进入意大利,一举攻灭伦巴第王国。查理随即自称法兰克和伦巴第之王,伦巴第的国土被并入法兰克的版图。此后,查理向四处征服,不断扩大法兰克王国的领土。

在西南部,法兰克王国的目标是西班牙。778年,查理远征西班牙,与占据这里的阿拉伯人鏖战。在班师回国途经比利牛斯山的龙塞斯瓦列斯隘口时,查理的部将罗兰所率领的后卫部队遭到当地巴斯克人的袭击身死。后人根据查理出征西班牙的史实创作了史诗《罗兰之歌》,将罗兰塑造成一个封建时代的骑士典范。查理之后又再次夺取了西班牙埃布罗河以北的地区，建立了西班牙马克，即西班牙边疆区，以巴塞罗那作为重要据点。在东南方，法兰克王国与阿瓦尔人发生了冲突。788年，向中欧扩张的查理征服了巴伐利亚，遭遇了盘踞在多瑙河中游潘诺尼亚一带的阿瓦尔人。查理历时8年之久，反复征讨，最终于796年攻陷了阿瓦尔人的堡垒，降服了阿瓦尔人的国家。在东部，萨克森构成了法兰克王国最难攻克的目标。萨克森战争（772—804年）旷日持久，在长达三十多年的时间里经历了18次大型战役。萨克森人是日耳曼人的一支，居住在易北河下游一带，长期以来坚持独立地位，不甘受法兰克人役使，对法兰克人的大军的一次次进犯进行坚决的抵抗，屡败屡战。直到804年，查理才以血腥暴力最终征服了萨克森人。之后，查理继续向东方进军，相继征服了波西米亚人、文德人。查理还在地中海上击败了阿拉伯人，占领了科西嘉岛和撒丁岛。这样，查理治下的法兰克王国已经成为一个雄踞西欧的大帝国，其疆域西抵大西洋，东达易北河、波西米亚，北濒北海，南至西班牙埃布罗河和意大利中部，名副其实的加洛林帝国达到如日中天的程度。

为了加强对庞大的帝国的统治，查理大帝将全国划分为98个辖区，从贵族中遴选贤能人才担任伯爵进行管理。伯爵最初只是一种掌管行政权的官职，负责治安、征税、募兵，后来逐渐成为终身和世袭的贵族爵位。在帝国边疆地带设置的边防区长官被称作边地侯爵或藩侯，有独立征召军队、抵御外敌的权力，后来逐渐演变成侯爵。那些驻跸于帝国战略要地、掌握大权的行政长官后来发展成为地位仅次于国王的公爵。封建等级制虽然起源于查理·马特时代的改革，但是在查理大帝时期更趋完善。802年，查理还实行巡按使制，每年派遣两名教俗贵族为巡按使，代表皇帝本人巡视各地，监督伯爵，检查皇帝敕令的执行情况，也受理一些大的案件。为了防止巡按使与地方伯爵相互勾结，还对巡按使实行定期更换。查理大帝通过各种途径保证中央对地方的政治控制。在经济方面，查理大帝在位期间还颁布一系列敕令，统一货币、税役，稳定物价，保护贸易。

在经济方面，加洛林帝国时期自给自足的农业经济占主导地位，庄园成为当时的社会基本生产和消费单位。800年左右，查理大帝颁布了含有70个条文的《庄园敕令》，规定了王室

图7-2　拉斐尔所绘的《查理曼加冕》。梵蒂冈博物馆

庄园的组织管理、劳役和纳贡等方面的事项。为了赢得国内有权势的教俗领主的支持,查理大帝也向他们颁授"特恩权",使他们在各自的领地庄园中逐步拥有独立的行政、司法、财政和税收之权,并将之世袭化。后来西欧形成的封建割据局面,与这种不断扩大庄园权力的举措是有关系的。

在思想上的统一也非常重要。查理大帝全力支持罗马教廷,与其保持亲密的合作关系。同样,教廷也需要借助查理的武力对付政敌的威胁,这是教权与王权之间的一种政治联合。799年4月,教皇利奥三世(795—816年在位)与罗马大贵族发生矛盾,遭受囚禁,幸亏有法兰克王国使臣的搭救才仓皇逃脱。800年12月,查理亲率大军护送教皇返回罗马,逮捕谋叛贵族,帮助利奥三世复位。为了答谢查理的帮助,教皇于同年圣诞节在罗马的圣彼得大教堂为查理加冕,正式授予其"罗马人的皇帝"头衔。这意味着古老的罗马帝国的复兴,查理成为古罗马帝统在西欧的继承人,而教廷则是君主的合作者,负责监护这种"神授君权"。借助教会的支持,查理大帝也可以增强其对帝国各地臣民的有效控制。

尽管加洛林王朝时期的法兰克王国发展到了登峰造极的地步,但是,这个帝国毕竟是靠武力建立和维系的,各地文化和背景不同都使其整合有很大的难度。众多的语言、文化和族群显然缺乏共同的利益基础。很多地方都不断地反抗法兰克的统治者,经常爆发起义。而且,很多地方领主势力的增大也使其分离倾向愈加明显。正是这样的状况,注定了加洛林帝国的辉煌和统一是短暂的,接下来的便是解体。

814年,查理大帝在亚琛去世,他的儿子虔诚者路易(814—840年在位)继位。路易在817年将国土分给了三个儿子:长子洛泰尔获得帝国东部,次子丕平获得阿基坦,三子日耳曼的路易获得巴伐利亚等地区,洛泰尔还被指定为帝位的继承人。829年,虔诚者路易出尔反尔,决定将阿勒曼尼划分给他的后妻所生的幼子秃头查理,遭到其余三子的反对。833年,他们联手反叛父皇,将其废黜,后又媾和。838年,次子丕平死。840年,虔诚者路易去世。三个儿子之间爆发了更为激烈的争夺。到843年8月,洛泰尔、日耳曼的路易和秃头查理正式签订了《凡尔登条约》。按照该条约规定,加洛林帝国一分为三:日耳曼的路易(843—876年在位)占有莱茵河以东地区,形成东法兰克王国;秃头查理(843—877年在位)占有斯海尔德河、马斯河、索恩河、罗讷河以西地区,为西法兰克王国;介于二者之间的北起北海、南至意大利中部的狭长地带归长兄洛泰尔(840—855年在位),并袭用帝号。870年,日耳曼的路易和秃头查理又签订《麦尔森条约》,瓜分了他们之间的原属洛泰尔家族的领地洛塔林吉亚(即洛林)。基本上而言,《凡尔登条约》划定的疆域格局,大体上构成了后来德、法、意三国的领土基础。

三、领主和庄园

在中世纪早期,西欧逐渐形成了以领主为首和以庄园为单位的乡村基本组织。这有一定的日耳曼因素,也是随法兰克王国时期的改革而发展起来的。领主一般以庄园作为其经济基础和来源及其政治地位的保障。国王、贵族和教会都是庄园的领主。

庄园是一个包含领主宅邸在内、具体组织农业生产的经济实体单位,也是若干个庄园组成的大片封建地产,或者集中,或者分散,它还意味着一种封建主的经济和司法权利。总之,庄园是一种人为的组织,不完全等同于自然村庄。其范围大小也不等,有的仅有一个庄园或村庄,有的包含好几个村庄,也有的只是一个村庄的一部分。庄园里坐落着领主或其代理人的宅邸、教堂,也有农奴和自由农的茅舍、铁匠铺、磨坊、木工房等。典型的庄园耕地大致包含领主的自营地、农奴的份地、自由佃农的份地。耕作制度一般实行轮作制,有春耕地、秋耕地和休耕地,每年依次轮耕,以保持地力。休耕地和收割完毕的耕地用作公共牧场,这就是所谓的"敞地制"。庄园耕地以外的皆为公有地,如森林、河流、草地等,都是庄园全体成员公共使用的。

领主的自营地由农奴耕种。农奴须自带工具和牲畜,每周约有三至四天的时间为领主耕作。领主自营地上的收获物皆归领主所有。农奴向其提供的是无偿劳动,作为劳役地租。农奴在自己份地上的劳动所得才归自己。农奴除了做固定的农活之外,还负责筑路、修宅、运输、砍柴等杂役,献交各种家禽、果蔬、鱼蛋、酒类等农副产品,还要缴纳各种苛捐杂税,如人头税、死手绢(继承份地的捐税)、婚姻税等,而且还要代领主服兵役,向教会缴纳什一税。农奴没有人身自由,在法律上是依附于主人的,不能随意离开自己的主人,需依赖于庄园而生存。

领主一般不直接管理庄园,而是以骑士生活为主。庄园事务一般都交给管家一类的代理人负责。管家负责监督农奴劳动,审核庄园账目,主持庄园法庭。此外,还有熟悉本地情况的庄头协助管家管理庄园事务,负责具体安排生产。

庄园法庭负责审理各类本地的诉讼案件,以往的地方法庭逐渐被庄园法庭所取代,特别是在"特恩权"制度推行之后。由此,定期召集的庄园法庭开始形成,在农奴之间、农奴与领主之间就诉讼纠纷作出裁决。审理的案件有杀人、放火、盗窃等刑事案件,也有土地、契约、婚姻等民事案件。

封建庄园是一种经济上自给自足的实体,从而保证了其在政治和宗教上的独立地位。在中世纪早期,庄园的一切经济活动基本上都是为了满足庄园领主及人口的日常消费和再生产的需要,用于交换的产品不多,除了铁、盐等少数物资需要从外界输入外,庄园几乎生产所需的一切物品。可以说,这时期的西欧经济是建立在自给自足的庄园经济基础之上的,而这种基础也决定了

图7-3 作于15世纪的关于欧洲中世纪庄园生活的场景画

西欧这时期的封闭特征。只是到了中世纪中期以后,随着西欧海外市场的进一步扩大,商品货币关系的发展和渗入之后,庄园制度才趋于衰落。而领主则直至中世纪中晚期才逐渐被

纳入到集权的国家中去,被中央权力的地方机构所彻底取代。

第二节 中世纪盛期的西欧

中世纪盛期一般指的是10—13世纪,这时期的西欧封建制度已经大致成型,除了在法国最有典型意义外,在德、意、英、西班牙也都确立下来。同时,罗马天主教会的势力也大规模扩张,演变为一个超国家的宗教权力机构,不仅控制着大量的地产和财富,在西欧的政治舞台上也发挥着举足轻重的作用,有相当大的影响力。这时期的西欧也摆脱了中世纪早期的自给自足的局面,开始向外拓展,尤其是朝东方发动了长达两个世纪之久的十字军东征,与地中海周边区域再次结合为一个整体。

一、西欧诸国的历史演进

(一)法国

《凡尔登条约》签订以后,秃头查理领有西法兰克王国,为后来法兰西王国的形成奠定了基础。加洛林王朝在法国的统治又持续了一百多年,其间,外部与东法兰克王国之间的战争不断,内部的地方割据势力也越来越强。

地方割据势力的发展也是同这时期法国面临频繁的外族入侵相关。9世纪下半叶,阿拉伯人横行地中海沿岸,夺取西西里、撒丁岛和科西嘉岛之后,又攻占了法国南部的普罗旺斯。同时,北欧的维京海盗(诺曼人)也大规模侵袭法国北部和西部沿海地区。845年,他们攻占鲁昂和巴黎,847年攻掠波尔多,853年袭击南特和图尔,法国人必须要缴纳大量勒索的贡金才能换取和平。862年,法王秃头查理自认无力保护人民,被迫下令各地封建领主自行修造城堡,举兵御敌。到877年,秃头查理颁布克勒西敕令,正式承认侯爵地产世袭的合法化,这样,世袭的封建领地制在法国得以最终确立,中央权威也低落到了极点。911年,法王查理三世(893—922年在位)因无力抵御北欧人,不得不割让法国西北部沿海一带作为其领地,称诺曼底公国。

正是在这种中央权力衰落的情况下,巴黎伯爵势力不断增强。9世纪末到10世纪,巴黎伯爵所属的罗贝尔家族与衰落中的加洛林王朝争夺法国王位。987年,加洛林王朝末代君主路易五世(986—987年在位)死后,罗贝尔家族的休·卡佩(987—996年在位)被众领主拥立为国王,从此开始了卡佩王朝的统治(987—1328年)。

卡佩王朝初期,法国仍然处于封建割据的无政府状态,卡佩家族作为王室,一开始并不能服众,虽然名义上是所有领主的领主,但是各领主都各自为政,有独立的宣战、媾和、铸币、立法等权力,不受王室的管制。卡佩王室真正能够发号施令的,仅限于其直辖领地"法兰西岛",即位于塞纳河与卢瓦尔河之间的狭长地带,面积不足2 000平方千米。由于地域狭小,王室领地收入也不足以供王室使用。当时的王室,充其量也只是众多领主当中的一个而已,实力不足,缺乏号召力,甚至远远不如其他的大领主,如阿基坦公国、勃艮第公国、诺曼底公国、布列塔尼公国,此外还有很多小的伯国,如安茹伯国、香槟伯国、弗兰德尔伯国、图卢兹伯国等。王室领地就被包围在这些大领地当中,若要发展壮大还需要很艰难的斗争。

从11世纪末开始,卡佩王朝开始增强王权。这时期城市兴起和发展,国王谋求与市民合作,同封建领主对抗。同时,卡佩王朝也利用联姻、结盟等方式,从周围的领地开始,不断兼并和扩张,逐渐壮大起来。在腓力二世在位时,同西边崛起的金雀花帝国斗争,竭力增强王权。1202年起,他宣布剥夺英国金雀花王朝国王约翰在法国的全部领地,并且在十余年间相继攻占了诺曼底、缅因、安茹、勒芒、图雷纳和普瓦图,王室领地大为扩充,超过了其他领主。1214年的布汶战役,腓力二世大胜英王约翰,控制弗兰德尔,法国一跃而为西欧强国,腓力二世获得"奥古斯都"的称号。路易九世统治期间,又实施司法、财政、军事改革,进一步加强王权,他规定国王法庭是全国最高司法机关,凡重大案件尤其是政治案件必须交由其审理。他设立巡回监察官,监督地方官僚。他还禁止领主之间的私战,强调国王拥有领主之间的调停和仲裁权。此外,路易九世还推行币制改革,规定国王货币为全国流通的合法货币,排斥领主的货币,从而增强了王室的实力。由于路易九世与罗马教廷之间的密切合作关系,他也被封圣,称"圣路易"。到腓力四世时,法国王权达到了新的高度。1302年,他在巴黎圣母院召开了法国历史上的第一次"三级会议",与会的三个等级是教会上层人士、世俗贵族和市民上层代表,这有助于国王对国内各阶层有更强的号召力,打破了领主和领地各自为政的格局,将法国整合为国王治下的统一国家。

(二) 德意志

加洛林帝国分裂后形成的东法兰克王国成为后来德意志国家的基础。

图7-4 亨利一世的画像(与斯拉夫人在一起)

德意志在历史上发展起步比较晚,长期处于古罗马帝国疆域之外,经济文化比较落后,直到查理大帝的武力征服之后,才被纳入到加洛林帝国版图,但也受到当地居民的顽强反抗,并没有被法兰克人所同化,还保留了大量的日耳曼文化。到9世纪以后,德意志形成了五大公国：萨克森、法兰克尼亚、巴伐利亚、士瓦本、洛林，形成了相互之间对峙争雄的格局。911年，东法兰克国王路易四世（899—911年在位）死后，加洛林王朝在东法兰克的王统终止。919年，萨克森公爵亨利一世（919—936年在位）当选为国王，建立了萨克森王朝（919—1024年）。

萨克森王朝是德意志的第一个统一王朝，在对内方面，萨克森王朝也不断加强中央王权。亨利一世先后制服了士瓦本公爵、巴伐利亚公爵、洛林公爵。但是其合法性是建立在抵御外敌的基础之上的。从加洛林王朝起，马扎尔人就是东部边境的重要威胁，连年侵扰德意志地区，曾经大败东法兰克国王的军队。到萨克森王朝时，国王亨利一世加紧修建城堡，训练骑兵，与马扎尔人英勇作战。到955年8月，其子奥托一世（936—973年在位）集结了德意志各公国的兵力，在莱希费尔德之战中彻底击溃了马扎尔骑兵，最终解除了他们对德意志国家的长期威胁。也正因为如此，奥托一世被誉为"奥托大帝"，成为德意志民族的最早的政治英雄人物。

向东扩张一直是德意志的重要目标。928年起，亨利一世向东进攻文德人，占领今勃兰登堡，大力征服西斯拉夫人。次年，又出征捷克，到其统治后期，几乎已经征服了易北河所有的西斯拉夫部落，强迫其纳贡。到奥托一世登位后，继续向东扩张的政策，940年前后，他已经控制了从易北河到奥得河之间的广大地区，建立了一批边疆区（马克），许多德意志移民随即迁入这些地区，导致基督教也传播到东欧的西斯拉夫人当中。

奥托的征服事业，在意大利达到了巅峰。10世纪的意大利是当时欧洲经济最富庶的地区，地中海贸易区和拜占庭帝国通往北欧的商道均经由意大利的商业城市威尼斯、热那亚和比萨等，而意大利在政治上则四分五裂，罗马教廷在贵族的操纵下软弱无力，从加洛林时代就不断乞求外援。对于北部诸侯而言，意大利的帝国皇冠是最吸引人的，攻伐意大利也是最能令其获得合法性的。奥托一世起，德意志历任君主都不断地翻越阿尔卑斯山，对意大利任意进行干涉和劫掠。962年，奥托一世率军远征意大利，在罗马圣彼得大教堂接受教皇约翰十二世（955—963年在位）的加冕，正式称帝，开创了神圣罗马帝国（962—1806年）。加冕后不久，奥托一世与教廷缔结了"特权协定"，调整了皇帝与教皇之间的关系，确定并扩大了教皇在意大利的世俗权力，但要求教皇就职后须向皇帝效忠和发誓。然而，教权与皇权的范围并没有得到很好的界定，以至于此后二者之间还将继续斗争。然而，奥托的对外征服并没有帮助他建立中央集权的统治，反而还加剧了德意志的分裂割据局面，皇帝受到内外两方面的夹击，往往顾此失彼，这构成了此后几个王朝的特征。

萨克森王朝之后，德意志又经历了法兰克尼亚王朝（或称萨利安王朝）和霍亨斯陶芬王朝。法兰克尼亚王朝时期的主要目标是解决遗留下来的教权和皇权关系问题，因此出现了亨利四世与教皇的博弈。在国家建构方面，法兰克尼亚王朝确立了国家的重要机构，特别是与新兴的城市相结合，形成了几个重要的功能性城市，如法兰克福作为皇帝加冕地，雷根斯堡作为帝国议会召开地，纽伦堡作为皇室宝物保管地，尤其是施派尔大教堂，成为皇室的墓葬处。这些象征物的出现都促进了王权威望的上升，有助于其在全国范围内施加影响。在霍亨斯陶芬王朝时期,出现了腓特烈一世(巴巴罗萨、红胡子大帝)和腓特烈二世两位重要君主。前者不断进行针对意大利北部城市同盟的战争,也参加十字军东征,后者则将宫廷一直设于西西里岛,对国内事务均无太大兴趣。这些都导致了德意志国家建构的失败。

到13世纪后半叶,德意志的发展出现了新的力量,这就是东北部的霍亨索伦家族领地和条顿骑士团,以及东南部的哈布斯堡家族的奥地利。这两处地方都是德意志的边疆,然而也是未来发展的重要地带。尤其是哈布斯堡家族,在14世纪以后开始把持了帝国的皇位,成为德意志的中心。而东北部后来出现的普鲁士,也成为近代德国的发源地。总之而言,在整个中世纪,德意志都没能发展起统一的国家,而其王朝和政权的更迭也体现了不同地域交替的特色,并没有形成一个中心,这对于其后来的发展有重要的影响。

图7-5　14世纪的神圣罗马帝国选帝侯

(三) 意大利

中世纪的意大利与德意志类似,也是一个被分裂割据所困扰的国家。

在西罗马帝国崩溃以后,先是在493年形成了以拉文那为中心的东哥特王国(493—554年)。这时期依然以古罗马的文化为主,东哥特国王狄奥多里克(493—526年在位)在行政、法律等方面依然沿用古罗马旧制,并任命罗马遗老如卡西奥多鲁斯、波埃提乌斯等出任政府要职,还保持了罗马教会的特权地位。但是,东哥特王国为时不久,拜占庭帝国皇帝查士丁尼派贝利撒留率大军攻入意大利半岛,发动了哥特战争(534—554年),最终结束了东哥特人的统治,收复了意大利。但是接着,北方的伦巴第人又于568年从多瑙河中游一带经由上弗留利地区拥入意大利北部波河流域一带,他们在意大利各地没有遇到太多抵抗,长驱直入,很快建立起伦巴第王国(568—774年),572年定都于北部的帕维亚。其版图最大时,包括意大利北部的伦巴第、利古里亚、威尼西亚,中部的托斯卡纳和中南部的贝内文托等地。伦巴第王国在意大利各地主要通过分封公爵来进行统治,因此出现了弗留利、特伦托、斯波莱托、贝内文托等公国。

伦巴第人的扩张侵害了罗马教会的利益,也使当时的法兰克王国受到威胁。于是,751

年,就在伦巴第国王攻占拜占庭帝国总督辖区首府拉文那之后、进逼教皇所在地罗马时,教皇向法兰克君主矮子丕平发出求救的信号。于是矮子丕平两次出兵意大利,击败伦巴第人。丕平将拉文那以及彭塔波利斯(Pentapolis,即安科纳、里米尼、佩萨罗等五个城市)、斯波莱托至罗马的意大利中部的大片土地转让给了教廷,是为"丕平献土"。773年,伦巴第人威胁再起,查理大帝再次出兵意大利,次年攻陷帕维亚,将伦巴第王国的领土全部并入法兰克王国,但保留了意大利国王的称号。

到843年《凡尔登和约》签订后,查理大帝的三个孙子瓜分了法兰克王国的遗产,其中最年长的洛泰尔领有意大利北部和中部,加洛林王朝在意大利的统治一直持续到887年才告终。此后,诸侯蜂起,为抢夺意大利的王位而彼此相争。拜占庭帝国因伦巴第人、法兰克人的介入,相继丢失了在意大利北部和中部的地盘,但还保留着意大利南部的领土。8、9世纪之交,阿拉伯人在北非、地中海区域掀起扩张浪潮,不久也波及到意大利半岛的南部沿岸和西西里岛一带。827年,阿拉伯远征军在西西里的马扎拉登陆,831年、843年、859年、878年接连攻克巴勒莫、墨西拿、埃纳、锡拉库萨等地,并不断侵扰半岛各处。至902年,阿拉伯人完成了对西西里岛的彻底征服。在此后的两个世纪里,阿拉伯人统治着西西里,使这里表现出很强的伊斯兰特色。与此同时,意大利半岛的北部也出现了一些城邦,它们面积不大,却通过这时期开始重新开放的地中海贸易和强大的航海业开始崛起。在9—11世纪前后,主要有威尼斯、比萨、热那亚、阿玛尔菲,被称作"四大航海共和国",它们逐渐控制了地中海的东西方贸易与交通。

在中世纪盛期,意大利各地的发展始终不一致。在北部,出现了许多自治城邦,如米兰、维罗纳、帕维亚等等,它们形成城市联盟,在商业和手工业方面有较大发展,非常富裕,但是却不断遭受着来自北部德意志的君主的入侵。其中最有名的当属腓特烈一世与这些城市联盟的战争。在意大利中部的城市和地区,出现了支持皇帝的基伯林派和支持教皇的圭尔夫派,它们各自结成同盟,相互之间不断斗争。甚至在一个城市内部,也会出现两派,内战不已。最明显的当属佛罗伦萨。在意大利南部,从11世纪上半叶起,来自法国诺曼底的诺曼人开始来到这里,他们最初以雇佣兵起家,周旋于各方势力之间,但是不断发展壮大。1059年,诺曼人首领罗伯特·圭斯卡德和教皇尼古拉斯二世(1059—1061年在位)缔约结盟,获得教廷的承认,随后便开始进行军事征服活动。至11世纪末,诺曼人已经驱逐了拜占庭帝国和阿拉伯人的势力,将整个意大利半岛南部和西西里岛纳入其控制之下,建立了西西里王国诺曼王朝(1130—1194年)。此后的意大利南部,又相继受到德意志、法国、西班牙的控制,在中世纪晚期落入哈布斯堡王朝的统治之下。

因此,可以看出,意大利在整个中世纪都处于四分五裂的局面,各方势力都在这里寻求利益,并且出现了自治城市、封建领地、教皇国、诺曼王国等政权并存的局面。对于意大利以外的统治者们而言,意大利的王位和教廷的支持是他们的目标,他们并没有长期经营意大利的打算。因此,无论内外,都没有出现能够建设意大利,统一意大利的力量,意大利的分裂局面一直延续到近代。

(四) 英国

5世纪中叶至9世纪初,是英国历史上的"七国时代"。其间,各国之间混战不已,实力此消彼长。朱特人建立的肯特王国在七国中最先称霸,其王埃塞尔伯特(560—616年在位)是不列颠第一个皈依基督教的国王。597年,罗马教廷派修道士奥古斯丁到不列颠传教。其后,霸主地位先后转移到诺森布里亚国王埃德温(616—632年在位)、麦西亚国王彭达(632—654年在位)和奥法(757—796年在位)之手。至8世纪初,不列颠岛上的盎格鲁撒克逊诸王国均已接受了基督教。8世纪下半叶,在抵抗丹麦人的外来入侵中,诸王国逐渐趋向政治上的统一。9世纪初,西撒克逊王国崛起。825年,其国王埃格伯特(802—839年在位)打败麦西亚,被各国奉为"不列颠的统治者",遂有统一的"英格兰"之称。

图7-6 身着十字军服装的德意志皇帝腓特烈一世,即巴巴罗萨

在对丹麦人的抵抗中,最顽强的抵抗者当属西撒克逊国王阿尔弗雷德(871—899年在位)。9世纪70年代,泰晤士河以北的土地尽陷于丹麦人之手,阿尔弗雷德组建了骑兵部队和海上舰队,对丹麦人进行全力抗击。878年,他在伊桑顿(今埃丁顿)战役中挫败了丹麦人的攻势,扭转了战局,并于次年迫使丹麦人与其缔结《威德摩尔条约》,使其退兵并同意皈依基督教,还将英格兰分为南北两部分,东北部的丹麦法区由丹麦人控制,南部为英格兰统治区。此外,阿尔弗雷德还编纂法典,推动学术,还开创了英国的骑士制度。

到10世纪末,丹麦人再度侵入英格兰。1016年,丹麦的克努特一世(1016—1035年在位)继任英格兰国王,开启了英国历史上的丹麦人王朝(1016—1042年)。1019年,克努特又获取丹麦王位,建立起一个囊括了丹麦、不列颠、挪威、瑞典在内的地跨北海的大帝国。1035年,克努特死后,帝国衰落。1042年,盎格鲁撒克逊人在英国的统治得以恢复。

对英国历史产生比较大影响的是诺曼征服。1066年,英王忏悔者爱德华(1042—1066年在位)去世,盎格鲁撒克逊贵族的"贤人会议"选立英国贵族哈罗德为王。英吉利海峡对岸、法国北部的诺曼底公爵威廉则以亲属关系和爱德华生前的许诺为由,要求继承英国王位。同年9月,威廉率军渡海进攻英国。10月14日爆发了哈斯丁斯战役,哈罗德战死,威廉入主伦敦,登位称王,是为威廉一世(1066—1087年在位)。威廉一世的入侵被称作"诺曼征服",是英国历史上的一个转折点,标志着盎格鲁撒克逊时代的结束和诺曼王朝(1066—1137年)的开始。

诺曼征服以后,威廉下令展开全国的人口和土地占有状况的调查,将各地土地面积、资源、所有权归属、生产者人数及身份等,一一载入《土地赋役调查书》,目的在于掌握每个封臣经济收入的实际状况,以便确立他们应当承担的封建义务。这份调查囊括了王国方方面面的事务,无一遗漏,也被称作"末日审判书"。各领主加强了对自由农的控制,自由农数量大大降低,而农奴(维兰)则大为增加,占到了农业人口的50%。到12世纪初,英国确立起了封建领主制。

威廉在英国建立起来集中而强大的王权,他镇压反叛,将没收了的盎格鲁撒克逊贵族的领地,按照法国的采邑形式分封给随他出征英国的诺曼人贵族。威廉本人占有的王室领地占全国耕地面积的1/7,占全国森林面积的1/3。他的兄弟以及诺曼底的大贵族也占有大量领地,还有占全国1/4的土地被赐给了教会。由此,法国的封建制度被移植到了英国,但王权更为强大。威廉也规定须由来自法国的教士出任英国主教、大主教和修道院长,诺曼贵族占据了几乎所有的上层职位。威廉还于1086年在索尔兹伯里召开封臣效忠宣誓会,要求全体英国领主参加,宣誓永远效忠于国王,反对国王的所有敌人,史称"索尔兹伯里誓约"。英国与法国的封建的不同在于,在法国,法王的附庸的附庸不是他的附庸,而在英国,英王的附庸的附庸也是他的附庸。英国所有的领主都要对英王效忠。

但是,在威廉及其子亨利一世死后,诺曼王朝陷入了将近20年的内战,王权遭到削弱。当金雀花王朝的亨利二世(1154—1189年在位)执政时,进行了改革。他允许一部分骑士缴纳代役金(盾牌钱)以免除军役,从而增加王室收入,并且再用此钱招募雇佣军,以加强军队的专业性。在司法方面,亨利二世也积极扩大国王的权力。1178年建立了中央常设法庭,骑士和自由民可将重要讼案直接上诉至国王法庭。审判方式上采用陪审制度和宣誓作证法,代替原始的神判法。这样就削弱了领主法庭的影响,国王通过对骑士、市民和自由农的保护也强化了王权。

到狮心王理查和无地王约翰在位时,王权又一度弱化。理查常年在外参加十字军东征,约翰代理朝政,但是又横征暴敛,破坏封建惯例,随意没收附庸的领地,触犯领主的利益,对外与法国作战又连遭败绩,与教皇对抗也未获成功。1214年,约翰在布汶之战中惨败后,激起国内矛盾。1215年6月15日,英国大贵族在骑士和市民的支持下,迫使约翰签署了"自由大宪章"。大宪章规定,不经大贵族会议的同意,国王不得向领主征收捐税;国王承认教会的选举自由;对自由人不得未经审判就任意逮捕和监禁。大宪章只是在一定程度上调整了国王与领主之间的关系,但并没有彻底限制王权。1258年,贵族发动反叛,迫使英王亨利三世(1216—1272年在位)签订了"牛津条例",允许由大领主组成的"十五人议会"协助国王治理国家。1263年,反叛再次爆发,大贵族西门·德·孟福尔联合骑士和市民获胜,于1265年召开了英国历史上第一次议会,与会的代表除教俗大领主之外,还邀请了每郡2名骑士,每个城市2名市民代表。这次议会有较广泛的代表性,也被后世看作英国议会制度的起源。爱德华一世(1272—1307年在位)即位后,对威尔士、苏格兰和法国用兵,为了筹集军费,于1295年召开了由各等级共同参加的议会,其人员构成与1265年议会相同。这次议会对后来的历届议会起到典范作用,故有"模范议会"之称。总体而言,英国在这时期开创了初期的议会制度。

这时期英格兰也逐渐朝向更广阔的疆域发展。爱德华一世在位时期,发动对威尔士的征服战争,最终将其置于直接统治之下,并且形成了此后太子被封为威尔士亲王的传统,以显示这个边疆区的重要性。爱德华一世还插手苏格兰事务,但是后者与法国联合,使得英格兰的扩张受到限制。在反对英格兰的战争中，苏格兰也出现了威廉·华莱士这样的英雄人物。

二、罗马天主教会势力的扩张

（一）罗马教会的兴起

自从公元1世纪基督教在地中海东岸的巴勒斯坦地区出现以来，就开始了向欧洲传播的历程。根据基督教会的说法，基督教在罗马的传播，是以耶稣的使徒彼得建立罗马主教区作为标志的。由于罗马也是罗马帝国的都城，因此，罗马主教认为自己应当享有基督教世界最高领袖的地位，于是从5世纪开始出现了"教皇"的称号。313年罗马帝国颁布米兰敕令宣布基督教合法，392年将基督教作为国教，使基督教在帝国境内得到了极大的发展，尤其推动了罗马基督教会的发展。在罗马帝国崩溃以后，西欧处于混乱状态，均由基督教会起到维持秩序和管理的作用，罗马教会和教皇在这一时期逐渐成为"正义"和"秩序"的守护者，其政治力量日益上升。到6世纪末，在伦巴第人侵扰意大利时，教皇格里高利一世（590—604年在位）进行抵御，并且使其皈依基督教。格里高利一世还在罗马城里建立了政教合一的统治，不久派奥古斯丁等人赴不列颠传播基督教。格里高利一世极大地提高了罗马教会的地位，他也被誉为"中世纪教会之父"。

罗马天主教会在组织上沿用了古代基督教的教阶制度，神职人员被分为主教、神甫（司铎）、助祭三个品级。主教中又分为主教、大主教、都主教、宗主教，还有辅助教皇管理的枢机主教。在罗马帝国崩溃之后的混乱时期，教会也起到管理作用，因此，其管辖范围类似于罗马帝国时代的行政单位。主教和大主教分别统辖主教区（等于罗马帝国的城市）和大主教区（等于罗马帝国的行省范围）。枢机主教也被称作"红衣主教"，由罗马教皇直接任命，并且与教皇共同构成罗马教廷，在教皇出缺时负责选举新教皇，并参与教廷重要事务的决议，还代表教皇出使，是仅次于教皇的最高级神职人员。教会的基层组织是城市中的教区和乡村教区，由教区神甫进行管理。

教会的另一种组织形式是修道院，一般是在深山旷野，由隐居于此的修士集体修行时组成。西欧的修道院是仿效希腊修道院而建的，并且形成了各种会规。529年，修士本尼迪克特（本笃）在意大利中部的卡西诺山上创建了第一所本笃派修道院，他编制了严格的规定，要求修士虔诚修道，严格遵守戒律，并且放弃私人财产，还要绝对服从修道院长。这个院规此后被推广到西欧众多的修道院中，成为天主教修道院制度的最初模式，本笃会也成为其他修会模仿的典范。在修道院中，修士每天都要参加体力劳动，以能够自食其力，其余时间则祈祷诵经，也进行手稿的誊抄工作。到后来，修道院长达到与主教同等职权的地位，修道院势力在教会和各国上层有着非常高的地位，也参与政治斗争。

由于基督教与普通百姓的日常生活关联密切，人们的生老病死都要与教会打交道，因此，教会成为控制人们的生活和思想的重要力量，这也是教会的政治地位举足轻重的原因之一。教会在经济上也有着巨大的资源，许多主教、大主教、修道院长通过世俗君主的封赐和信徒的捐赠,能够获得大片封地,以及依附于土地上的农奴和自由农。到中世纪中期,教会在西欧各国一般都拥有全部土地的 1/3 左右。教会对地产也同世俗领主一样,进行经营管理,通过劳役地租和货币地租获得收入。

也正是由于教会较多地参与到世俗生活中去,使得许多教士和修士都容易在利益面前堕落。不少上层教士还会出任国家官职,参与政事,从君主手中也获得权力,因此不能对教会恪尽职守。由于教会也拥有地产,教士参与牟利,经常会出现买卖圣职、教士娶妻生子的丑闻。教会的日益世俗化,也引起教会内部一些人士的忧虑和不满,开始酝酿改革。到中世纪中期,教会的改革推动了教会在西欧地位的上升。

(二) 罗马教会走向鼎盛

13 世纪初,罗马教会达到鼎盛时期,这是通过一系列改革和政教之争带来的。

从 10 世纪起,法国出现了克吕尼运动。位于法国中东部勃艮第地区的克吕尼修道院建于 910 年,克吕尼派修士秉持清贫,恪奉戒律,抨击圣职买卖,严格遵守教士独身不娶的戒律,并且特别强调教皇的领导地位。克吕尼运动很快波及到欧洲很多地方,迅速成长为一股强大的政治力量。1073 年,克吕尼派修士希尔德布兰当选为教皇,称格里高利七世(1073—1085 年在位),推动克吕尼派教会改革更加深入地发展,也使政教关系处于高度紧张状态。

政教关系是西欧中世纪早中期的重要问题,一直没有得到很好的解决。原因在于罗马帝国晚期以来西欧形成的政教二元体制,教皇与皇帝之间的职权没有分配好,使得二者相互之间斗争不已。在法兰克王国时期,教权还很弱小,依附于世俗权力获得保护,而世俗王也通过教皇的声望增加自己对臣民的影响,通过加冕使自己的统治获得合法性和神圣性。这时期政教权力之间的矛盾还不明显。但是,随着教会势力日益膨胀和对世俗事务的插手,到 11 世纪,政教之争达到了相当激烈的程度,尤其表现在教廷和德皇之间围绕主教授职权的斗争。长期以来,主教和修道院长一类高级神职人员的授职权一直被掌控在世俗君主手中。例如德意志的奥托大帝甚至要求教皇必须向皇帝宣誓效忠,仅仅是皇帝的附庸和领主,并且还废黜了不听指挥的教皇约翰十二世,甚至规定教皇的选举须经皇帝批准。克吕尼运动的重要目标就是要抵制世俗势力和政治权力对教会事务的干涉,以提高教会的地位。一些教皇也声称教权源自上帝,应当高于世俗王权。西尔维斯二世(999—1003 年在位)、利奥九世(1049—1054 年在位)、尼古拉二世(1058—1061 年在位)都曾主张世俗君主不应当干涉罗马教廷的事务,强调教皇至高无上的地位。

当格里高利七世即位后,便开始实施教会改革,以期强化教权。他在 1075 年召开的宗教会议上,强调主教授职权不得由世俗君主控制。格里高利七世指责神圣罗马帝国的皇帝亨利四世(1056—1106 年在位)手下的几位大臣犯了圣职买卖罪,将他们革除教籍。这引发了皇帝的极度不满。1076 年,亨利四世在沃姆斯召开帝国会议,公开宣称废黜教皇格里高利七世。教皇也立即针锋相对地反击,宣布开除亨利四世的教籍,并解除其臣民对皇帝的效忠誓约。在德意志的教俗领主中立刻出现了反对皇帝的一派,以教皇谕令为借口否认亨利四世的皇帝权力。迫于国内领主叛离之势,亨利四世不得不向教皇低头。1077 年 1 月,他到意大利中部托斯卡纳教皇的驻跸地卡诺莎城堡,赤足冒雪在城门外哀求了3天,才获得教皇赦免,是为"卡诺莎觐见"。然而,亨利四世返回国内镇压了叛乱之后,又于1084年到意大利,将格里高利七世逐出罗马,使其客死他乡,此事才告一段落。然而,政教之争还持续了很多年,直到1122年,皇帝亨利五世(1106—1125年在位)与教皇卡利克斯特斯二世(1119—1124年在位)在沃姆斯达成了宗教协定,规定主教按教会法由教士推选,皇帝或其代表有权出席选举会议,可在出现意见分歧时进行干预,当选主教应由皇帝授予象征世俗权力的杖节,由教皇授予象征宗教权力的牧杖和指环。至此,皇帝和教皇的主教授职权之争才以双方的妥协而得以解决。但是,对于教皇而言,这是一个很大的胜利,教皇的地位得以增强。

到13世纪初,教皇的地位如日中天。英诺森三世(1198—1216年在位)时,他在西欧各国都拥有优势地位,任意干涉各国内政。他利用英国内部在坎特伯雷大主教人选问题上的争执,用废黜王位、开除教籍的手段要挟英国无敌王约翰俯首就范。他又趁着德意志出现王位之争时,时而支持萨克森的奥托,时而转借法国力量打败奥托,从而对西欧各国势力达到各个击破、分而治之的目的。英诺森三世还迫使法、葡、丹、瑞、波、匈、莱昂和阿拉贡等国君主对其称臣,获得了凌驾于王权之上的最高权力。罗马天主教会达到了历史上的最高地位。

(三)由盛转衰的罗马教会

到13世纪下半叶,罗马教会盛极而衰。一方面,教皇再也发动不了欧洲范围内的十字军东征,另一方面,各国王权纷纷上升,开始反对教廷的控制。教权的削弱与西欧各国王权的日益增长,形成了鲜明的对比。

1296年,法王腓力四世(1285—1314年在位)为支撑其庞大的军政开支,下令向教会征收所得税,教皇卜尼法斯八世(1294—1303年在位)大为震怒,发布"教俗敕谕",拒绝向国王纳税,并威胁要开除腓力四世的教籍。腓力四世则针锋相对,1303年秋,他派人到罗马与当地望族科隆纳家族联手,软禁了教皇卜尼法斯八世。年迈的教皇受到惊吓而死,于是,腓力四世支持法国人克莱芒五世(1305—1314年在位)为教皇,并将教廷从罗马迁到了法国南部的阿维农。自此,法国王室操纵教廷长达七十余年之久,史称"阿维农之囚"。14世纪末,教廷方才迁回罗马。由于内部有亲法国和亲罗马的两大势力的斗争,出现了在阿维农和罗马同时选立两个教皇的局面,双方均以正统自居,相互攻讦。15世纪初,甚至还出现过三个教皇鼎力的局面。教廷的分裂状况表明,这时期教权已经大为衰落,教皇已经无法再对西欧各国事务颐指气使,随意干预,而成为了意大利中部的一个小君主,其势力范围仅仅限于罗马周围的区域。

三、十字军东征

在中世纪中期,出现了基督教信仰的加强。由于这时期位于地中海东部和南部的阿拉伯人势力已经减弱,欧洲人开始向外拓展。这便使信仰之间的斗争体现在了十字军运动上。

(一)十字军东征的历史背景

11世纪末起,在罗马教廷的号召下,西欧教俗领主和商人组成联军,以向这里的穆斯林展开"圣战"和夺回圣地的名义,对地中海东部地区发动了持续将近 200 年的军事远征(1096—1270 年)。由于这些远征都以基督教的名义发起的,战士在衣服上饰有基督教的十字标识,故称"十字军"。

十字军东征得以发动的原因有很多。其一,这时期西欧社会内部矛盾加剧,许多封建领主的子弟无法从遗产继承制度中获益,便投身行伍,成为骑士,他们有着较强的对外侵袭和扩张的倾向。其二,这时期地中海的东西方贸易兴起,大量东方商品源源不断地输入西欧,打破了自给自足的庄园经济,使欧洲人向往东方的奢侈品和享乐生活。其三,在经济复兴中出现了意大利的商人,他们渴望打败拜占庭帝国和穆斯林的商业对手,进而控制地中海东部的贸易港口和市场,因此,他们也参与到十字军中去。其四,11 世纪末,西欧发生连续若干年的干旱,粮食歉收,瘟疫肆虐,不少农民也希望加入十字军东征以摆脱困境。因此,十字军东征有着非常广泛的社会基础。领主、商人、农民、教会均有向东方扩张的热忱,世俗和宗教原因都推动着这场长期的运动。

图 7-7　乌尔班二世号召十字军东征。Jean Fouquet 所作

11 世纪末,地中海东部政治局势的变化成为十字军东征的导火索。1071 年,塞尔柱突厥攻入小亚细亚,在曼齐卡特战役中大败拜占庭帝国军队,拜占庭帝国皇帝罗曼努斯四世(1068—1071 年在位)被俘,拜占庭帝国丧失了小亚细亚的大部分领土。塞尔柱突厥在小亚细亚建立了罗姆苏丹国,在近东也设立了摩苏尔、大马士革、安条克、阿勒颇、的黎波里等军事领地。拜占庭帝国同时还在西边的巴尔干和西西里受到诺曼人的侵扰,北方边境也有游牧民族的入侵。迫于无奈,皇帝阿列克修一世(1081—1118 年在位)向罗马教皇求援。于是,1095 年,罗马教皇乌尔班二世(1081—1099 年在位)在法国南部的克勒芒召开宗教会议,发表演讲,号召领主、骑士和农民拿起武器,解放和拯救耶路撒冷。

(二) 十字军东征的过程

教皇乌尔班二世的演讲,引起了人们强烈的反响。1096 年春,六七万来自法国东北部和德意志西部的农民组成了一支杂乱的十字军，踏上了东征的路程。他们沿着多瑙河一路向东进发，但是装备不足、缺乏军事经验，使这些农民一进入小亚细亚同塞尔柱突厥交手，便告崩溃。

真正的十字军东征是同年秋开始的，由法、德、意的领主和骑士组成的三四万正式军队兵分几路开始，是为第一次十字军东征（1096—1099 年）。1097 年春，各路十字军会合于君士坦丁堡，在此渡过博斯普鲁斯海峡，迅速占领了尼西亚。1098 年，十字军进入叙利亚，相继攻陷埃德萨、安条克。1099 年 7 月 15 日，在经过了一个多月的围攻之后，十字军攻占了耶路撒冷。十字军在中东占领区先后建立了 4 个国家：埃德萨伯国、安条克公国、耶路撒冷王国、的黎波里伯国，以耶路撒冷王国为首。这些国家内部授予男爵领地和骑士采邑，完全是依照西欧的封建制度建立起来的。十字军在地中海东岸夺取了贝鲁特、推罗、西顿、阿克等港口，也控制了这里的东西方贸易，获得了巨额利润。为了巩固十字军国家的统治，十字军还相继组建了几个宗教性军事组织：圣殿骑士团、医院骑士团、条顿骑士团，分别由法、意、德的骑士组成，直接听命于教皇，不受当地世俗君主的管辖，它们在东方和西欧拥有大量地产，并经营商业和高利贷业。骑士团的成员既是骑士，也是僧侣，他们的主要目标是镇压东方被征服地区的反抗，并且与毗邻的穆斯林国家作战，后来也转战欧洲，参与对东欧的扩张。

12 世纪，伊斯兰国家开始联合对敌，陆续收复被十字军侵占的土地。1144 年，埃德萨伯国陷落，西欧随即组织第二次十字军东征（1147—1149 年），由法王路易七世（1137—1180 年在位）和德皇康拉德三世（1138—1152 年在位）指挥，但是遭到失败。

接着，埃及阿尤布王朝苏丹萨拉丁（1171—1193 年在位）的势力兴起，其版图扩展到叙利亚一带。1187 年，萨拉丁发动对十字军的"吉哈德"（圣战），在哈丁战役中一举打垮十字军主力两万余人，俘虏耶路撒冷国王与圣殿骑士团团长，接着又光复了耶路撒冷和沿海的许多城市。萨拉丁的胜利引起西欧各国的震惊。德皇红胡子腓特烈一世（1155—1190 年在位）、法王腓力二世（1180—1223 年在位）与英王狮心王理查（1189—1199 年在位）联合发动第三次十字军东征（1189—1192 年），以期夺回耶路撒冷。德皇腓特烈一世在东征途中坠河溺死，德军返回，英法两国勾心斗角，无法协同作战。1191 年，攻下阿克城后，法王腓力二世先行返回欧洲，剩下狮心王理查孤军作战。理查无力攻取耶路撒冷，只得与萨拉丁缔结停战协定，结束战争，萨拉丁允许基督徒朝圣者和商人 3 年内出入耶路撒冷，但是该城为埃及控制。

13 世纪初，在教皇英诺森三世的推动下，又组成了第四次十字军（1202—1204 年）。此次东征原定目标为埃及，但是由于掌握船只的威尼斯从中怂恿，最终将进攻的矛头指向了威尼斯的商业竞争对手拜占庭帝国。恰逢此时拜占庭帝国的失势王子亚历克斯逃到西方向教皇求援，于是威尼斯总督丹多洛同十字军合谋改变了进军的方向。1203 年 6 月，十字军抵达君士坦丁堡城下。次年 4 月破城，烧杀抢掠达一周之久。藏书丰富的君士坦丁堡图书馆被焚毁，大量艺术珍品也被抢劫和毁灭。十字军占领了拜占庭帝国的大部分领土，建立了拉丁帝国（1204—1261 年），以十字军领袖、弗兰德尔伯爵鲍德温为帝。其下又有 3 个附庸国：雅典公国、阿卡亚公国和帖撒罗尼迦王国。拉丁帝国一直延续了半个多世纪，直到 1261 年拜占庭帝国皇室重新夺回君士坦丁堡为止。

十字军东征虽然名义上征服异教徒,这次却洗劫了同为基督教信仰的国家。因此,可以看出,第四次十字军东征之后,十字军运动已经趋于衰退。虽然后来还有第五、六、七、八次十字军东征,但是规模和影响已经大大不如以前,基本上都归于失败。1270年,法王路易九世(1226—1270年在位)发动第八次十字军东征,在进攻突尼斯失败之后,十字军运动便宣告终止了。十字军在东方的占领地安条克(1268年)、的黎波里(1289年)、阿克(1291年)也相继被埃及马穆鲁克王朝收复,近东的十字军国家及其领地最终覆灭。

(三) 伊比利亚半岛的十字军战争

十字军战争是中世纪中期的重要历史事件,其范围涵盖非常广泛,并不仅仅发生在地中海东部。在地中海西部的伊比利亚半岛,基督徒对穆斯林的十字军战争也如火如荼地进行着。

伊比利亚半岛的十字军战争又称再征服运动,或者收复失地运动,主要是发生在公元718年至1492年,是西班牙人反对阿拉伯人占领并且夺回失地的运动。由于这场运动主要是在教会和十字军的旗帜下进行的,因此也可以被看作这时期欧洲十字军战争的一个组成部分和分战场。

伊比利亚半岛的十字军战争总共持续了将近8个世纪。倭马亚王朝的阿拉伯人于711年侵入伊比利亚半岛,迫使西哥特人逃到半岛北部的山地地区,先后建立了阿斯图里亚斯王国、纳瓦尔王国、阿拉贡王国、卡斯蒂利亚王国。这些王国之间有时结盟,有时斗争,但是它们有一个共同的目标,那就是不断向南拓展,收复被阿拉伯人占领的土地。718年,阿斯图里亚斯王国在科瓦东加与阿拉伯人发生战斗,揭开了收复失地的序幕。

这场战争的最初几百年间,进展并不是非常的顺利,基督徒方面主要是采取防御的方式,逐步地向南拓展。从11世纪开始,基督徒王国的进展开始大踏步向南。这时期,也兴起了卡斯提尔王国、阿拉贡王国、葡萄牙王国几个主要的大国,在它们的带领下,从11世纪末到13世纪末,十字军向南夺取了被阿拉伯人占领的大部分土地。

1085年,卡斯提尔王国的国王阿尔方索六世攻占了原西哥特王国的故都托莱多,号称"全西班牙皇帝"。这标志着基督徒已经到达了伊比利亚半岛的中部。然而,这时期由北非摩尔人政权在伊比利亚半岛建立了穆拉比特王朝政权,形成了跨直布罗陀海峡的大帝国,阻碍了基督徒的南下。在穆拉比特王朝与卡斯提尔王国之间,还形成了一批泰法小王国,它们在两个大国之间摇摆不定,但是到1110年,随着萨拉戈萨被穆拉比特王朝的军队占领,伊比利亚半岛南部再次落到了穆斯林政权手中。基督徒和穆斯林各据南北而治,相互对峙。

到12世纪中叶,穆拉比特王朝逐渐衰落,被北非新兴的穆瓦希德王朝所取代。当阿布·优素福·叶尔孤白即位后,发动了对基督徒的进攻,于1195年击破了卡斯提尔王国的军队,并于两年后攻克托莱多和马德里。伊比利亚半岛上的基督徒力量受到威胁。为了加强对穆斯林的斗争,1212年7月,在罗马教皇英诺森三世的组织下,由欧洲各国骑士组成的十字军,在卡斯提尔国王阿尔方索八世的带领下,同穆斯林方面穆瓦希德王朝哈里发的数十万大军在托罗萨进行了会战，取得辉煌的战果，使再征服运动的形势取得了决定性的扭转。此后，基督徒军队不断向南攻城掠地。到1236年，卡斯提尔王国占领了南方安达卢西亚地区的科尔多瓦；1248年，卡斯提尔王国攻陷西南的塞维利亚，阿拉贡王国也在此前后占领了东部的巴伦西亚和巴利阿里群岛。至13世纪末，只剩下了半岛南部一隅之地的格拉纳达的奈斯尔王朝还在依靠内华达山之险负隅顽抗。

图 7-8　格拉纳达的沦陷。Francisco Pradilla Ortiz 作

至此，伊比利亚半岛上的十字军战争已经告一段落。此后，东边的阿拉贡王国开始朝向地中海拓展，想要建立一个地中海强权国家，而西边的葡萄牙王国则开始谋划向非洲和大西洋上的拓展，只有中间的卡斯提尔王国还在计划继续向南拓展，同苟延残喘的奈斯尔王国对峙着。此后，卡斯提尔王国还进一步向南同北非的马林王朝斗争，但始终无法攻下格拉纳达。

1469年，卡斯提尔王国公主伊萨贝拉与阿拉贡王国王子斐迪南结婚，二人在登基后将两个国家合二为一，奠定了后来的西班牙王国的基础。到1482年，奈斯尔王朝发生内乱，西班牙军队趁此机会向南进军，于1490年完成了对奈斯尔王国首都格拉纳达的包围。在经历了两年的苦战之后，1492年1月6日，格拉纳达的阿尔罕布拉宫沦陷，奈斯尔王国寿终正寝，这也标志着长达7个世纪的收复失地运动画上了句号，西部战场的十字军战争至此结束。

（四）十字军东征的影响

十字军东征以后，西欧与东方的交往大大增加了。西欧从富裕的东方获得了大量奢侈品，而且也在同东方的接触中开阔了眼界，学习了新的技术。西欧向东方学到丝绸、布匹的纺织技术、印染技术和高水平的金属加工技术，也学会了种植水稻、荞麦、西瓜、甘蔗等农产品。东方奢侈文明的生活方式也传播到了西欧上层社会，西欧贵族开始讲究穿着服饰，食用加有香料的菜肴，注重沐浴等，并且吸收和借鉴东方的文化艺术。

十字军东征虽然给近东地区带来了灾难，但是客观上也促进了东西方文化的交流，对于欧洲的发展也产生了很大的影响。

第三节　中世纪的城市和文化

一、西欧的城市复兴

罗马帝国崩溃以后,古代城市大都衰落下去,或者在面积上大为缩减,仅剩下以往城市的很小一部分,并筑起城墙作为防御设施。这时期工商业衰退导致城市发展缓慢,而且由于日耳曼人的侵袭,许多城市都退缩到安全的地方,修筑城墙以自保。此外,这时期的城市,一般都以原来位于古罗马城市边缘处的教堂或修道院作为新的城市中心,体现了基督教在这一时期的盛行。然而,在法国南部、意大利和西班牙还保留了不少罗马时代的城市,如法国的马赛、巴黎,意大利的罗马、拉文那、帕维亚等。伦巴第王国时期一些独立性很强的公国,如斯波莱托、贝内文托、特伦托等也都着力发展各自的首府城市。在中世纪的特殊政治和经济环境下,西欧的城市得到了雨后春笋似的再生。

（一）西欧中世纪城市的再生

公元7世纪起,阿拉伯人开始征服北非和西班牙,在8、9世纪控制了意大利南部、巴尔干半岛南部。伊斯兰教的兴起和穆斯林的扩张也使伊斯兰城市模式被推广到了欧洲很多地区,如西班牙南部安达卢西亚地区的科尔多瓦、塞维亚,西班牙中部的托莱多,意大利南部西西里的巴勒莫,等等,都受到伊斯兰城市风格的影响,在形态和结构上与伊斯兰世界的城市有非常相似的地方。

基督教在中欧地区的传播也促进了城市的发展。在德国中东部地区,受到萨克森战争和基督教化的双重推动,从8世纪开始,主教就陆续建立了一些城市,并随着殖民的发展而出现了大城市,如维尔茨堡、爱尔福特、不莱梅、汉堡、帕德博恩、哈尔伯施塔特、明斯特、奥斯纳布吕克、马格德堡。这些城市的中央是城堡,另有一处或多处修道院,后来城市边缘的集市和居住区兴建起来。

加洛林帝国时代也是城市兴起的时期,这时期的城市大都是随战争而兴起的位于帝国边疆地带的堡垒型城市。科隆、雷根斯堡、凡尔登、博尼、埃克斯、美因茨、特里尔、沃姆斯、斯佩尔、梅斯、图尔都成为这类城市。这些边疆城市往往以中央的王宫为中心,或者以主教城堡为中心,整体形状是矩形,采取罗马时代城市的样式。查理曼建造了三个边疆城镇,即易北河上的巴尔多维克、马格德堡、萨尔河上的哈勒。亚琛在查理曼执政晚期是首要的皇城,法兰克福成为皇帝沿途经常驻跸的城市。奥托大帝时期,马格德堡像雷根斯堡那样成为皇室驻地,成为北方亚琛。

到公元10世纪以后,随着地中海的重新开放和东西方商业的复兴,西欧的城市也出现了振兴。特别是意大利沿海出现了航海共和国,如比萨、热那亚、威尼斯、阿马尔菲,它们在东西方贸易中获利,反过来也促进了其城市的发展。如比萨的大教堂和后来闻名世界的斜塔就是在这时期开始建造的。

13世纪前后是欧洲城市化的重要时期,出现了大量的新城。在那些古代没有城市化的区域,这时期进行了快速的城市化,包括法国西南部、西班牙和意大利的部分地区、德国东部。这些区域的城市群就是在这一时期发展起来的。这批新城的出现既有经济因素,也有政治因素,同时也是农业发展、军事竞争、区域商业等因素共同推动的。13世纪前后,尤其是从1230年到1370年之间,在法国西南部总共有近五百座新城被建造起来,它们主要是沿着加龙河及其支流分布,使这里成为中世纪一个高速发展的城市化区域。在西班牙,从11世纪末开始,随着再征服运动,在杜罗河流域及以南也开始建造新城,如阿维拉、塞哥维亚、萨拉曼卡、莱昂、扎莫拉、锡曼卡斯、布尔戈斯,等等。在意大利,新城的建造主要集中在两个区域:北部的波河流域,包括皮埃蒙特、伦巴第和威尼托地区;中部的托斯卡纳地区。与前述法国、西班牙的新城建设不同的是,意大利的新城大都是以城市为主体自行决定建造的,无需通过国王或领主的同意,这里的新城运动与自治城市本身有密切的联系,正是这些自治城市的扩张导致了大量新城的出现。佛罗伦萨在1299—1350年间于邻近地区建造了5座新城:圣乔瓦尼、索普拉自由堡、泰拉诺瓦、斯卡佩里亚、菲兰佐拉。这些新城有一个共同特征,那就是街道笔直并呈直角相交,整个城市形态显得对称。

总体而言,到中世纪盛期,意大利北部的伦巴第地区、法国南部和北海沿岸的弗兰德尔地区成为西欧中世纪城市发展最快的区域。这两个区域也构成了西欧商业和手工业最发达的两个区域,在地图上看类似两头大、中间长的哑铃型结构。这些城市的产业有呢绒业等实体经济,能够向海外进行大规模的出口,并且随之也发展起了发达的金融业。

(二) 中世纪城市的封建特征

图7-9 佛罗伦萨圣母百花大教堂

中世纪的西欧城市向来被看作是与封建和传统社会迥异的新生事物,是一个闪耀着自由光芒的地方。城市被看作商人的聚居地,领主庄园中逃离出来的农奴也以这里作为目的地,他们在城市里获得自由,并且以城市为根据地展开同领主和封建社会的斗争,孕育了富有自由和斗争精神的市民,促进了资本主义的发展。在中世纪城市中,商人阶层不断上升的地位,城市政府的自治,金钱针对封建等级的胜利,城市文化的进步,等等,这些与传统截然不同的特征,都被赋予城市,而"城市的空气使人自由"这一俗谚,更使中世纪城市在人们心目中的形象被塑造为自由的乐土。

但是,中世纪的城市仍然处在一个或多个领主的管辖之下,主教、大主教、修道院长、伯爵、公爵、子爵以及国王等,他们只是让渡一部分权力与城市政府达成妥协,但保留了其他更大的权力,如最高司法权、征税权等等,而且无论是理论还是实践上城市都不能不经过领主的同意而自行其是。教俗领主在这一时期都单独或合作而增加了他们对城市控制和统治的权力。

在德意志,主教更大程度上属于诸侯,享有伯爵同等的权力,也有城市内铸币等多种特权。在意大利,这种情况更为明显。10世纪时教皇经常组织防御和维护城市秩序,征收市场税,铸币,并委任主教-伯爵,这是将世俗权力加之于主教的头衔上,在维琴察、帕图亚经常被提及。他们也经常排挤伯爵,同时行使宗教和世俗的双重权力。主教享有权力,并拥有自己的附庸,在11世纪时这种情况制度化。在维罗纳主教就在皇帝的允许下掌管法庭。虽然受到世俗贵族的反对,但许多城市都是由主教掌握权力一直到中世纪末期。米兰主教在11世纪是城市的真正主宰,甚至能够与德意志皇帝和教皇相抗衡。1037年也是由米兰大主教行使军事权力抵抗入侵的德意志军队的。甚至后来意大利城市公社的兴起也是与主教直接相关,多是在主教的支持下反对君主和贵族。

到11世纪中期时,在法兰西除了克吕尼,绝大多数教堂的主教都取得了世俗权力,并得到了皇帝、国王、伯爵乃至地方领主的认同,从而大大增加了他们的权威。主教的权力在法国各个地区都不同,在西部,由于抵抗外来入侵,因此主教权力有时次于伯爵。在北部的琅城主教拥有极大特权,在努瓦永和夏隆主教在城市也拥有相当大的权力,前者甚至获得主教-伯爵的头衔。在南部,马赛、纳博讷、尼姆、阿尔勒等在11世纪由于子爵在城市的权力强大,因而主教与其共享权力。主教和子爵在城市内部的权力范围划分则是非常清晰的。如1069年在马赛,子爵占有城堡、老城和老城门,而主教则在新城内享有权威,本地的行政权力则归属子爵。1177年的阿拉斯,主教从佛兰德尔伯爵那里得到扩大权力的允许,尤其是对布料尺寸测量方面的偷漏舞弊。1222年巴黎菲力普二世承认主教在右岸西部的纳税和司法权。12世纪末13世纪初纳博讷大主教加强了他在城市西边1/3地区以及所有市镇的权力,甚至伯爵都要向他称臣。当然也有一些例外,如在普瓦提埃主教的世俗权力是非常微弱的,在土伦主教也并非城市的领主。

尽管有时权力受到限制,主教们作为城市领主仍然持有特权和尊位,尤其是掌控着市民的活动。在兰斯,大主教、教士会议长、圣雷米修道院长、圣尼凯斯修道院长成为这个城市的四大领主,更准确地说是将城市分成了4个部分,其中圣雷米有6位成员组成的地方长官,但全部是由修道院长任命的。而所有的市民也都依附于这4位领主,没有独立的法律权力,教会领主还向市民们征税,并监视商业贸易,市民团体在市政中没有代表,而且在没有修道院长的允许时也不能举行集会。在沙特尔,直到13世纪末以前大多数市民还不是作为独立的工匠或者商人进行活动,而是作为伯爵或主教的仆人和官员而履行义务。

除了主教在城市中的显要地位之外,国王也直接控制着许多城市,并且也会居住在城市里。与德国和意大利的皇权真空不同,法国国王的权力还是很大。城市市长往往由国王任命或是国王的亲信,路易七世也通过城市同地方领主作斗争,发展一系列有利于城市发展的措施,颁布城市宪章。虽然他也在修道院长和主教的请求下剿灭韦兹莱、欧塞尔的公社运动,但更多是与城市保持一种相互倚靠的关系,腓力普二世就利用城市与王室领地外的领主斗争。在第戎,城市和市民都会帮助国王进行战争。从腓力普四世开始还在城市中规范一系列度量衡,并涉入行业、司法、金融等各个领域。在平民与富人的斗争中,领主也会给予公平的仲裁。一直到中世纪晚期,法国国王在城市的权力也越来越大,以至于确立了很多数量的王家城市,将其纳入直接控制的范围,并对于近代国家的兴起具有重要意义。

在英国,亨利二世也积极介入城市事务,通过向城市颁发特许状来控制城市。虽然特许状内容一般都是确认亨利一世时期的权力,免除市民通行税和加入行会的权利,但国王的意志也在其中显现,并且掌握着城市的财政和司法。从忏悔者爱德华时期一直到12世纪末,绝大多数英国城市都处在国王委派的城镇长官权威之下。尤其在财政税收事务上,根据中世纪的财务府记录,国王对城市的税收以年金形式缴纳,从1168年起这种税收的征收对象从有限的一些郡城镇扩展到王室所有的城镇,而且征收的时间也更为频繁,到爱德华诸王时代这种税收被动产税所取代。亨利二世对城市的控制显然也延伸到了金雀花王朝统治下的欧陆。他尤其不能容忍公社运动,1090年左右在鲁昂出现了由富裕且有军事力量的市民代表科南领导的城市暴动,但在国王的镇压之下遭到失败,亨利二世将他带到塔楼的最高处将其推下摔死,以向城市示诫。

同样,贵族和世俗领主权力也在城市里占据着重要地位。在意大利的北部和中部城市,如佛罗伦萨、比萨、热那亚、威尼斯等,从12世纪起领主往往在城市和乡村占有上好的地产,在山区拥有森林和锻铁厂,他们还有强大的海上武装力量用于战争和贸易保护。因此在这里贵族既是领主也是商人,在他们的城市里享有所有的权力。在掌握了城市命运的一批贵族中,又加入了新富,即大采邑和众多山村的领主,因而城市更为膨胀,其军事力量和金融实力都大为增强。这些新来的贵族在城市里都拥有一块地产,会在此建立豪宅以安置亲戚朋友和被庇护的人。因此,他们还会在城市里树立新的服从于他的采邑和下属关系。在比萨和热那亚,领主和贵族会有大片的土地用于建设豪宅和储养附庸。

在德意志,城市里也有古老的贵族世家。13世纪在大多数城市里,贵族家族的所有成员都会在石头上留有肖像,此外,纹章、印章、墓碑或墙上都会作上贵族世家的印记。这种祖先崇拜说明了城市里的贵族也注重其谱系,都是为了彰显其源流久远。在城市里,这些贵族也控制着政治和经济,之间也有不断的和顽固的斗争。14世纪末期在科隆还成立了贵族间的联盟,虽然并没有很多豪宅,但集中了众多贵族家族的首领从而在城市生活各领域占据重要地位。

即使在城市公社内部,特权也是掌握在少数人手中,组成公社时的宣誓也不是所有人都能参加的。12世纪在苏瓦松和努瓦永,公社的特权是给予那些在城市或在郊区拥有一处房产或地产的人的,而这些人数量不足城市人口的一半。城市行政官的遴选也不是通过公民大会,更多是通过一种复杂的自行遴选制度,只有那些出自掌握了城市经济金融命脉的少数家族的人才能入选,因而产生了城市贵族。在阿尔勒,从1135—1157年,28名行政官中21名出身于骑士。1144年在尼姆和1146年在阿维农,所有的行政官都出自贵族世家。公社的市政建设也很不完善。管理城市的政府和行政官,制度化的过程非常缓慢。在法国南部,12世纪之前城市的行政官还都是领主的附庸,多由贵族担任,只有到13世纪才允许商人担任,并产生了出身骑士阶层的行政官,但这些商人市民和骑士同时也是土地所有者,构成了城市的土地贵族。在阿尔勒,12世纪中期时行政官由大主教从12个骑士家庭中选出来,即使到13世纪商人介入,但他们也同时在乡村和城市拥有土地。默兹的显贵市民家庭在12世纪主要是不动产所有者和主教的下属。兰斯12世纪的上层市民也主要掌握不动产,也涉入贸易和金融。马孔地区的市民在12世纪主要是伯爵下属和贷款者。夏特尔的权力掌握在伯爵和教会手中,有资产者市民主要作为伯爵、国王和主教的官员,他们的财富也主要集中在不动产上。

由此可见,在中世纪的城市中,教俗领主不仅是多数城市的创建者,还在城市内部享有很大的统治权力。这在城市的内部通过建筑的所在地也可以看出,代表权力机构的宫殿或城堡仍由教会和世俗领主所占据,而且往往处在城市地势最高最中央的位置。在阿尔勒,由三座庭院拥簇的大主教城堡就坐落在最高处的高台最顶端。在尼斯,普罗旺斯伯爵的城堡也在全城最高处。这些建筑代表了领主或君主对城市的权力,直到12、13世纪,这种权力仍是由世俗领主和主教或单独占有或分享。在艾克斯-普罗旺斯,城市被分为两个部分,各有其中心,一个是伯爵的宫廷,一个则是大教堂。在贝济耶,城市权力则由子爵和主教共享,他们时而会有权力之争。在纳博讷,12世纪末时主教对旧城的1/3和新城的全部行使权力,而子爵则控制旧城的余下部分。

在建筑形式上可以看出这种权力的象征。最为明显就是宫殿之上塔楼的建造,当然,这时已不是用于战争,而是显示了一种身份和权力。在图尔,安茹伯爵在1030—1040年间在其府邸建造了一座塔楼,与其宫殿大厅相连,显示了他在城市里的独特地位。这一倾向在这一时期的城市里不断出现。在莫城主教府,阿尔勒主教府,格拉斯主教府,维韦尔的主教宫殿,等等,都于12世纪前后建立了塔楼。到14世纪文艺复兴时期,这种高大的塔楼的修建更是如火如荼,但在12世纪时就已体现出它在城市里的权力象征意义了。

12世纪末开始尤其是13世纪,城市里的宫殿迅速出现,帕多瓦的公社宫殿在1200年建成,在佛罗伦萨,巴尔杰罗建于1250年,领主府于1298年,这些地方成为城市生活的中心。但也正是随着王公权力如那不勒斯的安茹家族、米兰的维斯孔蒂家族以及罗马教皇的参与才使其得以大规模建设。正是当这些宫殿成为皇室、教宗和贵族在城市里的驻足地时,城市才成为权力中心和行政所在地。瑞士的伯尔尼是1191年由公爵贝尔多五世在阿尔河的拐角处建立的一处城镇逐渐形成的。这里人口增加很快，城市规模迅速扩大。从地形图中可以看出，托钵僧居所和广大住户都处在城市边缘，而显贵和富人则都居住在城市的中央，靠近教堂和市政厅处。最中央则是公爵的法庭，也是集会处，手工业者和商人则分散在全城各处活动。

图7-10　兰斯大教堂

在领主高度控制城市的时代，对市民来说自由度是相当之低，他们多是作为领主的奴仆而存在，从事的也多是领主允许的职业并且为领主服务，自由更多是体现在领主划定的范围之内，并非为所欲为或反对领主的自由。他们在城市中的居住权利也多少是要受到领主的同意和认可，并非简单地循着"清新的城市空气"就能前来，或通过激烈斗争就能够夺取城市的自由权利的。

(三) 中世纪的自治城市

中世纪的城市的一个重要特征就是自治。在中世纪城市形成之初，城市所在领地的领主往往在城市中享有一系列经济特权，但是，随着城市商品经济的发展，城市市民也开始对封建领主进行斗争，他们的基本要求就是要改变领主课税的随意性和不确定性。城市市民与封建领主有着千丝万缕的关系，他总是试图摆脱领主的束缚，达到自治的目标。在西欧的国家中，城市市民通常是王权反对封建割据的天然同盟军，为王权战胜封建领主、建立统一国家发挥了重要作用。

中世纪城市市民反对封建割据和争取城市自治，往往同王室联合进行。在法国，国王与城市市民也通过特许状而产生了关联，法国国王也被称作"公社之父"。国王通过为城市市民颁布特许状获得市民的信任，并且也为其与领主斗争争取到了同盟军。在英国，英王亨利二世即位后，为加强王权和大领主展开激烈的斗争，亨利二世得到城市市民的大力支持。在那些国王无力实现统一的国家，中世纪城市采用城市同盟的形式与割据势力抗衡。

封建领主在不同程度上参与了中世纪城市的兴起过程,因此也掌握了城市的司法权和行政权,城市与封建领主斗争的目的就是要夺回这些权力。在法国南部和意大利,城市一般采取金钱赎买自治权的方法,也有许多城市是采用武装斗争来达到目的的,譬如意大利的米兰和德国的科隆等。11世纪中叶,米兰市民掀起反对主教的斗争,将主教的军队逐出城外,最终获得了自治地位。从11世纪末到12世纪,法国东北部有四十多个城市通过武装起义的方式获得了自治权。

有些城市具有完全的自治权,如意大利中北部的一些大城市威尼斯、热那亚、佛罗伦萨,在完全自治的基础上建立起城市共和国,还取得了对周边农村地区的控制。也有一些城市仅取得了部分的自治权,由国王和城市代表共同管理,如法国的巴黎、里昂、南特,英国的牛津、林肯,等等。大部分中小城市限于自身力量,基本上没有自治权可言,一般都处于封建领主的直接控制之下。

城市的自治力量一般都来自行会。行会是对手工业、商业的成员进行规范管理和协调的组织,行会成员必须遵守行会的规定。在很多城市,当行会力量强大起来之后,就进入政府,由行会成员担任政府要职,参与城市决策和管理。最有名的当属佛罗伦萨,其行会政府使城市实现了自治。然后,随着商业的发展,在行会中也出现了一些商业贵族和大商人、大金融家,他们逐渐控制了行会政府,并且使自治政府变为其个人或小集团的工具,成为新的领主对城市进行控制。在佛罗伦萨,美第奇家族就是一个典型的例子。因此,城市的自治也是相对的,在不同时期表现出不同的情况。尤其是在中世纪晚期,许多自治城市都表现出向领主城市或城市国家的转变。

在德国,13、14世纪也出现了许多自治城市,由于这些城市都是在皇帝的帮助下,摆脱了地方教俗领主的控制,因此也被称作自由城市或帝国自由城市。譬如科隆、奥格斯堡、美因茨、沃姆斯、施派尔、斯特拉斯堡和巴塞尔。这些城市不再接受其领主的统治。直接处于皇帝治理之下的自由城市基本上自主,拥有自己的司法权,包括执行死刑的权力,这也是它们与其他隶属于任何领主城市的区别。这些城市还有权利和有义务直接派代表参加帝国议会,同时他们对皇帝也有一定的义务,比如交税、提供军队等。到14世纪,许多自由城市组成城市同盟,如莱茵同盟、士瓦本同盟,但最有名的当属汉萨同盟。汉萨同盟是北海和波罗的海沿岸城市结成的政治、商业同盟,目的在于确保商路安全,维护商业特权,垄断北欧贸易。汉萨同盟下辖伦敦、布鲁日、卑尔根、诺夫哥罗德四大海外商站。汉萨同盟在鼎盛时期成员多达一百六十多个,其中德国北部的城市居于主导地位。汉萨同盟是为了发展商业而兴起的跨国城市同盟,到15世纪中叶以后才逐渐解体。

二、中世纪的西欧文化

西欧中世纪早期,战乱不断,政治分裂,经济衰败,古典学术几近湮灭。罗马教会成为当时仅有的文化机构,保存了大量的古典文化,教会人士成为教育和文化知识的垄断者。

基督教神学是中世纪人们唯一的意识形态,对人们有着很大的影响。哲学、法学、文学、政治学、科学等都是为神学服务的。为了突出神学至高无上的地位,教会往往将古典文化贬斥为"异端"邪说。6世纪,教皇格里高利一世曾下令焚毁藏有大批古代典籍的罗马图书馆。教会还开列禁书目录,不准人们阅读。当时的知识分子和学术活动也基本上都是维护《圣经》的权威性,从诠释宗教经文的角度进行繁琐考证。

在中世纪,教育具有极浓厚的宗教性。学校一般设于修道院,只有少数僧侣和少数贵族才有受教育的特权。也有一些君主兴办宫廷学校,聘任一些学识渊博的教士来教书。如8世纪末,查理大帝就专门从不列颠请来教会学者阿尔昆(约732—804年),主持其宫廷的学校。阿尔昆也宣称其办学是为了给教会和上帝培养神职人员,为帝国培养效力之人。学校传授的各科知识基本上都是出于宗教之需。当时所教授的课程被称作"七艺",即语法、修辞、逻辑、算术、几何、天文、音乐。前三者是为了培养人传经讲道,论证神学命题;天文学是为了推算宗教节日;音乐是为了能够在宗教仪式上唱诵赞美诗。但是,"七艺"的学科对于中世纪文化的发展也起到积极的推动作用。

11世纪以后,西欧城市复兴,极大地推动了文化的发展。12、13世纪,西欧出现了文化的蓬勃发展。由于商业活动的需要,法学在一部分城市里迅速兴起,对罗马法的研究非常盛行,罗马法在当时成为影响西欧大陆的主要法律体系。当时还流行教会法,在英国则盛行普通法。

从12世纪起,在西班牙出现了翻译运动,将数百年前被阿拉伯人翻译成阿拉伯语的希腊古典著作再翻译成拉丁文,亚里士多德、托勒密、欧几里得等人的作品得以传入西欧,产生重大影响,推动了"12世纪文艺复兴"。西欧的学校除了教授"七艺"之外,也开设了法学、医学等课程。逻辑课引入了亚里士多德的著作,几何、天文等课程也采用欧几里得、托勒密的著作。这些古典文献的使用充实了基督教学术。

城市里亦流行会计、公证等行业,也都是为了适应当时商业的发展。随着新型市民阶层对文化的需要,世俗学校在西欧开始兴起。这种新型学校不靠教会资助,而是通过学生缴纳的学费来维持日常开支。早在10世纪,意大利就创办了最早的萨莱诺医科学校,11世纪末又成立了博洛尼亚法律学校,这些学校后来都发展成为大学。"大学"一词源于拉丁文,意为"联合",即由学生和教师组成的联合社团。大学获得教皇和皇帝授予的特许状,能够保持相对的独立性和自治性。因此,大学作为一种自治团体,由教师和学生共同推选校长进行管理。大学的自治也使其可以相对自由地研究学术,也出现了一批具有自由意识的知识分子。12世纪,法国开始建立了巴黎大学(1180年),英国先后建立牛津大学(1168年)、剑桥大学(1209年),西班牙建立萨拉曼卡大学(1218年),意大利又出现了摩德纳大学(1175年)、佩鲁贾大学(1200年)、那不勒斯大学(1224年)、锡耶纳大学(1240年)等一批大学。之后,在中欧也出现了创办大学的潮流。14世纪,波西米亚建立布拉格的查理大学(1348年),波兰创办克拉克夫亚盖洛大学(1364年),德意志出现了海德堡大学(1366年),等等。到1500年,全欧已有80多所大学。相对于修道院,大学的世俗气息更加浓厚,虽然大学里也教授神学,与教会有着千丝万缕的联系,但是其独立研究氛围的形成,有利于教师和学生自由地学习和讨论。

中世纪西欧的哲学和神学紧密结合，形成了经院哲学。经院哲学可上溯至公元2世纪后半叶产生的教父哲学，是为基督教义辩护的一种宗教思想体系，经院哲学则使这种宗教思想体系更加思辨化、理论化。它把基督教信条作为思维的起点，运用亚里士多德的形式逻辑对此进行繁琐的论证，从而演绎出高度抽象的结论。在经院哲学内部，存在唯名论和唯实论两大派别的论争。唯名论主张个别事物才是真实的，一般概念（共相）只是人的思维的抽象，只是事物的名称或名词。唯实论则把一般视作实在的、根本的，认为个别事物是从一般派生出来的。后者在经院哲学中居于主导地位，具有唯心论的倾向。

经院哲学最著名的学者有：法国的阿伯拉尔（1079—1142年）、意大利的托马斯·阿奎那（1227—1274年）、英国的邓斯·司各特（1256—1308年）和威廉·奥卡姆（约1300—1350年）等。托马斯·阿奎那是经院哲学的集大成者，著有《神学大全》，竭力论证上帝高于一切，信仰高于理性。他倡导"宇宙秩序论"，认为宇宙存在一个由上帝按照等级阶梯排定的秩序，从非生物体、植物界、动物界到人、圣徒、天使，上帝居于最高等级；下级隶属于上级，受上级统摄，各级最终都要服从上帝。不过，他也承认，神的启示和自然真理之间存在差别。与经院哲学过分强调演绎法不同，英国的罗杰·培根（约1220—1292年）等更加注重观察和实验的经验，以此作为认识自然的基本方法，投入实验科学的研究。

中世纪的文学在早期大体上带有比较浓厚的宗教色彩，体裁多为宗教赞美诗、祈祷文、使徒行传、宗教戏剧之类，一般以拉丁文创作。到中世纪盛期，文学作品开始使用方言创作，包括英雄史诗、骑士抒情诗、骑士传奇和寓言。这些作品最初为口头流传，由游吟诗人到处传唱，后来才被改编为文学作品。英雄史诗在当时非常流行，出现了四大英雄史诗，即：法国的《罗兰之歌》、西班牙的《熙德之歌》、德国的《尼伯龙根之歌》、英国的《贝奥武甫》，此外还有《亚瑟王传奇》这类传奇。这些作品的共同点在于它们都赞颂骑士风范，如忠诚、勇敢、侠义等。这时期还出现了寓言故事，表达了城市市民的思想，如法国的《列那狐的故事》，就是其中的代表作，以诙谐的比喻手法嘲讽了教会和领主。

中世纪的建筑艺术也非常发达。中世纪早期流行的古罗马时代的风格，尤其是罗马式，继承了古典时代的建筑样式。典型的罗马式建筑有：法国的普瓦提埃教堂、德意志的沃姆斯大教堂、意大利的比萨大教堂。到12世纪以后，出现了建筑方面的革命，工匠可以建造更高的穹顶，因而带来了哥特风格的时代。哥特式的特点是有带尖角的拱门，肋形拱顶和飞拱，采用薄墙壁、大窗户、修长的石柱，门窗饰有彩色玻璃，使室内尽显神秘效果，而高耸的尖塔式屋顶也使人在仰望时产生接近天国的感觉。著名的哥特式建筑有：法国的巴黎圣母院、沙特尔大教堂、圣德尼大教堂、亚眠大教堂，英格兰的坎特伯雷大教堂、林肯大教堂、约克大教堂，意大利的米兰大教堂、锡耶纳大教堂等等。它们都构成了世界建筑史上的重要一页。

第四节 中世纪晚期的西欧

一、百年战争

在中世纪晚期,英国和法国成为率先迈向现代国家的两个典型。它们基本实现了国内的政治统一,开始了走向现代国家的道路。百年战争在其中起到非常重要的作用。

1328年,法国卡佩王朝绝嗣,支系瓦卢瓦的腓力六世(1328—1350年在位)继承王位,而英王爱德华三世(1327—1377年在位)也以法王腓力四世的外孙的身份要求继承法国王位。两国最终诉诸战争。这场战争断断续续进行了一百多年,故而称"百年战争"(1337—1453年)。除了王位继承的原因,两国之间的经济争夺也是重要因素。14世纪初,法国力图收复英王在法国最后的一块领地阿基坦,但是英国不仅无意退让,还想要恢复曾经的金雀花帝国;弗兰德尔地区生产呢绒,依赖于英国的羊毛原料,与英国经济关系密切,但是腓力六世即位后建立起对弗兰德尔的直接统治,损害了英国的利益。这些因素使得英法之间矛盾日益尖锐,终于兵戎相见。1337年11月,英国对法国宣战。

战争之初,英军频频告捷,1340年于爱克留斯海战击溃法国舰队,1346年于克勒西海战大败法国骑士和雇佣军,1347年又一举攻陷法国北部重镇加来。在1356年的普瓦提埃战役中,法军再遭重创,法王约翰二世(1350—1364年在位)及其幼子腓力、十余名伯爵皆被英军俘虏。到1360年5月,陷于内交外困的法国不得不与英国议和,签署《布勒丁尼和约》,被迫将加来港和西南部的大片领土割让给英国,英国则放弃对法国王位的要求。法国利用这一喘息机会重整军备,并进行一系列改革。1369年,法王查理五世(1364—1381年在位)与英国战事再起,法国倾全力收复大部分失地,到1380年仅剩若干沿海城市仍被英军占领。这时期英国国内也矛盾丛生。爱德华三世的孙子理查二世受到叔父的掣肘,领导层内部出现激烈斗争。到1399年,理查二世被其堂兄亨利废黜,后者建立兰开斯特王朝,称亨利四世。鉴于这些国内矛盾,1396年,英法缔结了为期20年的停战协定。

理查六世(1380—1422年在位)登基后,法国统治阶层分裂为两大集团,内讧激烈,王权也由于国王患病而式微。1415年8月,英军趁机再度入侵法国,10月在阿金库尔战役中大胜法军,随后一举占领巴黎和法国北部广大地区。1420年,英法签订《特鲁瓦和约》,宣布剥夺法国王太子查理(即日后的查理七世)的继承权,英法两国共同拥戴英王亨利五世(1413—1422年在位)为查理六世的继承人。王太子查理拒不接受《特鲁瓦和约》,退守法国南部,与英国势力隔卢瓦尔河南北对峙。到1428年,英军挥师南下,10月围攻法国中部战略重镇奥尔良,企图控制整个法国。就在这个危急时刻,法国民众开始出现强烈的民族主义情绪。1429年,女英雄贞德挺身而出,率军驰援奥尔良,5月击退围城英军,后又收复北方部分失地,同年7月帮助王太子查理到兰斯大教堂加冕,是为查理七世(1422—1461年在位)。贞德于1430年被勃艮第派出卖,落入英军手中,被宗教法庭以女巫罪和异端罪处死。但是整个法国已经进入到群情激愤的时期,大规模的反英战争打响。1436年,巴黎市民为查理七世打开了首都的大门。1449年,法军占领鲁昂,继而夺回了整个诺曼底。1453年10月,守卫波尔多的英军缴械投降,英国势力被彻底逐出了阿基坦。至此,百年战争以法国的最后胜利而告终,除加来港以外,英王丧失了在法国境内的所有领地。

二、法英的现代国家建构

百年战争为法国各阶层培养共同的民族意识提供了契机,同时,王室领地的扩大也为建立起一个君主中央集权的国家提供了条件。在14世纪至15世纪初,法国出现了王室宗亲的分封,如勃艮第公爵、安茹公爵、贝里公爵等等,这些王公会在各自的领地打造一个领地国家,并且有首府城市,类似于现代国家的首都。最具野心的勃艮第公爵甚至与英国合谋,试图成立一个法德之间的独立王国,并且将其合法性追溯至中世纪早期的中法兰克王国。但是,到15世纪下半叶,法王路易十一(1461—1483年在位)和查理八世(1483—1498年在位)便开始全力强化中央集权,打击封建割据势力。特别是路易十一,由于其成功地将许多独立的领地都并入王室控制下的国家,被人称作"蜘蛛国王"。到15世纪末,许多独立的封建领地,如勃艮第公国、普罗旺斯伯国、鲁西永伯国等都先后被王室兼并,法国实现了政治上的统一,建立了一个高度集权的现代国家。这时期,法国王权已经相当巩固,路易十一时期只在1468年召开过一次三级会议,平时主要依靠御前会议提供咨询,其成员皆由国王任命。1484年以后,法国连续70年都没有再召开过三级会议。法国的集权程度日益加强。

与此同时,为了增强经济实力,法国政府还推行促进工商业发展的政策:招募外国工匠,保护手工工场,取消部分内地关税,加强国内的商业联系,鼓励商品出口,增加贵金属储备,等等。国内统一市场逐步形成,巴黎不仅是政治中心,还是经济中心。法国境内各个地域在长期的交往过程中逐渐形成了一个法兰西民族,以北方方言为基础的法语成为全民族通用的语言,共同的法兰西文化也由此形成,百年战争更是促成了一个有着共同身份和记忆的法兰西民族。

百年战争后的英国陷入严重的政治危机。为了争夺王位,以兰开斯特家族和约克家族为首的两大集团相互厮杀,长达30年之久。由于前者以红玫瑰为族徽,后者以白玫瑰为族徽,这场战争也被称作"红白玫瑰战争"(1455—1485年)。经济落后的西北部领主支持兰开斯特家族,战争开始时该集团在政治上居于主导地位。经济比较发达的南部领主和新贵族、市民集团站在了约克家族一方,对兰开斯特王室有很大不满。1485年,兰开斯特家族的远亲亨利·都铎取得了最后的军事胜利,成为国王,称亨利七世(1485—1509年在位),红白玫瑰战争宣告结束,英国进入都铎王朝统治时期(1485—1603年)。经过这场大规模的内战,英国的封建贵族元气大伤,实力丧失殆尽,再也没有力量割据一方,英国政治实现统一,国王基本上控制了全国。亨利七世在位时期,依靠资产者和新贵族支持,通过枢密院实行君主专制统治。枢密院权限非常大,不仅有权根据国王旨意制定法令,还掌握国家的最高司法权。枢密院还负责讨论有关国内政局、军事防御和外交策略等方面的重大问题,然后再提交给国王定夺。枢密院成员由资产者和新贵族构成,均由国王任免,受过高等教育,精通法律,熟悉外交和内政事务。地方事务由枢密院任命的治安法官处理,他们大都出身中小领主。亨利七世极力抑制大贵族势力,一方面毁其城堡,另一方面设立星型法庭惩治桀骜不驯的大贵族。

在经济方面,玫瑰战争主要对乡村地区造成了破坏,但是城市并未受到波及,依然保持着强劲的活力。亨利七世即位后,大力发展海外贸易,想方设法扶持本国商人和航运业。伦敦冒险商人公司获得了国王颁布的特许状,出口呢绒和开拓海外市场,同汉萨同盟构成强有力的竞争。在国内,随着各地区之间经济文化的联系日益密切,伦敦成为国内统一市场的中心,伦敦方言成为全国通用语。在百年战争失败后,英国逐渐放弃了在欧陆的扩张,决定专注于不列颠自身的发展,这也强化了其独立的民族意识。到15世纪末,英国与法国一样,在欧洲率先进入了民族国家的发展行列。

参考书目

1. [法]马克·布洛赫:《封建社会》上下卷,张绪山译,商务印书馆,2004年。
2. [美]汤普逊:《中世纪经济社会史》,耿淡如译,商务印书馆,1997年。
3. [美]汤普逊:《中世纪晚期欧洲经济社会史》,徐家玲等译,商务印书馆,1996年。
4. [德]汉斯-维尔纳·格茨:《欧洲中世纪生活》,王亚平译,东方出版社,2002年。
5. [法]雅克·勒高夫:《圣路易》(两卷本),许明龙译,商务印书馆,2002年。
6. [美]马克·加利:《圣法兰西斯和他的世界》,周明译,北京大学出版社,2005年。
7. [比]亨利·皮朗:《中世纪欧洲经济社会史》,乐文译,上海人民出版社,1987年。
8. [美]查尔斯·霍默·哈斯金斯:《12世纪文艺复兴》,夏继果译,上海人民出版社,2005年。
9. [美]朱迪斯·M·本内特、C·沃伦·霍利斯特:《欧洲中世纪史(第10版)》,杨宁、李韵译,上海社会科学院出版社,2007年。
10. [美]朱迪斯·贝内特、沃伦·霍莱斯特:《欧洲中世纪简史》(第十版)(英文影印版),张学明导读,北京大学出版社,2007年。

第八章
中世纪的东欧

在西罗马帝国崩溃以后,地中海世界逐渐形成了三个部分:西边的天主教世界、南边的伊斯兰世界、东边的拜占庭世界。这三个文明相互抗衡,其地缘、政治和经济格局,依然在当下的政治局势变动中隐约表现出来。

事实上,东欧文明与西欧文明虽然同属欧洲文明,并且其源头也都可以上溯至古典时代和基督教,但是,在西罗马帝国之后,就与西欧走上了不同的发展道路,逐渐形成了自己的特色,即东罗马帝国和斯拉夫文化,这深深地植根于拜占庭的希腊文化和东正教传统的深厚土壤,影响到了东欧和东南欧地区。在与西欧的发展差异日益加大之后,这里也构成了西欧人眼中的落后地区,"东欧"成为了一个特定的地域和形象。

在东欧的文明中,除了西欧的文明影响之外,还有两个重要的外来因素,即东方的蒙古人和奥斯曼,这两个因素为俄罗斯和巴尔干带来了不同的文明特色,也深刻地改变了东欧的发展道路。

第一节 拜占庭帝国和东正教文明

395年,罗马帝国分裂成东、西两部分,东罗马帝国以坐落于博斯普鲁斯海峡的君士坦丁堡为都,这是个古希腊人建立的殖民城邦,名为拜占庭,故又称拜占庭帝国。

拜占庭帝国所在的地中海东部地区,是古代东方文明的发源地,又经希腊化时代文化的影响,逐渐形成了独特的社会经济文化类型。罗马人虽然在武力上征服了这个地区,却未能在精神文化上取而代之,帝国的东部行省对罗马一直维持着文化上的独立性。希腊化的帝国东部与拉丁化的帝国西部始终没能成功整合起来,二者之间保持着很强的张力,最终分离开来。当西罗马帝国在日耳曼人的入侵浪潮下遭到覆灭时,拜占庭帝国却坚持了长达千年的时间,保存了古典文化遗产,发展出自己特有的文化。从本质上说,拜占庭帝国的文化就是罗马帝国的政治模式、希腊的文化传统和东正教的宗教体系的多元混合体。

一、查士丁尼的统治

在西罗马遭受日耳曼人入侵的风雨如晦的时刻,拜占庭帝国也面临着游牧民族的入侵,在其北部也出现过匈奴人、哥特人、波斯人、阿瓦尔人等,但是帝国的国库充盈,能够招募雇佣军,并且用大量金钱贿赂和收买敌人,故而能够摆脱困境。而且,其所处的地中海东部地区,城市工商业经济一直保持繁荣,埃及和叙利亚的农业也能够为其保持基本的经济保障,手工业也很发达。埃及的亚历山大城,叙利亚的安条克,小亚细亚的士麦那、尼西亚、以弗所,希腊的帖撒罗尼迦,都是富可敌国的工商业城市,首都君士坦丁堡地处交通要道,其富裕繁华更令西欧难以匹敌。这里与波斯、阿拉伯、印度、东北欧、西欧等地都有着广泛的商业交往,故而能够屹立不倒。

西罗马帝国崩溃以后,部分罗马贵族逃到君士坦丁堡避难,他们还想要铲除日耳曼人政权,恢复以前的政权。拜占庭帝国也想要从日耳曼人手中夺回西部疆域,重建统一的罗马帝国。在皇帝查士丁尼统治时期,开始将这些想法和计划付诸实施。

查士丁尼是拜占庭帝国高级将领查士丁的养子,查士丁后来称帝(518—527年在位),查士丁尼成为继承人,于527年继位(527—565年在位)。他想要复兴罗马帝国,重振辉煌。

查士丁尼即位之初,便为了加强皇权而进行改革。他首先编纂法典,组织了专门的编纂委员会主持工作。529年完成《查士丁尼法典》,534年修订,共10卷,包括自哈德良时期至534年间历代罗马皇帝颁布的法令汇编。533年完成的《法理汇要》,共50卷,是历代罗马法学家阐述相关法律的论集。同年又完成《法学总论》4卷,它是研读罗马法的简明读本。还有《法令新编》,汇集了534年以后查士丁尼所颁布的各种法令。这4个部分合称《民法大全》,是罗马法的总结和最高成就,也是欧洲历史上第一部系统的法律文献汇编。罗马法以民法为主要内容,规定了公民之间的各种法律关系,包括契约、债务、婚姻、所有权与继承权等,对12世纪以后西欧各国立法产生了深远的影响。这些法典的核心在于强化君权,显示出浓烈的东方专制主义特色。

在内政方面,查士丁尼大力简化官僚行政机构,镇压割据势力,打击那些有独立倾向的元老和大地主。为了强化意识形态方面的控制,他严厉打击宗教异端,关闭雅典学园。

查士丁尼的改革和政治的腐败经历过严重的危机,导致其政权差些被颠覆。532年,在一次观看赛车竞技时,爆发了民众的起义,反政府情绪迅速扩展,形成了一场起义,被称作"尼克起义"(尼克为 Nike,希腊语的胜利之意)。起义者围攻皇宫、捣毁监狱、释放犯人,骚乱延续了 8 天。查士丁尼惊慌失措,一度考虑弃城而逃,最后在皇后狄奥多拉的劝说下才稳定下来,坚持防守,最终等来援军,才镇压了起义,控制了局面。

在镇压起义之后,查士丁尼决定开始对外征伐,以在一定程度上缓解内部矛盾,同时也实现其恢复罗马帝国的梦想。为消除后顾之忧,他与东方的波斯萨珊王朝缔结和约。533 年,查士丁尼派大将贝利撒留统帅 1.6 万大军远征北非,在迦太基城附近击败汪达尔人军队。次年,拜占庭帝国大军攻灭汪达尔王国,恢复了帝国在北非的统治。535 年冬,贝利撒留进攻意大利的东哥特王国,次年攻占罗马,到 540 年时几乎占领了整个意大利。但是东哥特人奋起抵抗,推选了年轻的托提拉为国王,同拜占庭帝国军队顽强抵抗。哥特战争耗时 20 年之久,帝国直到 552 年才最终击溃东哥特人,托提拉战死,554 年,东哥特王国灭亡。同时,查士丁尼还派兵远征西班牙,同西哥特王国战争,占领了伊比利亚半岛的东南部。拜占庭帝国的扩张还达到了科西嘉、撒丁、巴利阿里群岛和巴尔干沿海的达尔马提亚一带,几乎重新恢复了曾经的罗马帝国的版图。

图 8-1　查士丁尼与拉文纳大主教在一起的马赛克画

然而,查士丁尼死后,其扩张所获得地领土重又丧失。568 年,伦巴第人入侵意大利,将拜占庭帝国势力逐出半岛的北部和中部。7 世纪初,拜占庭帝国在西班牙的占领区也逐渐被西哥特人重新收复。到 7 世纪末,随着阿拉伯人的兴起,北非也落入穆斯林之手。拜占庭恢复帝国的梦想彻底破灭。

二、中世纪中期的拜占庭帝国

查士丁尼死后,经过很长一段时间的动荡和战乱,权力最终转入阿非利加行省总督之子希拉克略手中。610 年,希拉克略(610—641 年在位)登位,开创了希拉克略王朝(611—711 年)。

7世纪上半叶，阿拉伯人的势力兴起，从东面的小亚细亚步步紧逼拜占庭帝国边境。巴尔干半岛遍布斯拉夫人，横行东欧的阿瓦尔人也频频索贡，威胁帝国中枢君士坦丁堡。为了应付这种形势，希拉克略愈加倚重新兴军事贵族的势力，开始实行军区制。拜占庭帝国最先在亚洲领土上建立亚美尼亚军区和奥普西吉军区，此后又先后设置了基维莱奥特、安纳托利亚和色雷斯军区。军区取代了行省，军区首脑行使军事和行政全权。军队的作用增强，编制扩大，大批自由农被编入军队，承担世袭军役，并分得份地，战时应征入伍，平时屯田务农，并向政府交纳人头税和土地税，从而形成了一个相对稳定的农兵阶层，实际上成为了国家的依附农民。军区各级军官，特别是上层，由帝国政府授予大量土地，在这一军事封土制度的基础上，形成了拜占庭帝国的军事封建贵族集团。军事贵族同旧贵族逐渐合流，构成了新兴的封建主阶级（吉那特）。军区制的推行，巩固了拜占庭帝国的国力，有助于它抵御外敌和稳定形势，也推动了拜占庭帝国封建化的进程。

717年，利奥三世（717—741年在位）创立伊苏里亚王朝（717—802年）。此后，军区制得到进一步推广。发展军区制，需要大量的土地和军费。利奥三世于726年下令禁止圣像崇拜，封闭教堂、修道院，没收教会的土地，分配给军事贵族和宫廷贵族，或作为军士的份地。这就是"圣像破坏运动"。利奥三世之子君士坦丁五世（741—775年在位）时期，圣像破坏运动愈加激烈，全国教堂中的圣像几乎全部被清除，没收的土地多为军事贵族所占有。8世纪中叶，拜占庭帝国的大部分国土都已被置于军区制的管辖之下，全国建有六大军区。9世纪时，军区发展到10个。后来，军区的地域被进一步划小，数目增多。10世纪分为29个军区，11世纪分为38个。封建军事贵族的势力日益强化，自由农的农奴化进程也大大加快。

820年，拜占庭帝国皇帝利奥五世（813—820年在位）被暗杀，米凯尔二世（820—829年在位）继位，建立阿摩里亚王朝（820—867年）。到867年，阿摩里亚王朝宠臣巴西尔杀死皇帝米凯尔三世（842—867年在位），篡位自立，称巴西尔二世（867—886年在位），开创马其顿王朝（867—1056年），拜占庭帝国进入繁荣昌盛时期。巴西尔一世颁布新法典，对《查士丁尼法典》进行补充和更新。军事上强化海军，向四邻积极扩张，收复塞浦路斯和克里特岛，占领两河流域和叙利亚大部。巴西尔二世（976—1025年在位）在位期间，征服了在北境屡屡侵袭拜占庭帝国的第一保加利亚王国，并且夺取了格鲁吉亚和亚美尼亚的大片土地。马其顿王朝时期，大土地所有制发展很快，中央政府已经意识到土地大规模集中的情况，但是已经积重难返。

马其顿王朝之后，拜占庭帝国经历了一个国内纷争的时期。塞尔柱突厥西来，于1071年曼齐卡特战役中夺取拜占庭帝国的小亚细亚大部分领土，拜占庭帝国国力日趋衰落。1081年，大贵族亚历克修斯（1081—1118年在位）发动政变，开创科穆宁王朝（1081—1185年）。这时期推行"普洛尼亚制"，即监领地制度。政府将大量国有土地和村社土地分给担任公职的大贵族和东正教会、修道院监领，依附于土地的农民归其辖治，缴纳地租、服劳役；监领人则须向国家服军役，提供相应的兵员，并将所获部分地租上缴国家。这种监领地类似于西欧的采邑，只许终身占有，不得转让继承。普洛尼亚制的施行，使仅限终身的监领地逐渐转化为世袭土地,而且,监领人也取得领地内的经济、司法和行政特权,形成国中之国。这样,中央集权的力量被削弱,政治分裂倾向日益滋长。

三、拜占庭帝国的衰亡

12世纪末,由于外部环境恶化,拜占庭帝国日趋衰微。亚洲的大部分领土被塞尔柱突厥占领。在欧洲,由于不敌诺曼人的攻势,丢失了在意大利的全部领地;巴尔干地区受塞尔维亚人、佩彻涅格人的袭扰,也大都丧失。拜占庭帝国所有控制的地盘仅有君士坦丁堡和一些希腊城市及毗邻地区。1204年第四次十字军东征更使拜占庭帝国受到沉重打击。十字军在君士坦丁堡建立拉丁帝国,拜占庭帝国的残余势力退至小亚细亚西部、北部和巴尔干的埃皮鲁斯地区,分别形成了尼西亚帝国(1206—1261年)、特拉布松帝国(1204—1461年)、埃皮鲁斯君主国(1204—1430年)等几个小国。尼西亚帝国的统治者利用威尼斯和热那亚之间的矛盾,同热那亚结盟,在热那亚舰队的帮助下,于1261年夺回了君士坦丁堡,拉丁帝国被推翻。拜占庭帝国复国之后,由尼西亚的巴列奥略王朝(1261—1453年)统治。

但是,此后的拜占庭帝国国力与以前相比已经大大衰落,国际地位一落千丈,疆域仅限于小亚细亚西北一隅、马其顿和色雷斯的一部分,以及希腊的一些据点和爱琴海的部分岛屿。埃皮鲁斯倒向了塞尔维亚,特拉布松依然保持独立。此外,在拜占庭帝国境内还残留着一些西欧骑士及威尼斯、热那亚商人的小块飞地。整个国家已经支离破碎。

拜占庭帝国这时期还受到外国势力的干涉。威尼斯人和热那亚人在君士坦丁堡等拜占庭城市拥有极大的特权。热那亚利用从1261年《尼菲条约》获得的特权,在君士坦丁堡北部城郊建有加拉太殖民据点,成为拜占庭帝国的国中之国。热那亚每年从加拉太获取的关税就高达20万金币,而拜占庭帝国皇帝由君士坦丁堡获得的关税才只有3万金币。这些外国竞争者阻碍了拜占庭本国的工商业发展。

图8-2 第四次东征的十字军进入君士坦丁堡。Eugène Delacroix 作

奥斯曼土耳其的兴起,更加大了对拜占庭帝国的威胁。1331年,土耳其人夺取了拜占庭帝国在小亚细亚的全部领地。1354年,又渡过达达尼尔海峡,入侵巴尔干,切断了拜占庭帝国与欧洲的陆上联系,逐渐使君士坦丁堡成为孤城。拜占庭帝国内部分裂成亲拉丁派、亲土耳其派和希腊正教派几支力量,相互斗争不已。1453年春,奥斯曼苏丹穆罕默德二世(1451—1481年在位)亲率20万大军,分水陆两路围攻君士坦丁堡。经过53天的激战,5月29日,君士坦丁堡终于沦

陷。拜占庭帝国末代皇帝君士坦丁十一世（1449—1453年在位）死亡，千年帝国至此最终覆灭。奥斯曼土耳其人迁都于君士坦丁堡，将其改名为伊斯坦布尔。

四、东正教和拜占庭帝国的文化

4世纪末罗马帝国一分为二后，基督教会也分裂成东西两大教派。东派教会流行于地中海东部希腊语地区，西派教会以罗马为主，坚持讲拉丁语。由于政治、经济、文化上的差异，以及教会首席地位等问题的分歧，双方之间长期争斗，直至11世纪中叶双方最终决裂。东西方教会的演变与拜占庭帝国的历史关系密切，相互影响。

东派教会以基督教正统自居，称东正教或希腊正教。东正教分设君士坦丁堡、亚历山大城、安条克和耶路撒冷四大牧首区，其中君士坦丁堡牧首（宗主教）被尊为东正教会名义上的领袖。东正教会否认罗马教皇拥有基督教首席地位，仅承认他是罗马城主教和西部地区牧首。东正教的教阶体系为：牧首以下为大主教、修士大司祭、修士司祭和修士辅祭等品级。宗教语言使用希腊语。

与西欧有过长期的政教之争不同，东正教公开承认世俗君主的权威性，教会被置于拜占庭国家的直接控制之下，教权依附于皇权和政权。皇帝可以颁布神学理论，钦定教会法规，召集宗教会议，任命神职人员。查士丁尼就宣扬"一个国家、一个法律、一个宗教"的主张。他还建造了圣索菲亚大教堂，向教会和修道院封赐大量土地，给予教会特权。

然而，帝国与东正教会的关系也并非始终和谐。在7世纪以后出现的"圣像破坏运动"中，皇帝利奥三世就大肆破坏教会力量。到利奥三世之子君士坦丁五世统治时期，在754年希厄里亚宗教会议的推动下，圣像破坏运动更是如火如荼，坚持圣像崇拜的教会和教士都遭到残酷迫害。到787年，皇太后伊琳娜召开第二次尼西亚宗教会议，宣布恢复圣像崇拜。但是不久，利奥五世登位后，再次掀起圣像破坏运动，815年召开的宗教会议再次禁止圣像崇拜。直到843年皇太后狄奥多拉摄政时，才又恢复圣像崇拜，拜占庭帝国皇室才重新转变为东正教会的支持者。

东正教在巴尔干半岛和东欧地区的斯拉夫人当中广为传播。拜占庭教士西里尔（827—869年）及其兄长美多德（825—885年）在向东欧传播东正教方面起到很大作用。早在860年，他们就开始在黑海东北方传教，863年，西里尔兄弟应大公罗斯蒂斯拉夫（846—870年在位）邀请，由拜占庭帝国皇帝米凯尔三世和君士坦丁堡牧首佛提乌派遣，率领传教团来到位于今捷克、波兰南部、匈牙利北部一带的大摩拉维亚公国（818—906年），开始向西斯拉夫人传教。在传教过程中，他们根据本地的斯拉夫语，结合希腊文字创设了斯拉夫字母。这种字母也被称作西里尔字母，是现代俄文、塞尔维亚文、保加利亚文的基础。西里尔兄弟还把《圣经》和其他宗教文献翻译成了斯拉夫文，帮助摩拉维亚人建立不依附于罗马教廷的亲拜占庭教会。但是这引起天主教势力和德意志领主的仇视，西里尔兄弟被当作异端受到指控。西里尔死后不久，罗斯蒂斯拉夫大公被德意志人策动的政变赶下台，美多德被迫离开，东正教在大摩拉维亚公国的传教归于失败。

西里尔兄弟在西斯拉夫地区没有成功,后来却在南斯拉夫和东斯拉夫地区获得了成功。865 年,保加利亚君主鲍里斯一世(852—889 年在位)正式受洗,宣布东正教为国教。鲍里斯一世接纳了西里尔兄弟的几位门徒,并委以重任。他还将儿子西美昂送到君士坦丁堡修道院当修士,与天主教会绝交。893 年,西美昂(893—927 年在位)回国继位后,又进一步引入东正教会的组织、修道院制度、教会法典、神学理论,并赐赠教会大量地产,使保加利亚成为拜占庭帝国以外最具影响力的东正教中心。其后,东正教又经过保加利亚辗转传入塞尔维亚。

东正教传播的地区中,最重要的是东斯拉夫人的基辅罗斯公国。988 年,大公弗拉基米尔(980—1015 年在位)趁拜占庭帝国对保加利亚作战不利,出兵攻占黑海北岸的赫尔松城,逼迫拜占庭帝国皇帝巴西尔二世将其妹安娜公主嫁给自己,并于同年正式皈依东正教,立其为罗斯国教。此后,东正教便在罗斯广为传布。

保加利亚、塞尔维亚、罗斯接受东正教后,相继建立教区,由拜占庭委派主教,教区和主教均归君士坦丁堡牧首管辖。这几个国家不仅在宗教上同拜占庭有着密切的联系,在文化上也受到拜占庭很大影响。

拜占庭文化的来源具有多样性,它一方面继承了古典时代和希腊化时代的文化传统,也吸纳了西亚、埃及等地的东方文化要素,而东正教则构成了拜占庭文化的精神主干。

拜占庭文化被打上了鲜明的希腊印记。拜占庭帝国时代通行希腊语,许多拜占庭学者都是使用希腊语从事写作的,希腊文化和希腊典籍在拜占庭帝国依然具有很强的生命力。在中世纪早期基督教兴起时,拜占庭也受到过基督教的束缚。4 世纪后半叶,大主教阿非罗在打击异教的名义下,焚毁了亚历山大城的图书馆。该城一位著名的女哲学家和数学家希帕提娅也惨遭基督教修士杀害。在拜占庭帝国,受基督教的影响,新柏拉图主义成为当时占主导地位的哲学流派。代表人物是普罗克洛斯(410—485 年),曾给欧几里得的《几何原理》做过注释。

拜占庭帝国在地理学和历史学方面也有非凡成就。6 世纪的拜占庭商人兼旅行家西姆·印吉科普所著的《东方各国旅行记》曾名噪一时。拜占庭的史学分为仿古历史和编年纪事两类。5 世纪中叶的索西穆斯曾为拜占庭宫廷权贵,以自己所想所见,著有《新历史》,阐述对罗马帝国衰亡原因的看法。6 世纪的普罗科比乌斯(500—565 年)是当时最伟大的历史学家。他曾亲身参与贝利撒留的西征,又入宫担任过查士丁尼的重臣,熟悉史事掌故。他著有《查士丁尼战争史》8 卷,详述了拜占庭帝国与汪达尔人、东哥特人和波斯人的历次战争。他所撰写的《秘史》披露了查士丁尼时代上流社会的统治内幕。君士坦丁七世(913—959 年在位)是一位学者型的帝王,曾编著有《拜占庭帝国及其相邻各国记》,还亲自撰写其祖父巴西尔一世的传记。生活在 11、12 世纪之交的拜占庭公主安娜·科穆宁娜(1083—1148 年)是一位有名的历史学家,著有《亚历克修斯传》,记载了其父亚历克修斯一世统治时期的宗教文化活动,并留下了有关第一次十字军东征的记载。

拜占庭的建筑和艺术也别具一格。建于查士丁尼时代的君士坦丁堡的圣索菲亚大教堂

图 8-3 索菲亚大教堂中的壁画

在巴西利卡式大厅上覆有圆形穹顶的结构,使厅堂格外恢弘明亮,厅内配以大理石镶嵌的精美雕刻和巨型壁画,显得富丽堂皇。留存至今的意大利威尼斯圣马可大教堂、拉文那的圣维塔莱教堂和俄罗斯的一些东正教堂,都属于拜占庭建筑艺术的结晶。马赛克镶嵌画也是拜占庭艺术中的非常有特色的类型,在宫廷和教堂中广为使用。

第二节 斯拉夫世界

一、中世纪初期斯拉夫人的迁移

同西罗马一样,拜占庭帝国也面临过北方蛮族的入侵,这就是斯拉夫人,但是在时间上要晚于日耳曼人的南侵。

斯拉夫人的原始居住地可能在亚洲,也有人认为是在高加索地区。大约公元前3000年到公元前2000年时,移居到东欧平原一带。一般认为,斯拉夫人在东欧早期的聚居地大概位于第聂伯河以西的普里皮亚特沼泽(地跨今白俄罗斯、乌克兰边境)一带。经过民族迁徙和扩张,斯拉夫人逐渐形成三大支系:向西迁入易北河、维斯瓦河流域和波西米亚地区的,称西斯拉夫人,后发展成为波兰人、捷克人、斯洛伐克人、索布人;向南移居巴尔干半岛腹地及拜占庭帝国境内的,称南斯拉夫人,逐渐形成后来的塞尔维亚人、克罗地亚人、斯洛文尼亚人、黑山人和保加利亚人等;散布于祖居地附近、东欧平原各地的,则称作东斯拉夫人,主要发展为后来的俄罗斯人、白俄罗斯人、乌克兰人。

由于5、6世纪日耳曼民族大迁徙的带动,部分斯拉夫人也开始向西和向南迁徙。南迁的斯拉夫人陆续渡过多瑙河,朝向拜占庭帝国的巴尔干地区进发。查士丁尼死后,帝国开始衰落,斯拉夫人的入侵势头进一步加剧。577年,有10万斯拉夫人拥入色雷斯、马其顿和希腊其他地区。7世纪初,斯拉夫人已经遍布巴尔干半岛,其势力还伸展至克里特岛和小亚细亚地区。

进入多瑙河南岸默西亚一带定居的斯拉夫人,逐渐同化了本地的色雷斯人。7世纪,斯拉夫人组成"七部落联盟"。679 年,突厥族系的保加尔人在首领阿斯巴鲁赫的率领下,从南俄草原辗转迁至巴尔干山脉一带,与先其抵达的斯拉夫人逐渐融合,建立起第一保加利亚王国(681—1018 年),后来形成了斯拉夫化的保加利亚民族。

进入巴尔干西部的斯拉夫人,散布于德拉瓦河、萨瓦河流域及其以南至亚得里亚海之间的地区,逐渐同化了当地的土著居民伊利里亚人大部,后来形成了塞尔维亚人、克罗地亚人、斯洛文尼亚人等。

斯拉夫人在入侵拜占庭帝国时,带来了自己的习惯,将没收的拜占庭帝国的土地重新分配,组织起农村公社。这种农村公社广泛分布于拜占庭帝国境内,成为当时农村的基本社会组织。土地归村社所有,村社自由农民使用的份地定期轮换。收割后的份地被当作村社的公共牧场。

斯拉夫人的南迁,对拜占庭帝国社会产生了很大的影响,但是与日耳曼人对西罗马的入侵还不同。日耳曼人彻底摧毁了西罗马的国家政权,但是斯拉夫人并没有推翻君士坦丁堡的政权,而是成为拜占庭帝国居民的一部分,在维持着地方独立性的状态下松散地从属于这个帝国,为拜占庭帝国原有的民族构成添加了新的成分。

二、东斯拉夫人与罗斯建国

东斯拉夫人在 6 世纪时分布在德涅斯特河以东、第聂伯河中游一带,后来逐渐向第聂伯河上游、奥卡河、伏尔加河上游和道加瓦河流域扩展。成书于 12 世纪初的俄罗斯首部编年史《往年纪事》的记载,东斯拉夫人形成了许多部落。在第聂伯河中游生活的有波利安人(意为草原居民);其西居住着德利夫里安人(意为森林居民);在普里皮亚特河以北、涅曼河上游一带住有德列戈维奇人(意为沼泽居民);奥卡河及其支流莫斯科河一带又有维亚提奇人;第聂伯河上游和索日河之间的是拉迪米奇人;杰斯纳河流域有塞维里安人;在伏尔加河、第聂伯河与德维纳河上游,还居住着克里维奇人;西德维纳河流域有波洛昌人;北方伊尔门湖地区则有斯洛文人,等等。

到 9 世纪时,东斯拉夫人内部经过部落战争,形成了若干个部落联盟,又称部落公国,统治者称大公,一般是以某个防御型城市为政治中心。其中比较有影响的城市是北方伊尔门湖畔的诺夫哥罗德和南方第聂伯河中游的基辅。它们都位于重要水路沿线,诺夫哥罗德是当时的东西方贸易中心,基辅则控制着南北运输。此外,还有斯摩棱斯克、波洛茨克、切尔尼戈夫、伊斯科罗斯坚等城。

9 世纪下半叶,在东斯拉夫人的土地上出现了最早的罗斯国家,这与这时期入侵东欧平原的瓦兰吉亚人(或译瓦里亚格人、瓦良格人,意为商人)有关。瓦兰吉亚人来自北欧的瑞典,是北方诺曼人的一个分支。在诺曼人纷纷向西欧远征的时期,瓦兰吉亚人也开始向东欧入侵。向西欧扩张的诺曼人被称作维京人或北欧海盗,侵入东欧的诺曼人被当地斯拉夫人称作商人。这是因为他们除了抢劫,还在拜占庭帝国和北欧之间进行商品贸易。瓦兰吉亚人开辟了两条自北向南、纵贯东欧平原的水上贸易通道,连结波罗的海与黑海、里海,也被称作"瓦希商路",即从瓦兰吉亚人到希腊人之路。

根据《往年纪事》的记述,862年,瓦兰吉亚人首领留里克(862—879年在位)应斯拉夫人之邀,获得诺夫哥罗德大公之位,由此开创了留里克王朝(862—1598年)。879年留里克死后,其亲属奥列格(879—912年在位)摄政。不久,奥列格率众沿第聂伯河水路南下,882年杀死基辅王公阿斯科尔德和迪尔,将统治中心迁至基辅。此后,奥列格合并留里克家族各支系,在征服第聂伯河流域东斯拉夫人各部落公国及非斯拉夫人部落的基础上,形成了基辅罗斯公国。基辅罗斯是以东斯拉夫人为主体的国家,瓦兰吉亚人以征服者的身份成为统治阶层。由于瓦兰吉亚人亦称"罗斯人",故有"罗斯国家"之名(也有人认为"罗斯"一名源自一个斯拉夫人部落)。瓦兰吉亚人来自北欧,其人数较少,但逐渐同东斯拉夫人融合,采取斯拉夫化的策略。留里克王朝的子孙也都采用了斯拉夫式的名字。

三、斯拉夫国家的形成:基辅罗斯的兴衰

罗斯国家建立之初,对被统治的东斯拉夫人采用"索贡巡行"的原始征贡方式,即每年冬天,基辅罗斯大公率领亲兵巡游各地,用武力向居民强行征收贡物,包括粮食、毛皮、蜂蜜,还有奴隶,直到次年开春才返回基辅。大公通过征收贡物来实现对地方的统治,以分配贡物而不是分封土地的方式酬劳亲兵臣属。

到10世纪中叶以后,维系大公与亲兵之间主从关系的纽带逐渐由分配贡物转变成分配土地,王公和亲兵开始经营起土地和庄园,封建关系兴起。奥尔加的庄园在奥尔日契村,弗拉基米尔的庄园在基辅郊外的别列斯托沃村。11、12世纪的编年史中,有关王公和贵族(波雅尔)的庄园的记录不时可见。同时,在罗斯皈依东正教后,教会也会获得大量捐赠和赐予的土地,形成很大规模的教会地产。大公弗拉基米尔曾将第聂伯河畔的佩列亚斯拉夫利赠给从拜占庭请来的希腊总主教。当时获得土地最多的是基辅彼彻拉修道院,其土地遍及国内各地。

基辅罗斯早期的对外政策与拜占庭帝国关系密切。奥列格、伊戈尔(912—945年在位)和斯维雅托斯拉夫(964—972年在位)统治时期,罗斯曾多次进攻君士坦丁堡。907年,奥列格以武力威逼拜占庭帝国,迫其纳贡求和,并与之缔结条约。941年,伊戈尔领兵再次入侵拜占庭帝国,被击退。944年,伊戈尔与拜占庭帝国重订新约。其子斯维雅托斯拉夫登位后,打败保加利亚,准备将统治中心从基辅迁到多瑙河下游的佩列亚斯拉夫利,因拜占庭帝国皇帝约安尼斯·齐米斯基斯(969—976年在位)的全力干预而未成。双方激战后再订和约。次年,斯维雅托斯拉夫返回基辅途中被佩彻涅格人伏击而殒命。从此,罗斯王公终止了频频向外侵袭拜占庭帝国的政策,开始专注于建设罗斯本国。

基辅罗斯在与拜占庭帝国的交往中也接受了拜占庭的东正教。在此之前,罗斯人信奉原始宗教。988年,基辅大公弗拉基米尔摈弃了传统的多神教,宣布以东正教为国教,并强令基辅臣民跳入第聂伯河集体受洗,史称"罗斯受洗"。弗拉基米尔还在罗斯各地兴建教堂和修道院,派遣传教士到国内各处传教。利用东正教,基辅的君主从思想上统一了全国,增强

图 8-4　弗拉基米尔受洗

了大公的权力。随着拜占庭传教士的进入,西里尔字母也成为书写斯拉夫语的文字,在罗斯广为传播,推进了罗斯的文明化程度。

雅罗斯拉夫执政期间,注重与欧洲各国建立密切关系。他通过王室之间的联姻,将其妹妹嫁给波兰国王,几个女儿分别嫁给法国、挪威和匈牙利国王,提高了罗斯的国际地位。

留里克王朝时期,为了对广袤的国土进行有效控制和管理,也采用中央集权与分封而治相结合的方式,既分封家族成员到各地统治,也要求所有王族成员都服从基辅大公。斯维雅托斯拉夫出征保加利亚时,曾将罗斯领地分成三份,交给三个儿子统治。他死后,即爆发了兄弟之争。弗拉基米尔在战胜了自己的兄弟之后继任基辅大公,一度控制罗斯全境。然而到 11 世纪初弗拉基米尔死后,分封各地的诸子王公又展开了新一轮的相互厮杀。长子斯维亚托波尔克在权争中杀死了三个兄弟,然而其弟雅罗斯拉夫(1016—1054 年在位)却以封地诺夫哥罗德为据点,发兵讨伐其长兄,最后夺得了基辅大公之位。但直到 1036 年其另一个兄弟死后,他才得以最终统一整个罗斯国家。

罗斯大公也通过编纂法律来巩固权力。雅罗斯拉夫编修了《雅罗斯拉夫法典》,这是俄罗斯历史上最早的一部法律文献。法典规定,领主对其领地上的农民拥有司法裁判权,对破坏田界、焚烧庄园者要处以重罚。在雅罗斯拉夫一世之后,又有大公修纂了《雅罗斯拉维奇法典》,与前者合称为《罗斯法典》。这部法典标志着俄罗斯封建制度的确立。

但是,罗斯国家在封建化的发展过程中,也出现了割据势力日益强大的趋势。雅罗斯拉夫曾经设计过一套基辅大公的继承制度,将所有国土置于整个家族共有的名义下,地方分封的领地只是暂时的安排;大公之位的继承依照长幼顺序。因此,他在临终前将国土分封给了五个儿子:长子伊兹雅斯拉夫领有基辅和诺夫哥罗德两个主要地区,次子斯维雅托斯拉夫获得切尔尼戈夫和穆罗姆-梁赞,三子弗谢沃罗德占有佩列亚斯拉夫利及苏兹达尔、白湖一带,四子维切斯拉夫占有斯摩棱斯克,五子伊戈尔占有沃伦。1054 年,雅罗斯拉夫逝世,长子伊兹雅斯拉夫（1054—1073年在位）继为基辅大公，并与兄弟共治，但是最终还是反目成仇，同室操戈，国家陷入分崩离析。到12世纪初，大公弗拉基米尔二世·莫诺马赫（1113—1125年在位）企图重新恢复统一，但是已经大势已去。

12世纪30年代，基辅罗斯国家实际上已经解体，分裂成为十几个独立的封建公国，包括基辅、切尔尼戈夫、斯摩棱斯克、穆罗姆-梁赞、罗斯托夫-苏兹达尔、波洛茨克、加利西亚、弗拉基米尔-沃伦、图罗夫-平斯克、维亚特卡、佩列亚斯拉夫利等，还有诺夫哥罗德和普斯科夫共和国。它们彼此攻伐不已，争战不断，从此，罗斯进入到封建割据时代。基辅城在内战中迅速走向衰落。1169年，罗斯的都城迁往克利亚济马河畔的弗拉基米尔，名义上仍为全罗斯大公的驻跸地。

罗斯的内部分裂也给外族入侵提供了机会。11世纪中叶，突厥族系的游牧民族波洛伏齐人（亦称钦察人、库曼人）从亚洲西迁，越过伏尔加河，开始侵入南俄草原，排挤了佩彻涅格人，不断袭击罗斯各地。由于波洛伏齐人的蹂躏，曾经活跃的瓦希商路彻底衰落。13、14世纪，罗斯又遭到瑞典、德意志条顿骑士团、波兰、立陶宛和蒙古人的侵袭，难以抵御。1240年，诺夫哥罗德公爵亚历山大在涅瓦河痛击来犯的瑞典军队，获得"涅夫斯基"（涅瓦河之王）。1242年春，他又在楚德湖的冰上激战中击溃了条顿骑士团，收复了普斯科夫城。尽管亚历山大·涅夫斯基的胜利阻止了来自西北方的入侵，但是来自东方的更加强悍的蒙古骑兵，却最终打击了分裂中的罗斯各公国，使其对蒙古俯首称臣。

四、基辅罗斯的文化

基辅罗斯的文化既承继了东斯拉夫人的古老传统，也接受了拜占庭帝国的熏陶，表现为本土因素和外来因素相融合的特征。

东正教的传入和国教地位的确立，表明拜占庭的精神主导作用在罗斯的社会生活中已经立足，但实际上并没有完全消除多神教在广大民众中的深远影响，尤其是在农村，多神崇拜依然长期存留，往往同东正教的官方信仰结合在一起。东正教和传统多神教都承认世间存在善、恶两种力量的彼此斗争。二者的宗教节日也相互渗透，东正教节日也吸收了不少斯拉夫人多神崇拜的节庆成分。基督教圣像和多神教神像往往并存于民间。从拜占庭帝国输入的东正教，正是同斯拉夫民间喜闻乐见的形式与其结合在一起，才最终形成了罗斯式的东正教。

随着东正教的传播，西里尔字母也流传开来，在基辅和其他城市出现了祈祷书。罗斯与拜占庭、保加利亚之间的文化交流日趋频繁，许多人投入到翻译、抄写书籍的工作中。这一时期被译介最多的有基督教福音书、赞美诗集、颂歌、日课经、箴言、布道演讲、规诫文集，还有许多非宗教性的拜占庭编年史、历史小说一类作品。除了专门的知识阶层，罗斯市民中也有不少人掌握了使用文字的能力。在诺夫哥罗德发现的11—15世纪的白桦树皮文书，内容涉及商务、簿记、私人信函、便条、请柬、诗作、游记等。该城主教卢米写于11世纪上半叶的《僧团训诫》被认为是流传后世的最早作品。第一位罗斯籍的基辅大主教伊拉里昂撰写的《法与神赐说》也是一部有名的著作，赞颂了弗拉基米尔大公的功绩。由于书籍的增多，在基辅索菲亚大教堂创建了罗斯第一座图书馆。此后,其他城市也出现了图书馆。

从10世纪末开始,基辅罗斯开始创办学校。大公雅罗斯拉夫在诺夫哥罗德办过300人规模的学校,主要招收教会贵族的子弟。11、12世纪,世俗贵族中也开始普及文化知识。雅罗斯拉夫本人非常喜欢读书,他的儿子中也不乏饱学之士。不但上层人士受到教育,连一些市民和农民也能接受教育。

罗斯的古代文学多是东斯拉夫人的口头传说。基辅罗斯晚期,比较普遍的是当时流行的诗歌大都是颂扬罗斯王公的显赫武功,也有表现农民壮汉和戍守边疆的士兵的作品。《伊戈尔远征记》是古罗斯影响最大的一部英雄史诗。这本书记载了1185年北诺夫哥罗德王公伊戈尔·斯维雅托斯拉维奇率军征讨波洛伏齐人的事迹,慨叹了当时国内的分裂割据局面和外敌入侵的悲惨情况,号召人们团结一致,抗击敌人。这部书堪称俄罗斯文学史上的瑰宝。

罗斯历史学的开山之作,是12世纪初由基辅彼彻拉修道院修士涅斯托尔编撰的《往年纪事》。这是俄罗斯的第一部编年史,上溯传说时代,下迄1110年,大体上按照年代顺序记述了东斯拉夫人和基辅罗斯国家的史事。这部史书内容丰富,涉猎广泛,是研究古代罗斯政治、经济、民族、文化、外交和地理的重要资料。12、13世纪,罗斯地方性的编年史越来越多,以记述各公国或城市的史事为主。

图8-5 弗拉基米尔的德米特里耶夫教堂的中世纪壁画:最后的审判

基辅罗斯的建筑和艺术也同拜占庭帝国的影响有很大关系。基辅、诺夫哥罗德、弗拉基米尔-苏兹达尔、切尔尼戈夫、斯摩棱斯克和波洛茨克等地,这一时期都曾建有规模宏伟、极具特色的东正教堂,其中又以基辅的索菲亚大教堂最负盛名。这座教堂模仿了君士坦丁堡的同名教堂,但也显示了本土的罗斯艺术的风格。诺夫哥罗德和波洛茨克的索菲亚大教堂,在建筑结构、艺术风格方面同基辅的教堂类似。在弗拉基米尔的德米特里耶夫教堂,保存有完好的中世纪壁画,生动地表现了圣经中"末日审判"的场景。在诺夫哥罗德的涅列季察救世主教堂中,绚丽多彩的壁画遍布于教堂的墙、柱、拱门和圆顶上,其中耶稣升天、圣母、先知和福音书故事的主题都给人以深刻的印象。

第三节 俄罗斯

一、蒙古时代

在俄罗斯的历史中,蒙古因素对其后来的发展起到了关键的作用,有着非常重要的意义。

13世纪初,成吉思汗统一蒙古高原后便向外大规模扩张。蒙古大将速不台率领铁骑从波斯境内北上,翻越高加索山脉,1223年首次进犯南俄,5月31日在亚速海附近的卡尔卡河一带大败罗斯诸侯的8万联军。1237年,成吉思汗之孙拔都亲率大军再度侵入罗斯东北部,接连攻陷梁赞、莫斯科、特维尔、弗拉基米尔诸城,大肆屠掠。1240年,拔都挥兵猛攻基辅,12月6日破城,城内军民多遭杀戮,其余被掳为奴。次年,蒙古军队继续西侵,兵分两路,一路攻入波兰,在利格尼茨附近击溃波兰—德意志联军;另一路由拔都兄弟和速不台率领,直取匈牙利,在莫伊之役大破匈军,焚掠佩斯,其先头部队最远突进到了奥地利和亚得里亚海沿岸一带。1242年,蒙古大汗窝阔台死讯传至军中,拔都才率军东返。

1243年春,拔都回到伏尔加河下游,以拔都萨莱城(今俄罗斯阿斯特拉罕附近)为中心,建立了金帐汗国(亦称钦察汗国,1243—1502年),以钦察草原作为统治的中心。拔都还分封了兄弟,其兄斡鲁朵获得锡尔河东北之地,形成白帐汗国,其弟昔班获得咸海以北、西迄乌拉尔山之地,称蓝帐汗国,均归金帐汗国辖制。金帐汗国治下,有蒙古人、突厥人这样的游牧部落,也有罗斯人、花剌子模人、亚速人、希腊人这样的定居民族。金帐汗从拔都之弟别儿哥(1257—1266年在位)在位时,相对蒙古大汗已渐成独立之势。

金帐汗对其征服的俄罗斯无力直接控制,于是形式上保留了各公国,利用当地的王公进行治理,并向各公国派驻蒙古人监治长官八思哈(意为镇守者),执掌最终裁定之权。金帐汗唆使俄罗斯诸王公相互攻讦,以便分而治之。他会选择最听信于他的王公册封为"弗拉基米尔及全罗斯大公",给予特权和恩宠,致使处于一盘散沙状态中的俄罗斯诸王公为了这一称号相互倾轧,金帐汗从中渔利。

蒙古人的统治,使俄罗斯从13世纪中叶起遭受蒙古人长达二百多年的野蛮蹂躏,阻碍了俄罗斯同西欧各国的联系,也导致其与西欧的发展差距越来越大,是其落后于西欧的重要原因。而蒙古人好战好斗的性格也传染了俄罗斯人,使其民族性格上与蒙古人有较大的相似之处,而且也将亚洲的文化遗产留给了俄罗斯,使其同时面向西欧和亚洲,同时具有东西方的文化特征。

二、莫斯科的崛起和沙皇制度的确立

乌兹别克汗(1313—1342年在位)统治时期,金帐汗国势力最盛。此后,随着汗国内部的

争权夺利、帖木儿帝国的多次打击,以及俄罗斯人的不断反抗,金帐汗国逐渐衰弱。

在俄罗斯摆脱蒙古统治、实现国家统一的历史进程中,莫斯科公国起到了重要的作用。莫斯科在早期历史中籍籍无名,这个地名首次出现在史籍中是1147年。莫斯科公国是从罗斯托夫—苏兹达尔公国分裂出来的,第一位王公丹尼尔·亚历山大罗维奇(1276—1303年在位),为诺夫哥罗德公爵亚历山大·涅夫斯基之子。莫斯科位于东北罗斯腹地,土地肥沃,地理位置优越,商业繁荣,大公从过境贸易中获取大宗税收,财力雄厚。莫斯科公国周围亦有一些小国形成屏障,使其免受蒙古人和立陶宛人的直接侵扰。富庶而安定的社会环境,吸引了大批人口迁移至此,在14、15世纪,莫斯科公国的经济和政治地位愈加上升,从而成为反抗蒙古压迫、争取俄罗斯独立的领袖。

莫斯科公国最初想方设法获得了蒙古人的信任。大公尤里·达尼洛维奇(1303—1325年在位)迎娶金帐汗之妹为妻,获得蒙古人的支持,除去了其敌人,时任弗拉基米尔大公的特维尔大公米哈伊尔。尤里死后,其弟伊凡·达尼洛维奇(1325—1340年在位)继任莫斯科大公,是为伊凡一世。伊凡号称"卡里达"(意为钱袋),是因为他擅长用金钱贿赂金帐汗及其近臣以获得信任。1327年,特维尔发生反抗蒙古军的暴动,伊凡亲往金帐汗国都城萨莱请缨,率领蒙古大军残酷镇压了起义,血洗特维尔城。1328年,金帐汗遂将弗拉基米尔大公的封号赐予了伊凡。此后,莫斯科公国就基本上把持了弗拉基米尔大公的权位。1309年,俄罗斯东正教大主教彼得将教会驻节地从基辅迁往了弗拉基米尔,而伊凡又促请大主教驻节地迁到了莫斯科。从此,莫斯科成为整个俄罗斯的宗教首府和精神中心,东正教会的权势和弗拉基米尔大公的地位结合起来,为莫斯科的强大奠定了坚实的基础。

伊凡·卡里达之孙德米特里·伊凡诺维奇(1359—1389年在位)继任大公后,莫斯科公国日臻鼎盛。1367年,为了有效地抵御外敌入侵,他将莫斯科内城(克里姆林宫)的木城墙改筑成坚固的石墙。德米特里还不断向周围各公国扩张,迫使它们屈膝臣服。1372年,他击溃立陶宛人。1375年,又打败特维尔公国的军队。1376年,攻占喀山。1378年,金帐汗马麦汗纠集立陶宛和梁赞大公,起兵进犯莫斯科。德米特里亲率15万大军迎战,1380年9月8日,在顿河流域的库利科沃原野(今图拉州库尔金地区)与敌军激战,首次战胜了金帐汗的强大军队。德米特里由此而荣膺"顿斯科伊"(意为顿河英雄)的称号。这一役也确立了莫斯科在俄罗斯各公国中的领导地位。

此后,莫斯科的统治者适时地把握时机,不断地削弱竞争对手,不断发展壮大自己的实力。瓦西里一世(1389—1425年在位)和瓦西里二世(1425—1462年在位)先后兼并了科斯特罗马、下诺夫哥罗德、穆罗姆等公国。到伊凡三世(1462—1505年在位)时,完成了对雅罗斯拉夫公国(1463年)、罗斯托夫公国(1474年)的征服,1478年灭亡了诺夫哥罗德共和国,合并了彼尔姆地区,1485年又将多年的主要敌手特维尔公国并入自己的版图。同年,伊凡三世自称"全罗斯大公"。在其统治期间,最终将蒙古人完全击败。

15世纪上半叶,金帐汗国内讧不止。喀山汗国、克里米亚汗国、阿斯特拉罕汗国、西伯利亚汗国及诺盖汗国陆续从金帐汗国中分离出来。莫斯科大公伊凡三世利用这一形势,于

1476年停止向金帐汗纳贡。1480年秋,金帐汗阿赫马特(1465—1481年在位)联合波兰-立陶宛国王卡齐米尔四世(1447—1492年在位)兴兵进攻莫斯科,与俄军在奥卡河支流乌格拉河发生对峙。由于波兰-立陶宛援兵失约未到,金帐汗的军队又面临天寒粮尽、瘟疫蔓延,无力作战,只得退兵南返。次年,阿赫马特被杀。不久,金帐汗国的残余势力便最终灭亡了。"乌格拉河对峙"结束了蒙古人对俄罗斯长达240年的统治,具有划时代的意义。

图8-6 诺夫哥罗德的俄罗斯千年纪念碑上的伊凡三世形象

伊凡三世在推动东北罗斯统一的同时,也积极建设俄罗斯的中央集权国家。1472年,他迎娶拜占庭帝国末代皇帝君士坦丁十一世的侄女索菲亚·巴列奥略,遂以拜占庭帝国的继承者和东正教会的保护人自居,并接受拜占庭帝国的双头鹰徽记作为俄罗斯的国徽。伊凡三世强化王权,地方上派驻总督治理,严格规定任期、权限和薪俸标准;还使以往各自为政的诸侯王公成为世袭的领主,由领主的代表组成贵族咨议机关"杜马",协助大公处理国事。

伊凡三世之子瓦西里三世(1505—1533年在位)时,继续推行其父的施政方针,积极强化中央集权,并相继兼并普斯科夫共和国(1510年)、梁赞(1521年)、乌格利奇公国(1521年),并于1514年打败立陶宛,收复了被立陶宛占领的斯摩棱斯克地区,最终完成了东北罗斯的统一。

15世纪俄罗斯中央集权国家的建立,对东欧平原民族格局的重组具有重要意义。12、13世纪基辅罗斯国家解体以来,东欧平原便处于不同外族的控制之下,在地域上形成了三个部分:东北罗斯、西南罗斯、西北罗斯。蒙古人金帐汗国征服了广袤的东北罗斯(亦称大俄罗斯),地处西南的加利西亚、沃伦公国仍然保持独立,称小俄罗斯,亦称"乌克兰"(边疆之意)。14世纪中叶,加利西亚、沃伦被波兰吞并。14世纪末,立陶宛大公国大举对外扩张,占据了罗斯西部包括基辅在内的整个第聂伯河流域。由于长期的政治分离,并且受到不同的经济和文化的影响,东北罗斯、西南罗斯和西北罗斯的东斯拉夫人在语言、文化、世俗方面日渐出现差异,发生分化,终于在15世纪前后分别形成了俄罗斯、乌克兰和白俄罗斯三大民族。

三、俄罗斯的中世纪文化

俄罗斯的中世纪文化受到蒙古人的影响很大。14、15世纪的文学,涌现出一批以反抗民族压迫为主题的历史、军事纪实作品,如《卡尔卡之战纪实》、《拔都毁灭梁赞纪实》、《拔都入侵纪实》、《顿河之滨》等。梁赞神甫索福尼创作的《顿河之滨》,汲取了《伊戈尔远征记》的表现手法,用诗歌形式讴歌了罗斯军队在库利科沃之战中与蒙古人奋力搏战的英雄气概,流露出强烈的民族情感。这一时期的文学作品中,也反映了俄罗斯结束封建割据、实现国家政治统一的局面。《穆提扬督军德拉库尔纪事》,就刻画了一个公正的长官的形象,赞颂了正义,批判了邪恶。与此同时，宗教文学也还有相当的影响，体现了僧侣贵族的观念和旨趣，也充斥着说教的成分。其中，基辅彼彻拉修道院的《圣僧传》是一部代表性作品。

编年史修纂在这一时期也有了新的进展。1409 年，莫斯科总主教基普里安主持完成了卷帙浩繁的谢尔盖耶夫圣三一大修道院编年史。16 世纪编纂的《皇室系谱》辑录了从留里克到伊凡四世的历代王公世系。伊凡四世本人也博览群书，雅好学术，他曾亲自参与编纂了一部《世界通史》，书中配有上万幅插图。此外，还有《喀山编年史》《莫斯科大公史》等著作。

到中世纪晚期，也出现一些地理著作和游记。15 世纪下半叶，特维尔商人阿法纳西·尼基丁曾赴印度、波斯旅行，返程又游历了非洲的索马里海岸、阿拉伯半岛的马斯喀特和土耳其，足迹遍布黑海、里海和印度洋，后著有游记《三海纪行》，是一部珍贵的地理历史文献。

中世纪俄罗斯的建筑和艺术有较大发展。13 世纪末建成了位于诺夫哥罗德附近的尼古拉教堂，是蒙古战乱后出现的第一座石结构建筑，形成了一派风格。其他的典型代表作还有伊利因诺救世主教堂、沃洛托沃的圣母升天教堂等。14 世纪末建造的米哈伊尔·阿尔汉格尔斯基教堂是特维尔风格的建筑作品，呈方形，带有三个半圆形小室，以白石砌成壁柱。俄罗斯实现政治统一后，莫斯科作为政治文化中心得到了快速的发展。1475—1479 年，意大利建筑师亚里斯多德·费奥拉凡蒂指导建筑了莫斯科克里姆林宫的圣母升天（乌斯宾斯基）大教堂，这座建筑既有俄罗斯本土的风格，也带有意大利文艺复兴的特色，整个教堂的穹顶由四根巨大的圆柱支撑起来，五个圆穹顶矗立着，非常雄伟壮观。15 世纪末，克里姆林宫内还建有多棱宫、圣母领报（布拉戈维申斯基）大教堂、天使长米迦勒（米哈伊尔·阿尔汉格尔斯基）大教堂、伊凡大帝钟楼等皇家建筑，气势非常恢弘。

在绘画方面，中世纪晚期形成了俄罗斯画派，出现了一批富有才华的画家，如费奥凡·格列克（约 1340—1405 年）、安德烈·鲁布廖夫（约 1360 年或 1370—1430 年）、达尼尔·乔尔内（约 1360—1430 年）等。他们创作的大多是宗教圣像画，但是已经带有浓郁的人文气息。格列克来自拜占庭，与鲁布廖夫、普罗霍夫等画家共同在莫斯科克里姆林宫圣母领报大教堂进行壁画创作，其画风豪放、形象伟岸。鲁布廖夫是莫斯科画派的著名大师，其创作突出人物的精神和人性，艺术形式完美，代表作是绘于谢尔盖耶夫圣三一大修道院的《三圣图》，描绘了三个天使在桌边细语交谈的情景，栩栩如生。

第四节　其他东欧国家

一、保加利亚

保加利亚最早的居民并非斯拉夫人，而是说印欧语的色雷斯人，这里处于多瑙河下游的默西亚地区。从公元前后起，这里的大部分色雷斯人处于罗马人的统治之下。到 6 世纪以后，两支外来族群来到这里，一支是斯拉夫人南下的一部分，另一支是从中亚辗转来到这里的保加尔人。保加尔人原为中亚突厥人的一部分，4世纪时随匈牙利人一同来到伏尔加河西部的草原，其中一些到达黑海西岸，与这里的斯拉夫人逐渐融合，一道不断侵扰拜占庭。然而，6世纪以后，他们受到亚洲来的阿瓦尔人的侵袭，又不得不寻求拜占庭的保护和援助，在拜占庭的影响下，逐渐采取定居生活，从此形成了早期的斯拉夫国家。

保加利亚最早的国家形式是"大保加利亚"，是在7世纪前半叶由库布拉特（605—665年在位）带领下建立的，是第一个统一的保加尔汗国。但是在库布拉特死后不久即告解体。大部分保加尔部落西迁，到达潘诺尼亚平原和意大利北部。阿斯巴鲁赫率领的一支部落则渡过多瑙河，定居在拜占庭的多布罗加一带，与当地的斯拉夫人逐渐融合，建立联盟，一道对付拜占庭。679年，保加尔人和斯拉夫人的联盟打败了拜占庭，占领了多瑙河与下游的大片土地，在681年缔结的停战和约中，拜占庭被迫承认保加尔人建立独立的国家，即第一保加利亚王国，以普利斯卡为都。保加尔人也逐渐斯拉夫化，采用斯拉夫语和斯拉夫文化，成为南部斯拉夫人的一部分。

第一保加利亚王国在大公克鲁姆（808—814年在位）时达到了鼎盛时期，领土大大拓展，并且还成功地遏制了阿瓦尔人的侵袭。克鲁姆贬抑保加尔人贵族，提高斯拉夫贵族的地位，以此不断加强自己的权力。809年，克鲁姆攻占了拜占庭的北方重镇萨尔迪卡（即后来的索菲亚），两国之间爆发了长达4年的战争，拜占庭军队一开始劫掠了保加利亚的首都普利斯卡，但是接着克鲁姆的军队就在山区大败拜占庭，拜占庭皇帝尼基福鲁斯战死沙场。到812年，保加利亚的军队甚至兵临君士坦丁堡城下，还劫掠了色雷斯和阿德里亚堡，成为巴尔干迅速崛起的大国，严重威胁着拜占庭帝国。

到克鲁姆之子奥莫尔塔格（814—831年在位）时，保加利亚不断南侵的势头终于被拜占庭遏制住了，并且被迫退出了拜占庭北部地区。817年，拜占庭与保加利亚签订和约，在色雷斯边境修筑长城以防止保加利亚的侵略。而保加利亚也开始放弃拜占庭，转向西边的塞尔维亚、克罗地亚、潘诺尼亚等地扩张，在普利斯卡西南方建造新都大普列斯拉夫。到9世纪中叶，鲍里斯大公（852—888年在位）宣布以东正教作为国教，对不服从的贵族进行残酷镇压，同时也得到了拜占庭东正教会的支持，大量传教士来到保加利亚进行传教，并且将西里尔字母也带到了这里。

在10世纪，保加利亚达到了鼎盛时期。鲍里斯之子西蒙一世（893—927年在位）虽然自幼在君士坦丁堡长大，受拜占庭帝国文化影响，但是在政治上却与拜占庭不断发生龃龉。西蒙在位时期与拜占庭因贸易和王位问题发生过多次战争，并屡屡打败后者。而拜占庭帝国则不断唆使保加利亚后方的游牧人群，共同夹击保加利亚。保加利亚北方的马扎尔人、佩彻涅格人都受到过拜占庭的唆使，进攻保加利亚，但都被保加利亚成功防御。西蒙在不断强大之时，想要成为罗马人皇帝，并且数次进军君士坦丁堡，企图夺取拜占庭皇位。到925年时，西蒙迫使拜占庭求和，自称"罗马人和保加利亚人的皇帝"，得到罗马教皇的认可。随后，西蒙在首都普列斯拉夫设立总主教，取代君士坦丁堡的宗教地位。在这一时期，保加利亚在巴尔干半岛上的威望高到无以复加，堪称实际上的霸主。

到 10 世纪后半叶,随着罗斯人的强大,拜占庭试图利用基辅罗斯与保加利亚作战,从中渔利。967 年,罗斯大公斯维雅托斯拉夫应拜占庭皇帝之请,夹击保加利亚。969 年,罗斯大公夺取普利斯拉夫,俘获保加利亚皇帝鲍里斯二世(969—972 年在位)和皇室成员,企图占领保加利亚。但是,拜占庭帝国不希望在保加利亚之后又迎来新的敌人盘踞在门口,于是,拜占庭帝国转而与罗斯人作战,夺取并摧毁了普列斯拉夫,最终迫使罗斯人放弃保加利亚。在罗斯人离开以后,拜占庭控制了保加利亚,并迫使鲍里斯二世退位,废黜总主教,保加利亚名存实亡。到 10 世纪末,保加利亚又有所复兴,但是正值强大的拜占庭皇帝巴西尔二世在位之时,巴西尔于 996—1014 年对保加利亚发动了几次大规模的战争,并且于 1014 年在巴拉西斯塔大败保加利亚。巴西尔命令将被俘虏的保加利亚战俘均挖出双目,每百人只留下一人留一目以便引导所有人返回保加利亚。因此,巴西尔获得"保加利亚人刽子手"的称号。1018 年,随着保加利亚所有土地都被拜占庭占领,第一保加利亚王国彻底灭亡。

保加利亚人在拜占庭的残酷统治下维持了 170 年的时间,但不断爆发反抗拜占庭的斗争。到 1187 年,拜占庭被迫承认保加利亚的独立,从而兴起了第二保加利亚王国(1187—1396 年),首都依次为普列斯拉夫和第诺伐。在国王伊凡·阿森二世统治时期(1218—1241 年),保加利亚王国达到鼎盛时期。它打败了拉丁帝国,占领了马其顿、色雷斯、阿尔巴尼亚北部,并且获得了地中海和黑海的出海口。这时期,保加利亚同意大利、波兰、罗斯等国的贸易也有大幅度增加,工商业城市大量涌现。伊凡·阿森二世死后,国内矛盾增加,外部又先后遭到蒙古人和拜占庭的侵袭,拜占庭甚至占领过首都第诺伐。到 14 世纪,塞尔维亚变得强大起来。1330 年,保加利亚沦为塞尔维亚的属国。此后,虽然摆脱了这种附庸地位,但是保加利亚又分裂为多布罗加、维丁、第诺伐等几个小国。接着,奥斯曼帝国开始侵入巴尔干半岛,于 1371 年打败了保加利亚。1382 年,索菲亚沦陷,1393 年,第诺伐也被占领。至 1396 年前后,保加利亚全部被奥斯曼帝国吞并。第二保加利亚王国遂亡。

二、塞尔维亚

塞尔维亚人属于南部斯拉夫人,居住在萨瓦河中下游以南的山区。由于东部强大的邻国保加利亚和拜占庭的不断干扰,塞尔维亚人一直无法形成独立国家,始终是前面两国的附庸。

到 12 世纪 60 年代,斯提芬·尼曼雅在拉什卡地区建立了政权,并联合其他塞尔维亚贵族与拜占庭进行斗争,最终在 1190 年获得拜占庭对独立的塞尔维亚的承认,称斯提芬一世。到 1220 年前后,其子斯提芬二世(1196—1224 年)加冕称王,统一了塞尔维亚。

塞尔维亚处于巴尔干半岛的西部,在 13 世纪获得了经济的快速发展。农业、畜牧业和采矿业都达到了较高的水平,尤其是采矿业得到了急剧增长,在矿山附近出现了制造金属武器和各种工具的手工业城市。对外贸易也随之兴盛起来,亚得里亚海沿岸的自由城市杜布罗夫尼克与意大利城市有着频繁的贸易往来,贝尔格莱德到君士坦丁堡的商路也商旅不绝。塞尔维亚的粮食、纺织品、皮革、铜铁锡等金属被源源不断地输往国外。

在国王斯提芬·杜尚统治时期(1331—1355年),塞尔维亚达到了鼎盛时期。杜尚利用拜占庭内战的机会,依次占领了马其顿、帖萨利、伊庇鲁斯、阿尔巴尼亚等地,甚至还一度控制了保加利亚。1346年,杜尚迁都斯科普里,号称"塞尔维亚人和罗马人的皇帝"。为了有效进行统治和提高合法性,杜尚于1349年在斯科普里召集教俗贵族会议通过了《斯提芬·杜尚法典》,1354年又编了法典的补编。法典规定,大贵族占有世袭领地,小贵族占有军事采邑,不经领主同意,国王、王后和王子不得剥夺、购买或交换世袭领地。这个法典虽然巩固了王权,但是是以赋予贵族极大的特权作为代价的。

由于斯提芬·杜尚时期给予贵族大量的特权,因而导致了国家政治上出现很强的离心力量。杜尚曾经将自己的领地分给十几个宗室成员,在其死后,塞尔维亚就分裂成为许多封建领地。杜尚的儿子斯提芬五世(1355—1371年在位)统治的区域仅限于国家的东北部。各个领地之间频繁发生冲突,削弱了国家的总体力量,给外敌以可乘之机。先是匈牙利夺去了塞尔维亚北部的一些地区,接着南部又受到了奥斯曼土耳其的严重威胁。

面临奥斯曼土耳其的入侵威胁,塞尔维亚也加入到东南欧各国抵抗土耳其的斗争中去。然而,1371年和1389年的战役均遭到失败。尤其是1389年的科索沃一役中,大公拉萨尔(1371—1389年在位)领导欧洲各国十字军战士抵抗土耳其人的入侵,但终因力量悬殊,十字军内部又相互猜忌不合作,而被奥斯曼军队击溃。拉萨尔大公被俘虏并遭杀害,塞尔维亚被迫沦为奥斯曼土耳其的附庸。到1459年,奥斯曼土耳其军队又占据了塞尔维亚剩余的领土,将其变成了奥斯曼帝国的一个行省。

阿尔巴尼亚作为塞尔维亚的一部分,是从14世纪中叶被塞尔维亚征服才开始的。阿尔巴尼亚人是巴尔干半岛上的土著居民,9世纪时被并入保加利亚,之后又先后受到拜占庭和斯拉夫人的支配。随着塞尔维亚受到奥斯曼土耳其的入侵,阿尔巴尼亚也分裂成了许多封建公国,相互之间征战不断。在科索沃战役以后,奥斯曼军队也侵入阿尔巴尼亚。到15世纪中叶,除北部山区和沿海属于威尼斯人的殖民地之外,阿尔巴尼亚的大部分都被占领。北方贵族在坚持斗争了很久之后,也终被奥斯曼所吞并。奥斯曼土耳其在阿尔巴尼亚的征服使用了威逼利诱的方式,迫使阿尔巴尼亚人大量地皈依了伊斯兰教,成为巴尔干半岛较早的穆斯林。

三、波兰

波兰是西斯拉夫人的一支,最初分布于西起奥得河、尼斯河,东抵维普日河、布格河,北临波罗的海,南至喀尔巴阡山脉的地方,与现今的波兰疆域相仿。居住在瓦尔塔河地区的古波兰人、维斯瓦河流域的波莫瑞人、马佐夫舍人、维斯瓦人和莱赫人,西里西亚地区的斯里扎人、贾道什人、博布舍人、沃波累人和高文息采人等,构成了后来波兰民族的先民。

波兰形成早期的统一国家是在10世纪。皮亚斯特家族的梅什科一世(约960—992年在位)是第一个被载入波兰史册的开国王公,他开启了皮亚斯特王朝(约960—1370年)。这个王朝是随着抵抗德意志人的入侵而开始的。同时,它还积极向外扩张,在梅什科一世在位后期,波兰公国的版图已经扩至西里西亚、马佐夫舍、波莫瑞和维斯瓦人的地区。966年,梅什科一世从波西米亚引入了罗马天主教,带着臣民一起皈依,使波兰成为天主教世界的一部分。梅什科一世之后,王朝一度出现内讧,到其长子勇敢者博莱斯瓦夫(992—1025年在位)担任大公时,局面才逐渐稳定。博莱斯瓦夫一世统治时期,波兰变得更加强大,夺取了南方的克拉科夫。公元1000年,博莱斯瓦夫一世在格涅兹诺设立了独立的波兰大主教区。1024年圣诞节由大主教为其加冕,始称国王。

然而此后有所衰落,王国又变成公国,直到1295年。12世纪中叶,大公歪嘴博莱斯瓦夫三世(1102—1138年在位)死后,国土被诸子瓜分,形成几个独立公国。初期尊克拉科夫大公为最高仲裁者,但是各公国依然各行其是,此后是长达200年的封建割据时期。同时,德意志的领主不断加紧对波罗的海沿岸的侵袭,1181年,西波莫瑞(即西波美拉尼亚地区)完全臣服于德皇红胡子腓特烈,与波兰长期分离。1226年,马佐夫舍公爵康拉德为与普鲁士人对抗,引狼入室,招来条顿骑士团相助,但后者趁机占领了普鲁士地区,甚至阻断了波兰通往波罗的海的出海口。1241年,蒙古大军入侵东欧,4月大败波兰于利格尼茨附近,卢布林、桑多梅日、克拉科夫等城相继沦陷。战后,为了弥补战乱引起的人口流失,波兰贵族又招引大批德意志移民进入,尤其是西里西亚地区,德意志人口比例非常大,14世纪中叶在克拉科夫的贵族中德意志人已经达到80%。这些德意志人甚至控制了波兰不少城市的行政司法权力,享有超越波兰法律约束的自治权。这种状况对后来波兰的历史发展影响很大。

14世纪是波兰政治统一和繁盛的时期。波兰国王弗拉迪斯瓦夫·沃凯太克(1305—1333年在位)时,借助中小贵族打击大贵族和外来势力。他逐渐控制小波兰、大波兰和波罗的海沿岸地区,1320年正式加冕,称弗拉迪斯瓦夫一世,定都克拉科夫。其子卡齐米尔三世(1333—1370年在位)兼并马佐夫舍,并朝东南方向扩张,从立陶宛手中获得加利西亚、利沃尼亚的一部分。他还迫使波西米亚王室放弃了对波兰王位的要求,让条顿骑士团归还了占据的库雅维亚等地。在卡齐米尔三世治下,波兰一跃而成为中欧的强国和霸主,他因此而被称作卡齐米尔大帝。

卡齐米尔三世之后,皮亚斯特王朝绝嗣,波兰王位落入其亲戚、匈牙利安茹王朝国王路易一世(1370—1382年在位)手中。1374年,路易一世为了笼络波兰贵族,与他们签订《科息斯条例》,承认其领地世袭、选举国王等特权。路易一世死后,其女雅德维加(1384—1399年在位)被推选为波兰女王。此时,条顿骑士团的威胁再起。1385年,波兰与邻国立陶宛为了合力对抗条顿骑士团,签订《克列沃联合条约》。次年,立陶宛大公雅盖洛宣布皈依天主教,娶波兰女王雅德维加,两国正式合并。雅盖洛随即加冕就任波兰国王,称弗拉迪斯瓦夫二世(1386—1434年在位),开启了雅盖隆王朝(1386—1572年)。

波兰和立陶宛的联合,增强了对抗条顿骑士团的力量。1410年7月15日,在弗拉迪斯瓦夫二世的指挥下,波兰-立陶宛联军在格隆瓦尔德大战中给了条顿骑士团以毁灭性的打击,骑士团团长容宁根和大部分指挥官毙命。翌年签署的《托伦和约》规定,日穆德地区归还立陶宛、库雅维亚边境地区归还波兰。从此,条顿骑士团的地位急剧衰落。1466 年第二次《托伦和约》,又使波兰重获波罗的海出海口,取得了对东波莫瑞和格但斯克地区、马林堡、托伦等城的控制。

弗拉迪斯瓦夫二世为了巩固和扩大自己在波兰贵族中的权力,也为了收买人心,1433 年颁布《克拉科夫特许状》,重申并扩大了《科息斯条例》中的各项特权,规定对任何贵族不经审判不得拘禁。其子卡齐米尔四世(1447—1492 年在位)又于 1454 年颁布了《涅萨瓦条例》,进一步确认了小贵族的特权,规定凡颁布新法规、对外宣战、征收新税等均须经由小贵族组成的地方代表会议(小国会)的批准,逃亡农奴必须交还给原来的主人,小贵族有权对农奴进行直接审判。因此,波兰的贵族代议制明显区别于西欧国家,王权受到很大控制,国王一般由贵族选举产生。这也体现了波兰特有的政治文化。

四、捷克

捷克同斯洛伐克的人群同波兰一样,都是西斯拉夫人的一支。其主要居住在易北河上游及其支流伏尔塔瓦河流域和多瑙河支流摩拉瓦河流域,这里是中欧矿产丰富的地区。

9 世纪初,在多瑙河中游和易北河上游形成了捷克最早的国家——大摩拉维亚国(830—906 年)。第一任王公是莫伊米尔(830—846 年在位),首都位于维列格勒,版图包括今捷克的摩拉维亚、波西米亚和斯洛伐克等地区。大摩拉维亚国处于东西欧之间,是东正教和天主教争夺的焦点。862 年,第二任王公罗斯提斯拉夫(846—870 年在位)请求拜占庭派出传教士到摩拉维亚传教。于是,863 年,拜占庭派出既通希腊文化、又懂斯拉夫语的西里尔和美多德兄弟率领一个传教团到大摩拉维亚。西里尔兄弟来到这里以后,结合当地语言,根据希腊字母创制了一套斯拉夫字母体系,也被称作西里尔字母。他们还将祈祷文用其新创制的字母翻译成斯拉夫人能够读懂的文字。这个传教团用斯拉夫语传教,得到普通民众的欢迎。但是,870 年,罗斯提斯拉夫的政权被篡夺,新政权倒向罗马教廷,于是西里尔兄弟遭到迫害,西里尔去世,其弟美多德获救。885 年美多德死后,拜占庭的东正教修士悉数被赶出大摩拉维亚。从此,罗马天主教势力在此占据了统治地位,也导致了西斯拉夫人国家成为天主教世界的一部分。906 年,大摩拉维亚国被匈牙利人攻破。

895 年,该地又以波西米亚为中心形成了捷克国家。由于地理位置靠近德意志,因此,这里受到德国的影响比较大。到 12、13 世纪,随着这里垦荒运动的展开,大量德国移民迁到这里,最初是为了垦荒,后来则租种捷克领主的土地,定居下来。除了农民,还有一些商人和手工业者来到捷克,聚居在城市当中,极大地推动了这个区域城市的发展。此外,德国人主教和修道院长在捷克占有大量土地,构成僧侣贵族阶级。捷克国王奥托卡一世(1198—1230 年在位)也曾招徕德国人前来经营农业和开垦荒地,并且把大量捷克土地封赐给德国教俗领主,以换取德国贵族的支持,加强自己在神圣罗马帝国中的地位。此时,条顿骑士团和托钵僧团也都大批拥入捷克。

1310 年,卢森堡王朝在捷克建立,国王约翰为了讨好大贵族支持自己,许给他们许多特权,尤其是征税自由。许多贵族领地变成独立王国。约翰之子查理四世(1346—1378年在位)在位时期成为神圣罗马帝国皇帝,大力经营都城布拉格,使捷克成为帝国的一个重要组成部分。但是,这也并没有改变捷克在神圣罗马帝国中的边缘位置。在查理四世之后,卢森堡王朝便逐渐失去了在帝国内部的地位和权力。但是,捷克与德国之间的仇恨却愈演愈烈,影响了此后很长时期内二者之间的关系。

五、匈牙利

匈牙利人又称马扎尔人,最早起源于伏尔加河流域,5世纪中叶开始向西迁徙。到9世纪末,因受东邻佩彻涅格人的攻击,马扎尔人选举阿尔帕德(约889—907年在位)为大公,开始大规模西迁。约896年,他们越过喀尔巴阡山,进入多瑙河中游、蒂萨河流域的潘诺尼亚平原一带生活。

马扎尔人还经常四处征伐,给当时的中欧带来很大灾难。906年,阿尔帕德攻灭西斯拉夫人的大摩拉维亚公国,进占今斯洛伐克一带。907年阿尔帕德死后,其子孙建立了阿尔帕德王朝(907—1301年),一直奉行对外扩张政策。直到933年翁施特鲁河畔的里亚德之战,德王捕鸟者亨利一世首次击垮马扎尔人,到955年,奥托一世在奥格斯堡附近的莱希费尔德大败马扎尔骑兵,最终解除了马扎尔人对欧洲各国的威胁。其后,马扎尔人逐渐定居下来,过渡到农耕生活。

盖萨一世(972—997年在位)继任大公后,统一了马扎尔人各部落,建立了匈牙利国家。975年,盖萨大公皈依了罗马的天主教。997年,其子伊斯特万(亦称斯蒂芬,997—1038年在位)继位,获得罗马教皇承认,于1000年圣诞节加冕为国王,史称伊斯特万一世,匈牙利王国由此开创。

伊斯特万一世在位时期,正式定基督教为国教,将匈牙利带入了天主教世界。他在全国设置两个大主教区、八个主教区,邀请罗马教士入境,并赐赠教会大片土地。伊斯特万一世竭力削弱部落权贵势力,加强中央王权,建立直接听命于他的地方行政机构,委派伯爵进行治理,并由伯爵和高级教士组成御前会议。他还选择了塞克什白堡(位于今匈牙利中西部费耶尔州)作为首都,这里同时也是国王的加冕地和墓葬地,一直到16世纪上半叶。

11和12世纪,匈牙利还不断向外扩张,朝东南方进占特兰西瓦尼亚,在西南方向兼并了内陆的克罗地亚、波斯尼亚和沿海的达尔马提亚地区,从威尼斯人手中夺取了亚得里亚海的出海口,并在克罗地亚大力推行天主教,建立了萨格勒布主教区。在扩张的过程中,匈牙利也确立了封建体制,贵族势力比较强大。1222年,匈牙利贵族借第五次十字军东征受挫之际,逼迫国王安德拉什(安德鲁)二世(1205—1235年在位)颁布《金玺诏书》,保障贵族享有各项特权,承认其领地为世袭财产,豁免赋税,下层地方官员从本地贵族中遴选,还规定国王必须每年召开一次国会,大小贵族均可自由参加,国王如不履行承诺,贵族有权举兵反抗而不受惩处。

在蒙古人的入侵中,匈牙利一度受挫。1241年,蒙古大军翻越喀尔巴阡山,在绍约河畔全歼了贝拉四世(1235—1270年在位)指挥的匈军。当时居住在平原地带的匈牙利人口竟有过半锐减。战后,贝拉四世对衰败的国家进行重建,在几代人的时间里逐渐恢复了创伤,重又对外扩张。

1301年,安德拉什(安德鲁)三世(1290—1301年在位)去世后,阿尔帕德王朝绝嗣。匈牙利王位继承问题一时成为欧洲各国关注的焦点,德意志、意大利、波兰和波西米亚都利用同匈牙利王室的姻亲关系介入。结果,意大利那不勒斯王国安茹家族的查理一世·罗伯特在竞争中获胜,建立了匈牙利安茹王朝(1308—1387年)。查理一世(1308—1342年在位)及其子路易一世(1342—1382年在位)统治时期,依靠中小贵族打击大贵族,克服割据纷争,树立国王权威。路易一世治下出现了数十年的稳定时期,农业和城市都有极大发展。14世纪末,布达城的人口可能已达近万人。路易一世对外加强了对克罗地亚、达尔马提亚占领地的控制,并一度侵入塞尔维亚,降服瓦拉几亚和摩尔多瓦,1370年他又兼任波兰国王。1387年,安茹王朝在匈牙利和波兰的统治告终,匈牙利王位转入路易一世之婿、卢森堡家族的西吉斯蒙德(1387—1437年在位)手中,是为匈牙利的卢森堡王朝(1387—1437年)。

图8-7 尼科堡战役

从14世纪下半叶起,奥斯曼土耳其开始向东南欧的巴尔干半岛大肆扩张,此后直至16世纪的匈牙利历史,便同对奥斯曼帝国的抵御密切相关。1396年,匈牙利国王西吉斯蒙德率领匈、德、保、法、英、波西米亚和瓦拉几亚几国联军,为阻击奥斯曼大军的入侵,在多瑙河右岸的尼科堡与其会战。联军大败,上万名骑士被俘杀。土耳其人迫使保加利亚和瓦拉几亚沦为其附庸,对匈牙利步步威逼。

1440年,波兰国王弗拉迪斯拉夫三世(1434—1444年在位)当选为匈牙利国王,称匈牙利的弗拉迪斯拉夫一世,开启了匈牙利的雅盖隆王朝(1440—1444)。这一时期,匈军统帅洪雅迪·亚诺什对土耳其人进行了顽强的抵抗,但是1444年黑海边的瓦尔纳之战,基督教国家联军再遭惨败,国王弗拉迪斯拉夫也阵亡,洪雅迪死里逃生,担任摄政,重振国力。1456年7月,洪雅迪统帅的欧洲诸国联军在塞尔维亚的贝尔格莱德战役中一举击破奥斯曼土耳其苏丹穆罕默德二世的大军,声震欧洲。

当洪雅迪死后,他的儿子马加什被推选为匈牙利国王,称马提亚一世,马提亚·科尔温(1458—1490年在位),是匈牙利历史上一位难得的富有宏阔眼光的君主,在位期间,他致力于巩固中央政权,将国事处理权从大贵族手中集中到政府机关,改革国家财政和税收,编纂法典,倡导文化艺术。对外顽强抵御土耳其,并同罗马教廷、中西欧诸国建立密切联系。马提亚一世梦想统一中欧,建立一个强大的多瑙河王国。于是,他为了夺取波西米亚王位而发动战争,与哈布斯堡王朝的腓特烈三世(1452—1493年在位)展开长期斗争,夺取今奥地利境内的大片土地,1485年还攻陷了维也纳。但是他最终并未赢得神圣罗马帝国的皇冠,也没能实现对土耳其大规模反攻的愿望。

1526年8月的莫哈奇之战,导致了匈牙利灭亡。从此匈牙利被分成了三份:中部和南部为土耳其所占,东南部归依从土耳其人的特兰西瓦尼亚,西部归入哈布斯堡家族的版图。从此,匈牙利和奥地利之间形成了错综复杂的关系。

六、罗马尼亚

罗马尼亚在中世纪与匈牙利有着密切的联系。罗马尼亚在罗马时代被称作达西亚,包括三个地区:东南部的瓦拉几亚、东北部的摩尔达维亚、西北部的特兰西瓦尼亚。罗马人于3世纪末从达西亚撤走,使这里成为日耳曼人、斯拉夫人迁徙和入侵的走廊。从6世纪起,南下的斯拉夫人已经部分定居在罗马尼亚,与当地罗马化的居民融合,形成了罗马尼亚人。这个民族融合的过程一直延续到12世纪。从语言上来看,罗马尼亚语属于拉丁语族,词汇中夹杂有斯拉夫语。

罗马尼亚的三个组成部分在历史上一直受到外来势力的干涉。9世纪末,瓦拉几亚和特兰西瓦尼亚就被第一保加利亚王国兼并;10世纪末,摩尔达维亚被基辅罗斯征服,11—12世纪又被并入罗斯人的加利西亚公国;到11世纪末,特兰西瓦尼亚又被匈牙利王国并入。到1241年,罗马尼亚又惨遭蒙古人的蹂躏和破坏。摩尔达维亚被并入金帐汗国。曾经被保加利亚控制的瓦拉几亚也于13世纪末开始被迫向匈牙利国王称臣纳贡。这三个区域受到不同的国家的影响,使罗马尼亚长期无法获得统一,陷入分裂割据的局面。

到14世纪,这三个地区逐渐形成了公国。瓦拉几亚的第一代大公巴萨拉布一世于1324年打败匈牙利军队,取得独立,自称全罗马尼亚大公和君主。他还利用东正教会的支持,同匈牙利人及其罗马天主教会斗争。接着,摩尔达维亚也形成了公国。14世纪时,摩尔达维亚处于匈牙利和蒙古人政权的争夺当中。1350年,蒙古人的统治被推翻,但摩尔达维亚又落入匈牙利的统治之下。直到1359年,小贵族出身的波格丹领导农民进行反匈牙利的斗争,取得胜利,建立了公国。然而,摩尔达维亚公国也还受到波兰的控制,成为波兰的附庸。仅剩下特兰西瓦尼亚还受到匈牙利的残暴统治。15世纪30年代,特兰西瓦尼亚爆发过农民战争,同城市手工业者一道曾经占领过特兰西瓦尼亚的首府克罗什城,但最终被匈牙利和德国贵族所镇压。

到14世纪中叶以后,随着奥斯曼土耳其入侵巴尔干半岛,罗马尼亚成为其侵略目标。瓦拉几亚公国首当其冲,瓦拉几亚大公老米尔查(1386—1418年在位)与匈牙利、波兰等建立同盟,共同抵制土耳其人的入侵。但是,1389年的科索沃一役,土耳其人的军队征服塞尔维亚,并且兵临瓦拉几亚边境。然而不久,到1396年,欧洲各国联军在抵抗奥斯曼土耳其的战役中惨败,瓦拉几亚被迫沦为奥斯曼苏丹的附庸。摩尔达维亚公国在斯提芬大公(1457—1504年在位)的率领下,对土耳其人进行了长期的斗争,曾经获得过几次胜利,但最终还是沦为奥斯曼帝国的一部分。

参考书目

1. 佚名,《贝奥武甫》、《罗兰之歌》、《熙德之歌》、《伊格尔出征记》,陈才宇、马振骋、屠孟超、李锡胤译,译林出版社,1999年。
2. [英]玛丽·坎宁安:《拜占庭的信仰》,李志雨译,北京大学出版社,2005年。
3. 陈志强:《拜占庭帝国通史》,上海社会科学院出版社,2013年。
4. 陈志强:《拜占庭史研究入门》,北京大学出版社,2012年。
5. [美]拉尔斯·布朗沃思:《拜占庭帝国》,吴斯雅译,中信出版社,2016年。
6. [英]西里尔·曼戈:《牛津拜占庭史》,陈志强、武鹏译,北京师范大学出版社,2015年。
7. [美]尼古拉·梁赞诺夫斯基:《俄罗斯史》(第八版),杨烨、卿文辉、王毅译,上海人民出版社,2013年。

第九章
中古时代的亚洲文明

中世纪时期亚洲各地的诸文明也相继进入了一个新的发展阶段,建立起了封建制的生产关系和政治制度。亚洲诸国的历史进程既体现了历史发展的普遍性,也体现了历史发展的特殊性和多样性。印度地区作为一个历史悠久的文明之乡,其封建化的进程是在生产力发展的基础上波澜不惊地进入封建社会。东亚的朝鲜、日本和越南在中国文化的影响下,较早地进入了封建社会。东亚的蒙古人和西亚的阿拉伯人、奥斯曼人虽然立国较晚,但却凭借较强的军事能力南征北战,建立起了领土辽阔的蒙古帝国、阿拉伯帝国和奥斯曼帝国,在中世纪的历史发展过程中发挥了重要的作用。

第一节 东 亚

东亚的朝鲜、日本和越南等国与中国地域相邻,在长期的相互交往中,日益受到中国文化的影响,它们与中国共同构成了东亚汉字文化圈。

一、朝鲜

(一) 古代朝鲜和三国时代

朝鲜国家的历史可追溯至公元前。根据中国文献记载,公元前194年,燕人卫满率移民进入朝鲜,推翻原来的政权,自立为王,史称卫氏朝鲜,其统治范围在今平壤附近。公元前108年,汉武帝发兵攻朝,灭卫氏朝鲜,设四郡,其中位于卫氏朝鲜中心地带的乐浪郡是汉朝在朝鲜的统治中心。乐浪郡的统治一直持续到4世纪。

4—7世纪,朝鲜半岛上开启了高句丽、百济和新罗三国鼎立时代,史称三国时代。高句丽兴起于鸭绿江及其支流浑江流域一带,4世纪初吞并乐浪郡,其后大力向南开拓,与百济、新罗长期斗争。广开土大王(又称好大王,391—412年在位)被视作早期的英雄人物,率领高句丽四处开疆拓土。到5世纪末,高句丽达到鼎盛,朝鲜半岛大部分都在其控制之下。处于汉江下游的百济和半岛东南边的新罗抵挡住高句丽的南扩,是朝鲜半岛南部的重要国家,与高句丽斗争不断。

新罗发展比较迅速,并且在7世纪与中国唐朝结盟,共同对抗高句丽和百济。660年两国联军灭百济,668年又灭高句丽,唐朝遂在平壤设置安东都护府,对朝鲜北部进行直接统治。其后新罗积蓄力量,收复了北方土地,再度统一了朝鲜半岛。676年,唐朝被迫将安东都护府迁往辽东。735年,新罗与唐朝正式划界,确认浿水(今朝鲜大同江)以南为新罗属地。

新罗统一朝鲜半岛后,效仿唐朝制度加强中央集权,在中央设执事省总理政务,下设府和部,分掌财政、内务、军事和司法等职权。地方上分9州、117郡、293县,另在要地设置五小京,均有军队驻防。各级官吏皆由中央政府任命。687年,新罗给政府官员实行禄邑制,即按照职位高低赐予一定数量的土地,所收地租充作俸禄。722年,在国家直接管辖的农民中推行丁田制,凡年满15岁的男子(丁)都被分以一定数量的国有土地,谓"丁田",丁田又分为口分田和永业田两种,前者仅限终身,后者可由子孙继承,但禁止买卖。受田农民不得随意迁徙,须向国家交纳租庸调。新罗的改制大大增进了其国力,在7世纪后半叶达到鼎盛,首都庆州成为国内外贸易中心,新罗商船频繁往来于中日之间。

然而,随着地方割据势力的增强,大量国有土地成为世袭领地,中央政令经常被公然抗拒。到9世纪,新罗中央权力日趋衰落,各地农民起义不断。10世纪初,后百济、后高句丽与新罗在朝鲜半岛上再次形成鼎足之势,史称后三国。

(二) 高丽王朝

918年,大领主出身的军人王建夺取后高句丽政权,自立为王,改国号为高丽。935年,高丽征服新罗,次年又灭后百济,朝鲜半岛再度统一。

鉴于新罗晚期的教训,高丽王朝倾全力加强中央集权,到11世纪统治机构臻于完善。中央机关的核心称三省:内史门下省执掌庶务;尚书都省总理政务,下辖六部;三司省主管财政。此外,中央还有太常、太仆、司农等九寺和处理军政纪要的中枢院,负责弹劾的御史台,经办重要文书的翰林院。地方上分为10道,下设州、郡、县,县以上地方官皆由中央任命。军事方面实行府兵制。高丽王朝还奉行文尊武卑的政策,以防止武将危及中央集权。

为了加强对全国土地的控制,976年高丽王朝推行田科制。政府对全国的耕地(田)和山林(柴)登记造册,文武官员和士兵被分成79个等级,按照等级授予一定的耕地和山林,仅限终身,不得世袭。政府又向功臣和归顺土豪授予"功荫田柴",准子孙世袭,但是受田者仅享有收租权,租额由国家制定。田柴科确立了国家对全国土地的支配权,从而巩固了王权。

从10世纪末起,高丽屡遭契丹、女真入侵,1127年被迫承认为金之属国。在与外族的斗争中,武臣势力日益壮大。12世纪70年代,高丽出现过两次武臣发动政变,大肆屠杀文臣,高丽从此进入武臣专权时代。

13世纪初,蒙古崛起,不久即发兵攻朝,高丽王朝俯首称臣。1368年,元朝覆亡,高丽王朝依附于蒙古人残余势力,企图攻打辽东。1388年,反对进攻中国的高丽大将李成桂发动兵变,废黜国王,自掌大权。1392年,李成桂自立为王,翌年改国号朝鲜,开始了李氏朝鲜政权。

(三) 李氏朝鲜

李成桂掌握政权后,为了抑制豪强势力,改革田制,推行科田法。1390年,政府下令焚毁一切公私田籍,次年颁布科田法,将供职于京城的官吏分为18个等级(科),按等级在京畿地区授予科田。京畿之外另置军田,以养军士。地方官吏和土豪不论等级,均授军田。此外还有功臣科田。这些均为私田,准予世袭,在一定条件下可以转让,但受田者须向国家交纳租税。各级官衙保有之田和其他未分配土地都属公田,由国家直接征收租税。科田数量有限,且限于京畿一带,这不但在一定程度上限制了土地兼并,而且也扩大了国家的兵源和税收,有利于加强中央集权。

1400年,李氏朝鲜改革官制。中央由承政院、议政府、六部和三军府分掌军政大权。承政院名义上为咨询机构,但权力较大,有时甚至凌驾于议政府之上。由文官组成的议政府主要掌管中央政务,下辖六部处理各项具体事务。同年政府还废除私兵制度,将原属于大领主和寺庙的武装全部收归中央政府,实行军政分离,设三军府为最高军事机构。1461年,李氏朝鲜开始编纂《经国大典》,1469年完成,详细规定了各级行政机构的设置和各项制度。李氏朝鲜还采取保甲制度,将民众束缚在土地上,不得随意迁移。

田制改革和稳定的政局,使李氏朝鲜的经济发展很快。农业、手工业和商业均有较大发展。到15世纪,汉城和平壤已经成为南北两大商业中心。海外贸易处于国家控制之下,中国和日本是其主要贸易对象。

二、日本

(一) 古代日本

日本在公元前后出现了一些小邦国,相互斗争不已。到3世纪,邪马台国取得了军事优势,使周围二十多个小国俯首称臣。女王卑弥呼掌握最高权力,居民有7万多,与中国魏朝有所交往。

3世纪以后,位于本州岛中部的大和国强盛起来,经过一系列战争,到5世纪基本上统一了日本列岛,势力范围包括朝鲜南部。大和国最高统治者称天皇,有许多氏族贵族掌握着国家实权。地方上设国、县、村三级行政机构,分别由国造、县主、村首治理。在大和国对外扩张的过程中,王室和贵族将征服的地方编成各种部,成员称作"部民",每个部在氏族长的率领下集体为主人服役并纳贡,部民被固着在农庄里,没有人身自由。

到6世纪,大和国家出现了愈加激化的矛盾,中央贵族与地方豪强为争夺土地和部民不断斗争,各级贵族肆无忌惮地兼并土地,役使民众,整个社会动荡不安。同时,新罗的崛起和中国隋唐的强盛,也影响到了日本的发展。562年,新罗将日本势力逐出朝鲜半岛,大和政权反扑无效,被切断了经由新罗获得中国商品和技术的渠道,国内矛盾日趋严重。

于是,统治阶层中出现了改革的呼声,要求抑制贵族、废除部民制、加强中央集权。645年6月12日,改革派代表皇子中大兄和祭祀官中臣镰足发动政变,消灭了专权的大贵族苏我入鹿及其家族势力,同时逼迫皇极天皇退位。6月14日,中大兄拥立孝德天皇即位,自己以太子身份摄政,中臣镰足任内臣,确立了中大兄执掌实权的新体制。其后又仿中国建年号大化,定645年为大化元年,迁都难波(今大阪)。646年初,孝德天皇颁布"革新"诏书,仿效中国隋唐的经济政治制度,实行改革,史称大化革新。

大化革新的内容主要有:第一,实行公地公民制,没收各级贵族的私有领地和部民,全部土地和民众都是天皇和国家的公地和公民。第二,实行班田收授法,口分田供受田者终身使用,死后国家收回,受田男子须缴纳租庸调。第三,确立中央集权的国家制度,官吏皆由国家任命,废除官职世袭制。中央和地方各设一套官职,废除贵族世袭控制军事的特权。大化革新并非一帆风顺,守旧派和革新派之间经过了长期的斗争。直到672年全国性的内战之后,天武天皇即位,改革派重占上风,大化革新的各项改革措施才得到进一步贯彻。701年制定的《大宝律令》以法律形式肯定了各项改革措施,大化革新才终告完成。

(二)班田制的解体和庄园制的形成

经过大化革新后,班田制提高了日本的经济发展,被推广到日本的大部分地区。然而,到8世纪下半叶,班田农民也开始负债和破产,部分农民不得不将土地"寄进"给有权势的贵族和寺院寻求庇护,然后以交租服役为条件再领回土地耕种,由此成为贵族的佃农。同一时期,各级贵族也采取各种手段巧取豪夺,兼并土地。随着各类名目的私有土地不断增加,国有土地急剧缩小,班田制难以为继,到10世纪中叶基本废弛。

班田制解体之后,庄园制成为主导形式。庄园以私人占有为基础,形成于8世纪,10世纪遍布全国。庄园主大多为中央贵族、地方豪族和大寺院,他们一般都居住在城里,委派代理人——庄官代为管理庄园。从9世纪中叶以后,庄园不再向国家交纳租税,也不准政府力量进入庄园,摆脱了政府的控制。地方中小贵族为逃避国家赋税徭役,纷纷将自己的土地寄进给大贵族,自己则变成庄官,这样,庄园层层寄进,加速了土地的集中。

庄民是庄园的直接生产者,称"作人"、"寄人"或"百姓",以户为单位租种庄园土地,必须向领主交纳实物地租和货币地租。未获领主允许,不得迁徙和改业,类似于西欧的农奴。

庄园制不仅影响了国家的财政收入和对地方的控制,还使地方豪强力量日趋强大,逐渐成为称雄一方的封建割据势力,中央集权的国家体制受到严重削弱。

(三)武士和幕府

9世纪中叶以后,日本政局动荡不安,社会秩序混乱不堪。为争夺中央最高权力,大贵族藤原氏家族与王室长期明争暗斗。地方上豪族恣意妄为,相互掠夺土地,公然抗命朝廷。各地庄园主为了保护财产,扩充势力,竞相武装家庭成员和仆从,形成了一种基于血缘关系和主从关系的军事团体——武士团。庄园主有责任保护和豢养武士,而武士必须绝对服从、效忠于首领。

12世纪时,关东源氏和关西平氏形成了两大武士集团,二者皆出身地方豪族,都拥有大量庄园和武士。1185年,关东源氏全歼关西平氏一族,控制了中央政权。1192年,源赖朝迫使朝廷封其为征夷大将军,并在镰仓设立将军幕府,由此开始了军事贵族专政的幕府统治时期。幕府专指将军驻地或武士政权。统治大权归幕府,征夷大将军执掌最高权力,天皇成为傀儡。源赖朝的幕府称作镰仓幕府,又称源氏幕府(1192—1333年)。

为了加强对全国的控制,镰仓幕府在中央设置三个管理机构,政所主管行政,侍所统领军务,问注所执掌司法,重要官职都由将军的直属武士——御家人出任。地方上由幕府委派御家人担任各国"守护"(军政长官)和"地头"(庄园管理人)。守护、地头将原先的国有土地和贵族庄园大多攫为己有。此外,幕府还派人常驻京都,监视朝廷动向。源赖朝死后,幕府动荡,实权落入源氏外戚北条氏手中。1232年,北条氏制定武家法典《贞永式目》,涉及幕府的土地制度,守护和地头的职权,幕府和御家人之间的主从关系,稳定和巩固了幕府政权。

图9-1 蒙古来袭时代的武士和战争

1274年和1281年,蒙古军队渡海进攻日本,触发了镰仓幕府的统治危机。战争结束后,许多武士不满现状,武士阶层迅速发展,武士首领壮大,不仅大肆兼并土地,扩充实力,还企图取代北条氏的地位,动摇了镰仓幕府的统治。1333年,后醍醐天皇联合不满北条氏统治的武士一举推翻镰仓幕府,政权复归皇室。后来,由于天皇试图重建中央集权,禁止武士侵占庄园,引起武士不满。1336年,曾归降皇室的原北条氏部将足利尊氏领兵攻陷京都,废黜后醍醐天皇,另立光明天皇,自任征夷大将军,重建幕府,因其地处京都的室町,故称室町幕府。

不甘失败的后醍醐天皇南逃吉野,另立朝廷,与北方的京都朝廷对峙达五十余年,这一时期称"南北朝时代"(1336—1392年)。1392年,南朝为北朝所灭,室町幕府取得了全国统治权。室町幕府的统治基础不再是以往的御家人,而是守护大名。大名即占有较多土地和武士的大领主,南北朝时代的割地自雄的守护称守护大名,他们往往兼控数国,力量堪与幕府抗衡。足利氏在操纵、利用守护大名之余,也竭力扩充同族势力,以巩固幕府统治。

室町幕府的统治初期,日本经济有了较快的发展。但是到15世纪,各地守护大名争权夺势,削弱了幕府的统治力量。1467年,第八代将军的继承问题引发了一场全国性的内战——应仁之乱(1467—1477年),大部分武士都被卷入混战,战乱使京都化为一片焦土,幕府迅速衰落,从而开启了战国时期(1467—1573年)。守护大名遭受重创,逐渐被新兴的战国大名所取代。

三、越南

(一) 古代越南

越南在地理上可以分为三个部分:北部为红河三角洲,我国史书称交趾;中部长山山脉纵贯南北,古代为占婆国,我国史书称占城;南部为湄公河三角洲,古代为高棉。

古代红河三角洲曾为中国属地。公元前214年,秦设南海、桂林、象三郡,势力南至越南中部。秦末,南海郡地方官赵佗趁乱兼并桂林郡和象郡,建南越国,自称南越王。公元前111年,汉武帝发兵消灭赵氏割据政权,在其地设九郡,其中交趾、九真、日南三郡在今越南境内,每郡下辖若干县。汉朝统治时期,曾爆发二征夫人起义。到679年,唐朝在此设安南都护府,治所在宋平(今河内)。"安南"之名由此始。

(二) 独立国家的建立和李朝

9世纪晚期,唐朝对越南北部的统治大大被削弱。939年,越南将领吴权击败中国南汉军队,自立为王,建立独立国家。944年吴权死后,12个大领主争夺王位,混战不已,国家陷入严重割据状态,是为"十二使君之乱"。968年,丁部领战胜12使君,被部下拥立为"大胜明皇帝",国号大瞿越。979年,丁部领遇刺,部将黎桓即帝位,建立黎朝,史称"前黎朝"。1010年,前黎朝殿前指挥使李公蕴夺得帝位,李朝取代了前黎朝。李朝定都升龙(今河内),统治今越南北部和中部二百余年(1010—1225年)。1054年,李朝改国号为大越。

李朝采取一系列措施,加强中央集权,削弱地方割据势力。中央官职分为文、武两班,分别以辅国太尉(宰相)和枢密使为首。地方分24路,由文官知府治理。路下设府(州)、县、乡和甲。1042年,李朝颁布《刑书》,是越南历史上第一部成文法。李朝建立伊始,便致力于推动农业和手工业发展,商业由国家垄断。升龙是全国中心,云屯港(今海防)被设为海外商业港口,吸引中国和东南亚商人前来贸易。李朝实行土地国有制,所有土地皆为皇帝所有,又分为皇室田、分封田和公社田三种。李朝允许土地买卖和抵押,法律规定出卖或典押逾20年的土地不得赎回。因此,土地兼并之风盛行。

李朝奉行对外扩张政策,先后对占婆和宋朝发动战争。1044年,李朝军队攻入占婆,杀占婆王。1069年,占婆再次兵败,被迫将北部三州割让给李朝。同时期,越南多次侵扰中国南部。1075年,李朝10万大军袭击北宋边境地区。1076年3月,李朝军队攻破邕州。到1076年底,宋朝军队反击,兵临升龙城下,李朝上表求和。1079年,双方议和,宋军撤回。

(三) 陈朝与蒙古战争

李朝末年,政治腐败。1225年,权臣陈守度强迫女皇李昭让位给其夫、陈守度的侄子陈煚,建立了陈朝(1225—1400 年)。

陈朝进一步强化中央集权。朝廷重臣皆由皇亲国戚出任,地方上将李朝的 24 路合并为 12 路,委派宗室、外戚掌管。1229 年,陈朝颁布《国朝通制》和新的《刑书》,前者规定了各级权力机构的规章制度。陈朝亦鼓励农耕,但对工商业管理较为宽松,使得商业有较大发展。

13 世纪下半叶,蒙古人三次侵犯越南。1257 年,忽必烈遣使劝降,陈煚不从。次年,元军沿红河入侵越南,攻陷升龙,陈朝皇帝被迫避难海岛。后陈朝同意纳贡,元朝才罢兵。1284 年和 1287 年,元朝又两度举兵进犯越南,越南军民奋起反击,在将领陈国峻的带领下,最终将元军逐出国境。同一时期,占婆也遭元军侵扰,国力大为削弱。14 世纪初,陈朝趁机强迫占婆割让北部二州,并成为越南的藩属国。

(四) 后黎朝时期的越南

1400 年,陈朝外戚胡季犛篡权自立,建立胡朝(1400—1407 年)。1406 年,中国明朝应陈朝宗室之请,出兵越南,1407 年灭胡朝,随后在越南北部设交趾省,进行直接统治。1418 年,越南爆发黎利领导的反明起义,各地广泛响应。1427 年,明朝与黎利议和,明朝军队撤出越南北部。翌年,黎利称帝,定都升龙,国号大越,史称后黎朝(1428—1789 年)。

15 世纪下半叶,后黎朝的中央集权统治日趋巩固。中央设六部,地方分 12 道,各道官员由中央任命,分掌军事、行政、财政和司法大权,领有监察御史专事监督。官吏选任仍实行科举制,每三年开科一次。1483 年,后黎朝仿照中国唐朝律令,制定《洪德法典》,规定叛国和欺君等罪均处以死刑和流放,侵犯他人财产者也将受到严惩,后又增补内容,称《黎朝刑律》,一直实施到 18 世纪末。后黎朝也致力于恢复农业生产,缓和土地占有严重不均的状况,采取均田法,使广大农民成为皇帝和各级官吏的佃农,贵族官僚仍然占有大量土地。

后黎朝还致力于兴修水利工程,扩大垦田面积。在工商业方面,设立"百作诸局",集中生产兵器、祭祀用品和奢侈品。升龙是全国工商业中心,生产的丝绸、棉布、纸张行销各地。中国和爪哇是当时越南的主要海外贸易对象。

随着国力的强盛和与明朝矛盾的缓和,后黎朝集中力量向南扩张。1470 年,后黎朝发兵 20 万进攻占婆,不久便攻克占婆京城,俘获其国王,在占婆北部设置广南道,占婆其余国土分裂成三个小国,均为后黎朝属国。后黎朝还出兵老挝,迫其俯首称臣。后黎朝时期的越南一跃而为中南半岛的最强大国家。

第二节 印　　度

在印度的历史上,中世纪是一个非常重要的时期,也是一个转型的时期。古代兴起的佛教文化在这一时期逐渐衰落下去,而本土的婆罗门教则转化为印度教。到公元 1 000 年以后,穆斯林侵入,并且在印度建立起了德里苏丹国,伊斯兰文化也随之进入印度。佛教、印度教、伊斯兰教这三种宗教及其文化在印度的发展,构成了中世纪印度的主要内容,使其更具多元性。在政治方面,印度从一开始的统一也迈入了分裂时期,出现了大量的地方政权,它们相互之间斗争不已,也增进了各地地方文化的发展,尤其是在印度南部形成了与北方大一统力量相抗衡的区域国家。在经济方面,印度北部和南部分别处于陆上丝绸之路和海上丝绸之路的中段,成为中世纪欧亚大陆商业经济发展的重要组成部分。

一、中古早期印度的统一与分裂

(一) 笈多帝国和戒日帝国

公元3世纪以后,贵霜帝国逐渐衰落,印度次大陆重又陷入分裂当中。到4世纪初,在恒河上游地区兴起了一个小国,逐渐向东扩张,到其君主旃陀罗·笈多(320—335年在位)时,以华氏城(今比哈尔邦巴特那)为都,建立了笈多王朝(320—500年)。他以古代孔雀王朝的继承者自居,故以笈多为姓氏,号称"王中之王"。其子沙摩陀罗·笈多(335—380年在位)时期,进一步奉行对外扩张政策,将印度河流域及整个印度北部都纳入到其统治之下,从而统一了北印度。这时期笈多王朝也扩展到了印度南部东西两侧的海岸地区,在东边征服了今泰米尔纳德的帕那瓦王国,在西边控制了德干高原西部的海岸地区和许多港口,增强了笈多王朝在印度洋的力量和影响。到旃陀罗·笈多二世(380—413年在位)时征服了印度西北部印度河流域和西部古吉拉特地区的政权,完全控制了整个北印度(克什米尔和西旁遮普除外),达到了帝国的鼎盛时期,到旃陀罗·笈多二世在位晚期,其版图几近乎孔雀王朝时期。由此,他也被称作"超日王"。他统治时期堪称中世纪印度的黄金时代,中国东晋高僧法显就是在这一时期访问印度的。然而,在5世纪中叶以后的几任统治者时期,笈多帝国就由盛转衰了,帝国对印度的统治基础并不很强,外部又遭受了来自中亚的嚈哒人(又称白匈奴)的入侵,到6世纪中叶帝国解体,各藩属国和各地总督都脱离了帝国,成立了许多小王国。

到7世纪,印度各地出现了非常多的割据势力。笈多帝国之后的北印度,出现了大量小国家,其中比较重要的有以下一些:在笈多帝国曾经的中心地带尚存后笈多王国,又称摩腊婆国,以摩揭陀和马尔瓦为中心;在印度西部,占据了古吉拉特地区的拉其普特人建立了瞿折罗国,卡提阿瓦半岛上建立了伐腊毗国;在印度中部,恒河中游出现了以曲女城(卡瑙季)为中心的穆克里王国(羯若鞠阇国),在德里以北的恒河和朱木拿河交界处建立了坦尼沙王国(萨他尼湿伐罗国);在印度东部,孟加拉地区兴起了高达王国,阿萨姆地区兴起了迦摩缕波国。这些国家各据一方,都想成为霸主,相互之间斗争不断。最终获得成功的是中北部地区的坦尼沙王国和穆克里王国的联盟。

坦尼沙王国位于恒河与印度河两大水系相近的地方,这里水源充足,农业发达,交通便利,具备称霸的有利条件。坦尼沙的第四任国王波罗羯罗·伐弹那号称"王中之王",为了更好地对付其南边的摩腊婆国,便与其东南边的穆克里王国结成联盟,把其女儿罗阇室利嫁给穆克里国王。606年,波罗羯罗·伐弹那死后,传其位于子曷罗阇·伐弹那,该年,摩腊婆国与高达王国联合进攻穆克里王国,破曲女城,杀死国王,掠走王后。曷罗阇·伐弹那于是出兵攻打摩腊婆和高达两国,但是被后者设计谋杀,其弟曷利沙·伐弹那继位,为其兄妹复仇。

后来,曷利沙·伐弹那成为坦尼沙王国和穆克里王国的共主,自称"戒日王"(606—647年在位)。612年,两国正式合并,以曲女城为都,并且开始了向外扩张的步伐。为了击败宿敌高达王国,戒日王与迦摩缕波王国结盟,最终征服了高达王国,与迦摩缕波王国瓜分了这个国家,占领了西孟加拉。在印度西部,戒日王也征服了卡提阿瓦半岛上的伐腊毗国。戒日王还欲南征德干地区,但是被遮娄其王国所拒,不得不退回北部。因此,在整个北部,除了拉其普特地区、古吉拉特、西旁遮普和克什米尔地区,戒日王基本上统一了整个北印度,其建立的帝国也被称作戒日帝国。戒日王在全国各地经常巡回视察,其流动的营帐就成为中央权力所在地,而且他还掌控着一支强大的军队,用来保持国内的稳定。但是,戒日帝国的强盛也就只是在戒日王在位的40年间,当其去世后,他所建立的秩序便陷入混乱,帝国衰落下去,北印度又进入分裂的状态。

笈多帝国和戒日帝国时期,印度出现了重要的政治和经济变化。与古代的孔雀帝国相比,这两个帝国都表现出中央权力薄弱、地方割据强盛的特点。两大帝国能够牢固控制的其实也就是中北部地区,其他大部分地区在被帝国征服以后都是让当地贵族继续统治,作为藩属国仅仅对中央履行极有限的义务,如朝觐、提供军队等。中央与地方的关系更多的是经济和文化联系,政治上的纽带非常松弛。这些体现了印度式封建制度的萌生和发展。在经济关系上,出现了大量中央向地方馈赠土地的现象。国王将国家土地大量赏赐给臣属,"王田之内,大分为四,一充国用,祭祀粢盛;二以封建辅佐宰臣;三赏聪睿硕学高才;四树福田,给诸异道"(法显《佛国记》)。赏赐给大臣和神庙的土地还包括依附在土地上的农民,他们经常与土地一道被转让。这些土地可以世袭占有,不可被中央剥夺或削弱。此外,各级官吏也都有食邑,其在王权强大时只是终身享用的禄田,但是当王权衰弱时便被官吏据为己有,转变成世袭领地。与此同时,各地的村社也都拥有土地,上层人士则占有更多土地。这些土地都有法律意义,所有者都拥有国王赐予的铁券书录,不能够被剥夺。与土地相关的税收、司法等权力也都随着土地被赠予。到戒日王时期,更进一步分封诸侯,赏赐土地,强化了地方自主和分裂的因素。因此,当他死后,印度便陷入了长达五六个世纪之久的分裂时期。

(二)印度的分裂和经济发展

从8到12世纪,北印度形成了很多小国,其中三个王国最为强大:西北部为古吉拉特地区建立的瞿折罗(古吉拉特人)—布罗蒂诃罗王朝,东北部为孟加拉地区的波罗王朝,南部为拉什特拉库塔王国。这三大王国争夺的焦点是曲女城,它们都是为了控制这个交通要道,从而称霸北印度。但是这个三国时代一直没有最后的胜出者,直到10世纪都先后衰落下去。

南印度也是如此。这里从孔雀王朝时就有很多独立的小王朝,如西南部的卡丹巴王朝,东南部的帕那瓦王朝,还有印度次大陆最南端的潘地亚、哲罗、朱罗三王国。8世纪时,这些小国为了争夺霸权,相互斗争,先后崛起,包括拉什特拉库塔王国、西遮娄其王国、帕那瓦王国和朱罗王国。最先称霸的是帕那瓦王国,控制着南印度的大部分地区。西遮娄其王国的地方总督建立了拉什特拉库塔王国,取代了西遮娄其,并且参与北印度的霸权争夺,也与帕那瓦逐鹿南印度。从9世纪到11世纪,朱罗王国兴起,成为南印度的大霸主,在其鼎盛时期,北控孟加拉湾西部,东至马来半岛、苏门答腊和缅甸南部,成为跨孟加拉湾的大帝国。但是其兴盛时期也并不长,到11世纪下半叶也衰落下去。就这样,南印度和北印度在中古早期一直处在混战当中,各个小王国之间始终没有形成大的联盟,也没有再出现像笈多帝国和戒日帝国那样的统一王朝,因此,印度的财富和精力都被消耗在内战当中,为之后中亚突厥穆斯林的成功入侵提供了条件。

即使在这样一个分裂的时期,印度却出现了经济上的快速发展。

在笈多帝国时期,农业、手工业和商业都有较好的发展条件。许多地方都建有水库和蓄水池,水利条件得到很好的改进,同时也出现了大规模的拓荒,耕作技术也有了较大进步。农作物由于引进而更加丰富。尤其是棉花种植技术达到较高水平,为印度后来棉纺织业的大发展提供了条件。在手工业方面,冶炼和铸造都有很大进步,大量佛塔、石窟、佛像雕塑也体现了这时期手工业更加复杂和精细。棉纺织品成为印度向海外出口的重要产品。这时期印度南北部分之间的交往得以促进,主要是由于沿着东西海岸线的沟通南北的商路被拓展,增进了南北方的商品交流。一些海港也发展成为重要商业城市,如帕拉瓦王国的都城建志、泰米尔纳德邦的马杜赖。恒河、朱木拿河、纳巴达河、戈达瓦里河、克里希纳河、科佛里河也都成为重要的商业通道,连结起印度的东、西海岸。印度这时期的海上贸易发展非常迅速,印度商人深入到印度洋和东南亚,广泛展开海外贸易。到戒日帝国以后,随着封建经济的发展和各地割据的盛行,一方面,小王国和封地都成为自给自足的经济体,另一方面,它们在内部努力发展经济,增强各自的实力。因此,为了有利于交换,手工业专门化的程度大大提高,而且印度商业也随之发展,出现了一些新的商业大都市。在国内贸易方面,出现了坦尼沙、曲女城、伐腊毗、波罗奈(瓦拉纳西)等;在国际贸易方面,出现了苏拉特、建志、故临、普哈尔、耽摩栗底等一些大港口,遍布科罗曼德尔海岸、马拉巴尔海岸、孟加拉和卡提阿瓦半岛。泰米尔人、孟加拉人、古吉拉特人在印度洋的贸易中起到非常重要的作用,他们将印度特产胡椒、棉布运往东南亚和阿拉伯地区进行交易。

二、佛教的衰落和印度教的兴起

(一) 佛教的衰落

在笈多帝国和戒日帝国时期,君主对各种宗教都采取兼容并蓄的态度,因此佛教也得以继续发展,在印度各地仍有较多人信仰。根据法显《佛国记》记载,当时佛教在印度的北部和南部依然盛行,大乘佛教和小乘佛教并行发展。这时期也出现了重要的佛教研究者,如无著、世亲、陈那。笈多帝国时期也留下了很多重要的佛教寺庙和石窟,如那烂陀寺、阿旃陀石窟、埃罗拉石窟。但是,同孔雀王朝和贵霜帝国时期相比,这时候的佛教已经处于衰落状态。待到玄奘访印时,正值戒日王对佛教的保护期,佛教又有所发展。戒日王大力赞助北印度的寺庙建设,并且对佛教僧侣慷慨布施。根据玄奘《大唐西域记》的记载,这时期印度仍然是大乘小乘共同发展,但是二者之间论争非常激烈,而且相互排挤。玄奘也观察到很多地方的佛教都衰落下去了,相反印度教却在蓬勃发展,如戒日帝国核心区的羯若鞠阇就出现了佛教和印度教平分天下的格局,"邪正二道,信者相半"。

到戒日帝国衰落以后,佛教在印度东部的孟加拉地区还有继续发展,这里的帕拉王国依然赞助佛教。除了那烂陀寺还有很大影响,摩揭陀地区也建造了飞行寺、超岩寺等寺庙,成为重要的学术中心。

6、7世纪,就在佛教不断衰落的时候,佛教内部也出现了革新,出现了一个新的教派,即密教。它是大乘佛教融入了印度教的性力派和民间宗教的因素而形成的,主张"三密修持",即身成佛。也就是通过身密(特定的手势)、语密(念咒)、意密(心观佛尊),达到身语意三业清净,与佛的身语意相印,即可获得佛果。性力派对密教的影响表现在有一支密教主张崇拜导师,通过纵欲达到本性清净。民间宗教的影响表现在一整套咒语、咒术成为密教的重要修持方式。密宗在印度的中部和南部得到很大的发展,8世纪时由"开元三大士"(善无畏、不空、金刚智)传入中国以及日本,传入中国西藏的密宗产生了很大的影响,构成了喇嘛教传统。

到11世纪,穆斯林的入侵更进一步加剧了佛教在印度的危机,那烂陀寺、超岩寺都被摧毁,大量佛僧逃到了中国西藏和东南亚地区,由此,佛教在印度的历史宣告结束。

(二)印度教的兴起

与佛教衰落的趋势相比,婆罗门教在这时期经历了改革和复兴,出现了印度教,并逐渐成为印度各个王朝和邦国的统治者推崇的主要宗教。

婆罗门教在古代经历了危机,主要是由于婆罗门阶层顽固自闭,享有特权,且将繁琐的祭祀仪式视为最重要的,对普通民众缺乏吸引力。但是,在应对佛教的挑战时,婆罗门教内部也出现了改革。笈多帝国和戒日帝国时期,君主为了维护其统治地位,对婆罗门教依然非常重视,赏赐给婆罗门阶层的土地也最多。但是吠檀多派开始在婆罗门教的转型中起到重要作用。虽然吠檀多派反对传统婆罗门教宣扬的祭祀万能论,也反对婆罗门阶层地位的至高无上,但是转向对内心信仰的强调,主张通过修行亲证神,强调梵我合一才能使人获得救赎。重要经典《薄伽梵歌》也批判婆罗门教极度重视祭祀。这些都有助于推动婆罗门教的改革和向印度教的转化。

印度教与婆罗门教有很大的差异。在神的崇拜方面,印度教舍弃了婆罗门教的多神崇拜传统,形成了以梵天、湿婆、毗湿奴三大神灵为主的体系。梵天为创世之神,湿婆为毁灭神,毗湿奴为保护神。尤其是后两者,成为人们信奉的主要神灵,由此形成了湿婆派和毗湿奴派。湿婆通常表现为手持三叉戟、舞蹈或者林伽(男性生殖器)的形象,毗湿奴则有很多化身,有动物,也有罗摩、克里希那,甚至还有佛陀。到6世纪,以孟加拉地区为主又兴起了一个新的性力派,崇拜女神,尤其是上述三大主神的配偶,如梵天的配偶辩才天女,湿婆的配偶雪山神女(或难近母、时母),毗湿奴的配偶吉祥天女。除了这三大派别崇拜的主神,印度教还崇拜其他一些神灵,如象头神、主神的坐骑、母牛、神猴等,说明一定程度上吸收了民间宗教的因素。在信奉的经典方面,《薄伽梵歌》和往世书取代了吠陀成为主要经典。印度教强调个人获得解脱需要严格遵循达摩(法)和业报,通过对神的虔诚皈依和修持而亲悟梵的存在,以内心的虔信取代祭祀仪式。由此,印度教打破了婆罗门教对祭祀仪式的垄断,开始注重内

图 9-2　印度南部班加罗尔的湿婆像

心虔信和偶像崇拜,并且大量建造印度教神庙。

　　印度教的理论化和系统化还要等到 8 世纪商羯罗(788—820 年)的改革。来自南印度的商羯罗属于吠檀多派,他在此基础上创建并阐述了"不二论",宣称只有"我"和"梵"才是同一"不二"的真实存在,是宇宙间一切事物的本源,除了梵以外没有真正实在的事物,一切外界事物都是"幻",所产生的幻力会使人把不实的事物看成实在的,这就是无明。人修持的目的就是要破除无明,认识真我唯一不二,而方法就是进庙拜神,崇拜神灵,达到梵我一致。商羯罗的学说获得很多僧侣和信徒的支持。他在组织印度教的时候也借鉴了佛教建立僧团的方法,在印度各地建立苦行僧的教团,将传教士组成一个团体,他在印度的东西南北四个地方共建了四大寺庙,作为在印度各地传播印度教的中心。但是,在寺庙中没有繁琐的祭祀仪式,只有简单的崇拜,寺庙主要供奉印度教的各种神灵,尤其以湿婆和毗湿奴为主。商羯罗的改革对印度教的发展起到了很大的推动作用,到 10 世纪,印度教成为印度占统治地位的宗教。

　　印度教之所以能够成功地在印度立稳脚跟,一方面是由于它改革了婆罗门教中遭人诟病的地方,即婆罗门的特权地位和繁琐的祭祀仪式,并且宣传种姓和性别的平等,反对种姓压迫,这使其获得更多的民心;另一方面,这一时期印度的封建化使各个割据势力都有增强王权和加强社会秩序的需要,而印度教的主神崇拜和种姓制度恰好可以满足这种需要,它也符合这时期婆罗门和刹帝利对特权地位的要求。另外,由于地方割据势力和大小王国纷纷出现,新兴的刹帝利阶层并不一定就是出身于该种姓,他们也需要印度教和婆罗门种姓为其确立刹帝利种姓,从而抬高社会地位。因此,种姓制度又得到进一步的增强,首陀罗和贱民继续遭到歧视,甚至更加严重,这两个种姓主要由农民、手工业者构成,他们所遭受的奴役也

图 9-3 吴哥窟中的《罗摩衍那》浮雕，13 世纪

是这时期印度文明的阴暗面。

三、伊斯兰文化的进入：德里苏丹国

（一）德里苏丹国的建立

7 世纪阿拉伯帝国兴起时曾经往印度扩张，但是由于受到抵抗，进展并不是很顺利。至 8 世纪初，倭马亚王朝将军穆罕默德·伊本·卡西姆率军占领了印度河下游的信德地区，使这里成为阿拉伯帝国的省份，但是对这里的影响非常有限。第二次大征服是 10 世纪起由突厥人带动的。第一波冲击来自于伽兹尼王国。从 1000 年起，以阿富汗为中心的伽兹尼王国开始大举入侵印度，其主要目的是掠夺财富和传播伊斯兰教。在此后的 26 年里，伽兹尼的军队入侵印度多达 17 次，甚至于 1019 年征服曲女城，并将其夷为平地。1025 年苏姆那特沦陷，数万人被杀，湿婆神庙被劫掠一空。伽兹尼王还将印度的旁遮普地区并入，也将伊斯兰教传入印度。1174 年，伽兹尼王国被其藩属古尔王朝取而代之，并且发动了第二波对印度的冲击。古尔王朝的伽兹尼总督穆罕默德·古尔于 1175 年开始远征印度。此次征服夺取了阿拉伯帝国的信德地区，也占领了整个旁遮普。与伽兹尼王国相比，古尔王国的目标在于占领土地。因此，在之后的数十年中，古尔王朝先后征服了德里、曲女城、贝拿勒斯等重要城市，并且在德里设置了总督进行管理。1202 年，穆罕默德·古尔继承古尔王国王位，1206 年遇刺身亡，古尔王国崩溃。古尔驻德里总督库特卜乌丁·艾伯克（1206—1210 年在位）自立为苏丹，以德里为都，统治北印度的大部分地区，从此，印度进入了德里苏丹国时期（1206—1526 年）。

（二）德里苏丹国的王朝演变

德里苏丹国持续了 320 年，先后有 5 个王朝：奴隶王朝（1206—1290 年）、卡尔奇王朝

(1290—1321年)、图格卢克王朝(1321—1414年)、赛义德王朝(1414—1451年)、罗第王朝(1451—1526年)。

奴隶王朝时期的13世纪恰逢蒙古崛起,因此,抵御蒙古入侵和巩固国内统治是该王朝的头等大事。13世纪中叶,蒙古军队占领了拉合尔和木尔坦,并且入侵旁遮普。苏丹巴勒班率领军队抵抗,将蒙古人抵制在北部,使其无法进入旁遮普以南。苏丹对内则镇压反叛的总督和王公,加强了对北印度的控制。到13世纪末,奴隶王朝被控制了军队的突厥贵族推翻,随后建立的是卡尔奇王朝。

卡尔奇王朝最重要的苏丹是阿拉·乌德·丁(1296—1316年在位)。他对外击退蒙古人对德里的入侵,并且收复了蒙古人占据的旁遮普地区;对内镇压贵族的统治,征服了古吉拉特和拉贾斯坦的独立王国,基本上统一了北印度。同时,他还向南印度染指,越过温德亚山脉,远征德干高原,建立了对南印度的统治。因此,阿拉·乌德·丁在位时期是德里苏丹国领土最广阔的时期,基本上控制了整个印度,阿拉·乌德·丁也被称作印度的第一位穆斯林皇帝。但是,他凭一己之力建立起来的王朝在其病逝之后便崩溃了,掌控军队的突厥贵族再次建立了一个新王朝——图格鲁克王朝。

图格鲁克王朝持续了将近一个世纪,有两位苏丹特别重要。第一位是穆罕默德·本·图格鲁克(1325—1351年在位)。他先后4次远征南印度,将半独立状态的王国全都兼并,至此,除了克什米尔、卡提阿瓦半岛、拉贾斯坦、奥里萨和半岛西南部,图格鲁克王朝基本上控制了整个印度。为了巩固对南印度的控制,穆罕默德·本·图格鲁克甚至在南部建立了一个新都——道拉塔巴德,强迫德里的居民迁居到这座新城,直到后来由于这里缺水造成人们的反抗才作罢。这时期常年的战争激发了国内的矛盾,经济也颇不景气,帝国的秩序也没有完全建立起来,因此,在穆罕默德·本·图格鲁克统治末期,在帝国腹地的德里以南的地方又出现了两个大的割据政权,即中部印度的巴曼尼苏丹国和南印度的维阇耶那伽尔印度教王国。其弟菲鲁兹·本·图格鲁克(1351—1388年在位)可谓中兴时代,他大力推动农业发展,建造了很多水利灌溉工程,并且改善与臣民的关系,还大力建设德里都城,增建了许多清真寺、学校、医院等设施。然而,他又是一个狂热的穆斯林,在他死后,国内就陷入了分裂。对图格鲁克王朝带来致命打击的是1398年帖木儿的征服。帖木儿从中亚长驱直入,攻陷德里,并且烧杀抢掠,王朝从此每况愈下,直至1414年被赛义德王朝取代。

赛义德王朝与罗第王朝总共持续了一个多世纪,但是却始终被危机所困扰。印度各地的独立王朝比比皆是,苏丹国的势力范围则步步紧缩,直到被局限于德里附近。罗第王朝曾经复兴一段时间,并且建造了新都阿格拉,但是中央与地方的关系不断恶化,苏丹越来越不能控制群雄割据的局面。到1525年,旁遮普总督受到苏丹威胁,向喀布尔的统治者巴布尔求援,次年,后者趁罗第王朝内乱,带领大军南下向德里进军。罗第王朝苏丹领兵迎战,但是全军覆没。巴布尔占领了德里和阿格拉,建立了莫卧儿王朝,德里苏丹国最终灭亡。

(三) 德里苏丹国的政治与经济

与中古早期的印度政治体制不同,德里苏丹国是政教合一的伊斯兰教国家,苏丹是国家最高统治者,不仅掌控着行政、立法、司法和军事大权,还实际上起到伊斯兰教最高宗教领袖的作用。苏丹掌握着沙里阿教法的解释权,有时甚至自己立法,很多苏丹还不承认哈里发在伊斯兰世界的最高领袖地位,干脆宣称自己就是哈里发。苏丹国的统治基础是由信奉伊斯兰教的突厥人、波斯人构成的军事贵族集团,本地的印度教徒只有改宗才能出任政治职务,因此,一小拨外来族群统治着印度这个庞大国家,必须依靠一支庞大的常备军,为此,苏丹通常使用来自中亚的突厥士兵,靠着这批强大的力量征服了印度,长期维持着在北印度的统治。

在中央政府,有维齐尔辅佐苏丹处理财政问题,他带领着36个部(迪万)形成中央政府各部门,并且与军事大臣、宗教和司法大臣、内务大臣共同负责国家的正常运行。在地方上建立了行省制,共设有23个省,省的总督由苏丹任命,但是省的政府部门官员需由中央政府任命,从而使其听命于中央。在省以下,还有舍克(县)、巴尔加那(税区)、村社三级,此外还有许多土邦,是半独立的王国,由当地信奉印度教的王公统治,需向中央纳贡,承认苏丹的宗主权。事实上,苏丹国从未真正将这些印度土邦纳入到其直接统治之下,而且还要经常面临这些土邦王公的分裂行径,它们之间的矛盾夹杂着民族矛盾、宗教矛盾,这些都阻碍了德里苏丹国的政权稳定。

在土地制度方面,印度采取土地国有制,苏丹名义上拥有全国的所有土地,但是实际上支配的只有其中一小部分,被称作"哈斯",由中央的财政部门管理,由耕种者交纳租税,供应中央政府和宫廷开支。苏丹赐予大量土地给军功贵族,这部分国有土地被称作"伊克塔",最初仅能终身享用,死后上交国家,但是后来逐渐演变成世袭领地。行省总督会用"伊克塔"土地的税收供养一支军队,待苏丹需要时调遣,此外还要上交一部分给国家。苏丹还赐予很多土地给清真寺和伊斯兰教神职人员,这部分土地分别被称作"伊纳姆"和"瓦克夫",均为世袭占有。除了国有土地以外,还有一部分土地归印度教王公和藩属国世袭占有,享有免税的特权,这部分土地被称作"柴明达尔"。

在经济方面,德里苏丹国时期获得一定程度的发展。由于国家非常注重水利灌溉工程,特别是菲鲁兹·本·图格鲁克在位时期兴修了五条运河,大大改善了农业状况。从波斯引进的水车经过改进被运用到印度,许多地方从不毛之地发展为鱼米之乡。农业生产也朝向区域专门化发展,出现了棉花、甘蔗、胡椒等经济作物专业产区。与此相应,手工业也发展起来,棉纺织业、制糖业等成为印度的优势产业,特别是棉纺织品,在国内外都有较广的销路,很受欢迎,尤其是古吉拉特和孟加拉,成为棉纺织业的重要区域。手工业的兴盛也推动了商业的发展,出现了大批商业城市和贸易中心,德里是最重要和最繁荣的城市,东西部海岸也有许多重要港口,如马拉巴尔海岸的卡利卡特、科钦、奎隆,古吉拉特的布罗奇、康拜、苏拉特、兰德尔,孟加拉的吉大港、萨特加昂,这些港口与印度洋各处都有频繁的商业交往。这一时期在各个地区由总督和王公在其领地的统治中心新建或发展了许多城市,如道拉塔巴德、阿格拉等,它们成为印度这时期经济繁荣和政治分裂的象征。

(四)德里苏丹国的宗教与文化

德里苏丹国时期,伊斯兰教和伊斯兰文化在印度得到了传播和发展。一方面,国家采取武力镇压和怀柔免税的政策,逼迫和诱惑印度社会中上层的非穆斯林皈依伊斯兰教。另一方面,这时期出现了很多苏菲派教团,它们在下层民众中传播伊斯兰教,尤其是在北印度的信德、旁遮普和孟加拉进行传教,促进了这些地方的伊斯兰化。因此,各阶层人士抱着不同的目的纷纷皈依伊斯兰教,尤其是许多印度教中被歧视和迫害的贱民,更乐于为了提高自身地位而皈依伊斯兰教。

国家为了推行伊斯兰教,对印度教采取限制发展的策略。在苏丹国初期,甚至破坏印度教神庙,在其上建起清真寺,如德里的库瓦特·乌尔·伊斯兰清真寺就是在一座毗湿奴神庙的废墟上建造起来的。后来虽然不再破坏印度教神庙,但是限制在有清真寺的地方再建造印度教神庙。有的苏丹比较极端,会禁止印度教节日,强迫印度教信徒改宗,也有的苏丹比较开明,对各种宗教兼收并蓄,但是也会对非穆斯林有歧视。

随着这一时期伊斯兰教的发展,大量清真寺建造起来,如德里的库特卜乌丁清真寺、贾马阿特·哈纳清真寺,它们是中亚、波斯风格与本土风格结合的产物。在德里、阿格拉、拉合尔、木尔坦、阿拉哈巴德等城市,也出现了由各王朝苏丹命令建造的大量城堡、宫殿、陵墓等。而印度教王公也都纷纷赞助艺术和建筑,体现了其与德里苏丹一比高下的雄心,这些王国内发展起来的建筑更具有印度本地传统风格,是一种混合式样。这也体现了印度中古后期多元文化共同发展的特色。

图9-4　库特卜乌丁清真寺

就在伊斯兰教迅速发展的同时,印度教也固守阵地,而且出现了下层民众对这两种宗教的互相渗透,双方会共享一些宗教节日,也对对方的神表示尊重。然而这受到两个宗教的保守势力的阻挠,面对这种情况,14、15世纪,在印度教内部出现了大规模的虔诚运动,要求打破宗教壁垒,反对宗教歧视,并且影响到一部分伊斯兰教教徒。虔诚运动的信徒要求在宗教方面避免冲突,共同虔诚地崇敬同一个神,在神面前人人平等。这种试图调和伊斯兰教和印度教矛盾的运动在当时影响比较大,在两种宗教内部的下层民众当中都有很大的吸引力。但是,由于保守派势力的坚决反对,虔诚运动并没有获得成功。

在德里苏丹国将伊斯兰文化扩张到印度各地的同时,也将波斯文化带到了印度,波斯语成为统治阶层使用的官方语言。这时期波斯语与本土的印地语相互影响,形成了乌尔都语,主要被今天巴基斯坦作为官方语言。这时期,许多地方的本土文化也还继续保持,尤其是印度的南部。这些地区在笈多帝国和戒日帝国时期就有相对独立发展的政治和文化轨迹,到德里苏丹国时期更是坚持传统的本土文化,与北印度的伊斯兰文化保持差异。南印度的泰米尔文化经过漫长的发展,到10世纪以后已经形成泰米尔语、泰卢固语、卡纳达语、马拉雅拉姆语四大系统,用这些语言书写的文学作品也非常发达。到13世纪以后,随着虔诚运动的发展,用地区性语言书写的通俗作品也推动了各地文化的发展。除了南印度,北部的孟加拉语、旁遮普语、信德语、古吉拉特语及其文化也都继续保持着鲜明的特色,并没有被德里苏丹的官方文化所同化,构成了这时期印度丰富的多元文化。

第三节 蒙古帝国

一、蒙古帝国的崛起

(一) 蒙古初兴

蒙古人在崛起之前,可以一直向前追溯至北魏时期的室韦,是东胡族系发展而来的。他们主要生活于黑龙江中上游一带,其南边的地方后来发展起契丹。室韦人发展较为缓慢,主要以狩猎、畜牧为生。他们曾经臣服于突厥和契丹,后来一部分融入契丹,另一部分在契丹的压力下向西迁徙,逐渐形成蒙古人。

蒙古人并非一个同宗同源的族群,而是在迁徙的过程中逐渐联合各个草原上的部落发展起来的。在蒙古人当中,从东到西有塔塔尔、蔑儿乞、克烈、乃蛮等部落,这些部落都是依靠血缘关系而结成的。在契丹人和女真人崛起的时期,这些部落都臣服于南边的辽、金王朝,被各个击破、分而治之。曾经有一位强大的首领俺巴孩就是被同为蒙古人的塔塔尔部出卖给金朝而处死的。在蒙古人发展的过程中,漠北草原上的权力更迭非常频繁,也很普遍。各个部落相互竞争、兴衰交替。最初兴起的有塔塔尔部、蔑儿乞惕部和克烈部,它们在辽金之际发展壮大。

出身乞颜部的铁木真(1162—1227年)一开始并不强大,他出自漠北草原的斡难河上游和不儿罕山一带(今蒙古国东部的肯特省)乞颜部落的孛儿只斤家族,其父也速该在部落冲突中被杀,孛儿只斤家族逐渐衰落下去,铁木真最初也受到蔑儿乞惕部的侵袭。但是,铁木真注重联合草原上的其他部落,他与幼年时结下的兄弟札木合,追随克烈部的首领王罕逐渐发展壮大起来,他们共同击败了草原上的很多部落,如塔塔尔部、乃蛮部,成为蒙古高原最重要的势力。通过打败蔑儿乞惕部,铁木真使乞颜部复兴,并且成为乞颜部的可汗。随着铁木真的崛起,他与札木合、王罕先后决裂,逐渐走上了统一蒙古的道路。

1206年,蒙古各部贵族在斡难河的源头召开大会,推举铁木真为大汗,尊称为"成吉思汗",是为蒙古国家发展之始。

(二) 蒙古国家的形成

成吉思汗即位后,为了更好地整合所有蒙古部落,将其纳入到一个统一的国家中,放弃了先前的部落和氏族,推行军政合一的管理制度,将其统治下的所有蒙古人分为十户、百户、千户、万户,作为基本的行政和军事单位。相应的首领为十户长、百户长、千户长、万户长,这些首领都被分封若干土地,平时负责管理、收取赋税,使蒙古百姓不得自由移动,并且建立户口进行登记,战争时负责提供与其级别相应的士兵和物资。其中,千户长和万户长都是世袭的,皆为成吉思汗的亲信。由于千户制是主要的单位,因而这种制度也被称作千户制。千户的首领被称作"那颜"。万户不负责行政,仅仅为军事单位,分为左、右两翼,分别统摄大兴安岭和阿尔泰山,中间还有一些其他万户。所有这些单位的首领都必须服从大汗及其黄金家族的命令,都是其臣民,任何背叛和渎职行为都会被惩罚。

这种制度将原本隶属于各个部落的蒙古人打乱,重新分配,基本单位既是基层社会组织,也是军事单位。这样就打破了蒙古人原来的部落认同,使其固定在特定的地域,并且都服从于成吉思汗的统治,还可以高效地进入到战争状态中去。根据这种新的国家制度,所有70岁以下的蒙古成年男性都是军人,在战争状态都要骑马打仗,而平时又是牧民。蒙古国家的总兵力可以达到十几万。这为其之后称霸欧亚奠定了基础。

在成吉思汗身边,还建立了一支近卫军,由万人组成,被称作"怯薛",主要由强壮且忠心的贵族子弟组成。他们平时负责保护大汗的安全,战时则随大汗出征。

成吉思汗为了更好地进行管理,还颁布了一套成文法典《札撒大典》。他还设立了负责司法和宗教事务的官员和管理机构,对各种宗教采取宽容政策。为了更有利于管理,他还命人参考畏吾儿文字母创制了蒙古文字,此后汗国的文书均由"回回字"拼写而成。这些都促进了蒙古国家的发展。

在国力达到一定水平之后,成吉思汗决定向其南边的王朝发动进攻。1209年重创西夏,迫其求和。新疆吐鲁番地区的高昌回鹘也归顺蒙古。1215年,成吉思汗攻陷了金朝中都(北京),对金朝政权构成重大威胁。1218年,攻灭西辽。但是,蒙古对西夏的打击并不彻底,1225年,西夏背信弃义反对蒙古,成吉思汗以64岁高龄亲征西夏,但是在围攻西夏京城中兴府时,1227年病逝于六盘山下。蒙古军队一直坚持到西夏求降。

作为游牧民族,蒙古国家形成之后,无法有效地通过农业和赋税进行稳定发展,惟有通过劫掠才能使其国家机器进行运转。于是,扩张成为蒙古国家发展的必由之路。成吉思汗虽然在有生之年没能攻灭西夏和金朝,但是为后世确定了向南和向西征服的方针。

(三) 蒙古的扩张

蒙古的扩张在南边的农耕地区获得了很大的胜利,这进一步鼓励它向更广阔的地区扩张。蒙古暂时没能攻灭金朝,无法有效向南扩张,于是,中亚绿洲便成为其扩张的目标。

占据中亚一带的是花剌子模,控制着富饶的河中地区的绿洲城市。蒙古在征服花剌子模东边的西辽之后,想要进一步控制这些商业重镇。于是,成吉思汗借口花剌子模杀害了其派过去的商队并掠夺了货物,决定西征。1219年,成吉思汗亲自率领20万大军入侵中亚。此时的花剌子模虽然国力强盛,但是内部关系错综复杂,不能集中力量对抗蒙古入侵,很快就被成吉思汗各个击破。蒙古军队占领了讹答剌、撒马尔罕、布哈拉、玉龙杰赤、谋夫等城市,最终征服了花剌子模。占领了河中绿洲之后,成吉思汗并没有满足,而是命其部将率军越过高加索山脉,向北边的钦察草原进攻,这里的游牧民族受到攻击后不得不向西边的罗斯王公求助。1223年,基辅大公率领罗斯大军前来支援,5月份与蒙古军队会战于卡尔卡河畔,然而,在蒙古的快速进攻下,罗斯军队很快全军覆没。蒙古军队趁势掠夺南俄各地,直到1223年才经由里海北部退兵,回到漠北草原。

　　1229年,成吉思汗二子窝阔台继位为大汗(1229—1241年在位),继续奉行扩张政策。1231年向东征服高丽,1234年向南灭金。1235年决定派遣成吉思汗长子术赤的儿子拔都再次远征欧洲,是为第二次西征,也称为长子西征。次年,拔都率领着15万大军浩浩荡荡开往欧洲,先是越过乌拉尔河和乌拉尔山,在伏尔加河流域击败了钦察联盟中的保加尔人。之后,蒙古军队朝北入侵罗斯诸公国。罗斯公国内部纷争不已,难以形成统一力量一致对外,因此,基辅等重要城市很快就失守了,蒙古将罗斯降服。接着,蒙古军队兵分两路,向西分别入侵波兰和匈牙利。北路军进攻波兰,于利格尼茨战役中大胜波兰、德意志和条顿骑士团的联军,一直打到波西米亚(今捷克);南部军由拔都亲自率领,入侵匈牙利,攻陷首都佩斯城,直逼维也纳城下。就在蒙古军队踌躇满志准备向西进一步进攻时,1242年窝阔台去世,当死讯传到欧洲前线时,拔都停止西征准备回程,但是在伏尔加河下游一带停下,建立了钦察汗国。

图9-5　利格尼茨战役

　　第三次西征是在10年后,这时托雷系取代了窝阔台系成为大汗,托雷之子蒙哥(1251—1259年在位)即位后,派遣其弟旭烈兀西征波斯。此次西征的军队是从各个宗王部众中每10人抽出2人,组成12万人的大军。1253年,旭烈兀率军西征,历时5年攻占了巴格达,处死了末代哈里发,持续了五百余年的阿拉伯帝国阿拔斯王朝最终灭亡。蒙古军队四处烧杀抢掠,巴格达这座数百年来的阿拉伯帝国中心遭到前所未有的破坏。1260年初,旭烈兀攻入阿拉伯帝国的重镇大马士革和阿勒颇,其先锋也达到加沙地带。这些地方是阿拉伯帝国的重要中心——叙利亚的所在地。旭烈兀正要积极准备征服整个叙利亚时,大汗蒙哥的死讯传来,旭烈兀立刻班师回国,仅留下一支部队留守叙利亚。但是,同年9月,埃及的马穆鲁克王朝军队进攻叙利亚,在艾因扎鲁特一役中重创蒙古军队,成功扼制了蒙古军队的进一步西征。而旭烈兀在回国途中听说忽必烈战胜阿里不哥成为大汗,于是留在波斯,建立了伊尔汗国。

在蒙哥死后,其弟忽必烈继承了大汗的位子(1260—1294年在位),开启了向南边的中原扩张的进程。忽必烈在金代的中都建立新都,命名大都(今北京),并迁都至此。1271年,忽必烈定国号为元,1279年灭南宋,统一了南方的中原政权。这是蒙古最后的征服和建立的王朝——元朝。

二、蒙古帝国的分裂

蒙古帝国分封了许多领地给王子,这些领地称作兀鲁斯(ulus),这种分封制度为保证黄金家族在整个欧亚的统治秩序奠定了基础,但后来也导致帝国的分裂和内战。

(一) 钦察汗国

钦察汗国因主要位于钦察草原而得名,又称金帐汗国或术赤兀鲁斯,是随着拔都西征而比较早建立起来的。成吉思汗长子术赤的封地原本在额尔齐斯河以西,后来术赤次子拔都西征,一直打到东欧,便以钦察草原为主体建立了金帐汗国,其政治中心在伏尔加河流域,首都为萨莱城(今阿斯特拉罕附近)。钦察汗国的人口主要由钦察人[①]、保加尔人和其他一些突厥人族群构成,蒙古人极少,因此逐渐被当地居民突厥化。汗国居民大部分过着游牧生活,只有少数人在黑海北部和咸海一带过城市定居生活。

在钦察汗国内部,拔都的领地为金帐汗国,他也为其兄弟分封了领地,故而钦察汗国分为几个汗国,拱卫着金帐汗国。在西征中立有战功的术赤长子斡儿答被封在今哈萨克斯坦和西伯利亚西部,为金帐汗国的左翼,形成白帐汗国。拔都的弟弟孛儿只斤·昔班被封在乌拉尔山南部至鄂毕河一带,在白帐汗国以北,形成蓝帐汗国(或称青帐汗国)。这些汗国都从属于拔都控制的金帐汗国,只是处于半独立状态,它们共同构成了钦察汗国。

第二任金帐汗别儿哥(1257—1267年在位)皈依了伊斯兰教,与埃及马穆鲁克王朝亲善,亦往埃及输送钦察人奴隶进入军队,其中最著名的当属马穆鲁克苏丹拜巴尔一世。乌兹别克汗(亦称月即别汗,1312—1340年在位)在位时,金帐汗国达到鼎盛时期。然而之后便陷入内部争端之中。到1380年,白帐汗脱脱迷失借助帖木儿的力量控制了钦察汗国,从此白帐汗取代了金帐汗成为钦察汗国的主要支系。此后,钦察汗国进一步瓦解,花剌子模、保加尔等重要区域都不再受其控制,到15世纪,又有克里木汗国、阿斯特拉罕汗国、喀山汗国三个汗国独立出去,钦察汗国地位迅速下降。

阿合马汗时,发动与莫斯科公国的战争,1480年,阿合马惨败,蒙古人对罗斯的统治结束。到1502年,克里米亚汗国又击败最后一任钦察汗,钦察汗国最终灭亡,仅剩下势单力薄的几个小汗国,至16世纪中叶最终被俄罗斯沙皇伊凡四世占领兼并。

[①] 钦察人的西支在欧洲被称作库曼人,受蒙古压迫逃亡匈牙利。在俄罗斯和乌克兰被称为波洛伏齐人(Половци)。钦察人早先是钦察草原的主要居民,7世纪时臣服西突厥,9—12世纪为其鼎盛时期,建立了钦察联盟,包括葛逻禄、保加尔人、巴什基尔人等。其居住的地方被称作钦察草原,包括从南俄草原到咸海以北的草原地带的广阔区域。

(二) 伊尔汗国

以波斯为中心建立的伊尔汗国（或称伊利汗国）是成吉思汗幼子拖雷系建立起来的。蒙古成为大汗后，1253年其派旭烈兀西征波斯，后在当地建立起伊尔汗国，定都大不里士。伊尔汗国征服了叙利亚，并且继承了阿拔斯王朝的阿拉伯帝国的遗产，它位于欧亚大陆的中心位置，连结起地中海和中亚，交通便利，文化昌盛，居民以波斯人和阿拉伯人为主。伊尔汗国建立以后，逐渐被当地文化所同化。

图9-6 旭烈兀汗

伊尔汗出自拖雷系，因此与忽必烈建立的元朝关系最为密切，却与其东边的察合台汗国和北边的金帐汗国关系紧张。虽然这些都是蒙古人建立的政权，但是地缘因素决定了它们之间的矛盾与合作。北边的金帐汗国与伊尔汗国相隔高加索地区，为了争夺阿塞拜疆这个边界地带以确保向南的道路，金帐汗国采取远交近攻的原则，同伊尔汗国南边的马穆鲁克王朝联合进攻伊尔汗国。1262年，别儿哥（1257—1266年）同伊尔汗国陷入战争，旭烈兀和别儿哥先后去世。1280年，金帐汗脱脱蒙哥再次入侵伊尔汗国，1290年，金帐汗忙哥帖木儿也入侵伊尔汗国，但是都没有成功，两国的边界战事持续了将近一个世纪。伊尔汗国也面临着南北两边腹背受敌的局面。东边的察合台汗国一开始就与伊尔汗国为敌，1270年，察合台汗八剌与窝阔台汗国联盟，进攻伊尔汗国，占领了呼罗珊，但是却被伊尔汗阿八哈的军队击败。其子都哇和后继者仍然不断进攻伊尔汗国，1295年时甚至占领哥疾宁（今阿富汗加兹尼），烧杀抢掠数月。伊尔汗国东边富饶的呼罗珊地区成为察合台汗国一直觊觎的地方。察合台汗国为了与伊尔汗国斗争，政治中心不断向西移动，最终拓展到河中地区。

为了解决被敌对势力包围的窘境，伊尔汗国除了与元朝政府保持密切合作外，还与欧洲尤其是拜占庭帝国建立联盟。如阿八哈娶的就是拜占庭帝国皇帝米海尔八世的女儿。阿鲁浑在位时期致力于建立与欧洲人的联盟，以期共同对抗埃及的马穆鲁克王朝。他曾多次派遣使节到欧洲，造访教皇洪诺留四世和尼古拉二世，英王爱德华一世，法王腓力四世，提出攻打耶路撒冷以换取欧洲出兵。但是这个结盟的计划最终没有实现。然而，伊尔汗国一直与马穆鲁克政权为敌，并且不断同其争夺叙利亚。

合赞汗（1295—1304年在位）在位时期，伊尔汗国达到了鼎盛时期。合赞汗进行了一系列改革，包括减轻赋税、发展农业、统一度量衡、以波斯语为官方语言，并且任命首相拉施特编纂《史集》。最为重要的改革当属他放弃佛教，皈依伊斯兰教，自称苏丹，并且命令其蒙古臣民改信伊斯兰教。他还推行伊斯兰教法，设立伊斯兰高等法院，由教法学家担任法官。他还在宫廷广聘穆斯林学者，建造了很多清真寺，推动了伊斯兰学术的发展。

图9-7 合赞汗脱离佛教皈依伊斯兰教

到14世纪初,伊尔汗国内部出现了大臣擅权的情况,加上王室内部纷争,国力逐渐衰落下去。最终,到1388年,被帖木儿帝国所灭。

(三) 察合台汗国

蒙古四大汗国之一的察合台汗国主要以河中地区为中心,向东一直延伸到中国新疆天山以南的地区。来到这里的蒙古人过上了绿洲城市的定居生活,一部分蒙古人开始皈依伊斯兰教。由于当地的突厥人数量非常多,因此,少数上层蒙古统治者也开始突厥化。

14世纪上半叶,察合台汗国分裂为东、西两支。其中东支为东察合台汗国,亦被称作蒙兀儿汗国,先后以阿力麻里(新疆霍城)、别失八里(乌鲁木齐附近)和亦力把里(伊宁)为都。西支为西察合台汗国,主要位于阿姆河和锡尔河之间的河中地区,以撒马尔罕为中心。

1348年,秃黑鲁帖木儿成为东察合台汗国的汗,他在位时期皈依了伊斯兰教,并且在伊斯兰教苏菲派宗教贵族额什丁和卓家族的帮助下,命令其统治下的16万户蒙古人集体皈依了伊斯兰教,并开始大规模向外传播伊斯兰教,强迫信仰佛教的地区转变信仰,库车不久也改信了伊斯兰教。其子黑的儿火者1389年即位时,强迫吐鲁番皈依了伊斯兰教,并且向明朝政府称臣纳贡。然而,东察合台汗国虽然向西以明朝政府为宗主国,但是也与明朝于1406年设立的哈密卫反复进行争夺,其伊斯兰化的影响一直达到这里。此外,东察合台汗国北与瓦剌蒙古对抗,西与西察合台汗国争霸。但是,在15世纪中叶之后,东察合台汗国逐渐陷入四分五裂的状态,直至16世纪初被叶尔羌汗国取代。正是在东察合台汗国时期,新疆从伊宁到哈密经历了从佛教向伊斯兰教的转型,然而,仍然还有一部分地区坚持佛教信仰。

西察合台汗国曾经于1360年被东察合台汗国统一,但是不久就被当地的突厥化蒙古贵族帖木儿(1335—1405年在位)篡夺了权力。1369年,帖木儿推翻了察合台系的君主,自命为苏丹,亦以察合台汗国驸马的身份自封为成吉思汗的继承人,建立了帖木儿帝国。帖木儿掌权伊始,便四处征战,他西征花剌子模,向南同波斯战争,尤其是打败了小亚细亚的奥斯曼帝国,也同东边的东察合台、北边的金帐汗国和南边的德里苏丹国开战。经过二十余年的征战,他建立了一个东起咸海、西至地中海的庞大帝国,并且将掠夺到的能工巧匠都掠至撒马尔罕,为其建造了一个辉煌的都城。帖木儿还想征服明代中国,但是,就在1405年行军的途中病逝,终年71岁。帖木儿依靠武力征服的帝国缺乏坚实的基础,因此在他死后便逐渐瓦解了。

帖木儿的继承者沙哈鲁只保有河中地区和阿富汗等波斯东部地区,波斯西部被新兴的土库曼人的黑羊王朝(1375—1468年)和白羊王朝(1378—1502年)占领。对东方,沙哈鲁与帖木儿不同,他遣使者前往明朝示好,从此双方交流日盛,贸易活跃。沙哈鲁之子兀鲁伯统治时期,是撒马尔罕的黄金时代,这里成为商贾云集、文化昌盛的中心,他赞助建造的兀鲁伯天文台有当时世界上最大的象限仪,聘用了一大批来自伊斯兰世界各地的天文学家,缔造了当时重要的天文观测和研究机构,在很多方面达到了当时的最高水平。统治者还资助建有贾米清真寺、帖木儿陵墓等重要建筑。

然而,到15世纪下半叶,帖木儿帝国还是分裂成了好几个独立的部分,逐渐衰落下去。最终在1500年,术赤的后裔昔班尼汗率领乌兹别克游牧部落南下攻占了撒马尔罕,推翻了帖木儿帝国,建立乌兹别克汗国。帖木儿的一个后裔巴布尔则进入印度,建立了莫卧儿帝国。

帖木儿帝国严格遵循逊尼派教义,但也对什叶派采取宽容政策。历代统治者皆以伊斯兰教的保护者自居,宗教领袖人物在社会上地位很高,享有经济和宗教特权。撒马尔罕、布哈拉、赫拉特都建有大型清真寺和经学院,是伊斯兰世界的重要知识中心。其中,以布哈拉为中心的苏菲派纳格什班底耶教团得到帝国的支持,15世纪在中亚广泛发展,得到苏丹侯赛因·拜哈拉(1468—1506年在位)的大力支持,对于逊尼派的传播起到了重要的推动作用。其中有一支从16世纪开始传入中国新疆,成为喀什叶尔羌汗国保护下的和卓家族,后来演变为黑山派和白山派,在中国明清历史上起到重要作用。

帖木儿帝国时期重视商业、发展城市,丝绸之路得以畅通无阻,商贸繁荣。撒马尔罕、布哈拉、大不里士、赫拉特都成为繁华的经济、政治和文化中心。帖木儿帝国诸王与明朝政府互派使节,经济和文化交流频繁。在文化上,出现了诗歌、细密画、建筑、史学、天文学、语言学等方面的大发展,是将波斯文化、阿拉伯文化同突厥文化结合之后的结果。

(四) 东部蒙古的分裂

东部蒙古为元代失去中原退回到蒙古高原后的范围,分为瓦剌和鞑靼两部。

瓦剌蒙古位于叶尼塞河上游地区,最初受突厥影响较大,后来成为成吉思汗的同盟者。瓦剌在元代被称为斡亦剌,明代开始被称作瓦剌,清代被称作卫拉特、厄鲁特或漠西蒙古。它与黄金家族控制下的东部(或漠北)蒙古共同统治着蒙古高原。在14世纪元朝衰微时,瓦剌趁机扩大实力,与东部蒙古本部的鞑靼对抗,积极夺取蒙古帝国的权力。1409年,瓦剌首领马哈木归顺明朝政府,得到册封,并且企图联合明朝政府共同对付东部蒙古。到其子脱欢时,袭杀鞑靼太师阿鲁台,拥立黄金家族大汗作为傀儡,掌握了控制漠北蒙古的实权。1439年,其子也先即位,在位时期达到瓦剌的鼎盛时期(1439—1455年)。他曾经于1449年土木堡之战中俘虏明代皇帝明英宗,甚至一度包围北京。在其鼎盛时期,西起北疆,东至中国东北,都成为瓦剌的属地。也先后来遭到暗杀,之后瓦剌便逐渐衰微。但其分成的四部:准噶尔、和硕特、杜尔伯特、土尔扈特对后来东亚的历史还会产生较大影响。

15世纪末,鞑靼蒙古复兴。大汗巴图孟克(亦称达延汗,1480—1517年在位)将漠南、漠北的众多领地合并为6个万户,分为左右两翼。左翼3万户为喀尔喀部、兀良哈部、察哈尔部,其中喀尔喀部主要分布在哈拉哈河一带,逐渐据有漠北地区,后来演变为外蒙古。大汗驻帐于察哈尔部,以此为政治中心,并且拓展和巩固了右翼3万户:鄂尔多斯、土默特和永谢布三部,这些地方演变为后来的内蒙古。达延汗的改革和举措对蒙元帝国解体之后蒙古各部落的分布具有深远影响,是对帝国遗产的继承和对其行政版图的重新划定。

三、蒙古帝国的遗产

在蒙古帝国所及之处,都对当地产生了深刻的影响,其扩张战争也给被征服地区带来了巨大的灾难,除了人员伤亡,战争中屡次出现屠城,许多地区的生产力因此而遭到严重破坏,长期无法恢复。但是,蒙古帝国也在政治、经济和文化等方面对世界产生了重大影响。

蒙古帝国统治了欧亚大陆上的广阔地区,这个帝国的崩溃也是很缓慢的。在中国,元代于1368年结束,但是蒙古人退到了漠北草原,仍然称为北元,与明代政权长期对峙。至1402年鬼力赤杀元帝坤帖木儿后改国号为鞑靼,直到1635年林丹汗去世后其妻子归顺皇太极,蒙古帝国才最终结束,从此黄金家族的正统转移到了清朝统治者身上。伊尔汗国也在14世纪后半叶被帖木儿帝国消灭,但是继承了察合台遗产的帖木儿帝国继续将蒙古的遗产发扬光大,直至其子嗣于16世纪到印度开创了新的朝代,又延续了数个世纪。16世纪,钦察汗国失陷于俄罗斯,但是俄罗斯文化中也大量继承了蒙古的因素。而俄罗斯在向东扩张的过程中,瓦剌的准噶尔部也恰好复兴,它连同继承了东察合台遗产的叶尔羌汗国一道,最终都融入到了中华文化中。蒙古帝国的遗产在很长一段时间里都起到影响,这在后世很多王朝国家都还可以看到。

在经济上,蒙古帝国统治时期,欧亚大陆上商贸畅通、人员交流频繁,故而被称作"蒙古和平"(Pax Mongolia)时期。虽然蒙古帝国用武力征服了欧亚大陆,但是也创建了一个商业帝国,蒙古帝国对商业采取支持的态度,随着商品还有人员、思想等的流通,故而在13世纪形成了一个早期全球化的时代。蒙古人对商人非常重视,给予其较高的地位,并且为商业贸易提供较好的条件,如建立驿站、派军队保护商队、降低商业税,甚至创造纸币,因而商人在欧亚大陆上的往来非常频繁,也非常安全,出现过像马可·波罗这样的大旅行家。在蒙古帝国编织成的商业网络中,各种商品流通顺畅,如波斯的钴蓝原料进入中国,同中国瓷器技术一道,成就了青花瓷。东方的纺织品和陶瓷也被带到欧洲,成为欧洲人喜爱的产品。在流通这些商品的"丝绸之路"上,蒙古人还维护或建造许多城市,如哈拉和林、大都、撒马尔罕、大不里士,等等,这些城市都被纳入到欧亚大陆商贸网络中,成为重要节点,推动早期全球化顺利展开。

除了商品,还有病菌在这个广阔的帝国内部流动。最著名的当属黑死病。关于黑死病的起源,一般认为是1346年当钦察汗国军队在进攻黑海港口城市卡法时,用抛石器将患鼠疫而死的尸体抛入城内,从而使这种亚洲的病菌随卡法的热那亚商人回国时带进意大利。从未接触过鼠疫的欧洲人在这种病菌面前毫无抵抗能力,黑死病立刻传遍整个欧洲,造成了数千万人的死亡。

蒙古帝国时期,文化借助帝国搭建的网络得以广泛传播。阿拉伯人的天文、历法、医学、数学知识被介绍到中国,中国的火药、指南针、印刷术也得以传入欧洲。佛教、基督教、伊斯兰教也通过蒙古人的征服传播到了更辽阔的地区。甚至在欧洲文艺复兴初期意大利的壁画中也出现了蒙古人的形象,而欧亚大陆两端的西班牙和朝鲜也都出现了整体的世界地图,分别为《加泰罗尼亚地图》和《混一疆理历代国都之图》,这些都充分说明了蒙古时期文化传播的范围之广。

第四节 阿拉伯帝国的兴衰

阿拉伯文明是中世纪时期最为重要的文明之一。阿拉伯人在沟通东西方文明交流的过程中起了重要的作用,伊斯兰教也通过阿拉伯人的对外征服传播到了西欧和非洲,成为了世界性的宗教。

一、伊斯兰教和阿拉伯国家的早期发展

(一)阿拉伯半岛的自然环境与早期居民

阿拉伯半岛位于亚洲的西南部,是伊斯兰教和阿拉伯文明的发源地。阿拉伯半岛的大部分都是沙漠和草原,惟有沙漠深处的绿洲和南部的也门一带适于农耕,有少量定居的农业人口,特别是南部的也门,由于受到印度洋季风的影响,雨量比较充沛,气候也相对潮湿,被古典作家称作"阿拉伯福地"。在内陆地区,又可分为"汉志"和"内志"两部分。汉志位于西边,靠近红海,包括南北向的赛拉特山及其与红海之间的狭长地带,这里又被称作希贾兹,分布着若干绿洲;内志(又称纳季德)为汉志东部占阿拉伯半岛大部分地区的内陆高原,一直到波斯湾西岸,其南北分别为鲁卜哈利沙漠和努夫得沙漠,这里常年干旱,土质坚硬,但雨季时节又会短暂出现绿洲牧场,但基本上都是无人居住之地。

阿拉伯半岛的居民被称为贝都因人,意为"沙漠之子",他们主要过着游牧生活,骆驼是其重要工具和主要财富。正是基本不适于农业耕作的环境,促使阿拉伯人走上了发展商业的道路。阿拉伯半岛各地分布着十余处集市,构成了连结半岛各个区域的网络的重要节点,其中最重要的位于麦加附近的欧卡兹集市,这里每年年底举办长达大半个月的集市,来自半岛各地的阿拉伯人会在这里交换各自的产品。由于阿拉伯人当中流行着各种宗教,因此,在集市也会有供商人祈祷的宗教圣地。一直到 7 世纪以前,阿拉伯人都是以血缘作为基本纽带,以部落和家族作为基本的单位,以共同的祖先作为认同的基础。每一个阿拉伯人都要忠于自己的部落和家族,而其相互之间的血亲复仇则成为阿拉伯人内部斗争的主要形式。对水源、牲畜、牧场的争夺都会引发旷日持久的部落之间的仇杀,这也是由半岛的环境所塑造的。在半岛北边的波斯人和拜占庭人看来,阿拉伯人是非常落后的。但是,他们也开始接触外部传来的犹太教和基督教。

阿拉伯半岛的汉志地区由于连通北边的地中海和南边的印度洋,因而取代了航行不便

的红海,成为重要的商路,往来的商旅会以骆驼为主要运输工具构成大型商队,将叙利亚和也门连结起来。沿着商路也形成了麦加、麦地那等为商队提供食宿的城市,尤其是处于商路中间的麦加,这里有供商人祈祷的克尔白古庙,内有一块黑色陨石,被阿拉伯人视作神物,因此吸引了很多商队在此停留,也成为一处圣地。古莱西部落在麦加居主导地位,负责监护克尔白。

半岛以北的波斯帝国和拜占庭帝国都试图占据这处交通和商业要道。525年,拜占庭帝国支持埃塞俄比亚入侵也门,半个世纪后又被波斯军队驱逐,波斯人随即又在这里控制了半个世纪。这一系列战争破坏了商路南端的也门。同时,波斯帝国也大力发展途经波斯湾和两河流域通往地中海的商路,以期减弱对拜占庭帝国管辖地区的依赖,这也给予汉志商路沉重的打击。经济衰退和商路转移使得阿拉伯人陷入困顿境地,尤其是麦加,这里的商业贵族无法通过商业渠道获得利益,只能通过内部盘剥同胞和战争掠夺获取好处,部落之间、地区之间的竞争愈加激烈,以邻为壑的情况比比皆是。尖锐的国内外矛盾扰乱了社会秩序,使阿拉伯人面临着改革的迫切需要。

(二) 穆罕默德的传教

穆罕默德(570—632年)出身于麦加古莱西部落的哈希姆家族,这个家族在穆罕默德出生时已经没落,穆罕默德自幼家境贫寒,父母早逝,他由同族的伯父养大,并随其伯父到叙利亚经商,接触过犹太教和基督教,由于其广泛的社会阅历,故思考更为深邃,眼光更加长远。穆罕默德25岁时受雇于富孀赫蒂彻,赫蒂彻年长穆罕默德十余岁,但不久二人结为夫妻,由此穆罕默德再无温饱之虞,经济状况大为改善,可以专注于社会宗教问题。从610年开始,在十余年的时间里,穆罕默德在麦加以安拉的名义传布启示。《古兰经》中的《麦加篇》记载了他在麦加秘密传教的情况,他向人们宣称:"万物非主,唯有真主。穆罕默德,是主使者。"他认为安拉创造了世界万物,最终也将毁灭世界,末日来临之时,遵从安拉旨意的人将进入天堂,忤逆安拉的人将堕入地狱。穆罕默德将安拉提到至高无上的地位,并且极力抨击当时麦加和阿拉伯半岛盛行的多神崇拜。伊斯兰一词原意为"皈依",穆斯林指的是"皈依者",即信仰安拉、服从安拉的伊斯兰教徒。

穆罕默德结合当时犹太教和基督教中已有的上帝、先知、天使、末日审判等内容,在20年的时间里,全面阐释了伊斯兰教的教义和制度。然而他并没有亲自留下任何著作,只是口头传播。到7世纪中叶,由其弟子将其生平言行整理记录下来,形成了伊斯兰教最基本的经典《古兰经》。"古兰"的意思为诵读或读本。《古兰经》共30卷,可分为"麦加篇"和"麦地那篇"。前者以宣扬教义为主,记载的是穆罕默德的传教;后者以伊斯兰教的各种法律、制度、仪式为主。在伊斯兰教看来,《古兰经》并非穆罕默德原创,而是安拉通过他的口向世人传达的旨意,穆罕默德只是转达安拉的"启示"的"先知"。因此,《古兰经》是每一位穆斯林都必须诵读的经典。由于穆罕默德在传教过程中也针对当时阿拉伯半岛的实际情况给出了一些有关宗教社会问题的主张,因此,从《古兰经》中也可以看出早期阿拉伯社会的政治、经济、法律等活动,具有一定的历史价值。除了《古兰经》,《圣训》也被认为是最重要的经典,它是穆罕默德及其弟子们的言行录。各个教派的《圣训》均不同。

在宗教信仰方面,伊斯兰教要求"六信"。即信安拉、信天使、信使者、信经典、信后世、信前定。信安拉即反对多神崇拜。伊斯兰教认为安拉曾在不同时期向每一个民族都派遣过使者,到世间拯救人们,每个使者都可以与安拉相通,获得启示,但是,穆罕默德是最后一位使者,即封印使者,在他之后再无使者。信后世指的是世界末日来临之际,所有人都要在安拉面前接受审判。今世是短暂的,后世是永存的。前定是伊斯兰教宿命论的核心,即世间一切都是安拉预先安排好的,是由安拉的意志决定的,个人没有自由意志,无法违抗安拉给予的命运,只能承认和顺从安拉的安排。

在宗教义务方面,伊斯兰教提倡"五功"。即念功、拜功、斋功、课功、朝功。念功即穆斯林需要在礼拜时反复念诵清真言。拜功即穆斯林要通过礼拜的方式向安拉表示顺从和歌颂,礼拜时需要面向麦加克尔白古庙的方向,每天五次,此外,每周一次聚礼,每年两次会礼。斋功指的是穆斯林在每年斋月(伊斯兰历9月)必须斋戒,从黎明到落日的时间内不得饮食。课功指的是以安拉名义向穆斯林征收的宗教税。最初为自愿捐助,用于赈济穷人。朝功指的是每位穆斯林在一生中尽可能地到麦加去朝觐一次,并且围绕着克尔白古庙转一圈,以示对安拉的虔诚。此外,伊斯兰教还号召穆斯林在安拉的指引下,对异教徒展开"圣战",音译为"吉哈德"。

(三)阿拉伯国家的统一

穆罕默德在传教之初,并没有想到建立国家。围绕在他身边的信徒只是他的少数亲属,如妻子赫蒂彻、堂弟阿里、挚友阿布·伯克尔。后来,一些麦加的贵族也加入进来,如奥斯曼、欧麦尔。612年,穆罕默德开始公开传教,广招信徒,越来越多的信徒聚集在他周围,由于伊斯兰教没有歧视政策,也为贫民考虑,因此得到大量下层民众的支持。而且,伊斯兰教推崇穆斯林都团结在安拉的旗帜下,反对相互仇杀,相互以兄弟相称,因此在当时危机中的阿拉伯半岛民众中具有一定的吸引力。穆罕默德的阵营日益庞大。

但是,穆罕默德传播的宗教对当时麦加的血缘社会构成了极大的冲击。首先,多神崇拜和血亲复仇都是阿拉伯社会维系部落和家族关系的重要方式,也是传统秩序的信仰基础,个人只是群体中无足轻重的部分,其身份都是隶属于各个家族的。伊斯兰教则反对这种家族纽带,而是要将血缘关系打破,将个人纳入到与安拉的关系中去,使其摆脱对部落和家族的义务,转变成对安拉的义务。而穆罕默德本人则由于作为最后的使者,享有至高无上的地位。这种情况一定程度上顺应了当时阿拉伯社会变化的趋势,但也必然是为传统社会所无法接受的。其次,穆罕默德反对多神崇拜,将使麦加不再是一个信仰自由的地方,往来商旅也会不再经过麦加,这将会损害麦加的商业利益和商业地位,是为当地大贵族所不容的。因此,麦加的世家大族大都反对穆罕默德及其信徒。616年,古莱西部落的反对伊斯兰教的人决定联合起来共同制裁哈希姆家族,不再与其通商,迫使其不再保护穆罕默德,进而使穆罕默德脱离家族的保护,将其置于自生自灭的境地。尤其是以阿布·苏非扬为首的贵族,甚至挑起武装冲突,迫害穆斯林,许多教徒被迫逃往红海对岸的埃塞俄比亚基督教王国寻求庇护。

就在穆罕默德及其信徒在麦加受到越来越严重的攻击时,麦加北边400公里处的雅特里布为他们提供了庇护之所。雅特里布与麦加不同,这里的部落比较复杂,既有阿拉伯人部落,也有犹太移民部落,因此总是面临纷争和激烈冲突。为了寻求一个能够超越部落利益而又秉公执法的人来稳定秩序,他们选择了穆罕默德。因此,穆罕默德将获得这座城市的最高权力。622年,穆罕默德在阿布·伯克尔和几位忠实信徒的陪同下,连夜逃离麦加,前往雅特里布。抵达雅特里布后,穆罕默德随即将这里改名为麦地那,意即"先知之城",这个事件被称作希吉拉(又译"徙志"),从此,伊斯兰教将622年定为伊斯兰历纪元。

在麦地那,穆罕默德将来自麦加的穆斯林称作"迁士",将麦地那的穆斯林称作"辅士",他颁布了《麦地那宪章》,打破城市原有的部落和家族界限,按照共同的信仰基础进行整合,从而建立起以伊斯兰教为基础的穆斯林公社,名为乌玛(Ummah),即"安拉的民族"之意。这个公社成为一个政教合一的政权,所有纷争须由安拉的使者负责裁决,穆罕默德掌握了最高的权力。乌玛的形成,标志着地域性国家在阿拉伯半岛的形成。

632年6月8日,穆罕默德溘然长逝,葬于麦地那的先知清真寺。此时,阿拉伯半岛已经在伊斯兰教的旗帜下初步统一起来。

二、阿拉伯帝国

(一) 初期哈里发的统治

穆罕默德死后,由于没有男嗣,亦未指定继承人,故而围绕着继承人问题伊斯兰教内部出现了分歧。为了使阿拉伯所有部落继续统一在伊斯兰教旗帜之下,经过一番争论和斗争,最终由穆罕默德的挚友和忠实追随者阿布·伯克尔担任继承人,称作哈里发,意即"安拉使者的继承人"。哈里发集宗教、政治和军事大权于一身,是政教合一国家的最高领袖。最初四任哈里发均是从穆罕默德的好友和上层贵族中选举产生,故而也称作"四大哈里发时期"。

阿布·伯克尔统治时期(632—634年),主要任务是稳定局势,将穆罕默德死后发生的叛乱镇压下去。第二任哈里发欧麦尔(634—644年在位)开始了大规模的对外扩张,兵锋直指北边的拜占庭和波斯两大帝国。向西,636年,阿拉伯军队在约旦河一带击败拜占庭帝国,占领大马士革、安条克、阿勒颇等重要城市,638年又占领了耶路撒冷。拜占庭帝国的叙利亚和耶路撒冷地区都落入阿拉伯人手中。阿拉伯军队还征服了埃及,控制了拜占庭帝国位于亚历山大里亚的海军基地。向东,阿拉伯人同萨珊王朝的波斯帝国作战,占领了波斯的首都泰西封,到642年最终灭亡了萨珊波斯,历时千年之久的波斯帝国最终成为阿拉伯人的属地。

第三任哈里发奥斯曼在位时期(644—656年),征服活动暂告结束,但是社会分化进一步拉大,阶层矛盾再次激化。奥斯曼趋于保守,主要代表其亲属和古莱西部落大贵族的势力,其所在的倭马亚家族在新占领的叙利亚和埃及广占土地、积极扩张势力,而普通士兵却日趋贫困。内部矛盾的激化使奥斯曼最终死在了阿拉伯士兵的刺杀下。就在其家族企图垄断哈里发权力时,穆罕默德的堂弟兼女婿阿里利用民众的不满,谴责倭马亚家族为穆罕默德的政敌,主张自己和穆罕默德的女儿法蒂玛才是穆罕默德的合法继承人,从而在伊斯兰教内部形成了一个派别,即什叶派,与正统派——逊尼派对抗。奥斯曼死后,阿里继任第四任哈里发(656—661年在位)。

然而,时任叙利亚总督的穆阿维叶坚持其倭马亚家族的利益,拒不承认阿里的政权,由此引发了内战。657年,阿里率军从伊拉克的库法出发,前往叙利亚讨伐穆阿维叶,双方在幼发拉底河上游展开厮杀,但并无胜负。阿里试图与穆阿维叶妥协,但是遭到更加激进的下层民众的反对,后者另立"哈瓦利吉派",反对贵族垄断战利品和哈里发位置,要求回到伊斯兰教初期的平等主张。661年,哈瓦利吉派在库法附近刺杀了阿里。初期哈里发时代宣告结束。

(二)倭马亚王朝

阿里死后,穆阿维叶继位哈里发(661—680年在位),定都大马士革。由于他出身于倭马亚家族,而且此后均有其后代及其家族成员执掌权力,世袭为哈里发,故称倭马亚王朝(661—750年)。这开启了阿拉伯帝国时代。

倭马亚王朝的前半个世纪左右主要是内部整顿,后半个世纪致力于对外扩张。

穆阿维叶在位时,对非阿拉伯人和非穆斯林采取宽容的政策,极力淡化他们与阿拉伯穆斯林之间的对立,主要将精力用于与拜占庭帝国作战。帝国沿袭拜占庭和波斯的制度,分设九个行省,由总督(埃米尔)进行统治,各行省总督享有较大权力,地方与中央关系松散。但是到其孙阿卜杜拉·马立克在位时(685—705年),面对什叶派和其他反对力量,采取了集权的政策。他重用本家族的成员担任军政大员,加强哈里发对行省的控制。他还在帝国境内推行阿拉伯化,规定阿拉伯语作为伊斯兰世界唯一通用的官方语言,所有政务都须使用阿拉伯文字;帝国境内发行阿拉伯货币,分第纳尔(金币)和迪尔海姆(银币)两种,取代拜占庭和波斯原有的货币。马立克当政时期,除了由维齐尔辅佐,还设有几个重要部分,分别负责军事、税收、文书、运输,但是所有权力都集中于哈里发之手。阿拉伯人受到重用,非阿拉伯人被排挤出重要的行政部门。

图9-8 拜占庭与阿拉伯军队作战时使用希腊火

在马立克及其之后的几任哈里发在位时期,倭马亚王朝开始了大规模的对外征服和圣战,这些扩张主要是由地方总督进行的。东方战场上,伊拉克总督派大将古太白·本·穆斯林向波斯东部发动进攻,先后征服喀布尔和河中地区的布哈拉、撒马尔罕等重要城市,势力范围达到帕米尔高原。伊拉克总督的另一位大将穆罕默德·卡西姆则向波斯东南方向进攻,沿波斯湾抵达俾路支,一直攻入印度河下游的信德地区,由于印度王公的抵抗才没能越过印度河,而是溯源而上,占领旁遮普地区。在西部战场上,伊弗里基亚(非洲之意)行省总督进行了对埃及以西的北非地区的征服。710年,由其大将泰利夫率领的北非土著柏柏尔人军队越过直布罗陀海峡,进入伊比利亚半岛,迅速地击溃了西哥特王国,接着便长驱直入,占领了整个半岛,甚至继续越过比利牛斯山进入法国境内。732年,阿拉伯军队与查理·马特的法兰克军队在卢瓦尔河一线的普瓦提埃对阵,遭受败绩,退回到了比利牛斯山以南。至此,帝国对欧洲的征服才终止。至8世纪中叶,倭马亚王朝的阿拉伯人建立了地跨亚、非、欧三大洲的庞大帝国,西起大西洋,东达印度河,北抵锡尔河,南至印度洋。

但是,这时的倭马亚王朝也逐渐进入危机时期。一方面,随着帝国的扩张,波斯人和柏柏尔人的人数远远超过阿拉伯人,但是要缴纳高额的税收,面对同为穆斯林的阿拉伯人享有的各种特权,这种分配不均造成了他们的不满和反抗。另一方面,统治阶层内部的分裂为社会危机推波助澜。8世纪上半叶,伊拉克大贵族阿布·阿拔斯号称是穆罕默德叔父阿拔斯的后裔,因此建立了一个新的派别——阿拔斯派,指责倭马亚王朝统治者是穆罕默德政敌阿布·苏非扬的子孙,要求将哈里发的职位还给哈希姆家族。阿拔斯派利用帝国东部的波斯人长期以来的不满,试图夺取政权。倭马亚王朝的最后几位君主都没能很好地解决这个矛盾,中央与地方的矛盾不断激化,国家持续动荡。最终,到747年,阿拔斯派在波斯东部的呼罗珊发动起义,带动波斯人与底层阿拉伯人一道反抗倭马亚政府,攻入伊拉克、叙利亚和埃及。750年,倭马亚王朝末代哈里发兵败身亡,阿布·阿拔斯在库法称哈里发,建立了新的政权,即阿拔斯王朝(750—1258年),取代了倭马亚王朝。

(三) 阿拔斯王朝

阿拔斯王朝建立伊始,吸取了倭马亚王朝失败的教训,决定扩大政权的统治基础,对非阿拉伯人一视同仁。因此,许多非阿拉伯人的穆斯林贵族社会地位大为提高,开始担任国家军政要职,甚至可以成为总督。这是阿拔斯王朝与前朝的重大不同之处。另外,由于阿拔斯王朝的发源地是在伊斯兰世界的东部,其位于波斯的根基也最为牢固,尤其是呼罗珊。因此,阿拉伯帝国的重心开始向东转移,从叙利亚转到伊拉克。帝国在底格里斯河中下游曾经作为波斯帝国都城的泰西封废墟附近建造了一座圆形的新城,这就是阿拔斯王朝的新都——巴格达。

由于继承了波斯的传统,东方君主的至高无上也影响到了阿拉伯人。因此,阿拔斯王朝更加注重君主的威严和权力。第二任哈里发曼苏尔(754—775年在位)时,声称哈里发不再是先知的代理人,而是真主安拉在人世间的代表,整个帝国的臣民在星期五的聚礼日要为哈里发祈福。哈里发的地位达到了前所未有的高度,成为国家权力的化身。巴格达城的中心即为皇宫所在地,改变了以往伊斯兰城市以清真寺为中心的格局。曼苏尔还建立了一个强大的近卫军,掌握着对臣民的生杀予夺的大权。

为了更密切地控制地方,曼苏尔将全国12个行省细分为24个,从而确保行省总督不再有反抗或颠覆中央政府的力量。这些行省又分为东西两部分,西部行省以叙利亚和埃及为主,中心位于大马士革和福斯塔特(今开罗附近),负责控制北非柏柏尔人和牵制拜占庭帝国;东部行省以波斯和中亚为主,中心设在呼罗珊的木鹿(谋夫)。除了派遣行省总督,哈里发还派遣通晓《古兰经》和《圣训》的穆斯林学者担任各地的法官,处理伊斯兰教内部的法律纠纷。哈里发还强化了巴格达与各地的联系,修筑通往各地的驿道和驿站,驿站官员还肩负监察地方民情和官吏的职责,随时密报哈里发。

阿拔斯王朝在哈伦·拉希德(786—809年在位)及其子马蒙(813—833年在位)时期达到鼎盛。哈伦·拉希德统治时期,继续加强中央集权,扩大法官权力,设置大法官的职位,他不分民族,任人惟才,扩大了帝国的统治基础。在经济上,他积极发展农业,兴修水利,在两河流域大量开凿水渠,用于灌溉,使得两河流域南部、大马士革地区、波斯南部和河中地区成为帝国的四大粮仓。这时期的手工业也蓬勃发展,纺织业、制瓷业、玻璃制造业、武器制造业是其著名行业,大马士革的缎、库法的绢、叙利亚的玻璃、布哈拉的毛毯成为举世闻名的产品。巴格达不仅是帝国的政治中心,也是国际贸易中心。巴士拉、库法、大马士革等城市也都是著名的大都市。阿拉伯商人无远弗届,向东一直抵达广州,使欧亚水陆两道的丝绸之路呈现出非常活跃的状态。哈伦·拉希德与这时期的法兰克帝国也保持密切交往,与查理大帝互派使节和互赠礼物。这些都体现出了这时期阿拉伯帝国的繁荣。马蒙在位时期更是帝国如日中天的时期,当时的拜占庭帝国和中国唐朝都难以与其匹敌。马蒙派遣学者到拜占庭、印度等地收集古典著作,并且在巴格达翻译成阿拉伯语,并且大力赞助学术活动。这使阿拉伯帝国在文化方面达到了巅峰,为世界文化的保存和传播做出了贡献。但是,在他统治末期,帝国也开始了衰落。

(四)帝国的衰落和分裂

在经历了一个世纪的繁荣之后,阿拔斯王朝从9世纪中叶开始由盛转衰。阿拉伯帝国的国土过于辽阔,而且各地的经济、政治、宗教背景都不同,使其很难有效地进行统治,因此当其衰落之时,各地的反抗斗争此起彼伏,令阿拔斯中央政府顾此失彼,疲于应付。为了对非阿拉伯人的臣民进行武力统治,阿拔斯王朝从中亚引进了很多突厥奴隶进入部队,并且组成近卫军护卫哈里发,成为帝国的主要军事力量。但是,这些突厥人将领逐渐取得权力,不断参与宫廷政变,废立哈里发,成为控制阿拔斯王朝中央权力的主宰者。在地方上,各地总督对中央不满,也都纷纷自立,成为摆脱了阿拔斯王朝控制的独立王朝。

阿拔斯王朝对阿拉伯帝国的西部地区从未建立起有效统治。阿拔斯王朝建立之初,倭马亚王朝的一个王子阿卜杜勒·拉赫曼就逃到了西班牙,在南部安达卢西亚地区的科尔多瓦建立了新政权,自命为埃米尔,号称后倭马亚王朝(756—1031年),与阿拔斯王朝分庭抗礼。到929年,阿卜杜勒·拉赫曼三世宣布自称哈里发,后倭马亚王朝由此变为科尔多瓦哈里发国。在北非,西边的摩洛哥、阿尔及利亚、突尼斯等地都出现了一批以柏柏尔人为基础的本地人王朝，但是都还只是自称埃米尔，在名义上承认阿拔斯哈里发的宗主地位。西边的埃及于909年建立了法蒂玛王朝（909—1171年），称作哈里发国，完全否定了阿拔斯王朝哈里发的宗教领袖地位。

在帝国的东部，也出现了独立王朝。820年，呼罗珊总督、波斯贵族塔希尔·侯赛因在木鹿建立了塔希尔王朝（820—873年），总共世袭五位总督，将帝国的东部据为塔希尔家族的地盘。帝国东南部的锡斯坦地区又建立了萨法尔王朝（867—900年），消灭了塔希尔王朝，但是后来又被河中地区新兴的萨曼王朝（874—999年）所打败。萨曼王朝是波斯人贵族创立的，主要据有中亚、阿富汗和伊朗东部。萨曼王朝的君主将权力从阿拉伯人手中收回，以布哈拉为都，大力复兴和发展波斯文化，对抗此时从北方南下的突厥人和突厥文化。然而，这时期突厥人的迁移和伊斯兰化已经是不可逆转的趋势，越来越多的突厥人从北方迁移到中亚地区和阿拉伯帝国境内，尤其是在萨曼王朝的东部和南部分别建立了喀喇汗王朝（亦称黑汗王朝，840—1212年）和伽兹尼王朝（亦称哥疾宁王朝，962—1186年）。这两个王朝的统治者皈依了伊斯兰教，并且以圣战的名义向周围扩张，但是后来联合起来，于999年灭亡了萨曼王朝，以阿姆河为界瓜分了其领土，又分别成为推动伊斯兰教在中亚、中国西部和印度北部传播的主要力量。由此，阿拉伯帝国东部的突厥化和伊斯兰化成为不可逆转的趋势。

在阿拉伯帝国的核心地带，阿拔斯王朝的统治也出现了危机。9世纪后半叶，这里出现了两次大规模的起义，即黑奴大起义和卡尔马特教派大起义，动荡持续了很久，沉重打击了哈里发的统治。到10世纪中叶，波斯人建立的白益王朝（亦称布韦希王朝，945—1055年）控制了波斯西部，于945年进入巴格达，使哈里发成为其傀儡。但是仅统治了一个世纪，就被东边来的塞尔柱突厥人推翻。塞尔柱突厥人建立的塞尔柱帝国（1037—1194年）于1055年入主巴格达，首领图格鲁克被哈里发封为苏丹，号称"东方和西方之王"，掌管世俗权力，哈里发仅仅享有最高宗教领袖的地位。

至此，阿拉伯帝国基本上被西边的柏柏尔人和东边的突厥人控制了，阿拉伯文化在融入了波斯文化之后，又被加入了突厥文化，这些都使伊斯兰文化更加丰富和多元。但是，阿拉伯人的政权在塞尔柱突厥人的控制下又苟延残喘了两个世纪，直到1258年，旭烈兀率领的蒙古大军攻陷了巴格达，将最后一个哈里发穆斯塔辛（1242—1258年在位）杀死，阿拉伯帝国至此覆亡。

三、伊斯兰教的发展

伊斯兰教在其发展过程中，与不同的地区和文化碰撞、交流，使其本身也发生了变化。由于受到基督教的救世主观念、古希腊哲学的思辨性、佛教的转世轮回学说，以及各个文化中的禁欲传统的影响，伊斯兰教自身也出现了分化，形成一些派别，其中最为主要的是什叶派和逊尼派，另外还有苏菲派对伊斯兰教的传播起到重要作用。

（一）什叶派

"什叶"的意思是"追随者"，指的是阿里及其后裔的追随者，他们认为，仅有阿里及其后裔才有资格当选哈里发。这个派别源于穆罕默德死后的继承权问题,由于穆罕默德没有指定其继承人,故而出现了贤传和嫡传两派。由于阿里是穆罕默德的堂弟,也是其女儿法蒂玛的丈夫,因此得到主张嫡传的派别的支持,认为阿里最有资格当选哈里发,而且应当由其子嗣一直担任哈里发。至于四大哈里发当中的前三位,该派认为都是非法的,是违背穆罕默德遗愿的篡位行为。656 年,阿里出任哈里发,其追随者随同他到达库法,以此为都。661 年,当阿里去世后,大马士革总督穆阿维叶迫使阿里长子哈桑放弃哈里发的继承权,并且在大马士革出任哈里发和建立了倭马亚王朝。从此,阿里的追随者开始受到迫害。当穆阿维叶去世后,他们反对倭马亚家族的世系,邀请阿里次子侯赛因到库法继任哈里发。但是侯赛因在赴库法途中遭受袭击而死,此事成为什叶派作为一个派别的出现,他们以为侯赛因复仇作为纲领,不断发动起义,直至与阿拔斯王朝联合推翻倭马亚王朝。在阿拔斯王朝时期,什叶派也逐渐发展起更加成熟、系统化的理论,其势力范围主要以伊朗地区为主,但也在阿拉伯半岛南部的也门和北非一些地区具有重要影响。

什叶派与正统派的穆斯林的一个主要不同之处在于其崇尚伊玛目。除了服从伊斯兰教对所有穆斯林必须独尊安拉和信奉穆罕默德为主使者的规定,什叶派认为还要服从伊玛目。"伊玛目"在阿拉伯语中指的是领拜人,即宗教领袖,或者是伊斯兰法学权威。这一创造是借鉴了犹太教和基督教中的弥赛亚观念。什叶派将阿里视作伊玛目,认为他应当继承哈里发,此乃安拉的旨意,也是穆罕默德的遗愿。但是,由于阿里及其子嗣未能顺利继承哈里发,什叶派故而认为伊玛目隐遁起来了,但是只是暂时的,他还将通过代理人行使宗教领袖的权力,直至世界末日来临之前以马赫迪(救世主)的身份重回人间,行使正义。在对待《古兰经》的态度上,什叶派认为除了纸面上的内容,伊玛目还将告知隐藏在其后的内容,这是其他教徒所看不到也参悟不透的。此外,什叶派认为伊玛目是连结安拉和穆斯林的重要中介,由于具有安拉赋予的灵知,并非凡人,绝对不会犯错,因此,需要在伊玛目的带领下才能走向天国。伊玛目的墓地故而也成为什叶派穆斯林的朝圣之地,如纳贾夫、卡尔巴拉、萨马拉、马什哈德,被称作什叶派四大圣城。

什叶派主要可分为三大派别,即十二伊玛目派、七伊玛目派、五伊玛目派。其中影响最大的当属十二伊玛目派,根据这一派的理论,从阿里开始,经过哈桑、侯赛因,到第十二代伊玛目穆罕默德·孟特宰尔时,伊玛目于 878 年在萨马拉附近神秘失踪,于是可以将之看成是隐遁状态。七伊玛目派又称伊斯玛仪派,源于第六代伊玛目贾法尔·萨迪克的长子伊斯玛仪,而十二伊玛目派奉贾法尔·萨迪克的次子及其后裔为伊玛目。七伊玛目派认为伊斯玛仪于 760 年死后,伊玛目进入隐遁状态。二者的不同还在于,七伊玛目派认为隐遁的伊玛目不久就将降临世间,因而倾向于暴力和激进的政治方式,而十二伊玛目派则更为温和,认为伊玛目的降临还很久远。七伊玛目派也衍生出了一些更加极端的派别,如卡尔马特派、德鲁兹派、阿萨辛派、阿拉维派,它们与伊斯兰教本身已经相差很远,甚至也不被什叶派的三大派别承认。第三大派是五伊玛目派,认为第四伊玛目之子宰德于 740 年在库法起义,但兵败身亡,他被其追随者奉为第五伊玛目,因而又称宰德派。宰德派与正统派最为接近,因为它认为哈里发不应过于拘泥于世袭继承,而是应当通过选举方式确定,还认为四大哈里发当中的前三位也与阿里一样拥有合法地位,而且,这个派别反对圣徒崇拜。宰德派主要分布在阿拉伯半岛南部的也门。

(二)逊尼派

在伊斯兰世界,逊尼派被绝大多数穆斯林奉为正统派,亦称大众派。"逊奈"一词在伊斯兰教中指的是"先知的道路"或"先知的传统"。"逊尼"指的是"逊奈的遵循者"。逊尼派承认穆罕默德之后的四大哈里发的地位。在这些正统派看来,哈瓦利吉派强调民主选举哈里发的政治原则,什叶派强调阿里及其后裔才可以当选哈里发,这些都不符合穆罕默德的本意,他们更倾向于遵循传统的方式。逊尼派原本并不是一个专门的派别,只是到9世纪以后才逐渐形成。

逊尼派在阿拔斯王朝初期形成了一些教法学派,包括哈乃斐派、马立克派、沙斐仪派、罕百里派,又称四大教法学派。这些教法学派特别尊崇伊斯兰教法(沙里亚),认为伊斯兰教是一种信仰和一种法律,其教义是穆斯林的共同信仰、共同生活方式和共同社会思想,而伊斯兰教法正是它的核心,也是穆斯林行为的准则,具有约束行为的作用,违反了教法规定就要受到惩罚。因此,这四大教法学派都是在论证如何看待教法和遵守教法。其中马立克派又称"圣训派",它强调遵循《古兰经》的同时还要重视各地穆斯林社团的民俗习惯,而且认为这些习俗风尚是得到穆罕默德及其弟子默认的"圣训",应当将其应用于立法。这种观点与强调以《古兰经》为主要依据的哈乃斐教法学派产生了矛盾和冲突,两派长期辩论和斗争。沙斐仪派则作为折衷派别,缓和了以上两派之间的对立,它既肯定圣训立法的权威,也强调了《古兰经》的最高立法地位。罕百里派是四派当中对教法执行要求最严的一派,反对外来文化对伊斯兰教的影响,甚至提出要回到《古兰经》和圣训中去的口号,成为后世极端主义和原教旨主义派别的先驱。

在阿拔斯王朝哈里发马蒙时期,推崇穆尔太齐赖派,任命该派教法学家担任大法官,强制推广该派学说。这一派借鉴了希腊哲学的思辨传统,形成了伊斯兰教中的唯理主义,一方面,它强调安拉是万物的本源和绝对性,是超越时空而永远存在的,灵魂是肉体的本质,理性是灵魂的源泉;另一方面,将理性视作信仰的基础,强调自由意志决定着人们选择善或恶,而安拉则将根据人们的自由意志所选择的行为给予公正的裁决。正是由于官方的支持,穆尔太齐赖派才得以发展起来,阿拔斯王朝利用它来打压以"圣训派"为首的正统派。但是这个派别过多强调理性,使得其在很多伊斯兰核心教义问题上与正统派不同,以至于后来被从其内部分化出来的艾什尔里派取代。

艾什尔里派除了抨击穆尔太齐赖派,也抨击哈瓦利吉派、什叶派,它试图弥合正统派内部的诸多分歧,从而奠定统一的伊斯兰教的教义学。艾什尔里派一方面承认理性的作用,另一方面又强调信仰高于理性,认为世人对安拉的认识不能仅仅借助于理性的思辨,更要依靠经典的启示,理性必须服从于信仰。艾什尔里派在批判穆尔太齐赖派的同时,也洗去了它的辩证哲学思想,借以论证正统派,从而弥补了以往圣训派重传统而轻理性的缺陷。该派最初不受重视，后来在著名教义学家安萨里（1058—1111年）的继承和推动下，兼采诸教法学派的思想精华，才将艾什尔里派发扬光大，成为逊尼派思想体系的集大成者。其学说就是以独尊安拉为核心，以《古兰经》和圣训为依据。安萨里故此被誉为"伊斯兰教的伟大复兴者"。

（三）苏菲派

"苏菲"原意为羊毛，指的是伊斯兰教中的一种神秘主义。苏菲派主张苦行和禁欲，过着虔诚的生活。

在伊斯兰教发展初期，就已有苏菲主义的宗教思潮，一般反对世俗的享乐，提倡独身、苦修、冥思等，通过这些获得拯救。倭马亚王朝时期，波斯穆斯林哈桑（642—728年）在巴士拉讲学，提倡清贫和宁静的生活方式，并且号召通过冥想的途径追求个人与安拉的和谐，鼓励人们放弃对尘世快乐的贪恋。他被视作苏菲主义的奠基人。到阿拔斯王朝时期，苏菲主义又增添了一些神秘主义的色彩，追求个人与安拉的神合。这种神人合一只能通过冥思的途径达到，要将个人的自我消失在安拉的神智当中，进而达到与安拉合一的状态。

到11世纪，苏菲主义从一开始的个人修行发展到有组织的修行，出现了许多的教团组织。苏菲教团的成员被称作"德尔维什"，即内心达到无杂念境界的人。教团以道堂为中心，其成员时刻念诵安拉、反复颂扬安拉，这种修行被称作"迪克尔"。有的教团甚至不停地旋转和跳舞以达到迷幻状态。教团的首领对成员拥有绝对的权威，教团创始人死后甚至被尊为圣徒，其圣墓也被称作"拱北"。苏菲派在各地的教团互不隶属，各有各的道统。苏菲教团根据所在地区的不同可分为三大部分：以伊拉克为中心的有卡迪里教团、苏哈拉瓦迪耶教团、里法伊教团，以北非为中心的有沙兹里教团、巴达维教团，以中亚和印度为主有阿萨维教团、库布拉维教团、契斯提教团。后者当中建于14世纪的纳格什班底耶教团对伊斯兰教在中国西部的传播有很大推动作用。苏菲教团致力于伊斯兰教的传教事业，中亚、南亚、东南亚的非洲的许多人群都因受到它们的劝说而皈依伊斯兰教，世界的宗教地图也随它们的活动而发生了改变，其影响一直延续至今。

四、阿拉伯文化

阿拉伯帝国经过大征服，统治着广阔的疆土，众多民族在帝国内部相互交流，共同发展，在人文社科和科学技术方面都获得了很大的成就，为世界文化史谱写了灿烂辉煌的篇章。阿拉伯帝国不仅仅只有阿拉伯人的文化，随着其扩张和征服，还囊括了许多其他民族的文化，如波斯的、突厥的、柏柏尔人的，它为这些民族带去了伊斯兰教，但是也与其相互交融，吸收了许多这些民族的文化，使阿拉伯文化变得更加丰富、多元。而且，由于阿拉伯帝国处在东西方之间，它还起到了传播文化的作用，将中国的印刷术、火药、指南针和印度的数字、十进位制等先进的技术传入西方，并且也保存了许多欧洲古典时代的文化遗产，后来又将这些遗产传回到欧洲，促进了欧洲文化的复兴。总之，阿拉伯帝国的文化对中世纪的文明起到非常重要的作用。

阿拉伯人最初文化非常落后,被其北边的波斯人和拜占庭人所鄙视,但是当其崛起起来并且占领了波斯之后,其宗教文化迅速发展起来。随着统治中心的变动,其学术中心由最初的麦加、麦地那转移到了两河流域,巴格达、库法、巴士拉成为新的文化中心。巴格达在阿拔斯王朝时期由哈里发亲自推动学术研究,在此建造了"智慧宫",成为阿拔斯时代百年翻译运动的中心。大量的外族文化被翻译成阿拉伯语,深刻影响到了阿拉伯人的文化,非阿拉伯人的文化越来越成为阿拉伯帝国文化的主流。尤其是9世纪中叶起,随着阿拉伯人政权的衰落,非阿拉伯人的文化推动着阿拉伯帝国的文化走向更加辉煌的阶段。特别是在萨曼王朝和伽兹尼王朝时期,在阿拉伯人文化的基础上更进一步向前发展,这两个王朝在撒马尔罕、布哈拉和加兹尼的宫廷云集了来自各个地方的学者,他们都得到了君主的庇护。塞尔柱王朝时期也对学术发展积极推动,维齐尔(首相)尼扎姆·穆勒克(1018—1092年)积极赞助学术文化,在巴格达创办了以其名字命名的尼采米亚大学,开设有语法、修辞、历史、天文、地理、医学等课程,它继承了智慧宫的传统,培养高级学者,传播宗教文化,堪称"伊斯兰神学院的典范",与同时期开罗的爱资哈尔大学同为伊斯兰世界的重要学术和教育机构。

(一) 哲学

古希腊的哲学思想,尤其是柏拉图、亚里士多德的著作被翻译成阿拉伯文并流传开来之后,影响到了伊斯兰教,开始有学者借鉴希腊哲学中的逻辑推导和理性思辨论证伊斯兰教信仰,探讨神的本体和属性问题,以及前定与自由意志的关系,推动了阿拉伯哲学中注重理性和思辨派别的发展,进而形成伊斯兰特有的经院哲学体系,即教义学。中亚萨曼王朝的伊本·西那(阿维森纳,980—1037年)致力于使希腊哲学和伊斯兰教相融,他主张"双重真理论",认为建立在启示基础上的信仰和建立在理性基础上的哲学并不相悖,都可以探寻到真理。西班牙的哲学家伊本·鲁世德(阿维罗伊,1126—1198年)更进一步促使哲学和神学的分离,强调物质的永恒性,否定灵魂的存在,论证理性与启示是不冲突的,持有双重真理论,甚至认为哲学论证高于宗教信仰。他的思想对后来西欧经院哲学产生过很大的影响。

(二) 史学

在历史学方面,早期的历史学著作都是考证阿拉伯人的早期传说和圣训中的内容,或者对先知生平、圣战和扩张情况的记载。到9世纪末以后,历史学家开始将视野放得更加宽广,将阿拉伯地区以外地方的历史也载于史册。如塔巴里(838—923年)的《历代先知和帝王史》就突破了先知传和圣战,把当时穆斯林已知的世界视作一个整体,以编年体的方式写就了一部宏大的通史巨著。被誉为"阿拉伯的希罗多德"的马苏迪(?—956年)游历甚广,博闻强识,足迹踏遍帝国的各处和中亚、印度、东南亚、东非等地,晚年时历时十年撰写了一部多达30册的鸿篇巨著,可惜仅有一部摘要《黄金草原》传世,内容除了阿拉伯古史,还大量记载了古希腊、罗马和亚洲诸国的史地、文化和典章制度等。伊本·阿西尔(1160—1234年)生于十字军东征和蒙古西征的乱世,其所著《历史大全》从安拉创世一直写到其去世之前,对其同时代的历史多有宝贵的记叙,后被法国学者多桑所著的《蒙古史》选录了很多。

（三）文学

在文学方面，当属《一千零一夜》（或称《天方夜谭》）最为有名。这部故事集最初取材于波斯民间故事，后来加入阿拔斯王朝时代的阿拉伯帝国和埃及、印度等地的寓言传奇等，到10世纪逐渐形成定本。其中包括宫廷秘史、神话传说、航海冒险，既有哈里发的轶事，也有平民的故事，用优美的语言、曲折的情节、奇异的构思描绘了中古时期伊斯兰世界社会生活的各个方面，并且以其神秘莫测的东方色彩引人入胜，对欧洲文学也产生过巨大影响。萨曼王朝和伽兹尼王朝时期的菲尔多西（940—1020年）著有《王书》（又译《列王记》），从王朝初始一直写到651年萨珊波斯帝国灭亡为止，记载了神话传说、民间故事和波斯历史上的帝王，尤其描述了波斯历史上的很多勇士。这部书凸显了波斯文化，对阿拉伯帝国以及波斯、土耳其的文学产生了很大影响。

（四）自然科学

在数学方面，阿拔斯王朝时期将印度的数字符号和十进位制传入并推广，后流入欧洲，被称作阿拉伯数字。几何学得到发展，代数学也被创立。中亚的穆罕默德·伊本·穆萨（亦因其出生地而被称作花拉子密，即花剌子模，780—850年）是阿拉伯帝国最杰出的数学家，他参与简化和传播印度数字，并且编写了有关代数的最早书籍，其《积分和方程计算法》是第一本代数学著作，在12世纪被翻译介绍到欧洲，成为欧洲各大学的主要教材。英文中的"代数"即其该书中"还原"一词的音译，他故而被称作代数学之父。塞尔柱帝国时期的欧默尔·海亚姆（1048—1122年）既是著名诗人，有《鲁拜集》，也是数学家，著有《代数问题之论证》，详细阐述了代数原理，并解决了用圆锥曲线解三次方程的难题，也奠定了解析几何的重要基础。

在与数学关系密切的天文学方面，更是阿拉伯文化中的强项。早期的阿拉伯人在沙漠中旅行和经商都需要通过天文辨识方向和知晓天气，到阿拔斯时代，更是通过借鉴印度和希腊的天文学而得到发展。穆罕默德·伊本·穆萨在天文和地理方面也有较大贡献，他根据古代的相关成就，参照新的观测资料编制了以其名字命名的《花拉子密历表》，成为欧洲人编制天文历表的蓝本，他还参考托勒密的《地理学》编纂了《地形》一书，进一步发展了希腊的地图学。白塔尼（850—929年）根据数十年的观察结果编制了恒星表，对欧洲天文学影响甚大，被哥白尼在其著述《天体运行》中常常引用。比鲁尼（973—1123年）所著的《天文学与占星学原理》总结了穆斯林在天文学领域的成果，论证了地球自转和绕太阳公转的学说，对地球的经纬度也进行了精密的测量，被后世誉为"百科全书式的学者"，甚至将月球上的一座环形山以其名字命名。欧默尔·海亚姆亦是重要的天文学家，他主持编订了天文表，进行了历法改革，其根据太阳历进行的改革包含了最精确的数学内涵，可惜并未完成。

医学也是阿拉伯帝国文化富有成就的方面。穆斯林学者在古代希腊、波斯和印度医学基础之上，极大地丰富了诊断和医疗的技术。萨曼王朝时期的拉齐（865—925年）是巴格达国家医院的院长，他发明了外科手术串线法和内科精神治疗法，还记录了第一例天花和麻疹的临床病例，并为此著有《天花与麻疹》。他还著有《曼苏尔医书》，论及解剖学、生理学、皮肤病等方面的诊断和治疗；《医学集成》则系统地阐述了古代的医学理论和穆斯林的医学成就，是一部百科全书。后两部书在12世纪被翻译成拉丁语并被传播到欧洲，流传甚广。同时代稍后的哲学家伊本·西那也是著名医学家，他发现了天花和麻疹的区别，并指出肺结核、鼠疫、天花和麻疹具有传染性，他还将医学分为内科、外科、脑科、胸科、精神科、妇产科等，规范了医学实践，并且强调药物、手术和养生需要兼施并用。其所著《医典》继承了古代世界的医学遗产，全面总结了穆斯林的医学成果，被视作阿拉伯帝国时期医学的最高成就，后来成为欧洲大学的教科书，长期被奉为权威著作。伊本·西那被后人誉为"医中之王"。

在建筑技术方面，倭马亚王朝时期还大都模仿拜占庭的建筑风格，尤其是在叙利亚大马士革建都时期继承了欧洲古典的传统，大马士革清真寺即为一例，这座建筑有浓厚的神庙和基督教堂的风格。到阿拔斯王朝时，随着统治中心东移，人们更多地学习和借鉴了波斯和印度的风格，萨马拉清真寺即为典范。阿拉伯帝国的重要建筑成就当属清真寺，大多为方形，顶部为圆形，四周为带有拱门的回廊，清真寺旁边还根据等级建有一至七座高耸的宣礼塔。由于伊斯兰教反对崇拜偶像，故此，清真寺内没有以人物和动物造型的装饰，主要以几何图案和植物图案进行装饰，在装饰中还会有一些变形体的阿拉伯文字，多为宗教用语。在阿拉伯帝国时期，麦加、麦地那、耶路撒冷为三大圣地，这些地方都建有极其宏伟的清真寺，其中耶路撒冷又有金顶清真寺和萨马拉清真寺，均建于犹太人的圣殿遗址上。随着阿拉伯人的扩张，清真寺也传播到世界各地，但是受各自地区文化的影响，也出现了很多不同于阿拉伯的风格，如中国的广州怀圣寺、喀什的艾提尕尔清真寺。

第五节　奥斯曼土耳其帝国

奥斯曼土耳其是继阿拉伯帝国之后，又一个地跨亚、欧、非三大洲的庞大帝国，对中世纪中东地区历史的发展具有重要的作用。

一、奥斯曼人的迁徙和崛起

（一）奥斯曼人的迁徙

奥斯曼土耳其人为西突厥的一支，最初在波斯东部的呼罗珊地区进行游牧生活。到13世纪初，受蒙古人西征的压力，从呼罗珊迁到两河流域上游和小亚细亚一带，依附于塞尔柱突厥人建立的罗姆苏丹国。罗姆苏丹国将其与拜占庭帝国接壤的一块牧场作为领地赐予奥斯曼土耳其人的首领艾尔托格鲁尔，从此奥斯曼土耳其便肩负着为罗姆苏丹国戍守边疆的职责。1290年，艾尔托格鲁尔去世，其子奥斯曼继承首领的职位（1290—1326年在位），不断以圣战的名义侵袭拜占庭帝国的边境地区，由于他在战争中连连获胜，被罗姆苏丹国的苏丹赐予"贝伊"的称号，奥斯曼的圣战事业也吸引了来自伊斯兰世界各地的穆斯林加入到其队伍当中，实力越来越强。当罗姆苏丹国及其过去的宗主塞尔柱帝国受到蒙古人的冲击而衰落时，奥斯曼便于1299年僭取了埃米尔的称号，宣布独立，建立了奥斯曼国家。

(二)奥斯曼帝国的崛起

从 14 世纪初开始,奥斯曼帝国一面向东夺取罗姆苏丹国的领土,一面向西不断侵袭拜占庭帝国,直抵马尔马拉海。

1326 年,奥斯曼去世,其子乌尔汗(1326—1359 年在位)继位为埃米尔,随即攻占拜占庭帝国在马尔马拉海沿岸的军事重镇布鲁萨,并且迁都于此。布鲁萨的沦陷意味着拜占庭帝国在小亚细亚的防守崩溃,从此,奥斯曼的军队在小亚细亚所向披靡,攻城略地,一往无前。1331 年攻占尼西亚,1337 年攻占尼科米底亚,拜占庭帝国在小亚细亚的领土几乎丧失殆尽。

在军事上不断驱逐拜占庭帝国在小亚细亚的势力的同时,乌尔汗也改革政府管理机构。在他即位之初,奥斯曼国家还很不健全,只是一个以军事扩张为主要目标的集团。乌尔汗决定建立完善的国家组织,中央设国务会议,由维齐尔辅佐他处理国务,在地方上由中央派遣司法官员,加强对地方的控制。在经济方面,模仿拜占庭帝国的货币发行银币,上面刻有乌尔汗的称号和伊斯兰教的符号。在军事方面,乌尔汗进行了军事改革,组建起近卫军,人数约有近万名,这支近卫军装备精良,战斗力很强,常备军士兵也享有特权,但必须终身服役,且须独身,以护卫乌尔汗为最重要的任务。由此,乌尔汗树立起了自己作为国家元首的权威和至高无上的地位。

这一时期,奥斯曼帝国与拜占庭帝国的关系是既冲突也结盟。拜占庭皇帝约翰五世(1341—1391 年在位)即位时年少,其摄政约翰·坎塔库泽也在色雷斯称帝,并且与奥斯曼帝国结盟,甚至将其女儿嫁给乌尔汗,并且准许奥斯曼帝国军队进入巴尔干,为其夺取帝位摇旗呐喊。1347 年,约翰·坎塔库泽就在乌尔汗的支持下入住君士坦丁堡,与约翰五世同朝称帝,称约翰六世。在与拜占庭帝国结成互惠互利的同盟后,奥斯曼帝国又应拜占庭帝国之邀,为其攻打占据巴尔干地区的南部斯拉夫人王国塞尔维亚。奥斯曼帝国在这场战争中获胜,占领了亚德里亚堡附近的几个重镇,但是却不再退回到亚洲,而是在欧洲站稳了脚跟。1354 年,奥斯曼帝国军队渡过达达尼尔海峡,占领了加利波利。从此,奥斯曼帝国的扩张便是朝向巴尔干和欧洲了。

二、奥斯曼帝国的西征和扩张

(一)奥斯曼帝国的西征欧洲

1359 年,乌尔汗的幼子穆拉德继位,改称为苏丹,是为穆拉德一世(1359—1389 年在位)。从这时起,奥斯曼帝国开始大举进攻欧洲。1361 年,奥斯曼帝国军队占领了亚德里亚堡,切断了君士坦丁堡与巴尔干的联系,为了表达其西征欧洲的决心,穆拉德一世将奥斯曼国家的首都迁到了这里,并且改称为埃迪尔内。而且,这时候东部的帖木儿帝国开始扩张,大批奥斯曼土耳其人东面受阻,只得向西面发展,渡海西迁至新征服的地区,这样奥斯曼帝国的西征就有了一定的基础。1371 年,穆拉德一世在马里查河畔大胜塞尔维亚、保加利亚、瓦拉几亚和匈牙利联军,曾经不可一世的塞尔维亚王国被迫俯首称臣。1385 年,奥斯曼帝国军队又占领了索菲亚,征服了保加利亚中部。1386 年攻占尼什,1387 年攻占帖撒罗尼卡。

1389年6月15日,穆拉德一世率领军队与巴尔干各国联军决战于塞尔维亚南部的科索沃平原,奥斯曼帝国方面取得了绝对的优势,但是就在这时,穆拉德一世被一个悄悄潜入其帐篷的塞尔维亚贵族暗杀。然而,在穆拉德一世的儿子巴耶济德一世的指挥下,奥斯曼帝国军队还是取得了最后的胜利。经过这一战,塞尔维亚全境都被奥斯曼帝国征服。科索沃战役使得奥斯曼帝国基本上获得了多瑙河以南的巴尔干地区。

巴耶济德一世(1389—1402年在位)统治期间,继承其父辈的扩张政策,在巴尔干半岛继续征服战争。1393年,他征服了保加利亚和阿尔巴尼亚,1395年继续向西入侵匈牙利。面对奥斯曼帝国的猛烈攻势,欧洲各国决定联合起来组建十字军进行对抗。于是,次年由匈牙利、波西米亚、波兰、法国、德意志、英格兰等国的骑士组成了一支十字军,包围了奥斯曼帝国在多瑙河上的一个要塞——尼科堡,但是并没有发起主动进攻,而是期待被围困的奥斯曼帝国会不战而降。巴耶济德一世闻讯迅速从君士坦丁堡赶来救援,双方会战于尼科堡附近。在这场战争中,本来占据优势地位的十字军方面由于领导层意见不统一,且过分轻敌,最终败给了奥斯曼帝国,近万名十字军战士被俘。尼科堡战役之后,奥斯曼帝国决定性地控制了巴尔干半岛的大部分地区,对巴尔干近半个世纪的暴风骤雨般的进攻至此告一段落,奥斯曼帝国和欧洲方面达成了均势,欧洲也不得不承认了奥斯曼帝国在巴尔干的存在,没有再采取新的军事行动。君士坦丁堡成为一座孤城,经常受到巴耶济德一世的围困。从东边的亚得里亚海和匈牙利直到小亚细亚的东部,都成为奥斯曼帝国的领土。

就在巴耶济德一世和奥斯曼帝国决定继续进攻欧洲时,在其东方出现了一个强大的敌人,这就是帖木儿。1402年,帖木儿向小亚细亚进攻,与巴耶济德一世会战于安卡拉平原。结果是巴耶济德一世被俘,由帖木儿一世囚禁于其在撒马尔罕的都城,直至受凌辱而死。这一仗改变了奥斯曼帝国的扩张轨迹,迫使其不得不停下西征的步伐。同时,巴耶济德一世的几个儿子开始争夺苏丹王位,奥斯曼帝国经历了长达十年的内战,国力大为削弱。直至1413年,其中一个儿子穆罕默德一世(1413—1421年在位)击败了其他兄弟,再次统一了奥斯曼帝国。

(二) 攻占君士坦丁堡

在被阻滞了十余年后,奥斯曼帝国再次扬起西征的旗帜。穆拉德二世(1421—1451年在位)即位后,决定继续朝向欧洲拓展。他在即位之初就找了个借口进攻君士坦丁堡,迫使拜占庭帝国皇帝割让君士坦丁堡城外的大量土地并缴纳巨额岁币。1430年,奥斯曼帝国再次攻占帖撒罗尼卡。1444年,奥斯曼帝国再战曾经的老对手匈牙利,这次穆拉德二世率军进攻黑海重要港口瓦尔纳,大败匈牙利和瓦拉几亚的联军,匈牙利国王弗拉迪斯拉夫战死沙场。1448年,第二次科索沃战役打响,穆拉德二世再次迎战匈牙利领导的欧洲十字军联军,欧洲联军惨败,被迫求和。穆拉德二世发动的几次战争巩固了奥斯曼帝国在巴尔干半岛的统治,通过几次打败中欧霸主匈牙利的战争,它在巴尔干半岛的霸权再也无人敢挑战,巴尔干各国再无对抗奥斯曼帝国的力量。

奥斯曼帝国对此并不满足,君士坦丁堡依然是一个悬而未决的问题。虽然这座孤城已经远远不再是威胁,但是作为罗马帝国的传承者,它却依然在欧洲作为一个符号存在,奥斯曼帝国必须将这个时刻会引来十字军东征的象征消灭掉。于是,穆罕默德二世(1451—1481年在位)即位后,便将夺取君士坦丁堡作为自己的主要目标。他先是做好充分的准备工作,在博斯普鲁斯海峡最窄处的欧洲一侧修筑要塞,与亚洲一侧原有的要塞相呼应,在陆地上和在海洋上都做好了围攻君士坦丁堡的准备。同时他还积极扩建海军、建造舰队、储备物资,等待最恰当的进攻时机。而此时的拜占庭帝国已经日落西山,奄奄一息,国内矛盾激烈,拉丁派和东正派围绕着是否争取西欧的支持而争论不已,另外还有一批亲奥斯曼派,这大大削弱了拜占庭帝国的防御力量。在国外,由于有奥斯曼帝国的重重包围,西欧人也不可能长距离跨过重重阻隔前来救援,拜占庭帝国就在这种无望中等待着自己最后的命运。

1453年4月6日,穆罕默德二世做好了一切准备,亲自率领20万大军和数百艘战舰开始了君士坦丁堡的围攻战。君士坦丁堡除了在陆地上有三道城墙防守,还有三面环水的天险,这曾经为其抵抗住了阿拉伯人的入侵,奥斯曼帝国海军仍很难突破这道天险。于是,奥斯曼帝国决定与热那亚商人合作,热那亚商人在君士坦丁堡北部的加拉太地区有份地,眼看着君士坦丁堡已经没有回天之力,而奥斯曼帝国又传话来保证其在加拉太地区的商业特权,以此换取他们的合作。于是,在热那亚商人的帮助下,奥斯曼帝国的舰队从加拉太进入黄金角,这里距离君士坦丁堡更近。奥斯曼帝国军队在这里的水面上架设浮桥,从这里进攻君士坦丁堡。拜占庭帝国方面仍然死死守城,不肯投降。这场围城战一直打到5月底,奥斯曼帝国军队被拖了很久,甚至有的高级军官主张撤退,但是穆罕默德二世坚决要求继续围攻。5月29日,苦苦支撑了53天的君士坦丁堡终于失守,拜占庭帝国末代皇帝君士坦丁十一世战死,奥斯曼帝国军队在城中大肆掠夺了三日三夜,无数宫殿和房屋被焚毁,艺术珍品被掠走,居民被屠杀或当作奴隶,这座坚持了千年的罗马帝国最后的都城退出了历史舞台。到1457年,奥斯曼帝国将首都迁到了君士坦丁堡,并且将这里改名为伊斯坦布尔。

(三)奥斯曼帝国的继续扩张

在攻占了君士坦丁堡之后,奥斯曼帝国并没有停下西征的步伐。1456年,雅典陷落,1459年,贝尔格莱德受到围攻,虽然受到匈牙利保护而未遭沦陷,但是塞尔维亚王国正式灭亡。1463年,穆罕默德二世又继续向巴尔干用兵,在巴尔干南部,他先后征服了塞尔维亚全境、波斯尼亚、黑塞哥维那、阿尔巴尼亚等地,在喀尔巴阡山以东的瓦拉几亚、摩尔达维亚被迫成为其藩属国,在巴尔干半岛以西,奥斯曼帝国还同威尼斯、热那亚斗争,夺取了这两个海上强国控制的爱琴海岛屿和黑海沿岸的一些重要商业城市,并且迫使黑海以北的克里米亚汗国称臣于它。

奥斯曼帝国在西征的同时也不忘扩张其东边的疆界。奥斯曼帝国内部总是有一部分保守派力量反对朝向欧洲发展,而是希望朝其所来自的东方发展,在14、15世纪,保守派不断阻挠西征的步伐,但都被强大的苏丹所否决,坚持西进。然而,在对欧洲的征服初步成功之后,奥斯曼帝国又将征战的目标转向了东边。在15世纪70年代,其东边的疆界已经抵达幼发拉底河流域。到16世纪以后,其东扩的势头更进一步增强,不断朝近东和北非地区扩张,在16

世纪中叶达到了地跨欧、亚、非三大洲的帝国,将曾经的拜占庭帝国和阿拉伯帝国的版图都囊括其中。

三、巴尔干的文化转型

奥斯曼帝国进入巴尔干地区,极大地改变了这里的宗教信仰、民族分布、文化归属。尤其是在其奠定了统治地位之后,为了维护其统治,通过各种方式迫使当地民众皈依伊斯兰教,尤其是通过减免税收诱惑异教徒成为穆斯林,甚至可以使他们进入到上层社会,成为统治阶级的一部分。于是,原本信仰东正教的塞尔维亚人和信仰天主教的克罗地亚人中,很多人选择了改宗伊斯兰教。这些斯拉夫的穆斯林主要集中在波斯尼亚,使这里成为一个重要的伊斯兰文化地区。另一个地方就是阿尔巴尼亚,这里被奥斯曼帝国征服以后出现了大规模的改宗,许多民众从天主教徒转变为穆斯林。还有一个地方是科索沃,一些不愿意皈依和接受奥斯曼帝国统治的塞尔维亚人逃往北部奥匈帝国境内,聚集在今塞尔维亚北部的伏伊伏丁那和西边的克罗地亚,而同时也出现了皈依伊斯兰教的阿尔巴尼亚人向北移至科索瓦,填补了塞尔维亚人迁离留下的空白。这种宗教原因导致的迁移造成了此后许多次矛盾冲突的导火索,也改变了巴尔干地区的民族和文化构成。

奥斯曼帝国在巴尔干的伊斯兰文化地区进行建设。如波斯尼亚的首府萨拉热窝就是在 15 世纪 50 年代由奥斯曼帝国建造的。1461 年,在奥斯曼帝国波斯尼亚州首任州长伊萨·贝格·伊萨科维奇的统治下,城市被快速建设发展起来,清真寺、巴扎、公共浴场都依次建立起来,供水系统也得到了改善。经过此后不断经营,这座城市的规模越来越大,到 16 世纪中叶已经建有近百座清真寺,还有众多学校、图书馆、宫殿等等,成为奥斯曼帝国在巴尔干地区统治的重要展示窗口,也是仅次于伊斯坦布尔的第二大城市,俨然成为一座充满东方风格的城市。在其他许多城市,如科索沃的普里什蒂纳、希腊的雅典、塞尔维亚的贝尔格莱德等,奥斯曼帝国也进行了大规模的改造,建造了大量的清真寺,将中心广场改建成巴扎,使原来的本土文化转变为伊斯兰文化。

四、奥斯曼帝国初期的文化

奥斯曼土耳其的文化既有浓厚的伊斯兰宗教色彩,也融入了周边的波斯、拜占庭、突厥文化,其实是一个多元性的文化。

在语言和文学方面,奥斯曼土耳其语属于突厥语族,但是也受到波斯语和阿拉伯语的很大影响。宗教人士一般熟练使用阿拉伯语,上层社会将波斯语作为官方语言之一,但是,从 13 世纪奥斯曼帝国崛起之后,土耳其语也开始受到了重视,在文学作品中越来越成为流行的语言。奥斯曼土耳其语当中也借用了大量的阿拉伯语和波斯语词汇,因此与现代土耳其语还有着很大的差异。诗人苏丹·维列德(1226—1312 年)使用奥斯曼土耳其语进行写作,其诗歌作品《塞尔柱诗歌》在奥斯曼土耳其的文学史上占有重要地位。同时还有大量的民间传说、寓言故事等作品,生动地体现了早期奥斯曼土耳其人的社会和日常生活。到 15 世纪,随着奥斯曼帝国的扩张和强大,用本国语言书写的作品被官方所倡导和鼓励。抒情诗人涅札蒂(1460—1509年)的作品是达到鼎盛时期的奥斯曼土耳其古典作品的代表。同时,历史著作也越来越注重歌颂奥斯曼土耳其人的祖先及其光辉事迹。

在建筑方面,奥斯曼帝国深受波斯、拜占庭和阿拉伯的影响。早期的奥斯曼建筑继承了萨珊波斯的传统,如经常使用大型的穹顶建筑,这在其清真寺的建筑和宫殿建筑中多有体现。但是,奥斯曼土耳其也在模仿和借鉴中形成了自己独特的风格,初期注重石刻装饰和高大的正门,到崛起以后以厚实的圆形屋顶、不高的尖塔和彩色釉瓦作为装饰,如布鲁萨的叶希尔·扎米清真寺。攻占君士坦丁堡之后,奥斯曼又融入了拜占庭的风格,最明显的例子莫过于攻占君士坦丁堡之后对索菲亚大教堂的改造,在将其变为清真寺的过程中,保留了许多原来建筑的特征,只是在外部增建了四座宣礼塔,在内部的墙壁上遮盖了东正教圣像,将其改为伊斯兰教的宗教语录。对其他一些东正教教堂的改造,则除了保留原来的大穹顶之外,还增建了很多更小的穹顶,围绕在主穹顶的四周,构成了鲜明的奥斯曼土耳其特色。

到15世纪,蒸蒸日上的奥斯曼帝国在文化方面采取兼容并蓄的政策。譬如,对犹太人特别包容,在被征服地区通常都会有犹太人社区存在于城市中。奥斯曼帝国苏丹还欢迎犹太人在帝国定居,1492年西班牙再征服运动胜利后很多犹太人被驱逐,巴耶吉特二世立即派遣海军舰队护送这些犹太人到帝国定居,并命令各个省友好对待犹太人。恰恰是这些犹太人将新的思想和技术带到了奥斯曼帝国。奥斯曼帝国与欧洲的关系也颇为密切,如穆罕默德二世就从威尼斯邀请了文艺复兴时代的重要画家贝利尼到君士坦丁堡为其创作肖像画,而巴耶吉特二世甚至还邀请过达·芬奇为其设计跨越金角湾的大桥。

正是由于奥斯曼帝国建立在广阔的土地上,其民族、宗教构成都很复杂,所以才形成了多元一体的文化。这种多元性将在16世纪以后还会有更多的体现。

参考书目

1. [法]勒内·格鲁塞:《草原帝国》,蓝琪译,商务印书馆,2009年。
2. [法]雷纳·格鲁塞:《蒙古帝国史》,龚钺译,商务印书馆,1996年。
3. [波斯]拉施特主编:《史集》,余大钧、周建奇译,商务印书馆,1983年。
4. [澳]A·L·巴沙姆主编:《印度文化史》,闵光沛等译,商务印书馆,1997年。
5. [俄]维·维·巴尔托里德、[法]伯希和等:《中亚简史(外一种)》,耿世民译,中华书局,2005年。
6. [摩洛哥]伊本·白图泰:《伊本·白图泰游记》,马金鹏译,宁夏人民出版社,2000年。
7. [俄]巴托尔德:《蒙古入侵时期的突厥斯坦》,张锡彤、张广达译,上海古籍出版社,2007年。

第十章
公元1500年前的非洲和美洲

非洲北部的埃及地区是人类历史上最早进入文明时代的地方,曾创造了光辉灿烂的古代文化。非洲的其他地区虽然进入文明时代较晚,但在努比亚、埃塞俄比亚、西非、南部非洲等地也逐渐产生了各具特色的王国,并达到了较高的发展水平。从亚洲迁入美洲的印第安人则创造出了光辉灿烂的玛雅文明、阿兹特克文明和印加文明,为人类文明的多样发展做出了杰出的贡献。

第一节 非 洲

非洲为世界第二大洲,仅次于亚洲,约占地球陆地总面积的1/5。非洲西濒大西洋,东临印度洋,北靠地中海与欧洲相邻,最南边为好望角。非洲内陆东部和南部地势较高,多为高原,东非大裂谷纵贯南北,从赞比西河口向北经马拉维湖、坦噶尼喀湖、维多利亚湖一直到达死海和约旦河谷地。从西到东有赤道穿过,还有撒哈拉大沙漠横贯非洲北部,沙漠南北差异极大,北边为温和的地中海型气候地带,南边为稀树草原和热带雨林。非洲的两边与大西洋和印度洋关系密切,也表现出与非洲内陆不同的海洋性特征。这些都表现出非洲的多样性,也构成了其文化和历史多元性的基础。

一、非洲的人文环境

非洲的居民背景也同其地理环境一样复杂多样，大体上可以分为五大类型。第一是撒哈拉以北的柏柏尔人和阿拉伯人，这里受欧洲和阿拉伯的影响较大。第二是尼格罗人，即黑人之意，其中又可分为苏丹系和班图系。苏丹尼格罗人肤色纯黑，主要分布于赤道以北，以乍得湖为界分为东、西苏丹两支。第二是班图尼格罗人，肤色浅黑，主要分布于赤道附近及以南。第三是俾格米人，身材矮小，散居在赤道附近的森林地带。第四是科伊桑人，肤色棕黄，居住在非洲西南部，以狩猎为生，又分为霍屯督人和布须曼人两支。第五是马达加斯加人，这里位于印度洋上，移民众多，主要是与东南亚的马来人比较像。

在非洲人群的发展过程中，班图人的迁徙有较大的影响。公元初，由于受到北方苏丹人南下的压力，班图人从赤道以北的喀麦隆高原向赤道及以南地区迁徙，使这里的俾格米人退到森林生活，霍屯督人和布须曼人则被迫迁徙到非洲的西南部。班图人的迁徙方向又分为三个。向东迁徙的班图人在坦噶尼喀定居下来，其中一部分于11世纪到达东非沿海地区，在阿拉伯文化影响下，逐渐形成斯瓦希里人。向西迁徙的班图人大部分达到了西赤道非洲，从北边的刚果河一直到达南边的纳米比亚。还有一支向南迁徙的班图人到达南部非洲的大部分地区。班图人的迁徙从1世纪到19世纪，持续时间长，而且是个极其缓慢的过程，但是这次民族大迁徙和大融合对非洲中南部的开发和发展有重要意义，也推动了这些地方文明的发展。

二、北非的阿拉伯化

北非位于地中海南岸，向来与地中海以北、以东的区域交往甚密，很早就被纳入到了地中海世界的经济、文化圈当中，因而受到地中海周围地区的影响比较大。从古代到中世纪，此地既有来自欧洲和近东的文化输入，其自身文化也扩展到其他地方，与地中海周边地区形成了积极互动的共同体，有着大致相同的历史发展节奏。

北非又可分为东边的埃及和西边的"马格里布"地区（阿拉伯语中的"西方"之意，包括今利比亚西部、突尼斯、阿尔及利亚、摩洛哥一带）。在中古时期，这两个地方受到阿拉伯帝国崛起的冲击，被纳入到伊斯兰世界中去，并且对地中海其他地区也产生了很大影响。

（一）中古时期的埃及

4世纪起，由于罗马帝国一系列的改革和区域重新划分，埃及开始被归于罗马帝国的东部统治。随着西罗马帝国的崩溃，埃及成为拜占庭帝国的领土。然而，这里的文化与拜占庭有着很大的差异，埃及是比较早受到基督教化的地方，在1世纪就建立了亚历山大里亚教会，并且最早兴起了隐修活动。但是，埃及教会主张基督只有神性，其人性已经融入神性，这种一性论的教义受到正统教会的批判，因而它与君士坦丁堡为首的东正教会矛盾较深，从5世纪中叶起，埃及教会与东正教会决裂，坚持独有的宗教和文化。然而，在政治上，埃及依然是拜占庭帝国的一部分，并且是其粮仓和地中海、红海的出海口，对于拜占庭帝国而言经济意义重大。

639年，阿拉伯人开始向北非扩张，埃及首当其冲成为阿拉伯人征服的目标。阿拉伯大将阿穆尔·本·阿斯率兵于642年占领亚历山大里亚，结束了拜占庭帝国在埃及的统治，将埃及变成了阿拉伯帝国的一个行省，在埃及古老的中心孟菲斯的附近建造了新城福斯塔特（今开罗附近），作为其统治中心，由哈里发任命埃米尔（总督）进行统治。

阿拉伯人对埃及的征服和统治，使这里开始了伊斯兰化和阿拉伯化的进程。许多埃及人受到统治者提高税收的威逼和减免税收的利诱，纷纷改信伊斯兰教，而阿拉伯语也成为埃及的通用语言，取代了这里原本盛行的希腊语和科普特语。同时，也有大量的阿拉伯人迁入埃及，短短一个世纪之内，来自阿拉伯半岛的移民就多至百万，他们中有些是随军征战的士兵，更多的是整体迁来的部落。如阿拔斯王朝哈里发穆塔瓦基勒（847—861年在位）时期，就有朱查木、勒比尔、朱赫邑纳、唐邑、基纳奈、盖斯等许多阿拉伯部落整体迁入埃及。这些阿拉伯人迁入以后，与当地人通婚，尤其是阿拉伯男子迎娶当地女子为妻的，其后代子女均属阿拉伯人，因此，这样就加速改变了埃及原来居民的血统和成分。到10世纪时，阿拉伯人在埃及全部人口中已经占据绝对优势。埃及不仅成为伊斯兰世界的组成部分，更是成为阿拉伯世界不可或缺的重要部分。

到9世纪，随着阿拉伯帝国的衰弱，帝国各处都掀起了独立的潮流，埃及也不例外。这里先后兴起了图伦王朝（868—905年）和伊赫希德王朝（935—969年），这两个王朝的建立者最初都是阿拉伯帝国的总督，但是实际上已经是独立自主的王国了，仅仅对哈里发行使名义上的服从。到969年，在突尼斯建立的法蒂玛王朝（909—1171年）征服了埃及，并于973年将都城从突尼斯的马赫迪亚迁到了埃及的福斯塔特，并且将其改名为开罗。法蒂玛王朝统治者自称哈里发，崇奉什叶派，与坚守逊尼派的阿拔斯王朝势不两立。到10世纪末，其势力范围已经抵达地中海东岸的巴勒斯坦、叙利亚和阿拉伯半岛西部一带，西边到达马格里布地区。法蒂玛王朝从中亚地区引进大量突厥人奴隶，以他们为主成立近卫军，这些突厥人奴隶

图10-1　萨拉丁在开罗所建的城堡

在埃及得到了用武之地,社会地位亦有较大提高,他们在军队中往往成为重要将领,被称作"马穆鲁克"。法蒂玛王朝从10世纪末到11世纪末在埃及统治得非常稳固,经济社会亦非常繁荣,中央集权的程度也很高。但是,到11世纪末,法蒂玛王朝开始衰落,这时正值欧洲的十字军东征开始,法蒂玛王朝在地中海西岸的领地陆续被十字军夺取,而国内也进入了近卫军将领擅权自立、纷争不已的时期。

1171年,来自叙利亚的库尔德人大将萨拉丁·优素福·伊本·阿尤布在近卫军的支持下发动政变,推翻了法蒂玛王朝,创建了阿尤布王朝(1171—1250年),自称苏丹(1171—1193年在位)。萨拉丁在位时期积极展开与十字军的斗争,尤其是在1187年的哈丁之战中,将十字军逐出了耶路撒冷,收复了被欧洲人占领了一个世纪之久的圣地,接着又击败了欧洲君主发动的第三次十字军东征,成为阿拉伯世界人人敬仰的英雄。在他统治时期,于外交和内政都取得了很大的成就。由于击败了十字军,埃及这时统治的范围再次扩展到地中海的西岸,其北部甚至一度到达两河流域的北部。在国内,他注重发展水利灌溉工程,推动对外贸易,鼓励伊斯兰文化教育,并且实施宗教宽容政策。萨拉丁在其统治时期使埃及国力大增,但是到其死后,埃及以外的国土就被继承者们瓜分了,阿尤布王朝分裂成为几个小王朝,埃及只是其中一个。

到1250年,马穆鲁克将领趁着阿尤布王朝内讧不已将其取代,建立了马穆鲁克王朝(1250—1517年)。这个王朝是由突厥近卫军将领建立的,也由这个军事集团垄断统治,前后47个苏丹都是从中产生的。在267年的统治中,又可分为巴赫里王朝(Bahri dynasty)和布尔吉王朝(Bruji dynasty)两个时期。拜伯尔斯(1260—1277年在位)是马穆鲁克王朝真正的开创者,他于1260年时作为将军在巴勒斯坦的艾因扎鲁特同来犯的蒙古军队大战一场,打败了人数多于己一倍的蒙古军队,并且杀死了对方将领怯的不花,阻止了蒙古人的进一步西侵。故此,他被誉为"胜利王"、"狮子王"和伊斯兰文明的拯救者。拜伯尔斯也通过这一役,成为新的苏丹,并且也是马穆鲁克王朝最伟大的统治者。他还于1260年收留了阿拔斯王朝的后裔,将其立为哈里发,封号为穆斯坦绥尔,再由其册封苏丹,从此,在巴格达结束了的哈里发在埃及又继续存在,只不过他只是苏丹的傀儡,仅仅是宗教领袖。在此后近十年的时间里,拜伯尔斯又不断清除地中海东岸的十字军残余势力,至1271年最终消灭了当时所有的十字军国家。同时,他还与钦察汗国结盟同伊尔汗国斗争,派兵远征利比亚和努比亚(今苏丹)。拜伯尔斯的辛苦经营,使马穆鲁克王朝成为西亚北非最强大的伊斯兰国家。此后的几任苏丹,主要任务就是同西边的十字军和东边的伊尔汗国斗争。1281年,苏丹卡拉温(1279—1290年在位)在霍姆斯战役中打败了伊尔汗国的军队,收复了叙利亚失地,从此蒙古人的西征宣告结束。此后,马穆鲁克苏丹又攻占了十字军占领的地中海东岸的一些战略要地,最终于1291年攻下阿克、提尔、西顿、贝鲁特等重要城市,至此,十字军在东方的据点全部丧失,延续了两个世纪之久的欧洲针对伊斯兰世界的十字军东征也以失败告终。随着阿拉伯帝国亡于蒙古人之手,巴格达及其周边受到重大打击,埃及利用这种形势再次恢复了它作为东西方贸易枢纽的地位。有大量商船从地中海和印度洋经由红海和埃及,马穆鲁克政府从中获取巨额利润。其对东西方贸易的控制之强，使得欧洲商人利润大大降低，促使后来葡萄牙人和西班牙人纷纷试图开辟新商路以寻找出路。商业的繁荣也促进了埃及城市的发展和手工业的发展，开罗、亚历山大里亚、大马士革都是极其发达的大都市。马穆鲁克王朝在伊斯兰世界中的地位不断提高。

但是，从14世纪中叶起，马穆鲁克王朝的苏丹大都懦弱无能，挥霍无度。尤其是在布尔吉王朝时期，近卫军集团对苏丹权力的争夺愈加激烈，各地埃米尔更是争相独立，整个国家陷入分裂和动荡之中，如同一盘散沙。这时期，外部也出现了劲敌帖木儿帝国和新兴的奥斯曼土耳其。1400年，帖木儿率领大军打败马穆鲁克军队，对叙利亚地区进行了大肆破坏，重创了马穆鲁克王朝。到15世纪后半叶，马穆鲁克与奥斯曼帝国的冲突越来越激烈，1516年，马穆鲁克与奥斯曼帝国在叙利亚阿勒颇北面的达比格草原大战一场，马穆鲁克败绩，奥斯曼帝国趁势征服了整个叙利亚。次年年初，奥斯曼帝国苏丹赛利姆一世长驱直入，与马穆鲁克王朝末代苏丹在开罗附近决战，马穆鲁克全军覆没。从此，埃及被纳入奥斯曼帝国的版图，成为其省。埃及的哈里发头衔也被奥斯曼帝国苏丹攫取。

中古时期的埃及发展起了独特的伊斯兰文化。法蒂玛王朝时期产生了著名的天文学家阿里·伊本·尤努斯和物理学家伊本·海泽姆。后者的《光学》在科学史上具有重要地位，后来被翻译成拉丁文，影响了欧洲的科学界。法蒂玛时代的埃及也在建筑艺术方面大展身手，在开罗建造了爱资哈尔清真寺、哈基姆清真寺、阿克马尔清真寺等，这些建筑宏伟华美，吸收了北非本土的风格，注重精美的装饰效果。这时期建于开罗的几座凯旋门则体现了拜占庭建筑的风格。这时期埃及生产的彩陶、木器、金属器具、玻璃和水晶制品等也都销往欧洲，颇受欢迎。在马穆鲁克王朝时期，文化方面达到了一个比较辉煌的时期。历史学比较发达，阿布·达菲（1273—1332年）著有《人类史纲要》，从伊斯兰教以前的波斯、希腊、犹太、阿拉伯等一直写到其所处时代，重点记载了伊斯兰教各王朝的历史事件、宗教文化等。伊本·马克里齐（1364—1442年）著有《埃及志》，对埃及各地历史地理、人物物产、宗教文化有详细记载，并附有开罗地形图。这时期的医学也有较大发展，阿里·伊本·纳菲兹发现了人体的血液循环，著有《医典解剖学注释》。希巴图拉·伊本·珠麦叶在病患者的精神疗法方面颇有发现，留下了一部研究著作《身心利益的指南》。在建筑艺术方面，来自叙利亚和两河流域的影响得以加强，出现了开罗的拜伯尔斯清真寺、苏丹哈桑清真寺等一些重要的建筑作品。马穆鲁克王朝的建筑艺术甚至影响到了意大利的威尼斯，在威尼斯可以看到许多有着马穆鲁克伊斯兰风格的建筑，可见这时期二者之间的交流。

（二）中古时期的马格里布地区

马格里布地区的主要居民是柏柏尔人，在古代，这里是地中海世界的重要组成部分，与腓尼基、罗马等有着密切的联系。在中古，这个区域被阿拉伯帝国征服后，又经历了伊斯兰化和阿拉伯化。

这里最早是在公元前814年由地中海东部的腓尼基人建立的殖民地迦太基城邦，主要以今突尼斯一带为主。在公元前3世纪到公元前2世纪，崛起中的罗马同迦太基进行了三次布匿战争,最终将迦太基征服,在此建立了罗马帝国的阿非利加行省。此后,罗马又陆续征服了当地柏柏尔人建立起来的努米底亚、毛里塔尼亚两个王国,控制了整个北非。罗马人在这里仿照在母国的方式建造了大量的城市,高架水渠、圆形剧场、斗兽场、广场等都同意大利的如出一辙,这些遗址到今天还都存在。公元5世纪上半叶,日耳曼人的大迁徙也波及到了北非。汪达尔人最早通过伊比利亚半岛来到北非,征服了这处罗马帝国统治下的土地,于439年在曾经的迦太基故地建立了汪达尔王国。到6世纪中叶,查士丁尼统治下的东罗马帝国在收复帝国曾经的领土时,派军攻打汪达尔王国,在这里恢复了罗马人的统治。

公元7世纪,阿拉伯人的大征服,才最终改变了马格里布,使这里的人口构成和文化都产生了巨大的变化。中古时期大致可以分为"合——分——合"三个时期。

642年,阿拉伯大将阿穆尔·本·阿斯在征服了埃及之后,继续向西进军,占领了昔兰尼加(今利比亚东部)的首府巴尔卡城,644年,阿拉伯人攻下了的黎波里塔尼亚(今利比亚西北部)。之后,阿拉伯人继续向西进军,攻下了突尼斯。阿拉伯人将这里变成帝国的伊非利基亚行省(即阿非利加行省的阿拉伯语音译)。到670年,伊非利基亚总督奥克巴·本·纳菲厄在突尼斯建造了凯鲁万,使之成为阿拉伯人在马格里布的统治中心。680年,奥克巴·本·纳菲厄从凯鲁万率军继续西征,这次西征突破拜占庭帝国军队的阻拦,一直抵达北非最西端的丹吉尔(今摩洛哥境内),阿拉伯军队在马格里布西边进行了大规模的军事征服,一直达到大西洋岸边的吉尔角。但是,这次征服虽然击垮了拜占庭帝国的驻军,但是并没有真正建立起对本地的柏柏尔人的统治。奥克巴·本·纳菲厄在班师回程时,途中受到柏柏尔人的袭击,惨遭身亡,阿拉伯人的势力又不得不退回到了昔兰尼加。688年,新任伊非利基亚总督祖赫尔·本·盖斯再次发动西征,一直达到凯鲁万,但是在这里又遭到柏柏尔人的袭击,再次被杀。692年,哈桑·本·努阿曼成为总督,决定再度西征。在突尼斯西北部的奥雷斯山区,阿拉伯人受到当地柏柏尔人的抵抗,几经回合之后,阿拉伯人以沉重的代价,终于在701年击败了柏柏尔人的力量。此后,阿拉伯人得以在马格里布站稳了脚跟,于710年再次攻陷丹吉尔,阿拉伯帝国征服北非马格里布的目标终于得以实现。如果从642年开始西征算起,到710年结束,这场征服战争总共打了70年之久,可见本地柏柏尔人力量的顽强。

阿拉伯帝国对马格里布地区的征服来之不易,因此,面对不断反抗和起义的柏柏尔人,亟须将其同化,因此,伊斯兰化和阿拉伯化同时进行。一方面,伊斯兰教被传入,成为马格里布地区的主要宗教,甚至成为一种生活方式,宗教被融入到社会生活的各个方面。另一方面,阿拉伯帝国将移民源源不断地输往这里,大量阿拉伯人来到这里,逐渐改变了阿拉伯人在北非人口中的比例,越来越多的阿拉伯人使这里成为阿拉伯世界的一部分。由于生活在沙漠中的柏柏尔人与阿拉伯半岛上的阿拉伯人在生活习俗等方面非常相似,因此接受起伊斯兰教和阿拉伯人的生活方式也非常快,阿拉伯帝国在马格里布的同化政策比较成功。很多柏柏尔人甚至也加入到阿拉伯帝国的军队,成为帝国继续向外征服的主力军。譬如,711年就是由柏柏尔人将领塔里克·伊本·齐亚德奉命率军度过直布罗陀海峡,进入伊比利亚半岛,开始远征欧洲。这次北征很快将西哥特王国击溃,一直向北达到比利牛斯山以北的法兰克,直到今法国中部卢瓦尔河附近的普瓦提埃才受阻撤回,专心经营伊比利亚半岛。阿拉伯人对马格里布的阿拉伯化也是一个漫长的过程,直到 11 世纪之后才最终完成了这个同化过程。

阿拉伯帝国在马格里布的统治事实上并不牢固,因为当地的柏柏尔人大都保持着聚族而居的传统,部落和家族对于柏柏尔人而言非常重要,远远超过阿拉伯帝国的行政框架。因此,由阿拉伯帝国统一而治的时间并不长,很快,到 8 世纪以后,马格里布就分裂为三个王朝,从东到西分别以今天的突尼斯、阿尔及利亚和摩洛哥为主。776 年,被伊斯兰教正统派视作异端的哈瓦利吉派首领罗斯图姆在阿拔斯王朝军队的追击下,逃到马格里布中部(今阿尔及利亚一带),在此建立了罗斯图姆王朝(776—908 年),以塔赫尔特为都。789 年,号称穆罕默德后裔的伊德里斯逃脱了阿拔斯王朝的迫害,在今摩洛哥北部建立了伊德里斯王朝(789—985 年),以非斯为都。800 年,阿拔斯王朝的总督易卜拉欣·伊本·阿格拉布趁时局动荡自立,在今突尼斯、阿尔及利亚东部和利比亚西部建立起阿格拉布王朝(800—909 年),以凯鲁万为都。这三个王朝与欧洲有着密切的联系。伊德里斯王朝距离西班牙比较近,吸引了不少那里的学者和知识分子前来,推动了文化上的交流。阿格拉布王朝距离意大利比较近,在 9 世纪中叶屡屡出兵从海上袭击意大利和法国南部,并且占领西西里岛和撒丁岛,被这时期的欧洲人称作"萨拉森人",欧洲人无不谈之色变,他们与北方的维京人、东边的马扎尔人,构成了欧洲 9 世纪混乱时期的劫掠者,也是欧洲这时期封建制度强化的重要动力。这三个王朝的创立者都是阿拉伯人,但都是通过借助当地柏柏尔人的力量才得以进行顺利的统治。

这种分裂局面到 10 世纪开始逐渐走向统一。10 世纪初,罗斯图姆王朝和阿格拉布王朝都相继结束。909 年,来自叙利亚、自称穆罕默德之女法蒂玛后裔的奥贝德拉在突尼斯创建了法蒂玛王朝,自称哈里发,建立新都马赫迪亚。法蒂玛王朝哈里发穆伊兹(953—975 年在位)首先降服了西边摩洛哥的伊德里斯王朝,然后向东征服埃及,并且将政治中心迁到了埃及的开罗。离开马格里布后,法蒂玛王朝为了进一步地控制马格里布地区和巩固其西部的秩序,消除这里连续不断的叛乱和动荡,于 1051 年怂恿居住在埃及南部的阿拉伯游牧部落希拉勒人向西入侵,从而推动了马格里布地区阿拉伯化。希拉勒人的迁徙,带动了许多其他部落也一同向西迁徙,他们一路上烧杀抢掠,大肆破坏,这就是阿拉伯人在北非的第二次大入侵。在这股入侵和迁徙的潮流中,大量阿拉伯人拥入马格里布地区,使这里的血统和语言都发生了巨大变化,阿拉伯化程度进一步加深。

11 世纪下半叶起,由法蒂玛开启的大一统趋势被进一步加强,终于以穆拉比特王朝和穆瓦希德王朝建立了长达两个世纪之久的统一局面。

穆拉比特王朝以摩洛哥南部为中心,是由西撒哈拉一带属于柏柏尔人游牧部落的桑哈贾人建立的,这个群体严格地遵守伊斯兰教的马立克教派,反对奢侈,要求纯洁宗教,并对异教徒展开圣战,逐渐发展成为一支强大的军事政治力量,其成员被称作"穆拉比特"(意为"寺院战士"),他们都受到严格的军事纪律的约束。在首领优素福·伊本·塔什芬(1061—1106 年在位)的统率下,北上摩洛哥,创立了穆拉比特王朝(西班牙语称"阿尔摩拉维德王朝",

1061—1147年),定都于阿特拉斯山脉北麓的马拉喀什。这个新王朝成立之后,以其克己和尚武而与其他堕落的柏柏尔人政权形成鲜明对比,很快就扩大了统治范围。塔什芬于1069年攻占非斯,不久就将整个摩洛哥占据,然后又挥师东进,攻入阿尔及利亚,1082年占领了特累姆森、奥兰、阿尔及尔,结束了法蒂玛王朝在这里的统治。1086年,西班牙的穆斯林君主受到基督徒再征服运动的威胁,向穆拉比特王朝寻求帮助。于是,塔什芬率军进入西班牙,在安达卢西亚登陆,在今巴达霍斯附近的战役中大败莱昂和卡斯蒂利亚国王阿尔方索六世(1065—1109年在位)的基督徒军队。到11世纪末,塔什芬基本上已经将西班牙南部都纳入到穆拉比特王朝的版图之内。这时期,穆拉比特王朝达到了鼎盛时期,其所铸金币第纳尔因为成色极高而得到广泛流通。但是,在塔什芬去世之后,这个靠他一己威望而进行统治的国家就很快衰落了,各地纷纷走向分裂和独立,许多地方统治者在品德和修养上远不如他,因此也不能很好地维系统治,更不要说继续穆拉比特王朝的统一了。于是,穆拉比特王朝逐渐走向了灭亡。

加速了穆拉比特王朝灭亡的是新兴的穆瓦希德王朝。12世纪初,北非阿特拉斯山区的柏柏尔人马斯穆达部落中兴起了以宗教改革为号召的穆瓦希德(意为"真主的信徒")运动,其创始人和领袖为穆罕默德·伊本·图马尔特,他自称"马赫迪"(救世主),猛烈抨击穆拉比特王朝贵族的宗教政治特权及其腐败行为,倡导朴素、严格的生活方式,坚持用柏柏尔语传教,主张人人皆可对《古兰经》教义和先知的教诲进行理解。1121年,他的传教活动转变成武装起义,开启了圣战。在其1130年死后,门徒阿卜杜勒·穆敏(1130—1163年在位)继承了他的事业,自立为哈里发,继续圣战,先后攻占特累姆森、非斯、休达、丹吉尔,直至1147年攻占马拉喀什,灭亡穆拉比特王朝,建立了穆瓦希德王朝(西班牙语称"阿尔摩哈德王朝",1147—1269年)。经过十余年的征伐,穆瓦希德王朝于1160年再度统一了整个马格里布地区。不久,又出兵进入西班牙南部,再破基督徒联军。穆瓦希德王朝在叶尔孤白·优素福(1163—1184年在位)和叶尔孤白·曼苏尔(1184—1199年在位)统治时期达到鼎盛。穆瓦希德王朝虽然与西班牙基督教君主不断战争,但有时也保持合作,甚至在1170年迁都塞维亚,在经济、文化等方面受到西班牙的基督徒和穆斯林的影响很大。穆瓦希德王朝也鼓励对外贸易,与西班牙以外的欧洲各国也保持商业往来。但是,这个王朝到13世纪以后也逐渐衰落下去。

13世纪的马格里布再度陷入分裂局面,又出现了三个柏柏尔人王国鼎立的格局。1236年,穆瓦希德王朝的总督阿布·扎卡里亚·叶海亚在突尼斯宣布独立,以这里为中心建立了哈夫斯王朝(1236—1574年)。同时,马格里布中部的阿尔及利亚兴起了阿卜杜勒瓦迪德王朝(1236—1554年),以特累姆森为都。1248年,在摩洛哥建立了马林王朝(1248—1554年),定都非斯。1269年,马林王朝攻陷马拉喀什,统一了整个摩洛哥,穆瓦希德王朝遂亡。哈夫斯王朝、阿卜杜勒瓦迪德王朝、马林王朝相互之间战争不断,都想恢复穆拉比特和穆瓦希德时期的大一统局面,但是谁都没有成功地征服其他对手。因此,马格里布地区的三大地域国家逐渐成型,大体上形成了今天突尼斯、阿尔及利亚、摩洛哥三个国家的雏形。到16世纪上半叶,马格里布三国的东边大部分地区被奥斯曼帝国兼并,西边则迎来了伊比利亚半岛上的航海国家的海外扩张。

马格里布的文化受到阿拉伯人和伊斯兰的影响很大,但同时由于距离西班牙较近,也与西班牙的穆斯林和基督徒有着密切的交往。特别是从穆拉比特王朝起,由于跨直布罗陀海峡帝国的存在,西班牙的建筑风格也流传到了马格里布,如科尔多瓦、塞维亚、格拉纳达的宫殿和清真寺建筑风格。在阿尔及尔、非斯、特累姆森、马拉喀什等地,都建起了大量的宫殿、清真寺、城堡等,其中特累姆森大清真寺最具特色。在穆瓦希德王朝时期,在塔扎、马拉喀什、廷迈勒等地也建有很多清真寺,特别是叶尔孤白·曼苏尔所建的拉巴特哈桑清真寺,尤其宏伟,至今仍保存着高达40多米的宣礼塔。在分裂之后的三国时期,也有大量西班牙的穆斯林学者、艺术家、建筑师、手工业者进入北非,带来了新的文化因素。马林王朝时期建造的乌巴德清真寺、舍拉陵墓都是很有特色的建筑,马林王朝还创办了许多学校,如新非斯学校、斯贝因学校、萨累学校、香料学校等。

马格里布在学术方面也有重大成就。在历史学方面,有伊本·赫勒敦(1332—1406年),他出生于突尼斯的凯鲁万,先后在摩洛哥和埃及任职,并且出使过大马士革的帖木儿行营。他撰写的历史巨著《阿拉伯人、波斯人、柏柏尔人历史的殷鉴和原委》叙述了当时他所了解的各民族的历史,还提出了一种历史发展的理论,强调地理、气候、道德和精神力量等因素对历史发展所起的作用,主张历史学应当研究因果关系,总结历史规律。赫勒敦被誉为阿拉伯的历史哲学家,代表了阿拉伯史学的高峰。在地理学方面,有大旅行家伊本·巴图塔(1304—1377年),他出生于摩洛哥的丹吉尔,曾远游非、亚、欧,历时25年,足迹遍及非洲、西班牙、叙利亚、阿拉伯半岛、波斯、中亚、印度、东南亚和中国等数十个地区和国家,在其晚年时,回国写下了一部游记,后世将其名为《伊本·巴图塔游记》,极其详尽地记载了中世纪亚非大陆上的地理、历史、民族、宗教、民俗等信息,具有很高的史料价值。巴图塔被与马可·波罗、尼科洛·康蒂、鄂多里克一并列为中世纪的四大旅行家。

三、中世纪的东非王国

中古时期的东部非洲在今埃塞俄比亚和坦桑尼亚一带发展出较高的文明,在北边建立起阿克苏姆王国,在中部到南部沿海各地建立起许多斯瓦希里城邦。这两处文明的发展都与印度洋世界有着密切的联系。

(一)努比亚王国

努比亚是黑非洲地区最早的文明,又称库施王国,在今苏丹境内,历史上与埃及有着密切的联系。自埃及古王国时期起,努比亚地区即屡遭历代法老侵扰,被掠夺大量奴隶、黄金、象牙、乳香等。约公元前2000年末,库施逐渐脱离埃及独立,建立本地政权。公元前8世纪上半叶,国势强盛,纳帕塔为其政治中心。其鼎盛时期,甚至北上占领上埃及部分领土,并且创建了埃及第25王朝,亦称库施王朝(前716—前656年)。但后来遇到亚述扩张,埃及复兴,到公元前593年,埃及军队入侵努比亚,迫使库施王国统治者向南迁都麦罗埃。此后的库施王国每况愈下,但也延续了 900 年,直到公元 350 年被阿克苏姆王国侵犯,最终灭亡。

(二) 阿克苏姆王国

位于红海沿岸的埃塞俄比亚自古就是一个东西方文化交汇的地方,这里在历史上又被称作"阿比西尼亚",即混血、混合的意思。早在公元前 1 000 年以前就有来自阿拉伯半岛的白肤色人群来到这里,与当地黑肤色的努比亚人融合,逐渐形成了埃塞俄比亚的地域人群,这个词来自古希腊语,意为"晒黑的面孔"。公元前 6 世纪到公元前 1 世纪,阿拉伯半岛南部的示巴移民带来了先进的经济和文化,促进了这里文明的发展,同时这里也受到过希腊化时代埃及和近东的影响,因此在传说中认为是以色列国王所罗门和埃及的示巴女王的儿子曼涅里克一世开创了最早的国家。然而,这里最早的国家却是阿克苏姆王国,都城为阿克苏姆(今埃塞俄比亚北部提格雷区)。

阿克苏姆王国的兴起受到东西方海上交流和贸易的推动,因为这里毗邻的红海沿岸一带是连结地中海和印度洋的重要交通要道,出现过繁华的商业港口城市,其中兴建于公元前 3 世纪的阿杜利斯港(位于今厄立特里亚米齐瓦以南)尤为重要。公元 1 世纪的文献《红海回航记》中就提到了阿克苏姆王国,并指出阿杜利斯港距离阿克苏姆城 8 天的路程。阿杜利斯港连结起东非内陆和外部世界,将本地的象牙、黄金、宝石、香料、犀角、玳瑁输出,从外面进口纺织品、染料、白银、铜、铁器、玻璃等。除了阿杜利斯,还有许多其他大小商港活跃于过境贸易,这些都给阿克苏姆带来了巨额财富,也促使阿克苏姆王国对这里加强控制。

阿克苏姆王国建于公元前后,它于公元 2 世纪前后统一了北部,然后向埃塞俄比亚高原的中部扩张。到 3 世纪,阿克苏姆王国甚至以武力征服了红海对岸阿拉伯南部的也门地区,将当地的希木叶尔王国变为自己的藩属国,这样就将红海变成了自己的内湖,经济和战略地位大大提高。4 至 6 世纪是阿克苏姆王国的鼎盛时期,在其领地迅速扩张的同时,国内权力也越来越集中,国王开始自称"万王之王"。埃扎纳(320—360 年在位)当政期间是阿克苏姆王国历史上最重要的一个时期。他于 350 年挥师西进,灭亡了麦罗埃的库施王国,将国土扩至埃及南部。这样,从西边的尼罗河中上游,到东边的阿拉伯半岛南部,南边抵达索马里的香料产区,在当时成为一个泱泱大国。在国内,他还进行了文字改革,创造了一套沿用至今的埃塞俄比亚文字体系。最重要的是他在宗教方面将基督教奉为国教,成为世界上第一个以基督教为国教的国家,比罗马帝国还要早半个世纪。从此,埃塞俄比亚便确立起其在非洲大陆上独特而悠久的基督教传统,一直持续至今。

到 6 世纪,阿克苏姆王国开始衰落。由于当时北部的拜占庭帝国和波斯帝国正在斗争,阿克苏姆王国则卷入了这场纷争,与拜占庭帝国一道展开与波斯帝国在阿拉伯半岛南部的争夺。也门成为阿克苏姆与波斯争夺的焦点。525 年,阿克苏姆在拜占庭帝国的怂恿下,再度占领也门,但是到 570 年,波斯将也门从阿克苏姆手中夺回,并且侵袭红海西岸,夺取阿克苏姆的沿海地带和商业城市。从此,阿克苏姆王国的势力被完全逐出了阿拉伯半岛南部。到 7 世纪阿拉伯帝国兴起后,更进一步垄断了东西方之间的贸易,后来甚至将商路从红海转移到了波斯湾和两河流域一线。因此,至 8 世纪,阿杜利斯港完全被废弃,阿克苏姆王国作为东西方之间商路要道的地位一落千丈,从此日益衰落,经济和政治重心也转向南部。

由于便利的交通条件和发达的商业贸易,阿克苏姆文明发展出特有的文化。早在 3 世纪,它就铸造出金属货币,以供应繁荣的交易市场。铸币正反两面都刻有国王手持宝剑和棕榈叶的图案,并且有国王的名字。不仅商业,阿克苏姆的农业和手工业也比较发达。它在高原地区建造梯田,发展灌溉工程,在平原上则围堤筑坝,以备灌溉之需;在农耕中一般使用牛耕。在手工业方面,铸铁业、制陶业、酿酒业、造船业都有很大规模,作为海岸国家,它能够制造巨大的船只,供应商船和战船。阿克苏姆的建筑艺术也堪称一绝。与埃及相似,这里也流行建造巨大的方尖碑,既有宗教意义,也有彰显王权的作用。其中最高的一座石碑高达 33 米,超过了埃及的方尖碑。阿克苏姆的教堂建筑业非常有名,其中恩达·马里安姆·西蒙大教堂是王室教堂,国王经常在这里举行加冕典礼。在马塔拉、耶哈等城市遗址也发掘出一批教堂和宫殿建筑。这些都表明阿克苏姆王国时期所做出的成就,但是现今人们对于其王国政治机构和行政管理方面仍缺乏足够了解。

随着阿克苏姆王国中心的南移,南部的高原地带取代东部沿海地带成为其发展的主要方向,但是这里的非基督徒对阿克苏姆王国的扩张非常仇视,于是在 10 世纪后半叶,阿克苏姆城被摧毁,王国彻底结束。继之而起的是札格维王朝,持续了一个半世纪。这个王朝也信仰基督教,因而教堂建筑也是其重要成就。据传 13 世纪初的国王拉利贝拉在首都罗哈(今埃塞俄比亚沃格区)附近建造了 11 座凿于整块巨岩之内的教堂,这些巨岩内部被掏空,成为教堂的大厅,并凿出带有精美纹饰的厅柱,外墙亦凿有门、窗。这些雄伟壮观的建筑在风格上继承和沿袭了阿克苏姆王国时期的建筑风格。

到 1270 年,阿姆哈拉人以恢复所罗门世系为名,推翻了札格维王朝,建立了由所罗门王朝统治的阿比西尼亚帝国(1270—1974 年)。这一时期帝国统治者将大批土地分封给教会和军事贵族,并且将帝国的附庸国变成其行政区,皇帝经常巡行各省,以加强统治。这一时期,随着伊斯兰教的扩展,这里也成为基督教世界在东非的一个重要盟友,帝国与葡萄牙的关系尤其密切,里斯本宫廷在阿比西尼亚的首都冈达尔城也派遣了大使。被伊斯兰世界包围的阿比西尼亚帝国不断受到侵扰,到 16 世纪时,东部的索马里和北部的奥斯曼帝国都试图入侵这里,但是阿比西尼亚借助葡萄牙提供的优势火炮将伊斯兰圣战军队打败。由此,阿比西尼亚保持了传统的文化和独立的政治。到 17 世纪,阿比西尼亚帝国逐渐衰落,皇室内部勾心斗角,更替不断,皇帝和中央权力变弱,而各省的总督和部落首领则地位上升,最终整个帝国逐渐瓦解为许多独立和半独立的王国,但还是步履蹒跚地持续到了 20 世纪。

(三) 斯瓦希里城邦

东非海岸作为印度洋体系的一部分,受到季风气候的很大影响,以半年为单位周期性地转换贸易方向。从 11 月到 4 月,东北季风吹向西南方向,来自印度、波斯和阿拉伯的商船驶抵东非,而后在 5 月和 6 月之交开始,西南季风开始,一直持续到 10 月初,这有利于反方向的海上航行。对于帆船而言,这种季风非常重要,然而也使其不得不依赖特定的时间启航,还要避免季风最强烈的时期,因此要在海岸作长期停留。正是这种季风,使印度洋周边的区域能够依靠航行和贸易彼此联系在一起,构成一个统一的整体。在这个整体的贸易网络中,东方的产品如丝绸、瓷器、檀香木、黑胡椒等同产自西方阿拉伯的树脂胶乳香、纯种马、象牙、棉纺织品、金属进行了广泛的频繁的流通。

在东非地区,依靠这种海洋贸易繁华起来的就是斯瓦希里城邦。这一被阿拉伯人称作"Sahel"(意为海岸地区居民)的人群,实际上源于早期从北方迁移至此的班图人。根据考古和文献记载,早在公元 1 世纪这里就兴起了与印度洋周边地区的贸易活动,在此基础上建立起了发达的斯瓦希里文明。到 5 世纪前后这里的贸易活动有所收缩,从 8 世纪开始则以充分的活力和独立的姿态参与到印度洋贸易中去,伴随而来的是穆斯林商人和伊斯兰教的传播,这时期也兴起了城市。东非沿海从北到南的摩加迪沙、帕特、拉穆、马林迪、蒙巴萨、桑给巴尔、基尔瓦、科摩罗、索法拉等城邦,它们从 9 世纪以后逐渐被整合进这个网络当中去,到 14、15 世纪达到鼎盛时期。这些城邦与中国亦有贸易往来,因而宋代的文献中将这些斯瓦希里城邦称作"层拔国"、"层檀国"。到明代,郑和的船队更是多次达到这里。

象牙、黄金和奴隶是东非最主要的出口产品,而这些产品的获得,是与其广阔的腹地有必然联系的,斯瓦希里城邦以西的内陆部落、城镇以及津巴布韦,都为其提供了外贸所需的产品。从外部世界运输到东非的主要是瓷器、陶器、棉布等。在这个贸易中,并没有太多本地的斯瓦希里人参与,主要是阿拉伯人和印度人参与,到 16 世纪又有葡萄牙人参与进来。在葡萄牙人到来之前,斯瓦希里和阿拉伯的穆斯林商人会深入到腹地进行商业活动,当葡萄牙人进入印度洋后,控制了索法拉、基尔瓦等城邦的贸易,并试图控制从沿海到内陆的贸易。

正是由于与印度洋上的阿拉伯商人有着密切的商业往来,斯瓦希里人也很早就皈依了伊斯兰教,并且属于逊尼派。在城邦中活动的商人大都是穆斯林,他们与同为穆斯林的阿拉伯人有着共同的文化背景,也有助于其商业的发展。斯瓦希里人也不是纯粹的黑人,而是融合了阿拉伯人、波斯人、印度人、马来人乃至华人的血统。因此,斯瓦希里文明也是一种融合了多种外来文明的综合体。斯瓦希里语当中就有许多外来词汇,如阿拉伯语、波斯语、印地语、马来语、葡萄牙语。斯瓦希里的建筑也颇具特色,既利用了非洲独特的木材和石料,也采用了阿拉伯和波斯特色的拱门、穹顶,甚至还有的是用来自中国的瓷器碎片镶嵌在墙体上作为装饰。

到 15、16 世纪,斯瓦希里出现了严重的政治分裂,各个城邦各自为政,甚至相互攻伐,如津巴、马林迪对蒙巴萨的屠戮。另一方面,葡萄牙人对印度洋贸易的控制也在加强,并于 1505 年攻陷基尔瓦,随后也洗劫了蒙巴萨、桑给巴尔、索法拉等,到 16 世纪末甚至在蒙巴萨建造了耶稣堡,作为其统治东非沿海的中心。于是,斯瓦希里城邦逐渐衰落下去。

四、尼日尔河流域的西非王国

西非从北边撒哈拉大沙漠南缘的萨赫勒地带一直向南延伸到几内亚湾,西边为大西洋,东边到达干旱内陆的乍得湖。在尼日尔河上游地带分布着热带稀树大草原,也被称作西苏丹,而尼日尔河和塞内加尔河的下游地带,尤其是几内亚湾沿岸一带主要是热带雨林。尼日尔河是这里的重要河流，早期的国家和文明也是沿着这条河流发展的。

西非地区在铜器和铁器的使用方面很早，该地也是非洲大陆最早使用铁器的地方，随着1世纪以后班图人的迁徙，铁器技术被带到了非洲其他地方。这里跟北边撒哈拉大沙漠以北的北非有着频繁的商业往来。在公元前1 000年就已经存在的西非腹地与地中海南岸的跨撒哈拉贸易商路，使尼日尔河流域的上游和下游分别与突尼斯和摩洛哥能够相连，互通有无。到5世纪时，撒哈拉商道网络开始形成，贸易变得更具规模。一般是由骆驼商队穿过沙漠，将西非的象牙、黄金、柯拉果、奴隶同北非的食盐、纺织品进行交换。对于西非而言，需要的是生活必需品，而对于北非而言，则可以将这些来自西非的奢侈品置于地中海的更广阔的贸易网络中去，获得很大的利润。因而，北非的柏柏尔人和后来来到这里的阿拉伯人都非常热衷于与西非的贸易，虽然路途艰辛，但是高额利润却驱使着他们冒险穿越沙漠。

手工业和商业的发展带动了西非的国家的发展，一方面可以通过对商队征税而充实国库，另一方面，为了提供北非所需的奴隶、黄金等奢侈品，也要对周围地区和部落使用武力进行征服。这些因素使西非在中古时期建立起了一些著名的王国和帝国，其中以今尼日利亚中南部地区的诺克和贝宁文明，以及西非北部地区的加纳、马里和桑海最为有名，影响也最为深远。

（一）诺克和贝宁

今尼日利亚拥有三大古代文化：诺克文化、伊费文化和贝宁文化。

诺克文化约源于公元前10世纪，在公元前5世纪到公元1世纪时达到了繁荣时期。它是以出土于尼日利亚北部诺克村的大量赤陶命名的。从发掘出的文物来看，当时的诺克人已形成较成熟的农业社会，种植非洲黍等谷物。他们还独自发明了冶铁技术。最让人感到惊叹的是诺克人在雕刻艺术上所达到的高超程度。其代表作是许多精制的人和动物的赤陶雕塑，特别是一些诺克祭祀小像和人头像，尤其是人头像，大小往往与真人相近，体现出较强的自然主义和写实主义风格。作为文化源头，诺克文化对尼日利亚以后各个时期的文化艺术产生了深远的影响，被誉为"黑非洲文化的摇篮"。后来伊费和贝宁的雕塑艺术，就是源于诺克文化。

雕塑艺术是贝宁艺术最非凡的地方，也是非洲的雕塑艺术中最具有震撼力的，有铜雕、牙雕、木雕等。这类雕塑大都采用失蜡法铸造，被装饰在宫殿的立柱和横梁上，其目的主要是赞美国王至高无上的权力，或者是记录贝宁宫廷生活和典礼仪式。古代贝宁国王拥有大批能工巧匠，其中铜板雕刻师只能为王宫服务，作品必须宣扬国王的权力。代表作有《国王头像》和《母后头像》等。贝宁的历史也被称作是"铜雕上的历史"。

历史上的贝宁是指现尼日利亚境内南部近海的贝宁城区，这里是贝宁王国的首府，其文明盛行于中世纪晚期的14至16世纪。从13世纪开始，贝宁王国从伊费引进了铸造术，在贝宁城建立青铜铸造作坊。贝宁工匠继承伊费衣钵，但很快就超过

图10-2 诺克文化的雕塑，藏于卢浮宫

了伊费,并且发展出独特的风格,取得了高超的成就。贝宁的青铜雕刻在 13 世纪后逐步演变成为一种宫廷艺术,整个皇宫宛如一座雕塑艺术博物馆。到公元 15 世纪时,首府贝宁城已然成为非洲青铜雕刻艺术的中心。这一时期,贝宁王国的青铜作品艺术水平达到了极盛时期,雕刻和浮雕的制作基本上与当时欧洲的水平不相上下。整个贝宁城十分壮观,城墙高大,街道宽阔,两旁的住宅和房顶都饰有雕刻,从这些房屋建筑和装饰也可以看出贝宁精湛的建筑和雕刻艺术。

(二) 加纳王国

公元 3 至 4 世纪,古加纳王国在塞内加尔河和尼日尔河上游之间的地方,相传是由来自北方的苏丹尼格罗人所建。至 7 世纪,已经历经二十多个王朝。到 8 世纪末,由苏丹人中的曼丁哥人的一支索宁克人建立了西塞王朝,在 9 到 11 世纪达到鼎盛时期。其领土北至撒哈拉大沙漠南缘,南到尼日尔河上游的黄金产区。由于加纳王国掌握着西非的产金区,又控制着北非和西非之间的黄金贸易通道,故而有"黄金之国"的美誉。

根据加纳王国的规定,所有开采获得的金块都归国王所有,生产者只能获得碎金砂,可以自由买卖。国王也向当地的金矿主和北非的商人征税,这些税收所得成为王国的重要财源。北非商人来到这里进行贸易时,通常会与当地人展开哑巴交易,他们一般会在到来时敲响鼓声,然后将带来的商品摆放出来,之后离去,当地人会携带黄金前来挑选,在中意的商品旁边摆上一定数量的黄金,也离去,待北非商人返回后看到黄金的数量如果满意的话就会取走黄金,留下货物,但是如果不满意的话会再次离去,直到当地人增加黄金数量令其满意,击鼓离去,此次交易才算完成。

加纳王国的首都为昆比—萨赫勒(今马里首都巴马科以北)。根据历史文献记载,这里由两座城组成,一个是王城,由国王居住,建有城墙,外人不得擅入;另一个是工商业城,由穆斯林商人和伊斯兰教学者居住,建有许多清真寺。两城之间相距 10 公里。从中可以看出,这时期加纳王国尚未被纳入到伊斯兰世界当中。但是,从 8 世纪起,北非的伊斯兰教哈瓦利吉派已经展开对西非的传教,尤其是在西非的商人当中出现了最早的皈依伊斯兰教的穆斯林,形成了一个独特的群体,故有专门的城居住。国王一般在宫殿中处理政事,并且会骑马出巡主持争讼。国王的军队由索宁克人构成,最多时达 20 万人,其中有 4 万名弓箭手,亦有骑兵,这支军队除了对内维持统治,还要向外扩张和征服,维护加纳王国对黄金产地的绝对垄断地位。

加纳王国的统治下有许多藩邦,如奥达戈斯特、瓦拉塔、马勒尔、台克鲁尔、苏苏等,它们臣服于加纳国王,而国王对其中一些藩邦会派总督管理。此外,在商道附近还兴起了许多城市,如杰内、廷巴克图、加奥等。

到 11 世纪中叶,随着北方的穆拉比特人政权的兴起,加纳王国开始衰落下去。1054 年,穆拉比特人的军队南下占领了奥达戈斯特,并且大肆屠戮加纳守军。1076 年,穆拉比特人最终攻陷了昆比—萨赫勒,征服了加纳王国。穆拉比特人在被征服的地方大力传播伊斯兰教,到 12 世纪中叶,加纳国王及其臣民基本上都皈依了伊斯兰教。穆拉比特人的统治时间不长,很快加纳王室重又复兴,但是其衰落的趋势已经势不可挡,王国分裂成了许多部分。到 1240

年,马里攻占了加纳的首都,加纳王国最终灭亡。

(三) 马里帝国

马里国家位于加纳王国以北,是由曼丁哥人的另一支马林凯人建立的,在11世纪初成为加纳王国的藩邦。11世纪中叶,马里国王带头皈依伊斯兰教,并且在穆拉比特人占领加纳期间自立。但是,直到13世纪马里才勃兴,发展成为一个帝国。

马里国王松迪亚塔(1230—1255年在位)统治时期,打败了加纳王国曾经的藩邦苏苏王国,最终夺取了加纳王国曾经的所有领土。松迪亚塔还征服了尼日尔河流域的所有其他小邦国,统一了整个西苏丹,定都尼阿尼(今巴马科以东),始称"曼萨"(王中之王)。在对外扩张和完善国家机构的同时,松迪亚塔也大力发展经济。他促进灌溉设施,扩大耕地,鼓励栽培高粱、稻谷、蔬菜等农作物,还引入了棉花种植和纺织技术,促进商业和采矿业。在他统治期间,马里国力迅速增加。在其子乌利继位以后,积极向外扩张,甚至一度兼并了东边的桑海王国。马里继承了加纳的政策,紧紧控制着西非的金矿和通往北方的商道。加纳王国时期出现的城市这时期更加繁荣,如加奥、廷巴克图、杰内、瓦拉塔、阿加迪斯等。

图 10-3 1375 年加泰罗尼亚世界地图中描绘的曼萨·穆萨

到14世纪,马里的势力如日中天,成为名副其实的帝国。在国王曼萨·穆萨(1307—1332年在位)统治时期,马里帝国的疆域西起大西洋,东达尼日尔河中游加奥一带,北部深入撒哈拉大沙漠,南至赤道附近的雨林区。这时期的马里积极开展对外交流,向摩洛哥、埃及等都派出了使节。1324—1325年间,曼萨·穆萨的麦加朝圣之旅在当时以其排场奢华而备受瞩目。据说他的朝圣团有8 000人,前面有500名奴隶手执金棍开道,后随百匹骆驼各驮300磅黄金,另有上千头骆驼载着所需衣物和给养。这支庞大的队伍一路上浩浩荡荡,沿途挥金如土。路过开罗时,曼萨·穆萨就赠给埃及苏丹5万多金第纳尔,还在开罗的市场大肆挥霍。据说这次朝圣之旅使沿途的金融市场都遭受重挫,黄金价格大跌,经济亦都受到严重影响。但也可以从中看出马里黄金储备之多,而马里的影响之大,甚至在14世纪上半叶由欧洲人绘制的地图中竟然标识出了马里和曼萨·穆萨的形象。在曼萨·穆萨结束朝圣回国时,还邀请了阿拉伯建筑师同行,帮助其在国内设计伊斯兰风格的清真寺和宫殿,由此也带动了西非地区的伊斯兰化。廷巴克图成为马里的重要的伊斯兰文化中心,这里建有许多清真寺,其中最有名的当属桑科勒清真寺,也是重要的大学,有数千名学生。摩洛哥旅行家伊本·巴图塔曾于1352—1353年到过马里,根据他的记载,马里国家社会安定,秩序井然,商队有充分的安全保障,但是国内已经开始出现权力之争的迹象。

到14世纪末,马里内乱加剧,外敌又不断入侵,逐渐衰落下去。15世纪上半叶,马里帝国对其降服的地区控制越来越松,许多地区都独立,如其藩属国加奥就发展成为桑海帝国。同时,游牧的图阿雷格人也频频侵袭,占领了廷巴克图。马里帝国的商业霸权也逐渐枯萎,对跨撒哈拉的商道越来越无法控制。到16世纪上半叶,在桑海帝国的不断进攻下,马里沦落为一个小国,而此时摩洛哥也开始向南扩张,同时葡萄牙殖民者沿海和顺着塞内加尔河、冈比亚河入侵,更进一步加剧了马里的内部矛盾。但衰落中的马里还是惨淡地坚持到了17世纪中叶才最终结束。

(四) 桑海帝国

桑海人最初生活于尼日尔河中游东段,后来沿着尼日尔河向北迁徙,约于7世纪末建立了小王国,以今马里东部的库基亚为都。到890年,桑海王国对外扩张到尼日尔河流域的著名商业城市加奥,到1009年前后,桑海王国的国王迪亚·科索伊迁都到这里,称为加奥王国,同时迪亚·科索伊也率领臣民皈依了伊斯兰教。桑海王国在很长的时间里都只是一个小王国。到14世纪上半叶,崛起后的马里帝国征服了加奥,桑海沦为其藩属国。

到1335年,桑海王国得以重建,并且于1400年最终摆脱了马里帝国的宗主权,获得独立,并且不断攻袭马里。到15世纪下半叶,国王桑尼·阿里(1464—1492年在位)统治时期,桑海王国势力逐渐增强,趁着马里帝国衰微的机会,四处扩张,很快就成为西非的又一个帝国。1469年,桑尼·阿里率军攻陷了廷巴克图,又在瓦拉塔逐走了图阿雷格人。1473年,桑尼·阿里费时半年攻下杰内,将这里著名的黄金市场占据,进一步增强了实力。此后,他又向周围各处进行扩张战争,征服了许多地方,尤其是将马里帝国的大部分领地都攻打下来,其疆域囊括了尼日尔河流域的全部地区,形成了一个新月形的帝国。桑尼·阿里在位的28年时间里,四处征战,戎马倥偬,为桑海帝国的崛起打下了一个坚实的基础。

到国王穆罕默德一世(1493—1528年在位)进一步扩张桑海帝国的版图。他大力推行伊斯兰教,借此加强自己的统治地位。1496—1498年间,穆罕默德一世前往麦加朝觐,其随行队伍的规模不亚于当年马里帝国的曼萨·穆萨。朝圣回国后,穆罕默德一世获得"哈里发"头衔,成为西非穆斯林公认的宗教领袖。同时,他也向东方学习,确立伊斯兰法律的地位,改革行政和税收制度,统一度量衡,发展农业和工商业。他在位时期,尼日尔河流域的三大城市加奥、廷巴克图、杰内均处于桑海帝国的版图之内,首都加奥更是繁华大都市。穆罕默德一世也注重文化建设,派遣大量穆斯林学者前往摩洛哥非斯的卡拉维因清真寺和埃及开罗的爱资哈尔清真寺接受教育,在他们返回后又给予较高社会地位,令其在廷巴克图的桑科勒清真寺、星期五清真寺设立学校进行研究和教学。

穆罕默德一世晚年被其长子废黜，惨淡离世。此后桑海帝国内部便内讧不已，围绕着王位展开了长期的激烈争夺。到1590年，摩洛哥苏丹穆莱·阿赫马德·阿尔-曼苏尔（1578—1603年在位）派遣4 000名远征军穿过撒哈拉入侵桑海帝国。次年，在加奥以北的通迪比战役中，摩洛哥人以占优势的火枪战胜了使用弓箭长矛的桑海军队，相继攻陷了加奥、廷巴克图等城，桑海随之衰亡。

五、中世纪的南非王国

中古时期，非洲南部的文明中心当属大津巴布韦及其后兴起的莫诺莫塔帕王国。

（一）大津巴布韦

大津巴布韦的遗址位于今津巴布韦马斯温戈省，这个词源于本地绍纳语，意为"石头城"，其实，它就是得名于一组规模宏大又不乏构思精巧的古代建筑群，正是在这里出现了大津巴布韦文化。这些建筑群约始于4至5世纪，是由北方迁来的班图人建立的王国所建造的。这些王国一直延续了1 000年，到14、15世纪达到鼎盛，包括今津巴布韦、莫桑比克南部、博茨瓦纳东部和南非北部一带，津巴布韦建筑群也得以大规模扩建，到16世纪最终瓦解并衰落下去。

大津巴布韦石头城三面环山，在一片湖水旁边，主要分为两个部分，一个是花岗石山丘上的卫城，为防御要塞，另一个是山下的椭圆形内城，内有神庙、宫殿、石塔等，石门、甬道等都是在花岗岩巨石上直接开凿出来的。在这座石头城附近，还有梯田、水渠、水井等。在石头城周围的大津巴布韦文化区，还出土了很多陶器、瓷器、金属制品、玻璃制品、印度的串珠、武器等，可见这里与东边的印度洋贸易世界有着千丝万缕的联系。

（二）莫诺莫塔帕王国

津巴布韦在14世纪以后大肆对外扩张，兼并了许多周边的小国，其中有北方兴起的莫诺莫塔帕王国，南方兴起的托尔瓦王国、罗兹韦王国等。当津巴布韦国家衰落时，这些小国便纷纷自立，摆脱了津巴布韦的控制。其中，莫诺莫塔帕王国（亦称姆韦尼马塔帕王国）便是继之而起的重要国家。

1420年，绍纳人的一支卡兰加人在北边的赞比西河谷建立了国家，恩雅蒂姆巴·穆托塔成为第一代国王，首都一度设在津巴布韦的石头城。莫诺莫塔帕王国建立之初，便积极对外扩张。经过两代人的努力，到15世纪后半叶，王国已经占有了广阔的土地，从西边的卡拉哈里沙漠到东边的印度洋，从北边的赞比西河到南边的林波波河。

莫诺莫塔帕王国盛产黄金和象牙，因而也同斯瓦希里城邦有着密切的贸易合作，尤其是索法拉港（今莫桑比克新索法拉）成为莫诺莫塔帕的黄金、象牙的主要出口港。王国的政治结构比较独特，国王是最高统治者，臣民财产都是属于国王的，国王对人民有生杀予夺的大权。国王由选举产生，但是国王的长女婿和王后都有权干涉。王国有庞大的中央官僚机构，在地方上除了任命亲信统治，对边缘地区则进行仪式性的分封，以巩固其对边疆地带的统治。在莫诺莫塔帕，宗教因素在国家的管理中起到重要作用，国王被神化，可以与祖先之灵交流，因此也被臣民称作"神王"，他们生前死后都会保佑人民，因而国王也不在公众场合露面，保持着神秘的行踪，如果国王患病，则会被废黜处死，以免祸及国家。莫诺莫塔帕王国保持着一支强大的军队，最高统帅为国王，平时除了维护国家统一和安全，还负责保护商路。

到16世纪初，莫诺莫塔帕王国开始内讧和分裂，逐渐衰落。这时，觊觎黄金之国的葡萄牙人开始从沿海的索法拉港侵入。他们最初想通过和平贸易的方式获得黄金，并且在此地传播天主教，但是受到嫉妒的阿拉伯商人的挑拨，没有被国王接受。于是，从16世纪中叶起，葡萄牙人转向使用武力入侵，到17世纪已经能够控制莫诺莫塔帕王室，从而在这里不受限制地开采金矿，严重破坏了王国的财富基础，使其不断衰落下去。到19世纪下半叶，莫诺莫塔帕王国最终结束。

第二节 美 洲

一、美洲的自然环境与早期居民

美洲东西两边分别为大西洋和太平洋，自然地理一般以中部的巴拿马运河为界将其分为北美洲和南美洲，按照人文地理，则以格兰德河为界，将美洲分为北美洲和拉丁美洲。

印第安人为美洲土地上最早的居民。"印第安人"该词最早为哥伦布所用，他于15世纪末抵达美洲时，误以为到了憧憬的印度，于是将当地人称作"印度人"，当后来证明并非亚洲的印度时，美洲便被称为"西印度"，而亚洲的印度一般被称作"东印度"。为了与亚洲的印度人区别，故将美洲的当地人称作"印第安人"。印第安人最早是从距今三四万年前从亚洲大陆途经白令海峡大陆架进入阿拉斯加，然后扩散到美洲大陆各地的。亦有学者认为部分印第安人是较晚时期从南太平洋岛屿抵达南美洲西海岸的。印第安人只是一个笼统的称呼，事实上，其内部分类非常多，族系极其庞杂，语言也繁多。各地印第安人因区域不同，经济生活也多种多样，既有渔猎为生，也有靠游牧、采集生活，但是在墨西哥和安第斯高原一带发展起了引人瞩目的农业文明，培育了玉米、马铃薯、西红柿、南瓜、辣椒、烟草、向日葵、可可、花生、棉花（为细绒棉类型）等多种农作物，在16世纪以后这些农作物传播到了世界各地，改善了人类的物质生活。

印第安的文明一般都起源于高原、峡谷和盆地，在美洲大陆中部的墨西哥高原、尤卡坦半岛先后有奥尔梅克文化、特奥蒂瓦坎文化、托尔特克文化、玛雅文化和阿兹特克文化，在南美洲的安第斯高原有印加文化。此外，在中美洲西北部哥伦比亚一带、加勒比海地区、北美洲也都有各具特色的印第安文化，但是一般将玛雅、阿兹特克、印加视作美洲文化的杰出代表。

二、中美洲与墨西哥古代文明

（一）墨西哥高原的早期文明

从公元前12世纪中叶起，开始出现了墨西哥高原的第一种成熟的文化——奥尔梅克文化。它主要分布在墨西哥湾沿岸的韦拉克鲁斯州和塔瓦斯科州,著名遗址有特雷斯萨波特斯、拉文塔等。奥尔梅克文化的遗址中有美洲最古老的金字塔式平顶台庙,并且出土了不少玉饰品、玉斧、人形小陶俑、美洲豹的纹雕饰品。该文化最具特色的还数一些巨石雕成的头像,这些石像宽鼻厚唇,面露微笑,戴有头盔,显得恢宏厚重,脸型类似尼格罗人和蒙古人,这些头像一般高2.3米,重达20吨左右。奥尔梅克文化约于公元前8世纪至公元前3世纪之间衰落并结束。但是它开创的传统和风格影响到了后来中美洲的其他文化。

从公元前200年起,继奥尔梅克文化之后,墨西哥高原中央谷地兴起了特奥蒂瓦坎(印第安语为"众神之城"),它位于今墨西哥城东北40公里处。特奥蒂瓦坎城市是建于1至7世纪的圣城,5世纪达到了鼎盛时期,它的面积最大时曾达20平方千米,人口达10万左右,城市布局呈棋盘格状,包括100多座金字塔式台庙,大都分布于一条贯穿南北的大道两侧。这条大道构成了城市的中轴线,被称作"亡者之路",全长2.5千米,宽40米。大道北端有一座规模稍小的"月亮金字塔",高46米。根据当地传说,太阳和月亮都是在特奥蒂瓦坎诞生的。大道南端为雨神魁札尔科亚特尔的神庙,墙上饰有象征雨神的巨型羽蛇头像。羽蛇神在墨西哥的印第安人当中被广泛崇拜。大道的东侧为全城规模最大的建筑——"太阳金字塔",高64米,每边长205米,塔顶有神殿。所有这些神庙所在的地方都有一座很广阔的广场,供祭祀活动时使用,祭司也住在位于广场上的宫殿中。特奥蒂瓦坎经常举行宗教仪式,也带动了这里的商业发展,本地的农业发展也达到了一定的水平,种植各种作物,亦有梯田和灌溉工程。到8世纪中叶,托尔特克人入侵,特奥蒂瓦坎随即迅速衰落下去,具体原因尚不明确,但是它对后来的阿兹特克文明产生了很大的影响。

图 10-4 特奥蒂瓦坎

托尔特克人原为游牧人群,在摧毁了特奥蒂瓦坎之后,在今墨西哥城以北80千米处的图拉城定居下来,以此作为统治中心,不断向周边扩张,建立起一个强大的国家,历经11代君主,活跃了两个多世纪。托尔特克人继承了特奥蒂瓦坎的文化传统,崇奉羽蛇神,以活人心脏祭祀部落神灵。图拉城在很多方面模仿了特奥蒂瓦坎城,亦有金字塔台庙和羽蛇神庙。

后来,托尔特克人向南征服,势力范围达到尤卡坦半岛,其许多文化方面对玛雅人产生了影响,对于玛雅文明的复兴有一定的推动作用。至12世纪,在游牧人群奇奇梅卡人的攻击下,托尔特克人失去了墨西哥中部的霸主地位,其首府图拉城也被奇奇梅卡人的一支阿兹特克人摧毁,在此基础上形成了阿兹特克文明。

(二) 玛雅文明

玛雅人享有"美洲的希腊人"之称,他们创造的玛雅文化在人类文明史上有很高地位。玛雅人文化的范围主要是今墨西哥东南部的尤卡坦半岛、危地马拉、伯利兹、洪都拉斯、萨尔瓦多西部。玛雅文明可以分为三个时期:前古典期(约公元前2500年—公元250年);古典期(公元250年—900年);后古典期(1000—1520年)。其中,古典期是玛雅文明的全盛时期,10世纪以后玛雅文明一度衰微,但受到墨西哥中部托尔特克文明的影响,又有所复兴。到16世纪时,西班牙人的到来对玛雅文明产生了致命的一击,从此消亡。

大约从公元初年起,玛雅人在尤卡坦半岛的南端陆续建立早期的城市国家,有蒂卡尔(今危地马拉北部)、帕伦克(今墨西哥恰帕斯州境内)、奇琴伊察(今墨西哥梅里达以东)、科潘(今洪都拉斯西部)等等。这些都是独立的城邦,相互之间没有归属关系,城市由祭司统治,职位世袭,拥有政治和军事大权。玛雅城市的格局一般是以金字塔式台庙为中心,周围环绕着贵族、富人的住宅,平民的茅屋则散布于较远的周边。

蒂卡尔是玛雅人最早兴起的城市国家,这里也是祭祀太阳神的最早圣城,周围一带共建有300多座大小金字塔式台庙。蒂卡尔最盛时有1万居民,城郊有5万人。到6世纪,奇琴伊察成为新的中心。一部分玛雅人迁到了尤卡坦半岛的北部,利用当地石灰岩洞穴形成的天然水井,就近建立起了奇琴伊察城(意为"伊察人的井口")。相传旱季时,为了向雨神祈求缓解旱情,当地人会将男女少年投入井中,以作献祭。到7世纪,奇琴伊察人又放弃了这里,迁到了尤卡坦半岛南部另建城市。到10世纪,随着托尔特克人入侵尤卡坦半岛,这里的奇琴伊察人受到托尔特克文化的影响,吸收了墨西哥中部文化的有益部分,开始复兴。到11世纪,在尤卡坦半岛北部兴起了玛雅潘城,取代了奇琴伊察成为玛雅文明的中心。玛雅潘逐渐征服了整个尤卡坦半岛,并与奇琴伊察、乌斯马尔结为同盟,称为"玛雅潘联盟"。到15世纪中叶,这个联盟分崩离析,三座城市也相继废弃,玛雅文明急剧衰落。一般认为,古典期的玛雅文明在800年前后达到了它的鼎盛时期,之后便逐渐走了下坡路,南部低地的玛雅人放弃了城市,只有北部高地的玛雅文明才继续延续下去,但是并没有重现辉煌,虽然有玛雅潘的复兴,但并没有逆转衰落的趋势。1523—1524年,西班牙人来到这里建立了殖民统治,加剧了玛雅文明的衰落,但是有很多城邦一直坚持抵抗到17世纪末。关于玛雅文明衰落的原因,有的学者提出干旱说,认为尤卡坦半岛的旱情导致其农业缺乏水资源,尤其是玛雅人赖以为生的玉米种植遭遇困境。也有学者认为玛雅人造成的环境破坏,如土壤侵蚀、环境退化、人口过度增长,等等,也都推动了玛雅文明的衰落。

玛雅人形成了独具特色的文化,但是也融合了一部分来自墨西哥中部的文化,如托尔特克对奇琴伊察带来的影响。总之,后世一般以玛雅文化作为中美洲前哥伦布时期的重要代表。玛雅人在天文方面的成就一直为世人所乐道,他们源于其农业生产的需要,故观测天象,制定历法。同特奥蒂瓦坎文化一样,玛雅历法分为两类,一种是圣年历,一年分 13 个月,每月 20 天,全年 260 天;另一种是太阳历,一年分 18 个月,每月 20 天,另加 5 天忌日,全年 365 天,每四年加闰一天。各月按照农时命名,如播种月、收割月、焚林月等。玛雅人建立天文台,能够准确推算日食周期,掌握月亮、金星的运行规律。为了更好地推算历法,玛雅人创造了二十进位计数法,并发明和使用"0"。与其农业劳作和宗教崇拜一致,玛雅人崇拜羽蛇神和太阳神,这也是与墨西哥中部的早期文明有类似的地方。羽蛇神是由托尔特克人带来的崇拜,但是这又与其玉米种植有关,正是玉米种植需要大量雨水,因此能够带来雨水的羽蛇神成为玛雅人崇拜的神灵,称之为库库尔坎。奇琴伊察建有一座宏伟的库库尔坎神庙,高达 29 米,立于 9 层台基之上。玛雅人也立有许多金字塔台庙,以祭祀神灵。玛雅人也盛行祖先崇拜,认为其死后仍会对后代构成影响。从公元初年起,玛雅人就创造了独特的象形文字,该文字由复杂的图形构成,约有 850 字符,包括意符和音符,书写顺序从左至右。玛雅文字为祭司阶层所垄断,他们使用由头发制成的毛笔在无花果树皮上书写,记录历史、神话、天文、历法、宗教祷文和叙事诗等。玛雅文字也被刻写在神庙里面。西班牙人到来以后,破坏了许多玛雅文字写本,仅有部分作品流传后世,至今未能释读。玛雅人在绘画方面亦较擅长,在许多神庙中都作有精美的浮雕和壁画,表现了当时的社会生活,尤其是战争的场景。

(三) 阿兹特克文明

墨西哥中部兴起的阿兹特克文明继承了特奥蒂瓦坎文化和玛雅文化发展起来,是中美洲印第安文化的集大成者。

阿兹特克人属于游牧的奇奇梅克人的一支,亦称墨西哥人,操纳瓦特尔语。他们约于 12 世纪时迁徙到墨西哥中部,逐渐开始定居生活和农业生产。相传他们的战神曾启示他们要在有一只鹰站在仙人掌上啄食一条蛇的地方定居下来,于是他们辗转漂泊之后选择了一处地方。1325 年,阿兹特克人在特斯科科湖的岛上建造了特诺奇蒂特兰城,以此作为统治中心。15 世纪,阿兹特克人逐渐强大起来,同周围的部落结成联盟,自任盟主。阿兹特克联盟进一步征服了周围的部落,其疆域北至今圣路易斯波托西,东南到危地马拉,有"阿兹特克帝国"之称。

到 16 世纪初,特诺奇蒂特兰城发展成为一个规模相当大的都市。三条宽十余米的堤道将城市与湖岸相连,堤道上设有多处吊桥,以防外敌。城市被分成四个区域进行管理,城市中建有许多宫殿和神庙,以及各类房屋,外有城墙护卫。城内金字塔式台庙林立,仅中心广场就有四十余座。主庙的塔基长百米,宽 90 米,四周有雉堞石墙,塔顶立有神庙,供奉太阳神和雨神。城北还有柱廊环绕的市场,定期举办集市,是国内贸易中心,可见商业非常发达。此外还有王宫、行政官署、贵族宅邸、学校等建筑。这座城市的宏伟和豪华使后来来到这里的西班牙人也无限景仰,后来的墨西哥城就是在特诺奇蒂特兰的基础上建立起来的。

阿兹特克人由国王和贵族施行中央集权统治,国王由部落会议从特定的家族中推举产生,也是最高军事长官,但是并无世袭权,可以被部落会议罢黜。阿兹特克人与周围的部落结盟,形成政治共同体,但是要求被征服的部落向其纳贡,但可以保留自己的部落神灵信仰。

图 10-5　特诺奇蒂特兰城和广场模型

在这种政治体制下,各个部落都有处理自己内部事务的一定程度的自治权。

在经济方面,阿兹特克人的农业非常发达,远远超过玛雅人。他们主要种植玉米、马铃薯、南瓜、棉花,尤其是龙舌兰,还有畜牧业。阿兹特克人利用靠近特斯科科湖泊的便利性,建立起发达的人工灌溉系统,保证了农业的发展。在手工业方面,阿兹特克人擅长棉纺织业、彩绘陶器制作,羽毛、宝石加工,在金银铜的冶炼方面也达到较高的水平。

在文化方面,阿兹特克人综合借鉴了以往墨西哥地区印第安人的成就。天文历法使用的是圣年历和太阳历,与玛雅人并无二致。阿兹特克人特别注重宗教崇拜,不仅崇奉太阳神,还祭拜雨神、月神、云神、玉米神、羽蛇神等,国王被看作神的化身。按照阿兹特克人的传统,其主神太阳神维齐洛波奇特利要靠人血滋养,于是流行用活人心脏向主神献祭的习俗,每年充当祭品的牺牲者多达数千人,以战俘奴隶居多,武士也以献身祭坛为荣誉。在医学方面,阿兹特克人擅长用各种草药治病,并能够用特殊的方法使人麻醉,他们对一千多种植物、动物和矿物做了分类。阿兹特克人也使用一种图像文字,并有少量写本存世。他们在建筑

图 10-6　17世纪下半叶的油画:1521年特诺奇蒂特兰城的征服

和艺术方面达到了相当高的水平,特诺奇蒂特兰的公共建筑多用巨石砌成,并且创作了大量精美的浮雕。

阿兹特克人对周边部落的长期掳掠和奴役,加深了它们相互之间的仇视和对立,这种矛盾被后来来到这里的西班牙人所利用。1519年2月,以埃尔南·科尔特斯(1485—1547年)为首的西班牙殖民者从古巴登陆中美洲,准备征服阿兹特克。他们先是与阿兹特克人的敌对部落建立同盟关系,然后共同打击阿兹特克人。到当年11月,科尔特斯兵不血刃地占领了特诺奇蒂特兰城,并将国王蒙特祖马二世押为人质,大肆掠夺城内的黄金财宝。由于西班牙人在城内的胡作非为,次年6月,科尔特斯的部队被阿兹特克人包围,蒙特祖马二世因为劝降而被民众投石打死,阿兹特克人另选新王向西班牙人进攻,科尔特斯狼狈逃出城外。但是到1521年4月,科尔特斯重整队伍卷土重来,对特诺奇蒂特兰围攻了长达三个多月的时间,最终将其攻陷。随后,西班牙人在这座城市的废墟上建造了墨西哥城,并于1535年设立新西班牙总督区进行管理。阿兹特克文明从此结束。

三、印加文明

安第斯高原地区是南美最大的印第安文明中心。从公元前10世纪开始,就先后出现了查文、摩奇卡、纳斯卡等文化,到公元五六世纪以后,又出现了蒂亚瓦纳科文化,曾建有宏伟的巨石建筑"太阳门"。南美印第安各族中的克丘亚人、摩奇卡人、艾马拉人都参与过这些古代文明的建设。正是在这个基础上,后来兴起了印加文明。

印加人是克丘亚人的一支,原以狩猎为生,崇拜太阳神,"印加"一词即为"太阳之子"的意思,最初是对部落首领或国王的称呼,后来成为整个民族和国家的称号。印加人有过漫长的迁移历史,到公元1000年前后,在首领曼科·卡帕克的带领下,从的的喀喀湖向北迁徙,最后定居在今秘鲁库斯科河谷,然后从这里开始向四处扩张,建立起一个伟大的帝国。印加人的历史从15世纪第8代国王维拉科恰(?—1437年)时才开始有较为确切的信史。第9代国王查库提·印加·尤潘基(1438—1471年在位)及其子图帕克(1471—1493年在位)统治时期,印加形成一个中央集权的强大国家,号称"印加帝国",其版图以秘鲁为中心,北至今哥伦比亚南部,西濒大西洋,南到今智利中部、阿根廷西北部,东达亚马逊河流域,面积约为90万平方千米,南北长达4 000千米,人口有600万。正是由于这样广阔的领土面积和不断穷兵黩武的扩张,使印加人具有"新世界的罗马人"之称。

印加人将自身所在的地方看作世界的中心,印加国家总称为"塔万廷苏尤",意为"世界四方",以库斯科为中心,全国分为四个"苏尤"(区域),由贵族出身的"阿孛"(总督)统治;每个苏尤下面又分成若干个部落,是印加人的基层社会组织,有同一血统,并崇奉同一图腾。在印加国家中,国王是最高的领袖,执掌政治、军事和宗教权力,实行高度集权,他自称"印加",即"太阳神之子"。国王被高度神化,当他死时,会有上百人陪葬。新的国王登基时,也会用人祭祭奉太阳神。国王死后会被制成木乃伊,置于太阳神庙中,作战时则会被抬上战场,以起到保佑作用。印加国家的贵族都是世袭,包括王室成员和其他部落中因功受封的印加人,他们担任国家的重要职务。此外,印加社会还有祭司、平民、奴隶几个等级,等级之间的壁垒极其森严。印加帝国在扩张的过程中,其中心与所统治的广阔地区也存在着深刻的矛盾,这导致了其最终的覆亡。

印加人创造了灿烂的文明。他们在安第斯山区的崇山峻岭间开辟梯田,建设水渠,种植多种农作物,还驯养了羊驼等家畜。在手工业方面可以制作坚硬的青铜器工具和武器,以及精美的金银制品,但不知用铁。印加人的建筑艺术也非常高超,建于海拔3 000米高原上的库斯科城集中地体现了印加人的智慧和技术,这里的宫殿和城堡均由巨石垒成,并且对石块进行了精工细雕,石块之间非常紧密。萨克赛瓦曼古堡是用30万块重达百吨的巨石历经半个世纪建成,古堡地下有用石头砌成的网状地道,和三座塔楼相通,结构庞大而又精巧,是印加人最伟大的建筑之一。1911年才发现的马丘比丘遗址,更是成为印加文明的标志,这座古城位于库斯科西北75千米处,坐落于海拔2 350米的山脊上,既是军事要塞,也是贵族的庄园。这座城市完全是由石块砌成,靠精准的切割技术将石块堆起,但石块间缝隙几乎没有,可见印加人的精湛技艺。为了控制广阔的国土,印加人还修筑贯通南北的道路系统,主要由两条并行的主干道构成,各长4 000至5 000千米,宽5至7千米不等,它们又连结起许多横向的道路,构成了一张庞大的交通网络。道路两旁还设有驿站、要塞,供军队和邮政使用。

在历法方面,印加人与北方的玛雅不同,规定一年为12个月,每月30天,以每10天为一周,每月3周,每年外加5天,总共365天,四年一闰再加1天,以冬至作为一年之初。印加人的医药学也达到了较高的水平,能够使用麻醉药物,会用草药治病,还掌握了开颅术,还能制作木乃伊。印加人在文字方面不如玛雅,可能曾经有过图像文字,但已失传,主要是使用结绳记事,用不同形状和颜色的绳结表示不同的事物和数量,在秘鲁发现过长达250米长的印加记事绳。在印加帝国中,虽然有很多种方言,但是以克丘亚语作为通行语,从而保证了帝国的统一。

到第11代国王瓦伊纳·卡帕克(1493—1525年在位)统治时,印加帝国达到了全盛期。但是在他死后,国家便发生了激烈的内战,围绕着权力的争夺导致帝国四分五裂,加上此时瘟疫流行,国力严重受挫。而西班牙殖民者恰好在这时期开始了对印加的征服。

1531年,弗朗切斯科·皮萨罗(1471—1541年)率领不足200人的西班牙殖民军队入侵印加帝国。1532年11月,西班牙人在卡哈马卡诱捕了印加国王阿塔瓦尔帕(1532—1533年在位),以此向印加人索取了巨额赎金,但最后还是将阿塔瓦尔帕杀死。次年,皮萨罗率军进入库斯科,完成了对印加帝国的征服,并且选了一个新的印加国王作为傀儡。1535年,皮萨罗建造了利马城,作为新首都。1536年,傀儡国王逃走并率起义军反抗西班牙人的统治,遭到镇压。此后,各种起义活动一直持续到1572年,印加帝国至此结束。

参考书目

1. 李安山:《非洲古代王国》,北京大学出版社,2001年。
2. 艾周昌主编:《非洲黑人文明》,福建教育出版社,2008年。

3. [美]凯文·希林顿:《非洲史》,赵俊译,东方出版中心,2014年。
4. [美]吉尔伯特、雷诺兹:《非洲史》,黄磷译,海南出版社、三环出版社,2007年。
5. [英]莱斯利·贝瑟尔主编:《剑桥拉丁美洲史》(第4卷),中国社会科学院拉丁美洲研究所译,社会科学文献出版社,1991年。
6. [美]马丁、瓦塞尔曼:《拉丁美洲史》,黄磷译,海南出版社、三环出版社,2007年。
7. [美]本杰明·吉恩、凯斯·海恩斯:《拉丁美洲史(1900年以前)》,孙洪波等译,东方出版中心,2013年。
8. [美]伯恩斯、查利普:《简明拉丁美洲史》,王宁坤译,世界图书出版公司,2009年。

第三版后记

《世界通史》原为世界银行贷款资助项目,初版于2001年,2009年出了修订版。承蒙广大师生和学界的厚爱和好评,该书为诸多兄弟院校历史学系采用作教材和参考书。2005年,该书被评为普通高等教育"十一五"国家级规划教材,2017年,被列入"十三五"国家重点图书出版规划。

根据国家级规划图书编写的新要求,本版做了较大幅度的修订。在修订中,编撰体系和理论框架基本不变,指导思想和史学理念仍一以贯之。作为宏观史学的通史,其灵魂在于"通";作为由众多民族、国家组成的世界历史,其要义在"整体性"(世界性),力求上下贯通,左右融会,纵贯交织,从多维的视角总体上把握人类社会发展的历史进程、基本脉络和演化大势。本教材以人类文明的演变为线索,按古代文明和地域性历史、工业文明的兴盛、现代文明的发展和选择三大阶段,在宏观与微观、纵向与横向的结合上,勾勒出人类社会嬗变演进的总体运动,揭示世界文明发展的共同性、多样性和丰富性。

本教材此次修订时,我们努力体现科学性和时代性相结合的特点,吸纳国内外学术界最新研究成果,充实新史料,尽力使叙述的内容更接近于历史的本相。同时,编写人员站在时代的高度,用现代的理论、方法,对历史作出客观、中肯的诠释,知往鉴今,涵养历史智慧。

作为教材,本书力求贯彻立德树人、全面加强素质教育的方针和深化教学改革的精神,重视创新精神和实践能力的培养,推动学生向自主学习方式的转变。内容力求少而精，强干削枝，突出重点，简明扼要，力求更符合大学教材的特定要求。

《世界通史》共分三编，本卷为第一编。作者分工如下：李海峰撰写第1、第2、第3、第4章，王悦撰写第5、第6章，朱明撰写第7、第8、第9、第10章。全书由李海峰教授和王斯德教授统稿。

本书此次修订时，华东师范大学出版社编辑范耀华女士给予了大力支持和协助，对提高本书质量提出了很好的建设性意见，谨在此深表感谢。

限于学术水平和时间的局促，书中难免有不当和疏漏之处，恳请专家同仁和广大读者指正。

主编

2018年1月